Simon Güth

Gläubigerschutz auf Basis des IFRS for SMEs

Ökonomische Analyse und Entwicklung einer Regulierungsempfehlung zur Anwendung in Deutschland

Herausgegeben von Professor Dr. Henning Zülch

WILEY
WILEY-VCH Verlag GmbH & Co. KGaA

1. Auflage 2013

Alle Bücher von Wiley-VCH werden sorgfältig erarbeitet. Dennoch übernehmen Autoren, Herausgeber und Verlag in keinem Fall, einschließlich des vorliegenden Werkes, für die Richtigkeit von Angaben, Hinweisen und Ratschlägen sowie für eventuelle Druckfehler irgendeine Haftung

**Bibliografische Information
der Deutschen Nationalbibliothek**
Die Deutsche Nationalbibliothek verzeichnet diese Publikation in der Deutschen Nationalbibliografie; detaillierte bibliografische Daten sind im Internet über <http://dnb.d-nb.de> abrufbar.

© 2013 Wiley-VCH Verlag & Co. KGaA, Boschstr. 12, 69469 Weinheim, Germany

Alle Rechte, insbesondere die der Übersetzung in andere Sprachen, vorbehalten. Kein Teil dieses Buches darf ohne schriftliche Genehmigung des Verlages in irgendeiner Form – durch Photokopie, Mikroverfilmung oder irgendein anderes Verfahren – reproduziert oder in eine von Maschinen, insbesondere von Datenverarbeitungsmaschinen, verwendbare Sprache übertragen oder übersetzt werden. Die Wiedergabe von Warenbezeichnungen, Handelsnamen oder sonstigen Kennzeichen in diesem Buch berechtigt nicht zu der Annahme, dass diese von jedermann frei benutzt werden dürfen. Vielmehr kann es sich auch dann um eingetragene Warenzeichen oder sonstige gesetzlich geschützte Kennzeichen handeln, wenn sie nicht eigens als solche markiert sind.

Print ISBN: 978-3-527-50737-5

Geleitwort des Herausgebers

Aufgrund des steigenden Bedarfs nach international harmonisierten Rechnungslegungsvorschriften - nicht zuletzt bei mittelständischen Unternehmen bzw. Small and Medium-Sized Entities (SMEs) - hat sich das deutsche Bilanzrecht im vergangenen Jahrzehnt kontinuierlich weiterentwickelt, wobei die Entwicklungsrichtung durch die IFRS wesentlich beeinflusst wurde. Eine befreiende Anwendbarkeit der IFRS für Zwecke der Ausschüttungsbemessung im Einzelabschluss wurde in Deutschland indes bislang nicht umgesetzt. Dies trifft auf überwiegende Zustimmung, da die IFRS-Bilanzierung zur bilanziellen Kapitalerhaltung als nicht zweckadäquat angesehen wird.

Gerade für den Einzelabschluss deutscher Kapitalgesellschaften besteht der Zweck der Rechnungslegung darin, die Ausschüttungsansprüche der Eigner durch die bilanzielle Festlegung des maximalen Ausschüttungsvolumens zum Schutz der Gläubiger einzugrenzen. Ein derartiger ‚Gläubigerschutz' wird im handels- und gesellschaftsrechtlichen Normensystem über das Konzept der Kapitalerhaltung umgesetzt. Bei einer IFRS-Anwendung müssten die Abschlussersteller für Kapitalerhaltungszwecke eine Zusatzrechnung erstellen, d. h. neben einem „Informationsabschluss" nach IFRS zusätzlich einen „Ausschüttungsabschluss" nach HGB (parallele Rechnungslegung). Alternativ käme die Anwendung außerbilanzieller Ausschüttungskorrekturen auf Basis des IFRS-Einzelabschlusses - in Anlehnung an die durch das Bilanzrechtsmodernisierungsgesetz (BilMoG) in § 268 Abs. 8 HGB eingeführten Ausschüttungssperren - in Frage. Vor allem für SMEs mit überschaubarer Ressourcenausstattung dürfte sich bei beiden Regulierungsvarianten eine hohe Zusatzbelastung gegenüber der Pflicht zur Erstellung eines HGB-Jahresabschluss ergeben, der nur in seltenen Fällen ein entsprechend hoher Zusatznutzen gegenüberstehen dürfte. Daher ist zu beobachten, dass den IFRS unter Verweis auf ein mangelhaftes Kosten-/Nutzen-Verhältnis die Eignung als Rechnungslegungssystem für SMEs abgesprochen wird.

Um globale Geltung auch für mittelständische Unternehmen zu erlangen, veröffentlichte das INTERNATIONAL ACCOUNTING STANDARDS BOARD (IASB) am 9. Juli 2009 den International Financial Reporting Standard für Small- and Medium-Sized Entities (IFRS for SMEs bzw. IFRS-SME). Seit dessen Veröffentlichung wird über eine Vereinbarkeit mit den Grundwerten des deutschen Handels- und Gesellschaftsrechts intensiv diskutiert. Eine Rechnungslegung auf Basis des IFRS-SME hat bei einem Festhalten an der bestehenden institutionellen Ordnung den Anforderungen eines derartigen Kapitalerhaltungszwecks zu entsprechen. Eine umfassende Analyse der Vereinbarkeit des IFRS-SME und - im Falle eines negativen Befunds - eine vertiefte Auseinandersetzung mit der Anwendung der o. g. Regulierungsvarianten auf einen IFRS-SME-Einzelabschluss ist daher von hoher Bedeutung, um die Folgen einer Einführung des IFRS-SME abschätzen zu können.

Herr Dr. Güth hat sich mit seiner Arbeit zum Ziel gesetzt, die Anwendbarkeit des IFRS-SME für Zwecke der bilanziellen Kapitalerhaltung im geltenden Handels- und Gesellschaftsrecht zu prüfen und auf dieser Basis eine Regulierungsempfehlung zum „Ob" und „Wie" einer Einführung des IFRS-SME für den Einzelabschluss von Kapitalgesellschaften zu erarbeiten. Betrachtet man das einschlägige deutschsprachige Schrifttum, so ist - wie von Herrn Dr. Güth sehr zutreffend herausgearbeitet - festzustellen, dass zum einen die Eignung des IFRS-SME zur Kapitalerhaltung verneint wurde, ohne dass die Einzelregelungen des IFRS-SME in ausreichendem Umfang kritisch gewürdigt wurden. Zum anderen wurde der konkreten Entwicklung der beiden o. g. Alternativkonzepte auf Basis des IFRS-SME bisher nur in eingeschränktem Umfang Beachtung geschenkt. Herr Dr. Güth schließt mit seiner als äußerst umfassend zu qualifizierenden Arbeit diese Lücken eindrucksvoll.

In der Gesamtbetrachtung gelingt es Herrn Dr. Güth äußerst überzeugend, die fehlende Anwendbarkeit des IFRS-SME für Zwecke der bilanziellen Kapitalerhaltung für den Leser nachvollziehbar und konsistent darzulegen. Der eingangs aufgezeigte negative Befund zur Eignung der IFRS für eine bilanzielle Kapitalerhaltung wird für den IFRS-SME insgesamt bestätigt. Zunächst erarbeitet Herr Dr. Güth - unter Hinzuziehung der Ergebnisse einschlägiger neo-institutionalistischer Untersuchungen - die Funktionsweise und mögliche Reichweite eines Gläubigerschutzes durch Kapitalerhaltung. Hierbei zeigt sich, dass eine Rechnungslegung mit historischen Kosten und einem umsatzgebundenen Realisationsprinzip, die dem handelsrechtlichen System der Grundsätze ordnungsmäßiger Buchführung im Wesentlichen entspricht, für einen derartigen Gläubigerschutz besonders geeignet ist (Kapitel 2). Durch die hermeneutische Analyse des konzeptionellen Rahmens (Kapitel 3) und der Ansatz- und Bewertungsvorschriften des IFRS-SME (Kapitel 4) wird dem Leser die weitreichende Inkompatibilität des IFRS-SME für eine bilanzielle Kapitalerhaltung vor Augen geführt. Vor diesem Hintergrund zeigt Herr Dr. Güth in Kapital 5 die hohe Komplexität und folgerichtig den großen Zusatzaufwand bei der Umsetzung der beiden o. g. Regulierungsvarianten auf Basis des IFRS-SME für den Abschlussersteller auf. Ergänzt durch ein praktisches Fallbeispiel lässt sich das methodologische Vorgehen des Autors darüber hinaus auf das Bilanzierungsumfeld deutscher SMEs zu übertragen.

Die Arbeit des Autors stellt somit nicht nur einen wesentlichen Beitrag zur Beurteilung des Gläubigerschutzes auf Basis des IFRS-SME dar. Vielmehr ist die Untersuchung von Herrn Dr. Güth überaus geeignet, dem deutschen Gesetzgeber als Grundlage für eine mögliche Öffnung des deutschen Handelsrechts bezogen auf die freiwillige Anwendung des IFRS-SME im Einzelabschluss zu dienen. Auch oder gerade wegen der anhaltenden Diskussionen auf nationaler und auf europäischer Ebene ist der vorliegenden Arbeit daher eine weite Verbreitung zu wünschen.

Leipzig, im November 2012   Prof. Dr. Henning Zülch

Vorwort des Verfassers

Die vorliegende Arbeit basiert auf meiner Dissertation, die ich als Doktorand am Lehrstuhl für Rechnungswesen, Wirtschaftsprüfung & Controlling an der Handelshochschule Leipzig (HHL) angefertigt habe. Sie wurde in leicht veränderter Form vom Promotionsausschuss der Handelshochschule Leipzig im September 2012 angenommen.

An erster Stelle gilt mein Dank meinem akademischen Lehrer und Doktorvater, Herrn Prof. Dr. Henning Zülch, der mir die Promotion an seinem Lehrstuhl ermöglicht und das Erstgutachten übernommen hat. Durch seine konstruktive Kritik, große Diskussionsbereitschaft und stete Zuversicht in das Gelingen der Arbeit kommt ihm ein maßgeblicher Anteil am erfolgreichen Abschluss des Promotionsprojekts zu. Für die freundliche Übernahme des Zweitgutachtens und dessen zügige Erstellung danke ich herzlich Herrn Prof. Dr. Manfred Kirchgeorg. Herrn Prof. Dr. Wilhelm Althammer danke ich ebenfalls herzlich für seine Mitwirkung in der Promotionskommission.

Ein umfangreiches wissenschaftliches Projekt wie eine Promotion kann nicht ohne die Mitwirkung einer Vielzahl von Kollegen und Freunden gelingen. Zunächst bedanke ich mich herzlich bei meinem Arbeitgeber, der KfW Bankengruppe, für die unbürokratische und flexible Unterstützung des Promotionsprojekts. Zu besonderem Dank für die vertrauensvolle Förderung der Promotion bin ich Herrn Dr. rer. pol. Heinrich Schlomann verpflichtet. Ohne seine positive Grundhaltung und seine großzügige Unterstützung bei der Gewährung der für die Erstellung der Dissertationsschrift erforderlichen Freistellungen wäre ein erfolgreicher Abschluss der Promotion kaum möglich gewesen. Zu außerordentlichem Dank verpflichtet bin ich darüber hinaus meinem Kollegen und engen Freund, Herrn Dipl.-Vw. Jörg Mayer, der mir mit der ihm eigenen Geduld seit beinahe einem Jahrzehnt seinen Rat zuteil werden lässt. Ihm ist es letztlich zu verdanken, dass ich mich überhaupt mit dem „Projekt" einer berufsbegleitenden Promotion befasst habe. Allen Kolleginnen und Kollegen am Lehrstuhl Rechnungswesen, Wirtschaftsprüfung & Controlling gilt mein Dank für die gute Zusammenarbeit am Lehrstuhl und für die konstruktiven fachlichen Gespräche. Herzlich bedanken möchte ich mich ebenfalls bei Frau Kerstin Kaldenhoff für ihr Organisationstalent und ihre große Hilfsbereitschaft. Meinem Freund Andreas Neu bin ich dankbar für seine Hilfsbereitschaft bei der Lösung diverser IT-Probleme in der Anfangsphase der Dissertation sowie seiner außerordentlichen Unterstützung bei der Konfiguration eines Ersatzlaptops nach einem Diebstahl kurz vor Abgabe der Dissertationsschrift. Mein besonderer Dank gilt ebenso meinen Freunden Tobias Wagner und Thomas Finken, die sowohl für die „häusliche Betreuung" meiner Frankfurter Wohnung als auch für die notwendige Ablenkung von der Forschung durch ihre Besuche in Leipzig gesorgt haben. Meiner Partnerin Sarah Brechtel gebührt ein nicht in Worte zu fassender Dank für ihre Motivationskraft, ihre liebevolle Zuwendung und für den großen Einsatz, mit der sie die Arbeit Korrektur gelesen hat.

Ohne die Unterstützung und Förderung meiner Eltern, Ulrich und Ruth Güth, meiner Schwester Dorothee Güth sowie meiner verstorbenen Großmutter Irmgard Güth wäre ich nicht dort, wo ich heute bin. Ihnen danke ich dafür, dass Sie mir dies ermöglicht haben und dass ich mich stets auf sie verlassen konnte. Ihnen ist diese Arbeit gewidmet.

Frankfurt am Main, im November 2012　　　　　　　　　　　　　　　　　　　　Simon Güth

Inhaltsübersicht

1 **Einleitung** 1

   11 Ausgangssituation der Untersuchung: Bilanzielle Kapitalerhaltung und IFRS-SME in Deutschland? 1

   12 Erkenntnisziel der Untersuchung und zentrale Einflussfaktoren auf diese Zielsetzung 4

   13 Systematisierung der Forschungsrichtungen auf Basis des Erkenntnisziels und Stand der Forschung 10

   14 Konkretisierung des Forschungsvorgehens auf Basis des Erkenntnisziels 31

   15 Gang der Untersuchung 33

2 **Ökonomische Grundüberlegungen zum geltenden Kapitalerhaltungsregime in Deutschland** 41

   21 Vorüberlegungen zum Untersuchungsziel und zur Vorgehensweise 41

   22 Rechnungslegung als Schutzinstitution gegen fremdfinanzierungsbedingte *agency*-Konflikte 44

   23 Gläubigerschutz durch Kapitalerhaltung im Handels- und Gesellschaftsrecht in Deutschland 120

   24 Zusammenfassung und Implikationen für die weitere Untersuchung des IFRS-SME 141

3 **Konzeptionelle und europarechtliche Implikationen einer IFRS-SME-Anwendung im Einzelabschluss zur Kapitalerhaltung** 145

   31 Vorüberlegungen zum Untersuchungsziel und zur Vorgehensweise 145

   32 Konzeptionelle Grundzüge des „IFRS for Small and Medium-Sized Entities" 148

   33 Kapitalerhaltung im europäischen Rechtsrahmen und IFRS-SME 196

   34 Zusammenfassung und Implikationen für die nachfolgende Untersuchung in den Abschnitten 4 und 5 240

4 **Bilanztheoretisch-hermeneutische Untersuchung der IFRS-SME-Einzelnormen zur Kapitalerhaltung** 243

   41 Vorüberlegungen zum Untersuchungsziel und zur Vorgehensweise 243

42 IFRS-SME-Einzelnormen mit weitgehender Übereinstimmung zu den IFRS 248

43 IFRS-SME-Einzelnormen mit weitgehenden Divergenzen zu den IFRS ... 305

44 Zusammenfassung und Implikationen für die nachfolgende Untersuchung in Abschnitt 5 366

5 Schlussfolgerungen zur Sicherstellung des Kapitalerhaltungszwecks auf Basis des IFRS-SME 371

51 Vorüberlegungen zum Untersuchungsziel und zur Vorgehensweise 371

52 Regulierungsoptionen zur Gewährleistung der Kapitalerhaltung bei Anwendung des IFRS-SME. 374

53 Synthese einer Regulierungsempfehlung zur Anwendung des IFRS-SME im Einzelabschluss. 429

54 Anwendung auf reales Fallbeispiel eines deutschen SME 435

6 Thesenförmige Zusammenfassung und Ausblick 459

Inhaltsverzeichnis

Geleitwort des Herausgebers I
Vorwort des Verfassers III
Inhaltsübersicht I
Inhaltsverzeichnis III
Verzeichnis der Übersichten XI
Abkürzungsverzeichnis XV

1 Einleitung 1

11 Ausgangssituation der Untersuchung: Bilanzielle Kapitalerhaltung und IFRS-SME in Deutschland? 1

12 Erkenntnisziel der Untersuchung und zentrale Einflussfaktoren auf diese Zielsetzung 4

13 Systematisierung der Forschungsrichtungen auf Basis des Erkenntnisziels und Stand der Forschung 10

    131. Überblick 10

    132. Bilanztheoretische Forschungsrichtung 13

    133. Neo-institutionalistische Untersuchungen als Teilgebiet der Forschungsrichtung der ökonomischen Analyse des Rechts 23

    134. Rechtsvergleichende Forschungsrichtung 28

14 Konkretisierung des Forschungsvorgehens auf Basis des Erkenntnisziels 31

15 Gang der Untersuchung 33

2 Ökonomische Grundüberlegungen zum geltenden Kapitalerhaltungsregime in Deutschland 41

21 Vorüberlegungen zum Untersuchungsziel und zur Vorgehensweise 41

22 Rechnungslegung als Schutzinstitution gegen fremdfinanzierungsbedingte *agency*-Konflikte 44

    221. Überblick 44

    222. Systematisierung fremdfinanzierungsbedingter Prinzipal-Agenten-Konflikte 45

        222.1 Vorbemerkungen 45

        222.2 Finanzielle Prinzipal-Agenten-Theorie und Definition des Begriffs „Gläubigerrisiko" als Ausgangspunkt der Untersuchung . 45

        222.3 Systematisierung der Gläubigerrisiken 52

         222.31 Informationsbedingte Gläubigerrisiken 52
         222.32 Finanzierungs- und investitionsbedingte
                Gläubigerrisiken................................ 56
    222.4 Zwischenfazit 66
  223. Gesetzliche Regulierung der Schutzinstitution „Rechnungslegung".... 68
    223.1 Vorbemerkungen 68
    223.2 Regulierungstheoretische Erklärungsversuche für das
          Informationssystem „Rechnungslegung".................... 69
    223.3 Informationeller Gläubigerschutz (Schutz gegen
          informationsbedingte Gläubigerrisiken) 76
         223.31 Entscheidungsunterstützungsfunktion gegen
                vorvertragliche informationsbedingte Gläubigerrisiken.. 76
         223.32 Kontroll- bzw. Rechenschaftsfunktion gegen
                nachvertragliche informationsbedingte Gläubigerrisiken 81
         223.33 Empirische Evidenz zur Bedeutung der
                Entscheidungsunterstützungs- und Kontrollfunktion
                aus Gläubigersicht 86
    223.4 Institutioneller Gläubigerschutz (Schutz gegen investitions- und
          finanzierungsbedingte Gläubigerrisiken).................. 91
         223.41 Ausschüttungsbemessungsfunktion gegen finanzierungs-
                und investitionsbedingte Gläubigerrisiken 91
         223.42 Ableitung „zweckadäquater" Ansatz- und
                Bewertungsvorschriften 102
         223.43 Empirische Evidenz zu Gewinnermittlungsvorschriften
                für die einzelvertragliche Ausschüttungsbemessung.... 113
    223.5 Zwischenfazit 116
  224. Zusammenfassende Würdigung des informationellen und
       institutionellen Gläubigerschutzes auf Basis der Rechnungslegung ... 118
23 Gläubigerschutz durch Kapitalerhaltung im Handels- und
   Gesellschaftsrecht in Deutschland 120
  231. Überblick 120
  232. Einordnung der Kapitalerhaltungsnormen in das Kapitalschutzsystem
       des AktG und GmbHG und Anforderungen an die
       Gewinnermittlung 121
  233. Handelsrechtliche Konkretisierung des Kapitalerhaltungszwecks durch
       Grundsätze ordnungsmäßiger Buchführung (GoB).............. 127
    233.1 Vorbemerkungen 127
    233.2 Würdigung der Systemgrundsätze....................... 130
    233.3 Würdigung der Ansatzgrundsätze....................... 131
    233.4 Würdigung der Definitionsgrundsätze für den Jahreserfolg.... 133
    233.5 Würdigung der Kapitalerhaltungsgrundsätze 136
  234. Zusammenfassende Würdigung des Kapitalerhaltungsregimes auf
       Basis der bisherigen ökonomischen Grundüberlegungen........... 140

24 Zusammenfassung und Implikationen für die weitere Untersuchung des IFRS-SME 141

3 Konzeptionelle und europarechtliche Implikationen einer IFRS-SME-Anwendung im Einzelabschluss zur Kapitalerhaltung 145

31 Vorüberlegungen zum Untersuchungsziel und zur Vorgehensweise 145

32 Konzeptionelle Grundzüge des „IFRS for Small and Medium-Sized Entities" 148

    321. Überblick 148

    322. Entstehungsgeschichte und Entwicklung des Standards 148

    323. Differenzierungskriterium der öffentlichen Rechenschaftspflicht und Abgrenzung zu Typologien mittelständischer Unternehmen 152

        323.1 Vorbemerkungen 152

        323.2 Differenzierungskriterium der öffentlichen Rechenschaftspflicht im IFRS-SME 152

        323.3 Bedeutung der Kapitalerhaltungsvorschriften für nicht öffentlich rechenschaftspflichtige Unternehmen in Deutschland 156

    324. Konzeptioneller Rahmen des IFRS-SME und Sicherstellung des Kapitalerhaltungszwecks 161

        324.1 Vorbemerkungen 161

        324.2 Überblick über Struktur und Überarbeitungsturnus des IFRS-SME 161

        324.3 Vermittlung einer *fair presentation* als oberste Zielsetzung eines IFRS-SME-Abschlusses 162

            324.31 *Fair presentation* im konzeptionellen Rahmen des IFRS-SME 162

            324.32 Konkretisierung über qualitative Anforderungen und allgemeine Rechnungslegungsgrundsätze 166

            324.33 Implikationen der Überarbeitung des IFRS-Rahmenkonzepts (Phase A) 173

            324.34 Konkretisierung über Definitions- und Ansatzkriterien der Posten in der Bilanz 175

            324.35 Konkretisierung über Definitions- und Ansatzkriterien der Posten der Ergebnisrechnung 183

            324.36 Zwischenfazit: Fehlende interne Konsistenz des konzeptionellen Rahmens zur Sicherstellung des Kapitalerhaltungszwecks 191

        324.4 Auswirkungen der Impraktikabilitätsklausel und der Methodik zur Regellückenschließung auf Kapitalerhaltungszweck 192

    325. Zusammenfassende Würdigung: Keine Kompatiblität des konzeptionellen Rahmens mit Kapitalerhaltungszweck 195

33 Kapitalerhaltung im europäischen Rechtsrahmen und IFRS-SME 196

331. Überblick 196
332. Primärrechtliche Ermächtigungsgrundlagen für Regulierung des
     Gesellschafts- und Kapitalmarktrechts.......................... 197
333. IFRS-SME und gesellschaftsrechtliche Regulierungsebene 201
    333.1 Vorbemerkungen 201
    333.2 Kapitalrichtlinie als Regulierungsgrundlage für eine
          gemeinschaftsweite Kapitalerhaltung 202
          333.21 Regelungszweck der Kapitalrichtlinie: Schutz des
                 Haftungskapitals 202
          333.22 Art. 15 Abs. 1 KapRL als Ausgangspunkt der
                 gemeinschaftsrechtlichen Kapitalerhaltungsvorschriften 204
    333.3 Sicherstellung des Kapitalerhaltungszwecks durch bilanziellen
          Bezugsrahmen auf Basis der Bilanzrichtlinie? 207
          333.31 Regelungszweck: Keine enge systematische Auslegung
                 auf Basis des Regelungszwecks der Kapitalrichtlinie
                 gerechtfertigt 207
          333.32 Reichweite des Kapitalerhaltungszwecks in
                 Ursprungsversion der Bilanzrichtlinie.............. 213
          333.33 Implikationen der Fair Value- und
                 Modernisierungsrichtlinie auf die Reichweite des
                 Kapitalerhaltungszwecks in der Bilanzrichtlinie 217
          333.34 Zwischenfazit: Keine gleichwertige Reichweite von
                 Art. 15 Abs. 1 KapRL auf Basis der Bilanzrichtlinie ... 220
    333.4 Vereinbarkeit des IFRS-SME mit Normensystem der
          Bilanzrichtlinie.. 222
    333.5 Zwischenfazit: Keine befreiende Anwendbarkeit des IFRS-SME
          im derzeitigen gesellschaftsrechtlichen Regulierungsrahmen ... 226
334. IFRS-SME und kapitalmarktrechtliche Regulierungsebene.......... 227
    334.1 Vorbemerkungen 227
    334.2 Bedeutungsverschiebung zu Gunsten kapitalmarktrechtlicher
          Regulierungsphilosophie durch IAS-Verordnung 228
    334.3 Anforderungen an Anwendung der IFRS und Würdigung
          auf Basis des Schutzzwecks der Kapitalrichtlinie 231
    334.4 Anwendung des IFRS-SME auf Basis von Art. 5 IAS-VO? 236
    334.5 Zwischenfazit: Keine befreiende Anwendbarkeit des IFRS-SME
          im derzeitigen kapitalmarktrechtlichen Regulierungsrahmen .. 238
335. Zusammenfassende Würdigung: Keine befreiende Anwendbarkeit
     des IFRS-SME im europäischen Gemeinschaftsrecht 239
34 Zusammenfassung und Implikationen für die nachfolgende Untersuchung
   in den Abschnitten 4 und 5..................................... 240

4 Bilanztheoretisch-hermeneutische Untersuchung der IFRS-SME-Einzelnormen zur Kapitalerhaltung ... 243

41 Vorüberlegungen zum Untersuchungsziel und zur Vorgehensweise ... 243
42 IFRS-SME-Einzelnormen mit weitgehender Übereinstimmung zu den IFRS ... 248
421. Überblick ... 248
422. Vorräte und Fremdkapitalkosten ... 249
422.1 IFRS-SME und HGB im Vergleich ... 249
422.11 Ansatz ... 249
422.12 Bewertung ... 249
422.2 Bilanztheoretisch-hermeneutische Würdigung ... 253
423. Leasing ... 256
423.1 Vorbemerkungen ... 256
423.2 IFRS-SME und HGB im Vergleich ... 257
423.21 Ansatz ... 257
423.22 Bewertung ... 264
423.3 Bilanztheoretisch-hermeneutische Würdigung ... 265
424. Rückstellungen (exklusive Pensionsrückstellungen) ... 269
424.1 Vorbemerkungen ... 269
424.2 IFRS-SME und HGB im Vergleich ... 269
424.21 Ansatz ... 269
424.22 Bewertung ... 275
424.3 Bilanztheoretisch-hermeneutische Würdigung ... 278
425. Abgrenzung von Eigenkapital zu Fremdkapital ... 283
425.1 Vorbemerkungen ... 283
425.2 IFRS-SME und HGB im Vergleich ... 284
425.21 Ansatz ... 284
425.22 Bewertung ... 288
425.3 Bilanztheoretisch-hermeneutische Würdigung ... 290
426. Erträge (inklusive langfristiger Auftragsfertigung) ... 293
426.1 Vorbemerkungen ... 293
426.2 IFRS-SME und HGB im Vergleich ... 294
426.21 Ertragsrealisation bei Veräußerung von Gütern ... 294
426.22 Ertragsrealisation bei Dienstleistungen und langfristiger Fertigung ... 297
426.23 Ertragsrealisation aus der Überlassung von Vermögenswerten zur Nutzung durch Dritte ... 301
426.3 Bilanztheoretisch-hermeneutische Würdigung ... 302
43 IFRS-SME-Einzelnormen mit weitgehenden Divergenzen zu den IFRS ... 305
431. Latente Steuern ... 305
431.1 Vorbemerkungen ... 305

   431.2 IFRS-SME und HGB im Vergleich 306
     431.21 Ansatz 306
     431.22 Bewertung 309
   431.3 Bilanztheoretisch-hermeneutische Würdigung 311
  432. Finanzinstrumente 315
   432.1 Vorbemerkungen 315
   432.2 IFRS-SME und HGB im Vergleich 316
     432.21 Ansatz 316
     432.22 Bewertung 321
   432.3 Bilanztheoretisch-hermenteutische Würdigung. 329
  433. Sachanlagevermögen. 334
   433.1 IFRS-SME und HGB im Vergleich 334
     433.11 Ansatz 334
     433.12 Bewertung 337
   433.2 Bilanztheoretisch-hermeneutische Würdigung 341
  434. Immaterielles Anlagevermögen und *goodwill*. 344
   434.1 Vorbemerkungen 344
   434.2 IFRS-SME und HGB im Vergleich 345
     434.21 Ansatz 345
     434.22 Bewertung 349
   434.3 Bilanztheoretisch-hermeneutische Würdigung 352
  435. Pensionsrückstellungen 356
   435.1 Vorbemerkungen 356
   435.2 IFRS-SME und HGB im Vergleich 356
     435.21 Ansatz 356
     435.22 Bewertung 357
   435.3 Bilanztheoretisch-hermeneutische Würdigung 362
 44 Zusammenfassung und Implikationen für die nachfolgende Untersuchung in Abschnitt 5 366

5 Schlussfolgerungen zur Sicherstellung des Kapitalerhaltungszwecks auf Basis des IFRS-SME 371

 51 Vorüberlegungen zum Untersuchungsziel und zur Vorgehensweise 371
 52 Regulierungsoptionen zur Gewährleistung der Kapitalerhaltung bei Anwendung des IFRS-SME. 374
  521. Überblick 374
  522. Parallele Rechnungslegung durch monofunktionale Abschlüsse nach IFRS-SME und HGB. 375
   522.1 Abschlusserstellung. 375
     522.11 Ansatz- und Bewertungsvorschriften. 375
     522.12 Ausweis 377

- 522.2 Publizität und Prüfung ... 381
- 522.3 Potenzielle Kosten für die Abschlussersteller und Ergebnisse empirischer Untersuchungen ... 382
- 522.4 Bisherige Erfahrungen mit § 325 Abs. 2a und 2b HGB ... 386
- 522.5 Zwischenergebnis: Parallele Rechnungslegung als „Maximallösung" ... 388
- 523. Außerbilanzielle Ausschüttungskorrekturen am IFRS-SME-Einzelabschluss ... 389
  - 523.1 Verankerung der Ausschüttungskorrekturen im HGB versus separate Rechtsverordnung ... 389
  - 523.2 Bilanzpostenbasierte Ausschüttungskorrekturen ... 392
    - 523.21 Begriffsdefinition ... 392
    - 523.22 Bedeutung ergebnisneutraler IFRS-SME-Eigenkapitalrücklagen und abweichender Eigenkapitalklassifikation nach HGB/IFRS-SME ... 395
    - 523.23 Notwendigkeit der konzeptionellen Identität mit handelsrechtlichen Ausschüttungssperren ... 399
    - 523.24 Prüfschema zur Ableitung des Korrekturumfangs ... 401
    - 523.25 Ergebnisverwendung und maximales Ausschüttungspotenzial ... 406
    - 523.26 Ausweis ... 411
    - 523.27 Publizität und Prüfung ... 412
    - 523.28 Zwischenergebnis: Keine Erleichterungen im Vergleich zur parallelen Rechnungslegung erwartbar ... 412
  - 523.3 Verbleibende Unterschiede zur Ausschüttungsergebnisrechnung ... 413
  - 523.4 Erfahrungen mit einer Ausschüttungsergebnisrechnung in Großbritannien: Übertragbarkeit auf Deutschland? ... 419
    - 523.41 Kernbestandteile der britischen Ausschüttungsergebnisrechnung ... 419
    - 523.42 Implikationen für eine mögliche Regulierung in Deutschland ... 425
- 524. Zwischenfazit ... 427

53 Synthese einer Regulierungsempfehlung zur Anwendung des IFRS-SME im Einzelabschluss ... 429

54 Anwendung auf reales Fallbeispiel eines deutschen SME ... 435
- 541. Überblick ... 435
- 542. Zielsetzung, Struktur und inhaltlicher Umfang des Fallbeispiels ... 436
- 543. Umsetzung und Ergebnisse des realen Fallbeispiels bei deutschem SME ... 441
  - 543.1 Erste Stufe: Adjustierung der Original-HGB-Schlussbilanz zum 31. Dezember 2009 auf BilMoG ... 441

543.2 Zweite Stufe: Überleitung von adjustierter BilMoG-Bilanz auf IFRS-SME-Bilanz.................................. 444
543.21 Vorbemerkungen 444
543.22 Anlagevermögen und Leasingbilanzierung 444
543.23 Umlaufvermögen und Ertragsrealisation............ 446
543.24 Abgrenzung zwischen Fremd- und Eigenkapital...... 451
543.25 Rückstellungen und Verbindlichkeiten............. 452
543.3 Zwischenergebnis: Bilanzielle Überleitungsrechnung auf IFRS-SME und Auswirkungen auf maximales Ausschüttungspotenzial 455
544. Ergebnisse aus Befragung der Projektteilnehmer nach Beendigung der probeweisen IFRS-SME-Anwendung 457

6 Thesenförmige Zusammenfassung und Ausblick 459

Verzeichnis der Kommentare und Handbücher........................ 475

Verzeichnis der Aufsätze und Monografien 476

Verzeichnis der Rechtsquellen der EG/EU 513

Gesetzesverzeichnis... 515

Verzeichnis der Rechtsprechung 516

Verzeichnis der Verwaltungsanweisungen 516

Verzeichnis der Materialien aus dem Gesetzgebungs- oder Standardsetzungsprozess . 516

Verzeichnis der Übersichten

Übersicht 1-1:	Einflussfaktoren auf Erkenntnisziel der Untersuchung	5
Übersicht 1-2:	Entwicklung der Exportquote deutscher Unternehmen von 2000 bis 2009	7
Übersicht 1-3:	Bilanzielle Ausschüttungsbemessung als Bestandteil von Problemstellungen in unterschiedlichern Forschungsrichtungen	12
Übersicht 1-4:	Die Hermeneutik als rechtswissenschaftliche Methodik der Auslegung des Handels- und Gesellschaftsrechts zur Kapitalerhaltung	18
Übersicht 1-5:	Bilanztheoretisch-hermeneutisches Schrifttum zur Eignung der internationalen Rechnungslegung für die bilanzielle Ausschüttungsbemessung	19
Übersicht 1-6:	Bilanztheoretisch-deduktives Schrifttum zur Eignung der internationalen Rechnungslegung für die bilanzielle Kapitalerhaltung	22
Übersicht 1-7:	Neo-institutionalistisches Schrifttum zur bilanziellen Ausschüttungsbemessung	27
Übersicht 1-8:	Rechtsvergleichendes Schrifttum zur bilanziellen Ausschüttungsbemessung in den USA und Deutschland	30
Übersicht 1-9:	Gang der Untersuchung	38
Übersicht 2-1:	Struktur des Vorgehens in Kapitel 2	43
Übersicht 2-2:	Typisierte Fremdkapitalüberlassung im Rahmen der *agency*-theoretischen Untersuchung	49
Übersicht 2-3:	Zusammenhang zwischen Gläubigerrisiko und Insolvenzwahrscheinlichkeit	51
Übersicht 2-4:	Abgrenzung maßgeblicher Gläubigerrisiken für die Untersuchung	52
Übersicht 2-5:	Beispiel Forderungsverwässerung: Zahlungsströme der Investitionsalternative A in t_1 und Ansprüche nach erster Fremdfinanzierungsrunde	58
Übersicht 2-6:	Beispiel Forderungsverwässerung (Forts.): Zahlungsströme der Investitionsalternative A in t_1 und Ansprüche nach zweiter Fremdfinanzierungsrunde	59
Übersicht 2-7:	Beispiel Risikoanreizproblem: Zahlungsströme der Investitionsalternativen B und C in t_1 und Zahlungsansprüche der Vertragsparteien	62
Übersicht 2-8:	Rechnungslegung als Schutzinstitution gegen Gläubigerrisiken	69
Übersicht 2-9:	Zielkonflikt zwischen Prognoserelevanz und Objektivierungsstrenge	79
Übersicht 2-10:	Empirische Studien zur Bedeutung der Rechnungslegung aus Gläubigersicht	87
Übersicht 2-11:	Eignung der Bewertungsmaßstäbe zur Ausschüttungsbemessung	112

Übersicht 2-12:	Berechnungsschema nach § 158 Abs. 1 AktG für Bilanzgewinn	124
Übersicht 2-13:	Berechnungsschema nach § 150 Abs. 2 AktG für gesetzliche Rücklage	124
Übersicht 2-14:	Das System handelsrechtlicher Grundsätze ordnungsmäßiger Buchführung als Konkretisierung der handelsrechtlichen Jahresabschlusszwecke	129
Übersicht 3-1:	Struktur des Vorgehens in Kapitel 3	147
Übersicht 3-2:	Entwicklungsschritte bis zum finalen IFRS-SME-Standard	151
Übersicht 3-3:	Ausgewählte quantitative Mittelstandstypologien	158
Übersicht 3-4:	Einteilung der Unternehmen nach Umsatzklassen für 2009	159
Übersicht 3-5:	Einteilung des Gesamtunternehmensbestands nach der Rechtsform für 2009	160
Übersicht 3-6:	Umsatzerlöse nach Rechtsformen im Gesamtunternehmensbestand für 2009	160
Übersicht 3-7:	System qualitativer Anforderungen und allgemeiner Rechnungslegungsgrundsätze zur fair presentation im IFRS-SME	170
Übersicht 3-8:	Qualitative Kriterien gemäß dem neuen Rahmenkonzept des IASB	174
Übersicht 3-9:	Umfang des Erfolgsbegriffs und Art der Erfolgsdarstellung des IFRS-SME	185
Übersicht 3-10:	Regelungshierarchie und Schließen von Regelungslücken in Einklang mit IFRS-SME 10	194
Übersicht 4-1:	Übersicht der für die Untersuchung relevanten IFRS-SME-Einzelnormen	245
Übersicht 4-2:	Struktur des Vorgehens in Kapitel 4	247
Übersicht 4-3:	Klassifikationsschema für die bilanztheoretisch-hermeneutische Würdigung	248
Übersicht 4-4:	Herstellungskostenbestandteile nach HGB und IFRS-SME	252
Übersicht 4-5:	Zusammenfassende Würdigung der Vorratsbilanzierung nach IFRS-SME und HGB	256
Übersicht 4-6:	Abgrenzung der untersuchten Leasingvertragsgestaltungen nach HGB und nach IFRS-SME	259
Übersicht 4-7:	Kriterien des wirtschaftlichen Eigentums bei erlasskonformen Leasingverträgen und nach IFRS-SME 20.5	260
Übersicht 4-8:	Zusammenfassende Würdigung der Leasingbilanzierung nach IFRS-SME und HGB	269
Übersicht 4-9:	Zusammenfassende Würdigung der Rückstellungsbilanzierung nach IFRS-SME und HGB	283
Übersicht 4-10:	Prüfschema zur Abgrenzung von Eigen- und Fremdkapital	288
Übersicht 4-11:	Zusammenfassende Würdigung der Kapitalabgrenzung nach IFRS-SME und HGB	293
Übersicht 4-12:	Überblick der zu untersuchenden Arten der Ertragsrealisation	294
Übersicht 4-13:	Zusammenfassende Würdigung der Ertragsrealisation nach IFRS-SME und HGB	305
Übersicht 4-14:	Zusammenfassende Würdigung der Steuerlatenzierung nach IFRS-SME und HGB	315

Übersicht 4-15:	Entscheidungsbaum zur Abgrenzung des Anwendungsbereichs von IFRS-SME 11 und 12	319
Übersicht 4-16:	Kategorisierung des Bilanzansatzes von Finanzinstrumenten nach HGB und IFRS-SME 11	321
Übersicht 4-17:	Folgebewertungskategorien für einfache Finanzinstrumente nach IFRS-SME 11	326
Übersicht 4-18:	Zusammenfassende Würdigung der Bilanzierung von Finanzinstrumenten nach IFRS-SME und HGB	334
Übersicht 4-19:	Zusammenfassende Würdigung der Bilanzierung des Sachanlagevermögens nach IFRS-SME und HGB	344
Übersicht 4-20:	Zusammenfassende Würdigung der Bilanzierung des immateriellen Anlagevermögens nach IFRS-SME und HGB	356
Übersicht 4-21:	Berechnung der Pensionsverpflichtung aus leistungsorientierten Altersversorgungsplänen nach der PCUM	358
Übersicht 4-22:	Ansatz und Bewertung von Pensionsrückstellungen nach HGB und IFRS-SME 28	362
Übersicht 4-23:	Zusammenfassende Würdigung der Bilanzierung von Pensionsrückstellungen nach IFRS-SME und HGB	366
Übersicht 4-24:	Zusammenfassung des Anpassungsbedarfs eines IFRS-SME-Abschlusses zur Sicherstellung einer qualitativ gleichwertigen Kapitalerhaltung	367
Übersicht 5-1:	Struktur des Vorgehens in Kapitel 5	373
Übersicht 5-2:	Regulierungsoptionen bei Anwendung des IFRS-SME im Einzelabschluss	374
Übersicht 5-3:	Ergebnisse ausgewählter deutscher Studien zur Bedeutung einmaliger und laufender Kosten für SMEs bei einer IFRS-Umstellung	385
Übersicht 5-4:	Ermittlung des Ausschüttungssperrvolumens auf Basis von § 268 Abs. 8 HGB unter Berücksichtigung handelsrechtlicher Steuerlatenzen	393
Übersicht 5-5:	Systematisierung der Eigenkapitalveränderungen und der erforderlichen Zusatzrechnungen	399
Übersicht 5-6:	Prüfschema zur Anwendung außerbilanzieller Ausschüttungskorrekturen	402
Übersicht 5-7:	Verbuchung der Eigenkapitalkorrekturrücklage bei Anwendung des IFRS-SME im Einzelabschluss (Teil 1)	404
Übersicht 5-8:	Verbuchung der Eigenkapitalkorrekturrücklage bei Anwendung des IFRS-SME im Einzelabschluss (Teil 2)	405
Übersicht 5-9:	Adjustierte Ergebnisverwendungsrechnung im Sinne von § 158 Abs. 1 AktG auf Basis eines IFRS-SME-Einzelabschlusses	408
Übersicht 5-10:	Dotierung der gesetzlichen Rücklage im Sinne von § 150 Abs. 2 AktG auf Basis eines IFRS-SME-Einzelabschlusses	409

Übersicht 5-11: Berechnungsgrundlage für Ergebnisverwendungskompetenzen nach § 58 Abs. 1, 2 AktG auf Basis eines IFRS-Einzelabschlusses 410

Übersicht 5-12: Ermittlung des maximalen Ausschüttungspotenzials auf Basis eines IFRS-SME-Einzelabschlusses 411

Übersicht 5-13: Ergebnisse zur Umsetzbarkeit der Regulierungsoptionen für den IFRS-SME in Deutschland............................ 428

Übersicht 5-14: Synthese der Regulierungsempfehlung zur Anwendung des IFRS-SME im Einzelabschluss 434

Übersicht 5-15: Projektphasen für die Umsetzung des realen Fallbeispiels 438

Übersicht 5-16: Bilanzielle Überleitungsrechnung auf HGB-BilMoG (1. Stufe) und auf IFRS-SME (2. Stufe) 455

Abkürzungsverzeichnis

Δ	Delta	Anm. d. Verf.	Anmerkung des Verfassers
§	Paragraf		
%	Prozent	ÄnderungsRL	Änderungsrichtlinie
		AR	The Accounting Review (Zeitschrift)
A			
a. A.	anderer Ansicht	Art.	Artikel
AB	Anfangsbestand	ASB	Accounting Standards Board
ABl.	Amtsblatt der Europäischen Union		
		Aufl.	Auflage
ABl. EG	Amtsblatt der Europäischen Gemeinschaften		
		B	
		BB	Betriebs-Berater (Zeitschrift)
ABR	Accounting and Business Research (Zeitschrift)	BC	Basis for Conclusions
		BdB	Bundesverband deutscher Banken e. V.
Abs.	Absatz		
Abschn.	Abschnitt	BDI	Bundesverband der Deutschen Industrie e. V.
Abt.	Abteilung		
ADHGB	Allgemeines Deutsches Handelsgesetzbuch		
		BFH	Bundesfinanzhof
		BFuP	Betriebswirtschaftliche Forschung und Praxis (Zeitschrift)
AEUV	Vertrag über die Arbeitsweise der Europäischen Union		
		BGB	Bürgerliches Gesetzbuch
a. F.	alte Fassung		
AfA	Absetzung für Abnutzung	BGBl.	Bundesgesetzblatt
		BGH	Bundesgerichtshof
AG	Aktiengesellschaft / Die Aktiengesellschaft (Zeitschrift)	BilMoG	Bilanzrechtsmodernisierungsgesetz
AH	Accounting Horizons (Zeitschrift)	BilReG	Bilanzrechtsreformgesetz
AICPA	American Institute of Certified Public Accountants	BilRiLiG	Bilanzrichtlinien-Gesetz
		BilRL	Bilanzrichtlinie
AinE	Accounting in Europe (Zeitschrift)	BMF	Bundesministerium der Finanzen
AKEU	Arbeitskreis Externe Unternehmensrechnung der Schmalenbach-Gesellschaft e. V.	BMJ	Bundesministerium der Justiz
		bspw.	beispielsweise
		BStBl.	Bundessteuerblatt
		BT	Bundestag
AktG	Aktiengesetz	bzw.	beziehungsweise

C

ca.	circa („ungefähr")
CA	Companies Act
CAR	Contemporary Accounting Research (Zeitschrift)
CMLR	Common Market Law Review (Zeitschrift)
Corp.	Corporation
c. p.	ceteris paribus („unter sonst gleichen Bedingungen")

D

DB	Der Betrieb (Zeitschrift)
DBO	Defined Benefit Obligation(s)
DBW	Die Betriebswirtschaft (Zeitschrift)
DCF	Discounted Cashflow
DG	Directorate General
d. h.	das heißt
DIHK	Deutscher Industrie- und Handelskammertag e. V.
DK	Der Konzern (Zeitschrift)
DRSC	Deutsches Rechnungslegungs Standards Committee e. V.
DStR	Deutsches Steuerrecht (Zeitschrift)
DTI	Department of Trade and Industry

E

EAR	European Accounting Review (Zeitschrift)
EB	Endbestand
EBIT	Earnings Before Interests and Taxes
EBLR	European Business Law Review (Zeitschrift)
EBOR	European Business Organization Law Review (Zeitschrift)
ED	Exposure Draft
EEA	European Economic Area
EEC	European Economic Community
EFRAG	European Financial Reporting Advisory Group
EG	Europäische Gemeinschaft(en)
EGHGB	Einführungsgesetz zum Handelsgesetzbuche
EGV	Vertrag zur Gründung der Europäischen Gemeinschaft
EHUG	Gesetz über elektronische Handelsregister und Genossenschaftsregister sowie das Unternehmensregister
EK	Eigenkapital
endg.	endgültig
EStG	Einkommensteuergesetz
et al.	et alii („und andere")
EU	Europäische Union
EuGH	Europäischer Gerichtshof
EuR	Europarecht (Zeitschrift)
EUR	Euro
EUV	Vertrag über die Europäische Union
e. V.	eingetragener Verein
EWG	Europäische Wirtschaftsgemeinschaft
EWS	Europäisches Wirtschafts- und Steuerrecht (Zeitschrift)
E & Y	Ernst & Young

F
f.	folgende(r) (Seite, Paragraf, Randnummer)
Fair-Value-RL	Fair-Value-Richtlinie
ff.	folgende (Seiten, Paragrafen, Randnummern)
FinanzmarktRL	Finanzmarktrichtlinie
Fn.	Fußnote
Forts.	Fortsetzung

G
GAAP	Generally Accepted Accounting Principles
GD	Generaldirektion
gem.	gemäß
GesRZ	Der Gesellschafter (Zeitschrift)
ggf.	gegebenenfalls
GmbH	Gesellschaft mit beschränkter Haftung
GmbHG	GmbH-Gesetz
GmbHR	GmbH-Rundschau (Zeitschrift)
GoB	Grundsätze ordnungsmäßiger Buchführung
GuV	Gewinn- und Verlustrechnung

H
Hervorh. d. Verf.	Hervorhebung des Verfassers
HGB	Handelsgesetzbuch
HGB-E	HGB-Entwurf
h. M.	herrschende Meinung
Hrsg.	Herausgeber
hrsg.	herausgegeben

I
IAS	International Accounting Standard(s)
IASB	International Accounting Standards Board
IASC	International Accounting Standards Committee
IAS-VO	IAS-Verordnung
ICAEW	Institute of Chartered Accountants in England and Wales
ICAS	Institute of Chartered Accountants of Scotland
i. d. R.	in der Regel
IDW	Institut der Wirtschaftsprüfer in Deutschland e. V.
IfM	Institut für Mittelstandsforschung
IFRIC	International Financial Reporting Interpretations Comittee
IFRS	International Financial Reporting Standard(s)
IFRS for SMEs/ IFRS-SME	International Financial Reporting Standard for Small- and Medium-Sized Entities
IHK	Industrie- und Handelskammer
Inc.	Incorporated
IRZ	Zeitschrift für internationale Rechnungslegung (Zeitschrift)
IStR	Internationales Steuerrecht (Zeitschrift)
IT	Informationstechnologie
i. V.	in Verbindung

J
JAaE	Journal of Accounting and Economics (Zeitschrift)
JAR	Journal of Accounting Research (Zeitschrift)

Jg.	Jahrgang	ModRL	Modernisierungsrichtlinie
JoAAF	Journal of Accounting, Auditing and Finance (Zeitschrift)	MoMiG	Gesetz zur Modernisierung des GmbH-Rechts und zur Bekämpfung von Missbräuchen
JoFE	Journal of Financial Economics (Zeitschrift)		
K		**N**	
Kap.	Kapitel	n. F.	neue Fassung
KapRL	Kapitalrichtlinie	NJW	Neue Juristische Wochenzeitschrift (Zeitschrift)
KfW	Kreditanstalt für Wiederaufbau		
KG	Kommanditgesellschaft	NPAE	Non-Publicly Accountable Entities
KMU	kleine und mittlere Unternehmen	Nr.	Nummer
		NZG	Neue Zeitschrift für Gesellschaftsrecht (Zeitschrift)
KOM	Kommission		
KonzernRL	Konzernbilanzrichtlinie		
KoR	Zeitschrift für internationale und kapitalmarktorientierte Rechnungslegung (Zeitschrift)	**O**	
		o.	ohne
		OCI	Other Comprehensive Income
		o. g.	oben genannt(e)/(er)
KPMG	Klynveld, Peat, Marwick, Goerdeler	OHG	Offene Handelsgesellschaft
		o. V.	ohne Verfasser
L		**P**	
lit.	littera („Buchstabe")	P.	Preface
LLC	Limited Liability Company	p. a.	per annum („pro Jahr")
LLP	Limited Liability Partnership	PCUM	Projected Unit Credit Method
Ltd.	Limited	PE	Private Entities
		PiR	Praxis der internationalen Rechnungslegung (Zeitschrift)
M			
m. a. W.	mit anderen Worten		
max.	maximal	PoC	Percentage of Completion
m. w. N.	mit weiteren Nachweisen		
		PublG	Publizitätsgesetz
MEMO	Memorandum	PwC	PricewaterhouseCoopers
MLR	Modern Law Review (Zeitschrift)		

R

RabelsZ	Zeitschrift für ausländisches und internationales Privatrecht (Zeitschrift)	
RefE	Referentenentwurf	
RegE	Regierungsentwurf	
RGBl.	Reichsgesetzblatt	
RIW	Recht der internationalen Wirtschaft (Zeitschrift)	
RL	Richtlinie	
Rn.	Randnummer	
Rs.	Rechtssache	
RückAbzinsV	Rückstellungsabzinsungsverordnung	

S

s.	section
S.	Seite(n)
S:R	Status Recht (Zeitschrift)
SE	Societas Europaea („Europäische Gesellschaft")
SIC	Standing Interpretations Comittee
Slg.	Sammlung der Rechtsprechung des Europäischen Gerichtshofes
SMEs	Small and Medium-Sized Entities
sog.	sogenannte(r)
Sp.	Spalte
ST	Der Schweizer Treuhänder (Zeitschrift)
StuB	Steuern und Bilanzen (Zeitschrift)
StuW	Steuern und Wirtschaft (Zeitschrift)

T

Tech / TR	Technical Release

U

U. Chi. L. Rev.	University of Chicago Law Review (Zeitschrift)
u. a.	unter anderem
UK	United Kingdom
US	United States (of America)
USA	United States of America

V

v.	von/vom
Va. L. Rev.	Virginia Law Review (Zeitschrift)
vgl.	vergleiche
VMEBF	Vereinigung zur Mitwirkung an der Entwicklung des Bilanzrechts für Familiengesellschaften e. V.
VO	Verordnung
Vol.	Volume
vs.	versus („gegen")

W

Wertpapierdienstleistungs-RL	Wertpapierdienstleistungsrichtlinie
WPg	Die Wirtschaftsprüfung (Zeitschrift)

Z

z. B.	zum Beispiel
ZBB	Zeitschrift für Bankrecht und Bankwirtschaft (Zeitschrift)
ZCG	Zeitschrift für Corporate Governance (Zeitschrift)
ZfB	Zeitschrift für Betriebswirtschaft (Zeitschrift)

ZfbF	Zeitschrift für betriebswirtschaftliche Forschung (Zeitschrift)
ZfhF	Zeitschrift für handelswissenschaftliche Forschung (Zeitschrift)
ZGR	Zeitschrift für Unternehmens- und Gesellschaftsrecht (Zeitschrift)
ZHR	Zeitschrift für das gesamte Handels- und Wirtschaftsrecht (Zeitschrift)
ZIP	Zeitschrift für Wirtschaftsrecht (Zeitschrift)
ZVglRWiss	Zeitschrift für Vergleichende Rechtswissenschaft (Zeitschrift)

1 Einleitung

> *„In der Masse von Begriffen, Regeln und Kunstausdrücken, die wir von unsren Vorgängern empfangen, wird unfehlbar der gewonnnenen Wahrheit ein starker Zusatz von Ihhrthum beygemischt seyn, der mit der traditionellen Macht eines alten Besitzstandes auf uns einwirkt und leicht die Herrschaft über uns gewinnen kann. Um dieser Gefahr zu begegnen, müssen wir wünschen, dass von Zeit zu Zeit die ganze Masse des Überlieferten neu geprüft, in Zweifel gezogen, um seine Herkunft befragt wurde."*
>
> SAVIGNY

11 Ausgangssituation der Untersuchung: Bilanzielle Kapitalerhaltung und IFRS-SME in Deutschland?

Die Aussage SAVIGNYS hebt die Bedeutung hervor, die einer **Überprüfung des wissenschaftlichen Besitzstands** auf seinen „Wahrheitsgehalt" zukommt. Es ist evident, dass auch „Rechnungslegung" als Gesamtheit der „Kunstausdrücke" nach SAVIGNY - m. a. W. die **modellmäßige Transformation** einer erdachten empirischen Struktur in strukturgleiche Zahlen mit dem Zweck der Vermittlung nachprüfbaren Wissens[1] - kein **statisches Konstrukt** darstellt, sondern kontinuierlichen Änderungen unterworfen ist. Ein wesentlicher Treiber hierfür ist die Frage nach den geeigneten Rechnungszwecken, d. h. „**was**" (im Sinne einer erdachten empirischen Struktur) durch den Jahresabschluss als Messinstrument überhaupt gemessen werden soll. Hierbei hilft die Aussage, *„dass das Rechnungswesen nicht Selbstzweck ist, sondern dass es den Erfordernissen des Betriebs zu dienen hat"*[2], nicht weiter, da unklar bleibt, um was es sich bei einem „Betrieb" handelt. Auch bei der Präzisierung des Rechnungszwecks ist zudem die Frage nach dem „**Wie**", d. h. der Regeln zur zahlenmäßigen Transformation dieser Strukturen, zu beantworten.

---

[1] Vgl. in diesem Sinne SCHNEIDER, D., Betriebswirtschaftslehre, Band 2: Rechnungswesen, S. 3-7; SCHNEIDER, D., Rechtsfindung durch Deduktion, S. 149-152; zur Gewinngröße bereits im Jahr 1924 ähnlich TER VEHN, A., Gewinnbegriffe in der Betriebswirtschaft, S. 361 („*Denkergebnis*").

[2] SCHMALENBACH, E., Die Doppelte Buchführung, S. 5 (Vorwort).

Die Tatsache, dass sowohl über die **Frage nach den Rechnungszwecken** als auch nach deren **strukturmäßigen Abbildungsregeln** bisher auf nationaler und internationaler Ebene kein hinreichender Konsens erzielt worden ist, hebt die **grundlegende Bedeutung dieser Fragestellung** hervor. In Deutschland wurde hierüber bereits bei Einführung des Allgemeinen Landrechts in Preußen im Jahr 1794 und des Allgemeinen Deutschen Handelsgesetzbuchs (ADHGB) von 1861 diskutiert.[3] Mit der wachsenden Bedeutung der International Financial Reporting Standards (IFRS)[4] in Deutschland hat die wissenschaftliche Auseinandersetzung hiermit in den vergangenen beiden Jahrzehnten - in Abgrenzung zur „traditionellen" Bilanzierung nach dem Handelsgesetzbuch (HGB) - ein zusätzliches Momentum erfahren. Auch wenn diese Arbeit nicht den Anspruch erhebt, einen umfassenden Lösungsansatz für diese beiden grundlegenden Problemkomplexe zu entwickeln, so sollen die folgenden Ausführungen die Diskussion um eine hochaktuelle Facette **zur Bedeutung der Rechnungslegung als Instrument des Gläubigerschutzes** (Rechnungszweck) - hier auf Basis des IFRS-SME - und deren „zweckadäquate" Abbildungsregeln erweitern. Wie im Rahmen dieser Arbeit gezeigt wird, bedarf es insbesondere einer ökonomischen Konkretisierung des *a priori* konturlosen Begriffs des „Gläubigerschutzes" durch ein **ökonomisches Strukturmodell**.[5] Dies lässt sich durch **neo-institutionalistische Ansätze** erreichen.

Im Gegensatz zum angelsächsichen Raum (USA, Großbritannien) handelt es sich in Deutschland bei den **Rechnungslegungsvorschriften** um **Rechtsnormen**, d. h. der handelsrechtliche Jahresabschluss ist ein „*Rechtsinstitut*"[6]. Trotz der im Detail unterschiedlichen Systematisierungen der Rechnungszwecke[7] besteht ein **wesentliches Ziel der Rechnungslegungsregulierung** in Deutschland darin, die Ausschüttungsansprüche der

---

3 Vgl. zur Historie der Rechnungslegung in Deutschland SCHNEIDER, D., Betriebswirtschaftslehre, Band 2: Rechnungswesen, S. 33-45; BALLWIESER, W., Nutzen handelsrechtlicher Rechnungslegung, S. 2-7; speziell zur Ausgestaltung des ADHGB SCHÖN, W., Enwicklung und Perspektiven des Handelsbilanzrechts, S. 135-140.

4 Vgl. Abschnitt 12. Die IFRS umfassen die *International Financial Reporting Standards* (IFRS), *International Accounting Standards* (IAS) und alle Interpretationen des *International Financial Reporting Interpretations Committee* (IFRIC) bzw. der Vorgängerorganisation *Standing Interpretations Committee* (SIC). Nachfolgend wird unter dem Begriff der IFRS die Gesamtheit dieser Regelungen verstanden, es sei denn, dass sich auf einen speziellen Standard oder Interpretation bezogen wird.

5 Vgl. hierzu SCHNEIDER, D., Rechtsfindung durch Deduktion, S. 152-154.

6 BEISSE, H., Bilanzrecht und Betriebswirtschaftslehre, S. 6.

Abschnitt 11: Ausgangssituation der Untersuchung: Bilanzielle Kapitalerhaltung und IFRS-SME in Deutschland?

Eigentümer von Kapitalgesellschaften durch die bilanzielle Festlegung eines maximalen Ausschüttungsvolumens zu Gunsten der Gläubiger einzugrenzen (**Ausschüttungsbemessungsfunktion**). In Deutschland wird die Ausschüttungsbemessung über das **Konzept der Kapitalerhaltung** umgesetzt.[8] Kennzeichnend hierfür ist bei Kapitalgesellschaften die **enge Verzahnung zwischen Handels- und Gesellschaftsrecht**, wodurch dem **Schutz der Unternehmensgläubiger vor Ausschüttungen**, die das Eigenkapital als Haftungssubstrat aus Gläubigersicht ungerechtfertigt verringern, ein nicht zu unterschätzender Stellenwert beigemessen wird. Die Untersuchung der Zweckadäquanz eines Rechnungslegungssystems zur bilanziellen Kapitalerhaltung ist durch eine hohe Komplexität gekennzeichnet, da diese nicht auf die Rechtsmaterie des HGB beschränkt bleiben kann. Vielmehr sind die **Wirkungszusammenhänge mit dem Gesellschaftsrecht** in Form des **AktG** und des **GmbHG** und die Rechtsfolgen bei einer Änderung des bilanziellen Bezugssystems auf die Normen des Gesellschaftsrechts in die Betrachtung zu integrieren. Eine zusätzliche Komplexitätssteigerung erfährt die Untersuchungsmaterie durch den **hohen Einfluss europarechtlicher Regulierungsvorgaben**, die die Entwicklung und die Anwendung des deutschen Gesellschafts- und des Handelsrechts erheblich beeinflussen. Diese sind für die folgende Untersuchung zwingend zu berücksichtigen. Daneben bestehen **Wirkungszusammenhänge zwischen Handels- und Steuerrecht**, insbesondere im Rahmen des sog. **Maßgeblichkeitsprinzips** nach § 5 Abs. 1 Satz 1 EStG,[9] welches das Steuer- und das Handelsrecht konzeptionell zu *einem* Rechenwerk verknüpft („**Einheitsbilanz**")[10].

---

7 Vgl. u. a. MOXTER, A., Bilanzlehre, Band I, S. 81-148; BEISSE, H., Zum neuen Bild des Bilanzrechtssystems, S. 5-31. In dieser Arbeit wird das auf Basis der grundlegenden Arbeit von LEFFSON weiterentwickelte System von BAETGE angewendet. Vgl. hierzu LEFFSON, U., Die Grundsätze ordnungsmäßiger Buchführung; BAETGE, J./ZÜLCH, H., Rechnungslegungsgrundsätze nach HGB und IFRS, in: HdJ, Abt. I/2 (2010), Rn. 1-121.

8 Im Folgenden werden die Begriffe „Ausschüttungsbemessung" und „Ausschüttungsbegrenzung" synonym verwendet. Davon abgrenzend kennzeichnet der Begriff der „Kapitalerhaltung" die spezifische Ausgestaltungsvariante einer bilanziellen Ausschüttungsbemessung, welche in Deutschland über die enge Verknüpfung zwischen Handels- und Gesellschaftsrecht umgesetzt wird. Vgl. hierzu Abschnitt 232.

9 Vgl. zum Maßgeblichkeitsprinzip in Deutschland u. a. KAHLE, H., Internationale Rechnungslegung, S. 170-176; DZIADKOWSKI, D./HENSELMANN, K., in: Beck HdR, B 120 (2004).

10 Vgl. u. a. SCHNEIDER, D., Betriebswirtschaftslehre, Band 2: Rechnungswesen, S. 324. Die Bedeutung der sog. Steuerbemessungsfunktion bleibt in Einklang mit den Untersuchungsprämissen ausgeklammert. Vgl. Abschnitt 15.

Kapitel 1: Einleitung

Die Implikationen der Änderung des bilanziellen Bezugssystems auf die Funktionszusammenhänge zwischen Handels- und Gesellschaftsrecht bei der Ausschüttungsregulierung werden die folgenden Ausführungen noch verdeutlichen. Im besonderen Fokus steht dabei als **Problemstellung dieser Arbeit** die Anwendbarkeit einer Rechnungslegung auf Basis des **International Financial Reporting Standard for Small- and Medium-Sized Entities (IFRS for SMEs bzw. kurz IFRS-SME)**[11] für Zwecke der bilanziellen Kapitalerhaltung im Einzelabschluss. Dieser „*IASB-Mittelstandsstandard*"[12] wurde am 9. Juli 2009 nach fast zehnjährigen Diskussionen durch das Standardsetzungsgremium INTERNATIONAL ACCOUNTING STANDARDS BOARD (IASB) verabschiedet.[13] Seitdem findet eine breite Diskussion darüber statt, in welcher Form der IFRS-SME Anwendung finden sollte.[14] Nachfolgend wird mit der o. g. Problemstellung das **Erkenntnisziel** formuliert und die **zentralen Einflussfaktoren** auf diese Zielsetzung herausgearbeitet.

12 Erkenntnisziel der Untersuchung und zentrale Einflussfaktoren auf diese Zielsetzung

Auf Basis der vorgegebenen Problemstellung besteht das **Erkenntnisziel dieser Untersuchung** darin, eine Empfehlung zur künftigen Rechnungslegungsregulierung, vor allem zur Anwendbarkeit des IFRS-SME im geltenden Kapitalerhaltungsregime zu entwickeln. Die **zentralen Einflussfaktoren** auf die künftige Rechnungslegungsregulierung sind die **zunehmende internationale Verflechtung der Güter- und Kapitalmärkte** sowie hiervon ausgehend die **kontinuierliche Weiterentwicklung des deutschen Bilanzrechts** in Richtung der IFRS (vgl. *Übersicht 1-1*). Diese beiden Einflussfaktoren werden verstärkt unter **Berücksichtigung der Bedürfnisse mittelständischer Unternehmen**[15] diskutiert.

---

11 Im Unterschied zu den IFRS regelt der IFRS-SME sämtliche Bilanzierungssachverhalte in *einem* Standard (*omnibus*-Standard). Der Bezug zu den Bilanzierungsvorschriften im IFRS-SME wird nachfolgend durch Verweis auf die entsprechende Textziffer im Standardwerk kenntlich gemacht.
12 ZÜLCH, H./GÜTH, S., Der deutsche Standpunkt zum IFRS for SMEs, S. 577.
13 Vgl. hierzu Abschnitt 322.
14 Vgl. u. a. KORTH, H.-M./KSCHAMMER, M., Untersuchung der EU-Kommission, S. 1687-1693; ZÜLCH, H./GÜTH, S., Europäisches Bilanzrecht und bilanzieller Kapitalschutz, S. 460-473; ZÜLCH, H./GÜTH, S./STAMM, A., Einzelabschluss nach dem IFRS for SMEs, S. 709-721; SCHILDBACH, T., Einsatzmöglichkeiten des IFRS for SMEs in Europa, S. 114-119; BAETGE, J./BREMBT, T., Möglichkeiten einer einheitlichen Rechnungslegung, S. 572-580; ZÜLCH, H./GÜTH, S./STAMM, A., Der Entwurf einer neuen Bilanzrichtlinie, S. 413-419.

Abschnitt 12: Erkenntnisziel der Untersuchung und zentrale Einflussfaktoren auf diese Zielsetzung

Übersicht 1-1: *Einflussfaktoren auf Erkenntnisziel der Untersuchung*

Die zunehmende **Verflechtung der internationalen Güter- und Kapitalmärkte**, unter dem Schlagwort „Globalisierung" bekannt geworden, resultiert vor allem aus den bedeutenden Fortschritten im Bereich der Kommunikations- und Transporttechniken, durch die Liberalisierung des Welthandels, sowie gesunkener Transaktionskosten. Für mittelständische Unternehmen ergeben sich hierdurch **erweiterte Marktzugangsmöglichkeiten** bei einem **intensiver werdenden Wettbewerbsumfeld**. Diese Entwicklung manifiert sich auch in einer **zunehmenden Bedeutung von Exportmärkten**, **Direktinvestitionen** sowie **Kooperationen** mit **ausländischen Kunden, Lieferanten** und **Kapitalgebern**.[16] Im Zuge der immer stärkeren internationalen Ausrichtung mittelständischer Unternehmen steigt gleichzeitig die Notwendigkeit, die **ausländischen Vertragspartner** über die eigenen wirt-

---

[15] Der Begriff „Kleine und mittelgroße Unternehmen" (KMU) bzw. „Mittelstand" ist in Deutschland durch die Größenklassen in § 267 HGB bzw. die quantitative Abgrenzung in Art. 11 und 27 BilRL in der EU geprägt. Wie in Abschnitt 323.2 gezeigt wird, entspricht diese Abgrenzung nicht dem durch das IASB vorgegebenen Anwenderkreis des IFRS-SME, der eine qualitative Abgrenzung in Form von *Small and Medium-Sized Entities* (SMEs) zugrunde liegt. Sofern nicht explizit ausgeführt, lehnt sich der Begriff „Mittelstand" nachfolgend an diese SME-Definition an.

[16] Vgl. zur empirischen Evidenz der zunehmenden Internationalisierung des Mittelstands BASSEN, A./BEHNHAM, M/GILBERT, D., Internationalisierung des Mittelstands, S. 416-428.

schaftlichen Verhältnisse mit **Hilfe der Rechnungslegung zu informieren**.[17] Durch die zunehmende Ausdehnung grenzüberschreitender Tätigkeiten gewinnt für deutsche SMEs zudem die Ausgestaltung ausländischer Rechtsvorschriften, bspw. bei der Bestimmung des maximal zulässigen Ausschüttungsbetrags einer ausländischen Tochtergesellschaft, stark an Bedeutung. Insgesamt ist ein **steigender Bedarf an internationalen Rechnungslegungsvorschriften** auch für mittelständische Unternehmen erkennbar. Bei einem Festhalten am geltenden Kapitalerhaltungsregime kann dies unter Umständen zu Konflikten mit dem nationalen Rechtsrahmen (bspw. in Form des Kapitalerhaltungsregimes) führen, sofern die internationalen Rechnungslegungsvorschriften mit den Anforderungen an eine bilanzielle Kapitalerhaltung kollidieren. Dem wachsenden Bedarf nach internationalen Rechnungslegungsvorschriften wird u. a. durch die **hohe Bedeutung supranationaler Regulierung** auf Ebene der EUROPÄISCHEN UNION (EU) entsprochen.

Die zunehmende Verflechtung und damit die steigende Bedeutung der internationalen Güter- und Kapitalmärkte lässt sich bspw. auf Basis der zuletzt verfügbaren **Umsatzsteuerstatistik** des Jahres 2009 des STATISCHEN BUNDESAMTS i. V. mit einer hierfür in Auftrag gegebenen Sonderauswertung des INSTITUTS FÜR MITTELSTANDSFORSCHUNG (IFM) nachweisen. Seit dem Jahr 2000 ist die **Exportquote**[18] von KMU[19] kontinuierlich von 8,0% bis auf 10,0% im Jahr 2008 angestiegen, während sie bedingt durch die Wirtschafts- und Finanzkrise in 2009 wieder auf 9,3% zurückgegangen ist (vgl. *Übersicht 1-2*). Ein ähnliches Bild ergibt sich bei Betrachtung sämtlicher Unternehmen (**Gesamtunternehmensbestand**). Hierfür konnte ein Anstieg von 16,1% bis auf 18,9% in 2008 verzeichnet werden, bevor die Exportquote krisenbedingt auf 16,8% in 2009 rückläufig war. Der **Exportumsatz**[20] von KMU ist von EUR 143,7 Mrd. in 2000 bis auf

---

17 Vgl. FÜLBIER, R./GASSEN, J., Bilanzrechtsregulierung, S. 146; zu den primären Rechnungslegungsadressaten vom SMEs auch ZÜLCH, H./GÜTH, S., Internationalisierung der Rechnungslegung, S. 502-504.

18 Die Exportquote kennzeichnet den Anteil der Exportumsätze an den gesamten Umsätzen. Vgl. IFM (HRSG.), Die Bedeutung der außenwirtschaftlichen Aktivitäten, S. 35. Die folgenden Daten beziehen sich auf die Sonderauswertung des IFM. Vgl. hierzu IFM (HRSG.), Exportquote 2000 bis 2009.

19 Hierbei wird die Abgrenzung auf Basis der IFM-Definition vorgenommen, wonach die Unternehmen einen Jahresumsatz von weniger EUR 50 Mio. erwirtschaften und weniger als 500 Mitarbeiter beschäftigen.

EUR 200,0 Mrd. in 2008 angestiegen, während er in 2009 wieder auf EUR 176,8 Mrd. zurückgegangen ist. Der Gesamtunternehmensbestand erwirtschaftete demgegenüber in 2009 Exportumsätze von EUR 823,1 Mrd. Dies bedeutet, dass KMU mehr als ein Fünftel (21,5%) der Exportumsätze der Bundesrepublik Deutschland auf sich vereinigen. Führt man sich vor Augen, dass die Definition des IFM eine vergleichsweise eng gefasste Mittelstandstypologie verwendet, so lässt sich hieraus die Schlussfolgerung ziehen, dass die **Verflechtung der internationalen Güter- und Kapitalmärkte** auch für die **Zielanwender des IFRS-SME** eine **hohe Bedeutung** einnehmen dürfte.[21]

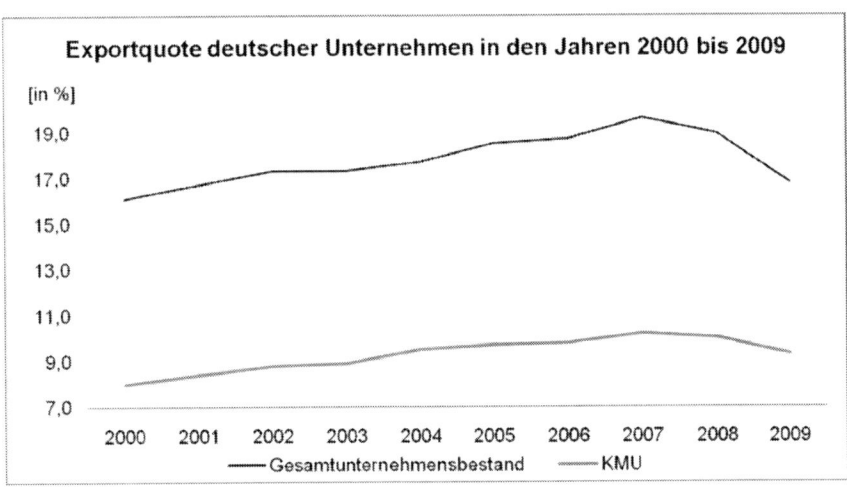

Übersicht 1-2: Entwicklung der Exportquote deutscher Unternehmen von 2000 bis 2009

Aufgrund des steigenden Bedarfs international harmonisierter Rechnungslegungsvorschriften - nicht zuletzt bei SMEs - hat sich das **deutsche Bilanzrecht** im vergangenen Jahrzehnt **kontinuierlich in Richtung der IFRS weiterentwickelt**. Der maßgebliche

---

20 Die Definition des Exportumsatzes des IFM entspricht dem Merkmal „Steuerfreie Umsätze mit Vorsteuerabzug" der Umsatzsteuerstatistik 2009. Vgl. IFM (HRSG.), Die Bedeutung der außenwirtschaftlichen Aktivitäten, S. 29 f. Die folgenden Daten beziehen sich auf die Sonderauswertung des IFM. Vgl. hierzu IFM (HRSG.), Exportumsatz der Exportunternehmen 2000 bis 2009.

21 Hierauf deuten auch jüngste Befragungen bei deutschen SMEs hin. Vgl. u. a. die Studien von EIERLE, B./HALLER, A./BEIERSDORF, K., IFRS for SMEs - nicht-kapitalmarktorientierte Unternehmen, S. 1589; MANDLER, U., Der deutsche Mittelstand, S. 5 f.; OEHLER, R., Auswirkungen einer IAS/IFRS-Umstellung bei KMU, S. 25 f.; EIERLE, B./BEIERSDORF, K./HALLER, A., Deutsche nicht-kapitalmarktorientierte Unternehmen und ED-IFRS for SMEs, S. 156. Eine schwächere Bedeutung von Auslandsaktivitäten ergibt sich in der Studie von KAJÜTER, P./BARTH, D./DICKMANN, T./ZAPP, P., Rechnungslegung nach IFRS im deutschen Mittelstand, S. 1878.

Eckpfeiler war die Verabschiedung der sog. **IAS-Verordnung (IAS-VO)** in der EU im Jahr 2002. Diese wurde durch das Bilanzrechtsreformgesetz (BilReG)[22] im Jahr 2004 in deutsches Recht transformiert. **Kapitalmarktorientierte Kapitalgesellschaften** müssen für Geschäftsjahre, die am oder nach dem 1. Januar 2005 begannen, ihren **Konzernabschluss** verbindlich **nach den IFRS** aufstellen. Eine befreiende Anwendbarkeit der IFRS für Zwecke der Ausschüttungsbemessung im Einzelabschluss wurde in Deutschland nicht umgesetzt. Dies wurde mehrheitlich begrüßt, da die IFRS-Bilanzierung zur bilanziellen Kapitalerhaltung als nicht zweckadäquat angesehen wird.[23] In einem derartigen Szenario hätten die Abschlussersteller für Kapitalerhaltungszwecke eine Zusatzrechnung, bspw. auf Basis **außerbilanzieller Ausschüttungskorrekturen**, erstellen müssen. Dies hätte einen weiteren Bedeutungsanstieg der durch die jüngste Reform des HGB umfassend eingeführten **Ausschüttungssperren** zur Folge gehabt. Vor allem für SMEs mit überschaubarer Ressourcenausstattung könnte sich eine **überproportionale Zusatzbelastung** gegenüber einem HGB-Jahresabschlusses ergeben, der auch zur gesellschaftsrechtlichen Kapitalerhaltung herangezogen wird. Aufgrund des potenziellen Zusatzaufwands ist zu beobachten, dass den **IFRS** unter Verweis auf ein mangelhaftes Kosten-/Nutzen-Verhältnis die **Eignung als Rechnungslegungssystem für mittelständische Unternehmen** abgesprochen wird.[24]

Der steigende Einfluss der harmonisierten internationalen Rechnungslegung (IFRS) spiegelt sich auch in den Reformmaßnahmen des **Bilanzrechtsmodernisierungsgesetzes (BilMoG)**[25] wider, das im Jahr 2009 verabschiedet wurde. Erklärtes Ziel des Gesetzgebers ist es, den deutschen Unternehmen eine vollwertige, aber kostengünstigere und

---

22 Vgl. Gesetz zur Einführung internationaler Rechnungslegungsstandards und zur Sicherung der Qualität der Abschlussprüfung (Bilanzrechtsreformgesetz - BilReG) vom 4. Dezember 2004, BGBl. I 2004, S. 3166-3182.

23 Vgl. u. a. SCHILDBACH, T., IAS als Rechnungslegungsstandards für alle, S. 271 f.; KIRSCH, H.-J., Zur Frage der Umsetzung der Mitgliedsstaatenwahlrechte, S. 276; WÜSTEMANN, J./BISCHOF, J./ KIERZEK, S., Internationale Gläubigerschutzkonzeptionen, S. 16; PELLENS, B./KEMPER, T./ SCHMIDT, A., Geplante Reformen im Recht der GmbH, S. 420 f.; a. A. BÖCKING, H.-J., IAS für Konzern- und Einzelabschluss, S. 1437; BUSSE VON COLBE, W., Paradigmenwechsel, S. 170.

24 Vgl. u. a. KAHLE, H./DAHLKE, A., IFRS für mittelständische Unternehmen, S. 318; OEHLER, R., Auswirkung einer IAS/IFRS-Umstellung bei KMU, S. 246; MANDLER, U. Der deutsche Mittelstand, S. 95; KAHLE, H., IAS im Einzel- und Konzernabschluss, S. 273 f.; SCHILDBACH, T., IAS als Rechnungslegungsstandard für alle, S. 271, HALLER, A., IFRS für alle Unternehmen, S. 415; HENNRICHS, J., Pro und Contra, S. 485.

einfachere Alternative zu den IFRS zu bieten, um die Anwendung der IFRS und das vorgebliche Problem eines mangelhaften Kosten-/Nutzen-Verhältnisses speziell für SMEs zu umgehen.[26] Dabei sollen die (kapitalerhaltungsorientierten) Eckpfeiler des HGB beibehalten und zugleich das Informationsniveau eines HGB-Abschlusses gestärkt werden.[27] Eine umfassende Abkehr vom HGB schließt der deutsche Gesetzgeber derzeit aus. Die mit dem BilMoG beabsichtigte maßvolle Annäherung des HGB an die IFRS[28] führt unmittelbar dazu, dass die handels- und steuerrechtlichen Normen nunmehr in deutlich stärkerem Umfang auseinanderfallen und sich der Gesetzgeber somit auch ohne direkte Anwendung der IFRS vom vormaligen Leitbild einer Einheitsbilanz deutlich entfernt hat.[29] In Deutschland ist eine mögliche **Anwendung des IFRS-SME** überwiegend auf Ablehnung gestoßen.[30] Auch die **Eignung des IFRS-SME zur bilanziellen Kapitalerhaltung** wurde **verneint**, ohne dass die Einzelregelungen des IFRS-SME mit Blick auf ihre Eignung für die bilanzielle Ausschüttungsbemessung in ausreichendem Umfang kritisch gewürdigt wurden.[31] Der Entwicklung von Alternativkonzepten zur **Einbindung des IFRS-SME in das bestehende gesellschaftsrechtliche Kapitalschutzsystem** wurde bisher nur in eingeschränktem Umfang Beachtung geschenkt.

---

25 Vgl. Gesetz zur Modernisierung des Bilanzrechts (Bilanzrechtsmodernisierungsgesetz - BilMoG) vom 25. Mai 2009, BGBl. I 2009, S. 1102-1137.

26 Vgl. BT-Drucksache 16/12407, S. 1. Auch wenn sich der Gesetzgeber in seiner Gesetzesbegründung explizit auf die IFRS verweist, so besteht im Schrifttum Einigkeit darin, dass das BilMoG auch eine Reaktion auf die sich während des Gesetzgebungsverfahrens abzeichnende Verabschiedung des IFRS-SME gewesen sein dürfte. Dies wird auch daran deutlich, dass der Gesetzgeber explizit auf die spezifischen Anforderungen mittelständischer Unternehmen an Rechnungslegungssysteme verweist. Vgl. zur Begründung für die Reform des HGB auch ERNST, C./ SEIDLER, H., Gesetz zur Modernisierung des Bilanzrechts, S. 766 f.; GÜNTHER, A., Modell für die Überarbeitung der Bilanzrichtlinien, S. 24.

27 Vgl. BT-Drucksache 16/12407, S. 1.

28 Vgl. BT-Drucksache 16/12407, S. 79 und S. 82.

29 So u. a. HENNRICHS, J., Pro und Contra, S. 478; THEILE, C., Totenglocken für das Maßgeblichkeitsprinzip, S. 2385; WEBER-GRELLET, H., Grundfragen und Zukunft der Gewinnermittlung, S. 2306; HERZIG, N./BRIESEMEISTER, S., Unterschiede zwischen Handels- und Steuerbilanz nach BilMoG, S. 77.

30 Vgl. ZWIRNER, C./KÜNKELE, K., Kein Raum für die Anwendung des IFRS for SMEs in Deutschland, S. 465; FÜLBIER, R./GASSEN, U./OTT, E., IFRS for SMEs für den europäischen Mittelstand, S. 1360; JANSSEN, J./GRONEWOLD, U., IFRS for SMEs, S. 80, a. A. BÖMELBURG, P./LANDGRAF, C./PÖPPEL, A., IFRS für KMU, S. 298; SCHREINER, T., IFRS für KMU, S. 21; SCHILDBACH, T., Einsatzmöglichkeiten des IFRS for SMEs in Europa, S. 117.

31 Vgl. hierfür exemplarisch WENK, M./JAGOSCH, C./SCHMIDT, S., IFRS for SMEs 2009, S. 2169; HAAG, M., Chancen und Grenzen einer Vereinheitlichung der Rechnungslegung, S. 2323.

Kapitel 1: Einleitung

Die dargestellten Einflussfaktoren (**zunehmende Verflechtung der internationalen Güter- und Kapitalmärkte, kontinuierliche Weiterentwicklung des deutschen Bilanzrechts in Richtung der IFRS**) haben verdeutlicht, dass **für einige SMEs** perspektivisch durchaus **ein Bedarf nach international harmonisierten Rechnungslegungsvorschriften** entstehen kann.[32] Demgegenüber ist die vollständige Abkehr vom HGB - hiermit auch faktisch vom Kapitalerhaltungsregime - unwahrscheinlich.[33] Bei der Entwicklung einer Regulierungsempfehlung für den IFRS-SME (vgl. *Übersicht 1-1*) ist vor diesem Hintergrund sicherzustellen, dass es nicht zu einem „*Frontalangriff auf die Grundfesten des deutschen Bilanzrechts*"[34] kommt.

Für eine wissenschaftliche Untersuchung, die diesem Erkenntnisziel gerecht wird, ist ein **zweistufiges Vorgehen** angezeigt. **Erstens** ist zu untersuchen, inwiefern die Rechnungslegung nach dem IFRS-SME mit dem Konzept der bilanziellen Kapitalerhaltung vereinbar ist. **Zweitens** ist im Falle von Konflikten mit den Anforderungen des Kapitalerhaltungszwecks an die Rechnungslegung herauszuarbeiten, ob eine Regulierung auf Basis des IFRS-SME als Alternative zum HGB weiterfolgt werden sollte und - falls dies zu bejahen ist - welche Regulierungsalternativen zur Verfügung stehen, die die Anwendung des IFRS-SME bei gleichzeitiger Erfüllung des Kapitalerhaltungszwecks erlauben. Auf Basis des o. g. Erkenntnisziels ist das Forschungsdesign dieser Arbeit zu entwickeln. Hierfür bietet sich die Systematisierung der in Frage kommenden Forschungsrichtungen an.

13 Systematisierung der Forschungsrichtungen auf Basis des Erkenntnisziels und Stand der Forschung

131. Überblick

In den einleitenden Ausführungen wurde bereits die kapitalerhaltende Ausschüttungsbemessung als eine der zentralen Funktionen der handelsrechtlichen Rechnungslegung

---

32 Vgl. ZÜLCH, H./GÜTH, S./STAMM, A., Einzelabschluss nach dem IFRS for SMEs, S. 710. 34% der in der zitierten Studie des BDI/DRSC befragten Unternehmen können sich eine IFRS-SME-Bilanzierung im Einzelabschluss vorstellen, wobei 53% eine Ausschüttungsbemessung auf Basis des IFRS-SME voraussetzen.

33 Vgl. ZÜLCH, H./GÜTH, S./STAMM, A., Einzelabschluss nach dem IFRS for SMEs, S. 712.

34 WÜSTEMANN, J., Aus den Fugen, S. 1 (mit Blick auf die Neuerungen des HGB im Zuge des BilMoG).

Abschnitt 13: Systematisierung der Forschungsrichtungen auf Basis des Erkenntnisziels und Stand der Forschung

im Einzelabschluss in Deutschland identifiziert. Nicht zuletzt aufgrund der o. g. Einflussfaktoren - vor allem mit Blick auf die zunehmende internationale Verflechtung der Güter- und Kapitalmärkte - dürfte es nicht überraschen, dass **Untersuchungen** zur **Ausgestaltung, Anwendbarkeit** und **Weiterentwicklung** der **bilanziellen Kapitalerhaltung.** Gegenstand intensiver Forschungsbemühungen waren und weiterhin sind. Um einen strukturierten Überblick über den derzeitigen Forschungsstand zu gewährleisten, bietet sich eine Kategorisierung auf Basis derjenigen **Forschungsrichtungen** an, bei denen Problemstellungen zur Ausschüttungsbemessung als Untersuchungsgegenstand behandelt werden. In dieser Arbeit kennzeichnet der **Begriff der Forschungsrichtung** eine jeweilige **wissenschaftliche Gemeinschaft**, die ein **hohes Maß an Übereinstimmung** mit Blick auf ihren **Strukturkern** der Forschung aufweist.[35] Unter **Strukturkern** wird allgemein die **Ausformung einer Problemlösungsidee** in Abhängigkeit eines gegebenen Erkenntnisziels verstanden.[36] Die Forschungsmethodik der Untersuchungen ist dabei vor allem davon abhängig, ob ein **normativ-präskriptives** oder ein **positiv-deskriptives Erkenntnisziel** verfolgt wird. In diesem Sinne ist für die Zwecke dieser Arbeit die Unterscheidung in die **bilanztheoretische Forschungsrichtung**, die **Forschungsrichtung der ökonomischen Analyse des Rechts** (primär neo-institutionalistische Untersuchungen)[37] sowie die **rechtsvergleichende Forschungsrichtung** zu differenzieren. Der synoptische Überblick

---

35 Der in dieser Arbeit gewählte Begriff der Forschungsrichtung wird bewusst in Abgrenzung zum häufig verwendeten Terminus des „Forschungsprogramms" gewählt, um zwei Aspekte für die nachfolgende Darstellung hervorzuheben: Erstens werden nachfolgend Untersuchungsbeiträge aus unterschiedlichen Wissenschaftsdisziplinen (hier insbesondere der Wirtschafts- und der Rechtswissenschaften) miteinander verglichen. Zweitens werden innerhalb einer Forschungsrichtung sowohl positiv-deskriptiv als auch normativ-präskriptiv ausgerichtete Beiträge zusammengefasst. Ein Forschungsprogramm kennzeichnet demgegenüber untesrschiedliche Richtungen *innerhalb* einer Wissenschaft auf Basis der Kritieren Semantik, Syntax und Pragmatik. Eine Subsumption rechts- und wirtschaftswissenschaftlicher Untersuchungen unter einer einheitlichen Kennzeichnung für ein Forschungsprogramm (z. B. im Fall bilanztheoretischer Untersuchungen) ist daher methodologisch fragwürdig. Vgl. SCHNEIDER, D., Betriebswirtschaftslehre, Band 1: Grundlagen, S. 156.

36 Vgl. SCHNEIDER, D., Betriebswirtschaftslehre, Band 1: Grundlagen, S.169-172.

37 Die Forschungsrichtung der ökonomischen Analyse basiert nicht zwingend auf neo-institutionalistischen Untersuchungen. Für diese Arbeit sind aber primär neo-institutionalistische Untersuchungen einschlägig. Vgl. hierzu Abschnitt 133.

über die Forschungsrichtungen (vgl. *Übersicht 1-3*) macht das Spektrum der Erkenntnisziele und der angewandten Forschungsmethoden deutlich.[38]

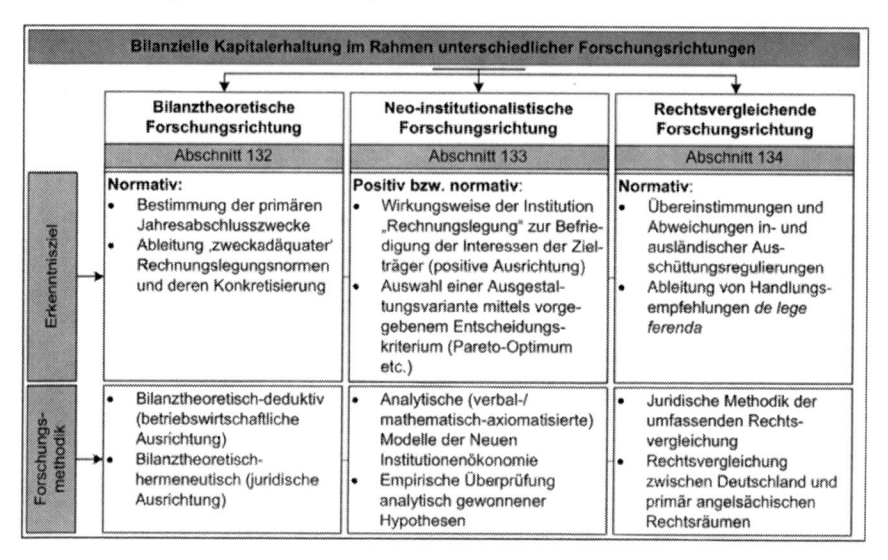

	Bilanztheoretische Forschungsrichtung	Neo-institutionalistische Forschungsrichtung	Rechtsvergleichende Forschungsrichtung
	Abschnitt 132	Abschnitt 133	Abschnitt 134
Erkenntnisziel	Normativ: • Bestimmung der primären Jahresabschlusszwecke • Ableitung ‚zweckadäquater' Rechnungslegungsnormen und deren Konkretisierung	Positiv bzw. normativ: • Wirkungsweise der Institution „Rechnungslegung" zur Befriedigung der Interessen der Zielträger (positive Ausrichtung) • Auswahl einer Ausgestaltungsvariante mittels vorgegebenem Entscheidungskriterium (Pareto-Optimum etc.)	Normativ: • Übereinstimmungen und Abweichungen in- und ausländischer Ausschüttungsregulierungen • Ableitung von Handlungsempfehlungen *de lege ferenda*
Forschungs-methodik	• Bilanztheoretisch-deduktiv (betriebswirtschaftliche Ausrichtung) • Bilanztheoretisch-hermeneutisch (juridische Ausrichtung)	• Analytische (verbal-/ mathematisch-axiomatisierte) Modelle der Neuen Institutionenökonomie • Empirische Überprüfung analytisch gewonnener Hypothesen	• Juridische Methodik der umfassenden Rechtsvergleichung • Rechtsvergleichung zwischen Deutschland und primär angelsächsischen Rechtsräumen

Übersicht 1-3: Bilanzielle Ausschüttungsbemessung als Bestandteil von Problemstellungen in unterschiedlichern Forschungsrichtungen[39]

Nachfolgend werden daher die für diese Arbeit relevanten Untersuchungen in der gebotenen Kürze vorgestellt, indem deren jeweiliges **Erkenntnisziel**, **Forschungsmethodik** und **Untersuchungsergebnisse** mit Blick auf das Erkenntnisziel dieser Arbeit kritisch gewürdigt werden. Dies erlaubt einen Überblick über den Forschungsstand im Bereich der Ausschüttungsbemessung, lässt eine erkenntniszielorientierte Gesamtwürdigung zu und verdeutlicht die **Forschungslücke**, die den Ausgangspunkt dieser Untersuchung bildet.[40]

---

38 Vgl. zum interdisziplinären Charakter der Rechnungslegungsforschung bspw. auch FÜLBIER, R./ WELLER, M., Normative Rechnungslegungsforschung, S. 363 f.

39 Vgl. mit ähnlicher Kategorisierung BÖCKING, H.-J./DUTZI, A., Gläubigerschutz durch IFRS-Rechnungslegung, S. 3.

40 Es werden deutschsprachige, monografische Forschungsbeiträge herangezogen, die aufgrund des Forschungumfangs und der Forschungsergebnisse für die Identifikation der Forschungslücke maßgeblich sind. Die Einschränkung auf deutschprachige Monografien ist sinnvoll, da die Untersuchung der Anwendbarkeit des IFRS-SME im nationalen Rechtsrahmen für ein internationales Forschungsprogramm von untergeordneter Bedeutung ist.

Abschnitt 13: Systematisierung der Forschungsrichtungen auf Basis des Erkenntnisziels und Stand der Forschung

132. Bilanztheoretische Forschungsrichtung

Die **bilanztheoretische Forschungsrichtung** stellt im deutschsprachigen Schrifttum den „traditionellsten" Forschungszweig dar, auch wenn in den zurückliegenden beiden Jahrzehnten die Analyse der Ausschüttungsregulierung zunehmend auch zum Untersuchungsgegenstand anderer Forschungsrichtungen geworden ist.[41] Vertreter der bilanztheoretischen Forschungsrichtung sehen die Hauptaufgabe ihrer Forschungarbeit (**Erkenntnisziel**) darin, den **Zweck eines Jahresabschlusses** herauszuarbeiten, um darauf aufbauend die aus diesem Zweck folgenden Rechnungslegungsnormen bzw. deren Adäquanz mit Blick auf einen vorgegebenen Rechnungszweck zu ermitteln (**Zweck-Mittel-Gefüge**).[42] Zu den klassischen Bilanztheorien gehören insbesondere die **Statik**, die **Dynamik** sowie die **Organik**.[43] Bei bilanztheoretischen Arbeiten werden somit Folgeprinzipien und Einzelnormen aus übergeordneten Rechnungszwecken abgeleitet. Im Vordergrund steht die Frage nach der „richtigen" inhaltlichen Ausgestaltung der Rechnungslegung. Da Vorschriften auf Basis vorgegebener Rechnungslegungsprinzipien im Sinne von Handlungsempfehlungen ermittelt werden, ist die bilanztheoretische Forschungsrichtung **normativ-präskriptiv** ausgerichtet.

Bei den Rechnungslegungsvorschriften des Handelsrechts in Deutschland handelt es sich um **Rechtsnormen**, so dass bilanztheoretische Untersuchungen *per se* im **interdisziplinären Spannungsfeld** zwischen **betriebswirtschaftlicher** und **juridischer Herangehensweise** stehen.[44] In Abhängigkeit davon, in welcher Form das o. g. Zweck-Mittel-Gefüge untersucht und anwendbar gemacht wird, sind **bilanztheoretische Untersuchungen** entweder primär **juridisch ausgerichtet**, im Sinne des Wertungsnachvollzugs des gesetzlich vorgegebenen Zweck-Mittel-Gefüges bei der Konkretisierung von Rechnungslegungs-

---

41 Vgl. zur frühen normativ-bilanztheoretischen Rechnungslegungsforschung in Deutschland u. a. MATTESSICH, R., On the history of normative accounting theory, S. 182-184; KÜPPER, H.-U./ MATTESSICH, R., Twentieth Century Accounting Research in the German Language Area, S. 345.

42 Vgl. SCHNEIDER, D., Betriebswirtschaftslehre, Band 2: Rechnungswesen, S. 45; BAETGE, J./ KIRSCH, H.-J./THIELE, S., Bilanzen, S. 12; EULER, R., Grundsätze ordnungsgemäßer Gewinnrealisierung, S. 36; RAMMERT, S., Gläubigerschutz durch Nominalkapitalerhaltung, S. 35.

43 Vgl. zu den klassischen Bilanztheorien mit zusätzlichen bilanzhistorischen Nachweisen u. a. MOXTER, A., Bilanzlehre, Band I, S. 5-79; SCHNEIDER, D., Betriebswirtschaftslehre, Band 4: Geschichte und Methoden der Betriebswirtschaftslehre, S. 936-962.

44 Vgl. BEISSE, H., Verhältnis von Bilanzrecht und Betriebswirtschaftslehre, S. 14; MOXTER, A., Entwicklung der Theorie der handels- und steuerlichen Gewinnermittlung, S. 79.

inhalten (**bilanztheoretisch-hermeneutische Methodik** für die Bilanz im Rechtssinne), oder prädominant betriebswirtschaftlich orientiert, im Sinne der vom Gesetzeskalkül losgelösten Erarbeitung alternativer Zweck-Mittel-Beziehungen. Letzteres erfordert die für betriebswirtschaftliche Bilanztheorien typische Wertung des Forschenden hinsichtlich des dominanten Rechnungszwecks und der primären Rechnungslegungsadressaten (**bilanztheoretisch-deduktive Methodik**).[45]

Das Erkenntnisziel dieser Arbeit liegt in der Untersuchung der Anwendbarkeit des IFRS-SME in der institutionellen Ordnung des bestehenden Handels- und Gesellschaftsrechts. Bei fehlender Passgenauigkeit sind geeignete Regulierungsoptionen zur Anwendung des IFRS-SME zu erarbeiten.[46] Das handelsrechtliche Normensystem wird durch das **System der Grundsätze ordnungsmäßiger Buchführung (GoB)** geprägt und dient in Form eines geordneten Normengefüges der Konkretisierung der gesetzlichen Rechnungszwecke und der Ableitung „zweckadäquater" Bilanzierungsvorschriften für gesetzlich nicht explizit geregelte Sachverhalte.[47] Dies ist von hoher Bedeutung, da die Rechnungszwecke im HGB nicht wohldefiniert sind, sondern sich nur indirekt, durch die Interpretation der Bilanzierungsvorschriften im HGB, ergeben. Dies macht auch der gesetzliche Verweis auf die GoB in §§ 238 Abs. 1, 243 Abs. 1 HGB deutlich. Bei den GoB handelt es sich somit um einen **unbestimmten Rechtsbegriff**.[48] Daher ist das handelsrechtliche Normensystem sowie die diesem System zugrunde liegenden Rechnungszwecke **nach dem juridischen Methodenkanon** im Sinne einer **Bilanzrechtsforschung** zu konkretisieren und auszu-

---

45 Vgl. u. a. EULER, R., Grundsätze ordnungsmäßiger Gewinnrealisierung, S. 37; RAMMERT, S., Gläubigerschutz durch Nominalkapitalerhaltung, S. 40. Allerdings sei an dieser Stelle betont, dass selbst bei der Adaption klassischer Bilanztheorien für die Entwicklung konkreter Rechnungslegungsvorschriften keine Deduktion im formal-logischen Sinne möglich ist. Vielmehr ist der wesentliche Beitrag dieser Untersuchungen, die eine betriebswirtschaftliche Anwendung der Bilanztheorien verfolgen, in der *Explikation des deduktiven Arguments*, d. h. der Wertungsentscheidung zu sehen, die einer weitergehenden (z. B. formal-analytischen) ökonomischen Untersuchung zugänglich sind. Vgl. WÜSTEMANN, J., Institutionenökonomik und internationale Rechnungslegungsordnungen, S. 107.

46 Vgl. zum Erkenntnisziel dieser Arbeit Abschnitt 12.

47 Indes ist mittlerweile ein Großteil des GoB-Systems gesetzlich kodifiziert, so dass dieser Verweis in Teilen rein deklaratorischen Charakter hat. Vgl. hierzu die Ausführungen in Abschnitt 233.

48 Vgl. LANG, J., in: HuRB, S. 233; ADS, 6. Aufl., § 243, Rn. 6 („*Nach heute herrschendem Verständnis sind die GoB als unbestimmte Rechtsbegriffe aufzufassen*"); zur Rechtsnatur der GoB als wertausfüllungsbedürftiger Rechtsbegriff grundlegend TIPKE, K., in: HuRB, S. 2-4.

legen. Dies betrifft auch die Untersuchung der Anwendbarkeit des IFRS-SME in der vorgebebenen institutionellen Ordnung. Auf Basis des Erkenntnisziels muss damit die vorliegende Untersuchung prädominant eine bilanztheoretisch-hermeneutische Forschungsmethodik anwenden.

Ein bilanztheoretisch-deduktives Forschungsdesign zur Untersuchung der Anwendbarkeit des IFRS-SME scheitert daran, dass der Gesetzgeber bei der Ausgestaltung der handelsrechtlichen Bilanzierungsnormen keinen dominanten Jahresabschlusszweck zugrunde legt, sondern implizit Inhalte aus mehreren Bilanztheorien zusammengefügt und die Interessen der Rechnungslegungsadressaten bei der Ausgestaltung einzelner Bilanzierungsnormen unterschiedlich gewichtet hat.[49] Dieser Befund gilt speziell für das GoB-System in der hier vertretenen Form nach BAETGE, das durch die **Gleichrangigkeit der Jahresabschlusszwecke** „Rechenschaft", „Kapitalerhaltung" und „Dokumentation" gekennzeichnet ist.[50] Im Zuge der jüngsten Überarbeitung des HGB durch das BilMoG wurden zwar Einzelnormen des HGB modifiziert, das handelsrechtliche Zweck- und GoB-System bleibt **insgesamt** in der hier vertretenen Form aber gültig.[51] Die leitgedanklichen Vorgaben des Kapitalerhaltungszwecks sind für Kapitalgesellschaften aus den Kapitalerhaltungsnormen des Gesellschaftsrechts durch **Auslegung** zu **ermitteln**. Im Rahmen der hermeneutischen Auslegung der gesellschaftsrechtlichen Kapitalerhaltungsvorschriften sollen daher durch „*Nachdenken*"[52] kapitalerhaltungskompatible Ansatz- und Bewertungsvorschriften juridisch bestimmt werden. Dies erinnert an die o. g. betriebswirtschaftliche Deduktion, ist aber streng von dieser zu unterscheiden. Vielmehr handelt es sich hier um eine juridische Deduktion als **Spielart einer am Sinn und Zweck des Gesetzes orientierten Auslegung unter dem Gesichtspunkt der Kapitalerhaltung**.[53] Der ju-

---

49 Vgl. BAETGE, J., Rechnungslegungszwecke, S. 21; BAETGE, J./THIELE, S., Gesellschafterschutz versus Gläubigerschutz, S. 18-20; im Ergebnis ebenfalls EULER, R., Grundsätze ordnungsmäßiger Gewinnrealisierung, S. 36; KÜBLER, F./ASSMANN, H.-D., Gesellschaftsrecht, S. 306.

50 Vgl. BAETGE, J./ZÜLCH, H., Rechnungslegungsgrundsätze nach HGB und IFRS, in: HdJ, Abt. I/2 (2010), Rn. 30; BAETGE, J./KIRSCH, H.-J./THIELE, S., Bilanzen, S. 92-102. Weitergehende Ausführungen zum GoB-System nach BAETGE finden sich in Abschnitt 233.

51 So zumindest SOLMECKE, H., Auswirkungen des BilMoG auf die handelsrechtlichen GoB, S. 257; dem folgend auch HENNRICHS, J., GoB im Spannungsfeld, S. 871.

52 DÖLLERER, G., Grundsätze ordnungsmäßiger Bilanzierung, S. 1220 (mit Blick auf das handelsrechtliche GoB-System, das aber einen prädimonanten Rechnungszweck erfordert).

ridisch-deduktive Forschungsansatz wird in dieser Arbeit daher auf die Auslegung gesellschaftsrechtlicher Kapitalerhaltungsnormen (§§ 57 AktG, 30 GmbHG) angewendet. Aufgrund der Gleichrangigkeit der Rechnungszwecke, insbesondere der Rechenschafts- und der Kapitalerhaltungsfunktion, kann es daher sein, dass auch die handelsrechtlichen Ansatz- und Bewertungsvorschriften im Einzelfall den Anforderungen an die Kapitalerhaltung nicht vollumfänglich entsprechen.[54] Im Unterschied zu betriebswirtschaftlich-deduktiven Untersuchungen, bei denen die Rechnungslegungsprinzipien über **eigene Wertungsentscheidungen** hinsichtlich eines prädominanten Bilanzzwecks deduktiv ermittelt werden, sind diese über die **Auslegung des Kalküls des Gesetzgebers** abzuleiten.[55]

Für Zwecke dieser Arbeit ist die **Hermeneutik** als die in der **Rechtswissenschaft übliche Forschungsmethodik** für die Auslegung gesetzlicher Normen einschlägig. Bei dieser Methodik werden die **gesetzlich vorgegebenen Bilanzierungsnormen** wertend ausgelegt und dabei die unterschiedlichen Rechnungszwecke nach dem Willen des Gesetzgebers jeweils gewichtet.[56] Bei der hermeneutischen Methodik ist zwar die deduktive Erkenntnisgewinnung mittels „Nachdenken" aus den gesetzlich vorgegebenen Obersätzen ein Ideenlieferant, vor allem wenn sich einzelne Gesetzesnormen eindeutig einem der eingangs dargestellten Rechnungszwecke zuorden lassen. Die Hermeneutik berücksichtigt aber weitere Kriterien für die Auslegung des Gesetzes im Rahmen des **juridischen Auslegungskanons**[57], sofern nach dessen Wortlaut und Systematik (**grammatikalische Auslegung**) mehrere Auslegungsmöglichkeiten bestehen. Hierzu gehören die Ent-

---

53 Vgl. BAETGE, J./ZÜLCH, H., Rechnungslegungsgrundsätze nach HGB und IFRS, in: HdJ, Abt. I/2 (2010), Rn. 21; zu den Vertretern dieses Ansatzes u. a. BEISSE, H., Bilanzrecht und Betriebswirtschaftslehre, S. 7 f.; EULER, R., Grundsätze ordnungsmäßiger Gewinnrealisierung, S. 37 f.; MOXTER, A., Entwicklung der Theorie der handels- und steuerrechtlichen Gewinnermittlung, S. 79; SCHNEIDER, D., Betriebswirtschaftslehre, Band 2: Rechnungswesen, S. 108 („*deduktive Ermittlung der GoB im Sinne der Bilanzrechtsprechung*").

54 Vgl. hierzu auch Abschnitt 15.

55 Vgl. hierzu WÜSTEMANN, J., Institutionenökonomik und internationale Rechnunglegungsordnungen, S. 107.

56 Vgl. zur Hermeneutik in der Jurisprudenz allgemein LARENZ, K./CANARIS, C.-W., Methodenlehre der Rechtswissenschaft, S. 66-69; RÖHL, K./RÖHL, H., Allgemeine Rechtslehre, S. 116-122; KAUFMANN, A., Problemgeschichte der Rechtsphilosophie, S. 132-137; mit Blick auf eine Anwendung im Handelsrecht EULER, R., Grundsätze ordnungsmäßiger Gewinnrealisierung, S. 37-50; BEISSE, H., Rechtsfragen der Gewinnung von GoB, S. 505-510; ADS, 6. Aufl., Rn. 20; BAETGE, J./ZÜLCH, H., Rechnungslegungsgrundsätze nach HGB und IFRS, in: HdJ, Abt. I/2 (2010), Rn. 23-25; BAETGE, J./KIRSCH, H.-J./THIELE, S., Bilanzen, S. 107-112.

stehungsgeschichte des Gesetzes (**historisch-genetische Auslegung**) sowie die Stellung der auszulegenden Vorschrift im Gesetz (**systematische Auslegung**). Durch die Berücksichtigung dieser zusätzlichen Kriterien wird dem unter betriebswirtschaftlichen Gesichtspunkten zurechenbaren Sinn und Zweck (**objektiv-teleologische Auslegung**) bzw. in eingeschränktem Umfang dem durch den historischen Gesetzgeber intendierten Zweck der Vorschrift (**subjektiv-teleologische Auslegung**)[58] eine entscheidende Bedeutung beigemessen.[59] Dies wird u. a. ergänzt durch die **höchstrichterliche Rechtsprechung**. Besondere Bedeutung haben darüber hinaus **europarechtliche Normvorgaben**, da sowohl die gesellschaftsrechtlichen Kapitalerhaltungsnormen als auch die bilanziellen Ansatz- und Bewertungsvorschriften in Deutschland durch höherrangiges **europäisches Recht** substanziell vorgegeben werden.[60] Die **Auslegung der Kapitalerhaltungsnormen des AktG und des GmbHG** und der **Ansatz- und Bewertungsvorschriften des HGB** muss daher **in Konformität zum Europarecht** stehen (europarechtskonforme Auslegung). Da die gesetzlichen Normzwecke ein betriebswirtschaftliches Verständnis erfordern, bedient sich die Hermeneutik zwingend wirtschaftswissenschaftlicher Erkenntnisse, sodass diese Methodik durch ein hohes Maß an **Interdisziplinarität zwischen Rechts- und Wirtschaftswissenschaften** gekennzeichnet ist (vgl. *Übersicht 1-4*).[61]

---

57 Vgl. zum rechtswissenschaftlichen Auslegungskanon grundlegend TIPKE, K., in: HuRB, S. 5-10; LARENZ, K./CANARIS, C.-W., Methodenlehre der Rechtswissenschaft, S. 141-168; speziell für die Auslegung HGB BEISSE, H., Rechtsfragen zur Gewinnung von GoB, S. 505-510.
58 Vgl. zu den Spielarten der teleologischen Auslegung u. a. TIPKE, K., in: HuRB, S. 6 f.
59 Vgl. zur Bedeutung der Teleologie für die Auslegung des HGB LANG, J., in: HuRB, S. 235; LEFFSON, U., Grundsätze ordnungsmäßiger Buchführung, S. 35; BEISSE, H., Rechtsfragen der Gewinnung von GoB, S. 506.
60 Vgl. hierzu umfassend die Ausführungen in Abschnitt 33.
61 Vgl. BEISSE, H., Bilanzrecht und Betriebswirtschaftslehre, S. 14; LANG, J., in: HuRB, S. 238; MOXTER, A., Entwicklung der Theorie der handels- und steuerrechtlichen Gewinnausschüttung, S. 79 f.; so auch KIRCHNER, C., Bilanzrecht und neue Institutionenökonomik, S. 267 f. („*Schnittmenge der Gegenstandsbereiche von Rechtswissenschaft und Wirtschaftswissenschaft*").

Kapitel 1: Einleitung

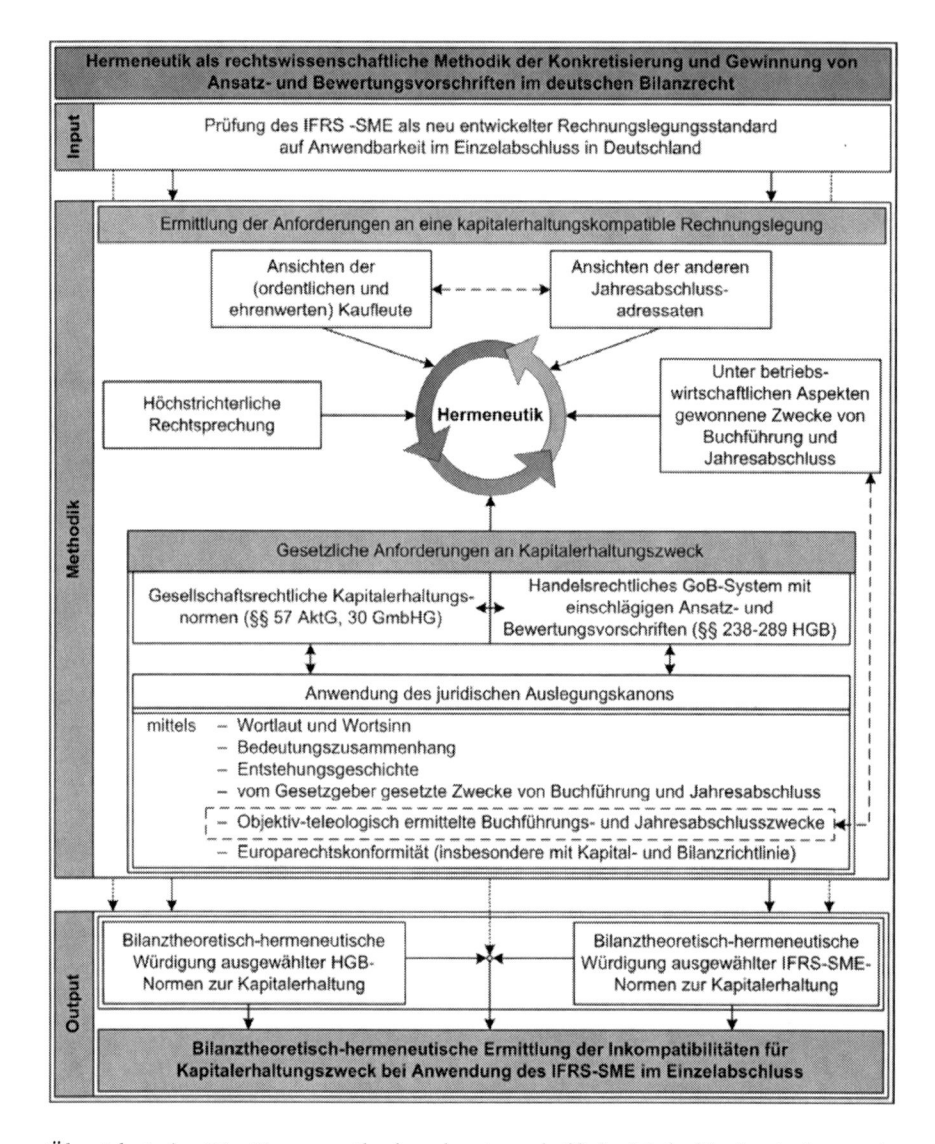

Hermeneutik als rechtswissenschaftliche Methodik der Konkretisierung und Gewinnung von Ansatz- und Bewertungsvorschriften im deutschen Bilanzrecht

Input: Prüfung des IFRS-SME als neu entwickelter Rechnungslegungsstandard auf Anwendbarkeit im Einzelabschluss in Deutschland

Methodik: Ermittlung der Anforderungen an eine kapitalerhaltungskompatible Rechnungslegung

- Ansichten der (ordentlichen und ehrenwerten) Kaufleute
- Ansichten der anderen Jahresabschlussadressaten
- Höchstrichterliche Rechtsprechung
- Hermeneutik
- Unter betriebswirtschaftlichen Aspekten gewonnene Zwecke von Buchführung und Jahresabschluss

Gesetzliche Anforderungen an Kapitalerhaltungszweck
- Gesellschaftsrechtliche Kapitalerhaltungsnormen (§§ 57 AktG, 30 GmbHG)
- Handelsrechtliches GoB-System mit einschlägigen Ansatz- und Bewertungsvorschriften (§§ 238-289 HGB)

Anwendung des juridischen Auslegungskanons mittels
- Wortlaut und Wortsinn
- Bedeutungszusammenhang
- Entstehungsgeschichte
- vom Gesetzgeber gesetzte Zwecke von Buchführung und Jahresabschluss
- Objektiv-teleologisch ermittelte Buchführungs- und Jahresabschlusszwecke
- Europarechtskonformität (insbesondere mit Kapital- und Bilanzrichtlinie)

Output:
- Bilanztheoretisch-hermeneutische Würdigung ausgewählter HGB-Normen zur Kapitalerhaltung
- Bilanztheoretisch-hermeneutische Würdigung ausgewählter IFRS-SME-Normen zur Kapitalerhaltung

Bilanztheoretisch-hermeneutische Ermittlung der Inkompatibilitäten für Kapitalerhaltungszweck bei Anwendung des IFRS-SME im Einzelabschluss

Übersicht 1-4: Die Hermeneutik als rechtswissenschaftliche Methodik der Auslegung des Handels- und Gesellschaftsrechts zur Kapitalerhaltung[62]

Auf Basis der bisherigen Ausführungen zur bilanztheoretischen Forschungsrichtung wird deutlich, dass diese Untersuchung einem **primär bilanztheoretischen Forschungsdesign**

---
62 In grober Anlehnung an BAETGE, J./ZÜLCH, H., Rechnungslegungsgrundsätze nach HGB und IFRS, in: HdJ, Abt. I/2 (2010), Rn. 26.

Abschnitt 13: Systematisierung der Forschungsrichtungen auf Basis des Erkenntnisziels und Stand der Forschung

folgen muss. Dieses lässt sich folgendermaßen zusammenfassen (vgl. *Übersicht 1-4*): Die Untersuchung der Kompatibilität des IFRS-SME (**Input**) als neuartigem Rechnungslegungssystem unter den bestehenden institutionellen Rahmenbedingungen in Deutschland ist unter Anwendung der **Hemeneutik** durchzuführen (**Methodik**). Hierfür sind unter Einsatz des juridischen Auslegungskanons zunächst die Anforderungen an eine kapitalerhaltungszweckkompatible Rechnungslegung zu ermitteln, die sich aus der **Auslegung der Kapitalerhaltungsnormen** (§§ 57 AktG, 30 GmbHG) und hierauf aufbauend aus dem handelsrechtlichen GoB-System auf Basis der Ansatz- und Bewertungsvorschriften (§§ 238-289 HGB) ergeben. Da das handelsrechtliche Normensystem nach der hier vertretenen Interpretation des GoB-Systems von BAETGE dem **Kapitalerhaltungs- und dem Rechenschaftszweck gleichrangig** dient und somit dem Kapitalerhaltungszweck nicht monofunktional Geltung verschaffen kann, ist synoptisch herauszuarbeiten, bei welchen Ansatz- und Bewertungsvorschriften das HGB bzw. der IFRS-SME dem Kapitalerhaltungszweck stärker entsprochen wird, um Schlussfolgerungen für die Anwendbarkeit des IFRS-SME in der bestehenden institutionellen Ordnung zu ziehen (**Output**).

Eine umfassende bilanztheoretisch-hermeneutische Untersuchung des IFRS-SME mit **speziellem Fokus auf den Kapitalerhaltungszweck** fehlt bisher im deutsprachigen monografischen Schrifttum (vgl. *Übersicht 1-5*).

Verfasser	Titel	Erkenntniszielorientierte Würdigung und verbleibende Forschungslücke
FRESL, K.	Die Europäisierung des deutschen Bilanzrechts	• Untersuchung der Vereinbarkeit des HGB mit den Vorgaben der Bilanzrichtlinie • Keine Berücksichtigung des IFRS-SME in Untersuchung
MERSCHMEYER, M.	Die Kapitalschutzfunktion des Jahresabschlusses	• Umfassende bilanztheoretische Würdigung der IFRS-Vorschriften zu bilanziellen Aktiva • Keine Würdigung der IFRS-Vorschriften für bilanzielle Passiva bzw. der Ansatz- und Bewertungsvorschriften des IFRS-SME
NAJDEREK, A.	Harmonisierung des europäischen Bilanzrechts	• Auswirkungen der IFRS auf Zwecksystem und Auslegung des europäischen Bilanzrechts • Keine Berücksichtigung des IFRS-SME in Untersuchung
BREMBT, T.	Möglichkeiten einer internationalisierten Rechnungslegung	• Untersuchung des Dualitätspotenzials der IFRS-SME-Vorschriften mit handelsrechtlichem Normensystem • Keine Würdigung der Zweckadäquanz des HGB bzw. IFRS-SME zur Sicherstellung einer bilanziellen Kapitalerhaltung

Übersicht 1-5: *Bilanztheoretisch-hermeneutisches Schrifttum zur Eignung der internationalen Rechnungslegung für die bilanzielle Ausschüttungsbemessung*[63]

BREMBT untersucht die Anwendbarkeit des IFRS-SME unter den gegebenen handelsrechtlichen Rahmenbedingungen, indem er das **Dualitätspotenzial** zwischen einer HGB- und IFRS-SME-Bilanzierung im Bereich der Ansatz- und Bewertungsvorschriften herausarbeitet. Die Ergebnisse sind insofern von großem Interesse, als Inkompatibilitäten zwischen HGB und IFRS-SME im Rahmen der zu erarbeitenden Regulierungsoptionen zur Sicherstellung des Kapitalerhaltungszwecks auf Basis des IFRS-SME-Abschlusses ggf. berücksichtigt werden müssen.[64] Diese Untersuchung enthält durch die Fokussierung auf das Dualitätspotenzial aber keine Würdigung der Zweckadäquanz der HGB-Ansatz- und Bewertungsvorschriften unter dem Gesichtspunkt der Kapitalerhaltung, um die Qualität einer bilanziellen Kapitalerhaltung auf Basis des IFRS-SME mit einem HGB-Abschluss vergleichen zu können. **Weitergehende Untersuchungen zur Anwendbarkeit des IFRS-SME in Deutschland liegen bisher nicht vor.** Erstaunlicherweise fehlen auch **umfassende monografische Auseinandersetzungen** der Vereinbarkeit der seit annähernd zwei Jahrzehnten in Deutschland diskutierten US-GAAP bzw. IFRS mit den Grundwertungen des deutschen Bilanzrechts. Vielmehr ist das monografische Schrifttum weitgehend auf die **bilanztheoretisch-hermeneutische Würdigung von Spezialproblemen** bei den US-GAAP bzw. IFRS fokussiert. Die umfassende Würdigung der Rechnungslegung nach IFRS bzw. US-GAAP zur Kapitalerhaltung schlägt aber ohne umfassende Untersuchung der Einzelvorschriften fehl. Die bisher umfassendste bilanztheoretisch-hermeneutische Untersuchung der IFRS nimmt MERSCHMEYER vor, der - im Gegensatz zu BREMBT - juridisch die handels- und gesellschaftsrechtlichen Grundwertungen des deutschen Kapitalschutzsystems herausarbeitet und hierbei speziell die europarechtlichen Dimensionen des deutschen Kapitalerhaltungsregimes aufzeigt. Hiernach werden ausgewählte Ansatz- und Bewertungsvorschriften **für die Aktivseite** einer IFRS-Bilanz bilanztheoretisch-hermeneutisch gewürdigt, die Ansatz- und Bewertungsvorschriften für Passiva bleiben hingegen ausgeklammert. Zwei weitere Monografien widmen sich den **europarechtlichen**

---

63 Die tabellarische Auflistung der monografischen Beiträge zu dieser sowie den folgenden Forschungsrichtungen in den Abschnitten 133 und 134 ist nach dem jeweiligen Erscheinungsdatum der Untersuchungen angeordnet.

64 Insofern dienen BREMBTS Ergebnisse als Ausgangspunkt für die bilanztheoretisch-hermeneutische Würdigung der Einzelnormen des HGB und des IFRS-SME in Abschnitt 4. Die Erarbeitung der auf dieser Basis vorteilhaft erscheinenden Regulierungsoptionen ist Gegenstand von Abschnitt 5.

Abschnitt 13: Systematisierung der Forschungsrichtungen auf Basis des Erkenntnisziels und Stand der Forschung

Einflüssen auf das deutsche Bilanzrecht. FRESL untersucht die Europarechtskonformität des deutschen Bilanzrechts auf Basis der Normvorgaben der Bilanzrichtlinie (BilRL) und die Umsetzungsspielräume für die nationalen Gesetzgeber in den EU-Mitgliedsstaaten, während NAJDEREK den Einfluss der IFRS für das Zwecksystem und die Auslegung der europäischen Bilanzrechtsnormen der Bilanzrichtlinie und der IAS-Verordnung herausarbeitet, um Rückschlüsse auf die Europarechskonformität des HGB zu ziehen. Diese beiden Untersuchungen bieten einen Ausgangspunkt für die Würdigung der Europarechtskonformität des IFRS-SME und der Ableitung der Implikationen für dessen Anwendbarkeit in Deutschland.

Im **bilanztheoretisch-deduktiven Schrifttum** sind insbesondere die Arbeiten von BÖRSTLER, HETTICH und SIEBLER von Interesse (vgl. *Übersicht 1-6*). Die Forschungsbeiträge von BÖRSTLER und SIEBLER stellen speziell die Bedürfnisse von SMEs und deren Rechnungslegungsadressaten in den Untersuchungsfokus. SIEBLER arbeitet heraus, welche Funktionen die Rechnungslegungsvorschriften für SMEs typischerweise erfüllen. Hierauf aufbauend stellt sie die Zweckerfüllung der IFRS und des handelsrechtlichen Normensystems gegenüber und leitet im Rahmen einer **Kosten-/Nutzen-Betrachtung** Empfehlungen für die künftige Regulierung der Rechnungslegung für SMEs ab. Insgesamt befürwortet SIEBLER ein Wahlrecht für SMEs zur Anwendung des IFRS im Einzelabschluss. Dies knüpft sie an die Bedingung, dass *„Ergänzungrechnungen"* zur Ausschüttungsbemessung unter Zugrundelegung der handelsrechtlichen GoB erstellt werden müssten, da die IFRS zur Kapitalerhaltung nicht zweckadäquat seien. Vorschläge zur Ausgestaltung einer derartigen Zusatzrechnung fehlen aber. BÖRSTLER lehnt eine Übernahme der IFRS im Einzelabschluss mit Verweis auf die fehlende Kompatibilität zur Ausschüttungsbemessung ab. Da beide Arbeiten auf die IFRS fokussiert sind, scheidet die uneingeschränkte Übertragbarkeit auf den IFRS-SME *per se* aus. HETTICH untersucht die betriebswirtschaftlichen Bilanztheorien u. a. auf ihre Zweckadäquanz zur Ausschüttungsbemessung und stellt sie der konzeptionellen Grundausrichtung des IFRS-Rahmenkonzepts gegenüber. Konkrete Ansatz- und Bewertungsvorschriften bleiben aber vollständig ausgeklammert. Insofern lassen sich auch diese Ergebnisse nicht umfassend auf den Untersuchungsgegenstand dieser Arbeit (IFRS-SME) übertragen. Es bleibt festzuhalten, dass im **bilanztheoretischen Schrifttum** sowohl eine **Forschungslücke** zur **Anwendbarkeit des**

IFRS-SME für die bilanzielle Ausschüttungsbemessung in der geltenden institutionellen Ordnung in Deutschland besteht, als auch **Regulierungsoptionen**, die an eine derartige hermeneutischen Würdigung des IFRS-SME anknüpfen, bisher nur **lückenhaft untersucht** wurden.

Verfasser	Titel	Erkenntniszielorientierte Würdigung und verbleibende Forschungslücke
BÖRSTLER, C.	Zur Zukunft der externen Rechnungslegung	• Deduktive Ableitung von Anforderungen an Rechnungslegung bei SMEs und Abgleich mit HGB- bzw. IFRS-Vorschriften • Keine Untersuchung möglicher Regulierungsoptionen zur Anwendung des IFRS-SME
HETTICH, S.	Zweckadäquate Gewinnermittlungsregeln	• Untersuchung bilanztheoretischer Konzeptionen auf Zweckadäquanz zur bilanziellen Ausschüttungsbemessung • Keine Untersuchung der Ansatz- und Bewertungsvorschriften in IFRS bzw. IFRS-SME
SIEBLER, U.	Internationalisierung der Rechnungslegung	• Deduktive Ableitung von Anforderungen an Rechnungslegung bei SMEs und Abgleich mit HGB- bzw. IFRS-Vorschriften • Keine Untersuchung möglicher Regulierungsoptionen zur Anwendung des IFRS-SME

Übersicht 1-6: Bilanztheoretisch-deduktives Schrifttum zur Eignung der internationalen Rechnungslegung für die bilanzielle Kapitalerhaltung

Die **bilanztheoretischen Untersuchungen** sehen sich **zunehmender Kritik** ausgesetzt.[65] Diese Kritik macht sich **erstens** daran fest, dass bei Anwendung der hermeneutischen Methodik unterschiedliche Ergebnisse bei der Interpretation und Konkretisierung der Bilanzierungsvorschriften erzielt werden können.[66] Sofern die Vorgehensweise bei der Erkenntnisgewinnung aber intersubjektiv nachprüfbar gemacht wird, kann die Fundiertheit der bilanztheoretisch-hermeneutischen Forschungsrichtung wohl kaum kritisiert werden. **Zweitens** wird die **ökonomische Zweckerfüllung der bilanziellen Kapitalerhaltung**, die dem Schutz der Gläubiger dienen soll, kritisch hinterfragt.[67] **Für die ökonomische Präzisierung eines „Gläubigerschutzes" durch bilanzielle Ausschüttungsbemessung vermögen die bilanztheoretischen Arbeiten keinen Beitrag zu leisten.** Solche Aspekte sind aber von hoher Bedeutung, um die Vorteilhaftigkeit von Rechnungslegungssystemen (bspw. des HGB, IFRS-SME) im Sinne der ökonomischen Erfüllung der hiermit verbun-

---

65 Vgl. u. a. BÖCKING, H.-J./DUTZI, A., Gläubigerschutz durch IFRS-Rechnungslegung, S. 4; WALZ, R., Ökonomische Regulierungstheorien, S. 89; LEUZ, C., Rechnungslegung und Kreditfinanzierung, S. 10-25.

66 Vgl. SCHNEIDER, D., Betriebswirtschaftslehre, Band 2: Rechnungswesen, S. 329.

67 Vgl. SCHNEIDER, D., Betriebswirtschaftslehre, Band 2: Rechnungswesen, S. 333; RAMMERT, S., Gläubigerschutz durch Nominalkapitalerhaltung, S. 47-49.

denen Rechnungszwecke (z. B. „Gläubigerschutz") abschätzen zu können.[68] Hierzu leisten die Ansätze der ökonomischen Analyse des Rechts einen entscheidenden Beitrag.

133. Neo-institutionalistische Untersuchungen als Teilgebiet der Forschungsrichtung der ökonomischen Analyse des Rechts

An den für bilanztheoretische Arbeiten dargestellten Kritikpunkten setzen **neo-institutionalistische Untersuchungen** an, die die **Funktionsweise institutioneller Ordnungen** wie die der **Rechnungslegungsnormen** zu erklären versuchen.[69] Diese sind als ein **Teilgebiet der Forschungsrichtung der ökonomischen Analyse des Rechts (ökonomisch-analytische Forschungsrichtung)** unter spezieller Hinzuziehung der Ansätze der Neuen Institutionenökonomie anzusehen. Gegenstand der ökonomischen Analyse des Rechts ist die Untersuchung der Entscheidungswirkungen und Verteilungsfolgen bestehender, geplanter oder früher geltender Rechtsetzungen mit den in der ökonomischen Wissenschaft geläufigen Ansätzen (in diesem Fall mit Theorien der Neuen Institutionenökonomie).[70] Hierzu werden **verbal-axiomatisierte** oder **formal-analytische** (mathematische) **Modelle** als **Forschungsmethodik** verwendet.[71] Die auf dieser Basis gewonnenen Hypothesen sowie die Modellannahmen sind Gegenstand empirischer Untersuchungen.

Die **neo-institutionalistischen Ansätze** operationalisieren die Zielsetzungen von Rechnungslegungsvorschriften, indem sie die Interessenlage und Zielvorstellung der an den Rechnungslegungsinformationen interessierten Individuen bzw. Institutionen in den Mittelpunkt ihrer Analyse stellen. Sie liefern damit ein **theoretisches Gerüst**, um durch die Ermittlung der Interessen dieser Zielträger die Funktionen der Institution „Rechnungslegung" - bspw. unter dem Gesichtspunkt des Gläubigerschutzes - ökonomisch zu

---

68 Vgl. u. a. BALLWIESER, W., Zur Begründbarkeit informationsorientierter Jahresabschlussverbesserungen, S. 772-780; LEUZ, C., Rechnungslegung und Kreditfinanzierung, S. 10-25.
69 Vgl. KIRCHNER, C., Bilanzrecht und neue Institutionenökonomik, S. 268.
70 Vgl. BALLWIESER, W., Ansätze zur ökonomischen Analyse des Rechts, S. 503-506; KIRCHNER, C., Ökonomische Theorie des Rechts, S. 7; SCHNEIDER, D., Betriebswirtschaftslehre, Band 2: Rechnungswesen, S. 237-239; PARISI, F., Schools in Law and Economics, S. 263; KUHNER, C., in: HWO, 4. Aufl., Sp. 957. BALLWIESER fasst auch die o. g. bilanztheoretischen Untersuchungen unter die ökonomische Analyse des Rechts und legt diese Forschungsrichtung somit sehr weit aus.
71 Vgl. hierzu SCHNEIDER, D., Betriebswirtschaftslehre, Band 1: Grundlagen, S. 174; speziell für die neo-institutionalistische Forschungsrichtung SCHMIDT, R./TERBERGER, E., Grundzüge der Investitions- und Finanzierungstheorie, S. 396.

präzisieren. Sie basieren auf dem Konzept des **methodologischen Individualismus**, wonach die handelnden Akteure den Untersuchungsfokus bilden und **kollektive Entscheidungen nur durch deren Zusammenwirken** zustande kommen.[72] Das **Erkenntnisziel** kann **positiv-deskriptiver Art** sein, indem aufgezeigt wird, wie die Veränderung der jeweiligen Rechnungslegungsvorschrift einen Beitrag zur Befriedigung der Interessen der Zielträger leistet.[73] Durch das Hinzufügen von Entscheidungskriterien lassen sich auch **normativ-präskriptive Erkenntnisziele** verfolgen, um zwischen verschiedenen Ausgestaltungsvarianten auszuwählen bzw. eine bestehende Institution ökonomisch zu legitimieren.[74]

Zur **Erklärung eines Gläubigerschutzes durch eine bilanzielle Kapitalerhaltung** ist innerhalb der neo-institutionalistischen Ansätze **die (finanzielle) Prinzipal-Agenten-Theorie** von herausragender Bedeutung. Untersuchungsgegenstand bilden hierbei **Friktionen in vertraglich geregelten Auftragsbeziehungen** wie im Rahmen eines Kreditvertrags zwischen Eignern (*agent*) und Gläubigern (*principal*), die aus der Eigennutzmaximierung der handelnden Akteure i. V. mit Informationsasymmetrien und Transaktionskosten durch Kosten der Informationsbeschaffung und -verarbeitung resultieren. Auf dieser Basis wird angestrebt, die Eigenschaften und Anreizwirkungen „optimaler" Verträge und Empfehlungen zur Ausgestaltung von Schutzinstitutionen speziell für die Gläubiger herauszuarbeiten. Beispielsweise lassen sich die konkreten Wirkungen des Informationssystems „Rechnungslegung" auf die mannigfaltigen Interaktionen der Unternehmensbeteiligten in einem Vertragsverhältnis positiv-deskriptiv analysieren.[75] Eine derartige *agency*-theoretische Analyse bildet den Ausgangspunkt für die Analyse von **Kollektivhandlungen** (bspw. durch eine gesetzliche Normierung).[76] Folgerichtig wird nur die Analyse gesetzlicher Normierungen als „ökonomische Analyse des Rechts" bezeichnet. Die Analyseebene lässt sich damit von der *agency*-theoretischen Untersuchung **individu-**

---

72 Vgl. KIRCHNER, C., Ökonomische Theorie des Rechts, S. 18-20; WÜSTEMANN, J., Institutionenökonomik und internationale Rechnungslegungsordnungen, S. 29.
73 Vgl. KIRCHNER, C., Ökonomische Theorie des Rechts, S. 8.
74 Vgl. KIRCHNER, C., Ökonomische Theorie des Rechts, S. 9.
75 Vgl. BALLWIESER, W., Zur Begründbarkeit informationsorientierter Jahresabschlussverbesserungen, S. 780; WAGENHOFER, A./EWERT, R., Externe Unternehmensrechnung, S. 31.
76 Vgl. KIRCHNER, C., Bilanzrecht und neue Institutionenökonomik, S. 271.

eller vertraglicher Arrangements auf die Analyse der Regulierungsformen erweitern. Während in einer positiven Analyse das Entscheidungskalkül der Akteure (Prinzipal und Agent) erfasst und zu einer Makrowirkung der institutionellen Ordnung aus den prognostizierten Entscheidungen der Akteure verdichtet wird,[77] dienen in der normativen Variante die *agency*-theoretischen Untersuchungsergebnisse als Deduktionsbasis für die Ausgestaltung gesetzlicher (Schutz-)Institutionen. Hierbei ist die gesetzliche Normierung gegenüber individuellen vertraglichen Institutitionen überlegen, wenn sie - im Sinne des PARETO-Optimums - zur Erhöhung der gesamtwirtschaftlichen Wohlfahrt beiträgt (**Allokationseffizienz**). Ein exakter, quantifizierbarer Nachweis der Steigerung der Allokationseffizienz durch die gesetzliche Normierung der Rechnungslegung oder gar eine Handlungsempfehlung für die Ausgestaltung von Ansatz- und Bewertungsvorschriften scheitert daran, dass die unterschiedlichen Komponenten der **gesamtwirtschaftlichen Kosten und Nutzen** bestimmter Regulierungsvarianten **nicht aggregiert** werden können.[78] Daher wird in dieser Arbeit hilfsweise mit Hilfe von „Plausibilitätsargumenten" aus Sicht der Gläubiger abgewogen, ob diese mangels alternativer Schutzinstitutionen zwingend auf die gesetzliche Normierung der Rechnungslegung angewiesen sind und Hinweise für die Nutzung von **Standardisierungsvorteilen** durch die Marktakteure vorliegen (**geringere Transaktionskosten**), die die gesetzliche Normierung der Rechnungslegung (und speziell einer bilanziellen Kapitalerhaltung) zum Gläubigerschutz rechtfertigen. Hierbei lässt sich auf **empirische Evidenz** (u. a. zu den in Kreditverträgen vereinbarten Schutzinstitutionen in ausländischen Jurisdiktionen) zurückgreifen.[79]

Die monografischen Untersuchungen von EWERT, LEUZ, RAMMERT und FRANKEN liefern wertvolle Impulse für die Ausarbeitung ökonomischer Grundüberlegungen der Ausgestaltung zweckdadäquater Gewinnermittlungsvorschriften zur bilanziellen Ausschüttungsbemessung in dieser Arbeit. Hierbei werden *agency*-theoretisch die **Gläubiger-Eigner-Konflikte** herausgearbeitet und diesbezüglich unterschiedliche Gestaltungsvari-

---

77 Vgl. KIRCHNER, C., Bilanzrecht und neue Institutionenökonomik, S. 269.
78 Vgl. hierzu umfassend die Ausführungen in Abschnitt 223.2; so u. a. auch KUHNER, C., in: HWO, 4. Aufl., Sp. 961; KIRCHNER, C., Ökonomische Theorie des Rechts, S. 26 f. („[...] bietet *das Arbeiten mit dem Effizienzziel kein hinlängliches Fundament für eine normative Ökonomik.*").
79 Insofern ergeben sich Schnittmengen mit der rechtsvergleichenden Forschungsrichtung. Vgl. hierzu Abschnitt 134.

anten der Ausschüttungsbegrenzung auf ihre Zweckadäquanz hin untersucht. WATRIN, analysiert auf Basis der Vorarbeiten von EWERT und LEUZ, ob und in welcher Form eine gesetzliche Normierung der Rechnungslegung zur bilanziellen Ausschüttungsbemessung im Vergleich zu vertraglich vereinbarten Institutionen marktversagensbedingte Effizienzeinbußen reduzieren hilft und daher gesamtwirtschaftlich befürwortet werden kann (vgl. *Übersicht 1-7*).[80]

Der **Ergebnistenor** dieser Arbeiten lässt sich dahingehend zusammenfassen, dass die **Notwendigkeit von Institutionen zur Ausschüttungsbegrenzung** grundsätzlich **nachgewiesen** wird. Hierbei ergibt sich - trotz der Ergebnisse bei LEUZ insbesondere bei mehrperiodiger Betrachtung - **keine generelle Überlegenheit der gesetzlichen Schutzinstitution „Rechnungslegung"**. Übereinstimmende Empfehlungen zur Ausgestaltung der Ansatz- und Bewertungsvorschriften unter dem Gesichtspunkt einer bilanziellen Ausschüttungsbemessung liegen nicht vor. Dies hängt damit zusammen, dass die Ergebnisse in hohem Maße von der modelltheoretischen Abbildung und von den zugrunde liegenden Prämissen abhängen.[81] Daher erlauben es diese Untersuchungen zwar, die herkömmlichen *„Idealisierungen"* der bilanztheoretischen Forschungsrichtung (bspw. zur Gläubigerschutzwirkung bestimmter Bilanzierungsvorschriften) in Teilbereichen kritisch zu hinterfragen sowie eine *„notwendige Sensitivität für andersartige Ansätze"*[82] zu entwickeln. Die den gewonnenen Ergebnissen zugrunde liegenden Modellannahmen erfassen aber die real existierenden Wirkungszusammenhänge zumeist nur im Rahmen eng eingegrenzter Partialanalysen und sind daher nicht im Stande, eindeutige Ergebnisse zu generieren (vgl. *Übersicht 1-7*).[83] Die modellbedingte Reduktion der realen Komplexität hat zur Folge, dass die Modellergebnisse bei Annäherung der Modellprämissen an die realen Umweltbedingungen nicht robust sind.[84] Die partialanalytischen Aussagen über die Eigenschaften bestimmter Ausgestaltungsvarianten zur Ausschüttungsbemessung, bspw. ein-

---

80 Die Arbeit von WATRIN enthält in Teilbereichen auch Eigenschaften rechtsvergleichender Untersuchungen, da der Autor für seine Untersuchung u. a. die Effizienz des deutschen Kapitalerhaltungsregimes mit der des US-amerikanischen Gesellschaftsrechts vergleicht. Insgesamt ist die Arbeit aber wohl prädominant der neo-institutionalistischen Forschungsrichtung zuzurechnen.
81 Vgl. RAMMERT, S., Gläubigerschutz durch Nominalkapitalerhaltung, S. 62 („[...] *realitätsferne Elemente [...], die in den typischerweise restriktiven Annahmen der Modelle begründet liegen*").
82 WALZ, R., Ökonomische Regulierungstheorien, S. 89 (beide Zitate).
83 Vgl. in diese Richtung bereits EWERT, R., Rechnungslegung, S. 387 f.

zelner Ansatz- und Bewertungsvorschriften, sind daher einer empirischen Überprüfung kaum zugänglich, da neben endogenen Modellvariablen eine Vielzahl exogener Einflussfaktoren existieren, die modelltheoretisch ausgeklammert bleiben, die Ergebnisse aber evident verfälschen können.[85] Dies dürfte einer der Gründe für das konstatierte *„Defizit an empirischer Forschung"*[86] zur „Optimalität" unterschiedlicher Formen der Ausschüttungsbemessung sein.

Verfasser	Titel	Erkenntniszielorientierte Würdigung und verbleibende Forschungslücke
EWERT, R.	Rechnungslegung	• Formal-axiomatisierter Nachweis, dass strikte Ausschüttungsbegrenzung in bestimmten Finanzierungsszenarien mit Verschlechterung der Gläubigerposition verbunden sein kann • *Agency*-theoretische Systematisierung der Gläubigerrisiken und Gegenüberstellung mit „Schutzfunktionen" durch Rechnungslegungsinformationen • Wirkungsweise einzelner Ansatz- und Bewertungsvorschriften bei der Analyse ausgeklammert
LEUZ, C.	Rechnungslegung und Kreditfinanzierung	• Erweiterung der Arbeit EWERTS durch Untersuchung der Wirkungsweise einzelner Ansatz- und Bewertungsvorschriften auf Gläubigerposition • Besondere Eignung einer bilanziellen Ausschüttungsbemessung im mehrperiodigen Kontext gegenüber alternativen Schutzinstitutionen • Rechnungslegung als System transaktions- und ereignisorientierter Feinsteuerung des Ausschüttungsvolumens
RAMMERT, S.	Gläubigerschutz durch Nominalkapitalerhaltung	• Lockerung der restriktiven Modellprämissen bei EWERT und LEUZ durch verbal-axiomatisierte Analyse • Interpretation des deutschen Kapitalerhaltungsregimes als Instrument der Risikoallokation und der Einschränkung der Handlungsspielräume der Eigner • Gläubigerschutz durch HGB-Normen partiell fraglich (u. a. bei Rückstellungsbewertung)
FRANKEN, L.	Gläubigerschutz durch Rechnungslegung	• *Agency*-theoretische Systematisierung der Gläubigerrisiken wie bei EWERT (Prognose-, Ausschüttungsbemessungs-, Kontrollfunktion) • Bilanztheoretisch-deduktive Ermittlung von Anforderungen an Rechnungslegung • US-GAAP zur bilanziellen Ausschüttungsbemessung auf Basis dieser Anforderungen partiell geeignet
WATRIN, C.	Internationale Rechnungslegung und Regulierungstheorie	• Untersuchung der gesamtwirtschaftlichen Effizienz einer gesetzlichen (Deutschland) versus einer vertraglich vereinbarten bilanziellen Ausschüttungsbemessung (USA) • Kein eindeutiger Nachweis der Überlegenheit des gesetzlichen Kapitalerhaltungsregimes in Deutschland gegenüber USA möglich • Festhalten an Kapitalerhaltungsregime auf Basis der Ergebnisse bei EWERT und LEUZ sowie aus Gründen der Pfadabhängigkeit von Rechtsordnungen gerechtfertigt

Übersicht 1-7: *Neo-institutionalistisches Schrifttum zur bilanziellen Ausschüttungsbemessung*

---

84 Vgl. EWERT, R./WAGENHOFER, A., Aspekte ökonomischer Forschung in der Rechnungslegung, S. 605.
85 Vgl. auch MERKT, H., Kapitalschutz in Europa, S. 322; KUHNER, C., in: HWO, 4. Aufl., Sp. 964.
86 KLEINDIEK, D., Perspektiven des Kapitalschutzes, S. 7.

Insgesamt ist auf Basis des Erkenntnisziels die **primäre Anwendung** der neo-institutionalistischen Ansätze in dieser Arbeit **nicht zielführend**. Die Vielzahl der Einzelregelungen in einem Rechnungslegungssystem wie dem IFRS-SME macht eine neo-institutionalistische Würdigung eines Gläubigerschutzes durch bilanzielle Ausschüttungsbemessung auf Basis des IFRS-SME im Vergleich zum HGB komplexitätsbedingt unmöglich. Deren Beitrag ist in der **Ergänzung zur bilanztheoretisch-hermeneutischen Forschungsrichtung** zu sehen.[87] Hierdurch ist es möglich, die Wirkungsweise der bilanziellen Kapitalerhaltung einer ökonomischen Analyse zugänglich zu machen sowie die ökonomische Zielsetzung eines Gläubigerschutzes durch bilanzielle Kapitalerhaltung ökonomisch zu präzisieren. Damit bleibt die Untersuchung nicht auf die Verwendung „*intuitiver, nahe liegender Argumente*"[88] beschränkt.

134. Rechtsvergleichende Forschungsrichtung

Bei der **Rechtsvergleichung** handelt es sich um eine eigenständige juridische **Forschungsmethode**, bei der mehrere unterschiedliche Rechtsordnungen miteinander verglichen werden. Diese basiert auf der **Erfassung der entsprechenden Gesetze, Entscheidungen** und **wissenschaftlichen Abhandlungen** zu der ausländischen Rechtsordnung und liefert Hinweise auf mögliche alternative Regulierungsvarianten. Das **Erkenntnisziel** der rechtsvergleichenden Untersuchungen liegt primär darin, **Übereinstimmungen** und **Unterschiede in den Ausgestaltungsvarianten** der **Ausschüttungsregulierung** sowie die **Gründe für diese Abweichungen** systematisch herauszuarbeiten.[89] Hierauf basierend können Empfehlungen *de lege ferenda* an den Gesetzgeber ausgesprochen werden.[90] Durch eine solche umfassende Analyse soll die bei der ökonomischen Analyse des Rechts unvermeidliche Komplexitätsreduktion vermieden werden, die einer Verallgemeinerung

---

[87] So auch BALLWIESER, W., Zur Begründbarkeit informationsorientierter Jahresabschlussverbesserungen, S. 791.
[88] EWERT, R./WAGENHOFER, A., Aspekte ökonomischer Forschung in der Rechnungslegung, S. 604.
[89] Vgl. BÖCKING, H.-J./DUTZI, A., Gläubigerschutz durch IFRS-Rechnungslegung, S. 5; RÜTHERS, B./FISCHER, C., Rechtstheorie, S. 258 („*[...] erweitert den Horizont der Juristen über die Grenzen ihrer nationalen Rechtsordnung hinaus*").
[90] Vgl. RÖHL, K./RÖHL, H., Allgemeine Rechtslehre, S. 626.

Abschnitt 13: Systematisierung der Forschungsrichtungen auf Basis des Erkenntnisziels und Stand der Forschung

der Untersuchungsergebnisse auf reale Umweltbedingungen hinderlich sind.[91] Die rechtsvergleichende Untersuchung ist primär **normativ-präskriptiv** ausgerichtet.

Die Rechtsvergleichung beschränkt sich in der überwiegenden Zahl der monografischen Abhandlungen zur bilanziellen Ausschüttungsbemessung auf einen **Rechtsvergleich zwischen Deutschland und dem angelsächsischen Raum** (insbesondere den USA). Durch die zunehmende Bedeutung des europäischen Rechts ist diese Forschungsmethodik indes auch für die **Auslegung des bestehenden Gemeinschaftsrechts** und für die Diskussion zur **Weiterentwicklung des europäischen Gemeinschaftsrechts** zunehmend relevant.[92] Hierbei dienen rechtsvergleichende Untersuchungen als **wichtige Erkenntnisquellen**. Die Anzahl der Untersuchungen, die sich rechtsvergleichend mit gesellschaftsrechtlichen Spezialproblemen bei der AG und GmbH in Deutschland bzw. äquivalenten Rechtsformen im angelsächsischen Raum beschäftigen, ist beinahe grenzlos. Für diese Untersuchung hervorzuheben sind die monografischen Abhandlungen von KAHLE und RICHARD (vgl. *Übersicht 1-8*), da diese auf Basis einer rechtsvergleichenden Analyse der Ausschüttungsregime in Deutschland und den USA Aussagen zu deren gesamtwirtschaftlichen Effizienz herzuleiten und mit Blick hierauf ökonomische Aussagen zur „optimalen" Regulierungsform einer bilanziellen Ausschüttungsbemessung normativ-präskriptiv treffen. Die Untersuchungen enthalten damit auch **Elemente der vorgenannten ökonomisch-analytischen Forschungsrichtung**, obgleich sie insgesamt wohl der rechtsvergleichenden Forschungsrichtung zuzuordnen sind.[93] Hierbei kommen die Autoren zu **konträren Ergebnissen hinsichtlich der gesamtwirtschaftlichen Effizienz der Ausschüttungsregulierung in den USA und in Deutschland und leiten unterschiedliche Reformerfordernisse für das deutsche Bilanz- und Gesellschaftsrecht** ab (vgl. *Übersicht 1-8*).

Für das Erkenntnisziel dieser Arbeit kann die Berücksichtigung einzelner Ergebnisse aus den dargestellten Untersuchungen zur Ausgestaltung der Ausschüttungsbemessung durchaus hilfreich sein, um Impulse für die Ausarbeitung von Regulierungsoptionen zur

---

91 Vgl. BÖCKING, H.-J./DUTZI, A., Gläubigerschutz durch IFRS-Rechnungslegung, S. 5.
92 So auch RICKFORD, J., Reforming Capital, S. 927 („*very important*").
93 Die Monografie von KAHLE beinhaltet auch die Untersuchung der künftigen Bedeutung der Steuerbemessungsfunktion. Mit Blick auf die Fokussierung auf die bilanzielle Ausschüttungsbemessung ist aber die Einordnung in die rechtsvergleichende Forschungsrichtung gerechtfertigt.

Anwendung des IFRS-SME in Deutschland zu erhalten. Diese sollten jedoch lediglich als Gestaltungshinweise im Sinne von „*Erfahrungsmaterial*"[94] angesehen werden. Die **Ableitung von Handlungsempfehlungen** zur Anwendung des IFRS-SME **mittels eines rechtsvergleichenden Forschungsansatzes scheitert** sowohl aus **praktischen** als auch aus **methodologischen Erwägungen.** Unter methodologischen Gesichtspunkten ist zu kritisieren, dass die Analyse sämtlicher rechtlicher Regelungsbereiche und deren vielschichtiges Zusammenwirken mit länderspezifischen sozio-ökonomischen Rahmenbedingungen nicht gelingen kann. Die Untersuchungsergebnisse bleiben ein komplexitätsminderndes Abbild realer Regulierungsbedingungen.[95] Zudem liefert die **Rechtsvergleichung** zunächst **bloße Fakten.**[96] Ein wesentlicher Kritikpunkt ist, dass sie keine Hilfestellung dafür bietet, geeignete Beurteilungsmaßstäbe für die normative Entwicklung von Handlungsempfehlungen zu entwickeln, wie dies bilanztheoretische und ökonomisch-analytische Untersuchungen vornehmen.[97] Unter praktischen Gesichtspunkten kommt hinzu, dass der IFRS-SME bisher in keinem zu Deutschland vergleichbaren Land mit ähnlichen rechtlichen Rahmenbedingungen angewendet wird, so dass allein die tatsächliche Verbreitung des IFRS-SME eine rechtsvergleichende Untersuchung derzeit ausschließt.

Verfasser	Titel	Erkenntniszielorientierte Würdigung und verbleibende Forschungslücke
KAHLE, H.	Internationale Rechnungslegung	• Rechtsvergleichung der Ausschüttungsregulierung in Deutschland und den USA • Abkehr von Kapitalerhaltungsregime in Deutschland unter gesamtwirtschaftlichen Effizienzgesichtspunkten nicht vertretbar
RICHARD, M.	Kapitalschutz der Aktiengesellschaft	• Rechtsvergleichung der Ausschüttungsregulierung in Deutschland bzw. der EU und den USA • Gesamtwirtschaftliche Effizienz bei vertraglicher Vereinbarung zwischen Kapitalgeber und Kapitalnehmer (USA) tendenziell höher als bei gesetzlich reguliertem Kapitalerhaltungsregime (Deutschland)

Übersicht 1-8:   Rechtsvergleichendes Schrifttum zur bilanziellen Ausschüttungsbemessung in den USA und Deutschland

---

94 RÖHL, K./RÖHL, H., Allgemeine Rechtslehre, S. 626.
95 Vgl. bereits KÜBLER, F., Vorsichtsprinzip versus Kapitalmarktinformation, S. 362; MERKT, H., Kapitalschutz in Europa, S. 322 f.
96 Vgl. RÖHL, K./RÖHL, H., Allgemeine Rechtslehre, S. 626.
97 Vgl. BÖCKING, H.-J./DUTZI, A., Gläubigerschutz durch IFRS-Rechnungslegung, S. 6.

14 Konkretisierung des Forschungsvorgehens auf Basis des Erkenntnisziels

Ein Abgleich des Erkenntnisziels dieser Arbeit mit den Ansätzen der verschiedenen Forschungsrichtungen macht deutlich, dass im Rahmen der nachfolgenden Untersuchung grundsätzlich eine **bilanztheoretisch-hermeneutische Vorgehensweise** im Rahmen einer **Untersuchung der Vereinbarkeit des IFRS-SME** mit dem **handels- und gesellschaftsrechtlichen Kapitalerhaltungsregime** zu wählen ist. Dies ist damit zu begründen, dass die Kompatibilität des IFRS-SME mit dem handels- und gesellschaftsrechtlichen Kapitalerhaltungszweck überprüft und auf dieser Basis eine Regulierungsempfehlung zur Einbindung dieses Standards in den bestehenden institutionellen Rahmen für den Einzelabschluss deutscher Kapitalgesellschaften entwickelt werden soll. Die **handels- und gesellschaftsrechtlichen Rahmenbedingungen** in Deutschland werden als **gegeben** betrachtet, so dass **Wertungen des Gesetzgebers** im Rahmen der **Auslegung der Kapitalerhaltungs- und Bilanzrechtsnormen** herausgearbeitet werden müssen. Da es sich beim handels- und gesellschaftsrechtlichen Kapitalerhaltungsregime nicht um ein formal-logisches, verbal-axiomatisiertes Modell handelt und somit die hermeneutische Auslegung **subjektive Wertungen des Auslegenden** beinhalten muss, sind diese zu explizieren, um die **intersubjektive Nachprüfbarkeit der Ergebnisse** zu gewährleisten. Mit Blick auf den Fundus bilanztheoretisch-hermeneutischer Untersuchungen zu den IFRS[98] und der partiellen Übereinstimmungen der IFRS-SME- mit den IFRS-Vorschriften kann diese Untersuchung in **Teilbereichen** von den **Ergebnissen vorheriger Untersuchungen profitieren**.[99] Die Kritikpunkte an bilanztheoretisch-hermeneutischen Untersuchungen[100] werden dadurch berücksichtigt, dass dem bilanztheoretischen Strukturkern dieser Arbeit zunächst einige **ökonomische Grundüberlegungen zum Kapitalerhaltungszweck** und dem **Erfordernis zu dessen gesetzlicher Regulierung** aus Gründen des Gläubigerschutzes vorangestellt werden. Die Kompatibilität mit den bestehenden institutionellen Rahmenbedingungen erfordert zumindest eine grobe Abschätzung, inwiefern die be-

---

98 Vgl. hierzu den Überblick über das Schrifttum in Abschnitt 132.
99 Dies betrifft bspw. in Abschnitt 4 die bilanztheoretisch-hermeneutische Untersuchung von MERSCHMEYER zur Zweckadäquanz ausgewählter IFRS-Vorschriften zur Kapitalerhaltung sowie der Monografie von BREMBT zum Dualitätspotenzial von IFRS-SME und HGB.
100 Vgl. hierzu Abschnitt 132.

stehende Regulierung ihrem **ökonomischen Regelungszweck** gerecht wird, d. h. ob ein Festhalten am bilanziellen Kapitalerhaltungsregime ökonomisch begründbar ist. Diese Ausführungen, die im Wesentlichen an das neo-institutionalistische Schrifttum der ökonomischen Analyse des Rechts anknüpfen,[101] liefern daher als Vorarbeit zur bilanztheoretischen Untersuchung wertvolle Zusatzerkenntnisse, indem die **Prämissen der folgenden bilanztheoretisch-hermeneutischen Untersuchung** unter dem **Gesichtspunkt ökonomischer Wirkungs- und Anreizzusammenhänge** kritisch hinterfragt werden und somit auf **mögliche Einschränkungen des prädominant juridischen Erkenntnisziels dieser Arbeit** hingearbeitet wird.

Die bilanztheoretisch-hermeneutische Identifizierung potenzieller „Problembereiche" eines IFRS-SME-Einzelabschlusses dient als Grundlage für die **Prüfung verschiedener Regulierungsoptionen** auf ihre Kosten und Nutzen **für Abschlussersteller (SMEs) und -adressaten** sowie auf die mit diesen verbundenen **Regulierungskosten für den Gesetzgeber** als Regulierungsinstanz. Hierbei wird auch auf Ergebnisse empirischer Untersuchungen zurückgegriffen. Auf dieser Basis lässt sich eine **Regulierungsempfehlung zur Anwendung des IFRS-SME im bestehenden institutionellen Rahmen** des handels- und gesellschaftsrechtlichen Kapitalerhaltungsregimes für den Einzelabschluss deutscher Kapitalgesellschaften treffen.

Die Komplexität der Regulierungsempfehlung dürfte mitentscheidend dafür sein, ob der **IFRS-SME unter den gegebenen institutionellen Rahmenbedingungen (Kapitalerhaltungsregime) künftig Anwendung finden** wird. Um den Aussagegehalt der Ergebnisse dieser Arbeit und die unternehmenspraktische Relevanz der Untersuchungsergebnisse zu validieren, werden die theoretischen Erkenntnisse auf ein **reales Fallbeispiel** adaptiert. Hierbei handelt es sich um ein **reales deutsches SME**, das für Zwecke dieser Untersuchung zum 31. Dezember 2009 seine Bilanz von HGB (nach Umsetzung des BilMoG) auf den IFRS-SME **fiktiv umgestellt** hat. Ein derartiges Vorgehen stellt derzeit die einzige Möglichkeit dar, trotz fehlender Anwendung des IFRS-SME in Deutschland Hinweise zu Umsetzungsproblemen bei Anwendung der IFRS-SME-Vorschriften und der zu entwickelnden Regulierungsempfehlung unter **weitgehend realen Bedingungen** zu gewinnen.

---

101 Vgl. hierzu Abschnitt 133.

Die Durchführung des Umstellungsprojekts ist **im Vergleich zu einem fiktiven Fallbeispiel** dem **Erkenntnisziel** dieser Arbeit in zweifacher Hinsicht dienlich: **Erstens** verdeutlicht die reale Anwendung des IFRS-SME und des HGB (nach Umsetzung des BilMoG) wesentliche Unterschiede einzelner Bilanzierungsnormen, die sich in einem probeweise erstellten IFRS-SME-Jahresabschluss (Bilanz) in quantitativer Form manifestieren.[102] Um eine Regulierungsempfehlung zur Anwendung des IFRS-SME abgeben zu können, ist es **zweitens** angezeigt, die Komplexität der Regulierungsoptionen qualitativ abzuschätzen. Daher wurde nach Durchführung des Projekts zusätzlich eine **Befragung der an dem Projekt beteiligten Wirtschaftsprüfer** des SME durchgeführt. Es sei darauf hingewiesen, dass sich durch das Fallbeispiel **mangels einer hinreichend großen Zahl von Anwendungsfällen** keine objektiv-reproduzierbaren Aussagen gewinnen lassen.

15 Gang der Untersuchung

Die Definition der Problemstellung i. V. mit den Vorüberlegungen zur Identifizierung des Forschungsdesigns haben die Vielschichtigkeit einer umfassenden Untersuchung der Anwendbarkeit des IFRS-SME unter den geltenden institutionellen Rahmenbedingungen (Kapitalerhaltungsregime) verdeutlicht. Die **Problemstellung** lässt sich daher mittels **folgender Problemkreise eingrenzen**:

(1) In welchen Forschungsrichtungen werden Problemstellungen zur Ausschüttungsbemessung untersucht und in welcher Form sind diese mit Blick auf ihr Forschungsziel, ihre Forschungsmethodik zur Erreichung dieses Forschungsziels und die notwendigen Prämissen auf die Problemstellung dieser Arbeit adaptierbar?

(2) Wie lässt sich die bilanzielle Ausschüttungsbemessung (Kapitalerhaltung) und deren gesetzliche Regulierung analytisch-ökonomisch herleiten und wie kann ein „Gläubigerschutz" auf Basis der konzeptionellen Eckpfeiler des deutschen Kapitalerhaltungsregimes in diesem Rahmen nachgewiesen werden?

---

102 Vgl. mit ähnlichem Ansatz bei *einem* ausgewählten italienischen SME GIORGINO, M./PATERNOSTRO, P., The voluntary adoption of ‚IFRS for SMEs', insbesondere S. 9 f. Indes beschränkt sich diese Analyse ausschließlich auf den o. g. quantitativen Vergleich zwischen einem IFRS-SME-Abschluss und einem Jahresabschluss nach italienischem Handelsrecht.

(3) Inwiefern erweisen sich die allgemeinen konzeptionellen Grundlagen des IFRS-SME als kompatibel mit dem handels- und gesellschaftsrechtlichen Kapitalerhaltungszweck und welche europarechtlichen Regulierungsvorgaben müssen für die bilanztheoretisch-hermeneutische Untersuchung und die Entwicklung einer Regulierungsempfehlung in dieser Arbeit berücksichtigt werden?

(4) Welche für SMEs maßgeblichen speziellen Ansatz- und Bewertungsvorschriften des IFRS-SME lassen sich auf Basis einer bilanztheoretisch-hermeneutischen Würdigung als kompatibel bzw. inkompatibel mit dem handels- und gesellschaftsrechtlichen Kapitalerhaltungsregime ansehen und inwiefern ist hierdurch eine qualitativ gleichwertige Kapitalerhaltung auf Basis eines IFRS-SME-Abschlusses gefährdet?

(5) Welche Regulierungsoptionen zur Sicherstellung einer qualitativ gleichwertigen Kapitalerhaltung stehen auf Basis eines Unternehmenswahlrechts zwischen HGB und IFRS-SME generell zur Verfügung und welche konkrete Regulierungsempfehlung zur Anwendung des IFRS-SME in Deutschland lässt sich unter dem Gesichtspunkt der Kapitalerhaltung als Synthese der Problemkreise 1 bis 5 abgeben?

Die Ausführungen in den vorherigen Abschnitten des ersten Kapitels haben zu einer Beantwortung des **ersten Problemkreises** (*Eingrenzung des Erkenntnisziels und Festlegung des Forschungsdesigns*) geführt, so dass hierauf nicht weiter einzugehen ist.

Im **zweiten Problemkreis** (*Ökonomische Grundüberlegungen zum Kapitalerhaltungszweck*), der als **ökonomisch-analytischer Grundlagenteil** für die bilanztheoretisch-hermeneutische Untersuchung der folgenden Kapitel dient, werden mittels der **Prinzipal-Agenten-Theorie** als Theoriezweig der Neuen Institutionenökonomie die unterschiedlichen vertraglichen Friktionen (Gläubigerrisiken), die bei einer Fremdkapitalüberlassung zwischen Gläubiger und Eigner entstehen können, systematisiert. Hierdurch lässt sich der potenzielle Beitrag der Institution „Rechnungslegung" zum Schutz der Gläubiger, d. h. zur Reduzierung der Gläubigerrisiken, aufzeigen. Die Rechnungslegung kann sowohl als System zur Verringerung von Informationsasymmetrien als auch zur standardisierten Konditionierung von Handlungsbeschränkungen des Eigners dienen. Mit Blick auf das deutsche Kapitalerhaltungsregime ist von Interesse, ob und unter welchen Bedingungen die **gesetzliche Konditionierung der Kapitalerhaltung mittels Rechnungslegungsvor-**

schriften gegenüber einzelvertraglichen Schutzvorkehrungen **ökonomisch gut begründbar ist**. Nicht zuletzt auf Basis **empirischer Evidenz** und der Hinzuziehung **rechtsvergleichender Untersuchungselemente** (US-amerikanisches Gesellschaftsrecht) sprechen plausible Argumente für ein Festhalten an der gesetzlichen **Rechnungslegungsregulierung zur Umsetzung der Kapitalerhaltung** in Deutschland. Mit diesem Befund lässt sich die Brücke zum deutschen Kapitalerhaltungsregime schlagen, dessen Eckpfeiler (GoB-System) herausgearbeitet werden. Ein **Festhalten am deutschen Kapitalerhaltungsregime** und damit eine bilanztheoretisch-hermeneutische Würdigung des IFRS-SME auf Basis der bestehenden institutionellen Ordnung (**Problemkreise 3 und 4**) lässt sich ökonomisch insgesamt **gut begründen**.

Im Rahmen des **dritten Problemkreises** (*Konzeptionelle und europarechtliche Implikationen einer IFRS-SME-Anwendung zur Kapitalerhaltung*) werden die **konzeptionellen Grundlagen des IFRS-SME**, d. h. die Zielsetzung und die qualitativen Anforderungen an IFRS-SME-Rechnungslegungsinformationen, zur Sicherstellung einer zum HGB-Abschluss qualitativ gleichwertigen Kapitalerhaltung gewürdigt. Diese Ausführungen bilden die Grundlage für die bilanztheoretisch-hermeneutische Würdigung der speziellen Ansatz- und Bewertungsvorschriften des IFRS-SME im Vergleich zum HGB-Normensystem (**Problemkreis 4**) und die Entwicklung einer Regulierungsempfehlung (**Problemkreis 5**). Der Konnex zu **Problemkreis 5** besteht darüber hinaus im Rahmen der juridischen Analyse der Vereinbarkeit des IFRS-SME mit dem europäischen Normvorgaben der **Kapitalrichtlinie**, der **Bilanzrichtlinie** sowie der **IAS-Verordnung**. Diese europäischen Rechtsakte haben großen Einfluss auf das Kapitalerhaltungsregime und das HGB in Deutschland, indem sie dessen Ausgestaltung in weiten Teilen vorgeben. Die **Ausarbeitung einer Regulierungsempfehlung** zur Anwendung des IFRS-SME in Deutschland muss sich daher **innerhalb der bestehenden europarechtlichen Leitplanken** bewegen, was gleichsam Gegenstand des **dritten Problemkreises** ist.

Im Rahmen des **vierten Problemkreises** (*Bilanztheoretisch-hermeneutische Untersuchung der Einzelnormen des IFRS-SME zur Kapitalerhaltung*) werden die Einzelregelungen des IFRS-SME auf ihre **Zweckadäquanz für eine bilanzielle Kapitalerhaltung** im geltenden Kapitalerhaltungsregime des AktG und des GmbHG bilanztheoretisch-hermeneutisch untersucht. Hierbei wird auf den im **zweiten Problemkreis** herausgearbeiteten Referenzrahmen in Form der gesellschaftsrechtlichen Anforderungen an die Ansatz- und Bewertungsvorschriften und deren Konkretisierung in Form des handelsrechtlichen GoB-Systems zurückgegriffen. Da das handelsrechtliche Normensystem nicht monofunktional dem Kapitalerhaltungzweck, sondern ebenso dem Rechenschaftsweck Geltung verschafft, entsprechen einzelne Bilanzierungsnormen des HGB nicht vollumfänglich den Anforderungen an die bilanzielle Kapitalerhaltung. Die **korrespondierenden HGB-Regelungen werden den einschlägigen IFRS-SME-Vorschriften synoptisch gegenübergestellt**, da negative Auswirkungen auf die Qualität der bilanziellen Kapitalerhaltung nur **bei einer geringeren Zweckadäquanz der IFRS-SME-Vorschriften im Vergleich zum HGB-Bilanzrecht** zu vermuten sind. Diese synoptische Gegenüberstellung basiert in ihren Grundzügen auf der Untersuchung von BREMBT[103] zum Dualitätspotenzial von IFRS-SME und HGB, die um die bilanztheoretisch-hermeneutische Würdigung des HGB und des IFRS-SME ergänzt wird. Die Untersuchung wird auf die **für SMEs besonders relevanten Sachverhalte** beschränkt.

Im **fünften Problemkreis** (*Schlussfolgerungen zur Sicherstellung des Kapitalerhaltungszwecks auf Basis des IFRS-SME*) werden - basierend auf den identifizierten Regelungsbereichen des IFRS-SME mit negativen Auswirkungen auf den Kapitalerhaltungszweck (**vierter Problemkreis**) - zunächst **Regulierungsoptionen zur Anwendung des IFRS-SME auf Basis eines Unternehmenswahlrechts** entwickelt. Auf Basis der im **vierten Problemkreis** dargelegten Inkompatibilitäten des IFRS-SME ist die verpflichtende Abkehr von der HGB-Rechnungslegung derzeit weder unter ökonomischen noch unter rechtspolitischen Gesichtspunkten vertretbar, da die Sicherstellung einer gleichwertigen Kapitalerhaltung auf Basis des IFRS-SME mit teils erheblichen Zusatzkosten für deutsche SMEs im Vergleich zur HGB-Bilanzierung verbunden ist. Den möglichen Zusatznutzen dürften hingegen nur einen Teil der deutschen SMEs (hohe internationale Verflechtung) realisieren. Zudem schließt der deutsche Gesetzgeber eine vollständige Abkehr vom HGB aus.[104] Daher ist im geltenden Kapitalerhaltungsregime ausschließlich die wahlrechtswei-

---

103 Vgl. BREMBT, T., Möglichkeiten einer internationalisierten Rechnungslegung sowie die überlicksartigen Ausführungen zum einschlägigen bilanztheoretischen Schrifttum in Abschnitt 132.
104 Vgl. hierzu die Ausführungen über die Einflussfaktoren auf das Erkenntnisziel in Abschnitt 12.

se Anwendung des IFRS-SME oder des HGB im Einzelabschluss bei Sicherstellung einer gleichwertigen Kapitalerhaltung denkbar.[105] Die in Frage kommenden Regulierungsoptionen auf Basis eines solchen Unternehmenswahlrechts werden hinsichtlich der **Kosten und des Nutzens für Abschlussersteller und Abschlussadressaten** sowie der Regulierungskosten für den **Gesetzgeber** beurteilt. Um diese Einschätzung zu untermauern, lässt sich auf **empirische Ergebnisse** aus **Befragungen deutscher SMEs** (Abschlussersteller) und deren **Abschlussadressaten** zurückgreifen. Sodann wird eine **Regulierungsempfehlung zur Anwendung des IFRS-SME unter dem Gesichtspunkt der Kapitalerhaltung** mit den Dimensionen **Abschlusserstellung, Ausweis, Publizität** und **Prüfung** ausgesprochen und ein **konkreter gesetzgeberischer Umsetzungsvorschlag zur Erweiterung des HGB** unterbreitet. Diese Regulierungsempfehlung fungiert als Synthese der dargelegten Problemkreise (1) bis (5). Abschließend steht die **probeweise reale Umsetzung der Regulierungsempfehlung** bei einem deutschen SME (Umstellung der Bilanz) im Untersuchungsfokus. Hierdurch lässt sich eine erste Überprüfung der getroffenen Einschätzung zu den durch die verschiedenen Regulierungsoptionen induzierten Kosten und Nutzen treffen. Diese wird durch eine **Befragung der beteiligten Wirtschaftsprüfer** ergänzt.

Die wesentlichen **Untersuchungsergebnisse dieser Arbeit** werden **thesenförmig** in **Abschnitt 6** zusammengefasst.

Der **Gang der Untersuchung**, der sich mit Blick auf die Kapitalstruktur an den zuvor beschriebenen **fünf Problemkreisen** orientiert, wird nachfolgend zusammenfassend dargestellt (vgl. *Übersicht 1-9*).

---

[105] Vgl. hierzu auch ZÜLCH, H./GÜTH, S./STAMM, A., Einzelabschluss nach dem IFRS for SMEs, S. 712; aus Sicht der Bundesregierung GÜNTHER, A., Modell für die Überarbeitung der Bilanzrichtlinien S. 23-26; im Rahmen der Beratungen zum BilMoG u. a. BÖCKING, H.-J., Zur Notwendigkeit eines Bilanzrechtsmodernisierungsgesetzes, S. 462 („*Beibehaltung eigenständiger Regelungen für den handelsrechtlichen Jahres- und Konzernabschluss*").

Kapitel 1: Einleitung

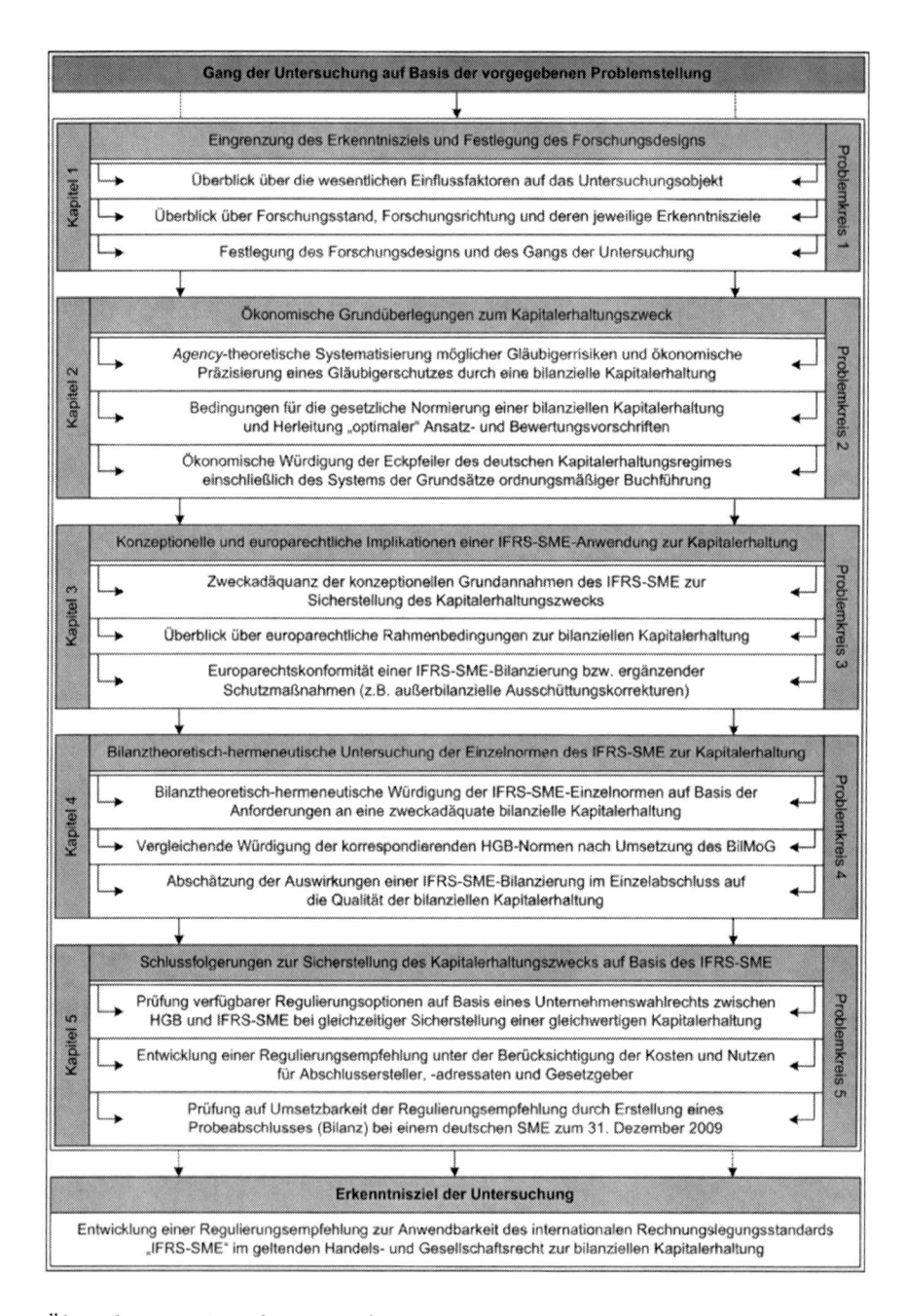

Gang der Untersuchung auf Basis der vorgegebenen Problemstellung

Kapitel 1 / Problemkreis 1: Eingrenzung des Erkenntnisziels und Festlegung des Forschungsdesigns
- Überblick über die wesentlichen Einflussfaktoren auf das Untersuchungsobjekt
- Überblick über Forschungsstand, Forschungsrichtung und deren jeweilige Erkenntnisziele
- Festlegung des Forschungsdesigns und des Gangs der Untersuchung

Kapitel 2 / Problemkreis 2: Ökonomische Grundüberlegungen zum Kapitalerhaltungszweck
- *Agency*-theoretische Systematisierung möglicher Gläubigerrisiken und ökonomische Präzisierung eines Gläubigerschutzes durch eine bilanzielle Kapitalerhaltung
- Bedingungen für die gesetzliche Normierung einer bilanziellen Kapitalerhaltung und Herleitung „optimaler" Ansatz- und Bewertungsvorschriften
- Ökonomische Würdigung der Eckpfeiler des deutschen Kapitalerhaltungsregimes einschließlich des Systems der Grundsätze ordnungsmäßiger Buchführung

Kapitel 3 / Problemkreis 3: Konzeptionelle und europarechtliche Implikationen einer IFRS-SME-Anwendung zur Kapitalerhaltung
- Zweckadäquanz der konzeptionellen Grundannahmen des IFRS-SME zur Sicherstellung des Kapitalerhaltungszwecks
- Überblick über europarechtliche Rahmenbedingungen zur bilanziellen Kapitalerhaltung
- Europarechtskonformität einer IFRS-SME-Bilanzierung bzw. ergänzender Schutzmaßnahmen (z.B. außerbilanzielle Ausschüttungskorrekturen)

Kapitel 4 / Problemkreis 4: Bilanztheoretisch-hermeneutische Untersuchung der Einzelnormen des IFRS-SME zur Kapitalerhaltung
- Bilanztheoretisch-hermeneutische Würdigung der IFRS-SME-Einzelnormen auf Basis der Anforderungen an eine zweckadäquate bilanzielle Kapitalerhaltung
- Vergleichende Würdigung der korrespondierenden HGB-Normen nach Umsetzung des BilMoG
- Abschätzung der Auswirkungen einer IFRS-SME-Bilanzierung im Einzelabschluss auf die Qualität der bilanziellen Kapitalerhaltung

Kapitel 5 / Problemkreis 5: Schlussfolgerungen zur Sicherstellung des Kapitalerhaltungszwecks auf Basis des IFRS-SME
- Prüfung verfügbarer Regulierungsoptionen auf Basis eines Unternehmenswahlrechts zwischen HGB und IFRS-SME bei gleichzeitiger Sicherstellung einer gleichwertigen Kapitalerhaltung
- Entwicklung einer Regulierungsempfehlung unter der Berücksichtigung der Kosten und Nutzen für Abschlussersteller, -adressaten und Gesetzgeber
- Prüfung auf Umsetzbarkeit der Regulierungsempfehlung durch Erstellung eines Probeabschlusses (Bilanz) bei einem deutschen SME zum 31. Dezember 2009

Erkenntnisziel der Untersuchung
Entwicklung einer Regulierungsempfehlung zur Anwendbarkeit des internationalen Rechnungslegungsstandards „IFRS-SME" im geltenden Handels- und Gesellschaftsrecht zur bilanziellen Kapitalerhaltung

Übersicht 1-9:   *Gang der Untersuchung*

Aufgrund der Komplexität des Untersuchungsobjekts ist ein Arbeiten ohne **Prämissen** nicht möglich. Die Untersuchung unterliegt daher den **nachfolgenden Einschränkungen**:

- Die Untersuchung beschränkt sich auf die Bedeutung der Rechnungslegung als Schutzinstitution für die **heterogene Gruppe der Gläubiger**. Die Interessen möglicher weiterer Zielträger der Rechnungslegung, z. B. des Managements oder der Gesellschafter, bleiben unberücksichtigt.

- Ausgangspunkt der Untersuchung ist eine **deutsche Kapitalgesellschaft** in der Rechtsform der **GmbH** und der **AG**. Dies lässt sich dadurch rechtfertigen, dass eine Ausschüttungsregulierung auf Basis des IFRS-SME primär für kapitalgesellschaftsbezogene Rechtsformen relevant sein dürfte.

- **Kapitalgesellschaftsähnliche Mischformen** (z. B. GmbH & Co. KG) bleiben in der Untersuchung ausgeklammert, da deren Berücksichtigung mit Blick auf die ökonomischen Anreizwirkungen sowie hinsichtlich der handels- und gesellschaftsrechtlichen Kapitalerhaltungsnormen Spezialprobleme verursacht, die den Rahmen dieser Arbeit sprengen würden.

- Die Untersuchung beschränkt sich auf Kapitaltransfers in Form **offener Barausschüttungen**. Etwaige gesellschaftsrechtliche Spezialprobleme im Rahmen der Kapitalerhaltungsnormen (z. B. der Rückkauf eigener Aktien, verdeckte Gewinnausschüttungen) bleiben ausgeklammert. Ebenso stehen **alternative Regulierungsformen** zur bilanziellen Ausschüttungsbemessung, die die Abkehr von Kapitalerhaltungsregime nach sich ziehen würden, nicht im Fokus der Untersuchung.

- Die Untersuchung beschränkt sich im Wesentlichen auf **Ansatz- und Bewertungsvorschriften zur Gewinnermittlung**. Der Fokus dieser Arbeit liegt daher auf den Abschlusselementen „Bilanz" und „GuV" bzw. „Ergebnisrechnung".

- Die Eignung eines IFRS-SME-Abschluss als **steuerliche Bemessungsgrundlage** und die Auswirkungen der zu entwickelnden Regulierungsempfehlung auf das **Maßgeblichkeitsprinzip** wird in dieser Arbeit ebenfalls nicht näher untersucht.

2 Ökonomische Grundüberlegungen zum geltenden Kapitalerhaltungsregime in Deutschland

21 Vorüberlegungen zum Untersuchungsziel und zur Vorgehensweise

In diesem Abschnitt wird als Grundlage für die nachfolgenden Abschnitte 3 bis 5 die **Funktionsweise** und die **Vorteilhaftigkeit des Festhaltens am Kapitalerhaltungsregime** in seiner bestehenden Form ökonomisch gewürdigt. Dies ist insofern von zentraler Bedeutung, als sich die bilanztheoretisch-hermeneutische Analyse des IFRS-SME zur Kapitalerhaltung in den Abschnitten 3 und 4 und die sich daran anschließende Entwicklung einer Regulierungsempfehlung zur Verhinderung eines „Zwei-Klassen-Gläubigerschutzes" in Abschnitt 5 nur dann rechtfertigen lässt, wenn die **bilanzielle Kapitalerhaltung auf Basis des handelsrechtlichen GoB-Systems ihren ökonomischen Regelungszweck erfüllt** und dieser **gesetzlich reguliert werden muss**.

Folgerichtig gliedert sich dieser Abschnitt in **zwei Hauptteile**: Im **ersten Hauptteil** werden mittels Erkenntnissen aus der finanziellen *agency*-Theorie die (fremdfinanzierungsbedingten) Friktionen (**Gläubigerrisiken**) in den Vertragsbeziehungen zwischen Fremdkapitalgebern (Gläubigern) und Kapitalnehmern systematisiert herausgearbeitet. Hierauf aufbauend lassen sich *agency*-theoretisch fundiert die potenziellen Funktionen der Institution „Rechnungslegung" ableiten. In diesem Zusammenhang wird auch der **Regelungszweck einer bilanziellen Kapitalerhaltung**, der im Schrifttum durch den c. p. bedeutungsleeren Begriff des „Gläubigerschutzes" umrissen wird, präzisiert. Zuvor ist herauszuarbeiten, ob es überhaupt eines regulatorischen Eingriffs durch gesetzliche Vorschriften zur Rechnungslegung bedarf. Unter den Prämissen der *agency*-theoretischen Untersuchung gilt das Primat der Vertragsfreiheit im Sinne eines einzelvertraglichen Schutzes der Vertragsparteien, so dass jede Einschränkung einzelvertraglicher Schutzinstitutionen einer besonderen Rechtfertigung bedarf. Abschließend muss darauf hingewiesen werden, dass es sich im ersten Hauptteil um **Grundüberlegungen für die ökonomische Fundierung** der Untersuchung in den Abschnitten 3 bis 5 handelt. Spezialprobleme bleiben notwendigerweise ausgeklammert.

Kapitel 2: Ökonomische Grundüberlegungen zum geltenden Kapitalerhaltungsregime in Deutschland

Im **zweiten Hauptteil** werden die Ergebnisse der ökonomischen Grundüberlegungen auf das handels- und gesellschaftsrechtliche Kapitalerhaltungsregime adaptiert. Hierzu werden dessen **Konstruktionselemente, insbesondere mit Blick auf das handelsrechtliche GoB-System**, umfassend herausgearbeitet und sodann mit Blick auf die Ergebnisse aus dem ersten Teil dieses Abschnitts ökonomisch gewürdigt. Unter den darzustellenden Einschränkungen lassen sich gute Gründe finden, die einen Beitrag des deutschen Kapitalerhaltungsregimes zur Verringerung vertraglicher Friktionen zwischen Gläubigern und Gesellschaftern nahelegen. Diese Ergebnisse haben zentrale Bedeutung für die bilanztheoretisch-hermeneutische Untersuchung des IFRS-SME in den **Abschnitten 3 und 4 sowie für die Entwicklung einer Regulierungsempfehlung in Abschnitt 5** (vgl. *Übersicht 2-1*).

Der **zweite Problemkreis** (*Ökonomische Grundüberlegungen zum Kapitalerhaltungszweck*) lässt sich durch folgende Detailfragen zusammenfassen:

(21) Welche Arten von Gläubigerrisiken lassen sich *agency*-theoretisch systematisieren? Inwiefern leitet sich hieraus regulierungstheoretisch ein Bedarf für die gesetzliche Regulierung der Rechnungslegung, insbesondere mit Blick auf den Kapitalerhaltungszweck, ab? Wie sollten die Ansatz- und Bewertungsvorschriften mit Blick auf den Kapitalerhaltungszweck ökonomisch „optimal" ausgestaltet sein?

(22) Welche tragenden Konstruktionselemente weist das deutsche Kapitalerhaltungsregime auf und wie konkretisiert sich der Kapitalerhaltungszweck über die Grundsätze ordnungsmäßiger Buchführung? Lässt sich ein Festhalten am Kapitalerhaltungsregime auf Basis der vorherigen Überlegungen ökonomisch begründen?

Die **Detailfrage (21)** steht in **Abschnitt 22** im Untersuchungsfokus (vgl. *Übersicht 2-1*). Hierzu werden auf Basis der ökonomischen Prinzipal-Agenten-Theorie (*agency*-Theorie) **fremdfinanzierungsbedingte *agency*-Konflikte** zwischen Kapitalgebern und Kapitalnehmern (sog. **Gläubigerrisiken**) systematisiert (**Abschnitt 222**). Sodann soll in **Abschnitt 223** untersucht werden, ob und unter welchen Bedingungen sich aus der Existenz der Gläubigerrisiken zur Sicherstellung der Allokationseffizienz ein **Regulierungseingriff** in die Interaktionen zwischen den Marktakteuren durch die **gesetzliche Normierung der Schutzinstitution „Rechnungslegung"** rechtfertigen lässt. Im Speziellen steht der Beitrag zur Verringerung der Gläubigerrisiken im Fokus. Es wird auch der Frage nachzugehen sein, ob sich im Sinne einer normativen Herangehensweise Anforderungen an die Ansatz- und Bewertungsvorschriften ableiten lassen. Ergebnisse empirischer Untersuchngen sind zur Plausibilisierung der Hypothesen in die Untersuchung einzubeziehen.

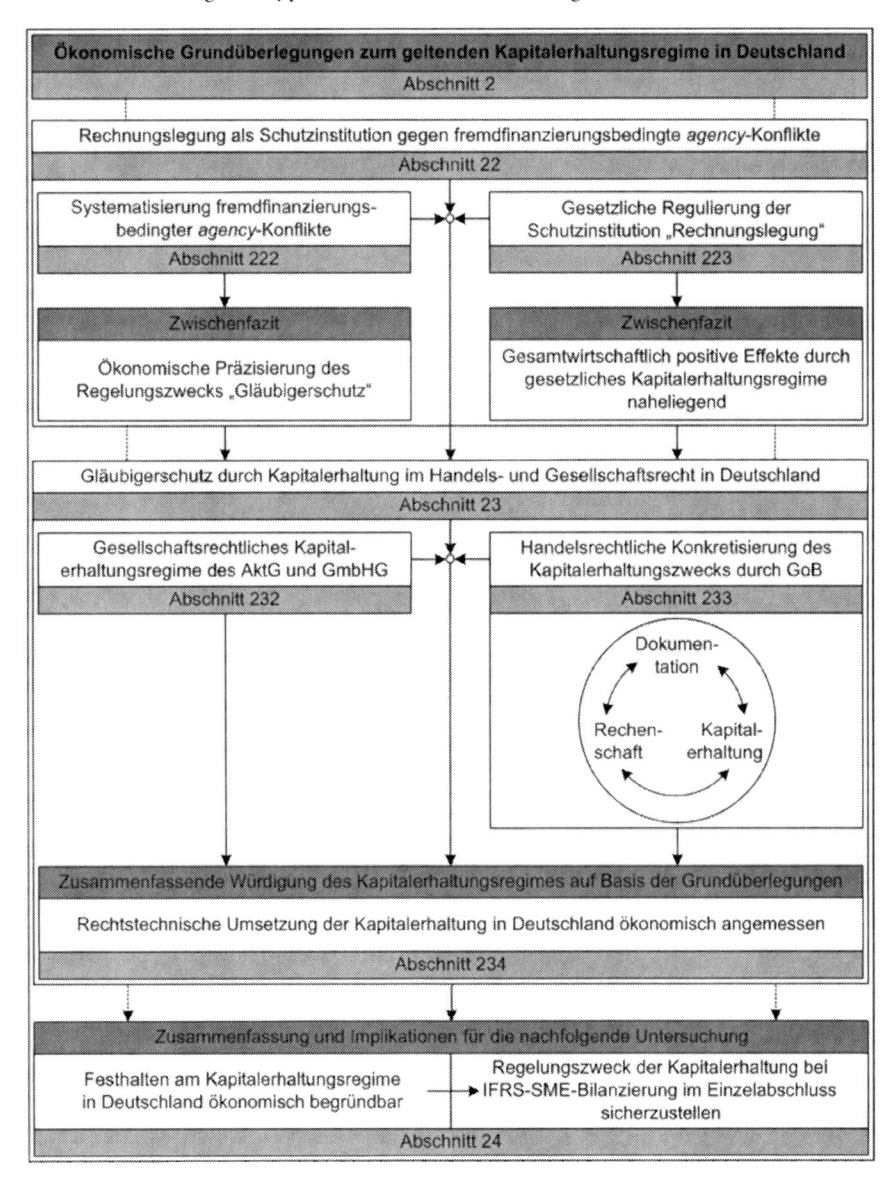

Ökonomische Grundüberlegungen zum geltenden Kapitalerhaltungsregime in Deutschland
Abschnitt 2

Rechnungslegung als Schutzinstitution gegen fremdfinanzierungsbedingte *agency*-Konflikte
Abschnitt 22

- Systematisierung fremdfinanzierungsbedingter *agency*-Konflikte
  Abschnitt 222
- Gesetzliche Regulierung der Schutzinstitution „Rechnungslegung"
  Abschnitt 223

Zwischenfazit: Ökonomische Präzisierung des Regelungszwecks „Gläubigerschutz"

Zwischenfazit: Gesamtwirtschaftlich positive Effekte durch gesetzliches Kapitalerhaltungsregime naheliegend

Gläubigerschutz durch Kapitalerhaltung im Handels- und Gesellschaftsrecht in Deutschland
Abschnitt 23

- Gesellschaftsrechtliches Kapitalerhaltungsregime des AktG und GmbHG
  Abschnitt 232
- Handelsrechtliche Konkretisierung des Kapitalerhaltungszwecks durch GoB
  Abschnitt 233

Dokumentation — Rechenschaft — Kapitalerhaltung

Zusammenfassende Würdigung des Kapitalerhaltungsregimes auf Basis der Grundüberlegungen
Rechtstechnische Umsetzung der Kapitalerhaltung in Deutschland ökonomisch angemessen
Abschnitt 234

Zusammenfassung und Implikationen für die nachfolgende Untersuchung
- Festhalten am Kapitalerhaltungsregime in Deutschland ökonomisch begründbar
- Regelungszweck der Kapitalerhaltung bei IFRS-SME-Bilanzierung im Einzelabschluss sicherzustellen
Abschnitt 24

Übersicht 2-1: Struktur des Vorgehens in Kapitel 2

Die **Detailfrage (22)** wird in **Abschnitt 23** beantwortet (vgl. *Übersicht 2-1*). Zunächst soll die Funktionsweise der Kapitalerhaltungsnormen im AktG und GmbHG als Bestandteil eines umfassenden gesellschaftsrechtlichen Kapitalschutzsystems in **Abschnitt 232** herausgearbeitet werden. Hierauf aufbauend sind die für diese Untersuchung maßgeblichen Bestandteile des handelsrechtlichen GoB-Systems zur Sicherstellung des Kapitalerhaltungszwecks zu analysieren (**Abschnitt 233**). Abschließend werden auf Basis der vorherigen Ergebnisse diese Normen ökonomisch gewürdigt (**Abschnitt 234**).

Die Ergebnissynthese in **Abschnitt 24** fasst die Schlussfolgerungen aus den **Abschnitten 22 und 23** mit Blick auf die Rechtfertigung des Festhaltens am deutschen Kapitalerhaltungsregime in der bestehenden Form zusammen und sorgt damit für eine ökonomische Rechtfertigung der konzeptionellen Ausrichtung des deutschen Bilanzrechts am Kapitalerhaltungszweck, dem auch bei Anwendung des IFRS-SME im Einzelabschluss Geltung verschafft werden muss (vgl. *Übersicht 2-1*).

22 Rechnungslegung als Schutzinstitution gegen fremdfinanzierungsbedingte *agency*-Konflikte

221. Überblick

Nachfolgend bildet die **finanzielle Prinzipal-Agenten-Theorie** (*agency*-Theorie) als Teilbereich der Neuen Institutionenökonomie einen konzeptionellen Rahmen für die ökonomische Analyse des Kapitalerhaltungszwecks in Deutschland. Hierzu sind in **Abschnitt 222** in der gebotenen Kürze die Annahmen der finanziellen *agency*-Theorie als Theoriezweig der Neuen Institutionenökonomie herauszuarbeiten, woran die folgenden Ausführungen inhaltlich anknüpfen können. In diesem Zusammenhang wird der Begriff des Gläubigerrisikos im Sinne fremdfinanzierungsbedingter vetraglicher Friktionen im Verhältnis zwischen Kapitalnehmern (Gesellschaftern) und Kapitalgebern (Gläubigern) definiert und deren unterschiedlichen Ausprägungen vor und während Begründung eines Fremdkapitalüberlassungsverhältnisses systematisiert. Mit Hilfe der so erlangten Erkenntnisse können anschließend die Funktionsweise und die Ausgestaltung der institutionellen Ordnung „Rechnungslegung" zur Reduzierung der unterschiedlichen Gläubigerrisiken neo-institutionalistisch hergeleitet werden (**Abschnitt 223**).

Abschnitt 22: Rechnungslegung als Schutzinstitution gegen fremdfinanzierungsbedingte agency-Konflikte

222. Systematisierung fremdfinanzierungsbedingter Prinzipal-Agenten-Konflikte

222.1 Vorbemerkungen

In diesem Abschnitt werden zunächst die Grundlagen der finanziellen Prinzipal-Agenten-Theorie gelegt und auf dieser Basis der für die folgende Untersuchung maßgebliche Begriff des „Gläubigerrisikos" definiert (**Abschnitt 222.2**). „Gläubigerschutz" zielt in diesem Sinne auf die durch vertragliche Friktionen zwischen Kapitalgebern und Kapitalnehmern induzierten Gläubigerrisiken ab. Dies wird durch die anschließende Systematisierung der unterschiedlichen Gläubigerrisiken in **Abschnitt 222.3** verdeutlicht. Die wesentlichen Ergebnisse werden in **Abschnitt 222.4** zusammengefasst.

222.2 Finanzielle Prinzipal-Agenten-Theorie und Definition des Begriffs „Gläubigerrisiko" als Ausgangspunkt der Untersuchung

Die ökonomische Prinzipal-Agenten-Theorie untersucht entgeltliche **Auftragsbeziehungen** zwischen Auftraggeber (Prinzipal bzw. *principal*) und Auftragnehmer (Agent bzw. *agent*) auf **Basis von Verträgen**. Auch die organisatorische Einheit „(Kapital-)Gesellschaft" sowie Vorgänge innerhalb dieser lassen sich als **Vertragsnetzwerke** definieren, auf deren Basis Verfügungsrechtsstrukturen über Ressourcen determiniert werden.[1] Zentraler Untersuchungsgegenstand ist hierbei das **Anreizproblem** und die **Risikoaufteilung zwischen Prinzipal und Agent**. Hierfür ursächlich sind Arbeitsteilung und Kooperation, welche den Abschluss von Verträgen erforderlich machen.[2] Für diese Arbeit von besonderer Bedeutung ist, dass **Kapitalgesellschaften** über eine **eigene Rechtspersönlichkeit** verfügen und dadurch die Haftung der Eigentümer auf das der Gesellschaft überlassene Haftkapital beschränkt ist, woraus sich eine **spezifische Risikoallokation** und **Anreizeffekte** für die Eigner ergeben.[3] Eine *agency*-Beziehung ist wie folgt definiert:

---

1 Vgl. JENSEN, M./MECKLING, W., Theory of the Firm, S. 311 („*The private corporation is simply one form of legal fiction which serves as nexus for contracting relationships*"); hierzu auch KUHNER, C., in: HWO, 4. Aufl., Sp. 960 f. (für Forschungsrichtung der ökonomischen Analyse des Rechts).

2 Vgl. ARROW, K., The Economics of Agency, S. 37 („*the principal-agent relation is a phenomenon of significant scope and economic magnitude*"); JOST, P.-J., Die Prinzipal-Agenten-Theorie im Unternehmenskontext, S. 11; RICHTER, R./FURUBOTN, E., Neue Institutionenökonomik, S. 178.

3 Vgl. EASTERBROOK, F./FISCHEL, D., Limited Liability and the Corporation, S. 91.

Kapitel 2: Ökonomische Grundüberlegungen zum geltenden Kapitalerhaltungsregime in Deutschland

> *„We define an agency relationship as a contract, under which one or more persons (the principals) engange another person (the agent) to perform some service on their behalf which involves delegating some decision making authority to the agent."*[4]

Notwendige Bedingung für die Existenz von Vertragsproblemen ist die **Annahme individueller Nutzenmaximierung**.[5] Sofern die Handlungen des Agenten bei **Interessendivergenzen** nur dessen eigenen, nicht aber den Nutzen des Prinzipals maximieren, handelt der Agent **opportunistisch**, indem er sich ausschließlich an seiner eigenen Nutzenposition **ohne Rücksicht auf vertragliche oder moralische Verpflichtungen** orientiert.[6] Ein derartiges opportunistisches Verhalten ist problematisch, wenn vor bzw. nach Abschluss eines Vertrags eine **asymmetrische Informationsverteilung** zwischen Agent und Prinzipal vorliegt.[7] Die Vertragsparteien sind sich des Einflusses der *agency*-Probleme auf die Vertragsbeziehung bewusst.[8] Diese Rahmenbedingungen ermöglichen es nur unter **Inkaufnahme hoher Transaktionskosten**, für alle künftigen Umweltzustände die Handlungen des Agenten und des Prinzipals sowie die Beteiligung am Erfolg aus dieser Zusammenarbeit (**Teilungsregel**) vor Vertragsbegründung (*ex ante*) festzulegen und nach Vertragsbegründung (*ex post*) zu überprüfen.[9] Insofern lassen sich in der Realität keine vollständigen Verträge schließen. Die Vertragsprobleme resultieren aus dem Informationsvorsprung des Agenten, der seine Fähigkeiten und Absichten besser abschätzen kann als der Prinzipal.[10] **Informationsasymmetrien *ex ante*** beziehen sich auf Eigenschaften des Gegenstands der Transaktion oder der beteiligten Personen. Dies wird als *hidden*

---

4   JENSEN, M./MECKLING, W., Theory of the Firm, S. 308.
5   Vgl. BARNEA, A./HAUGEN, R./SENBET, L., Agency Problems and Financial Contracting, S. 26; JOST, P.-J., Die Prinzipal-Agenten-Theorie im Unternehmenskontext, S. 15.
6   Vgl. zum Begriff des Opportunismus RICHTER, R./FURUBOTN, E., Neue Institutionenökonomik, S. 5 f.; FRANKE, G./HAX, H., Finanzwirtschaft des Unternehmens, S. 460.
7   Vgl. BARNEA, A./HAUGEN, R./SENBET, L., Agency Problems and Financial Contracting, S. 28; SCHMIDT, R./TERBERGER, E., Grundzüge der Investitions- und Finanzierungstheorie, S. 66 f.; RICHTER, R./FURUBOTN, E., Neue Institutionenökonomik, S. 171.
8   Vgl. BARNEA, A./HAUGEN, R./SENBET, L., Agency Problems and Financial Contracting, S. 26.
9   Vgl. zum Begriff der Teilungsregel SCHMIDT, R./TERBERGER, E., Grundzüge der Investitions- und Theorie, S. 413. Die Transaktionskostentheorie macht die Kosten der Vertragsformulierung und -durchsetzung zum Gegenstand für die Erklärung opportunistischen Verhaltens, während die *agency*-Theorie auf die Existenz der asymmetrischen Informationsverteilung abzielt.

characters bezeichnet. Für den Prinzipal besteht die Gefahr einer negativen Auslese (*adverse selection*).[11] **Informationsasymmetrien** *ex post* beziehen sich einerseits auf nicht beobachtbares Verhalten eines Vertragspartners (*hidden action*). Andererseits ist möglich, dass der Prinzipal die Handlung des Agenten zwar beobachten, aber nicht bewerten kann (*hidden information*). In beiden Fällen besteht für den Prinzipal ein moralisches Risiko (*moral hazard*).[12]

Die Adaption auf Kapitalüberlassungsverhältnisse wird als **finanzielle Prinzipal-Agenten-Theorie** bezeichnet.[13] Hierbei lässt sich zwischen dem eigen- und dem fremdfinanzierungsbedingten Theoriebereich differenzieren.[14] **Eigenfinanzierungsbedingte** *agency*-**Probleme** resultieren aus dem Konflikt zwischen nicht an der Unternehmensleitung beteiligten Eigentümern und angestellten Unternehmensleitern.[15] **Fremdfinanzierungsbedingte** *agency*-**Probleme** resultieren aus Konflikten zwischen Eigentümern und Fremdkapitalgebern.[16] Das **Kapitalerhaltungsregime** in Deutschland zielt primär auf den **Schutz der Gesellschaftsgläubiger** ab, auch wenn es indirekt Einfluss auf eigenfinanzierungsbedingte Vertragsfriktionen haben kann. Der Fokus liegt daher nachfolgend auf fremdfinanzierungsbedingten Konflikten. Hierfür wird unterstellt, dass die Unternehmensleitung zu jeder Zeit im Interesse der Eigentümer handelt. Mit Blick auf die Eigentümerstruktur der IFRS-SME-Abschlussersteller, die i. d. R. durch die Einheit von Unternehmensleitung und Eigentum gekennzeichnet ist,[17] erscheint dies vertretbar.[18]

---

10 Vgl. SCHNEIDER, D., Betriebswirtschaftslehre, Band 1: Grundlagen, S. 45; SCHMIDT, R./TERBERGER, E., Grundzüge der Investitions- und Finanzierungstheorie, S. 391; FRANKE, G./HAX, H., Finanzwirtschaft des Unternehmens, S. 458.

11 Vgl. ARROW, K., The Economics of Agency, S. 38 f.; RICHTER, R./FURUBOTN, E., Neue Institutionenökonomik, S. 175 f.; FRANKE, G./HAX, H., Finanzwirtschaft des Unternehmens, S. 459.

12 Vgl. ARROW, K., The Economics of Agency, S. 39-42; SCHNEIDER, D., Betriebswirtschaftslehre, Band 1: Grundlagen, S. 44.

13 Vgl. BARNEA, A./HAUGEN, R./SENBET, L., Agency Problems and Financial Contracting, S. 31; WAGENHOFER, A./EWERT, R., Externe Unternehmensrechnung, S. 192.

14 Vgl. EWERT, R., Rechnungslegung, S. 10; HARTMANN-WENDELS, T., Agency-Theorie, S. 414.

15 Vgl. u. a. SCHMIDT, R./TERBERGER, E., Grundzüge der Invesititions- und Finanzierungstheorie, S. 432-448; FRANKE, G./HAX, H., Finanzwirtschaft des Unternehmens, S. 502-508.

16 Vgl. hierzu grundlegend JENSEN, M./MECKLING, W., Theory of the Firm, S. 312-319.

17 Vgl. hierzu die Ausführungen in Abschnitt 32.

Kapitel 2: Ökonomische Grundüberlegungen zum geltenden Kapitalerhaltungsregime in Deutschland

Der Ausgangspunkt für die Analyse der fremdfinanzierungsbedingten *agency*-Konflikte bildet das folgende **stilisierte Fremdkapitalüberlassungsverhältnis** (vgl. *Übersicht 2-2*): Der Kapitalnehmer als Agent[19] verfügt über **unterschiedliche Investitionsmöglichkeiten**. Die Mittelzuflüsse an die Eigner ergeben sich gemäß der für Fremdkapitalüberlassungsverhältnisse üblichen **Teilungsregel**, d. h. aus dem **Residuum des Cashflows** der gewählten Investitionsentscheidung **nach Abzug des fixen Zins- und Tilgungsanspruchs** an den Fremdkapitalgeber (Prinzipal). Die Investitionsrückflüsse hängen von dem *ex post* eingetretenen **Umweltzustand** ab. Die Eigentümer werden diejenige Investitionsalternative wählen, die auf Basis ihrer **individuellen Entscheidungsfunktion** den Erwartungsnutzen maximiert. Primäres Interesse der Kapitalnehmer und der Kapitalgeber ist die **Realisierung eines nutzenmaximierenden Konsumstroms**.[20] Dieser hat die Dimensionen Breite und Höhe, zeitliche Struktur und Unsicherheit.[21] Die Entscheidung der Kapitalnehmer ist determiniert durch die Höhe der **residualen** Zahlungsströme, deren zeitlichem Anfallen und der unsicheren Umweltlagen. Primäres Ziel ist die Maximierung des Erwartungsnutzens aus **der Eigenkapitalbeteiligung**.[22] Dieses Optimierungskalkül führt nicht zwingend **zur Maximierung des Gesamtunternehmenswerts**. In Verbindung mit Informationsasymmetrien und der Unmöglichkeit, vollständige Verträge abzuschließen, entstehen fremdfinanzierungsbedingte *agency*-Konflikte.[23] Sie verursachen **gesamtwirtschaftliche Effizienzverluste** (Abweichungen vom „Optimalzustand").[24]

---

18 Mit derartiger Vorgehensweise ebenfalls JENSEN, M./MECKLING, W., Theory of the Firm, S. 334; HARTMANN-WENDELS, T., Agency-Theorie, S. 414; EWERT, R., Rechnungslegung, S. 25 f.; kritisch hierzu aber RAMMERT, S., Gläubigerschutz durch Nominalkapitalerhaltung, S. 75-77.

19 Beim Kapitalnehmer handelt es sich aufgrund des Haftungsprivilegs und der eigenen Rechtspersönlichkeit bei Kapitalgesellschaften juristisch um die Gesellschaft selbst. Durch die Einheit von Eigentum und Kontrolle sowie der Tatsache, dass die Finanzierungs- und Investitionsentscheidungen durch die Gesellschafter getroffen werden, wird der Gesellschafter in Einklang mit dem sog. methodologischen Individualismus als „Kapitalnehmer" bezeichnet. Vgl. zum methodologischen Individualismus Abschnitt 133.

20 Vgl. MOXTER, A., Grundsätze ordnungsmäßiger Bilanzierung, S. 38; SCHMIDT, R./TERBERGER, E., Grundzüge der Investitions- und Finanzierungstheorie, S. 47.

21 Vgl. MOXTER, A., Grundsätze ordnungsmäßiger Bilanzierung, S. 38 f.; SCHMIDT, R./TERBERGER, E., Grundzüge der Investitions- und Finanzierungstheorie, S. 50.

22 Vgl. EWERT, R., Rechnungslegung, S. 36 f.; HARTWANN-WENDELS, T., Finanzierung, S. 120; LEIPPE, B., Die Bilanzierung von Leasinggeschäften, S. 39.

23 Vgl. EWERT, R., Rechnungslegung, S. 20; dem folgend auch FRANKEN, L., Gläubigerschutz durch Rechnungslegung, S. 44.

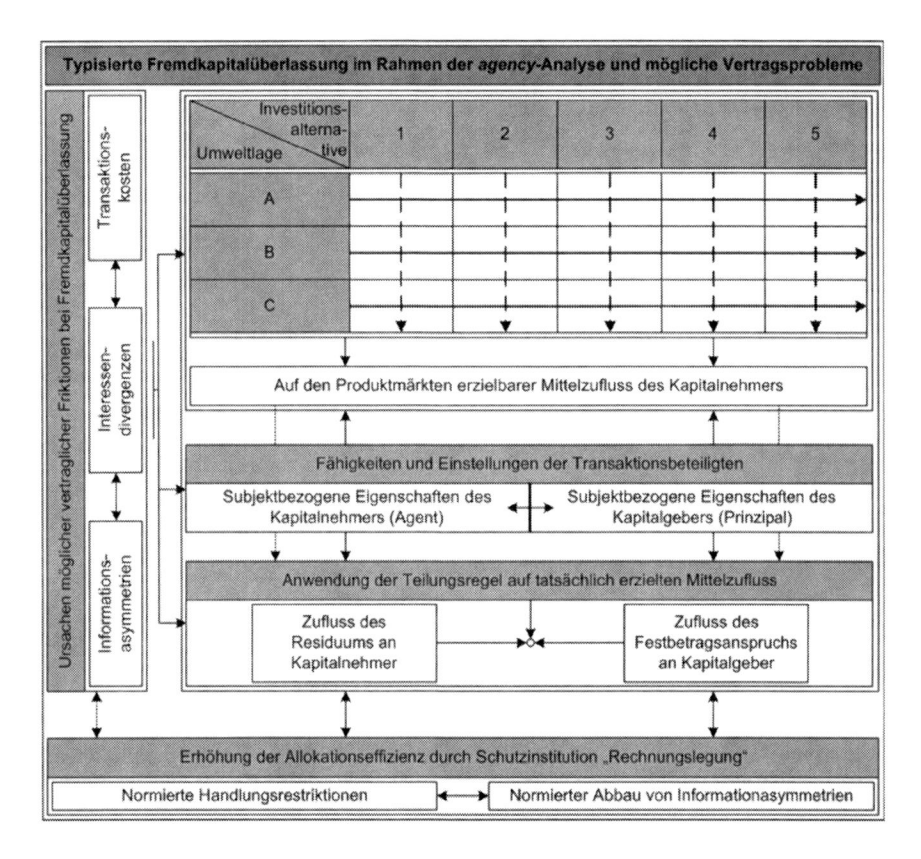

Abschnitt 22: Rechnungslegung als Schutzinstitution gegen fremdfinanzierungsbedingte agency-Konflikte

Übersicht 2-2: *Typisierte Fremdkapitalüberlassung im Rahmen der agency-theoretischen Untersuchung*[25]

Zur Verringerung der gesamtwirtschaftlichen Effizienzeinbußen sind gesetzliche oder vertragliche **Schutzinstitutionen** zu etablieren. Bei Schutzinstitutionen handelt es sich um alle **denkbaren Arten von Regelsystemen oder Handlungssystemen** zum Schutz des Prinzipals.[26] Diese können entweder an der Verringerung der Interessendivergenz oder

---

24 Diese Effizienzeinbußen werden unter dem Begriff der *agency costs* zusammengefasst. Vgl. JENSEN, M./MECKLING, W., Theory of the Firm, S. 308; hierzu auch SCHNEIDER, D., Betriebswirtschaftslehre, Band 1: Grundlagen, S. 276 f.; GÖBEL, E., Neue Institutionenökonomik, S. 125-128.

25 In Anlehnung an FRANKEN, L., Gläubigerschutz durch Rechnungslegung, S. 40.

26 Vgl. SCHMIDT, R./TERBERGER, E., Grundzüge der Investitions- und Finanzierungstheorie, S. 394 f.; allgemein zum Begriff der „Institution" SCHNEIDER, D., Betriebswirtschaftslehre, Band 1: Grundlagen, S. 18-22; KIRCHNER, C., Bilanzrecht und Neue Institutionenökonomik, S. 269 („*Systeme formgebundener [...] und formungebundener [...] Regeln*").

Kapitel 2: Ökonomische Grundüberlegungen zum geltenden Kapitalerhaltungsregime in Deutschland

der Informationsasymmetrie ansetzen. Die **Rechnungslegung** ist als eine solche Schutzinstitution zu interpretieren, die Informationsasymmetrien abbaut und auf die Handlungsrestriktionen konditioniert werden (vgl. *Übersicht 2-2*). Dies bildet Anknüpfungspunkte für die Ableitung unterschiedlicher Rechnungszwecke, z. B. den im Fokus dieser Arbeit stehenden **Kapitalerhaltungszweck**, unter der Maßgabe der **Verminderung von Effizienzeinbußen aufgrund von Gläubigerrisiken**.[27] Wichtig zu unterscheiden ist der Zusammenhang zwischen Insolvenz- und Gläubigerrisiken. Die **Insolvenzwahrscheinlichkeit** ist diejenige Wahrscheinlichkeit, dass der **Liquiditätsbestand** des Kapitalnehmers am Ende eines Prognosezeitraums **negativ** ist und der Kapitalnehmer seinen vertraglichen Verpflichtungen gegenüber dem Kapitalgeber nicht mehr nachkommen kann (vgl. *Übersicht 2-3*).[28] Problematisch im Sinne einer negativen Abweichung vom Erwartungswert ist aus Sicht des Kapitalgebers, wenn dieses bei Begründung der Kapitalüberlassung falsch, d. h. zu niedrig, eingeschätzt wird.[29]

Zum einen wird die Insolvenzwahrscheinlichkeit wird durch die **Risiken aus den getroffenen Investitions- und Finanzierungsentscheidungen** (*business risk*)[30] des Kapitalnehmers aufgrund unvorhersehbarer Umweltzustände determiniert. Sofern der Kapitalgeber das *business risk* korrekt antizipiert, wird dieser eine entsprechende Risikoprämie für die Vergütung des überlassenen Kapitals verlangen und die Kapitalüberlassung eingehen.[31] Zum anderen und unter Effizienzgesichtspunkten problematischer sind diejenigen Risiken, die aus dem **absichtlichen Fehlverhalten des Kapitalnehmers** resultieren[32] und entweder die Höhe, Verteilung und/oder Wahrscheinlichkeit der Mittelzu-

---

27 So auch LEIPPE, B., Die Bilanzierung von Leasinggeschäften, S. 38 (*„Im Mittelpunkt der Agency-Theorie stehen Kapitalgeberrisiken aufgrund des absichtlichen Fehlverhaltens der Kapitalnehmer"*).
28 Vgl. PELLENS, B./CRASSELT, N./SELLHORN, T., Solvenztest zur Ausschüttungsbemessung, S. 271; SCHNEIDER, D., Eigenmittelquote und Fortbestehensprognose, S. 10; SCHNEIDER, D., Betriebswirtschaftslehre, Band 2: Rechnungswesen, S. 112 (*„Insolvenzrisiko heißt die Glaubwürdigkeit, daß eine Unternehmung in Betrag und Zeitpunkt festliegende Auszahlungsansprüche bei Fälligkeit nicht erfüllen kann"*).
29 Vgl. SCHMIDT, R./TERBERGER, E., Grundzüge der Investitions- und Finanzierungstheorie, S. 70 (*„Schützen muß er [der Gläubiger; Anm. d. Verf.] sich [...] davor, daß auf ihn höhere Ausfallrisiken zukommen, als er bei Vertragsabschluß einkalkuliert hat"*).
30 Vgl. LEIPPE, B., Die Bilanzierung von Leasinggeschäften, S. 38.
31 Vgl. SCHMIDT, R./TERBERGER, E., Grundzüge der Investitions- und Finanzierungstheorie, S. 413.

flüsse bzw. des Liquiditätsbestands derart beeinflussen, dass sie die Insolvenzwahrscheinlichkeit erhöhen oder dessen Schätzung erschweren (vgl. *Übersicht 2-3*).[33]

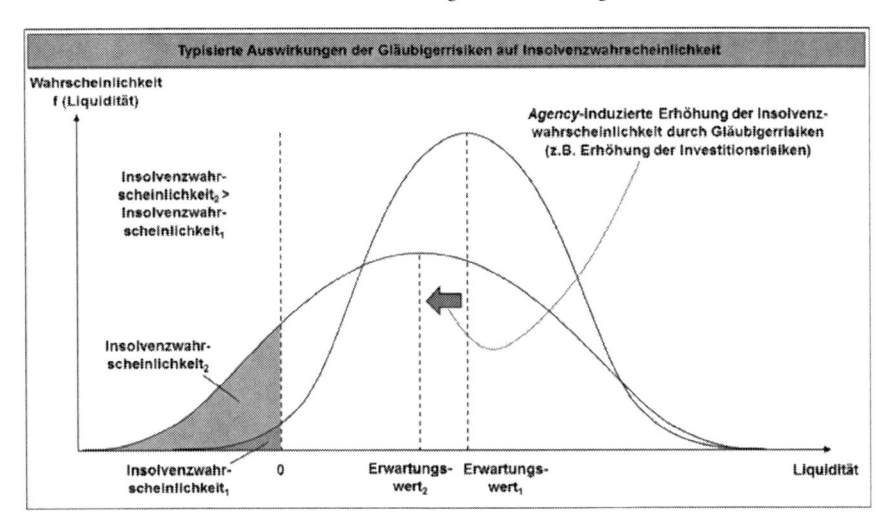

Übersicht 2-3: Zusammenhang zwischen Gläubigerrisiko und Insolvenzwahrscheinlichkeit

Die vor- und nachvertraglichen **Risiken aus absichtlichem Fehlverhalten** werden als **Gläubigerrisiken** bezeichnet.[34] **Vor Vertragsschluss** liegt das Gläubigerrisiko zunächst darin, dass der Kapitalnehmer aufgrund falscher Informationen des Kapitalgebers die Insolvenzwahrscheinlichkeit falsch einschätzt. Die **Zielsetzung vorvertraglicher Schutzinstitutionen** liegt darin, die Fehlinformationen durch den Kapitalnehmer zu verhindern und die „tatsächliche" Insolvenzwahrscheinlichkeit schätzen zu können. **Nach Vertragsschluss** sollen Schutzinstitutionen den Anstieg der Insolvenzwahrscheinlichkeit durch Gläubigerrisiken **gegenüber dem durch den Gläubiger geschätzten Ursprungswert** bei Kapitalüberlassung verhindern.[35] Es ist aber schwer feststellbar, ob eine Erhöhung auf Gläubigerrisiken oder auf *ex post*-Abweichungen der Umweltzustände zurückzuführen ist.

---

32 Unabsichtliches Fehlverhalten wird im Rahmen der *agency*-Theorie hingegen ausgeklammert, da dieses nicht aus Interessendivergenzen bzw. Informationsasymmetrien resultiert.
33 Vgl. EWERT, R., Rechnungslegung, S. 14; HARTMANN-WENDELS, T., Finanzierung, S. 119.
34 Der Begriff des Gläubigerrisikos ist übernommen aus LEIPPE, B., Die Bilanzierung von Leasinggeschäften, S. 39-45.
35 Hierbei handelt es sich um ein Werturteil für den Beitrag der Schutzinstitutionen gegen nachvertragliche Gläubigerrisiken. Es wäre bspw. auch denkbar, dass die Erhöhung der Insolvenzwahrscheinlichkeit bis zu einem normativ festzulegenden Schwellenwert als angemessen definiert wird.

Bei Gläubigerrisiken ist zwischen **informationsbedingten Gläubigerrisiken** auf der einen und **finanzierungs- und investitionsbedingten Gläubigerrisiken** auf der anderen Seite zu unterscheiden (vgl. *Übersicht 2-4*). Diese werden auf Basis des o. g. stilisierten Kapitalüberlassungsverhältnisses nun herausgearbeitet. Es sei erwähnt, dass die **Gläubigerrisiken miteinander verknüpft** sind und i. d. R. nicht isoliert voneinander auftreten.[36]

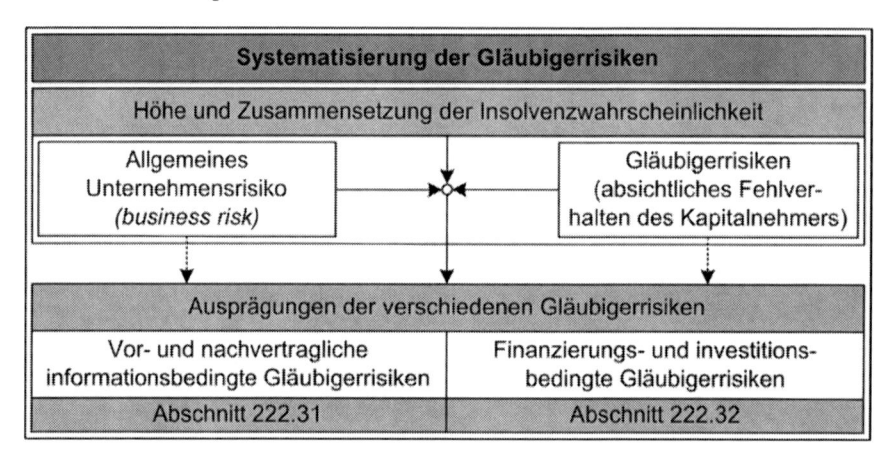

Systematisierung der Gläubigerrisiken	
Höhe und Zusammensetzung der Insolvenzwahrscheinlichkeit	
Allgemeines Unternehmensrisiko (business risk)	Gläubigerrisiken (absichtliches Fehlverhalten des Kapitalnehmers)
Ausprägungen der verschiedenen Gläubigerrisiken	
Vor- und nachvertragliche informationsbedingte Gläubigerrisiken	Finanzierungs- und investitionsbedingte Gläubigerrisiken
Abschnitt 222.31	Abschnitt 222.32

Übersicht 2-4: Abgrenzung maßgeblicher Gläubigerrisiken für die Untersuchung[37]

222.3 Systematisierung der Gläubigerrisiken

222.31 Informationsbedingte Gläubigerrisiken

Informationsbedingte Risiken sind sowohl in der **Vertragsanbahnungsphase** als auch **nach Begründung des Fremdkapitalüberlassungsverhältnisses** prävalent und resultieren aus **heterogenen Erwartungen des Agenten und des Prinzipals**, d. h. aus unterschiedlichen Informationsständen der beteiligten Vertragsparteien. **Vorvertragliche informationsbedingte Gläubigerrisiken** beziehen sich dabei auf das Risiko des Kapitalgebers, die Umweltlagen, realisierbaren Handlungsalternativen und/oder erzielbaren Zahlungsströme nicht korrekt abschätzen zu können.[38] Diese Form der Informationsasymmetrie kann dazu führen, dass die Kapitalgeber **potenzielle Reichtumsverlagerungen** nicht kor-

---

36 Vgl. zu umfassenden Darstellungen der folgenden fremdfinanzierungsbedingten *agency*-Probleme u. a. JENSEN, M./MECKLING, W., Theory of the Firm, S. 333-337; EWERT, R., Rechnungslegung, S. 14-23; FRANKEN, L., Gläubigerschutz durch Rechnungslegung, S. 43-58; LEIPPE, B., Die Bilanzierung von Leasinggeschäften, S. 39-45.

37 In Anlehnung an LEIPPE, B., Die Bilanzierung von Leasinggeschäften, S. 51.

rekt antizipieren und damit die **Insolvenzwahrscheinlichkeit des Kapitalnehmers** falsch einschätzen.[39] Für den Gesellschafter ist es vorteilhaft, **nur solche Informationen** über **Handlungsmöglichkeiten, Umweltlagen** und **Zahlungsströme** zur Verfügung zu stellen, die diesen zu **günstigen Kreditkonditionen** verhelfen.[40] Somit fehlen dem Kapitalgeber Informationen über die Eigenschaften und Absichten des Kreditnehmers, die für die Ausgestaltung des Kapitalüberlassungsverhältnisses notwendig sind (*hidden characteristics*). Da die **Kapitalgeber** die **Möglichkeit der Fehleinschätzung der Insolvenzwahrscheinlichkeit kennen**, werden sie Fremdkapital nur zu **ungünstigen Konditionen** an den Kapitalnehmer bereitstellen, so dass es zu **wohlfahrtmindernden Effekten** kommt.[41] Dies führt dazu, dass nur hochriskante Schuldner überhaupt bereit sein werden, derart ungünstige Fremdfinanzierungsbedingungen zu akzeptieren. Das vorvertragliche informationsbedingte Risiko führt somit zum **Problem der adversen Selektion** (*adverse selection*).[42]

Das **nachvertragliche informationsbedingte Gläubigerrisiko** drückt sich aus Sicht der Kapitalgeber in der **mangelnden Verifizierbarkeit einer korrekten Anwendung der Teilungsregel** aus. In einer derartigen Situation haben Kapitalgeber und -nehmer vor Abschluss des Finanzierungsvertrags zwar homogene Erwartungen hinsichtlich der zu erwartenden Zahlungsströme. Nach Vertragsschluss entstehen indes Informationsasymmetrien, indem der Kapitalgeber die Zahlungsströme und die eingetretene Umweltlage nicht beobachten kann.[43] So erlangt der Kapitalnehmer einen **Informationsvorsprung** gegen-

---

38 Vgl. EWERT, R., Rechnungslegung, S. 20 f.; BARNEA, A./HAUGEN, R./SENBET, L., Agency Problems and Financial Contracting, S. 38; FRANKEN, L., Gläubigerschutz durch Rechnungslegung, S. 56.

39 Vgl. EWERT, R., Rechnungslegung, S. 28. Bei homogenen Erwartungen sind demgegenüber alle Investoren gleich gut über die Zahlungsüberschüsse aus den vergangenen Investitionen sowie erwartete Zahlungsüberschüsse informiert.

40 Vgl. EWERT, R., Rechnungslegung, S. 21; HARTMANN-WENDELS, T., Agency-Theorie, S. 415; SCHMIDT, R./TERBERGER, E., Grundzüge der Investitions- und Finanzierungstheorie, S. 414.

41 Vgl. EWERT, R., Rechnungslegung, S. 22; ARMSTRONG, C./GUAY, W./WEBER, J., The role of information and financial reporting, S. 182.

42 Vgl. HARTMANN-WENDELS, T., Agency-Theorie, S. 417 (mit Beispiel); BAETGE, J./LIENAU, A., Gläubigerschutzgedanke, S. 67.

43 Vgl. HARTMANN-WENDELS, T., Finanzierung, S. 121 („*Sind die realisierten Erträge für die externen Kapitalgeber nicht einwandfrei beobachtbar [...], so haben diese keine Möglichkeit, den ihnen zustehenden Zahlungsanspruch notfalls gerichtlich durchzusetzen*").

über dem Kapitalgeber. Der Kapitalnehmer wendet die **Teilungsregel formal korrekt** an, die **realisierten Zahlungsströme** als Inputfaktoren für die Teilungsregel sind aber **nicht verifzierbar**.[44] Es handelt sich aus Sicht des Kapitalgebers um ein **moralisches Risiko** (*moral hazard*). Da der Kapitalgeber dies vor Vertragsabschluss antizipiert, ist der Abschluss des Finanzierungsvertrags fraglich und es kommt zu **wohlstandsmindernden Effekten**. Dies ist die fremdfinanzierungsbedingte Adaption der *hidden information*.

Diese Gläubigerrisiken lassen sich durch die **Übermittlung von Prognoseinformationen** für vorvertragliche und von **Kontroll- bzw. Rechenschaftsinformationen** für nachvertragliche Gläubigerrisiken mitigieren.[45] Durch die Ausrichtung des Kapitalgebers an finanziellen Zielen zur Konsumbefriedigung[46] muss die **Rechnungslegung** als **Schutzinstitution zum Abbau vorvertraglicher Informationsasymmetrien** so ausgestaltet sein, dass sie zumindest mittelbar eine Prognose über die Höhe, zeitlichen Anfall und Unsicherheiten der Zahlungsüberschüsse sowie Informationen zu den künftigen Umweltlagen übermittelt.[47] Eine **unmittelbare Schätzung** der Insolvenzwahrscheinlichkeit lässt sich demgegenüber über einen **Finanzplan** ermitteln. Dieser muss die o. g. Prognoseinformationen **für sämtliche Umweltlagen** beinhalten.[48] Prognoseinformationen könnten als Inputgrößen für **Prognosemodelle** dienen, über die der Kapitalgeber die Insolvenzwahrscheinlichkeit des Kapitalnehmers (mittelbar) **abschätzt**.[49] Der Wert der Prognoseinformation bemisst sich danach, wie diese die **Qualität der zu treffenden Entscheidung** verbessert, d. h. inwiefern sie Erwartungen ändert und eine andere Wahl von

---

44 Vgl. FRANKEN, L., Gläubigerschutz durch Rechnungslegung, S. 50.
45 Vgl. HARTMANN-WENDELS, T., Rechnungslegung der Unternehmen, S. 3; FRANKEN, L., Gläubigerschutz durch Rechnungslegung, S. 63.
46 Vgl. Abschnitt 222.2.
47 So bereits STÜTZEL, W., Anmerkungen zur Bilanztheorie, S. 331 („*Kreditwürdigkeitsbeurteilung*"); MOXTER, A., Die Grundsätze ordnungsmäßiger Bilanzierung, S. 38 f.; BAETGE, J./THIELE, S., Gesellschafterschutz versus Gläubigerschutz, S. 15 („*Entscheidung über die Fortsetzung oder Beendigung des Kreditengagements*"); STREIM, H./BIEKER, M./LEIPPE, B., Anmerkungen zur theoretischen Fundierung, S. 181.
48 So auch PELLENS, B./CRASSELT, N./SELLHORN, T., Solvenztest zur Ausschüttungsbemessung, S. 273-278; kritisch zur Umsetzbarkeit SCHNEIDER, D., Betriebswirtschaftslehre, Band 2: Rechnungswesen, S. 377 („*Besteht keine vollständige Unternehmensplanung [...], gibt es keinen entscheidungslogisch nachvollziehbaren Sinn, von einem Insolvenzrisiko zu reden*").
49 Vgl. HARTMANN-WENDELS, T., Agency-Theorie, S. 415; SCHMIDT, R./TERBERGER, E., Grundzüge der Investitions- und Finanzierungstheorie, S. 414.

Entscheidungsalternativen bewirkt.[50] Für Gläubiger sind **Rechnungslegungsinformationen** dann **prognosetauglich** und damit **entscheidungsrelevant**, wenn sie zur **Revision der geschätzten Insolvenzwahrscheinlichkeit** führen.[51] Die Rechnungslegung kann als Schutzinstitution fungieren, wenn sich durch Ansatz- und Bewertungsvorschriften **informationsbedingte Lücken vor** Begründung der Kapitalüberlassung schließen lassen. Einschränkend ist zu berücksichtigen, dass die Informationsbereitstellung und -auswertung mit **Transaktionskosten** verbunden sind.[52] Die Verringerung der Informationsasymmetrien erhöht die Allokationseffizienz nur dann, wenn diese geringer sind als die Vorteile aus der Verminderung der Gläubigerrisiken.[53]

Die Übermittlung von Kontroll- bzw. Rechenschaftsinformationen dient der Kontrolle der Handlungen der Kapitalnehmer *ex post* durch die Kapitalgeber, um Reichtumsverlagerungen aufzudecken, indem die Entscheidungen der Kapitalnehmer kontrolliert werden.[54] Hierdurch wird den Kapitalgebern auch der Anreiz *ex ante* genommen, vorvertragliche informationsbedingte Gläubigerrisiken durch eine unzureichende Informationsübermittlung an den Kapitalgeber einzugehen, denn der Kapitalgeber wird die erzielten wirtschaftlichen Ergebnisse mit den vorvertraglich zur Verfügung gestellten Informationen abgleichen. Die **Wirksamkeit der Kontrollinformationen** trägt zur Verringerung nachvertraglicher **informationsbedingter Gläubigerrisiken** bei. Rechenschaft ist *„Grundlage für eine Entscheidungsverbesserung"*[55]. Die kontrollorientierten Informations-

---

50 Vgl. BALLWIESER, W., Zur Begründbarkeit informationsorientierter Jahresabschlussverbesserungen, S. 780; BALLWIESER, W., Amerikanische Rechnungslegung, S. 36.

51 Prognoserelevanz ist eine notwendige, aber keine hinreichende Bedingung für Entscheidungsrelevanz. Nachfolgend wird der Begriff der Relevanz im Sinne einer Entscheidungsrelevanz zur Mitigierung vorvertraglicher Gläubigerrisiken verstanden.

52 Vgl. HARTMANN-WENDELS, T., Agency-Theorie, S. 420; SCHMIDT, R./TERBERGER, E., Grundzüge der Investitions- und Finanzierungstheorie, S. 393.

53 So auch FRANKE, G./HAX, H., Finanzwirtschaft des Unternehmens, S. 488 (*„Die Gesamtheit der vertraglichen und gesetzlichen Regelungen ist unter dem Gesichtspunkt zu sehen, dass damit effiziente Verträge zustande kommen sollen"*); ähnlich BALLWIESER, W., Amerikanische Rechnungslegung, S. 36 (Informationswert einer Information).

54 Vgl. HARTMANN-WENDELS, T., Rechnungslegung der Unternehmen, S. 3; FRANKE, G./HAX, H., Finanzwirtschaft des Unternehmens, S. 492 f.; SCHNEIDER, D., Wettbewerb als Verwertung von Wissen, S. 39 (*„Rechenschaft soll rechtzeitig den Auftraggebern [...] verlässliche Informationen geben, ob und wie [...] gegen ihre Ziele gehandelt wurde"*).

55 BALLWIESER, W., Ergebnisse der Informationsökonomie, S. 34; so auch GJESDAL, F., Accounting for Stewardship, S. 219; LEIPPE, B., Die Bilanzierung von Leasinggeschäften, S. 53.

Kapitel 2: Ökonomische Grundüberlegungen zum geltenden Kapitalerhaltungsregime in Deutschland

signale sind im Idealfall **ausschließlich** auf die absichtlichen (Fehl-)**Entscheidungen des Kapitalnehmers** zurückzuführen, um zwischen dem Einfluss des *business risk* und dem informationsbedingten Gläubigerrisiko bei der Übermittlung des Informationssignals trennen zu können.[56] Der Beitrag der Rechnungslegung ist wiederum evident, wobei im Vergleich zu Prognoseinformationen ggf. andere Anforderungen an die Ausgestaltung der Informationen zu fordern sind.

Nachfolgend werden die finanzierungs- und investitionsbedingten Gläubigerrisiken herausgearbeitet. Hierbei spielt eine Rolle, inwiefern die Übermittlung nachvertraglicher Kontrollinformationen einen Beitrag zur Minderung dieser Gläubigerrisiken leistet.

222.32 Finanzierungs- und investitionsbedingte Gläubigerrisiken

Die finanzierungs- und investitionsbedingten Gläubigerrisiken resultieren aus **opportunistischen Handlungen** des Kapitalnehmers **nach Begründung des Kapitalüberlassungsverhältnisses**. Der wesentliche Unterschied zu den informationsbedingten Gläubigerrisiken besteht darin, dass Kapitalgeber und -nehmer **homogene Erwartungen** haben, so dass die Kapitalgeber die Interessenlage, das Entscheidungsfeld der Kapitalnehmer und potenzielle Reichtumsverlagerungen korrekt antizipieren. Indes können **keine vollständigen Verträge** geschlossen werden, wodurch der Kapitalnehmer den hierdurch zur Verfügung stehenden Aktionsraum sowohl für Finanzierungsentscheidungen (**finanzierungsbedingte Gläubigerrisiken**) als auch für Investitionsentscheidungen (**investitionsbedingte Gläubigerrisiken**) nutzen kann. Im Ergebnis können die Kapitalgeber damit die Insolvenzwahrscheinlichkeit genau abschätzen, ohne dass zugleich eine situationsbezogene Festschreibung der Unternehmenspolitik möglich ist.[57] Diese Gläubigerrisiken führen zu Vermögensschädigungen des Kapitalgebers, wenn sie letztlich die Zahlungsunfähigkeit des Kapitalnehmers bedingen.[58]

---

56 Vgl. BALLWIESER, W., Ergebnisse der Informationsökonomie, S. 39; kritisch zur praktischen Umsetzbarkeit einer derartigen Separierung aber auch BALLWIESER, W., Amerikanische Rechnungslegung, S. 40.

57 Vgl. EWERT, R., Rechnungslegung, S. 33. Andernfalls wären aufgrund der unterstellten homogenen Erwartungen finanzierungs- und investitionsbedingte Gläubigerrisiken wegdefiniert, da vertraglich jegliches opportunistisches Verhalten der Kapitalnehmer untersagt werden könnte.

Abschnitt 22: Rechnungslegung als Schutzinstitution gegen fremdfinanzierungsbedingte agency-Konflikte

Finanzierungsbedingte Gläubigerrisiken resultieren aus opportunistischen Finanzierungsentscheidungen des Kapitalnehmers zur Maximierung ihres Beteiligungswerts.[59] Dabei handelt es sich um ein Problem des Typs *hidden action* im Rahmen fremdfinanzierungsbedingter *agency*-Konflikte. Hieraus resultiert ein **moralisches Risiko** (*moral hazard*) für die Kapitalgeber.[60] Durch opportunistische Finanzierungsentscheidungen kann der Kapitalnehmer versuchen, den Beteiligungswert an der Kapitalgesellschaft durch die **Erhöhung des Verschuldungsgrads** zu Lasten der Position der Unternehmensgläubiger zu maximieren. Dies hat c. p. die Erhöhung der Insolvenzwahrscheinlichkeit zur Folge. Die Information hierüber ist für den Kapitalgeber nutzlos, sofern sich der Kapitalnehmer im Rahmen des vertraglichen Handlungsraums bewegt.[61] Unter finanzierungsbedingten Gläubigerrisiken lässt sich zwischen dem **Risiko der Forderungsverwässerung** (*claim dilution* bzw. **fremdfinanzierungsbedingte Probleme**) und dem Risiko **bilanzverkürzender Ausschüttungen** (**liquidationsbedingte Probleme**) differenzieren.[62]

Das Gläubigerrisiko in Folge fremdfinanzierungsbedingter Ausschüttungen soll **nachfolgendes Beispiel** verdeutlichen:[63] Einem Kapitalnehmer stehe die Handlungsmöglichkeit **A** zur Verfügung. Sie erfordert eine Auszahlung in t_0 in Höhe von EUR 350, wobei hiervon EUR 300 mit einem Kredit bei einer Verzinsung von r_{FK1} = 25% p. a. finanziert werden sollen. Der Kredit ist in t_1 zu tilgen (Anspruch in t_1: EUR 375). In Abhängigkeit der beiden Umweltlagen U_1 und U_2 generiert die Investition die beiden folgenden Zahlungsströme, die sich auf Gesellschafter und Gläubiger aufteilen:[64]

---

58 Vgl. HARTMANN-WENDELS, T., Rechnungslegung der Unternehmen, S. 142; FRANKE, G./HAX, H., Finanzwirtschaft des Unternehmens, S. 474 („*Opportunistisches Verhalten des Unternehmers ist [...] nur dann relevant, wenn Insolvenz im Bereich des Möglichen liegt*").

59 Vgl. hierzu Abschnitt 222.2.

60 Vgl. HARTMANN-WENDELS, T., Finanzierung, S. 120.

61 Vgl. FRANKEN, L., Gläubigerschutz durch Rechnungslegung, S. 63.

62 Vgl. zum Risiko der Forderungsverwässerung SMITH, C./WARNER, J., On Financial Contracting, S. 118; EWERT, R., Rechnungslegung, S. 17 f.; MÜLBERT, P.; BIRKE, M., Legal Capital, S. 711 f.; BRATTON, W., Bond Covenants and Creditor Protection, S. 46 f.; zum Risiko bilanzverkürzender Ausschüttung exemplarisch MYERS, S., Determinants of Corporate Borrowing, S. 162 f.; EWERT, R., Rechnungslegung, S. 14 f.; MÜLBERT, P./BIRKE, M., Legal Capital, S. 709.

63 Das folgende Beispiel orientiert sich an FRANKEN, L., Gläubigerschutz durch Rechnungslegung, S. 46-48 und SCHMIDT, R./TERBERGER, E., Grundzüge der Investitions- und Finanzierungstheorie, S. 420 f.; ähnlich hierzu auch LEIPPE, B., Die Bilanzierung von Leasinggeschäften, S. 42 f.

Kapitel 2: Ökonomische Grundüberlegungen zum geltenden Kapitalerhaltungsregime in Deutschland

[in EUR]	U_1	U_2
Wahrscheinlichkeit	0,75	0,25
Investitionsalternative A	550	375
Kapitaldienst Kredit 1	-375	-375
Residuum Gesellschafter	175	-
Kapitalwert Gläubiger Kredit 1	$-300 + \frac{375}{1,25} = 0$	
Kapitalwert Gesellschafter	$-50 + \frac{(175 \cdot 0,75 + 0,25 \cdot 0)}{1,27} = 53$	

Übersicht 2-5: Beispiel Forderungsverwässerung: Zahlungsströme der Investitionsalternative A in t_1 und Ansprüche nach erster Fremdfinanzierungsrunde

Es wird unterstellt, dass die **Renditeforderung des Gesellschafters** 27% p. a. beträgt. Für den Gläubiger ergibt sich bei der Diskontierungsrate in Höhe des (risikolosen) Kreditzinses von 25% p. a. ein Kapitalwert von EUR 0 und für den Gesellschafter bei 27% p. a. in Höhe von EUR 53. Die Durchführung der Investition ist **aus Sicht des Gläubigers** und **des Gesellschafters** vertretbar. Für **den Gläubiger besteht kein Ausfallrisiko**, da in beiden Umweltlagen die Zahlungsströme zur Bedienung des Fremdkapitals ausreichen.

Der Kapitalnehmer hat einen Anreiz, den Anspruch des Gläubigers **durch eine weitere Kreditaufnahme** zu **verwässern** und den **Kapitalwert** (d. h. den Beteiligungswert) der Handlungsalternative **A** zu maximieren. Bei zusätzlicher Fremdfinanzierung des restlichen Investitionsvolumens (EUR 50) wird der **Gläubiger 2** im Vergleich zu **Gläubiger 1** einen **höheren Nominalzinssatz** fordern, da in U_2 der Kredit nun ausfallgefährdet ist (vgl. *Übersicht 2-6*). Die geforderte (risikolose) Rendite des Gläubigers 2 liegt wiederum bei 25% p. a. Daher wird er eine **Nominalverzinsung von 30% p. a.** (Anspruch in t_1: EUR 65) verlangen, um einen nichtnegativen Kapitalwert zu erzielen:[65]

---

64 In den nachfolgenden Beispielen wird unterstellt, dass sich Kapitalnehmer und -geber am Erwartungs- bzw. Kapitalwert orientieren und somit risikoneutral eingestellt sind. Das Ausfallrisiko ist damit schon in der Zinsforderung enthalten, so dass als Diskontierungssatz der risikolose Zins herangezogen wird.

Abschnitt 22: Rechnungslegung als Schutzinstitution gegen fremdfinanzierungsbedingte agency-Konflikte

[in EUR]	U_1	U_2
Wahrscheinlichkeit	0,75	0,25
Investitionsalternative A	550	375
Kapitaldienst Kredit 1	-375	$-320\ (=\frac{375}{375+65}\cdot -375)$
Kapitaldienst Kredit 2	-65	$-55\ (=\frac{65}{375+65}\cdot -375)$
Residuum Gesellschafter	110	-
Kapitalwert Gläubiger Kredit 1	$-300+\frac{(0,75\cdot 375)+(0,25\cdot 320)}{1,25}=-11$	
Kapitalwert Gläubiger Kredit 2	$-50+\frac{(0,75\cdot 65)+(0,25\cdot 55)}{1,25}=0$	
Kapitalwert Gesellschafter	$\frac{0,75\cdot 110}{1,27}=65$	

Übersicht 2-6: *Beispiel Forderungsverwässerung (Forts.): Zahlungsströme der Investitionsalternative A in t_1 und Ansprüche nach zweiter Fremdfinanzierungsrunde*

Es wird deutlich, dass in U_2 der Zahlungsstrom der Handlungsalternative A nicht ausreicht, um die Kapitalgeber zu befriedigen (kein positives Residuum an Gesellschafter). Da keinem Kapitalgeber ein vorrangiger Anspruch eingeräumt wurde, werden die aus der Investition resultierenden Zahlungsströme anteilig zwischen den Gläubigern im Verhältnis ihres Finanzierungsanteils aufgeteilt. Während der Kapitalwert für die Gesellschafter durch diese Finanzierungsrunde von EUR 53 auf EUR 65 steigt, sinkt er für Gläubiger 1 von EUR 0 auf EUR -11. Bei Gläubiger 2 liegt er demgegenüber bei EUR 0, da dieser seine Fremdfinanzierung risikoädäquat bepreisen konnte. Der Kapitalnehmer **steigert die erwartete Rendite** durch eine **Verwässerung der Forderung** des ersten Gläubigers.[66] Der Gesellschafter wird das aufgenommene Fremdkapital bevorzugt unmittelbar oder später,

---

65 Unter Berücksichtigung des Ausfallrisikos entspricht die erwartete Rendite, berechnet als Erwartungswert der Rückflüsse dividiert durch den Kreditbetrag von EUR 50, exakt der geforderten Rendite von 25% des Gläubigers 1, wie nachfolgend noch anhand Kapitalwerts von EUR 0 für Gläubiger 2 deutlich wird. Da der Erwartungs- bzw. Kapitalwert der Investition für die Kapitalgeber das maßgebliche Entscheidungskriterium ist, geht er die Kapitalüberlassung ein.

66 Vgl. EWERT, R., Rechnungslegung, S. 18; zu einer formalen *agency*-theoretischen Herleitung HARTMANN-WENDELS, T., Rechnungslegung der Unternehmen, S. 296-304.

bspw. kurz vor Fälligkeit des Kapitaldiensts für den Kredit, ausschütten, um seine Vermögensposition zu Lasten des Gläubigers zu verbessern.[67] Das **Risiko der Forderungsverwässerung** und das Problem **fremdfinanzierungsbedingter Ausschüttungen** sind als weitgehend **äquivalent** anzusehen, sofern Investitionen mit der Aufnahme von Fremdkapital kombiniert werden. Die Strategie ist vorteilhaft, bis die erwartete Rendite der Investition unter die Renditeforderung der Gläubiger fällt. Verschuldung zieht **weitere Verschuldung nach sich**.[68]

Neben der fremdfinanzierten Ausschüttung besteht das **Gläubigerrisiko aus bilanzverkürzenden Ausschüttungen (liquidationsbedingte Probleme)**. In diesem Fall wird Unternehmensvermögen veräußert und der Veräußerungserlös an den Gesellschafter ausgeschüttet.[69] Dies ist vorteilhaft, wenn der **Verkaufserlös aus der Investition höher** ist als der **Anteil am Kapitalwert der Investition**. Im betrachteten Beispiel lohnt sich bspw. eine Investition, wenn bei nur einer Finanzierungsrunde und kurz vor Ende der Investition in t_1 in Umweltlage U_2 der Gesellschafter diese Investition für EUR 20 weiterveräußert und sofort an sich ausschüttet. Hierdurch sichert er sich einen Zahlungsstrom von EUR 20 im Gegensatz zu EUR 0 bei ordnungsgemäßer Beendigung des Investitionsvorhabens.

Der **Wohlfahrtsverlust** aus finanzierungsbedingten Gläubigerrisiken besteht darin, dass der Gläubiger, der mögliche Schädigungen antizipiert, ohne sie verhindern zu können, dem Kapitalnehmer sein Kapital entweder gar nicht oder nur zu einer hohen Risikoprämie zur Verfügung stellt.[70] Daher ist der Gesellschafter daran interessiert, das Risiko für den Gläubiger glaubhaft zu reduzieren.[71] Schutzinstitutionen müssen daher an **Handlungsbeschränkungen des Kapitalnehmers** ansetzen, vor allem zur Höhe der zuläs-

---

67 Vgl. RAMMERT, S., Gläubigerschutz durch Nominalkapitalerhaltung, S. 237.
68 Vgl. SCHMIDT, R./TERBERGER, E., Grundzüge der Investitions- und Finanzierungstheorie, S. 420. Wären die neuen Verbindlichkeiten lediglich nachrangig zu bedienen, ergäbe sich keine Reichtumsverlagerung von den Gläubigern zum Gesellschafter.
69 So auch LEIPPE, B., Die Bilanzierung von Leasinggeschäften, S. 44.
70 Vgl. SMITH, C./WARNER, J., On Financial Contracting, S. 119; HARTMANN-WENDELS, T., Agency-Theorie, S. 421; LEUZ, C., Rechnungslegung und Kreditfinanzierung, S. 65. Der Wohlfahrtsverlust liegt damit anders als bei den nachfolgend darzustellenden investitionsbedingten Gläubigerrisiken nicht in der Durchführung ineffizienter Investitionen begründet.
71 Vgl. EWERT, R., Rechnungslegung, S. 68; LEUZ, C., Rechnungslegung und Kreditfinanzierung, S. 65.

Abschnitt 22: Rechnungslegung als Schutzinstitution gegen fremdfinanzierungsbedingte agency-Konflikte

sigen Ausschüttungen, zur Aufnahme von Fremdkapital und zur Investition- bzw. Desinvestitionspolitik.[72] Strikte Ausschüttungsbegrenzungen können somit einen Beitrag zur Reduzierung finanzierungsbedingter Gläubigerrisiken leisten. Indes ist zu beachten, dass die Strenge der Ausschüttungsgrenze nicht zwingend positiv mit der Reduzierung der Gläubigerrisiken korreliert. Dies liegt daran, dass **Ausschüttungsrestriktionen und Investitionsverpflichtungen eng miteinander verknüpft** sind und somit investitionsbedingte Gläubigerrisiken und die unternehmensindividuellen Investitionsmöglichkeiten (*investment opportunity set*) in das Kalkül integriert werden müssen.

Bei **investitionsbedingten Gläubigerrisiken** wird zwischen **Risikoanreizproblemen, Unterinvestitionsproblemen und Überinvestitionsproblemen** differenziert. Wie bei den finanzierungsbedingten Gläubigerrisiken handelt es sich um eine Variante der *hidden action*. Das **Risikoanreizproblem** (*risk incentive problem* bzw. *gambling for resurrection*) bezeichnet die **gezielte Steigerung des Investitionsrisikos** nach Vertragsabschluss.[73] Im Gegensatz zu liquidationsfinanzierten Ausschüttungen wird das Vermögen nicht liquidiert, um es unmittelbar auszuschütten. Vielmehr wird zunächst das **durchschnittliche Investitionsrisiko** erhöht. Dieses Risiko tritt vor allem bei großer Bestandsgefährdung des Kapitalnehmers auf.[74] Schlagen sich die eingegangenen Risiken in überproportionalen Erträgen nieder, profitiert ausschließlich der Kapitalnehmer. Führt die riskante Investitionspolitik hingegen zur Zahlungsunfähigkeit, hat der Gesellschafter in Folge der **zustandsunabhängigen Zahlungen aus dem aufgenommen Fremdkapital** und der **Haftungsbeschränkung** Verluste in Höhe des vermutlich geringen Eigenkapitals zu verzeichnen. Das **Risikoanreizproblem** ist **positiv korreliert** mit dem **Verschuldungsgrad**.[75] Als spezielle Variante hiervon kann die **zusätzliche Aufnahme von Fremdkapital** angesehen werden, ohne dass diese wie bei fremdfinanzierten Ausschüttungen unmittelbar ausgeschüttet werden muss.[76] Damit bedingt die **steigende Verschuldung** nicht

---

72 Vgl. SMITH, C./WARNER, J., On Financial Contracting, S. 118; RAMMERT, S., Erhaltung der Kapitalerhaltung, S. 581.
73 Vgl. zum Risikoanzreiproblem u. a. JENSEN, M./MECKLING, W., Theory of the Firm, S. 334-337; EWERT, R., Rechnungslegung, S. 15 f.; HARTMANN-WENDELS, T., Rechnungslegung der Unternehmen, S. 278-284; RAMMERT, S., Gläubigerschutz durch Nominalkapitalerhaltung, S. 289 f.
74 Vgl. KUHNER, C., Zur Zukunft der Kapitalerhaltung, S. 768.
75 Vgl. u. a. HARTMANN-WENDELS, T., Finanzierung, S. 134.

Kapitel 2: Ökonomische Grundüberlegungen zum geltenden Kapitalerhaltungsregime in Deutschland

nur das Risiko der Forderungsverwässerung und fremdfinanzierter Ausschüttungen, sondern zieht c. p. auch eine **riskantere Investitionspolitik** nach sich.[77]

Folgendes **Beispiel** illustriert das Risikoanreizproblem:[78] Dem Kapitalnehmer stehen wie bei den finanzierungsbedingten Risiken zwei einperiodige Investitionsalternativen **B** und **C** zur Verfügung, die in Abhängigkeit der dargestellten Umweltzustände U_3 und U_4 zu unterschiedlichen Zahlungsströmen führen (z. B. EUR 330 in U_3 bei **B**). U_3 und U_4 treten mit gleicher Wahrscheinlichkeit ein. Das Investitionsvolumen beträgt für diese jeweils EUR 400, wovon EUR 300 mit einem Kreditzins von 10% p. a. **fremdfinanziert** werden. Nach einer Periode ist damit ein **Anspruch von EUR 330** zu begleichen, sofern entweder **B** (Kapitaldienst für Kredit **B**) oder **C** (Kapitaldienst für Kredit **C**) kreditfinanziert werden. Die **Kalkulation des Gesellschafters** basiert auf einer Rendite von 12% p. a. Die Mittelzuflüsse an Gläubiger und Gesellschafter gehen aus *Übersicht 2-7* hervor.

[in EUR]	U_3	U_4
Wahrscheinlichkeit	0,5	0,5
Investitionsalternative B	330	600
Investitionsalternative C	-500	700
Kapitaldienst Kredit für B	-330	-330
Kapitaldienst Kredit für C	-	-330
Residuum Gesellschafter B	-	270
Residuum Gesellschafter C	-	370
Kapitalwert Gesellschafter B	$-100 + \frac{(270 \cdot 0,5)}{1,12} = 21$	
Kapitalwert Gesellschafter C	$-100 + \frac{(370 \cdot 0,5)}{1,12} = 65$	

Übersicht 2-7: Beispiel Risikoanreizproblem: Zahlungsströme der Investitionsalternativen B und C in t_1 und Zahlungsansprüche der Vertragsparteien

---

76 Vgl. hierzu u. a. EWERT, R., Rechnungslegung, S. 16.
77 Vgl. HARTMANN-WENDELS, T., Rechnungslegung der Unternehmen, S. 283.
78 Das nachfolgende Beispiel orientiert sich wiederum an FRANKEN, L., Gläubigerschutz durch Rechnungslegung, S. 51-56 und SCHMIDT, R./TERBERGER, E., Grundzüge der Investitions- und Finanzierungstheorie, S. 416-418; mit ähnlichen Beispielen LEIPPE, B., Die Bilanzierung von Leasinggeschäften, S. 39-41; BRATTON, W., Bond Covenants and Creditor Protection, S. 48.

Abschnitt 22: Rechnungslegung als Schutzinstitution gegen fremdfinanzierungsbedingte agency-Konflikte

Es ist erkennbar, dass Handlungsalternative C deutlich risikoreicher ist als B (höhere Varianz der Investitionsrückflüsse) und einen **negativen Kapitalwert** aufweist, so dass *a priori* B zu bevorzugen ist. Dennoch wird sich der Gesellschafter für C entscheiden, da C auf Basis der residualen Zahlungsströme **streng dominant** gegenüber B ist. Zudem ergibt sich ein Kapitalwert der residualen Zahlungsströme für den Gesellschafter aus C von EUR 65 gegenüber EUR 21 für B. Da **kein vollständiger Vertrag geschlossen werden kann**, wird der Gläubiger keine Fremdmittel zur Verfügung stellen, da er befürchten muss, dass C durchgeführt wird. Weil die Realisierung der gesamtwirtschaftlich effizienten Investition B verhindert wird und der Unternehmensgesamtwert damit niedriger ist als in der Ausgangssituation, entsteht ein *agency*-induzierter **Wohlfahrtsverlust**.[79]

Das **Unterinvestitionsproblem** (*cash in and run*) lässt sich ebenfalls mittels des o. g. Beispiels illustrieren.[80] Es bezeichnet die **Gefährdung von Gläubigeransprüchen** durch den **Anreiz für Eigenkapitalgeber**, Zahlungsüberschüsse aus fremdfinanzierten Projekten **nicht in unternehmensinterne Projekte** mit - gemessen an der Gesamtkapitalrendite der Investitionen positivem Kapitalwert - zu reinvestieren, sondern diese stattdessen auszuschütten. Dieses Problem wird umso gravierender, je größer der Verschuldungsgrad sowie die Möglichkeiten zu umfangreichen Ausschüttungen sind.[81] In obigem Beispiel wird Investition B nicht durchgeführt, obwohl diese einen positiven Kapitalwert aufweist. Für den Gesellschafter reichen die erwarteten Einzahlungen nach Abzug der Gläubigeransprüche nicht aus, um den Kapitaleinsatz zu decken.

Im Gegensatz dazu resultiert das **Überinvestitionsproblem** daraus, dass dem Kapitalnehmer nur eine **begrenzte Zahl an Investitionsmöglichkeiten** zur Verfügung steht und dieser „gezwungen" ist, **Projekte mit negativem Kapitalwert** durchzuführen.[82] Das Überin-

---

79 Vgl. JENSEN, M./MECKLING, W., Theory of the Firm, S. 337, die diesen Wohlfahrtsverlust als *agency costs* bezeichnen; RAMMERT, S., Gläubigerschutz durch Nominalkapitalerhaltung, S. 291.
80 Vgl. zum Unterinvestitionsproblem MYERS, C., Determinants of corporate borrowing, S. 149-154; BARNEA, A., HAUGEN, R./SENBET, L., Agency Problems and Financial Contracting, S. 35-37; EWERT, R., Rechnungslegung, S. 19; HARTMANN-WENDELS, T., Rechnungslegung der Unternehmen, S. 285-295; SCHMIDT, R./TERBERGER, E., Grundzüge der Investitions- und Finanzierungstheorie, S. 419; KUHNER, C., Zur Zukunft der Kapitalerhaltung, S. 766 f.
81 Vgl. KUHNER, C., Zur Zukunft der Kapitalerhaltung, S. 766; zur formalen Herleitung des Zusammenhangs mit dem Verschuldungsgrad HARTMANN-WENDELS, T., Rechnungslegung der Unternehmen, S. 293 f.

vestitionsproblem wird auch als **Unterfall des Risikoanreizproblems** diskutiert,[83] denn für den Gesellschafter ist die Durchführung einer Investition mit negativem Kapitalwert nur sinnvoll, wenn ihm bei einer „vorteilhaften" Umweltlage die Einzahlungsüberschüsse zu Gute kommen, wohingegen bei adverser Entwicklung der Gläubiger die Auszahlungsüberschüsse trägt. Der Gesellschafter dürfte derartige Risiken aber nur bei hoher Bestandsgefährdung eingehen. Inwiefern in einer derartigen Situation überhaupt noch positive Einzahlungsüberschüsse generiert werden und dieses Vorgehen lohnenswert ist, darf bezweifelt werden.[84] Zudem dürfte es für den Eigner möglich sein, zumindest Investitionen mit nichtnegativem Kapitalwert zu finden.[85]

An dieser Stelle sei nochmals darauf hingewiesen, dass die vertragliche Festlegung der Handlungsalternativen in Abhängigkeit sämtlicher Umweltlagen an hohen Transaktionskosten für die Vertragsanbahnung und -durchsetzung (**unvollständige Verträge**) scheitert.[86] Bei Ausschluss derartiger Transaktionskosten wäre es wegen der annahmegemäß homogenen Erwartungen für die Kapitalgeber möglich, die eigennutzorientierte Finanzierungs- und Investitionspolitik der Kapitalnehmer zu antizipieren und vertraglich die Finanzierungs- und Investitionspolitik zu konditionieren. Da der Kapitalgeber diese Risiken antizipiert, liegt es **im Interesse des Kapitalnehmers, Schutzinstitutionen** mit dem Kapitalgeber zu vereinbaren.[87]

Der Kapitalgeber wir die Kapitalüberlassung eingehen, wenn er **Restriktionen** vereinbart, die die Investitions- und Finanzierungspolitik des Kapitalnehmers derart beeinflussen,

---

82 Vgl. EWERT, R., Rechnungslegung, S. 18.
83 So u. a. KAHLE, H., Bilanzieller Gläubigerschutz, S. 700; KUHNER, C., Zur Zukunft der Kapitalerhaltung, S. 769.
84 Vgl. KUHNER, C., Zur Zukunft der Kapitalerhaltung, S. 770 f.
85 Vgl. EWERT, R., Rechnungslegung, S. 181; LEUZ, C., Rechnungslegung und Kreditfinanzierung, S. 78; WATRIN, C., Internationale Rechnungslegung und Regulierungstheorie, S. 227.
86 Vgl. KUHNER, C., Zur Zukunft der Kapitalerhaltung, S. 766; HARTMANN-WENDELS, T., Rechnungslegung der Unternehmen, S. 301. In der Realität dürften auch die bei informationsbedingten Gläubigerrisiken diskutierten heterogenen Erwartungen hinsichtlich der Handlungsalternativen, deren Zielbeiträge sowie der Umweltzustände existieren. Diese weitergehende Informationsasymmetrie hat zur Folge, dass die Handlungen der Kapitalnehmer nicht ausreichend eingeschätzt sowie die Konditionierung der Investitionspolitik behindert wird.
87 Vgl. EWERT, R., Rechnungslegung, S. 66; hierzu auch HARTMANN-WENDELS, T., Rechnungslegung derUnternehmen, S. 270-277; LEUZ, C., Rechnungslegung und Kreditfinanzierung, S. 65; RAMMERT, S., Erhaltung der Kapitalerhaltung, S. 581.

dass die investitions- und finanzierungsbedingten Gläubigerrisiken eingeschränkt werden.[88] Nähert man sich der Realität an und **kombiniert** die **informations-** mit den **investitions- und finanzierungsbedingten Gläubigerrisiken**, wird eine Einschränkung der Handlungsrestriktionen nur entstehen, wenn der Kapitalgeber das Entscheidungsfeld des Kapitalnehmers kennt, d. h. vorvertragliche informationsbedingte Gläubigerrisiken reduziert sowie die Umsetzung der Handlungsrestriktionen überprüft werden können.[89]

Ausschüttungsrestriktionen sind eine **mögliche Form dieser Handlungsrestriktionen**. Typischerweise ist eine Ausschüttungsrestriktion dadurch gekennzeichnet, dass eine monetäre Bemessungsgrundlage[90] (z. B. der Jahresüberschuss aus der Rechnungslegung) kombiniert wird mit flankierenden Restriktionen, die an die Zielgrößen des monetären Basisrechnungssystems anknüpfen (z. B. gesetzliche Rücklagenbildung). **Ausschüttungsrestriktionen** können die Gefahr bilanzverkürzender und fremdfinanzierter Ausschüttungen lindern und bieten damit **Schutz gegen finanzierungsbedingte Gläubigerrisiken**.[91] Sie können speziell gegen Unterinvestitionsprobleme und Risikoanreizprobleme schützen (Mindestinvestitionsverpflichtung). **Überinvestitionsprobleme** können hingegen ggf. **durch Ausschüttungsrestriktionen induziert** werden, da sie als Mindestinvestitionsverpflichtung für die Gesellschafter wirken.[92] Somit können **Ausschüttungsrestriktionen** Gläubigerrisiken auch erhöhen.[93] Überinvestitionen lassen sich u. a. durch **Restriktionen der Anlage in Finanzinstrumente** mitigieren.[94]

---

88 Vgl. hierzu LEFTWICH, R., Accounting Information in Private Markets, S. 26; EWERT, R., Rechnungslegung, S. 63; HARTMANN-WENDELS, T., Finanzierung, S. 143; zum Überblick über vertragliche Restriktionen in der Finanzierungs- und Investitionspolitik ALBERTH, M., Vertraglicher Gläubigerschutz, S. 745; BRATTON, W., Bond Covenants and Creditor Protection, S. 49-57.

89 Vgl. FRANKEN, L., Gläubigerschutz durch Rechnungslegung, S. 66 („*Die Ausschüttungsrestriktion muß [...] um Institutionen zur Überwindung der ex-ante und ex-post Informationsasymmetrie ergänzt werden*"); FRANKE, G./HAX, H., Finanzwirtschaft des Unternehmens, S. 491.

90 Vgl. EWERT, R., Rechnungslegung, S. 102.

91 So auch RAMMERT, S., Erhaltung der Kapitalerhaltung, S. 581 („*Von elementarer Bedeutung sind Beschränkungen von liquidations- und fremdfinanzierten Ausschüttungen, ohne die rationale Gläubiger nicht zu einer Kreditvergabe [...] bereit sein werden*").

92 Vgl. LEUZ, C., Rechnungslegung und Kreditfinanzierung, S. 84 f. (mit Beispiel).

93 So bereits MYERS, C., Determinants of corporate borrowing, S. 160; RAMMERT, S., Erhaltung der Kapitalerhaltung, S. 581 f. („*restriktionsinduzierte Überinvestition*").

94 Vgl. EWERT, R., Rechnungslegung, S. 184-191.

Durch die für jedes Unternehmen unterschiedlichen Investitions- und Finanzierungsbedingungen, dem unterschiedlich hohen *business risk* und der divergierenden Kosten für die Umsetzung der Restriktionen ergibt sich die Einschränkung, dass **optimale Handlungsrestriktionen (z. B. Ausschüttungsrestriktionen)** nur unternehmensindividuell festgelegt werden können.[95] Die Optimalität bemisst sich nach den Auswirkungen auf die Investitions- und Finanzierungspolitik und nach den Kosten der Umsetzung und Überwachung der Restriktion.[96] Die **Bedeutung der Rechnungslegung als Schutzinstitution gegen finanzierungs- und investitionsbedingte Gläubigerrisiken** wird daher deutlich. Wie nachfolgend gezeigt wird, können die Ansatz- und Bewertungsvorschriften, bspw. ein Aktivierungsverbot für selbst geschaffene immaterielle Güter, Auswirkungen auf investitions- und finanzierungsbedingte Gläubigerrisiken haben.[97] Die **Zielsetzung einer bilanziellen Ausschüttungsrestriktion** muss auf Basis des Zwecks von Schutzinstitutionen darin bestehen, Ausschüttungen zu verhindern, die die durch den Gläubiger geschätzte Höhe der Insolvenzwahrscheinlichkeit über den Ursprungswert erhöhen.[98]

222.4 Zwischenfazit

Die Systematisierung der fremdfinanzierungsbedingten *agency*-Konflikte (Gläubigerrisiken) hat verdeutlicht, dass der **Begriff des Gläubigerschutzes** einer hinreichenden Präzisierung bedarf. Schutzinstitutionen, die zur Verminderung von Effizienzeinbußen aufgrund dieser vertraglichen Friktionen etabliert werden, können an *jedes* der aufgezeigten Gläubigerrisiken anknüpfen. **Rechnungslegung** ist als derartige **Schutzinstitution** anzusetzen. Da sich „Gläubigerschutz" nicht aus der „Natur der Sache" ableiten lässt,[99] ist die Untersuchung der ökonomischen Effizienz der Schutzinstitution „Rechnungs-

---

95 Vgl. EWERT, R., Rechnungslegung, S. 69; KAHLE, H., IAS im Einzel- und Konzernabschluss, S. 267 („*Auch für eine bilanzielle Ausschüttungsbeschränkung gilt, dass das optimale Einbehaltungserfordernis von den konkreten Investitions- und Finanzierungsmöglichkeiten [...] abhängt*").
96 Vgl. EWERT, R., Rechnungslegung, S. 68.
97 Vgl. RAMMERT, S., Erhaltung der Kapitalerhaltung, S. 587.
98 Vgl. hierzu Abschnitt 222.2; mit Blick auf Ausschüttungsrestriktionen u. a. PELLENS, B./CRASSELT, N./SELLHORN, T., Solvenztests zur Ausschüttungsbemessung, S. 272 („*Grundsätzlich wäre das relevante Ausgangs- bzw. Vergleichsniveau [...] mit Bezug zu den bei Vertragsabschluss geltenden Konditionen festzulegen*"); ähnlich hierzu SCHÖN, W., Internationalisierung der Rechnungslegung („*Sicherung des Kapitalwerts der einmal getätigten Investition*"); RAMMERT, S., Erhaltung der Kapitalerhaltung, S. 582 f.; SCHNEIDER, D., Betriebswirtschaftslehre, Band 2: Rechnungswesen, S. 112.

Abschnitt 22: Rechnungslegung als Schutzinstitution gegen fremdfinanzierungsbedingte agency-Konflikte

legung" und einer in diesem Sinne zweckadäquaten Ausgestaltung der Ansatz- und Bewertungsvorschriften ohne Konkretisierung des schutzbedürftigen Gläubigerrisikos **inhaltsleer**. Gerade für Gesellschaften mit der **Einheit von Eigentum und Leitung** stellen fremdfinanzierungsbedingte *agency*-Konflikte die wohl bedeutsamsten Vertragsprobleme dar.[100] Da die weit überwiegende Zahl der IFRS-SME-Anwender eine derartige Kapitalgeberstruktur aufweisen, ist der Beitrag der Rechnungslegung zur Verringerung fremdfinanzierungsbedingter *agency*-Konflikte für den Fokus dieser Arbeit von herausragender Bedeutung.

Durch die **Interdependenzen zwischen den Gläubigerrisiken** hat die Etablierung einer Schutzinstitution zur Reduzierung *eines* Gläubigerrisikos zumeist auch Auswirkungen auf den Umfang *anderer* Gläubigerrisiken. Des Weiteren sind *business risk* und Gläubigerrisiken eng miteinander verknüpft. Die konkreten Auswirkungen der Umsetzung von Schutzinstitutionen hängen damit von den individuellen Investitions- und Finanzierungsbedingungen beim Kapitalnehmer ab.[101] Dies lässt sich am Beispiel von **Ausschüttungsrestriktionen** verdeutlichen, die nicht nur zur Begrenzung finanzierungsbedingter Gläubigerrisiken dienen, sondern als Mindestinvestitionsverpflichtung Auswirkungen auf die investitionsbedingten Gläubigerrisiken haben. Der **Schutzzweck von Ausschüttungsrestriktionen** besteht primär darin, **Ausschüttungen zu verhindern**, die die durch den Gläubiger geschätzte **Höhe der Insolvenzwahrscheinlichkeit über den Ursprungswert erhöhen**. Es wurde deutlich, dass der Gläubiger ohne Ausschüttungsrestriktionen einem haftungsbeschränkten Unternehmen kein Kapital überlassen wird.[102] Da der Kapitalnehmer einen **Anreiz zur Vereinbarung mit dem Gläubiger** hat, spricht dies

---

99 Vgl. hierzu auch WÜSTEMANN, J., INSTITUTIONENÖKONOMIK, S. 108-119; aus rechtswissenschaftlicher Perspektive LARENZ, K./CANARIS, C.-W., Methodenlehre der Rechtswissenschaft, S. 155.
100 Vgl. EIERLE, B., Die Entwicklung der Differenzierung, S. 44 („*[D]en Eigentümern [ist es], wenn sie die Geschäftsführung selbst übernehmen, leichter möglich, Reichtumsverschiebungen zulasten der Gläubiger durchzuführen, als wenn die Führung des Unternehmens in der Hand eines externen [...] Managementteams liegt*"); WOLZ, M./JANSSEN, J., Ist der fair value fair zum Mittelstand, S. 594; ZÜLCH, H./GÜTH, S., Internationalisierung der Rechnungslegung, S. 503.
101 So auch FRANKEN, L., Gläubigerschutz durch Rechnungslegung, S. 75.
102 Vgl. PELLENS, B./CRASSELT, N./SELLHORN, T., Solvenztest zur Ausschüttungsbemessung, S. 267 („*Es zeigt sich [...], dass Gläubiger [...] einen Bedarf nach einem Schutz gegen Ausschüttungen haben, die ihr Risiko als Kapitalgeber unangemessen erhöhen*").

Kapitel 2: Ökonomische Grundüberlegungen zum geltenden Kapitalerhaltungsregime in Deutschland

für **einzelvertragliche Schutzinstitutionen**. Mit Blick auf die Schutzinstitution „Rechnungslegung" ist diesem Aspekt nachfolgend nachzugehen.

223. Gesetzliche Regulierung der Schutzinstitution „Rechnungslegung"

223.1 Vorbemerkungen

In diesem Unterkapitel wird herausgearbeitet, inwiefern die Schutzinstitution „Rechnungslegung" als **standardisiertes Informationssystem** ökonomisch im Stande ist, die aus *agency*-Beziehungen induzierten Gläubigerrisiken zu reduzieren.[103] Dies ist insofern von Bedeutung, als nur bei einem hinreichenden Schutz gegen Gläubigerrisiken die Normierung des handelsrechtlichen Kapitalerhaltungszwecks (und des Rechenschaftszwecks)[104] gerechtfertigt ist. In **Abschnitt 223.2** wird der Frage nachgegangen, ob es einer **gesetzlichen Regulierung der Rechnungslegung** überhaupt bedarf. Hierbei konzentriert sich die Untersuchung auf den Schutz der Gläubiger durch **Gewinnermittlungsvorschriften** (vgl. *Übersicht 2-8*). Es wird zwischen Gewinnermittlungsvorschriften zur Informationsvermittlung (**informationeller Gläubigerschutz**) und zur Ausschüttungsbemessung bzw. Kapitalerhaltung (**institutioneller Gläubigerschutz**) differenziert. In **Abschnitt 223.3** wird untersucht, wie ein **informationeller Gläubigerschutz** über entscheidungsnützliche bzw. kontrollorientierte Rechnungslegungsinformationen gegen informationsbedingte Gläubigerrisiken schützen kann. In **Abschnitt 223.4** wird die **Reichweite des institutionellen Gläubigerschutzes** und die Anforderungen an die Gewinnermittlung analysiert. Hierbei sollen die jeweiligen Hypothesen durch Ergebnisse empirischer Untersuchungen plausibilisiert werden. Die Begründung, wann ein informationeller/institutioneller Gläubigerschutz anzunehmen ist, wird als **Zwischenfazit** (**Abschnitt 223.5**) zusammengefasst (vgl. *Übersicht 2-8*).

---

103 So auch BALLWIESER, W., Zur Begründbarkeit informationsorientierter Jahresabschlussverbesserungen, S. 780; LEIPPE, B., Die Bilanzierung von Leasinggeschäften, S. 37. Durch den Untersuchungsfokus auf Kapitalgesellschaften wird mit der Aufstellung eines Jahresabschlusses auch dessen Publizität unterstellt, wie dies bspw. in Deutschland vorgesehen ist.

104 Vgl. hierzu die Ausführungen in Abschnitt 233.

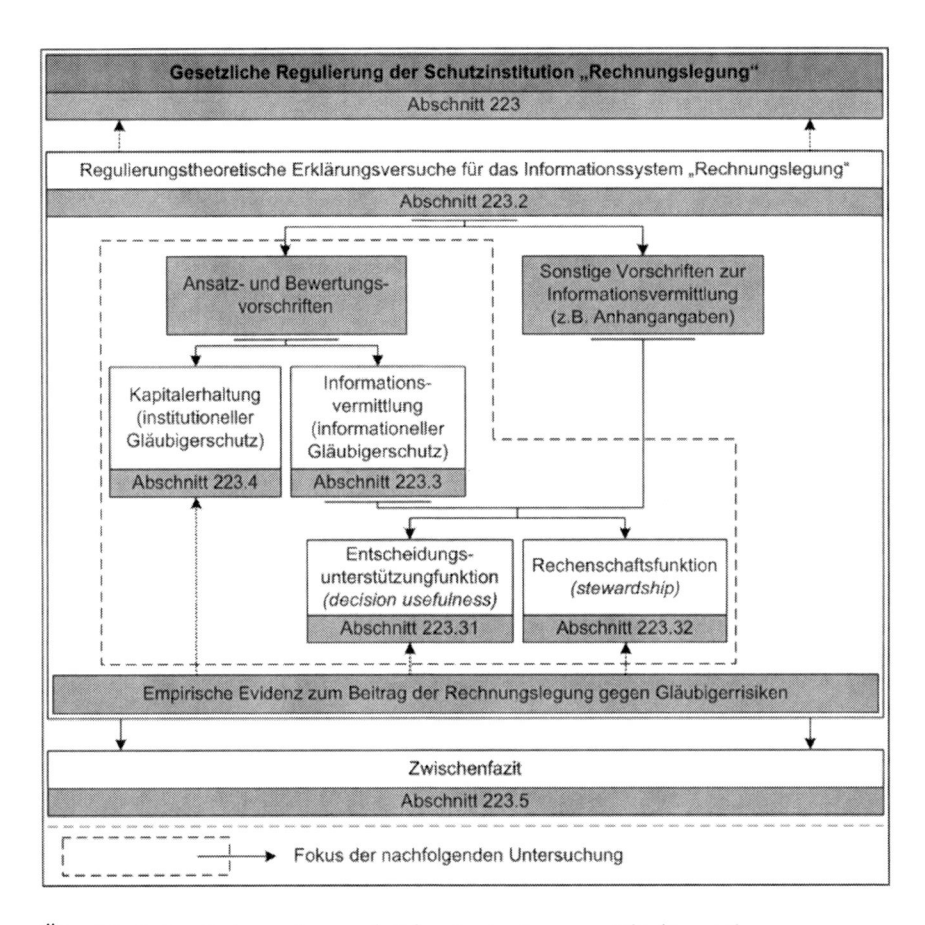

Abschnitt 22: Rechnungslegung als Schutzinstitution gegen fremdfinanzierungsbedingte agency-Konflikte

```
┌─────────────────────────────────────────────────────────────────┐
│    Gesetzliche Regulierung der Schutzinstitution „Rechnungslegung"│
│                         Abschnitt 223                            │
└─────────────────────────────────────────────────────────────────┘
         ↕
┌─────────────────────────────────────────────────────────────────┐
│ Regulierungstheoretische Erklärungsversuche für das Informations-│
│ system „Rechnungslegung"                                         │
│                        Abschnitt 223.2                           │
└─────────────────────────────────────────────────────────────────┘
     ┌──────────────────────┐     ┌──────────────────────────┐
     │ Ansatz- und Bewer-   │     │ Sonstige Vorschriften zur│
     │ tungsvorschriften    │     │ Informationsvermittlung  │
     │                      │     │ (z.B. Anhangangaben)     │
     └──────────────────────┘     └──────────────────────────┘
   ┌──────────────┐  ┌──────────────┐
   │Kapitalerhal- │  │Informations- │
   │tung (institu-│  │vermittlung   │
   │tioneller     │  │(informatio-  │
   │Gläubigerschutz)│ │neller Gläu-  │
   │              │  │bigerschutz)  │
   │Abschnitt 223.4│ │Abschnitt 223.3│
   └──────────────┘  └──────────────┘
                  ┌──────────────┐  ┌──────────────┐
                  │Entscheidungs-│  │Rechenschafts-│
                  │unterstützungs│  │funktion      │
                  │funktion      │  │(stewardship) │
                  │(decision     │  │              │
                  │usefulness)   │  │              │
                  │Abschnitt     │  │Abschnitt     │
                  │223.31        │  │223.32        │
                  └──────────────┘  └──────────────┘

┌─────────────────────────────────────────────────────────────────┐
│Empirische Evidenz zum Beitrag der Rechnungslegung gegen Gläubiger-│
│risiken                                                           │
└─────────────────────────────────────────────────────────────────┘

┌─────────────────────────────────────────────────────────────────┐
│                        Zwischenfazit                             │
│                      Abschnitt 223.5                             │
└─────────────────────────────────────────────────────────────────┘

┌ ─ ─ ┐
│     │ → Fokus der nachfolgenden Untersuchung
└ ─ ─ ┘
```

Übersicht 2-8: *Rechnungslegung als Schutzinstitution gegen Gläubigerrisiken*

223.2 Regulierungstheoretische Erklärungsversuche für das Informationssystem „Rechnungslegung"

Der Nachweis der erforderlichen **gesetzlichen Regulierung** der Schutzinstitution „Rechnungslegung" zur **Mitigierung von Gläubigerrisiken** gelingt nur, wenn sich keine oder im Vergleich zur Kodifizierung ineffiziente vertragliche Institutionen am „Markt" herausbilden, d. h. ein **Marktversagen** vorliegt.[105] Es ist zu untersuchen, welchen **gesamtwirtschaftlichen Nutzen** und welche dem gegenüberstehenden **Kosten** die Rechnungslegungsregulierung mit Blick auf das Ziel der **Allokationseffizienz** hat.[106]

---

105 Vgl. HARTMANN-WENDELS, T., Agency-Theorie, S. 423; WATRIN, C., Sieben Thesen, S. 935.

Kapitel 2: Ökonomische Grundüberlegungen zum geltenden Kapitalerhaltungsregime in Deutschland

Für die **Bejahung eines Marktversagens** und damit für eine Regulierungsnotwendigkeit sprechen die **Kollektivguteigenschaften** von **Rechnungslegungsinformationen**, vor allem die fehlende **Ausschlussmöglichkeit der Nichtzahler** von der Nutzung der Rechnungslegungsinformation, so dass die private Nachfrage versagt. Kapitalgeber entrichten nur dann einen Preis für Rechnungslegungsinformationen, wenn sichergestellt ist, dass andere Akteure diese Informationen nicht nutzen können.[107] Diese Geheimhaltung versagt aber zumeist (**Trittbrettfahrerproblem**). Ohne Normierung besteht die Gefahr der **Informationsuntersorgung**.[108] Der Staat fördert durch die **Publizitätspflicht** selbst die Kollektivguteigenschaft der Abschlussinformationen.[109]

Auch die **Existenz positiver externer Effekte** könnte für eine Regulierungsnotwendigkeit sprechen. **Netzwerkeffekte** entstehen durch **Interdependenzen im Konsum** und sind damit positive externe Effekte.[110] Je mehr Kapitalnehmer ein Rechnungslegungssystem verwenden, umso größer sind die informationellen Standardisierungsvorteile aus der Vergleichbarkeit für Abschlussersteller und -adressaten.[111] Die **Auswertung der Abschlussdaten** sowie die **Aneignung von Expertenwissen** wird wesentlich erleichtert, so dass Transaktionskosten gesenkt und c. p. die gesamtwirtschaftliche Allokationseffizienz gegenüber einem einzelvertraglichen Schutz erhöht wird. Die Verbreitung eines Rechnungslegungssystems und die Realisierung von Netzwerkeffekten lässt sich mit der **Theorie der Evolution rechtlicher Regelungen** verknüpfen. Hiernach sind Rechtsnormen als **Ergebnis eines (planmäßigen) Entwicklungspfads** (*path dependency*) aufzufassen und können damit als Ausdruck derjenigen Anforderungen verstanden werden, die das Wirt-

---

106 Vgl. WATRIN, C., Internationale Rechnungslegung und Regulierungstheorie, S. 10 f.; EIERLE, B., Die Entwicklung der Differenzierung, S. 21.

107 Vgl. WATRIN, C., Internationale Rechnungslegung und Regulierungstheorie, S. 62 f.; EIERLE, B., Die Entwicklung der Differenzierung, S. 35.

108 Vgl. WALZ, R., Ökonomische Regulierungstheorien, S. 102 f.; SIEBLER, U., Internationalisierung der Rechnungslegung, S. 91.

109 Nachfolgend wird durch die handelsrechtliche Publizitätspflicht des Jahresabschlusses für Kapitalgesellschaften nach § 325 Abs. 1 HGB unterstellt, dass die Normierung der Rechnungslegung zwingend eine Publizität zur Folge hat. Vgl. zu § 325 Abs. 1 HGB Abschnitt 522.4.

110 Vgl. EIERLE, B., Die Entwicklung der Differenzierung, S. 36.

111 Vgl. PELLENS, B./GASSEN, J., EU-Verordnungsentwurf, S. 138; WATRIN, C., Internationale Rechnungslegung und Regulierungstheorie, S. 124; BALLWIESER, W., Konzernrechnungslegung und Wettbewerb, S. 645 (jeweils mit Blick auf die Konzernrechnungslegung); hierzu auch HEINE, K., Regulierungswettbewerb und Gesellschaftsrecht, S. 205.

Abschnitt 22: Rechnungslegung als Schutzinstitution gegen fremdfinanzierungsbedingte agency-Konflikte

schaftssystem an das **Funktionsprofil der Rechnungslegung** stellt.[112] **Netzwerkeffekte** können aber auch an sich ineffiziente Institutionen stabilisieren und so die Veränderung eines vorherrschenden rechtlichen Paradigmas verhindern.[113] Dies liegt daran, dass sich in der Übergangsphase ggf. nicht genügend Nachfrager finden, die bereit sind, die anfangs höheren Übergangskosten zu tragen.[114] Vorliegend wäre dies bspw. der Fall, wenn trotz einer eindeutigen Überlegenheit des IFRS-SME als Schutzinstitution gegen Gläubigerrisiken eine **Umstellung auf diese Rechnungslegung mit prohibitiv hohen Kosten** verbunden wäre. Ein kontrollierter **Wettbewerb mehrerer Rechnungslegungssysteme** in einem Rechtssystem verhindert die Gefahr eines Marktversagens durch die regulatorische Vorgabe einer Rechnungslegungspflicht, bietet zugleich aber Raum für die Herausbildung des gesamtwirtschaftlich effizientesten Rechnungslegungssystems.[115] Im Rahmen eines Wettbewerbs wäre auch die **Einbindung der Rechnungslegung in den institutionellen Kontext** sicherzustellen, sofern bspw. **gesellschaftsrechtliche Normen** als Handlungsrestriktionen (z. B. im Kapitalerhaltungsregime) **an die Rechnungslegung anknüpfen**.[116] Die **Netzwerkeffekte** führen damit zur **Senkung der Transaktionskosten** für Kapitalnehmer (Abschlussersteller) und Gläubiger, sofern ein oder mehrere Rechnungslegungssysteme „zweckadäquat" ausgestaltet sind.[117] Durch internationale Rechnungslegungsvorschriften sollen Netzwerkeffekte verstärkt werden, indem Abschlussadressaten weltweit zu geringeren Transaktionskosten mit Abschlussinformationen versorgt werden.

---

112 Vgl. zum Argument der Pfadabhängigkeit HEINE, K., Regulierungswettbewerb im Gesellschaftsrecht, S. 223; GELTER, M., Kapitalerhaltung, S. 186.
113 Vgl. HEINE, K., Regulierungswettbewerb im Gesellschaftsrecht, S. 197.
114 Vgl. HEINE, K., Regulierungswettbewerb im Gesellschaftsrecht, S. 198.
115 Vgl. hierzu auch BALLWIESER, W., Konzernrechnungslegung und Netzwerkeffekte, S. 650 („*Auf der Ebene von Staaten [...] kann eine Vielfalt von Rechnungslegungssystemen dazu beitragen, einen Wettbewerbsprozess einzuleiten, der mit dem Überleben des geeignetsten Systems endet*"); zu den Interdepenzen der Rechnungslegung mit anderen Institutionen HARTMARNN-WENDELS, T., Rechnungslegung der Unternehmen, S. 27 f.; EIERLE, B., Die Entwicklung der Differenzierung, S. 41.
116 So auch BALLWIESER, W., Konzernrechnungslegung und Netzwerkeffekte, S. 650; HEINE, K., Regulierungswettbewerb im Gesellschaftsrecht, S. 220 („*Der Austausch nur einzelner Elemente [des Gesellschaftsrechts; Anm. d. Verf.] kann daher die Systemleistung im Ganzen erheblich reduzieren, wenn nicht beim Austausch die Schnittstellen beachtet werden müssen*").
117 Vgl. WATRIN, C., Sieben Thesen, S. 935; NIEHUES, M., EU-Rechnungslegungsstrategie, S. 1221; BALLWIESER,W., Konzernrechnungslegung und Wettbewerb, S. 650; HEINE, K., Regulierungswettbewerb im Gesellschaftsrecht, S. 216 („*gleichzeitige Nutzung einer gesellschaftsrechtlichen Regelung*"); EIERLE, B., Die Entwicklung der Differenzierung, S. 36 f.

Kapitel 2: Ökonomische Grundüberlegungen zum geltenden Kapitalerhaltungsregime in Deutschland

Zudem wird angestrebt, durch die Verringerung der Gläubigerrisiken die **Kapitalkosten** zu senken.[118] Es ist festzuhalten, dass Netzwerkeffekte einen Regulierungsbedarf plausibel machen, den **Inhalt der Normierung** aber **nicht erklären** können.[119]

Die Rechnungslegung fungiert als **Standardvertrag** im Verhältnis zwischen Gläubiger und Kapitalnehmer und macht ggf. die individuelle Aushandlung entbehrlich.[120] Sie nimmt dann eine **Lückenschließungsfunktion** unvollständig gebliebener Kapitalüberlassungsverträge ein (**einzelvertragssubstituierender Ansatz**), indem die Informationspflichten und -inhalte sowie die Handlungsrestriktionen hierauf nicht vertraglich normiert werden müssen.[121] Zudem kann die Normierung geringere **Überwachungs- und Durchsetzungskosten** als bei vertraglicher Absicherung verursachen, da gesetzliche Normen eine höhere Gläubwürdigkeit besitzen.[122] Die **vertragliche Absicherung** gelingt für **anpassungsfähige** bzw. **verhandlungsstarke Gläubiger**, die ihre Verhandlungsmacht gegenüber dem Kapitalnehmer wirksam geltend machen können.[123]

Eine einzelvertragliche Etablierung scheidet demgegenüber bei **Deliktgläubigern** sowie **verhandlungsschwachen Gläubigern** aus. Deliktgläubiger sind im Rahmen gesetzlicher Schuldverhältnisse Gläubiger geworden, während zu den verhandlungsschwachen Gläubigern vor allem Kleingläubiger, Kunden und Lieferanten gerechnet werden.[124] Verhandlungsschwache Gläubiger können **keine individuellen Vertragsbedingungen aushandeln**. Zudem ist die individuelle Vereinbarung und Überwachung von Vertrags-

---

118 Vgl. BALLWIESER, W., Konzernrechnungslegung und Netzwerkeffekte, S. 644.
119 Vgl. SIEBLER, U., Internationalisierung der Rechnungslegung, S. 90.
120 So u. a. HARTMANN-WENDELS, T., Rechnungslegung der Unternehmen, S. 11; KAHLE, H., Bilanzieller Gläubigerschutz, S. 702; FRANKE, G./HAX, H., Finanzwirtschaft des Unternehmens, S. 508.
121 Vgl. KIRCHNER, C., Bilanzrecht und Neue Institutionenökonomik, S. 276; dem folgend WÜSTEMANN, J./KIERZEK, S., IFRS als neues Bilanzrecht, S. 363.
122 Vgl. PELLENS, B./FÜLBIER, R., Differenzierung der Rechnungslegungsregulierung, S. 580; WATRIN, C., Internationale Rechnungslegung un Regulierungstheorie, S. 73.
123 So auch ALBERTH, M., US-amerikanische Gläubigerbilanzen durch Covenants, S. 805-807; RAMMERT, S., Gläubigerschutz durch Nominalkapitalerhaltung, S. 22. Marktliche Schuldverhältnisse über den Kapitalmarkt bleiben wegen des Fokus auf nichtkapitalmarktorientierte Unternehmen ausgeklammert.
124 Vgl. u. a. KIRCHNER, C., Bilanzrecht und Neue Institutionenökonomik, S. 279; RAMMERT, S., Gläubigerschutz durch Nominalkapitalerhaltung, S. 23; WATRIN, C., Internationale Rechnungslegung und Regulierungstheorie, S. 97 f.

Abschnitt 22: Rechnungslegung als Schutzinstitution gegen fremdfinanzierungsbedingte agency-Konflikte

bedingungen wegen prohibitiv hoher Transaktionskosten wirtschatlich für diese nicht darstellbar.[125] Eine gesetzliche Normierung ist nötig, sofern diese Gläubiger nicht von den vertraglichen Schutzinstitutionen der verhandlungsstarken Gläubiger (*free riding*) profitieren.[126] Im Sinne des **einzelvertragssubstituierenden Ansatzes** lässt sich die Rechnungslegung als eine **hypothetische Schutzinstitution** ansehen, auf die sich die Gläubiger mit dem Kapitalnehmer vertraglich geeinigt hätten, wäre ihnen die Möglichkeit hierzu gegeben worden.[127] Hierdurch könnten gesamtwirtschaftliche Ineffizienzen verringert werden.

Neben den aufgezeigten Vorteilen lassen sich gesamtwirtschaftlich auch **Nachteile der gesetzlichen Normierung** der Rechnungslegung anführen. Gesetzliche Regelungen sind immer „*pauschale Lösungen*"[128] und können nicht den **individuellen Informationpräferenzen** sämtlicher Abschlussadressaten Rechnung tragen. Der Nutzen einer Information lässt sich nur für den **spezifischen Entscheidungskontext** der Abschlussadressaten (Gläubiger) bestimmen. Dieser ist geprägt durch die **Präferenzen des einzelnen Kapitalgebers** sowie dessen **Entscheidungsumfeld** und **Erwartungen**.[129] Die widerspruchsfreie Aggregation der Einzel- zu Gruppenpräferenzfunktionen scheitert aus methodischen Gründen. Daher ist es nicht möglich, Ansatz- und Bewertungsvorschriften, bspw. zur Reduzierung informationsbedingter Gläubigerrisiken, gesamtwirtschaftlich aus individuellen Nutzenfunktionen der Gläubiger logisch-deduktiv abzuleiten.[130] Ähnliche Probleme ergeben sich, wenn Handlungsrestriktionen auf die Rechnungslegung konditioniert werden sollen. So tragen bspw. Kapitalerhaltungsrestriktionen

---

125 Vgl. KUHNER, C., Zur Zukunft der Kapitalerhaltung, S. 764 (*Einheitliche Standards [...] haben [...] die Funktion, ein Marktversagen zu verhindern, das entsteht, wenn es für Kapitalgeber aufgrund der hohen Transaktionskosten nicht lohnend ist, ihre Schuldner [...] zu überwachen*").
126 So auch KUHNER, C., Zur Zukunft der Kapitalerhaltung, S. 763; für einen solchen Schutz MÜLBERT, P./BIRKE, M., Legal Capital, S. 714; MÜLBERT, P., Zukunft der Kapitalerhaltung, S. 157.
127 Vgl. KIRCHNER, C., Bilanzrecht und Neue Institutionenökonomik, S. 279.
128 EIERLE, B., Die Entwicklung der Differenzierung, S. 40; ähnlich FRANKE, G./HAX, H., Finanzwirtschaft des Unternehmens, S. 507.
129 Auf Basis eines gegeben Entscheidungskalküls des Kapitalgebers, dessen Risikoeinstellung, der Informationskosten sowie sämtlicher Umweltzustände lassen sich im Einpersonenkontext optimale Ansatz- und Bewertungsnormen bestimmen. Vgl. BALLWIESER, W., Ergebnisse der Informationsökonomie, S. 25. Dies ist bei vorvertraglichen informationsbedingten Gläubigerrisiken gerade nicht gegeben.

nicht den individuellen Finanzierungs- und Investitionsbedingungen des Kapitalnehmers Rechnung.[131] Das in der ökonomischen Analyse des Rechts gebräuchliche **legitimationstheoretische Konsenskriterium** hilft aufgrund der fehlenden Aggregierbarkeit von Einzel- zu Gruppenpräferenzfunktionen daher nicht weiter.[132] Die gesetzliche Normierung wäre hiernach „legitimiert", wenn sich Kapitalgeber und -nehmer hierauf vertraglich geeinigt hätten und **keine externen Effekte** für die übrigen Vertragspartner entstehen.[133] Gerade dies ist bei einer **gesetzlichen Normierung der Rechnungslegung** anzunehmen, da die **Festlegung der Ansatz- und Bewertungsvorschriften** für beide Vertragsparteien Kosten verursacht haben und als **externer Effekt** im Sinne der Abweichung vom individuellen Optimum für die einzelnen Gläubiger interpretiert werden kann.

Den unterschiedlichen Präferenzen der Gläubiger lässt sich durch einen **kontrollierten Wettbewerb verschiedener Rechnungslegungssysteme** Rechnung tragen. Hierbei gilt es zu verhindern, dass eine „Zersplitterung" eintritt, die die Netzwerkeffekte und die Senkung der Transaktionskosten aus der Normierung zunichte macht.[134] Auch die direkten Kosten für den Abschlussersteller aus der Anwendung der **Rechnungslegung** sind in ein gesamtwirtschaftliches Optimierungskalkül zu integrieren.[135] Die Regulierungskosten für den Staat entstehen durch Kosten aus der Um- und Durchsetzung der Normen.[136] Bei einem **Wettbewerb der Rechnungslegungssysteme** liegen die Regulierungskosten über denen bei einer für alle Abschlussersteller einheitlichen Rechnungslegung.

---

130 So auch DEMSKI, J., The General Impossibility, S. 723; BALLWIESER, W., Zur Begründbarkeit informationsorientierter Jahresabschlussverbesserungen, S. 781 f.; BALLWIESER, W., Konzernrechnungslegung und Wettbewerb, S. 643; BALLWIESER, W., Die Konzeptionslosigkeit des IASB, S. 733.

131 Vgl. KUHNER, C., Zur Zukunft der Kapitalerhaltung, S. 760 („*pauschale und [...] suboptimale Lösungen*").

132 Vgl. bereits Abschnitt 133.

133 Vgl. hierzu KIRCHNER, C., Ökonomische Theorie des Rechts, S. 20 f; speziell aus Gläubigersicht KIRCHNER, C., Bilanzrecht und neue Institutionenökonomik, S. 278 f.

134 Zu diesem Problem u. a. ORDELHEIDE, D., Wettbewerb der Rechnungslegungssysteme, S. 21 („*Unternehmensindividualität [...] für die Rechnungslegung beeinträchtigt [...] die Funktionsfähigkeit einer Wettbewerbswirtschaft*").

135 Vgl. EIERLE, B., Die Entwicklung der Differenzierung, S. 40 f.

136 Nachfolgend werden unter dem Begriff der Regulierungskosten die Kosten für den Gesetzgeber aus der Umsetzung des Regulierungsarrangements subsumiert, während die Kosten des Abschlusserstellers aus der Befolgung der Regulierungsvorgaben hiervon separiert werden.

Abschnitt 22: Rechnungslegung als Schutzinstitution gegen fremdfinanzierungsbedingte agency-Konflikte

Das **Gesamtergebnis** ist ernüchternd: Ein **eindeutiger Nachweis** für die **Vorteilhaftigkeit** einer normierten Rechnungslegung gegen Gläubigerrisiken lässt sich nicht erbringen, da gesamtwirtschaftlich Kosten und Nutzen nicht aggregiert werden können. Das Informationssystem „Rechnungslegung" ist als Schutzinstitution in einen institutionellen Rahmen eingebettet, was deren isolierte Analyse zusätzlich erschwert. Da die Veränderung der Rechnungslegungsregulierung erhebliche, ggf. auch kostenintensive Anpassungsmaßnahmen bei anderen Schutzinstitution (z. B. beim Gesellschaftsrecht) nach sich ziehen dürfte, sollte auf Basis einer positiven Interpretation des **Kriteriums der Pfadabhängigkeit** die Schutzinstitution „Rechnungslegung" nur verändert werden, wenn unter dem Gesichtspunkt der Verringerung *agency*-induzierter Allokationsineffizienzen **klare Indizien für die Inferiorität der bestehenden Rechnungslegungsregulierung** gegenüber alternativen Schutzinstitutionen bestehen.

Mittels „*Plausibilitätsüberlegungen*"[137] geht es darum, wie Rechnungslegung als Institution gegen Gläubigerrisiken fungieren kann. Aufgrund der methodischen Schwierigkeit bei der Bestimmung einer gesamtwirtschaftlich effizienten Regulierungsform basiert die folgende Analyse auf der Annahme, dass durch die **Normierung der Rechnungslegung die berechtigten Interessen der Gläubiger** auf Basis der dargestellten Gläubigerrisiken[138] geschützt werden sollen. Hierfür ist zunächst stets herauszuarbeiten, inwiefern die normierte Rechnungslegung den jeweiligen Schutzzweck erfüllen kann. Sofern dies bejaht werden kann, muss auf Basis der o. g. Annahme **primär** analysiert werden, inwiefern die Gläubiger auf die gesetzliche Normierung aus Marktversagensgründen mangels alternativer Schutzmöglichkeiten angewiesen sind. Sofern sich hierbei keine Normierungsnotwendigkeit ableiten lässt, ist **sekundär** zu prüfen, ob eine Normierung gesamtwirtschaftliche Effizienzvorteile durch die Senkung der Transaktionskosten nahelegt, da die Rechnungslegung für die Gläubiger eine Lückenschließungsfunktion erfüllt (**einzelvertragssubstituierender Ansatz**).

---

[137] BALLWIESER, W., Die Konzeptionslosigkeit des IASB, S. 733; so auch HETTICH, S., Zweckadäquate Gewinnermittlungsregeln, S. 100.
[138] Vgl. hierzu Abschnitt 222.3.

Kapitel 2: Ökonomische Grundüberlegungen zum geltenden Kapitalerhaltungsregime in Deutschland

223.3 Informationeller Gläubigerschutz (Schutz gegen informationsbedingte Gläubigerrisiken)

223.31 Entscheidungsunterstützungsfunktion gegen vorvertragliche informationsbedingte Gläubigerrisiken

Zur Reduzierung vorvertraglicher informationsbedingter Gläubigerrisiken sollen Abschlussinformationen eine Entscheidungsunterstützungsfunktion erfüllen und damit eine **Verbesserung der Entscheidungsgrundlage** (*decision usefulness*) für den Kapitalgeber im Sinne der **Revision der Insolvenzwahrscheinlichkeit** des Kapitalnehmers ermöglichen. Sofern sich die Vertragsparteien auf das Informationssystem „Rechnungslegung" zur vorvertraglichen Informationsübermittlung geeinigt hätten, würde dieses eine „Lückenschließung" in einem durch die Existenz von Transaktionskosten und Informationsasymmetrien gekennzeichneten Vertragsverhältnis beseitigen helfen. Hierbei sollten die übermittelten Informationen glaubwürdig sein, da für den Kapitalnehmer der Anreiz besteht, in der Vertragsanbahnungsphase eine zu gute Bonität glaubhaft zu machen.

Notwendige Voraussetzung für die Entscheidungsrelevanz ist die **Prognoserelevanz**. Die **normierten Rechnungslegungsinformationen in Bilanz und GuV** enthalten keine unmittelbar vewertbaren Prognoseinformationen.[139] Dies liegt vor allem daran, dass die Bilanz- und Erfolgsgrößen **einwertig** ausgestaltet sind und **keine unmittelbaren Rückschlüsse** auf die Höhe, Breite und Unsicherheit der Zahlungsüberschüsse, letztlich über die Insolvenzwahrscheinlichkeit, zulassen.[140] Zudem ergeben sich die o. g. Probleme, dass die Entscheidungsnützlichkeit stets die **Kenntnis der adressatenspezifischen Entscheidungssituationen** voraussetzt.[141] Eine unmittelbare Prognoserelevanz durch ein normiertes Informationssystem lässt sich damit nicht erreichen. Eine **Prognoserelevanz**

---

139 Vgl. STÜTZEL, W., Anmerkungen zur Bilanztheorie, S. 337 („*Wer traut sich zu, die [...] Bandbreite der möglichen Auszahlungsergebnisse [...] auf einparametrische Indizes [...] zu reduzieren*"); BALLWIESER, W., Nutzen handelsrechtlicher Rechnungslegung, S. 18; SCHNEIDER, D., Betriebswirtschaftslehre, Band 2: Rechnungswesen, S. 201 („*Es gibt keine Informationsfunktion* [Hervorhebung im Original] *[...], wenn damit entscheidungsrelevantes, zukunftsbezogenes Wissen [...] gemeint ist*").

140 So auch SCHNEIDER, D., Betriebswirtschaftslehre, Band 2: Rechnungswesen, S. 201 („*bedingtes Tatsachenwissen*"); zur notwendigen Mehrwertigkeit BALLWIESER, W., Zur Begründbarkeit informationsorientierter Jahresabschlussverbesserungen, S. 776; PELLENS, B./CRASSELT, N./SELLHORN, T., Solvenztest zur Ausschüttungsbemessung, S. 280.

141 Vgl. DEMSKI, J., The General Impossibility, S. 723; BALLWIESER, W., Zur Begründbarkeit informationsorientierter Jahresabschlussverbesserungen, S. 781 f.

ist denkbar, sofern die Rechnungslegungsinformationen in bestimmter Relation zur Zielgröße „Insolvenzwahrscheinlichkeit" stehen, die sich aus künftigen Nettoeinzahlungen in Abhängigkeit der zu erwartenden Umweltzustände ergibt. Rechnungslegungsinformationen dienen in diesem Sinne als **Parameter für die eigene Bildung von Erwartungen** des Kapitalgebers über die Unternehmensentwicklung, d. h. als Inputgrößen für ein **subjektives Prognosemodell** für die Zielgröße „Nettoeinzahlungen", und damit für die Insolvenzwahrscheinlichkeit.[142] Hierzu müssen die **folgenden Anforderungen** erfüllt sein:[143]

- Der (vergangenheitsorientierte) **rechnungslegungsbasierte Gewinn** des Geschäftsjahres muss eine gute Prognosebasis für die **Schätzung künftiger Gewinne** darstellen.

- Diese **künftigen Gewinne** müssen ein **geeigneter Indikator für die künftigen Nettoeinzahlungen** sowie für deren Breite und Unsicherheit sein, um die Insolvenzwahrscheinlichkeit abschätzen zu können.

Problematisch hieran ist zunächst, dass die Umweltbedingungen nicht stationär sind und die **Extrapolation** der Rechnungslegungsgrößen (z. B. des Gewinn) kaum möglich ist.[144] Rechnungslegungsgrößen müssen Veränderungen der Umweltbedingungen erfassen. In diesem Sinne ist der **Gewinn als Prognosegröße geeignet**, wenn bilanziell die künftigen **Ein- und Auszahlungspotenziale** als Ertragswertbeiträge erfasst werden und in der GuV ein ökonomischer Gewinn als Verzinsung dieses Ertragswerts berücksichtigt ist.[145] Dies

---

142 Vgl. hierzu BALLWIESER, W., Nutzen handelsrechtlicher Rechnungslegung, S. 18 („*aufgrund [der] Vermutungen [....] Ableitung von Erwartungen über Zielbeiträge*"); PELLENS, B./FÜLBIER, R., Differenzierung der Rechnungslegungsregulierung, S. 583; Streim, H., Die Vermittlung entscheidungsnützlicher Informationen, S. 120 („*mittelbar verwertbare Information*").

143 Vgl. STREIM, H., Die Vermittlung entscheidungsnützlicher Informationen, S. 120; hierzu auch SCHNEIDER, D., Betriebswirtschaftslehre, Band 2: Rechnungswesen, S. 201 f.; ORDELHEIDE, D., Wettbewerb der Rechnungslegungssysteme, S. 23 („*Der springende Punkt [...] ist die Prognoseeignung der Gewinne*").

144 So auch MOXTER, A., Rechnungslegungsmythen, S. 2147 („*Extrapolationsmythos*"); BALLWIESER, W., Die Konzeptionslosigkeit des IASB, S. 733.

145 Vgl. HOMMEL, M., Internationale Bilanzrechtskonzeptionen, S. 348; STREIM, H./BIEKER, M./ ESSER, M., Der schleichende Abschied von der Ausschüttungsbilanz, S. 231. Die Diskussion um die Prognoseorientierung der Rechnungslegungsinformationen wurde durch den sog. ökonomischen Gewinn maßgeblich geprägt. Dieser hat sich aber in der Rechnungslegungspraxis nicht durchgesetzt. Vgl. u. a. SCHNEIDER, D., Ausschüttungsfähiger Gewinn, S. 21-23 (mit positiver Beurteilung); SCHNEIDER, D., Betriebswirtschaftslehre, Band 2: Rechnungswesen, S. 41-44.

Kapitel 2: Ökonomische Grundüberlegungen zum geltenden Kapitalerhaltungsregime in Deutschland

hätte u. a. zur Folge, dass **Verbundeffekte** (und nicht nur einzeln bewertbare Ressourcen) und **Umsatzerlöse aus geplanten Investitionen** aktiviert sowie die Investitionskosten passiviert werden müssen.[146] Im Rahmen der Bewertung der Bilanzposten müssten die unternehmensindividuellen Nutzungsmöglichkeiten im Sinne diskontierter Cashflows (Ertragswertbeiträge) berücksichtigt werden. In diesem Zusammenhang ist auch der Vorschlag der Bewertung zum beizulegenden Zeitwert (*fair value*) über die fortgeführten Anschaffungs- und Herstellungskosten (*full fair value*-Konzept) zu sehen.[147] Dieser sei „*marktnah*" und „*zeitnah*"[148] und weise eine **höhere Entscheidungsrelevanz** auf. Die Anwendung des *fair value* auf Basis von Marktpreisen kann aber nur grob die künftigen Ein-/Auszahlungspotenziale der **internen Verwendung** der Ressource widerspiegeln.[149] Daher ist die Ableitung des *fair value* auf Basis von Cashflow-Bewertungskalkülen (*value in use*) vorziehenswürdig.[150] Hierfür ist aber die Verwendung von Finanzplänen vielversprechender, da diese passgenau für die Entscheidungssituation des Abschlusserstellers anwendbar und mehrwertig ausgestaltet sind.

Die Reduzierung vorvertraglicher Gläubigerrisiken durch die Informationsübermittlung steht im Spannungsverhältnis zwischen Prognoserelevanz und Glaubwürdigkeit.[151] Rechnungslegungsinformationen besitzen nur dann einen **Informationswert**, wenn sie „hinreichend" glaubwürdig sind,[152] d. h. den Kriterien der **Nachprüfbarkeit**, **Willkürfreiheit** und **Manipulationsfreiheit** genüge tun. Eine derart verstandene Objektivierung (Freiheit von subjektivem Ermessen)[153] bzw. Zuverlässigkeit trägt dazu bei, den **Einfluss opportunistischer Handlungen** des Kapitalnehmers auf die übermittelten Informationen

---

146 Vgl. MOXTER, A., Die Grundsätze ordnungsmäßiger Bilanzierung, S. 43 und S. 47; STREIM, H./ BIEKER, M./ESSER, M., Der schleichende Abschied von der Ausschüttungsbilanz, S. 240.
147 Vgl. BAETGE, J./ZÜLCH, H., Fair Value-Accounting, S. 546; WAGENHOFER, A./EWERT, R., Externe Unternehmensrechnung, S. 162.
148 BAETGE, J./ZÜLCH, H., Fair Value-Accounting, S. 544 und S. 545 (beide Zitate).
149 Vgl. STREIM, H./BIEKER, M./LEIPPE, B., Anmerkungen zur theoretischen Fundierung, S. 198.
150 Vgl. hierzu STREIM, H./BIEKER, M./ESSER, M., Der schleichende Abschied von der Ausschüttungsbilanz, S. 236.
151 So auch BAETGE, J./LIENAU, A., Gläubigerschutzgedanke, S. 67.
152 So bereits BAETGE, J., Rechnungslegungszwecke, S. 24 und 26 f.; SCHNEIDER, D., Betriebswirtschaftliche Gewinnermittlung, S. 1057.
153 BAETGE, J., Möglichkeiten der Objektivierung, S. 16; BAETGE, J./ZÜLCH, H., Fair Value-Accounting, S. 545.

Abschnitt 22: Rechnungslegung als Schutzinstitution gegen fremdfinanzierungsbedingte agency-Konflikte

vor Begründung der Kapitalüberlassung einzudämmen. Dieses Problem ist durch die Einheit von Eigentum und Leitung bei nichtkapitalmarktorientierten Unternehmen besonders bedeutsam und lässt sich nur durch die **Vergangenheitsorientierung der Rechnungslegungsinformationen** mit wenigen Wahlrechten bzw. Ermessensspielräumen sichern.[154] Diese **Vergangenheitsorientierung** steht in **Widerspruch zur Prognoserelevanz** für die Abschätzung der Nettoeinzahlungsströme (vgl. *Übersicht 2-9*).[155] Insgesamt bestehen evidente Nachteile eines normierten Informationssystems für Zwecke der Entscheidungsunterstützung. Daher lässt sich festhalten, dass die Rechnungslegung wohl nur begrenzt eine Lückenschließungsfunktion gegen **vorvertragliche Gläubigerrisiken** einnehmen kann. Die *ex ante*-Wirkung ist daher i. V. mit der **Kontrollfunktion** zu sehen.[156] Dieser Befund lässt sich bei näherer Betrachtung der Interessen der unterschiedlichen Gläubigergruppen bestätigen.

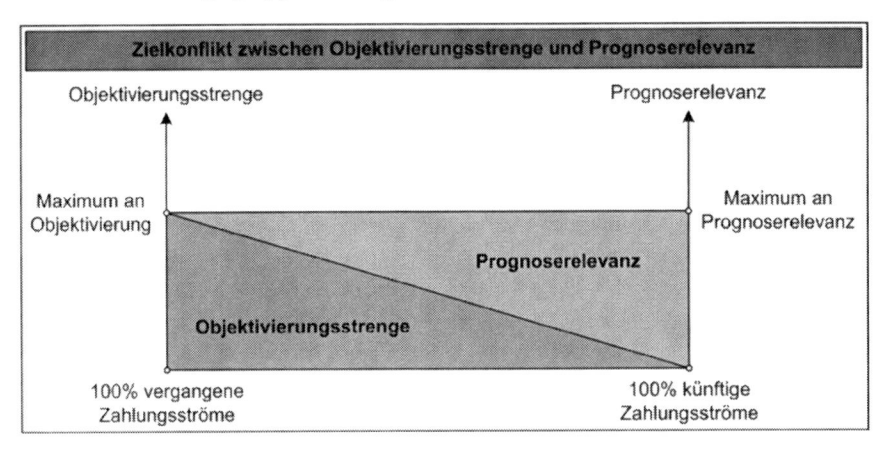

Übersicht 2-9: Zielkonflikt zwischen Prognoserelevanz und Objektivierungsstrenge[157]

---

154 Vgl. MOXTER, A., Die Grundsätze ordnungsmäßiger Bilanzierung, S. 50; KAHLE, H., Internationale Rechnungslegung, S. 40; FRANKE, G./HAX, H., Finanzwirtschaft des Unternehmens, S. 497.

155 So auch RÜCKLE, D., in: HuRB, S. 174; BARKER, R., The role of dividends, S. 204 („*intrinsically realiable*").

156 Wie in Abschnitt 223.32 noch gezeigt wird, kann sich über die Sicherstellung des Kontrollzwecks eine Reduzierung der vorvertraglichen Gläubigerrisiken ergeben, indem die Kapitalnehmer einen stärkeren Anreiz zu wahrheitsgetreuen Informationsübermittlung haben.

157 In Anlehnung an BAETGE, J., Möglichkeiten der Objektivierung, S. 169.

Verhandlungsstarke (Finanz-)Gläubiger werden aufgrund der o. g. Defizite individuelle Prognoseinformationen direkt vom Kapitalnehmer einholen. Hierbei dürfte es sich zum einen um **qualitative Informationen** zur Wettbewerbsposition, zu Produkt- und Absatzmärkten sowie zu Quellen und Erfolgsfaktoren bei der Generierung der Nettoeinzahlungsströme in den künftigen Umweltlagen handeln.[158] Zum anderen werden sie **Finanzpläne einfordern**.[159] Diese heben künftige Zahlungsüberschüsse in Abhängigkeit der einzelnen Umweltlagen hervor und erfüllen das Kriterium der Mehrwertigkeit.[160] Hierbei handelt sich um **unmittelbare Prognoseinformationen**, die zur **Schätzung der Insolvenzwahrscheinlichkeit** neben den o. g. qualitativen Faktoren herangezogen werden können.[161] Die o. g. Glaubwürdigkeitsprobleme bestehen auch bei Finanzplänen,[162] da diese durch den Kapitalnehmer bereitgestellt und wegen ihres Zukunftsbezugs schwer nachprüfbar sind. Im Vergleich zur normierten Rechnungslegung bestehen **deutliche Vorteile** wegen der **Passgenauigkeit der Informationen** für die jeweiligen Präferenzen und Entscheidungssituationen des Kapitalgebers.[163]

Deliktgläubiger haben keinen Bedarf an vorvertraglichen Informationen, da sie zwangsweise eine Kapitalüberlassung eingehen.[164] **Verhandlungsschwache Gläubiger** greifen demgegenüber ggf. auf öffentlich zugängliche Rechnungslegungsinformationen zurück, um eine Kapitalüberlassungsentscheidung zu treffen.[165] Während dies bei Kunden und

---

158 So bereits STÜTZEL, W., Anmerkungen zur Bilanztheorie, S. 340; KAHLE, H., Internationale Rechnungslegung, S. 126 f.; BARKER, R., The role of dividends, S. 214.

159 Vgl. BALLWIESER, W., Nutzen handelsrechtlicher Rechnungslegung, S. 16; zur Bedeutung des Finanzplans für die Insolvenzprognose BAETGE, J., Möglichkeiten der Früherkennung, S. 808.

160 Vgl. MOXTER, A., Die Grundsätze ordnungsmäßiger Bilanzierung, S. 51-57 („*finanzplanorientiertes Tableau*"); STREIM, H./BIEKER, M./LEIPPE, B., Anmerkungen zur theoretischen Fundierung, S. 181.

161 Kritisch aber SCHNEIDER, D., Betriebswirtschaftslehre, Band 2: Rechnungswesen, S. 377, der darauf hinweist, dass nicht sämtliche künftige Umweltzustände und deren Auswirkungen auf die Nettoeinzahlungsströme aus Komplexitätsgründen in der Finanzplanung erfasst werden können.

162 Vgl. FRANKEN, L., Gläubigerschutz durch Rechnungslegung, S. 80 („*massive[n] Glaubwürdigkeitsproblem[e]n*"); RAMMERT, S., Erhaltung der Kapitalerhaltung, S. 590; PELLENS, B./JÖDICKE, D./RICHARD, M., Solvenztests als Alternative, S. 1395.

163 So auch DYCKMAN, T./GIBBINS, M./SWIERINGA, R., Experimental and survey research, S. 303 („*[...] generally accepted accounting principles [...] reduce the usefulness of financial statement data by reducing the extent to which subjective [...] judgments are reflected in those data*").

164 Vgl. KÜBLER, F., Vorsichtsprinzip versus Kapitalmarktinformation, S. 371; WATRIN, C., Internationale Rechnungslegung und Regulierungstheorie, S. 99.

Lieferanten aber eher unwahrscheinlich ist,[166] greifen **verhandlungsschwache Finanzgläubiger**, bspw. Investoren von Forderungstiteln, auf derartige Informationen zurück. Eine Rechnungslegung, die an der **Entscheidungsunterstützungsfunktion** ausgerichtet ist, ließe sich auf Basis der Schutzbedürftigkeit für verhandlungschwache Gläubiger rechtfertigen, zumal ggf. auch ein **Funktionenschutz des Kapitalmarkts** durch die normierte Informationsversorgung sichergestellt wird.[167] Wegen der Bedeutung der Hausbanken für nichtkapitalmarktorientierte Unternehmen in Deutschland kommt verhandlungsschwachen Finanzgläubigern (am Kapitalmarkt) eine untergeordnete Bedeutung zu.[168] Nicht zuletzt wegen der konzeptionellen Zweifel ergibt sich kein hinreichender Grund, um auf Basis des Werturteils zur Schutzbedürftigkeit der Gläubiger die **Normierung der Rechnungslegung anhand der Entscheidungsunterstützungsfunktion** zu rechtfertigen.[169]

223.32 Kontroll- bzw. Rechenschaftsfunktion gegen nachvertragliche informationsbedingte Gläubigerrisiken

Die **Kontroll- bzw. Rechenschaftsfunktion** dient dem Abbau nachvertraglicher informationsbedingter Gläubigerrisiken. Hierdurch wird es dem Gläubiger ermöglicht, die Verwendung des überlassenen Kapitals zu überprüfen und damit opportunistisches Verhalten des Kapitalnehmers aufzudecken.[170] Die **Kontrolle des Kapitalnehmers** hat bei

---

165 Vgl. WATRIN, C., Internationale Rechnungslegung und Regulierungstheorie, S. 98; RICHARD, M., Kapitalschutz der Aktiengesellschaft, S. 204.

166 So auch SCHNEIDER, D., Betriebswirtschaftslehre, Band 2: Rechnungswesen, S. 391; KÜBLER, F., Vorsichtsprinzip versus Kapitalmarktinformation („*Und es ist gewiß nicht zu wünschen, dass der zur Abdichtung gerufene Klempner auf der Vorlage des Jahresabschlusses besteht, bevor er zur Zange greift*"); JANSSEN, J., Rechnungslegung im Mittelstand, S. 95 f.

167 Vgl. BAETGE, J./THIELE, S., Gesellschafterschutz versus Gläubigerschutz, S. 12; , STREIM, H./ BIEKER, M./ESSER, M., Der schleichende Abschied von der Ausschüttungsbilanz, S. 231.

168 So auch KfW BANKENGRUPPE (HRSG.), Unternehmensbefragung 2009, S. 42 („*Aufgrund der [...] ausgeprägten Bankenorientierung spielen Bankkredite bei der Unternehmensfinanzierung eine herausragende Rolle*"); BALLWIESER, W., Amerikanische Rechnungslegung, S. 27; ZÜLCH, H./GÜTH, S., Internationalisierung der Rechnungslegung, S. 502.

169 So auch KAHLE, H., Internationale Rechnungslegung, S. 135 f. Dies schließt aber nicht aus, dass ergänzende Anhangangaben bspw. entscheidungsrelevant sein können. Aufgrund der Fokussierung in dieser Arbeit auf Ansatz- und Bewertungsvorschriften bleibt dies aber ausgeklammert.

170 So bereits LEFFSON, U., Die Grundsätze ordnungsmäßiger Buchführung, S. 64 („*Offenlegung der Verwendung anvertrauten Kapitals*"); ähnlich COENENBERG, A./STRAUB, B., Rechenschaft versus Entscheidungsunterstützung, S. 17 („*Informationsbedürfnis der Kapitalgeber*").

Kapitel 2: Ökonomische Grundüberlegungen zum geltenden Kapitalerhaltungsregime in Deutschland

nichtkapitalmarktorientierten Unternehmen durch die Einheit von Eigentum und Leitung eine **äußerst wichtige Bedeutung**. Im Gegensatz zur Entscheidungsunterstützungsfunktion richtet sich die Rechenschaftsfunktion (*stewardship*) an gegenwärtige und nicht an potenzielle Gläubiger. Die *ex post*-Kontrolle führt auch zu einer Wirkung *ex ante*, denn durch die Antizipation der Kontrolle des Gläubigers wird der Kapitalnehmer dazu veranlasst, diesen wahrheitsgetreu vor Begründung der Kapitalüberlassung zu informieren.[171] Der Gläubiger wird die geschätzte Insolvenzwahrscheinlichkeit mit *ex post* realisierten Zielgrößen abgleichen und nach möglichen Ursachen suchen.[172] Schnittmengen zwischen Kontroll- und Entscheidungsunterstützungsfunktion sind evident.[173]

Ein besonderes Problem ist darin zu sehen, dass der Fokus der Kontrollfunktion auf der **Aufdeckung nachvertraglichen opportunistischen Verhaltens** aus der Unterwanderung der Teilungsregel liegt, indem die realisierten Zahlungsströme aus den wirtschaftlichen Entscheidungen des Kapitalnehmers falsch ausgewiesen werden. Dies liegt daran, dass der Kapitalgeber weder die exogen eingetretenen Umweltlagen noch deren Einfluss auf die Zahlungsströme beobachten kann. Sofern diese Probleme mit vorvertraglichen informationsbedingten Gläubigerrisiken kombiniert werden und der Gläubiger somit nicht sämtliche Entscheidungsalternativen und/oder Umweltlagen kennt, sollten kontrollorientierte Informationssignale sowohl Rückschlüsse auf die eingetretene Umweltlage als auch auf die Entscheidungen des Kapitalnehmers und deren Einfluss auf die realisierten Zahlungsströme zulassen, um opportunistische Handlungen *ex post* zu offenbaren. Diese Separierung in endogene und exogene Einflussfaktoren ist aber äußerst schwierig. **Weder** eine **Kapitalflussrechnung** noch **rechnungslegungsbasierte Zielgrößen** können eine **unmittelbare Wirkung als Kontrollinformation** entfalten. Bei der Rechnungslegung als Infor-

---

171 Vgl. DYCKMAN, T./GIBBINS, M./SWIERINGA, R., Experimental and survey research, S. 303 („*useful check on the accuracy*").
172 Vgl. BAETGE, J., Möglichkeiten der Objektivierung, S. 32; BALLWIESER, W., Ergebnisse der Informationsökonomie, S. 34 („*Grundlage für eine Entscheidungsverbesserung*").
173 Vgl. LEFFSON, U., Die Grundsätze ordnungsmäßiger Buchführung, S. 63 („*Rechenschaft umfasst Retrospektive und Prospektive*"); BALLWIESER, W., Nutzen handelsrechtlicher Rechnungslegung, S. 18 („*[...] Abrechnung über eine vergangene Periode dient [...] nur dazu, Prognosen über zukünftige Sachverhalte zu erlauben*"); HETTICH, S., Zweckadäquate Gewinnermittlungsregeln, S. 12; COENENBERG, A./STRAUB, B., Rechenschaft versus Entscheidungsunterstützung, S. 18 („*Eingang in das Entscheidungskalkül der Unternehmensführung*"). Die Kontrollfunktion wird im Schrifttum daher auch der Entscheidungsunterstützung zugerechnet.

mationssystem werden die Ein- und Auszahlungen der Periode nicht unmittelbar ersichtlich, was c. p. für die **Kapitalflussrechnung** als Schutzinstitution spräche, damit die Teilungsregel nicht unterwandert wird.[174] Da aber nicht alle Entscheidungen des Kapitalnehmers auch unmittelbare Zahlungsströme auslösen, sind aus einer Kapitalflussrechnung nicht die wirtschaftlichen Teilkonsequenzen aus Entscheidungen **ohne Zahlungswirkung** (z. B. Drohverluste) ersichtlich. Diese sind insofern zwar prospektiv ausgerichtet, da die Zahlungswirkung erst künftig eintreten wird, aber sie sind für Kontrollzwecke ebenso bedeutsam, denn auch hierin kann eine künftige Unterwanderung der Teilungsregel liegen. Kontrollinformationen sind daher nicht rein vergangenheitsorientiert.[175]

Um zumindest als mittelbarer Indikator für Reichtumsverlagerungen *ex post* zu dienen, müssen die Rechnungslegungsvorschriften **glaubwürdig** sein.[176] Sie sollten daher objektiviert und damit möglichst **frei von subjektivem Ermessen des Kapitalnehmers** ausgestaltet sein.[177] Zudem ist für einen **Vergleich der Soll-Vorgaben** (Erwartungen) mit den Ist-Zielbeiträgen die **Vergleichbarkeit der Informationen** von hoher Bedeutung.[178] Im Vergleich zur Entscheidungsunterstützung verliert der Konflikt zwischen **Zukunftsorientierung** und **Glaubwürdigkeit** bzw. Objektivierungsstrenge an Schärfe. Trotz der Rückkopplung als Kontrollinstrument für die in der **Vergangenheit** getroffenen Entscheidungen lassen sich auch rechnungslegungsbasierte Kontrollinformationen nicht ohne Schätzspielräume erstellen.[179] Dies dürfte an o. g. Beispiel der Drohverlustrückstellungen deutlich werden. Für Kontrollzwecke ist der Einfluss **systematischer Verzerrungen** auf die quantitativen Informationssignale insofern zu verhindern, als diese ihre Indikator-

---

[174] Vgl. zur Bedeutung der Kapitalflussrechnung als Kontrollinstrument FRANKEN, L., Gläubigerschutz durch Rechnungslegung, S. 238-241 (für die US-GAAP).

[175] So auch STREIM, H., Die Vermittlung entscheidungsnützlicher Informationen, S. 115.

[176] Vgl. STREIM, H./BIEKER, M./ESSER, M., Der schleichende Abschied von der Ausschüttungsbilanz, S. 241 (*„Eine Verifizierung über Jahresabschlussinformationen ist jedoch nur dann möglich, wenn die Kontrollgrößen selber als nicht unglaubwürdig eingestuft werden"*).

[177] So auch BAETGE, J., Möglichkeiten der Objektivierung, S. 22; SCHNEIDER, D., Wettbewerb als Verwertung von Wissen, S. 39 (*„Rechenschaft über finanzielle Sachverhalte verlangt Ehrlichkeit in der Wissensübertragung durch wahlrechtsfreie Rechnungslegung"*).

[178] Vgl. BALLWIESER, W., Amerikanische Rechnungslegung, S. 30; COENENBERG, A./STRAUB, B., Rechenschaft versus Entscheidungsunterstützung, S. 19.

[179] So auch FRANKE, G./HAX, H., Finanzwirtschaft des Unternehmens, S. 497; WOLZ, M./JANSSEN, J., Ist der fair value fair zum Mittelstand, S. 596.

funktion für die eingetretene Umweltlage und die wirtschaftlichen Entscheidungen des Kapitalnehmers verlieren können. Dies betrifft insbesondere die Reichweite des **Vorsichtsprinzips**. In aller Regel führt die vorsichtige Bewertung bis zu einem gewissen Grad zwar zur Steigerung der Zuverlässigkeit.[180] Mit der **Rechenschaftsfunktion unvereinbar** ist aber die **willkürliche Bildung stiller Reserven**.[181] Als verlässlicher Bewertungsmaßstab gelten vor allem die Anschaffungs- und Herstellungskosten.[182] Die umfassende Bewertung zum *fair value* ist für Kontrollzwecke kritisch zu sehen.[183] Hierdurch wird der **Einfluss unkontrollierbarer Faktoren** auf die Informationssignale, die nicht aus den Dispositionen der Kapitalnehmer resultieren, evident erhöht.[184] Zudem ist mangels liquider Märkte für den Großteil der Bilanzposten zumeist auf Bewertungsverfahren zurückzuführen, welche nicht den zur Sicherstellung der Rechenschaftsfunktion geforderten **Grad an Objektivierung durch die umfassenden Ermessensspielräume des Kapitalnehmers** erfüllen.[185] Für die Kontrollfunktion ist des Weiteren die **Gliederungstiefe** des Abschlusses (z. B. bei den Erfolgsbeiträgen) von Bedeutung. **Qualitative Informationen** sind wie bei der Entscheidungsunterstützung zusätzlich dienlich.[186]

Die Vorteile des normierten Informationssystem „Rechnungslegung" gegenüber einzelvertraglichen Berichtspflichten (*reporting covenants*)[187] liegen primär in der Generierung von Netzwerkeffekten für Kapitalnehmer und Gläubiger und der höheren Glaubwürdigkeit der Kontrollinformationen durch die gesetzliche Normierung, was zur Reduzierung der Infomationsverarbeitungs- und -durchsetzungskosten führt (**Senkung der Transak-**

---

[180] Vor diesem Hintergrund kann das Vorsichtsprinzip durchaus als Bestandteil einer optimalen Rechnungslegung für Rechenschaftszwecke angesehen werden. Vgl. WAGENHOFER, A./EWERT, R., Externe Unternehmensrechnung, S. 155.

[181] Vgl. umfassend SCHNEIDER, D., Betriebswirtschaftslehre, Band 2: Rechnungswesen, S. 194-200.

[182] Vgl. BAETGE, J., Möglichkeiten der Objektivierung, S. 21; ebenfalls DYCKMAN, T./GIBBINS, M./SWIERINGA, R., Experimental and survey research, S. 308.

[183] So auch KAHLE, H., Internationale Rechnungslegung, S. 48 f.; COENENBERG, A./STRAUB, B., Rechenschaft versus Entscheidungsunterstützung, S. 20.

[184] Vgl. STREIM, H./BIEKER, M./ESSER, M., Fair Value-Accounting, S. 476; WAGENHOFER, A./EWERT, R., Externe Unternehmensrechnung, S. 171.

[185] Vgl. STREIM, H./BIEKER, M./ESSER, M., Der schleichende Abschied von der Ausschüttungsbilanz, S. 241 (*„Errechnete Fair Values sind [...] als Kontrollinformationen ungeeignet"*).

[186] So bereits STÜTZEL, W., Anmerkungen zur Bilanztheorie, S. 334.

[187] Vgl. WATRIN, C., Internationale Rechnungslegung und Regulierungstheorie, S. 96 f.

Abschnitt 22: Rechnungslegung als Schutzinstitution gegen fremdfinanzierungsbedingte agency-Konflikte

tionskosten). Eine zwingende Schutzbedürftigkeit und damit die Notwendigkeit der gesetzlichen Regulierung auf Basis des o. g. Werturteils ergibt sich aus Sicht der **verhandlungsstarken Gläubiger** aber nicht, da diese im Stande sind, *reporting covenants* einzelvertraglich zu vereinbaren. Ob und inwiefern die geringeren Transaktionskosten die Nachteile der fehlenden Passgenauigkeit für die individuellen Präferenzen des Kapitalgebers aufwiegen und somit die Rechnungslegung für verhandlungsstarke Gläubiger eine **einzelvertragssubstituierende Lückenschließungsfunktion** einnimmt, lässt sich durch empirische Ergebnisse zur Kontrollfunktion aus Gläubigersicht skizzenhaft prüfen.[188] Für die **verhandlungsschwachen Gläubiger** wie Kunden und Lieferanten hat die Kontrollfunktion der Rechnungslegung insofern Bedeutung, als andere individuelle Vereinbarungen zu kostenintensiv bzw. nicht durchsetzbar sind.[189] Sofern diese Gläubiger die fehlenden Kontrollmöglichkeiten antizipieren, werden sie keine Kapitalüberlassung eingehen. Die verhandlungsschwachen Gläubiger sind zwar auch an normierten Informationen zur Entscheidungsunterstützung interessiert.[190] Dies lässt sich vielversprechender durch **qualitative Informationen**, bspw. im Anhang des Jahresabschlusses, umsetzen als durch einwertige Ansatz- und Bewertungsvorschriften. Zudem dienen auch - wie dargestellt - die Kontrollinformationen als Grundlage für künftige Entscheidungssituationen, indem zumindest die in der Vergangenheit getroffenen Dispositionen des Kapitalnehmers als Bestandteil der Erwartungsbildung herangezogen werden. Für die **Deliktgläubiger** kann die Kontrollfunktion ebenfalls zur Aufdeckung opportunistischen Verhaltens führen und helfen, Schadensersatzansprüche zu begründen.[191] Die **Normierung der Rechnungslegung** ist für **Kontrollzwecke** mit der **Schutzbedürftigkeit** der **verhandlungsschwachen Gläubiger** und der **Deliktgläubiger** zu rechtfertigen. Ein rein informationeller Gläubigerschutz hilft aber insofern für diese Gläubiger wenig, als die **Kontrollfunktion keinen Schutz gegen investitions- und finanzierungsbedingte Gläubigerrisiken** bietet und die isolierte Reichweite kontrollorientierter Rechnungslegungsinformationen begrenzt bleibt. Nachfolgend sind die bisherigen Hypothesen zu

---

188 Vgl. hierzu Abschnitt 223.33.
189 Vgl. WATRIN, C., Internationale Rechnungslegung und Regulierungstheorie, S. 98 f.
190 Vgl. hierzu Abschnitt 223.31.
191 Vgl. WATRIN, C., Internationale Rechnungslegung und Regulierungstheorie, S. 99.

potenziellen Netzwerkeffekten eines standardisierten Informationssystems „Rechnungslegung" durch empirische Evidenz zu plausibilisieren.

223.33 Empirische Evidenz zur Bedeutung der Entscheidungsunterstützungs- und Kontrollfunktion aus Gläubigersicht

Zur Bedeutung von Rechnungslegungsinformationen und deren Anforderungen aus Gläubigersicht wurden in den vergangenen Jahren mit Fokus auf SMEs in Deutschland eine Reihe empirischer Untersuchungen durchgesucht. Mit Ausnahme der Studie von MARTEN ET AL. wurden **Vertreter von Kreditinstituten** befragt (vgl. *Übersicht 2-10*).

Für die **Schätzung der Insolvenzwahrscheinlichkeit** wenden Kreditinstitute **Ratingverfahren** an, die nicht nur **qualitative** (Marktumfeld, Managementqualität, Produkte, Strategie und Planung), sondern auch **quantitative Merkmale** (Jahresabschlusskennzahlen) heranziehen und diese in einer **Ratingnote** zusammenführen. Diese drückt die **Schätzung der künftigen Insolvenzwahrscheinlichkeit** aus.[192] Ein solches Vorgehen scheint zunächst der o. g. Hypothese zu widersprechen, wonach Rechnungslegungsinformationen zur Entscheidungsunterstützung für die Gläubiger wenig prognose- und damit entscheidungsrelevant seien.[193] Wenn die o. g. Hypothese nicht zuträfe, müssten Kreditinstitute folglich an Rechnungslegungsinformationen aus IFRS- oder US-GAAP-Abschlüssen interessiert sein, deren **explizites Ziel** in der **Vermittlung entscheidungsnützlicher Informationen** für Kapitalgeber besteht.[194] Allein die Standardisierung der Prognoseinformation müsste zu **sinkenden Fremdkapitalkosten** führen.[195]

---

192 Vgl. ZÜLCH, H./GÜTH, S., Internationalisierung der Rechnungslegung, S. 503; zur Funktionsweise der Ratingverfahren BDI/BDB/E & Y (HRSG.), Umstellung der Rechnungslegung, S. 12-17; HOFMANN, B., Die Ausgestaltung des bankinternen Ratingverfahrens, S. 651-680.

193 Vgl. Abschnitt 223.31.

194 Vgl. hierzu Abschnitt 32. Die IFRS sind zwar an den Informationsbedürfnissen der Eigenkapitalgeber ausgerichtet. Für Zwecke der Entscheidungsunterstützung kann aber unterstellt werden, dass die Informationsbedürfnisse mit den Gläubigern übereinstimmen. So auch BAETGE, J./THIELE, S., Gesellschafterschutz versus Gläubigerschutz. S. 17 („*[D]ieses Informationsinteresse [der Gläubiger] ist eine Teilmenge des [...] Informationsinteresses der Anteilseigner*"); STREIM, H./ BIEKER, M./LEIPPE, B., Anmerkungen zur theoretischen Fundierung, S. 179.

195 Vgl. DASKE, H., Internationale Rechnungslegung und Kapitalkosten, S. 456 f.

Autoren	Umfrage-zeitpunkt	Untersuchungsgesamtheit	Rücklaufquote	Ergebnisse zur Rechnungslegung im Rahmen der Kapitalüberlassung aus Sicht der Befragten
FREIDANK, C.-C. / PAETZMANN, K., Auswahl und Einsatz	Mai - Juni 2002	432 Verantwortliche deutscher Kreditinstitute	28%	Deutlich stärkere Bedeutung des HGB-Abschlusses für Kreditvergabe als IFRS-/US-GAAP-Abschluss; ebenfalls hohe Bedeutung der Kapitalflussrechnung
MARTEN, K.-U. ET AL., Rechnungslegung nach IAS	Juli 2002	ca. 1.200 Mitglieder der Deutschen Vereinigung für Finanzanalyse und Asset Management	13%	Senkung der Fremdkapitalkosten durch Umstellung von HGB auf IFRS von 40% der Befragten erwartet; starke Bedeutung der Kapitalflussrechnung betont
OEHLER, R., Auswirkungen einer IAS/IFRS-Umstellung bei KMU	Januar - Februar 2005	250 Kreditinstitute aus der Datenbank des Bundesverbands deutscher Banken	12%	Keine langfristige Verbesserung der Fremdkapitalkosten durch Umstellung von HGB auf IFRS; HGB-Rechnungslegung gegenüber IFRS tendenziell bevorzugt (Objektivierungsstrenge)
ZÜLCH, H. / LÖW, E., IFRS und HGB in der Praxis	Juni - Juli 2007	2.430 Mitarbeiter aus 1.544 repräsentativ ausgewählten deutschen Kreditinstituten	11%	Hohe Bedeutung von Rechnungslegungsinformationen und Informationen aus Kapitalflussrechnung; keine Senkung der Fremdkapitalkosten durch IFRS-Umstellung
DRSC (HRSG.) / HALLER, A./ LÖFFELMANN, J., Rechnungslegung aus Sicht von Kreditinstituten	Mai - Juli 2008	59 Mitarbeiter aus 32 für die Bankensektoren repräsentativ ausgewählten deutschen Kreditinstituten	100% (persönliche Befragung)	Hohe Bedeutung von Rechnungslegungsinformationen; Forderung nach objektivierten Normen ohne implizite und explizite Ermessensspielräume; keine Senkung der Fremdkapitalkosten durch IFRS-Umstellung

Übersicht 2-10: Empirische Studien zur Bedeutung der Rechnungslegung aus Gläubigersicht

Kapitel 2: Ökonomische Grundüberlegungen zum geltenden Kapitalerhaltungsregime in Deutschland

Zunächst lässt sich aus der Berücksichtigung quantitativer Jahresabschlussgrößen zur Schätzung der Insolvenzwahrscheinlichkeit nicht der zwingende Schluss ziehen, dass dies eine Ausrichtung an der Entscheidungsunterstützungsfunktion erforderlich macht, zumal den Ratingverfahren kein hypothesengestütztes Prognosemodell im o. g. Sinne zugrunde liegt.[196] Die Anwendung der Ratingverfahren setzt voraus, dass die Jahresabschlussgrößen vergleichbar sind, was wiederum eine hinreichende **Glaubwürdigkeit und Objektivierung** erforderlich macht.[197] Nur dann ist ein **Analogieschluss** der aus statisch-mathematischen Verfahren gewonnenen Erkenntnisse zum Zusammenhang zwischen quantitativen Abschlussausprägungen und Insolvenzwahrscheinlichkeit auf die **individuelle Insolvenzwahrscheinlichkeit des Abschlusserstellers** möglich.[198] Durch die hohe Bedeutung der Objektivierungsrestriktionen und der damit verbundenen stärkeren Vergangenheitsorientierung erlaubt die quantitative Ratingkomponente eine Einschätzung, wie der Kapitalnehmer mit den von ihm anvertrauten Ressourcen in der Vergangenheit umgegangen ist, um hieraus - in Verbindung mit den prospektiv ausgerichteten qualitativen Ratingfaktoren zu den künftigen Umweltlagen und der wirschaftlichen Entwicklung des Kapitalnehmers - eine prospektive Insolvenzwahrscheinlichkeit herzuleiten.[199] Insofern ergibt sich aus der Anwendung der Jahresabschlussgrößen für Ratingzwecke nicht die zwingende Notwendigkeit einer an der Entscheidungsunterstützung ausgerichteten Rechnungslegung. Dies entspricht den Ergebnissen ökonometrischer Untersuchungen zur Prognosegüte von Abschlussgrößen zur Bemessung der **Insolvenzwahrscheinlichkeit**. So ließ sich empirisch nachweisen, dass **HGB-Abschlüsse**, deren Zweck in der Rechenschaft und der Kapitalerhaltung liegt,[200] **weniger Fehlklassifikationen bei der**

---

196 Kritisch zur Prognose der Insolvenzwahrscheinlichkeit durch Rechnungslegungsinformationen SCHNEIDER, D., Betriebswirtschaftslehre, Band 2: Rechnungswesen, S. 228; BALLWIESER, W., Nutzen handelsrechtlicher Rechnungslegung, S. 16 („*Zwar läßt sich die Prognoseeignung bestimmter [...] Kennzahlen nicht übersehen, doch fehlt ihnen eine theoretische Grundlage, so daß die Bedingungen für ihre Treffsicherheit unbekannt sind*").

197 Vgl. ZÜLCH, H./GÜTH, S., Internationalisierung der Rechnungslegung, S. 504; ebenfalls BAETGE, J., Aktuelle Ergebnisse der empirischen Insolvenzforschung, S. 108.

198 Vgl. zu den eingesetzten statisch-mathematischen Verfahren umfassend BAETGE, J., Möglichkeiten der Früherkennung, S. 795-811; BAETGE, J., Aktuelle Ergebnisse der empirischen Insolvenzforschung, S. 111-120.

199 Vgl. hierzu auch BAETGE, J., Aktuelle Ergebnisse der empirischen Insolvenzforschung, S. 108.

200 Vgl. hierzu die Ausführungen in Abschnitt 233.

Insolvenzprognose verursachen als US-GAAP-Abschlüsse.[201] Es liegt nahe, dass die **Rechnungslegung für Kontrollzwecke**, d. h. zur Überprüfung der dem Kapitalnehmer anvertrauten Ressourcen, auszugestalten ist und diese eine prospektive Komponente im Sinne der *ex ante*-Disziplinierung zur glaubwürdigen Darstellung der Informationen durch den Kapitalnehmer aufweist.[202]

Die **empirische Evidenz** macht die **hohe Bedeutung der Rechnungslegung** als Schutzinstitution für deutsche Banken deutlich.[203] **Rechnungslegungsinformationen** dienen wegen ihrer Vergleichbarkeit als **wesentliche Informationsquelle**, so dass diesen eine **Lückenschließungsfunktion** beigemessen werden kann. Hinweise zur Notwendigkeit einer prognoseorientierten Ausgestaltung lassen die Ergebnisse aber nicht zu. Vielmehr ist das Ergebnis der Mehrzahl der Untersuchungen, dass die **Wahl des Rechnungslegungssystems keinen Einfluss auf die geschätzte Insolvenzwahrscheinlichkeit** hat. So führt die IFRS-Anwendung nach Meinung der Befragten nicht zu einer **besseren Ratingnote** und damit **günstigeren Kreditkonditionen** als bei einem HGB-Abschluss.[204] Die Studien machen darüber hinaus deutlich, dass die Rechnungslegung eine hohe Bedeutung für die Kapitalüberlassungsentscheidung einnimmt.[205] Die Banken verlangen **vergleichbare, glaubwürdige und damit vergangenheitsorientierte Informationen**. Zur Sicherstellung der Glaubwürdigkeit sind **Ansatz- und Bewertungsvorschriften mit wenigen Wahlrechten und Ermessensspielräumen** entscheidend.[206] In Ergänzung zur Rechnungs-

---

201 Vgl. BAETGE, J., Rechnungslegungskonzeptionen, S. 39.
202 So auch DRSC (HRSG.)/HALLER, A./LÖFFELMANN, J., Rechnungslegung aus Sicht von Kreditinstituten, S. 10 („[...] gaben die Interviewteilnehmer an, aus den vergangenheitsorientierten Daten [...] Szenarien für den zukünftigen Finanzierungsbedarf und die Risikolage des Kunden abzuleiten").
203 Vgl. FREIDANK, C.-C./ PAETZMANN, K., Auswahl und Einsatz, S. 1787; OEHLER, R., Auswirkungen einer IAS/IFRS-Umstellung bei KMU, S. 175; DRSC (HRSG.)/HALLER, A./LÖFFELMANN, J., Rechnungslegung aus Sicht von Kreditinstituten, S. 11; ZÜLCH, H./LÖW, E., IFRS und HGB in der Praxis, S. 27 f.
204 Vgl. u. a. DRSC (HRSG.)/HALLER, A./LÖFFELMANN, J., Rechnungslegung aus Sicht von Kreditinstituten, S. 24; ZÜLCH, H./LÖW, E., IFRS und HGB in der Praxis, S. 41-43. Eine Ausnahme hiervon sind die Ergebnisse bei MARTEN, K.-U./SCHLERETH, D./CRRAMPTON, A./KÖHLER, A., Rechnungslegung nach IAS, S. 2010 (aus Sicht der Eigenkapitalgeber); zumindest kurzfristige Verbesserungen sieht OEHLER, R., Auswirkungen einer IAS/IFRS-Umstellung bei KMU, S. 176.
205 Vgl. FREIDANK, C.-C./PAETZMANN, K., Auswahl und Einsatz, S. 1786.
206 Vgl. OEHLER, R., Auswirkungen einer IAS/IFRS-Umstellung bei KMU, S. 172-175; DRSC (HRSG.)/HALLER, A./LÖFFELMANN, J., Rechnungslegung aus Sicht von Kreditinstituten, S. 25.

Kapitel 2: Ökonomische Grundüberlegungen zum geltenden Kapitalerhaltungsregime in Deutschland

legung nimmt auch die **Kapitalflussrechnung** eine hohe Bedeutung ein.[207] Dies bestätigt die begrenzte Reichweite der Rechnungslegung auch als kontrollorientierte Schutzinstitution. Durch die Vergangenheitsorientierung werden zusätzlich **Planungsrechnungen** und **qualitative Informationen** eingefordert.[208] Aufgrund der Netzwerkeffekte dürfte eine kontrollorientierte **Rechnungslegung** *reporting covenants* teilweise effizient ergänzen.

Einschränkend ist zu betonen, dass IFRS-Kenntnisse bei den befragten Banken limitiert waren und die Ergebnisse ggf. auf verzerrten Wahrnehmungen basieren können.[209] Indes wurden in einer **internationalen Kapitalmarktstudie** bei Fondsmanagern und Finanzanalysten die o. g. Befunde dergestalt bestätigt, dass die Rechnungslegung wegen ihrer Glaubwürdigkeit eine Bedeutung **für Kontrollzwecke** aufweisen, indem sie die Ausführungen des Kapitalnehmers plausibilisieren.[210] Eindeutig **positive Effekte** zu Kapitalkosten oder eine stärkere *value relevance*[211] durch die Umstellung auf (an der Entscheidungsunterstützung ausgerichteten) IFRS bzw. US-GAAP in Relation zum HGB konnten bisher nicht ermittelt werden.[212] Zudem wäre zu untersuchen, ob dies auf die internationale

---

207 Vgl. u. a. MARTEN, K.-U./SCHLERETH, D./CRRAMPTON, A./KÖHLER, A., Rechnungslegung nach IAS, S. 2009; FREIDANK, C.-C./ PAETZMANN, K., Auswahl und Einsatz, S. 1787; ZÜLCH, H./LÖW, E., IFRS und HGB in der Praxis, S. 25.

208 Vgl. FREIDANK, C.-C./PAETZMANN, K., Auswahl und Einsatz, S. 1787 f.; DRSC (HRSG.)/ HALLER, A./LÖFFELMANN, J., Rechnungslegung aus Sicht von Kreditinstituten, S. 10.

209 Vgl. ZÜLCH, H./GÜTH, S., Internationalisierung der Rechnungslegung, S. 506.

210 Vgl. hierzu BARKER, R., The market for information, S. 16 f.; BARKER, R., The role of dividends, S. 213 f. („*The uncertainty in forecasting future outcomes causes both analysts and fund managers to perceive their own assessment of company management to be at the heart of investment decision-making*").

211 Die *value relevance* ist ein Indikator für die Entscheidungsrelevanz und drückt die Korrelation des bilanziellen Reinvermögens mit der Marktkapitalisierung bzw. des Jahresüberschusses mit der Aktienkursrendite aus. Vgl. WAGENHOFER, A./EWERT, R., Externe Unternehmensrechnung, S. 106.

212 Vgl. zum fehlenden Nachweis der Kapitalkosteneffekte BALLWIESER, W., Konzernrechnungslegung und Netzwerkeffekte, S. 646; KAHLE, H., IAS im Einzel- und Konzernabschluss, S. 266; DASKE, H., Internationale Rechnungslegung und Kapitalkosten, S. 430 („*[...] keine Kapitalkosteneffekte aus der Anwendung internationaler Rechnungslegungsstandards nachgewiesen*"); zum empirischen Nachweis einer bestenfalls gleichwertigen Entscheidungsnützlichkeit der IFRS bzw. US-GAAP mit dem HGB u. a. AUER, K., Der Einfluss des Wechsels („*Aufgrund dieser Ergebnisse kann demnach auch nicht unterstellt werden, dass die decision usefulness von Jahresabschlüssen auf Basis der US-GAAP oder der IAS generell höher ist [...]*"); MÖLLER, H./HÜFNER, B./KAVERMANN, M., Zur Aktienmarktentwicklung, S. 839; HARRIS, T./LANG, M./MÖLLER, H., Zur Relevanz der Jahresabschlussgrößen, S. 1026 („*[Es] kann festgestellt werden, daß jahresabschlußorientierte Maße für das Eigenkapital und den Erfolg in Deutschland wie in den USA trotz der unterschiedlichen Rechnungslegungssysteme eine bedeutende Information [...] darstellen*").

Vergleichbarkeit (**Netzwerkeffekte**) oder die Ausrichtung an der *decision usefulness* zurückzuführen ist.[213] Es ist zu schlussfolgern, „*[...] that financial statements appear to be [...] of limited value in making investment decisions. First, investors and analysts tend to consider nonfinancial statement factors to be relatively more important in making decitions. [...] Second, it is not clear that the use of financial statements leads to either better forecasts or better decisions.*"[214]

223.4 Institutioneller Gläubigerschutz (Schutz gegen investitions- und finanzierungsbedingte Gläubigerrisiken)

223.41 Ausschüttungsbemessungsfunktion gegen finanzierungs- und investitionsbedingte Gläubigerrisiken

Aus Gläubigersicht nimmt der informationelle Gläubigerschutz im Sinne **kontrollorientierter Rechnungslegungsinformationen** mit seiner *ex post-* und seiner (eingeschränkten) *ex ante-*Wirkung zwar eine hohe Bedeutung ein. Die Übermittlung von Kontrollinformationen hilft dem Kapitalgeber wenig weiter, da der Kapitalnehmer aufgrund fehlender vertraglicher Konditionierung c. p. finanzierungs- und investitionsbedingte Gläubigerrisiken eingehen kann. Es ist daher von Bedeutung, welchen Beitrag die **Konditionierung von Handlungsrestriktionen auf Basis normierter Rechnungslegungsinformationen** als Schutzinstitution gegen finanzierungs-/investitionsbedingte Gläubigerrisiken leisten kann (**institutioneller Gläubigerschutz**). Da mit einem derartigen institutionellen Gläubigerschutz zugleich eine Informationsübermittlung und damit eine Reduzierung (primär nachvertraglicher) informationsbedingter Gläubigerrisiken verbunden sein kann, ist die Kompatibilität mit den Anforderungen an kontrollorientierte Rechnungslegungsinformationen zu analysieren.[215]

Die Rechnungslegung kann als normierte Grundlage für die **Konditionierung von Handlungsrestriktionen** in Form von **Ausschüttungsrestriktionen** dienen. Im Sinne der generellen Zielsetzung von Schutzinstitutionen[216] besteht der **Schutzzweck einer derar-**

---

213 So auch MANDLER, U., Der deutsche Mittelstand, S. 78.
214 DYCKMAN, T./GIBBINS, M./SWIERINGA, R., Experimental and survey research, S. 303.
215 So im Ergebnis auch BALLWIESER, W., Zur Begründbarkeit informationsorientierter Jahresabschlussverbesserungen, S. 773.
216 Vgl. hierzu Abschnitt 222.2

tigen **Ausschüttungsbemessungsfunktion** darin zu verhindern, dass die Insolvenzwahrscheinlichkeit in Folge finanzierungsbedingter (bilanzverkürzender und fremdfinanzierungsbedingter) **Gläubigerrisiken** über den **Ursprungswert bei Begründung der Kapitalüberlassung** ansteigt.[217] Letztlich handelt es sich um eine *agency*-induzierte **Insolvenzprophylaxe**. Dazu muss **prospektiv** verhindert werden, dass Liquidität an den Gesellschafter ausgeschüttet wird, die auf Basis des ursprünglichen Konfidenzniveaus bei Abschluss der Kapitalüberlassung für die Befriedigung der Gläubigeransprüche in der aktuellen und den künftigen Perioden noch benötigt wird. Durch die Festlegung der Ausschüttungsrestriktion ergeben sich **sekundäre Effekte** auf die **investitionsbedingten Gläubigerrisiken**, da diese als **Mindestinvestitionsverpflichtung** für die kommenden Perioden wirkt.[218] Eine besondere Schwierigkeit besteht darin, den Schutzbeitrag der Ausschüttungsbemessungsfunktion auf die Verhinderung finanzierungs- und investitionsbedingter Gläubigerrisiken zu begrenzen. Beispielsweise ist die Begrenzung von Ausschüttungen in Folge von *ex post*-Überraschungen und dem dadurch induzierten Anstieg der Insolvenzwahrscheinlichkeit über den **Ursprungswert** nicht zwingend, da dies der Kapitalnehmer nicht zu verantworten hat.[219] Letztlich ist aber die exakte partialanalytische Trennung der Einflussfaktoren auf die Veränderung der Insolvenzwahrscheinlichkeit über den Ursprungswert nicht zu bewerkstelligen, zumal i. d. R. zusätzlich **vor- und nachvertragliche informationsbedingte Gläubigerrisiken** vorliegen.

Die **Ausschüttungsbemessungsfunktion** der Rechnungslegung als **spezifische Ausschüttungsrestriktion** basiert auf **zwei Komponenten**. Die Rechnungslegung liefert die **Bemessungsgrundlage** in Form der Residualgröße „Gewinn", an der die Konditionierung der Handlungsrestriktion ansetzen kann. Die eigentliche Restriktion in einer ein-

---

[217] So bzw. in ähnlicher Form u. a. SCHNEIDER, D., Betriebswirtschaftslehre, Band 2: Rechnungswesen, S. 114 („*hinreichend begrenzt*"); RAMMERT, S., Erhaltung der Kapitalerhaltung, S. 582 f.; ENGERT, A., Solvenzanforderungen als gesetzliche Ausschüttungssperre, S. 301; PELLENS, B./CRASSELT, N./SELLHORN, T., Solvenztest zur Ausschüttungsbemessung, S. 269; kritisch aber zur exakten Messbarkeit auf Basis der Rechnungslegung WÜSTEMANN, J./BISCHOF, J., Eigenkapital im nationalen und internationalen Bilanzrecht, S. 216-218.

[218] Gerade die investitionsbedingten Gläubigerrisiken werden bei der Untersuchung der Ausschüttungsregulierung häufig explizit ausgeklammert. So bspw. PELLENS, B./CRASSELT, N./SELLHORN, T., Solvenztest zur Ausschüttungsbemessung, S. 269.

[219] So auch SIEGEL, T., Mangelnde Ernsthaftigkeit, S. 124 („*Gläubigerschutz bezieht sich nicht auf die Absicherung von Fremdkapital schlechthin*").

Abschnitt 22: Rechnungslegung als Schutzinstitution gegen fremdfinanzierungsbedingte agency-Konflikte

periodigen Betrachtung ist dann der sog. **Ausschüttungsparameter**, der mit der Bemessungsgrundlage „Gewinn" multipliziert wird, um das ausschüttungsoffene Volumen zu bestimmen.[220] Bei den Ausschüttungsparametern handelt es sich bspw. um die Sperrung einzelner Komponenten der Gewinngröße (z. B. Dotierung von Rücklagen). Wenn es sich um **kumulative Ausschüttungsrestriktionen** handelt, ist das ausschüttungsoffene Volumen der Vorperioden in der betrachteten Rechnungsperiode für Ausschüttungszwecke zu berücksichtigen.[221] Hieraus ergeben sich zeitliche Interdependenzen zwischen den Finanzierungs- und Investitionsentscheidungen in den einzelnen Perioden, denn die Vereinbarung der Ausschüttungsrestriktion beeinflusst die Investitions- und Finanzierungspolitik der folgenden Perioden.[222] Die **Kapitalerhaltung** in ihren Ausprägungen ist *eine* Ausgestaltungsvariante der bilanziellen Ausschüttungsbemessung.[223] In Abhängigkeit des jeweiligen Kapitalerhaltungskonzepts sind die Ansatz- und Bewertungsvorschriften und damit letztlich die Bestimmung der Gewinngröße als Bemessungsgrundlage derart ausgestaltet, dass das Unternehmen prospektiv als **Verdienstquelle für den Kapitalgeber** erhalten bleiben soll.[224] Letztlich soll auch der Kapitalerhaltungszweck die Beschränkung der Insolvenzwahrscheinlichkeit für den Kapitalgeber durch die Mitigierung finanzierungsbedingter Gläubigerrisiken sicherstellen. Die unterschiedlichen Kapitalerhaltungskonzepte zur Bemessung der Gewinngröße werden zumeist mit restriktiven Ausschüttungsparametern für die Kapitalbestandteile (Rücklagendotierung aus Gewinn, Fixierung eines bilanziellen Mindestkapital) kombiniert.

---

220 Vgl. LEUZ, C., Rechnungslegung und Kreditfinanzierung, S. 102; zur Differenzierung nach ausschüttungsoffenem und -fähigem Volumen MOXTER, A., Die Grundsätze ordnungsmäßiger Bilanzierung, S. 54.

221 Vgl. zur Differenzierung zwischen kumulativen und nicht kumulativen Ausschüttungsrestriktionen EWERT, R., Rechnungslegung, S. 119-125.

222 Vgl. HARTMANN-WENDELS, T., Rechnungslegung der Unternehmen, S. 326-329; WAGENHOFER, A./EWERT, R., Externe Unternehmensrechnung, S. 206.

223 Auf eine Darstellung der unterschiedlichen Kapitalerhaltungskonzepte wird verzichtet. Vielmehr werden die diese konkretisierenden Ansatz- und Bewertungsvorschriften auf ihre Zweckadäquanz zur Verminderung der o. g. Gläubigerrisiken hin überprüft. Vgl. zu den Kapitalerhaltungskonzepten u. a. KRÜMMEL, J., Pagatorisches Prinzip und nominelle Kapitalerhaltung, S. 310-314.

224 Vgl. KRÜMMEL, J., Pagatorisches Prinzip und nominelle Kapitalerhaltung, S. 309; in ähnlicher Form STÜTZEL, W., Anmerkungen zur Bilanztheorie, S. 328; SCHNEIDER, D., Ausschüttungsfähiger Gewinn, S. 9 („*Erhaltung der wirtschaftlichen Leistungsfähigkeit*"); LEFFSON, U., Die Grundsätze ordnungsmäßiger Buchführung, S. 93 f.; BAETGE, J./ZÜLCH, H., Rechnungslegungsgrundsätze nach HGB und IFRS, in: HdJ, Abt. I/2 (2010), Rn. 36.

Kapitel 2: Ökonomische Grundüberlegungen zum geltenden Kapitalerhaltungsregime in Deutschland

Der Bezug auf die Insolvenzwahrscheinlichkeit als Schutzzweck deutet zunächst auf eine Anwendung von **Zahlungsstromgrößen** für die Ausschüttungsbemessung hin, zumal der Schutzzweck im Sinne der o. g. induzierten Insolvenzprophylaxe prospektiv ausgerichtet ist. Für die Sicherstellung des Schutzzwecks eignen sich **Finanzpläne**, die auf Basis des Kriteriums der Mehrwertigkeit eindeutige Empfehlungen zum maximalen Ausschüttungsvolumen erlauben. Dies wird bspw. im Zusammenhang mit der Einführung sog. **Solvenztests** diskutiert.[225] Der gewichtigste Grund gegen Solvenztests liegt in der fehlenden Glaubwürdigkeit der prospektiven Finanzpläne des Kapitalnehmers, die in Verbindung mit vor- und nachvertraglichen **informationsbedingten Gläubigerrisiken** zu erheblichen Objektivierungsproblemen bei der Bestimmung des maximalen Ausschüttungsvolumens führen.[226] Letztlich benötigt der Kapitalnehmer daher für die Überprüfung der Umsetzung der Ausschüttungsrestriktion stets auch **Kontrollinformationen**. Vor diesem Hintergrund ergeben sich evidente **Schnittmengen zwischen der Kontroll- und der Ausschüttungsbemessungsfunktion**, die sich letztlich in ähnlichen Anforderungen an die Rechnungslegung widerspiegeln.

Sofern die Konditionierung der Handlungsrestriktion nicht hinreichend objektiviert ist und damit Spielraum für opportunistische Handlungen des Kapitalnehmers bietet, eignet sie sich nicht **als Schutzinstitution**.[227] Daher müssen die **Objektivierungsanforderungen** an Rechnungslegungsvorschriften ebenso **hoch** sein wie bei der **Kontrollfunktion**.[228] Zugleich sollen sie aber einen **prospektiven Schutz** gegen den Anstieg der Insolvenzwahr-

---

225 Vgl. u. a. RICKFORD, J., Reforming Capital, S. 977; PELLENS, B./JÖDICKE, D./RICHARD, M., Solvenztests als Alternative, S. 1393-1401; PELLENS, B./CRASSELT, N./SELLHORN, T., Solvenztest zur Ausschüttungsbemessung, S. 272-279; ARNOLD, A., Zur ökonomischen Theorie der Solvenztests, S. 118-125; WATRIN, C./SCHOLZ, A., Bilanzrecht und Kapitalschutz, S. 348-358.

226 So auch FRANKEN, L., Gläubigerschutz durch Rechnungslegung, S. 88; RAMMERT, S., Erhaltung der Kapitalerhaltung, S. 590 („[...] *grundlegenden Anforderungen an die Objektivierung nicht Rechnung getragen wird*"). Gleiches gilt für die Extrapolation von Cashflowgrößen aus der Kapitalflussrechnung. Vgl. hierzu die Ausführungen in Abschnitt 223.32.

227 So auch LEFTWICH, R., Accounting Information in Private Markets, S. 29 („*reduce managements ability to circumvent restrictions in lending agreements*"); BEATTY, A./RAMESH, K./WEBER, J., The importance of accounting changes, S. 209 f. (mit Blick auf Rechnungslegungsinformationen).

228 So bereits STÜTZEL, W., Anmerkungen zur Bilanztheorie, S. 311 („*leicht justiziable[n] Höchstbewertungsvorschriften*"); SCHNEIDER, D., Betriebswirtschaftslehre, Band 2: Rechnungswesen, S. 199 f. Dies impliziert eine Rechnungslegung ohne Wahlrechte. Die empirische Evidenz in Abschnitt 224.43 wird zeigen, dass dies mit geringeren Finanzierungskosten einhergehen kann.

scheinlichkeit über den Ursprungswert durch finanzierungs- und investitionsbedingte Gläubigerrisiken bieten. Nachfolgend sind die **Wirkungsweise einer bilanziellen Ausschüttungsbemessung** zur Verhinderung finanzierungsbedingter Gläubigerrisiken und mögliche **Interdependenzen zu investitionsbedingten Gläubigerrisiken** herauszuarbeiten.

Bei einperiodigen **Ausschüttungsrestriktionen**, für die eine Kumulierung ausschüttungsoffener Gewinne aus Vorperioden unbeachtlich ist, besteht folgender Zusammenhang:[229]

(2.1) $A + AI + Z = Z\ddot{U} + FK + EK + L$

A = *Ausschüttungen*

AI = *Auszahlungen für Investitionen*

Z = *Zins-/Tilgungszahlungen*

$Z\ddot{U}$ = *Operativer Zahlungsüberschuss*

FK = *Einzahlungen aus der Kapitalüberlassung*

EK = *Einzahlungen aus der Aufnahme von Eigenkapital*

L = *Einzahlungen aus der Liquidation von Vermögenswerten*

Wie aus *Gleichung 2-1* deutlich wird, sorgen bilanzielle Ausschüttungsrestriktionen zunächst dafür, dass aufgenommenes Fremdkapital nicht unmittelbar ausgeschüttet werden kann, sondern hierfür bspw. Periodisierungen verbucht werden müssen.[230] Zudem schränken **Ausschüttungsrestriktionen** nicht nur das Handlungsfeld des Kapitalnehmers mit Blick auf Ausschüttungen ein, sondern haben auch Rückwirkungen auf die Investitionspolitik, denn sie wirken als **Mindestinvestitionsverpflichtung**.[231] Werden Ausschüttungen begrenzt, sind c. p. die Einzahlungen aus der Liquidation von Vermögenswerten oder der Fremdkapitalaufnahme ebenfalls zu limitieren oder die Auszahlungen für Inves-

---

[229] Die folgende formale Herleitung zur Wirkungsweise bilanzieller Ausschüttungsrestriktionen ist übernommen aus HETTICH, S., Zweckadäquate Gewinnermittlungsvorschriften, S. 77-79. Eine ähnliche Herleitung findet sich u. a. bei WAGENHOFER, A./EWERT, R., Externe Unternehmensrechnung, S. 208-210 (ohne liquidationsbedingte Probleme).

[230] Vgl. LEUZ, C., Rechnungslegung und Kreditfinanzierung, S. 202.

[231] Vgl. SMITH, C./WARNER, J., On Financial Contracting, S. 132 f.; LEUZ, C., Rechnungslegung und Kreditfinanzierung, S. 72.

titionen zu erhöhen. Die Beschränkung der Ausschüttungen begrenzt zugleich das mögliche Ausmaß der Fremd- und Liquidationsfinanzierung neuer Investitionen, d. h. die Ausschüttungsrestriktion fungiert als **Mindesteigenbeteiligungsverpflichtung**.[232] **Indirekte Ausschüttungsrestriktionen** knüpfen an sämtliche o. g. Größen außer A an,[233] während **direkte Ausschüttungsrestriktionen** unmittelbar das Ausschüttungsvolumen beschränken.[234] Bilanzielle Ausschüttungsrestriktionen begrenzen das Ausschüttungsvolumen **direkt** auf den Zahlungsüberschuss bzw. einen bestimmten Anteil hierauf:[235]

(2.2) $A \leq max\{0; a\,Z\ddot{U}\}$

a = *(gesellschaftsrechtlicher) Ausschüttungsparameter*

Durch die Periodisierungen entspricht die Gewinnziffer **nicht** dem Zahlungsüberschuss der Periode. Dieser ergibt sich durch die Gegenüberstellung der Zahlungsüberschüsse aus dem operativen Geschäft und den **Periodenabgrenzungen**:

(2.3) $x = Z\ddot{U} - PA$

x = *Periodengewinn auf Basis der Rechnungslegungsvorschriften*

PA = *Periodenabgrenzungen*

Eine bilanzielle Ausschüttungsrestriktion hat damit die nachfolgende Ausprägung, wobei unterstellt werden kann, dass eigenfinanzierte Ausschüttungen zugelassen sind:[236]

(2.4) $A \leq max\{0; Z\ddot{U} - PA\} + EK$

Sofern die **Periodenabgrenzungen positiv** sind (z. B. bei Abschreibungen), stellen sie in den Folgeperioden nach Aktivierung der Ressource eine **Investitionsverpflichtung** dar. Umgekehrt kann mehr ausgeschüttet werden als an Zahlungsüberschuss generiert wurde, wenn die **Periodenabgrenzungen negativ** sind (bspw. bei positiven *fair value*-Anpas-

---

232 Vgl. LEUZ, C., Rechnungslegung und Kreditfinanzierung, S. 73.
233 Vgl. EWERT, R., Rechnungslegung, S. 115-118.
234 Vgl. LEUZ, C., Rechnungslegung und Kreditfinanzierung, S. 73; LEUZ, C./DELLER, C./STUBENRATH, M., International Comparison, S. 113.
235 Vgl. HETTICH, S., Zweckadäquate Gewinnermittlungsregeln, S. 77.
236 Vgl. HETTICH, S., Zweckadäquate Gewinnermittlungsregeln, S. 78; WAGENHOFER, A./EWERT, R., Externe Unternehmensrechnung, S. 210. Der gesellschaftsrechtliche Ausschüttungsparameter bleibt nachfolgend aus Vereinfachungsgründen ausgeklammert.

sungen). Investitionsprojekte müssen daher bei *PA > 0* durch Zahlungsüberschüsse aus dem operativen Geschäft finanziert werden.[237] Löst man die allgemeine Ausschüttungsrestriktion (*Gleichung 2.1*) nach *A* auf und setzt diese für *A* in *Gleichung 2.4* ein, ergibt sich folgendes **Mindestinvestitionsvolumen**:[238]

(2.5) $AI \geq min \{PA; Z\ddot{U}\} + FK$

Diese Herleitung konkretisiert die Ausschüttungsrestriktion des Kapitalnehmers sowohl mit Blick auf die **Finanzierungs- als auch die Investitionspolitik**: Ausschüttungsrestriktionen können einen **Beitrag** zur **Verringerung von Unterinvestitionsproblemen** leisten, wenn die Periodisierungen positiv sind.[239] Zweitens induzieren Ausschüttungsrestriktionen ggf. **Überinvestitions- und Risikoanreizprobleme**, wenn die Periodenabgrenzungen und damit das Einbehaltungserfordernis im Vergleich zu den vorhandenen Investitionsmöglichkeiten zu hoch ausfallen.[240] Drittens werden ggf. **fremdfinanzierte Ausschüttungen** im Fall gewinnerhöhender Neubewertungen von Vermögensposten (*PA < 0*) bei gleichzeitiger Kreditaufnahme nicht verhindert. Zudem besteht ein Anreiz zu **liquidationsfinanzierten Ausschüttungen**, sofern die Güter in der Bilanz niedriger bewertet werden als dies deren Marktwerten entspricht (*PA < 0* durch Liquidationsgewinn). Sowohl **fremd- als auch liquidationsfinanzierte Ausschüttungen** lassen sich nicht umfassend durch standardisierte Rechnungslegungsnormen, sondern nur durch unternehmensindividuelle Handlungsrestriktionen (u. a. Ausschüttungsrestriktionen) verhindern.[241]

Die **Abhängigkeit der Anreizwirkungen** von den **konkreten Investitions- und Finanzierungsbedingungen** macht die **hohe Bedeutung flankierender Handlungsrestriktionen** zur unternehmensindividuellen Feinsteuerung des zulässigen Investitions- und Finanzierungsprogramms deutlich.[242] Die konkrete Schutzwirkung und die Kosten der

---

237 Vgl. HETTICH, S., Zweckadäquate Gewinnermittlungsregeln, S. 79; so auch HARTMANN-WENDELS, T., Rechnungslegung der Unternehmen, S. 325 f.; WAGENHOFER, A./EWERT, R., Externe Unternehmensrechnung, S. 210.
238 Vgl. WAGENHOFER, A./EWERT, R., Externe Unternehmensrechnung, S. 210 f.
239 So auch KUHNER, C., Zur Zukunft der Kapitalerhaltung, S. 767.
240 Vgl. EWERT, R./WAGENHOFER, A., Aspekte ökonomischer Forschung, S. 608 f.; KUHNER, C., Zur Zukunft der Kapitalerhaltung, S. 769.
241 Vgl. KAHLE, H., IAS im Einzel- und Konzernabschluss, S. 267; RAMMERT, S., Erhaltung der Kapitalerhaltung, S. 584 („*mangelnde[n] Feinsteuerung*").

Kapitel 2: Ökonomische Grundüberlegungen zum geltenden Kapitalerhaltungsregime in Deutschland

Ausschüttungsrestriktionen hängen nicht nur von der Ausgestaltung der Rechnungslegungsvorschriften, sondern auch von den Finanzierungs- und Investitionsalternativen bei Vereinbarung der Restriktion ab.[243] Die Wirkungsweise der Ausschüttungsrestriktion kann der Kapitalnehmer insbesondere durch die Höhe der Periodisierungen steuern, so dass unter diesem Gesichtspunkt der o. g. Befund einer möglichst **hohen Objektivierungsstrenge** der Rechnungslegungsvorschriften bestätigt wird.

Durch die Antizipation der Gläubigerrisiken werden die verhandlungsstarken Gläubiger Handlungsrestriktionen (*covenants*) vereinbaren können, die passgenau auf die konkreten Finanzierungs- und Investitionsbedingungen des Kapitalnehmers zugeschnitten sind.[244] Daher sind für **verhandlungsstarke Gläubiger** einzelvertragliche Ausschüttungsrestriktionen gegenüber einer gesetzlichen Ausschüttungsbemessungsfunktion c. p. vorziehenswürdig.[245] Die einzelvertraglichen Schutzinstitutionen basieren i. d. R. auf einer normierten Rechnungslegung (**Basisrechnungslegung**), die vertraglich modifiziert wird (**Vertragsrechnungslegung**).[246] Die Festlegung der Basisrechnungslegung des Kapitalnehmers wird als *accounting covenant* bezeichnet.[247] Über den *accounting covenant* lässt sich zugleich die Kontrollfunktion sicherstellen, sofern die Ansatz- und Bewertungsvorschriften hierzu geeignet sind. Direkte Ausschüttungsrestriktionen (*dividend covenants*) definieren das Ausschüttungsvolumen unmittelbar über die Rechnungslegungsgrößen der Vertragsrechnungslegung.[248]

Die Inanspruchnahme einzelvertraglicher Schutzmechanismen macht aus Sicht der verhandlungsstarken Gläubiger eine gesetzliche Regulierung der Ausschüttungsbemessungs-

---

242 Vgl. LEUZ, C., Rechnungslegung und Kreditfinanzierung, S. 98; KAHLE, H., IAS im Einzel- und Konzernabschluss, S. 267.
243 Vgl. LEUZ, C., Rechnungslegung und Kreditfinanzierung, S. 181.
244 Vgl. KÜBLER, F., Institutioneller Gläubigerschutz oder Kapitalmarkttransparenz, S. 559 f.; KAHLE, H., Bilanzieller Gläubigerschutz, S. 705.
245 Vgl. THIEßEN, F., Covenants in Kreditverträgen, S. 30 f.; WATRIN, C., Internationale Rechnungslegung und Regulierungstheorie, S. 209; WATRIN, C., Internationale Rechnungslegung und Regulierungstheorie, S. 207; KAHLE, H., Bilanzieller Gläubigerschutz, S. 705.
246 Vgl. zu dieser Abgrenzung ALBERTH, M., US-amerikanische Gläubigerbilanzen durch Covenants, S. 807.
247 Vgl. ALBERTH, M., Vertraglicher Gläubigerschutz, S. 747.
248 Vgl. zu *dividend covenants* SMITH, C./WARNER, J., On Financial Contracting, S. 131-136; ALBERTH, M., Vertraglicher Gläubigerschutz, S. 745 f.

funktion c. p. obsolet, da eine „optimale" Rechnungslegung im Sinne eines dominanten Systems von Ansatz- und Bewertungsvorschriften zur Verringerung sämtlicher nachvertraglicher Gläubigerrisiken **für alle Kapitalnehmer** nicht existieren kann.[249] Auch die Begründung, dass die verhandlungsstarken Gläubiger nicht sämtliche künftige Umweltlagen und Investitionsalternativen kennen und die Existenz vor- und nachvertraglicher Gläubigerrisiken die Normierung der Ausschüttungsbemessung erforderlich macht, greift insofern nicht, „*denn weshalb sollte der Staat mehr wissen als die jeweilig Betroffenen?*"[250] Möglicherweise werden die verhandlungsstarken Gläubiger aber zur Verringerung der Durchsetzungs- und Überwachungskosten und zur Senkung der Transaktionskosten auf die gesetzliche Regulierung zurückgreifen, die damit als „*kollektives Vertragsangebot*"[251] fungiert und einzelvertragliche Schutzinstitutionen insofern effizient ergänzt.[252] Dabei ist die Transaktionskostenersparnis umso höher, je mehr Finanzierungsbeziehungen Kapitalnehmer und Kapitalgeber unterhalten.[253] Mögliche Hinweise auf die Wirkung als kollektives Vertragsangebot und damit eine **Lückenschließungsfunktion** kann die empirische Evidenz zur einzelvertraglichen Vereinbarung von Rechnungslegungsvorschriften und hierauf basierenden Ausschüttungsrestriktionen vor allem in solchen Ländern geben, die nicht über ein gesetzliches Kapitalerhaltungsregime verfügen (z. B. in den USA). Vorläufig ist festzuhalten, dass **keine gesetzliche Regulierungsnotwendigkeit bei verhandlungsstarken Gläubigern** gegen finanzierungs- bzw. investitionsbedingte Gläubigerrisiken besteht, da diese nicht ausbeutungsoffen sind. Sofern diese eine wirksame Lückenschließungsfunktion erfüllen, könnte eine Normierung aber die Transaktionskosten senken und daher durchaus ebenfalls effizient sein.

---

[249] So auch ALBERTH, M., Vertraglicher Gläubigerschutz, S. 750; WALTER, B., Gesetzliches Garantiekapital, S. 372; KAHLE, H., Internationale Rechnungslegung, S. 135.

[250] KUHNER, C., Zur Zukunft der Kapitalerhaltung, S. 760.

[251] SCHÖN, W., Zukunft der Kapitalerhaltung, S. 166; ähnlich SCHÖN, W., Gesellschafter-, Gläubiger- und Anlegerschutz, S. 726 („*privatautonomer Ersatz für eine gesetzliche Bindung von Mitteln*").

[252] Vgl. zu diesem Aspekt BAETGE, J./THIELE, S., Gesellschafterschutz versus Gläubigerschutz, S. 22 f.; KAHLE, H., Bilanzieller Gläubigerschutz, S. 704; EWERT, R./WAGENHOFER, A., Aspekte ökonomischer Forschung, S. 611; MERKT, H., Der Kapitalschutz in Europa, S. 313.

[253] Vgl. ALBERTH, M., Vertraglicher Gläubigerschutz, S. 749; SCHMIDT, K., The Economics of Covenants, S. 92 f.

Kapitel 2: Ökonomische Grundüberlegungen zum geltenden Kapitalerhaltungsregime in Deutschland

Ein abweichender Befund ergibt sich für die **Deliktgläubiger** und die **verhandlungsschwachen Gläubiger**, die gegen finanzierungs- und investitionsbedingte Gläubigerrisiken in unterschiedlichem Ausmaß **ausbeutungsoffen** sind.[254] Für die **verhandlungsschwachen Gläubiger** lässt sich zwar wie bei den verhandlungsstarken Gläubigern argumentieren, dass diese den Vertragsschluss ablehnen bzw. eine Kompensation für diese Risiken verlangen können und ansonsten den Vertragsschluss mit dem Kapitalnehmer ablehnen. Fraglich ist aber, inwiefern bspw. Lieferanten und Kunden tatsächlich über die Gläubigerrisiken informiert sind und eine bewusste Entscheidung für oder gegen die Begründung der Kapitalüberlassung treffen werden.[255] Zudem wiegt das Argument der Lückenschließung und der Transaktionskostenersparnis bei dieser Gläubigergruppe erheblich schwerer als bei den verhandlungsstarken Gläubigern, da sie meist nur mit geringen Kapitalbeträgen involviert sind. Insofern führen **Transaktionskosten** aus der Vereinbarung und Überwachung der Ausschüttungsrestriktionen im Gegensatz zu verhandlungsstarken Gläubigern zu einem **Koordinationsversagen (Trittbrettfahrerproblem)**.[256] Für die verhandlungsschwachen Gläubigern ist die gesetzliche Ausschüttungsregulierung daher für eine Lückenschließungsfunktion erforderlich. Für die **Deliktgläubiger** ist die gesetzliche Ausschüttungsbemessung c. p. ohnehin notwendig, da diese weder eine Kompensation für die Gläubigerrisiken erhalten, noch Handlungsrestriktionen vereinbaren können.

Im Schrifttum wird vereinzelt herausgestellt, dass die verhandlungsschwachen Gläubiger und die Deliktgläubiger von der Vereinbarung der *dividend covenants* profitieren, die die anpassungsfähigen Gläubiger vereinbart haben (*free ride*).[257] Die Schutzwirkung für die nicht anpassungsfähigen Gläubiger ist vor allem im Fall einer drohenden Insolvenz begrenzt, da die nicht anpassungsfähigen Kapitalgeber bei einer Verletzung der *covenants* keine Verhandlungsmacht haben und die anpassungsfähigen Kapitalgeber in den darauf

---

254 Vgl. im Ergebnis ebenfalls ALBERTH, M., Vertraglicher Gläubigerschutz, S. 750; SIEGEL, T., Mangelnde Ernsthaftigkeit, S. 122.

255 So auch FLEISCHER, H., Grundfragen der ökonomischen Theorie, S. 13.

256 Ein Marktversagen sehen auch SIEGEL, T., Mangelnde Ernsthaftigkeit, S. 122; KAHLE, H., Bilanzieller Gläubigerschutz, S. 705; KUHNER, C., Zur Zukunft der Kapitalerhaltung, S. 763 f.

257 Vgl. ALBERTH, M., Vertraglicher Gläubigerschutz, S. 749; MÜLBERT, P/BIRKE, M., Legal Capital, S. 714 f.; MÜLBERT, P., Zukunft der Kapitalerhaltung, S. 157; MERKT, H., IFRS und die Folgen für den Kapitalschutz, S. 99.

folgenden Verhandlungen mit dem Kapitalgeber ihren individuellen Nutzen maximieren.[258] Zudem gewähren *covenants* den Gläubigern stets auch **Mitwirkungsrechte**.[259] Diese können die verhandlungsstarken Gläubiger durchaus zu ihrem Vorteil und gegen die Interessen der übrigen Gläubiger einsetzen. Ein typisches Beispiel ist das Einnehmen einer Außenseiterposition bei drohender Insolvenz des Kapitalnehmers in den Verhandlungen mit den übrigen Gläubigern, um die eigene Position auf Kosten der anderen Gläubiger zu verbessern.[260] Gegen eine gesetzliche Regulierung wird des Weiteren angeführt, dass für die Deliktgläubiger **Pflichtversicherungen** eingeführt werden können, die diese gegen Gläubigerrisiken schützen, vergleichbar zum Pensionssicherungsverein zum Schutz der betrieblichen Pensionsansprüche in Deutschland.[261] Besonders geeignet seien diese für Deliktschäden, die unregelmäßig wiederkehren und erhebliche Ausmaße annehmen.[262] Inwiefern sich hieraus eine angemessene Alternative zur gesetzlichen Ausschüttungsregulierung ergibt, ist aber zweifelhaft, da keine flächendeckende Versorgung mit derartigen Versicherungen existiert.[263]

Insgesamt ergeben sich damit Hinweise für eine Regulierungsnotwendigkeit der bilanziellen Ausschüttungsbemessung.[264] Aus Sicht der verhandlungsstarken Gläubiger muss zusätzlich validiert werden, inwiefern die Rechnungslegung zur Ausschüttungsbemessung eine **Lückenschließungsfunktion** einnehmen kann, da keine gesetzliche Normierungsnotwendigkeit besteht. Es ist der schwierige Versuch zu unternehmen, Tendenzaussagen

---

258 So auch SCHÖN, W., Gesellschafter-, Gläubiger- und Anlegerschutz, S. 727 (*„hilflos ausgeliefert"*); MÜLBERT, P./BIRKE, M., Legal Capital, S. 730 f.; ENGERT, A., Solvenzanforderungen als gesetzliche Ausschüttungssperre, S. 305.

259 Vgl. THIEßEN, F., Covenants in Kreditverträgen, S. 23.

260 Vgl. KUHNER, C., Zur Zukunft der Kapitalerhaltung, S. 764; zu Problemen im Verhandlungsprozess ebenfalls KAHLE, H., Bilanzieller Gläubigerschutz, S. 705; BRATTON, W., Bond Covenants and Creditor Protection, S. 76-78.

261 Vgl. MÜLBERT, P., Zukunft der Kapitalerhaltung, S. 157 (*„zielgenaue Internalisierung der aus der beschränkten Haftung resultierenden externen Effekte"*); KÜBLER, F./ASSMANN, H.-D., Gesellschaftsrecht, S. 160.

262 Vgl. MÜLBERT, P., Zukunft der Kapitalerhaltung, S. 157.

263 Vgl. KUHNER, C., Zur Zukunft der Kapitalerhaltung, S. 781; ebenso kritisch SIEGEL, T., Mangelnde Ernsthaftigkeit, S. 139.

264 So im Ergebnis auch SIEGEL, T., Mangelnde Ernsthaftigkeit, S. 135; WATRIN, C., Sieben Thesen, S. 938; KUHNER, C., Zur Zukunft der Kapitalerhaltung, S. 764; ENGERT, A., Solvenzanforderungen als gesetzliche Ausschüttungssperre, S. 310.

Kapitel 2: Ökonomische Grundüberlegungen zum geltenden Kapitalerhaltungsregime in Deutschland

abzuleiten, unter welchen Investitions- und Finanzierungsbedingungen („zweckadäquate") Ansatz- und Bewertungsvorschriften ihren Schutzzweck gegen finanzierungs- und investitionsbedingte Gläubigerrisiken erfüllen können und inwiefern diese Konstellationen bei Kapitalnehmern ggf. auftreten.

223.42 Ableitung „zweckadäquater" Ansatz- und Bewertungsvorschriften

Aufgrund der Komplexitätsprobleme zur Bestimmung eines Zusammenhangs zwischen Insolvenzwahrscheinlichkeit und bestimmten Rechnungslegungsvorschriften kann an dieser Stelle nicht der Anspruch in der Formulierung eines vollständigen ökonomischen Sollkonzepts zur bilanziellen Ausschüttungsbemessung bestehen. Vielmehr werden **Tendenzaussagen zu einzelnen Ansatz- und Bewertungsvorschriften** entwickelt, die die ökonomische Einordnung des deutschen Kapitalerhaltungsregimes zur Reduzierung der einzelnen Gläubigerrisiken erlauben.

Mit Blick auf die **hohe Bedeutung der Objektivierungsstrenge** ist für den **Bilanzansatz** bei Vermögenswerten und Schulden darauf abzustellen, dass diese **einzeln bewertbar** sind. Vermögensposten sollen in diesem Sinne **Einzahlungspotenziale** unter der Objektivierungsrestriktion der **selbständigen Verwertbarkeit** darstellen.[265] Schuldposten repräsentieren künftige **Auszahlungspotenziale**, die mit hinreichender Wahrscheinlichkeit zu einem künftigen Mittelabfluss führen und bereits aus einem Ereignis der Rechnungsperiode bzw. aus einem vorherigen Zeitpunkt resultieren. Im Vergleich zum **Solvenztest** werden somit objektivierungsbedingt solche Zahlungspotenziale nicht berücksichtigt, die keiner isolierten Bewertung unterliegen, sondern nur **in Kombination** mit anderen Vermögens- und Schuldposten berücksichtigt werden können. Demgegenüber werden aber langfristige Verpflichtungen (z. B. Pensionsrückstellungen) erfasst, die sich bei einem auf kurz- bis mittelfristigen Zeitraum ausgerichteten Solvenztest nicht abbilden lassen.[266] Mit Blick auf den Schutzzweck der Ausschüttungsrestriktion (Begrenzung der Insolvenzwahrscheinlichkeit auf Ursprungswert) ist von einer **Unternehmensfortführung** (*going*

---

[265] Bei einer Einzelbewertung ist eine feinere Steuerung des ausschüttungsoffenen Betrags über unterschiedliche Normen für die jeweiligen Bilanzposten möglich. Vgl. LEUZ, C., Rechnungslegung und Kreditfinanzierung, S. 186-189.

[266] Vgl. zu diesem Problem SCHÖN, W., Balance Sheet Tests or Solvency Tests, S. 189-193; HENNRICHS, J., IFRS und Mittelstand, S. 370.

concern) auszugehen, so dass die o. g. einzeln abgrenzbaren und bewertbaren Zahlungspotenziale bei **Aufrechterhaltung des operativen Geschäfts** heranzuziehen sind. Das Abstellen auf Zerschlagungswerte erfordert demgegenüber die Beschränkung auf **einzeln veräußerbare Posten** bei fiktiver Liquidation und bietet erhebliche Ermessensspielräume, wie für Veräußerungswerte als Bewertungsmaßstab noch herausgearbeitet wird.

Voraussetzung für den **Ansatz der Aktiva** ist die **hinreichende Bestimmtheit** der jeweiligen Einzahlungspotenziale **dem Grunde nach**. Durch den erfolgsneutralen Zugang wird c. p. das entziehbare Ausschüttungsvolumen im Vergleich zu einer aufwandswirksamen Verminderung des entziehbaren Gewinns in Höhe der getätigten Ausgaben gesteigert. Der periodisierte Gewinn ist höher als der Zahlungsmittelüberschuss aus dem operativen Geschäft (negative Periodisierungen gemäß *Gleichung (2.4)* in der Anfangsperiode, positive Periodisierungen durch Abschreibungen in den Folgeperioden). Ein erfolgsneutraler Ansatz der Bilanzposten kann somit in den Folgeperioden für eine **Reduzierung des Unterinvestitionsproblems** sorgen, in der Anfangsperiode aber zugleich zu **Risikoanreizproblemen** und **zu fremdfinanzierungsbedingten Gläubigerrisiken** führen, sofern die Aktivierung mit der Aufnahme von Fremdmitteln verbunden ist und diese ausgeschüttet werden.[267] Diese Probleme treten insbesondere dann auf, wenn der Kapitalnehmer erwarten muss, dass sich die Einzahlungspotenziale in den kommenden Perioden verflüchtigen. Dies wird bspw. für ein Ansatzverbot **selbst geschaffenen immateriellen Vermögens** diskutiert.[268] Hierbei kann unterstellt werden, dass die Zuordenbarkeit der Einzahlungspotenziale hieraus häufig mit Abgrenzungsproblemen verbunden ist. Des Weiteren dürfte gerade bei immateriellem Vermögen die besondere Gefahr bestehen, dass sich dessen Werthaltigkeit „verflüchtigt". Dem stehen in den Folgeperioden vor allem mögliche Unterinvestitionsprobleme bei einem **Ansatzverbot** gegenüber, sofern sich die immateriellen Güter als werthaltig erweisen. Insgesamt erscheinen die „negativen" Aspekte eines Ansatzverbots im Regelfall weniger gravierend zu sein, als die Gefahr fremdfinanzierungsbedingter Ausschüttungen sowie **investitionsbedingter Risikoanreiz-**

---

[267] Vgl. RAMMERT, S., Erhaltung der Kapitalerhaltung, S. 584 f.
[268] Vgl. hierzu LEUZ, C., Rechnungslegung und Kreditfinanzierung, S. 205 f.; RAMMERT, S., Gläubigerschutz durch Nominalkapitalerhaltung, S. 305. Indes können sich bei Berücksichtigung des Risikoanreiz- und Überinvestitionsproblems durchaus Konstellationen ergeben, in der eine derartige Investition für die Kapitalnehmer sinnvoll sein kann.

Kapitel 2: Ökonomische Grundüberlegungen zum geltenden Kapitalerhaltungsregime in Deutschland

probleme durch die tendenziell adverse Risikostruktur immateriellen Vermögens im Vergleich zu den übrigen Investitionsrisiken. Zudem stellt das Ansatzverbot eine **Mindesteigenbeteiligung** der Kapitalnehmer an der Finanzierung der Investitionen c. p. sicher, was die Bedeutung weiterer fremdfinanzierungsbedingter Konflikte reduzieren hilft.[269] Der Beitrag eines Ansatzverbots selbst geschaffener immaterieller Vermögensposten lässt sich aber nur unternehmensindividuell bestimmen. Gleiches gilt im Übrigen für die **Aktivierung von Forderungen aus dem Umsatzprozess**, sofern sich diese noch nicht in rechtlich durchsetzbaren Forderungen materialisiert haben. Dies hat u. a. für die **Teilgewinnrealisierung bei der langfristigen Auftragsfertigung** eine Bedeutng. Diese ist für Ausschüttungsbemessungszwecke nicht zuletzt wegen der damit verbundenen Objektivierungsprobleme[270] und möglicher fremdfinanzierungsbedingter Ausschüttungen und Unterinvestitionsprobleme kritisch zu sehen. Bei selbst geschaffenen immateriellen Vermögensgegenständen dürften sich Unterschiede mit der Kontrollfunktion ergeben, die eine **umfangreiche Erfassung der getätigten Investitionen** erforderlich macht, um die Unterwanderung der Teilungsregel zu vermeiden.

Die Regelungen zum **Ansatz von Schuldposten** sind *agency*-theoretisch von hoher Bedeutung, da für den Kapitalnehmer Anreize bestehen, Auszahlungen in die Zukunft zu verschieben und Ausschüttungen - ggf. fremd- oder liquidationsfinanziert - vorab vorzunehmen, die die Insolvenzwahrscheinlichkeit erhöhen.[271] Passivierungen sollen generell verhindern, dass durch die Aufnahme von Fremdkapital unmittelbar Ausschüttungspotenzial generiert wird. Dies lässt sich durch ein **Vollständigkeitsgebot** bei Verbindlichkeiten angemessen und mit vergleichsweise geringen Objektivierungsproblemen sicherstellen.[272] Anders sieht dies aus, wenn die durch die Passiva zu repräsentierenden Auszahlungspotenziale dem Grunde nach noch nicht feststehen (Rückstellungen).[273]

---

269 So auch RAMMERT, S., Erhaltung der Kapitalerhaltung, S. 584 f.

270 Vgl. hierzu auch die bilanztheoretisch-hermeneutische Würdigung in Abschnitt 42. Neben der fehlenden Sicherheit bestehen ggf. erhebliche Objektivierungsdefizite bei der Bewertung des Einzahlungspotenzials. Dem ließe sich dadurch beggnen, dass der Gewinn erst bei Zahlungseingang ausgewiesen werden darf (Barrealisation). Vgl. hierzu SCHNEIDER, D., Ausschüttungsfähiger Gewinn, S. 7 f.; SCHNEIDER, D., Betriebswirtschaftslehre, Band 2: Rechnungswesen, S. 279 f.

271 Vgl. RAMMERT, S. Gläubigerschutz durch Nominalkapitalerhaltung, S. 237 („*zeitliche Nachverlagerung von Auszahlungen*").

272 Vgl. RAMMERT, S., Gläubigerschutz durch Nominalkapitalerhaltung, S. 260 f.

Abschnitt 22: Rechnungslegung als Schutzinstitution gegen fremdfinanzierungsbedingte agency-Konflikte

Durch die Passivierung der Rückstellungen sind die Periodisierungen (*PA*) gegenüber dem operativen Zahlungsüberschuss positiv, so dass die Rückstellungspassivierung c. p. zur Minderung der Unterinvestitionsprobleme und der liquidations- und fremdfinanzierten Ausschüttungen beiträgt.[274] Von besonderer Bedeutung ist die asymmetrische Abbildung der Ein- und Auszahlungspotenziale im Zuge des **Ansatzes von Drohverlustrückstellungen (Imparitätsprinzip)**. Hierdurch werden u. a. Risikoanreize bei der Investitionspolitik abgemildert, indem potenzielle Verluste in Form von Auszahlungen bereits vor Eintreten des Zahlungsabflusses bilanziell abgebildet werden müssen.[275] Gleiches gilt im Übrigen für das Imparitätsprinzip in Form des **Niederstwertprinzips bei Aktiva**, sofern sich die außerplanmäßige Abschreibung am Marktwert bzw. entsprechenden Substituten orientiert, so dass sich fremdfinanzierte Ausschüttungen vermeiden lassen.[276] Nicht zuletzt aus Objektivierungs- und Vollständigkeitsgründen ist daher ein an das *matching principle* (Alimentationsprinzip) angelehnter Ansatz von Rückstellungen mit Blick auf die **künftige (unsichere) Alimentierung von Umsatzerlösen**[277] *agency*-theoretisch kritisch zu sehen.[278] Die asymmetrische Behandlung der Ein- und Auszahlungspotenziale soll nicht dazu führen, **sämtliche** Auszahlungspotenziale bilanziell abzubilden. So stellen Auszahlungen aus **geplanten** Investitionen ebenso wenig wie geplante Mehrerlöse aus solchen Investitionen ein mit hinreichender Sicherheit bestimmbares Zahlungspotenzial dar. Nur bei **nachprüfbaren Indizien**, dass die Ein- und Auszahlungen bei schwebenden Geschäften nicht ausgeglichen sind, sollte der Überschuss der erwarteteten Auszahlungen (Drohverlustrückstellungen) passiviert werden. Der Ansatz von **Aufwandsrückstellungen** ist objektivierungsbedingt abzulehnen.[279]

Die bilanzielle Berücksichtigung der Vermögens- und Schuldposten und die *agency*-theoretischen Konsequenzen hieraus ergeben sich nur aus der Kombination der Ansatz- mit

---

273 So auch RAMMERT, S., Gläubigerschutz durch Nominalkapitalerhaltung, S. 259.
274 Vgl. KUHNER, C., Zur Zukunft der Kapitalerhaltung, S. 767 („*präventive Wirkung*").
275 So auch ORDELHEIDE, D., Wettbewerb der Rechnungslegungssysteme, S. 23 f.; SCHÖN, W., Zukunft der Kapitalerhaltung, S. 170.
276 Vgl. RAMMERT, S., Gläubigerschutz durch Nominalkapitalerhaltung, S. 314.
277 Vgl. hierzu die bilanztheoretisch-hermeneutische Würdigung in Abschnitt 42.
278 So auch RAMMERT, S., Gläubigerschutz durch Nominalkapitalerhaltung, S. 281 („*gravierende Schätzprobleme*"); FRANKEN, L., Gläubigerschutz durch Rechnungslegung, S. 228.
279 So auch BALLWIESER, W., Nutzen handelsrechtlicher Rechnungslegung, S. 13.

den **Bewertungskonzepten**. Der **Bewertungsvorgang** im Zusammenhang mit der Ausschüttungsbemessung bedeutet, Geschäftsvorfälle mit spezifischen Ausschüttungskonsequenzen zu versehen.[280] Hierfür kommen **Wiederbeschaffungswerte, Veräußerungswerte, unternehmensspezifische Werte** und **Anschaffungs- und Herstellungskosten** in Frage, wobei die ersten drei Maßstäbe Ausprägungen des sog. *fair value* sind. Zunächst werden in der gebotenen Kürze Überlegungen zur Bewertung der Passiva vorangeschickt und sodann diese einzelnen Kategorien zur Bewertung der Vermögensposten gewürdigt.

Durch den Anreiz für die Kapitalnehmer, Auszahlungen möglichst in die Zukunft bzw. in Insolvenzzustände zu verschieben und somit c. p. den Einzahlungsstrom zu maximieren, gewinnt insbesondere die Frage der **Diskontierung langfristiger Schulden** sowie die **Bewertung von Rückstellungen**, bei denen die Auszahlungen von künftigen Umweltzuständen abhängen, an Bedeutung. Die Bewertung der Verbindlichkeit **zum Rückzahlungsbetrag** ohne Berücksichtigung der künftigen Zinsleistungen ist zur Verhinderung fremdfinanzierter Ausschüttungen nicht anreizkompatibel, da ggf. Ausschüttungen vorab in Höhe der künftig anfallenden Zinsleistungen vorgenommen werden können.[281] Alternative Bewertungsmaßstäbe zur Erfassung der Zinsleistungen (bspw. über Drohverlustrückstellungen) scheitern an unüberwindbaren Effizienz- und Objektivierungshürden.[282] Die Bewertung zum **Barwert der Zins- und Tilgungsleistungen** bei Endfälligkeit ist strikt **abzulehnen**, da hierdurch eine Ausschüttungssperre in Höhe des niedrigeren Barwerts etabliert ist und bei negativen Periodisierungen ($PA < 0$) fremdfinanzierte Ausschüttungen vor Fälligkeit des Zerobonds ermöglicht werden. Dies gilt auch beim *Disagio*, bei dem die **sofortige Aufwandsverrechnung** vorzunehmen ist. Die Bewertung zum Barwert ist überlegenswert, wenn Zinsänderungen faktisch den Rückzahlungsbetrag erhöhen (Imparitätsprinzip).[283] Die Berücksichtigung des Eintretens unsicherer Schulden (Rückstellungen) ist auf der Bewertungsebene durch eine Gewichtung

---

280 Vgl. LEUZ, C., Rechnungslegung und Kreditfinanzierung, S. 202.
281 Vgl. RAMMERT, S., Gläubigerschutz durch Nominalkapitalerhaltung, S. 264 f. (mit Nachweis durch illustratives Beispiel).
282 Vgl. RAMMERT, S., Gläubigerschutz durch Nominalkapitalerhaltung, S. 265-268.
283 Vgl. RAMMERT, S., Gläubigerschutz durch Nominalkapitalerhaltung, S. 269.

der in künftigen Umweltzuständen anfallenden Auszahlungspotenziale zu erfassen. Mindestwahrscheinlichkeiten auf Ebene des Ansatzes scheiden dementsprechend aus.[284]

Die umfassende Bewertung zu **Wiederbeschaffungswerten** kann sowohl zu positiven als auch zu negativen Periodisierungen nach *Gleichung (2.4)* führen. Wiederbeschaffungswerte geben an, welcher Betrag für die Beschaffung eines Aktivums aufgewendet werden muss und sind daher prospektiv ausgerichtet. Im Fall steigender Wiederbeschaffungspreise ($PA < 0$) erhöht sich c. p. das Ausschüttungsvolumen. Für den Kapitalnehmer ist es dann möglich, bei Aufnahme von Fremdkapital **fremdfinanzierte Probleme** vorzunehmen. Zudem können **Unterinvestitionsprobleme** induziert werden. Dieser Bewertungsmaßstab dürfte zu einer leichten Erhöhung der beiden vorgenannten Gläubigerrisiken führen (vgl. *Übersicht 2-11*). Es besteht die Möglichkeit, dass **Überinvestititons-** bzw. **Risikoanreizprobleme** leicht verringert werden, sofern Projekte mit positivem Kapitalwert nicht verfügbar sind.[285] Die Auswirkungen auf **liquidationsfinanzierte Probleme** sind neutral. Vor allem fremdfinanzierungsbedingte Probleme durch Ausschüttungen und Unterinvestitionsprobleme dürften brisant sein, da der Kapitalnehmer die Kapitalgesellschaft „aushöhlen" und in die Insolvenz schicken kann.[286] Die Bewertung zu Wiederbeschaffungswerten steht in keiner Verbindung zur künftigen Generierung von Einzahlungen des Kapitalnehmers.[287] Zudem existieren für den überwiegenden Teil der Aktiva keine Preise identischer Güter. Hierdurch wird opportunistisches Verhalten des Kapitalnehmers begünstigt. Die Bewertung zu Wiederbeschaffungswerten ist **objektivierungsbedingt** - ähnlich wie die nachfolgenden Veräußerungswerte - **kritisch** zu sehen.

Bei einer Bewertung **Veräußerungswerten** wird der Anreiz zu **liquiditationsfinanzierten Ausschüttungen** dadurch reduziert, dass das Vermögen mit seinem erwarteten Veräußerungserlös bewertet wird.[288] Durch die Beschränkung des Aktivierungspotenzials auf einzelveräußerbare Ressourcen sorgt aber dieses Bewertungskonzept im Gegensatz zu Bewertung zu Wiederbeschaffungswerten sogar für eine leichte Erhöhung dieses Gläubigerri-

---

284 Vgl. RAMMERT, S., Gläubigerschutz durch Nominalkapitalerhaltung, S. 277.
285 Vgl. HETTICH, S., Zweckadäquate Gewinnermittlungsregeln, S. 82.
286 Vgl. zu diesem Problem RAMMERT, S., Erhaltung der Kapitalerhaltung, S. 584.
287 So auch LEIPPE, B., Die Bilanzierung von Leasinggeschäften, S. 69.
288 Vgl. LEUZ, C., Rechnungslegung und Kreditfinanzierung, S. 205.

sikos, da Anreize zur Veräußerung der (wohl überwiegend) nicht aktivierten Ressourcen bestehen bleiben. Die Bewertung zu Veräußerungswerten orientiert sich am Zerschlagungsfall, so dass sich die bilanzierten Aktiva zwangsläufig auf einzelveräußerbare Güter beschränken müssen.[289] Es werden gravierende **Unterinvestitionsprobleme** dadurch verursacht, dass dem Kapitalnehmer für eine Vielzahl von Gütern der Anreiz einer Investition genommen wird, da die sofortige aufwandswirksame Verrechnung der getätigen Investitionen zu einer erheblichen Zwangsthesaurierung führen wird (vgl. *Übersicht 2-11*). Bei einer Zuschreibung des Veräußerungswerts ist zudem von einer leichten Erhöhung des Risikos aus **fremdfinanzierungsbedingten Ausschüttungen** auszugehen.[290] **Überinvestitionsprobleme** werden teilweise verringert. Für **Risikoanreizprobleme** gilt die wie bei den Wiederbeschaffungswerten eine überwiegend positive Einschätzung. Wegen der **zweifelhaften Objektivierungsstrenge**, die durch die kaum verfügbaren Veräußerungsmärkte für eine Vielzahl der Ressourcen resultiert,[291] und wegen großer Unterinvestitions- und liquidationsbedingter Probleme sind Veräußerungswerte kritisch zu sehen.

Eine Bewertung mittels **unternehmensspezifischer (Nutzungs-)Werte** basiert auf dem Kapitalwertkriterium, bei dem künftige Ein-/Auszahlungspotenziale des Kapitalnehmers aus der Nutzung der Aktiva und Passiva diskontiert werden. Eine Bewertung sämtlicher einzeln erfassbarer Ein- und Auszahlungspotenziale ist bei Anwendung dieses Bewertungsmaßstabs möglich. Hierdurch lassen sich **Über- und Unterinvestitions-** sowie **Risikoanreizprobleme** umfassend reduzieren, da die Nachteilhaftigkeit der Investitionen durch den bilanziellen Ausweis der Kapitalwerte gegenüber dem Gläubiger offen gelegt wird und die Summe der Kapitalwerte und deren periodische Änderung als **ökonomischer Gewinn** das **maximal entziehbare Ausschüttungsvolumen** wiedergibt.[292] **Liquidations- und fremdfinanzierte Ausschüttungen** werden eliminiert, da durch die Veräußerung der Bilanzposten keine liquidationsfinanzierten Gewinne erzielt werden können, sofern die internen Nutzungsmöglichkeiten korrekt abgebildet werden. Trotz der konzep-

---

[289] So auch LEIPPE, B., Die Bilanzierung von Leasinggeschäften, S. 60.
[290] Vgl. LEUZ, C., Rechnungslegung und Kreditfinanzierung, S. 204.
[291] Vgl. FRANKEN, L., Gläubigerschutz durch Rechnungslegung, S. 88; HETTICH, S., Zweckadäquate Gewinnermittlungsregeln, S. 85; positiver SIEGEL, T., Normierung der Rechnungslegung, S. 344.
[292] Vgl. HETTICH, S., Zweckadäquate Gewinnermittlungsregeln, S. 85.

tionellen Überlegenheit bestehen aber erhebliche Objektivierungsdefizite, z. B. durch die Verbund- und Interdependenzprobleme bei der Abgrenzung der Cashflows.[293]

Als weitere Möglichkeit der Folgebewertung kommen **historische Kosten (Anschaffungs- und Herstellungskosten)** in Frage. Die Objektivierungsstrenge der Bestimmung der Einzahlungspotenziale auf der Aktivseite konkretisiert sich bei einer derartigen Bewertung über die Abgrenzbarkeit der in der Vergangenheit geleisteten Auszahlungen für den Vermögensposten. Dies steht nicht zwingend in Widerspruch zum Zweck eines *agency*-induzierten Anstiegs der Insolvenzwahrscheinlichkeit, denn Anschaffungsauszahlungen können - mit Ausnahme der Überinvestitions- und Risikoanreizprobleme - als **objektivierter Indikator für die erwarteten Mindesteinzahlungsüberschüsse** aus diesem Vermögensposten interpretiert werden.[294] Neben dem o. g. Problem der Unsicherheit über die Existenz der Einzahlungspotenziale dem Grunde nach besteht bei selbst geschaffenen Gütern das besondere Problem einer **verlässlichen Bewertbarkeit** der Einzahlungspotenziale, bspw. durch Interdependenz- und Verbundeffekte bei der Abgrenzbarkeit der zurechenbaren Herstellungskosten als objektivierter Wertindikator für selbst geschaffene Güter. Aufgrund derartiger Objektivierungsprobleme besteht typischerweise ein Ansatzverbot für selbst geschaffene immaterielle Güter. Zwar können auch Unsicherheiten über die Einzahlungspotenziale dem Grunde und der Höhe nach bei selbst geschaffenen materiellen Gütern bestehen. Bei diesen gestaltet sich aber die Identifizierung der auf diese entfallenden Herstellungskosten als objektivierter Wertindikator regelmäßig einfacher. Durch dieses Ansatzverbot sind historische Kosten unter dem Gesichtspunkt der **liquidationsfinanzierten Ausschüttungen** kritisch zu sehen. Die Gewinnrealisierung orientiert sich im System historischer Kosten nicht an Wertänderungen auf Veräußerungs- bzw. Beschaffungsmärkten, die c. p. keinen Zahlungszufluss verursachen. Vielmehr resultiert eine Gewinnrealisation aus der Durchführung von Transaktionen mit Dritten. Dies drückt sich in der Kopplung an den Umsatzakt (Lieferungs- und Leistungsakt) aus.[295] Die im Vergleich zu den übrigen Bewertungsmaßstäben **hohe Objektivierungsstrenge**

---

[293] Vgl. hierzu Abschnitt 223.31.
[294] Vgl. LEUZ, C., Rechnungslegung und Kreditfinanzierung, S. 181-186; so bereits MOXTER, A., Die Grundsätze ordnungsmäßiger Bilanzierung, S. 46-48.
[295] So auch LEUZ, C., Rechnungslegung und Kreditfinanzierung, S. 212 f.

wird in einem derartigen Bewertungssystem durch die **externe Wertbestätigung** der Güter erreicht.[296] Durch die Kopplung der Gewinnrealisierung an den Umsatzakt und die Bewertungsobergrenze der historischen Kosten lassen sich **fremdfinanzierte Ausschüttungen** nicht vollumfänglich verringern, da der Gewinn nicht als Einzahlungsüberschuss definiert ist ($PA < 0$).[297] Durch die vergleichsweise späte Gewinnrealisierung und die zeitliche Annäherung an den Zahlungsfluss im Vergleich werden fremdfinanzierungsbedingte Probleme aber insgesamt leicht reduziert (vgl. *Übersicht 2-11*).[298] Die Bewertung zu historischen Kosten kann die Bildung stiller Reserven nach sich ziehen.[299] Der Anreiz zu **liquidationsfinanzierten Ausschüttungen** wird umso größer, je mehr der Veräußerungswert den Buchwert übersteigt.[300] Die Bildung stiller Reserven ist mit Blick auf liquidationsbedingte Probleme daher kritisch zu sehen.[301] Insgesamt bieten historische Kosten aber durch das stärkere Aktivierungspotenzial einen größeren Schutz gegen liquidationsfinanzierte Ausschüttungen, so dass der Bewertungsmaßstab insgesamt neutrale Auswirkungen auf dieses Gläubigerrisiko hat. Durch die Bewertungsobergrenze der historischen Kosten wird eine Ausschüttungssperre implementiert, die das **Unterinvestitionsproblem** reduzieren kann.[302] Durch das Imparitätsprinzip (Niederstwertprinzip) verliert das **Überinvestitionsproblem**, das durch das Realisationsprinzip und die Bewertungsobergrenze der historischen Kosten stärker als bei den übrigen Bewertungsmaßstäben zum Tragen kommt, an Schärfe. Insgesamt ist nur von einer leichten Erhöhung des Gläubigerrisikos bei einer Bewertung zu historischen Kosten auszugehen. Das Imparitätsprinzip schützt zudem gegen das Risikoanreizproblem, da für übermäßige Risiken bilanzielle Vorsorge über Drohverlustrückstellungen getroffen werden muss. Demgegenüber bietet die Bewertung zu historischen Kosten nicht zwingend einen Schutz gegen das Risikoanreizproblem, da dieser in Extremfällen nicht als objektivierter Indikator für die

---

296 Vgl. STREIM, H./BIEKER, M./LEIPPE, B., Anmerkungen zur theoretischen Fundierung, S. 196; LEIPPE, B., Die Bilanzierung von Leasinggeschäften, S. 68 f.
297 Vgl. RAMMERT, S., Erhaltung der Kapitalerhaltung, S. 584.
298 Vgl. LEUZ, C., Rechnungslegung und Kreditfinanzierung, S. 216 f.
299 Vgl. BALLWIESER, W., Nutzen handelsrechtlicher Rechnungslegung, S. 12.
300 Vgl. KAHLE, H., Bilanzieller Gläubigerschutz, S. 700; WAGENHOFER, A./EWERT, R., Externe Unternehmensrechnung, S. 216.
301 Vgl. LEUZ, C., Rechnungslegung und Kreditfinanzierung, S. 218.
302 Vgl. LEUZ, C., Rechnungslegung und Kreditfinanzierung, S. 204 f.

Abschnitt 22: Rechnungslegung als Schutzinstitution gegen fremdfinanzierungsbedingte agency-Konflikte

Mindesteinzahlungsüberschüsse dienen kann. Es ist von einer neutralen Auswirkung auf dieses Gläubigerrisiko auszugehen. Insgesamt bieten auch historische Kosten keinen Schutz gegen sämtliche Gläubigerrisiken. Im Einzelfall wird der Schutzzweck mehr oder weniger weit verfehlt. Positiv hervorzuheben ist die **hohe Objektivierungsstrenge**, weshalb sich historische Kosten als Grundlage zur Ableitung von Rechtsfolgen eignen.

Es ist festzuhalten, dass **unter Idealbedingungen** die **bilanzielle Ausschüttungsbemessung** im Vergleich zum Finanzplan eine **suboptimale Schutzinstitution** ist und **nicht allzu anspruchsvolle Erwartungen an deren Leistungsfähigkeit** gestellt werden dürfen, zumal die Veränderung der individuellen Insolvenzwahrscheinlichkeit kaum mit hinreichender Präzision abbildbar ist. Unter „realistischen" Bedingungen (bei nachvertraglichen informationsbedingten Gläubigerrisiken) kann die Anknüpfung der Ausschüttungsrestriktionen an die Rechnungslegung aber besondere Friktionen, bspw. die Ausschüttung von Fremdkapital und Unterinvestitionsprobleme sowie in begrenztem Umfang liquidationsfinanzierte Ausschüttungen und Risikoanreizprobleme, beseitigen helfen. *„Das Dilemma besteht darin, daß tragfähige Alternativen [zur bilanziellen Ausschüttungsbemessung als Schutzinstitution; Anm. d. Verf.] nicht erkennbar sind."*[303] Historische Kosten i. V. mit dem Imparitäts- und dem umsatzgebundenen Realisationsprinzip die im Regelfall **umfangreichste Zweckadäquanz zur Ausschüttungsbemessung** auf. Da die **Inferiorität der Schutzinstitution** nicht klar nachzuweisen ist, *„entspricht [es] Lebenserfahrung und Pfadabhängigkeit, im Zweifel an der bisherigen Rechtsordnung oder Rechtsprechung festzuhalten, wenn sie trotz gewisser Schwächen keine wesentlichen Nachteile mit sich bringt und die Alternativen ihrerseits keine erheblichen Verbesserungen zu bringen versprechen."*[304] Mit Blick auf die Anforderungen an **kontrollorientierte Rechnungslegungsinformationen** bestehen Schnittmengen, da der **Objektivierungsstrenge** der Informationen jeweils eine **große Bedeutung** zukommt. Die Kontrollfunktion lässt sich in großem Maße durch eine Rechnungslegung für Ausschüttungszwecke erfüllen. **Unterschiede** ergeben sich u. a. für **die Reichweite des Imparitätsprinzips** und für die bilanzielle Erfassung **selbst geschaffenen immateriellen Vermögens**.

---

303 RAMMERT, S., Erhaltung der Kapitalerhaltung, S. 592.
304 GROUP OF GERMAN EXPERTS ON CORPORATE LAW (HRSG.), Report of the High Level Group, S. 872.

Kapitel 2: Ökonomische Grundüberlegungen zum geltenden Kapitalerhaltungsregime in Deutschland

Zweckmäßigkeits-dimension / Bewertungsmaßstab	Wirksamkeit zur Reduzierung des jeweiligen Gläubigerrisikos					Objektivierungsstrenge der Bewertungsmaßstäbe
	Überinvestitions-problem	Unterinvestition-problem	Risikoanreiz-problem	Liquidationsfinan-zierte Ausschüttung	Fremdfinanzierte Ausschüttung	
Wiederbeschaffungswert	(+)	(-)	(+)	o	(-)	(-)
Veräußerungswert	(+)	-	(+)	(-)	(-)	(-)
Unternehmensspezifischer Wert	+	+	+	+	+	-
Historische Kosten mit Imparitäts-/Realisations-prinzip (Kapitalerhaltung)	(-)	(+)	o	o	(+)	+

Kategorie	Erklärung
+	Der Bewertungsmaßstab ist besonders geeignet.
(+)	Der Bewertungsmaßstab ist überwiegend geeignet.
o	Weder eine eindeutig positive noch eine negative Aussage ist möglich (neutrale Auswirkungen).
(-)	Der Bewertungsmaßstab ist überwiegend ungeeignet.
-	Der Bewertungsmaßstab ist besonders ungeeignet.

Übersicht 2-11: Eignung der Bewertungsmaßstäbe zur Ausschüttungsbemessung

223.43 Empirische Evidenz zu Gewinnermittlungsvorschriften für die einzelvertragliche Ausschüttungsbemessung

Sofern vertragliche Schutzinstitutionen zwischen Kapitalgebern und verhandlungsstarken Gläubigern vereinbart werden, die einer normierten Ausschüttungsbemessungsfunktion auf Basis historischer Kosten - vergleichbar zum deutschen Kapitalerhaltungsregime - ähneln, so wäre die **vertragliche Simulation** gesetzlicher Regelungen ein Hinweis darauf, dass aus einer gesetzlichen Regulierung für die verhandlungsstarken Gläubiger Effizienzvorteile resultieren.[305] Da verhandlungsschwache Gläubiger und Deliktsgläubiger unter Transaktionskostengesichtspunkten bzw. aufgrund ihrer Schutzbedürfigkeit auf eine gesetzliche Regulierung angewiesen sind, ist die gesetzliche Normierung der Ausschüttungsbemessung nach der hier vertretenen Auffassung ohnehin geboten. Sollten sich die verhandlungsstarken Gläubiger auf eine Rechnungslegung mit historischen Kosten einigen, die die Regulierung „simuliert", sprechen auch Transaktionskostenargumente bei diesen Gläubigern für eine gesetzliche Normierung.[306]

Die **empirische Evidenz** bezieht sich bisher weitgehend auf den **US-amerikanischen Raum**, da in den USA **kein institutioneller Gläubigerschutz** im Sinne einer Ausschüttungsbemessungsfunktion implementiert ist, sondern diese ausschließlich einen an der Entscheidungsunterstützungsfunktion der US-GAAP ausgerichteten **informationellen Gläubigerschutz** verfolgen. Daher sind Ausschüttungsrestriktionen vertraglich zwischen Kapitalgeber und Kapitalnehmer zu vereinbaren.[307] Die Studien beziehen sich sowohl auf die **Ausgestaltung der direkten Ausschüttungsrestriktionen** (*dividend covenants*) als auch auf die Berechnung des maximalen Ausschüttungsvolumens mittels vertraglich vorgegebener Rechnungslegungsvorschriften (*accounting covenants*). LEUZ/DELLER/STUBEN-

---

305 Vgl. hierzu u. a. LEFTWICH, R., Accounting Information in Private Markets, S. 24; SCHÖN, W., Internationalisierung der Rechnungslegung, S. 78; KUHNER, C., Zur Zukunft der Kapitalerhaltung, S. 784. Indes muss darauf hingewiesen werden, dass eine derartige Analyse die übrigen Bestandteile eines nationalen Regulierungsrahmens ausklammert. Eine umfassende Rechtsvergleichung hätte die Gesamtheit der unterschiedlichen nationalen Institutionen zum Schutz der Kapitalgeber sowie deren Wirkungsweise ökonomisch zu würdigen (z. B die schärferen Haftungsregeln für Mitglieder der Gesellschaftsorgane in den USA). Dies ist indes aufgrund der äußersten Komplexität nur schwer zu leisten. Vgl. MERKT, H., Der Kapitalschutz in Europa, S. 305 f.

306 So auch SIEBLER, U., Internationalisierung der Rechnungslegung, S. 347 („*Hoheitliche Regelungen zum Schutz der Gläubiger [...] können somit Transaktionskosten senken, sofern sie dem entsprechen, was die Beteiligten ohnehin vereinbart hätten [...]*").

Kapitel 2: Ökonomische Grundüberlegungen zum geltenden Kapitalerhaltungsregime in Deutschland

RATH haben mit Verweis auf die Ergebnisse zehn verschiedener US-amerikanischer Studien belegt, dass in 23% bis 95% der Fälle **direkte Ausschüttungsrestriktionen** in Form von *dividend covenants* vereinbart wurden.[308] Als *accounting covenant* werden i. d. R. die US-GAAP herangezogen.[309] Diese erfüllen aber aufgrund ihrer konzeptionellen Ausrichtung an der Entscheidungsunterstützungsfunktion nicht die Anforderungen an einen institutionellen Gläubigerschutz (Ausschüttungsbemessungsfunktion). LEUZ/DELLER/STUBENRATH werten daher auch die empirische Evidenz zu Modifikationen der Basisrechnungslegung die US-GAAP in den Kreditverträgen aus. Hieraus wird deutlich, dass die US-GAAP gezielt um **manipulationsanfällige** und **in ihrem Wert unsichere Posten in Bilanz und GuV** bereinigt werden.[310]

In einer empirischen Studie von BEATTY/RAMESH/WEBER für **US-amerikanische Kreditverträge aus den Jahren 1994 bis 1996** wurden die Wirkungen der Ausgestaltung der Vertragsrechnungslegung auf die Fremdkapitalkosten untersucht. Die Autoren kommen hierbei zu dem Ergebnis, dass sich durch freiwillige **Modifikationen der US-GAAP (u. a. Beschränkung von Rechnungslegungswahlrechten)** niedrigere Kreditzinsen in Höhe von 0,84% p. a. erzielen lassen.[311] Diese Modifikationen betreffen die **Bewertung zu Anschaffungs- und Herstellungskosten** i. V. mit dem Imparitäts- und Vorsichtsprinzip,

---

307 Vgl. ALBERTH, M., Vertraglicher Gläubigerschutz, S. 744; MERKT, H., Der Kapitalschutz in Europa, S. 313. Zwar bestehen auf Ebene der Bundesstaaten unterschiedlich strikte Ausschüttungsbegrenzungen. Diese greifen aber mit Ausnahme von Kalifornieren nicht zwingend auf die US-GAAP zurück, sondern basieren auf einem durch die Kapitalnehmer zu erstellenden Bilanztest (*surplus test*) und einer prospepktiven Finanzplanung (*insolvency test*). Durch Letztere soll sichergestellt werden, dass die Ausschüttung nicht unmittelbar zur Insolvenz des Kapitalnehmers führt. Vgl. WATRIN, C., Sieben Thesen, S. 936 f.; KAHLE, H., Bilanzieller Gläubigerschutz, S. 697-699.

308 Vgl. LEUZ, C./DELLER, D./STUBENRATH, M., International Comparison, S. 116 (mit Übersicht zur Evidenz). Diese Zahlen sind aber insofern zu relativieren, als in manchen Studien nur auf die Kapitalüberlassungsverträge abgestellt wird, bei denen Restriktionen vereinbart wurden.

309 Vgl. LEUZ, C./DELLER, D./STUBENRATH, M., International Comparison, S. 117; hierzu im Detail SMITH, C./WARNER, J., On Financial Contracting, S. 145 f.; LEFTWICH, R., Accounting Information in Private Markets, S. 28. Indes handelt es sich bei den untersuchten Abschlüssen zumeist um Konzernabschlüsse und nicht um Einzelabschlüsse.

310 Vgl. LEUZ, C./DELLER, D./STUBENRATH, M., International Comparison, S. 116 („*The practice of specifically tailoring the accounting rules [...] indicates that US-GAAP are not deemed suitable for the purpose of restricting dividends under all circumstances*"); MERKT, H., IFRS und die Folgen für den Kapitalschutz, S. 98; zu Korrekturen im Detail LEFTWICH, R., Accounting Information in Private Markets, S. 37-40; EL-GAZZAR, S./LILIEN, S./PASTENA, V., The Use of Off-Balance Sheet Financing, S. 222-225; EL-GAZZAR, S./PASTENA, V., Negotiated Accounting Rules, S. 387-391.

311 Vgl. BEATTY, A./RAMESH, K./WEBER, J., The importance of accounting changes, S. 218.

Abschnitt 22: Rechnungslegung als Schutzinstitution gegen fremdfinanzierungsbedingte agency-Konflikte

die Koppelung der Ertragsrealisation an den Lieferungs- und Leistungsakt sowie die Korrektur des Bilanzansatzes bestimmter immaterieller Vermögensposten, deren Bilanzansatz damit als opportunistische Handlung der Kapitalnehmer interpretiert werden kann.[312] Insgesamt sind die Anpassungen damit so gefasst, dass sie eine Verringerung des maximalen Ausschüttungsvolumens nach sich ziehen, nicht hingegen eine Ausweitung.[313] Hieraus lässt sich schlussfolgern, dass für die **Ausschüttungsbemessungsfunktion** das **Kriterium der Objektivierungsstrenge** und insbesondere die **Bewertung zu historischen Kosten** i. V. mit einem objektivierungsrechtlichen **Vorsichts- und Imparitätsprinzip** eine hohe Bedeutung aufweisen. Bei der **bilanziellen Ermittlung des ausschüttungsoffenen Betrags** gibt es damit Elemente, die man als **länderunspezifisch** bezeichnen könnte.[314] Wie nachfolgend gezeigt wird, entsprechen diese **einzelvertraglichen Regelungen** wesentlich dem **Kapitalerhaltungsregime des deutschen Handels- und Gesellschaftsrechts**.[315] Es lässt sich von der **schuldrechtlichen Simulation** des Kapitalerhaltungsregimes sprechen.

Eine **neuere empirische Studie** von BEGLEY/FREEDMAN für die USA belegt indes, dass die Bedeutung von *dividend covenans* in US-amerikanischen Platzierungen öffentlich gehandelter Fremdkapitaltitel in den drei Zeiträumen 1975-1979, 1989-1993, 1999-2000 deutlich abgenommen hat.[316] Die genauen Gründe gehen aus dieser Studie nicht hervor. Ein möglicher Grund könnte sein, dass sich die US-GAAP in diesen drei Perio-

---

312 Vgl. hierzu u. a. LEFTWICH, R., Accounting Information in Private Markets, S. 31-35 („*Loan agreements almost universally rely on depreciated historical cost*"); ALBERTH, M., US-amerikanische Gläubigerbilanzen durch Covenants, S. 812 f.; hierzu auch SCHÖN, W., Gesellschafter-, Gläubiger- und Anlegerschutz, S. 727; MERKT, H., Der Kapitalschutz in Europa, S. 318 f.

313 Vgl. ALBERTH, M., US-amerikanische Gläubigerbilanzen durch Covenants, S. 812; ebenfalls LEFTWICH, R., Accounting Information in Private Markets, S. 23 („*[...] the negotiated set of measurement rules restricts management ability to choose accounting rules that favor stockholders at the expense of bondholders*").

314 Vgl. LEUZ, C., Rechnungslegung und Kreditfinanzierung, S. 249; LEUZ, C./DELLER, C./STUBENRATH, M., International Comparison, S. 127 („*[...] the similarities in calculating an upper bound on dividends are remarkable*"); im Ergebnis auch MERKT, H., IFRS und die Folgen für den Kapitalschutz, S. 97 (Vergleich Deutschland und USA).

315 Vgl. ALBERTH, M., US-amerikanische Gläubigerbilanzen durch Covenants, S. 814; SIEGEL, T., Zeitwertbilanzierung, S. 594; ALBERTH, M., US-amerikanische Gläubigerbilanzen durch Covenants, S. 815; SCHÖN, W., Gesellschafter-, Gläubiger- und Anlegerschutz, S. 727 KAHLE, H., Bilanzieller Gläubigerschutz, S. 701; MERSCHMEYER, M., Die Kapitalschutzfunktion des Jahresabschlusses, S. 288; a. A. EWERT, R./WAGENHOFER, A., Aspekte der ökonomischen Forschung, S. 611 („,'Vielfalt' der Ergebnisse").

den von den Anforderungen an die Ausschüttungsbemessung weiter entfernt und daher die einzelvertragliche Regulierung höhere Kosten versucht hat, die den erzielbaren Nutzen aus Kapitalgebersicht nicht länger rechtfertigen.[317] Es wird verstärkt auf vergangenheitsorientierte Cashflowgrößen zurückgegriffen.[318] Anders als oftmals dargestellt,[319] ist die **empirische Evidenz in den USA** daher nicht eindeutig, auch wenn Hinweise für die **Zweckmäßigkeit einer Ausschüttungsbemessungsfunktion** auf Basis **historischer Kosten** bestehen. Die **Ausschüttungsbemessungsfunktion** kann daher eine **Lückenschließung** ggf. in Ergänzung zu vertraglichen *covenants* einnehmen. Es bestehen Erkenntnisdefizite mit Blick auf die Transaktionskostennachteile der *covenants* gegenüber einer gesetzlichen Regulierung.[320] Das Ausmaß der Effizienzvorteile aus der gesetzlichen Normierung lässt sich daher nicht exakt quantifizieren.

Empirische Evidenz für Deutschland und **Großbritannien** ist bisher nur eingeschränkt vorhanden. Diese beiden Länder unterliegen den europarechtlichen Anforderungen der Kapitalrichtlinie, die einen institutionellen Gläubigerschutz für Gesellschaften in der Rechtsform der Aktiengesellschaft in EU-Mitgliedsstaaten vorschreibt.[321] LEUZ/ DELLER/STUBENRATH deuten die empirische Evidenz dahingehend, dass insbesondere in Deutschland, aber auch in Großbritannien vertragliche Ausschüttungsrestriktionen eine deutlich geringere Bedeutung haben.[322]

223.5 Zwischenfazit

Die **Ergebnisse** zum Beitrag der Schutzinstitution „Rechnungslegung" gegen *agency*-induzierte Gläubigerrisiken sind zunächst **ernüchternd**: Weder ergab sich aus den regulierungstheoretischen Erklärungsversuchen die eindeutige Schlussfolgerung, dass es unter

---

316 Vgl. BEGLEY, J./FREEDMAN, R., The Changing Role, S. 86; hierzu auch mit umfassender Würdigung KUHNER, C., Zur Zukunft der Kapitalerhaltung, S. 785 f.
317 Vgl. KUHNER, C., Zur Zukunft der Kapitalerhaltung, S. 786.
318 Vgl. BEGLEY, J./FREEDMAN, R., The Changing Role, S. 88-90.
319 Vgl. hierzu die umfassende Auswertung des Schrifttums in Fn. 315.
320 Vgl. EWERT, R./WAGENHOFER, A., Aspekte der ökonomischen Forschung, S. 611.
321 Vgl. hierzu Abschnitt 333.
322 Vgl. LEUZ, C./DELLER, D./STUBENRATH, M., International Comparison, S. 118-120 bzw. S. 122-124; ebenfalls für Großbritannien CITRON, D., Accounting Measurement Rules, S. 23 f.; CITRON, D., Financial Ratio Covenants, S. 326; CITRON, D., The Incidence of Accounting-based Covenants, S. 144 f.

dem Gesichtspunkt der gesamtwirtschaftlichen Allokationseffizienz einer Normierung von Rechnungslegungsvorschriften bedarf, noch konnten **eindeutige Normierungsinhalte** zu deren inhaltlicher Ausgestaltung gegen die Gläubigerrisiken ermittelt werden. Das **Schutzziel bilanzieller Ausschüttungsrestriktionen**, das durch die Begrenzung eines *agency*-induzierten Anstiegs der Insolvenzwahrscheinlichkeit hergeleitet wurde, konnte daher nicht in konkrete Rechnungslegungsnormen transformiert werden.

Letztlich ist es Aufgabe des **Gesetzgebers**, den Ausgleich zwischen unterschiedlichen Interessen und Präferenzen der Gläubiger bei der Ausgestaltung der Ansatz- und Bewertungsvorschriften durch **Wertungsentscheidungen** herzustellen.[323] Teilt man das Werturteil, dass **verhandlungsschwache Gläubiger** und **Deliktgläubiger** besonders auf die gesetzliche Schutzinstitution der Rechnungslegung angewiesen sind und führt man sich die nachvertragliche Ausbeutungsoffenheit dieser Gläubiger vor Augen, sprechen gute Gründe für die Etablierung gesetzlicher Ausschüttungsrestriktionen, wie dies **in Deutschland** über das **Kapitalerhaltungsregime** umgesetzt wird. Zudem ließ sich zeigen, dass ein rein informationeller Gläubigerschutz, vor allem über die Entscheidungsunterstützungsfunktion, nicht ausreichend ist.

Es wurde herausgearbeitet, dass Ausschüttungsrestriktionen, die an einer **Rechnungslegung auf Basis historischer Kosten** mit einem umsatzgebundenen Realisationsprinzip und einem Imparitätsprinzip konditioniert werden, **prekäre Gläubigerschädigungen** durch Unterinvestitionsprobleme und fremdfinanzierungsbedingte Ausschüttungen **reduzieren** helfen. In begrenztem Umfang ergibt sich eine Schutzwirkung gegen liquidationsfinanzierte Ausschüttungen und Risikoanreizprobleme. Für **verhandlungsstarke Gläubiger** ist die **Lückenschließungsfunktion** einer derart ausgestalteten gesetzlichen Ausschüttungsregulierung nicht zwingend, da diese passgenaue Schutzinstitutionen einzelvertraglich etablieren können. Zugleich spricht die **empirische Evidenz für die USA, Deutschland** und **Großbritannien** nicht dafür, dass eine derartige gesetzliche Nor-

---

[323] So auch LEFTWICH, R., Accounting Information in Private Markets, S. 25 („[...] *it is unlikely that there would be unanimous agreement among users concerning which rules to exclude from GAAP*"); SIEGEL, T., Mangelnde Ernsthaftigkeit, S. 122 („*Auch wenn es [...] naheliegend erscheint, einen Gläubigerschutz zu fordern, so muss [...] doch für die Gesamtfrage festgestellt werden, dass sie nur im Sinne einer Wertung beantwortet werden kann*").

mierung für verhandlungsstarke Gläubiger ineffizient sein könnte. Vielmehr lassen sich durchaus **länderuntypische Eigenschaften von Ausschüttungsrestriktionen** identifizieren, die die vertragliche Simulation gesetzlich konditionierter Ausschüttungsrestriktionen auf Basis einer Rechnungslegung mit historischen Kosten belegen. Insofern schließen Effizienzargumente aus Sicht verhandlungsstarker Gläubiger eine derart ausgestalte gesetzliche Normierung zumindest nicht aus. Nicht zuletzt mit Blick auf das Argument der **Pfadabhängigkeit** und der fehlenden Evidenz einer Inferiorität lässt sich ein **Festhalten am Kapitalerhaltungsregime**, das der o. g. Ausschüttungsregulierung mir historischen Kosten entspricht, **ökonomisch begründen**.

224. Zusammenfassende Würdigung des informationellen und institutionellen Gläubigerschutzes auf Basis der Rechnungslegung

Informationsasymmetrien, Interessendivergenzen und Transaktionskosten führen dazu, dass im Verhältnis zwischen Kapitalnehmer und Kapitalgeber (Fremdkapitalgläubiger) unterschiedliche Vertragsfriktionen (Gläubigerrisiken) auftreten. Gläubigerschutz im *agency*-theoretischen Sinne hat zum Ziel, durch die Einrichtung von Schutzinstitutionen die durch diese vertraglichen Friktionen hervortretenden gesamtwirtschaftlichen Ineffizienzen zu verringern. Rechnungslegung lässt sich als Schutzinstitution verstehen, die als standardisiertes Informationssystem gegen vor- und nachvertragliche informationsbedingte Gläubigerrisiken (**informationeller Gläubigerschutz**) einsetzbar sein kann. Zudem lassen sich Handlungsstriktionen gegen finanzierungs- und investitionsbedingte Gläubigerrisiken (**institutioneller Gläubigerschutz**) hierauf konditionieren (z. B. bilanzielle Ausschüttungsrestriktionen).

Eine **regulierungstheoretische Rechtfertigung** für die gesamtwirtschaftlich „optimale" Ausgestaltung von Ansatz- und Bewertungsvorschriften zur bestmöglichen Verringerung *agency*-induzierter Gläubigerrisiken muss aus Komplexitätsgründen zwingend scheitern. Die auf Plausibilitätsargumenten basierenden Ausführungen haben gezeigt, dass verhandlungsstarke Gläubiger im Stande sind, passgenaue einzelvertragliche Schutzinstitutionen zu vereinbaren. Die empirische Evidenz für Kreditinstitute als prädominante verhandlungsstarke Gläubiger verdeutlichte, dass diese standardisierte Rechnungslegungsinformationen als Schutzinstitution zur Verringerung nachvertraglicher Informationsasymmetrien zwischen Kapitalnehmer und -geber (**Kontrollfunktion**) einsetzen. Die Kreditinstitute verlangen insbesondere eine hohe Objektivierungsstrenge der Informationen, um Effizienzvorteile durch die standardisierte Informationsübermittlung nutzen zu können (**Lückenschließungsfunktion**). Für die verhandlungsschwachen Gläubiger und die Deliktgläubiger lässt sich die Normierung der Rechnungslegung für Kontrollzwecke mit prohibitiv hohen Transaktionskosten bei einzelvertraglichen Vereinbarungen bzw. deren besonderer Schutzbedürftigkeit rechtfertigen. Eine **Entscheidungsunterstützung** zur Verringerung vorvertraglicher informationsbedingter Gläubigerrisiken dürfte demgegenüber äußerst limitiert sein. **Ein informationeller Gläubigerschutz durch Rechnungslegung lässt sich primär durch eine „wirksame" Kontrollfunktion umsetzen.**

Rechnungslegungsinformationen können auch zur Konditionierung von **Ausschüttungsrestriktionen** genutzt werden. Gläubigerschutzziel ist die Begrenzung der **Insolvenzwahrscheinlichkeit** durch Ausschüttungen auf den bei Begründung der Kapitalüberlassung bestehenden Ursprungswert für die Dauer der Kapitalüberlassung. Die Ausschüttungsrestriktion basiert auf der rechnungslegungsbasierten Bemessungsgrundlage (**Ausschüttungsbemessungsfunktion**) sowie einem Ausschüttungsparameter. Für Deliktgläubiger und verhandlungsschwache Gläubiger ist es nicht möglich bzw. aus Transaktionskostengründen unwirtschaftlich, derartige Handlungsrestriktionen vertraglich zu vereinbaren. Für die Ausgestaltung der Ausschüttungsbemessungsfunktion lassen sich zwar keine „optimalen" Ansatz- und Bewertungsvorschriften ableiten, da die Schätzung der Insolvenzwahrscheinlichkeit generell auf Basis der Rechnungslegung ebenso wie der unternehmensindividuelle Zusammenhang zwischen Restriktion und finanzierungs- und investitionsbedingten Gläubigerrisiken nicht hinreichend präzise geklärt werden kann. An den Umfang der Verringerung einer gesetzlichen Ausschüttungsrestriktion sind daher nicht zu hohe Erwartungen zu stellen. Es ließ sich aber zeigen, dass eine **Rechnungslegung auf Basis historischer Kosten** mit einem **umsatzgebundenen Realisations-** und einem **Imparitätsprinzip** besonders evidente finanzierungs- und investitionsbedingte Friktionen verhindern kann und die hierfür erforderliche **Glaubwürdigkeit** für die Ermittlung der Bemessungsgrundlage aufweist. Zudem deutet die empirische Evidenz darauf hin, dass eine derartige Ausgestaltung auch für verhandlungsstarke Gläubiger Effizienzvorteile nach sich zieht, da solche Rechnungslegungsvorschriften einzelvertraglich vereinbart werden (**Lückenschließungsfunktion**). Es gibt Hinweise darauf, dass eine derart normierte Rechnungslegung **effizient** in dem Sinne ist, dass sowohl dem **Schutzbedürfnis der ausbeutungsoffenen Gläubiger** (und faktisch auch der verhandlungsstarken Gläubiger) Rechnung getragen wird, als auch die **Lückenschließung** für eine **transaktionskostensparende Ausübung der Kontrollfunktion** sorgt. Das deutsche Kapitalerhaltungsregime basiert auf einer Bewertung zu historischen Kosten. Mangels alternativer Schutzinstitutionen lässt sich nicht zuletzt aus Gründen der **Pfadabhängigkeit** ein Festhalten am deutschen Kapitalerhaltungsregime rechtfertigen. Demgegenüber ist ein **rein informationeller Gläubigerschutz kritisch zu sehen**, wenn dieser ausschließlich an der Entscheidungsunterstützung ausgerichtet ist.

23 Gläubigerschutz durch Kapitalerhaltung im Handels- und Gesellschaftsrecht in Deutschland

231. Überblick

Die Erkenntnisse der bisherigen ökonomischen Grundüberlegungen sind die Grundlage für die Würdigung des deutschen Kapitalerhaltungsregimes und dient dem Untersuchungsgegenstand in **zweifacher Hinsicht: Zum einen** wird der Referenzrahmen für die Untersuchung der Kompatibilität des IFRS-SME mit den geltenden handels- und gesellschaftsrechtlichen Rahmenbedingungen in Deutschland im Rahmen eines bilanztheoretisch-hermeneutischen Forschungsansatzes konkretisiert. **Zum anderen** wird in der gebotenen Kürze die Funktionsweise des Kapitalerhaltungsregimes ökonomisch gewürdigt. Dieser Abschnitt bildet einen ökonomisch fundierten Schlusspunkt für die nachfolgende bilanztheoretisch-hermeneutische Analyse der Kompatibilität des IFRS-SME mit den handelsrechtlichen Ansatz- und Bewertungsvorschriften. Es wird **folgende Vorgehensweise** gewählt: Zunächst sollen in **Abschnitt 232** die Kapitalerhaltungsnormen in das allgemeine Kapitalschutzsystem des AktG und des GmbHG eingeordnet und hieraus grobe Anforderungskriterien für eine dem Kapitalerhaltungszweck Geltung verschaffende Rechnungslegung herausgearbeitet werden. Im Anschluss hieran (**Abschnitt 233**) stehen das handelsrechtliche System der Grundsätze ordnungsmäßiger Buchführung im Untersuchungsfokus. Diese werden in **Abschnitt 234** auf Basis der ökonomischen Grundüberlegungen in der gebotenen Kürze gewürdigt.

Abschnitt 23: Gläubigerschutz durch Kapitalerhaltung im Handels- und Gesellschaftsrecht in Deutschland

232. Einordnung der Kapitalerhaltungsnormen in das Kapitalschutzsystem des AktG und GmbHG und Anforderungen an die Gewinnermittlung

Die Transformation in Gewinnermittlungsvorschriften für Zwecke der Ausschüttungsbemessung folgt in Deutschland dem **Konzept nomineller Kapitalerhaltung**.[324] Es handelt sich somit um eine **nominalkapitalerhaltende Ausschüttungsbemessung**. Was als Reinvermögen im Sinne eines nominal bewerteten Eigenkapitals anzusehen ist, wird gesetzlich nicht näher definiert, so dass hierfür wiederum auf die konkreten Ansatz- und Bewertungsvorschriften zurückgegriffen werden muss (**Zirkularitätsproblem**).[325]

Die Kapitalgesellschaftsordnungen in Deutschland (AktG, GmbHG) bestehen aus einer Vielzahl von Einzelregelungen, die vor allem die Unternehmensgläubiger vor einer Insolvenz bzw. den Folgen einer Insolvenz schützen sollen.[326] Die hohe Bedeutung des Gläubigerschutzes im Gesellschaftsrecht wird mit dem **Haftungsprivileg** der Aktionäre einer AG (§ 1 Abs. 1 Satz 2 AktG) bzw. der Gesellschafter einer GmbH (§ 13 Abs. 2 GmbHG) begründet,[327] das für eine strikte Trennung zwischen Gesellschafts- und Gesellschaftersphäre sorgt und das i. V. mit den o. g. Einflussfaktoren (Interessendivergenz, Informationsasymmetrie, Transaktionskosten) gläubigerschädigende Anreizwirkungen induziert. Als Korrelat für das Haftungsprivileg der Eigner verlangt das Gesellschaftsrecht die Bereitstellung von Haftungskapital durch die Eigentümer, um eine „angemessene" Risikoverteilung zwischen Eignern und Gläubigern herzustellen.[328] Nachhaltiger Ausdruck dieser Risikoverteilung ist der Grundsatz, dass die Gesellschafter den wirtschaftlichen Risiken einer Kapitalgesellschaft näher stehen sollen als die Gläubiger.[329]

---

324 Die Begriffe „Nominalkapitalerhaltung" und „Kapitalerhaltung" werden nachfolgend synonym verwendet; vgl. zur Nominalkapitalerhaltung u. a. LEFFSON, U., Die Grundsätze ordnungsmäßiger Buchführung, S. 92; SCHNEIDER, D., Betriebswirtschaftslehre, Band 2: Rechnungswesen, S. 36; zur Bedeutung von Nominalwerten im Bilanzrecht auch LANG, J., in: HuRB, S. 243 f.
325 Vgl. KRÜMMEL, H.-J., Pagatorisches Prinzip und nominelle Kapitalerhaltung, S. 309 f.; RAMMERT, S., Erhaltung der Kapitalerhaltung, S. 583.
326 Vgl. u. a. WIEDEMANN, H., Gesellschaftsrecht, Band I, S. 515 f.; MERKT, H., Creditor Protection and Capital Maintenance, S. 1048 f.; HENNRICHS, J., Bilanzgestützte Kapitalerhaltung, S. 257; KÜBLER, F./ASSMANN, H.-D., Gesellschaftsrecht, S. 158.
327 Vgl. HENNRICHS, J., Bilanzgestützte Kapitalerhaltung, S. 257; HÜFFER, U., Aktiengesetz, 9. Aufl., § 57, Rn. 1.
328 Vgl. in diese Richtung WIEDEMANN, H., Gesellschaftsrecht, Band I, S. 516; MÜLBERT, P., Zukunft der Kapitalerhaltung, S. 156; KLEINDIEK, D., Perspektiven des Kapitalschutzes, S. 3.

Kapitel 2: Ökonomische Grundüberlegungen zum geltenden Kapitalerhaltungsregime in Deutschland

Durch die Bedeutung des Haftungskapitals als zentrales Konstruktionselement der GmbH und der AG wird die Gesamtheit der gesellschaftsrechtlichen Einzelregelungen zum Schutz der Gläubiger als **Kapitalschutzsystem** bezeichnet. **Kapitalschutz bedeutet damit nichts anderes als die rechtliche Sicherstellung der ökonomisch erforderlichen Haftungsfunktion des Gesellschaftskapitals zur Mitigierung der o. g. Anreizwirkungen für die Eigentümer.** Hierbei lassen sich drei Regelungsdimensionen unterscheiden: erstens die Festlegung des Mindestkapitals, zweitens die Regelungen zur Sicherstellung dessen Aufbringung bei Gesellschaftsgründung (**Kapitalaufbringung**) sowie drittens die Normen zum Schutz der Gläubiger vor „ungerechtfertigten" Schmälerungen des Haftungskapitals durch Kapitaltransfers zwischen Gesellschaft und Eigentümer nach Gesellschaftsgründung (**Kapitalerhaltung**).[330] Der ökonomische Zweck der Kapitalerhaltung besteht darin, eine ungerechtfertigte **Erhöhung der Insolvenzwahrscheinlichkeit** durch eine Begrenzung von Kapitaltransfers (insbesondere Ausschüttungen) in Folge des Haftungsprivilegs zu verhindern.[331] Im Sinne des Schutzzwecks der Ausschüttungsbemessung[332] heißt Kapitalerhaltung damit **Sicherung der Verdienstquelle**.[333] Da sich die Normen zum Mindestkapital und zur Kapitalaufbringung ebenfalls an Nominalwerten orientieren, fügt sich das Konzept der nominellen Kapitalerhaltung systemadäquat in die konzeptionelle Ausgestaltung des Kapitalschutzsystems ein.

Durch ein Mindestkapital, welches nach § 7 AktG für die AG EUR 25.000 und für die GmbH nach § 5 Abs. 1 GmbHG EUR 25.000[334] beträgt, soll für die Unternehmensgläubiger ein Minimum an Haftungskapital bei Gesellschaftsgründung als Verlustpuffer vorgehalten werden.[335] Zudem wird dem Mindestkapital die Funktion eines **Seriositäts-**

---

329 Vgl. WIEDEMANN, H., Gesellschaftsrecht, Band I, S. 565; zum Gläubigerschutz als rechtsethischen Ausdruck BEISSE, H., Gläubigerschutz, S. 85; kritisch zu einer derartigen Interpretation SCHÖN, W., Vermögensbindung und Kapitalschutz, S. 564.

330 Vgl. ARMOUR, J., Share Capital and Creditor Protetion, S. 363; HENNRICHS, J., Bilanzgestützte Kapitalerhaltung, S. 257; ZÜLCH, H./GÜTH, S./STAMM, A., Einzelabschluss nach dem IFRS for SMEs, S. 711.

331 So auch WIEDEMANN, H., Gesellschaftsrecht, Band I, S. 557 f.; SIEGEL, T., Mangelnde Ernsthaftigkeit, S. 124 („*Kapitalschutz heißt Verhinderung unberechtigter Entnahmen seitens der Eigner*"); ENGERT, A., Wirksamkeit des Gläubigerschutzes, S. 338.

332 Vgl. hierzu Abschnitt 223.41.

333 Vgl. LEFFSON, U., Die Grundsätze ordnungsmäßiger Buchführung, S. 93 („*nachhaltige Einkommensquelle*"); ebenfalls BEISSE, H., Gläubigerschutz, S. 93.

nachweises zugeschrieben.[336] Die Kapitalaufbringungsregeln sollen dafür sorgen, dass das in das Unternehmen eingebrachte Mindestkapital bei Gesellschaftsgründung rechtstatsächlich aufgebracht wird und damit die entsprechenden Anreizwirkung für die Eigentümer entfalten kann (**Garantiefunktion**).[337] Die Kapitalerhaltungsnormen sollen verhindern, dass die Regelungen zum Mindestkapital und zur Kapitalaufbringung durch Kapitaltransfers an die Anteilseigner nach Gesellschaftsgründung leicht umgangen werden können.[338] Die Interdependenzen zwischen den Regelungen der Kapitalerhaltung und -aufbringung erfordern damit, dass diese **einheitlichen leitgedanklichen Vorgaben** im Sinne einer angemessenen Risikoallokation folgen.

Die Funktionsfähigkeit des Kapitalschutzsystems und die Sicherstellung dieser Risikoallokation hängt in besonderem Maße von den Kapitalerhaltungsnormen, insbesondere der Begrenzung von (Bar-)Ausschüttungen, ab. § 57 Abs. 1 AktG bzw. § 30 Abs. 1 GmbHG sind knapp formuliert. Hieraus ergibt sich zunächst nur, dass eine Ausschüttungssperre für das Stammkapital der GmbH bzw. das Grundkapital der AG besteht, die nur durch eine Liquidation der Gesellschaft umgangen werden kann (**Verbot der Einlagenrückgewähr**).[339] Führt man sich die niedrigen Mindestkapitalsummen vor Augen, ist die Schutzwirkung aber als begrenzt anzusehen, zumal das Haftungskapital im Insolvenzfall i. d. R. bereits aufgebraucht ist.[340]

---

334 Auf die Unternehmergesellschaft als spezielle Variante der GmbH wird nachfolgend nicht näher eingegangen, da mit Ausnahme der Sondervorschriften des § 5a GmbHG zum Mindestkapital und dessen Aufbringung bei Gründung die Vorschriften des GmbHG gelten. Vgl. zur Unternehmergesellschaft u. a. WINDBICHLER, C., Gesellschaftsrecht, S. 233-235.

335 Vgl. KÜBLER, F./ASSMANN, H.-D., Gesellschaftsrecht, S. 157 f. (für die AG) und S. 262 (für die GmbH); ENGERT, A., Wirksamkeit des Gläubigerschutzes, S. 338.

336 Vgl. KUHNER, C., Zur Zukunft der Kapitalerhaltung, S. 765; kritisch hierzu u. a. MÜLBERT, P./BIRKE, M., Legal Capital, S. 718 f.; RICKFORD, J., Legal Approaches to Restricting Distributions, S. 141; FLEISCHER, H., Grundfragen der ökonomischen Theorie, S. 12-14.

337 Vgl. WIEDEMANN, H., Gesellschaftsrecht, Band I, S. 558 f.; ENGERT, A., Wirksamkeit des Gläubigerschutzes, S. 338; speziell für die GmbH WINDBICHLER, C., Gesellschaftsrecht, S. 258-261.

338 Vgl. SCHÖN, W., Zukunft der Kapitalerhaltung, S. 168; HÜFFER, U., Aktiengesetz, 9. Aufl., § 57, Rn. 1.

339 Vgl. u. a. ALTMEPPEN, H., in: ROTH, G./ALTMEPPEN, H., GmbHG, 6. Aufl., § 30, Rn. 3; HÜFFER, U., Aktiengesetz, 9. Aufl., § 57, Rn. 2.

340 So u. a. WALTER, B., Gesetzliches Garantiekapital, S. 371; SCHÖN, W., Zukunft der Kapitalerhaltung, S. 165; VETTER, J., Reform des gesellschaftsrechtlichen Gläubigerschutzes, S. 82-84.

Kapitel 2: Ökonomische Grundüberlegungen zum geltenden Kapitalerhaltungsregime in Deutschland

Das AktG inkorporiert ein umfangreiches **Vermögensbindungskonzept**,[341] indem über das Grundkapital hinaus die Kapitalrücklage nach § 272 Abs. 2 Nr. 1-3 HGB (bspw. aus dem *Agio* bei der Aktienemission) und mit graduellen Abstufungen die Gewinnrücklage mit einer Ausschüttungssperre belegt werden. Das aus diesem System herauslösbare, verteilungsfähige Vermögen wird durch die in § 57 Abs. 3 AktG genannte Größe des **Bilanzgewinns** bestimmt. Dieser basiert auf § 158 Abs. 1 AktG (vgl. *Übersicht 2-12*).

Ergebnisverwendungsrechnung auf Basis eines HGB-Jahresabschlusses nach §158 Abs. 1 AktG	
HGB-Jahresüberschuss in Periode *t*	
+	Verminderung von Kapitalrücklagen
+/-	Verminderung (+) / Erhöhung (-) der Gewinnrücklagen (u.a. gesetzliche Rücklage)
+/-	Vortrag des Jahresüberschusses bis Periode *t-1*
=	Bilanzgewinn (+) / -verlust (-) auf Basis eines HGB-Jahresabschlusses in Periode *t*

Übersicht 2-12: Berechnungsschema nach § 158 Abs. 1 AktG für Bilanzgewinn

Ausschüttungsoffen ist eine Größe, die sich im Wesentlichen aus kumulierten Jahresüberschüssen der Vorperioden und den Zuführungen/Verringerungen der Gewinnrücklagen ergibt. Nach § 150 Abs. 1 AktG besteht eine Pflicht zur Dotierung einer Gewinnrücklage aus dem HGB-Jahresüberschuss, um die Haftungsbasis zu verstärken.[342] Nach § 150 Abs. 2 AktG müssen in jedem Geschäftsjahr 5% des Jahresüberschusses in eine gesetzliche Rücklage eingestellt werden, bis diese mit der Kapitalrücklage als **gesetzlicher Reservefonds** mindestens 10% des Grundkapitals entsprechen (vgl. *Übersicht 2-13*).[343]

Dotierung der gesetzlichen Rücklage auf Basis eines HGB-Jahresabschlusses nach §150 Abs. 2 AktG	
HGB-Jahresüberschuss in Periode *t*	
-	Verlustvortrag aus HGB-Jahresabschluss bis Periode *t-1*
=	Bemessungsgrundlage für gesetzliche Rücklage
x	5% auf Bemessungsgrundlage
=	Dotierungspflicht für gesetzliche Rücklage auf Basis eines HGB-Jahresabschlusses in Periode *t*

Übersicht 2-13: Berechnungsschema nach § 150 Abs. 2 AktG für gesetzliche Rücklage

---

341 Vgl. SCHÖN, W., Deutsches Konzernprivileg und europäischer Kapitalschutz, S. 293; SCHÖN, W., Vermögensbindung und Kapitalschutz, S. 559 f.; HÜFFER, U., Aktiengesetz, 9. Aufl., § 57, Rn. 2.
342 Vgl. ADS, 6. Aufl., § 150 AktG, Rn. 1; HÜFFER, U., Aktiengesetz, 9. Aufl., § 150, Rn. 1.
343 Vgl. ADS, 6. Aufl., § 150 AktG, Rn. 2 und 27 f.; KÜBLER, F./ASSMANN, H.-D., Gesellschaftsrecht, S. 241 f.; HÜFFER, U., Aktiengesetz, 9. Aufl., § 150, Rn. 5 f.

Abschnitt 23: Gläubigerschutz durch Kapitalerhaltung im Handels- und Gesellschaftsrecht in Deutschland

In Parallelität zum AktG unterliegt auch das Gesellschaftsvermögen der GmbH einer dem Gläubigerschutz dienenden gesetzlichen Bindung. Trotz der divergierenden Wurzeln[344] weisen die Kapitalerhaltungsvorschriften des Aktien- und des GmbH-Rechts systemprägende Überschneidungen im Regulierungsziel auf.[345] Die Ausschüttungssperre in **§ 30 Abs. 1 GmbHG** beschränkt sich ausschließlich auf das Stammkapital. Zu diesem Zweck ist das Stammkapital - wie bei der AG das Grundkapital - auf der Passivseite als gezeichnetes Kapital auszuweisen.[346] Eine zusätzliche Verknüpfung zum Bilanzgewinn wie in § 57 Abs. 3 AktG und eine kodifizierte Ausschüttungssperre für weitere Kapitalbestandteile besteht aber nicht.[347] Der Bedeutung kapitalschutzkompatibler Gewinnermittlungsvorschriften kommt wie im AktG auch im GmbHG eine essenzielle Bedeutung zu, zumal in Deutschland der ganz überwiegende Teil der GmbHs lediglich mit dem Mindestkapital ausgestattet ist.[348] Die Kapitalerhaltung bei der GmbH beschränkt sich auf eine im Vergleich zur AG (Vermögensbindung) weniger strenge **Kapitalbindung**.[349]

Die gesellschaftsrechtlichen Kapitalerhaltungsvorschriften (§§ 57 AktG, 30 GmbHG) entfalten ihren Regelungszweck, wenn das Bilanzrecht zweckkompatibel an die Wertungen des Gesellschaftsrechts anknüpft. Dies ist umso dringender, als die gesellschaftsrechtlichen Ausschüttungsparameter des GmbHG und (mit graduellen Abstufungen) des AktG keine hinreichende Begrenzung des maximalen Ausschüttungsvolumens (**Ausschüttungsparameter**) erlauben, sondern im Wesentlichen auf die bilanzrechtliche Bemessungsgrundlage zurückgreifen. Die Sicherstellung des gesellschaftsrechtlichen Kapitalerhaltungszwecks wird faktisch auf die Gewinnermittlungsebene verlagert.[350]

---

344 Vgl. hierzu KÜBLER, F./ASSMANN, H.-D., Gesellschaftsrecht, S. 261 f.
345 Vgl. ALTMEPPEN, H., in: ROTH, G./ALTMEPPEN, H., GmbHG, 6. Aufl., § 30, Rn. 8 f.; FASTRICH, L., in: BAUMBACH, A./HUECK, A., GmbHG, 19. Aufl., § 30, Rn. 4.
346 Vgl. WIEDEMANN, H., Gesellschaftsrecht, Band I, S. 557 („*bilanztechnische[r] Sparstrumpf*"); speziell für die AG ADS, 6. Aufl., § 152 AktG, Rn. 2.
347 Vgl. zur Kapitalbindung in der GmbH HOMMELHOFF, P., in: HuRB, S. 136 f.; SCHÖN, W., Vermögensbindung und Kapitalschutz, S. 559; MERKT, H., IFRS und die Folgen für den Kapitalschutz, S. 93 f.; ALTMEPPEN, H., in: ROTH, G./ALTMEPPEN, H., GmbHG, 6. Aufl., § 30, Rn. 7.
348 Vgl. ENGERT, A., Solvenzanforderungen als gesetzliche Ausschüttungssperre, S. 315.
349 Vgl. WIEDEMANN, H., Gesellschaftsrecht, Band I, S. 561; MÜLBERT, P., Zukunft der Kapitalerhaltung, S. 159.
350 Vgl. u. a. BALLWIESER, W., in: Beck HdR, B 105 (2005), Rn. 73; KLEINDIEK, D., Perspektiven des Kapitalschutzes, S. 4.

Kapitel 2: Ökonomische Grundüberlegungen zum geltenden Kapitalerhaltungsregime in Deutschland

Gemäß dem **Kapitalerhaltungszweck** ist zu verhindern, dass das formal gebundene Haftungskapital nur scheinbar dem Gläubigerzugriff zur Verfügung steht, indem ungerechtfertigte Vermögensabflüsse an die Gesellschafter („fiktive Dividenden") ermöglicht werden.[351] Aus dem Normzweck von § 57 AktG bzw. § 30 GmbHG lässt sich daher schlussfolgern, dass der verteilbare Gewinn bilanzorientiert-statisch über den **Zuwachs des Reinvermögens** definiert ist. Dieser muss **glaubwürdig feststellbar** sein und zugleich **mit hoher Wahrscheinlichkeit** („quasi-sicher") der Kapitalgesellschaft zufließen.[352] Darüber hinaus sollen Ausschüttungen verhindert werden, sofern in der Zukunft mit Mittelabflüssen zu rechnen ist. Als Ausfluss dieser Anforderungen ergibt sich die Notwendigkeit eines **objektivierten Bilanzrechts**, um die Entscheidungsspielräume für die Gesellschafter in Bezug auf Ansatz- und Bewertungentscheidungen möglichst einzuschränken.[353] Eine in diesem Sinne verstandene Justiziabilität erfordert neben einem weitgehenden Verzicht auf Wahlrechte allerdings auch, dass die Beachtung der Bilanzierungsvorschriften kontrollfähig und deren Missachtung sanktionierbar ist. Die Prämisse für eine derartige objektivierte Ausrichtung ist, dass die Normen geeignet sind, rechtssicher durch die zuständigen Gerichte ausgelegt werden zu können.[354] Die Tatbestandsmerkmale des Bilanzrechts müssen daher an äußerlich erfassbare Vorgänge anknüpfen.[355] Mit Blick auf die Bedeutung der Kapitalerhaltung im AktG und GmbHG ist es folgerichtig, dass sich das HGB an einer Bewertung zu historischen Kosten mit einer am Umsatzakt ausgerichteten Ertragsrealisation orientiert. Die rechtssichere Auslegung wird durch das im Laufe der letzten Jahrzehnte gefestigte **System der Grundsätze ordnungsmäßiger Buchführung** sichergestellt.[356] Nur ein derart ausgestaltetes Bilanzrecht bietet für den Kapitalschutz eine angemessene *„rechnungsmäßige Grundlage"*[357].

---

351 Vgl. WIEDEMANN, H., Gesellschaftsrecht, Band I, S. 562; WÜSTEMANN, J./BISCHOF, J./KIERZEK, S., Internationale Gläubigerschutzkonzeptionen, S. 14.

352 Vgl. MERKT, H., Kapitalschutz in Europa, S. 412; HENNRICHS, J., Bilanzgestützte Kapitalerhaltung, S. 257 f.; HENNRICHS, J., GoB im Spannungsfeld, S. 866.

353 Vgl. zur hohen Bedeutung der Objektivierungsstrenge des Bilanzrechts MOXTER, A., Entwicklung der Theorie der handels- und steuerrechtlichen Gewinnermittlung, S. 78; BEISSE, H., Zum neuen Bild des Bilanzrechtssystems, S. 16; SCHÖN, W., Balance Sheet Tests or Solvency Tests, S. 187 f.

354 Vgl. SCHMIDT, M./BERG, R./SCHMIDT, P., Die Herstellung der Justiziabilität, S. 58; hierzu auch VETTER, J., Reform des gesellschaftsrechtlichen Gläubigerschutzes, S. 103.

355 So u. a. BEISSE, H., Zum neuen Bild des Bilanzrechtssystems, S. 16 (*„Vergegenständlichung"*).

356 Vgl. SCHMIDT, M./BERG, R./SCHMIDT, P., Die Herstellung der Justiziabilität, S. 64 f.

233. Handelsrechtliche Konkretisierung des Kapitalerhaltungszwecks durch Grundsätze ordnungsmäßiger Buchführung (GoB)

233.1 Vorbemerkungen

Aus dem Regelungszweck der Kapitalerhaltungsvorschriften nach §§ 57 AktG, 30 GmbHG wurden juridisch-deduktiv **grobe Anforderungen an „zweckadäquate" Ansatz- und Bewertungsvorschriften** im deutschen Bilanzrecht hergeleitet. Die Ansatz- und Bewertungsvorschriften des HGB erfüllen neben dem Kapitalerhaltungszweck die Anforderungen einer Rechenschaftsfunktion.[358] Diese ist nach der hier vertretenen Auffassung **gleichrangig zum Kapitalerhaltungszweck**, wenngleich der Gesetzgeber in Einzelvorschriften partiell den eingeschränkt konfligierenden Anforderungen der Rechenschaft bzw. der Kapitalerhaltung[359] den Vorrang einräumt.[360] Das **System der Grundsätze ordnungsmäßiger Buchführung (GoB-System)** stellt als Prinzipiengefüge die theoretische Richtschnur zur Umsetzung dieser beiden Rechnungszwecke dar, die für die handelsrechtliche Bilanzierung sämtlicher Kaufleute gemäß § 243 Abs. 1 HGB, z. B. bei der Lösung neuartiger Bilanzierungsprobleme, **konsistent** zugrunde zu legen ist.[361] Die folgende Darstellung der den Kapitalerhaltungszweck besonders prägenden Konstruktionselemente des GoB-Systems bildet einen wertvollen Ausgangspunkt, um nachfolgend die konzeptionellen Grundlagen des IFRS-SME dem handelsrechtlichen GoB-System gegenüberzustellen[362] und sodann in **Abschnitt 4** die konkreten Ansatz- und Bewer-

---

[357] HENNRICHS, J., Bilanzgestützte Kapitalerhaltung, S. 257; ebenfalls HENNRICHS, J., GoB im Spannungsfeld, S. 864 (*„rechnungsmäßige[s] Fundament"*).

[358] Vgl. HENNRICHS, J., GoB im Spannungsfeld, S. 871; ARBEITSKREIS BILANZRECHT DER HOCHSCHULLEHRER RECHTSWISSENSCHAFT, Grundkonzept und Aktivierungsfragen, S. 153 f.; BAETGE, J./ZÜLCH, H., Rechnungslegungsgrundsätze nach HGB und IFRS, in: HdJ, Abt. I/2 (2010), Rn. 30; zum Rechenschaftszweck umfassend LEFFSON, U., Die Grundsätze ordnungsmäßiger Buchführung, S. 38-63.

[359] Vgl. hierzu zusammenfassend Abschnitt 223.5.

[360] Vgl. BAETGE, J./KIRSCH, H.-J., THIELE, S., Bilanzen, S. 101. Auf die Analyse der Dokumentationsfunktion bzw. der formellen GoB wird verzichtet, da diese für die Ausgestaltung der Ansatz- und Bewertungsvorschriften nur von untergeordneter Bedeutung sind.

[361] So auch EULER, R., Grundsätze ordnungsmäßiger Gewinnrealisierung, S. 59 (*„Die Ableitung des Prinzipiengefüges hat [...] die Aufgabe, die innere Folgerichtigkeit des Handelsbilanzrechts zu sichern"*); ADS, 6. Aufl., § 243, Rn. 9; WÜSTEMANN, J./WÜSTEMANN, S., Das System der Grundsätze ordnungsmäßiger Buchführung, S. 757; zur inneren Konsistenz des GoB-Systems im Vergleich zu den konzeptionellen Grundlagen IFRS-SME sei auf Abschnitt 324.36 verwiesen.

[362] Vgl. hierzu Abschnitt 32.

Kapitel 2: Ökonomische Grundüberlegungen zum geltenden Kapitalerhaltungsregime in Deutschland

tungsvorschriften des HGB und des IFRS-SME mit Blick auf die Anforderungskriterien des Kapitalerhaltungszwecks vergleichend zu würdigen. Die Ausführungen beschränken sich hierbei auf die **materiellen GoB**.[363] Zudem bleiben die sog. Rahmengrundsätze ausgeklammert, da diese die grundlegenden Anforderungen an jede Form der Informationsvermittlung beinhalten.[364] Die Ausführungen konzentrieren sich folgerichtig auf die **Systemgrundsätze**, die **Ansatzgrundsätze** für Vermögen und Schulden, die **Definitionsgrundsätze für den Jahreserfolg** sowie die **Kapitalerhaltungsgrundsätze** (vgl. zusammenfassend *Übersicht 2-14*).[365]

Die in *Übersicht 2-14* dargestellten maßgeblichen Konstruktionselemente des GoB-Systems zur Umsetzung des Kapitalerhaltungszwecks werden in den **Abschnitten 233.2 bis 233.5** auf Basis der gesellschaftsrechtlichen Anforderungen für ein kapitalerhaltungskompatibles Bilanzrecht (§§ 57 AktG, 30 GmbHG)[366] gewürdigt. Um die Anwendbarkeit des IFRS-SME unter den gegebenen Rahmenbedingungen zu untersuchen, ist die juridische Würdigung des GoB-Systems erforderlich. Das Festhalten an der bisherigen institutionellen Ordnung (Kapitalerhaltungsregime) sollte auch mit Blick auf die hierdurch induzierten ökonomischen Folgeeffekte begründet sein. Die Grundüberlegungen in **Abschnitt 22** bieten eine gute Grundlage, um in **Abschnitt 234** das GoB-System mit Blick auf deren konzeptionelle Eckpfeiler zu würdigen.

---

363 Vgl. zur Differenzierung zwischen materiellen und formellen GoB LANG, J., in: HuRB, S. 241; zu den Dokumentationsgrundsätzen LEFFSON, U., Die Grundsätze ordnungsmäßiger Buchführung, S. 157-172.

364 Vgl. zu diesen Grundsätzen u. a. BAETGE, J./ZÜLCH, H., Rechnungslegungsgrundsätze nach HGB und IFRS, in: HdJ, Abt. I/2 (2010), Rn. 55-64; in Form von „Informations-GoB" BALLWIESER, W., Informations-GoB, S. 115-120. Ein Einbezug der Rahmengrundsätze wäre bei einer Analyse der vor- und nachvertraglichen informationsbedingten Gläubigerrisiken notwendig.

365 Durch die beschriebene Gleichrangigkeit des Kapitalerhaltungs- und des Rechenschaftszwecks reicht es nicht aus, die Ausführungen auf die Kapitalerhaltungsgrundsätze zu beschränken.

366 Vgl. hierzu die Ausführungen in Abschnitt 232.

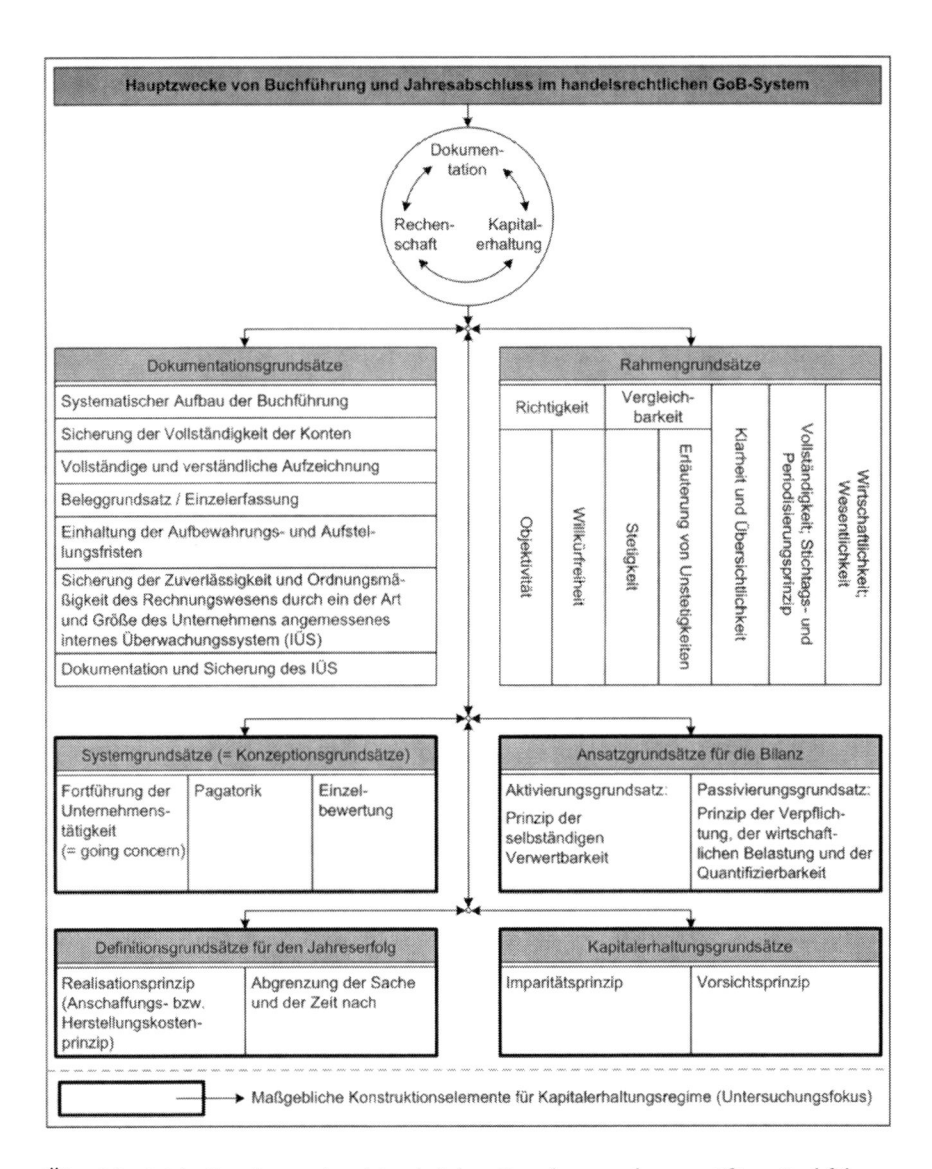

Abschnitt 23: Gläubigerschutz durch Kapitalerhaltung im Handels- und Gesellschaftsrecht in Deutschland

Hauptzwecke von Buchführung und Jahresabschluss im handelsrechtlichen GoB-System

- Dokumentation
- Rechenschaft
- Kapitalerhaltung

Dokumentationsgrundsätze
- Systematischer Aufbau der Buchführung
- Sicherung der Vollständigkeit der Konten
- Vollständige und verständliche Aufzeichnung
- Beleggrundsatz / Einzelerfassung
- Einhaltung der Aufbewahrungs- und Aufstellungsfristen
- Sicherung der Zuverlässigkeit und Ordnungsmäßigkeit des Rechnungswesens durch ein der Art und Größe des Unternehmens angemessenes internes Überwachungssystem (IÜS)
- Dokumentation und Sicherung des IÜS

Rahmengrundsätze
- Richtigkeit
- Vergleichbarkeit
- Objektivität
- Willkürfreiheit
- Stetigkeit
- Erläuterung von Unstetigkeiten
- Klarheit und Übersichtlichkeit
- Vollständigkeit, Stichtags- und Periodisierungsprinzip
- Wirtschaftlichkeit, Wesentlichkeit

Systemgrundsätze (= Konzeptionsgrundsätze)

Fortführung der Unternehmenstätigkeit (= going concern)	Pagatorik	Einzelbewertung

Ansatzgrundsätze für die Bilanz

Aktivierungsgrundsatz: Prinzip der selbständigen Verwertbarkeit	Passivierungsgrundsatz: Prinzip der Verpflichtung, der wirtschaftlichen Belastung und der Quantifizierbarkeit

Definitionsgrundsätze für den Jahreserfolg

Realisationsprinzip (Anschaffungs- bzw. Herstellungskostenprinzip)	Abgrenzung der Sache und der Zeit nach

Kapitalerhaltungsgrundsätze

Imparitätsprinzip	Vorsichtsprinzip

→ Maßgebliche Konstruktionselemente für Kapitalerhaltungsregime (Untersuchungsfokus)

Übersicht 2-14: Das System handelsrechtlicher Grundsätze ordnungsmäßiger Buchführung als Konkretisierung der handelsrechtlichen Jahresabschlusszwecke[367]

---

367 In Anlehnung an BAETGE, J./ZÜLCH, H., Rechnungslegungsgrundsätze nach HGB und IFRS, in: HdJ, Abt. I/2 (2010), Rn. 43.

233.2 Würdigung der Systemgrundsätze

Die **Systemgrundsätze** sollen gewährleisten, dass die Rechnungszwecke des HGB bei Anwendung aller GoB gemeinsam möglichst widerspruchsfrei erreicht werden.[368] Die Systemgrundsätze sind vollumfänglich im HGB kodifiziert. Nach dem Grundsatz der **Fortführung der Unternehmenstätigkeit** nach § 252 Abs. 1 Nr. 2 HGB ist bei der Bewertung der Schulden und der Vermögensgegenstände prinzipiell von der Unternehmensfortführung auszugehen. Nur sofern hiergegen rechtliche oder tatsächliche Umstände sprechen (z. B. Insolvenzantrag),[369] sind **Zerschlagungswerte** anzusetzen.[370]

Nach dem **Grundsatz der Pagatorik** gemäß § 252 Abs. 1 Nr. 5 HGB sind nur solche Vermögenswerte anzusetzen, denen tatsächliche Zahlungen zugrunde liegen.[371] Folgerichtig muss der **Wert von Vermögensgegenständen** auf **gezahlte oder zu zahlende Beträge** und der **Wert von Verbindlichkeiten** auf **geplante Rückzahlungen zurückzuführen** sein, wodurch der Bezug zu Zahlungsströmen im Sinne des Schutzzwecks der Ausschüttungsbemessung hergestellt wird.

Gemäß dem **Grundsatz der Einzelbewertung** nach § 252 Abs. 1 Nr. 3 HGB ist jeder Vermögensgegenstand bzw. Schuld einzeln, d. h. **ohne Saldierung** mit anderen Bilanzposten, zu bewerten.[372] Der Einzelbewertungsgrundsatz ist besonderer Ausdruck der objektivierten Ausrichtung der Ansatz- und Bewertungsvorschriften des HGB. Hierdurch wird sichergestellt, dass keine unrealisierten Erträge am ruhenden Vermögen mit bereits „realisierten" Wertminderungen verrechnet werden können.[373] Der Einzel-

---

[368] Vgl. ausführlich BAETGE, J./ZÜLCH, H., Rechnungslegungsgrundsätze nach HGB und IFRS, in: HdJ, Abt. I/2 (2010), Rn. 65-70; zur Bedeutung des Systemcharakters der GoB u. a. BEISSE, H., Gläubigerschutz, S. 80; BALLWIESER, W., in: Beck HdR, B 105 (2005), Rn. 11.

[369] Vgl. hierzu u. a. ADS, 6. Aufl., § 252, Rn. 28-30; MERKT, H., in: BAUMBACH, A./HOPT, K., HGB, 34. Aufl., § 252, Rn. 7.

[370] Vgl. ADS, 6. Aufl., § 252, Rn. 33 („*Bewertung aller Vermögensgegenstände unter Veräußerungsgesichtspunkten*").

[371] Vgl. LEFFSON, U., Die Grundsätze ordnungsmäßiger Buchführung, S. 175; ADS, 6. Aufl., § 252, Rn. 95 (kein Ansatz rein kalkulatorischer Aufwendungen und Erträge); BAETGE, J./ZÜLCH, H., Rechnungslegungsgrundsätze nach HGB und IFRS, in: HdJ, Abt. I/2 (2010), Rn. 68.

[372] Vgl. BAETGE, J./ZÜLCH, H., Rechnungslegungsgrundsätze nach HGB und IFRS, in: HdJ. Abt. I/2 (2010), Rn. 70; BAETGE, J./KIRSCH, H.-J./THIELE, S., Bilanzen, S. 125.

[373] Vgl. ADS, 6. Aufl., § 252, Rn. 48; WINKELJOHANN, N./BÜSSOW, T., in: Beck Bilanzkomm., 7. Aufl., § 252, Rn. 22.

bewertungsgrundsatz weist Interdependenzen zum Imparitätsprinzip auf. Aufgrund der objektivierungsrechtlichen Ausrichtung fügt er sich systemadäquat in die umsatzgebundene Ertragsrealisation und in die Ansatzgrundsätze für die Bilanzposten ein.

233.3 Würdigung der Ansatzgrundsätze

Die **Ansatzgrundsätze** legen abstrakt fest, welche Zahlungen im Zuge des Rekurs auf den pagatorischen Grundsatz tatsächlich aktiviert bzw. passiviert werden müssen.[374] Diese werden durch konkrete Bilanzansatzvorschriften ergänzt, die im Einzelfall den abstrakten Ansatzgrundsätzen zuwider laufen können.[375] Die Ansatzgrundsätze sind i. V. mit den Definitionsgrundsätzen für den Jahreserfolg zur Kapitalerhaltung von hoher Bedeutung, da die Zu- und Abnahme des Vermögensgegenstands bzw. Schuld gleichzeitig zu einem Ertrag bzw. Aufwand führt, der in die GuV eingeht und Einfluss auf die Ausschüttungsrichtgröße haben. Gemäß § 242 Abs. 1 Satz 1 HGB hat jeder Kaufmann jährlich *„einen das Verhältnis seines Vermögens und seiner Schulden darstellenden Abschluß [...] aufzustellen"*, so dass die Handelsbilanz als **Vermögensbilanz** (Darstellung des Reinvermögens und dessen Zuwachs) konzipiert ist. Zu diesem Zweck sind nach dem **Vollständigkeitsgebot** in § 246 Abs. 1 Satz 1 HGB **sämtliche** Vermögensgegenstände und Schulden zu erfassen. Eine gesetzliche Kodifizierung des Vermögensgegenstands- und Schuldbegriffs fehlt indes, so dass diese als **unbestimmte Rechtsbegriffe** teleologisch unter Zugrundelegung der o. g. Rechnungszwecke ausgelegt werden müssen.[376]

Der **Aktivierungsgrundsatz** setzt nach der hier vertretenen Auffassung am Kriterium der **Einzelverwertbarkeit** an, so dass der Vermögensgegenstandsbegriff vornehmlich an der fiktiven Ermittlung des **Schuldendeckungspotenzials** orientiert ist.[377] Damit ergibt sich

---

[374] Vgl. hierzu BAETGE, J./ZÜLCH, H., Rechnungslegungsgrundsätze nach HGB und IFRS, in: HdJ, Abt. I/2 (2010), Rn. 81-91; SOLMECKE, H., Auswirkungen des BilMoG auf die GoB, S. 198-207.

[375] Diese sind Gegenstand der bilanztheoretisch-hermeneutischen Würdigung der konkreten Ansatz- und Bewertungsvorschriften in Abschnitt 4 und bleiben nachfolgend ausgeklammert.

[376] So auch ARBEITSKREIS „IMMATERIELLE WERTE IM RECHNUNGSWESEN", Leitlinien zur Bilanzierung, S. 1141 (*„unter Beachtung der Zielsetzung der Handelsbilanz"*).

[377] So u. a. ADS, 6. Aufl., § 246, Rn. 26 (*„Nach der überwiegenden [...] Auffassung ist Vermögensgegenstand [...] jedes nach der Verkehrsanschauung individualisierbare Gut, das sich [...] einzeln verwerten läßt"*); STREIM, H./ESSER, M., Rechnungslegung nach IFRS - Ansatzfragen, S. 739; LÖHR, D., IFRS versus HGB, S. 647; HENNRICHS, J., Immaterielle Vermögensgegenstände, S. 539 (*„zentrale[s] Merkmal des Vermögensgegenstands"*).

Kapitel 2: Ökonomische Grundüberlegungen zum geltenden Kapitalerhaltungsregime in Deutschland

ein Spannungsverhältnis mit dem Grundsatz der Unternehmensfortführung, da die Ausrichtung an der Einzelverwertbarkeit den Ansatz von Einzahlungspotenzialen im Liquidationsfall nahelegt.[378] Andere Kriterien (z. B. die selbständige Bewertbarkeit oder die bilanzielle Greifbarkeit) genügen nicht den Objektivierungserfordernissen und sind daher für Kapitalerhaltungszwecke abzulehnen.[379] Die Beschränkung auf einzelverwertbare Güter wird durch das **Prinzip der wirtschaftlichen Zurechnung** nach § 246 Abs. 1 Satz 2 HGB dergestalt aufgeweicht, dass nicht ausschließlich das **juristische Eigentum**, sondern die tatsächliche Verfügbarkeit über diese den Bilanzansatz zur Folge haben kann.[380] Konsequenterweise sind Vermögensgegenstände beim **wirtschaftlichen Eigentümer** zu bilanzieren, d. h. beim Kaufmann, dem die Gefahren, Nutzen, Lasten und der Besitz zuzurechnen sind.[381] Eine Bilanzierung im Jahresabschluss führt somit zu einer begrenzten Erweiterung der Aktiva gegenüber einer Zerschlagungsbilanz. Objektivierungsbedingt ist der Ansatz der Einzahlungspotenziale aber beachtlich eingeschränkt.

Der **Passivierungsgrundsatz** sorgt für eine Konkretisierung des **Ansatzes von Schulden** (Verbindlichkeiten, Rückstellungen) auf der Passivseite. Eine Passivierung in der Bilanz ist dann geboten, wenn es sich um eine **rechtlich erzwingbare** oder **faktische wirtschaftliche Belastung** handelt, der sich der Bilanzierende nicht entziehen kann und die quantifizierbar ist.[382] Eine GoB-konforme Passivierung erlaubt damit nur den Ansatz von **Außenverpflichtungen**, was sich wiederum mit der gesetzgeberischen Vermutung einer erhöhten Objektivierungsstrenge beim Bilanzansatz begründen lässt. Je nachdem, ob das Bestehen und/oder die Höhe der Verpflichtung exakt bestimmt werden können, handelt es sich um eine **Verbindlichkeit** oder um eine **Rückstellung**.[383] Rückstellungen werden

---

378 Im Schrifttum wird u. a. von MOXTER, der Vermögensgegenstandsbegriff mit dem steuerrechtlichen Wirtschaftsgutbegriff gleichgesetzt. Dies sorgt für eine Erweiterung der abstrakten Ansatzfähigkeit von Aktiva. Vgl. m. w. N HENNRICHS, J., Immaterielle Vermögensgegenstände, S. 538, Fn. 19; hierzu auch WÜSTEMANN, J./WÜSTEMANN, S., Das System der Grundsätze ordnungsmäßiger Buchführung, S. 761.
379 So auch ADS, 6. Aufl., § 246, Rn. 30; SCHÜLKE, T., Aktivierbarkeit selbst geschaffener immaterieller Vermögensgegenstände, S. 994.
380 Vgl. hierzu u. a. ADS, 6. Aufl., § 246, Rn. 262.
381 Vgl. hierzu u. a. MERKT, H., in: BAUMBACH, A./HOPT, K., HGB, 34. Aufl., § 246, Rn. 14.
382 Vgl. hierzu u. a. ADS, 6. Aufl., § 246, Rn. 103; STREIM, H./ESSER, M., Rechnungslegung nach IFRS - Ansatzfragen, S. 741; BAETGE, J./ZÜLCH, H., Rechnungslegungsgrundsätze nach HGB und IFRS, in: HdJ. Abt. I/2 (2010), Rn. 87.

somit mit bloßer Wahrscheinlichkeit der Inanspruchnahme gebildet, wobei diese i. V. mit dem **Grundsatz der Abgrenzung der Sache nach**[384] bei eingetretener rechtlicher bzw. wirtschaftlicher Entstehung angesetzt werden.[385] Nach § 249 Abs. 1 Satz 1 HGB ist zwischen **Verbindlichkeitrückstellungen** als Ausdruck des Vollständigkeitsgebots und **Drohverlustrückstellungen** als Ergebnis des Imparitätsprinzips[386] zu differenzieren. Es werden nicht sämtliche Auszahlungspotenziale auf der Passivseite der Bilanz erfasst, sondern **Außenverpflichtungen**, die gegenüber Dritten verursacht sind und der Höhe sowie dem Grunde nach mit hinreichender Verlässlichkeit bestimmt werden können. Dies lässt sich durch den **Grundsatz der Nichtbilanzierung schwebender Geschäfte** verdeutlichen, bei dem unerfüllte Vertragsverpflichtungen als Verbindlichkeit und der korrespondierende Anspruch auf Gegenleistung nicht bilanziert werden, sofern hieraus für den Bilanzierenden kein Verpflichtungsüberschuss resultiert.[387] Vor allem durch die Passivierungspflicht der Drohverlustrückstellungen ist der Passivierungsgrundsatz primär auf die Unternehmensfortführung und nicht auf die Zerschlagung ausgerichtet.[388]

Durch die Auswirkungen des Bilanzansatzes auf die Höhe des Erfolgs sind die Ansatzprinzipien für Aktiva vor allem mit dem Realisationsprinzip und diejenigen für die Passiva insbesondere mit dem Grundsatz der Abgrenzung der Sache nach verbunden. Diese Definitionsgrundsätze für den Jahreserfolg werden nachfolgend dargestellt.

233.4 Würdigung der Definitionsgrundsätze für den Jahreserfolg

Für eine aus Sicht der Ausschüttungsbemessung zweckmäßige Ermittlung der Reinvermögensmehrung und für die Eignung des „Gewinns" in der GuV als Ausschüttungsrichtgröße bedarf es der Kodifizierung bestimmter Bewertungsgrundsätze. Diese werden im handelsrechtlichen GoB-System durch die **Definitionsgrundsätze für den Jahreserfolg** (und die nachfolgend dargestellten Kapitalerhaltungsgrundsätze) konkretisiert.

---

383 Vgl. BAETGE, J./ZÜLCH, H., Rechnungslegungsgrundsätze nach HGB und IFRS, in: HdJ. Abt. I/2 (2010), Rn. 88.
384 Vgl. hierzu Abschnitt 233.4.
385 Vgl. zu den Kriterien zum Bilanzansatz von Rückstellungen die Ausführungen in Abschnitt 424.
386 Vgl. hierzu Abschnitt 233.5.
387 Vgl. ADS, 6. Aufl., § 246, Rn. 183-185; MERKT, H., in: BAUMBACH, A./HOPT, K., HGB, 34. Aufl., § 252, Rn. 21.
388 So u. a. BALLWIESER, W., in: Beck HdR, B 105 (2005), Rn. 20.

Kapitel 2: Ökonomische Grundüberlegungen zum geltenden Kapitalerhaltungsregime in Deutschland

Mit den **Definitionsgrundsätzen für den Jahreserfolg** wird bestimmt, unter welchen Bedingungen die Einnahmen und Ausgaben in der GuV bzw. erfolgsneutral in der Bilanz zu erfassen sind.[389] Für Kapitalerhaltungszwecke kommt dem **Realisationsprinzip** essenzielle Bedeutung zu. § 252 Abs. 1 Nr. 4 HGB wird an dieser Stelle dergestalt ausgelegt, dass es sich um einen Abgrenzungsgrundsatz ausschließlich für Erträge handelt, während die Periodisierung der Aufwendungen über den Grundsatz der Abgrenzung der Sache nach erfolgt.[390] Es bestimmt, ab welchem Zeitpunkt ein Ertrag in der GuV ausgewiesen wird und damit c. p. für Ausschüttungszwecke zur Verfügung steht. Nach der durch eine objektivierungsrechtliche Herangehensweise geprägten Ertragsrealisation des GoB-Systems sind Erträge nur dann in der GuV zu berücksichtigen, wenn sie in Folge eines Umsatzakts mit Dritten, d. h. bei Übergang der Preisgefahr des veräußerten Guts, eine marktmäßige Konkretisierung erfahren haben und somit als „quasi-sicher" betrachtet werden können (**umsatzgebundenes Realisationsprinzip**).[391] Erst ab diesem Zeitpunkt ist die Wertobergrenze nicht durch die fortgeführten Anschaffungs- und Herstellungskosten vorgegeben, so dass positive Wertänderungen am „ruhenden Vermögen" über die historischen Kosten bis zu diesem Zeitpunkt unbeachtlich bleiben.[392] Zumindest durch die Bindung an die **exogen vorgegebenen Anschaffungskosten** wird der verfrühte Ausweis eines Reinvermögenszuwachses verhindert und das **Reinvermögen objektiviert** dargestellt.[393] Schulden werden mit dem erwarteten künftigen Erfüllungsbetrag angesetzt, was die Vernachlässigung von Zinseffekten (Verstoß gegen das Realisationsprinzip durch Vorwegnahme künftiger Zinserträge) impliziert.

Die Zugangs- und Folgebewertung von Vermögensgegenständen sowie die analoge Bewertung der Schulden mit ihrem Erfüllungsbetrag wird als **Anschaffungs- und Her-**

---

389 Vgl. hierzu umfassend LEFFSON, U., Die Grundsätze ordnungsmäßiger Buchführung, S. 247-339. Teilweise wird das Realisationsprinzip auch als Ausprägung des Vorsichtsprinzips interpretiert. So u. a. WINKELJOHANN, N./GEIßLER, H., in: Beck Bilanzkomm., 7. Aufl., § 252 HGB, Rn. 43; MERKT, H., in: BAUMBACH, A./HOPT, K., 34. Aufl., § 252 HGB, Rn. 10.
390 So bspw. LEFFSON, U., Die Grundsätze ordnungsmäßiger Buchführung, S. 355.
391 Vgl. BEISSE, H., Gläubigerschutz, S. 84; ADS, 6. Aufl., § 252, Rn. 82; BAETGE, J./ZÜLCH, H., Rechnungslegungsgrundsätze nach HGB und IFRS, in: HdJ, Abt. I/2 (2010), Rn. 72. Durchbrechnungen sind u. a. außerplanmäßige Abschreibungen und anschließende Wertaufholungen.
392 Vgl. BAETGE, J./ZÜLCH, H., Rechnungslegungsgrundsätze nach HGB und IFRS, in: HdJ, Abt. I/2 (2010), Rn. 77.
393 Vgl. hierzu BEISSE, H., Gläubigerschutz, S. 84; ADS, 6. Aufl., § 255, Rn. 5.

stellungskostenprinzip (§ 253 Abs. 1 Satz 1 HGB) bezeichnet.[394] Dieses stellt den zentralen Bewertungsmaßstab des HGB dar und ist in objektivierungsrechtlicher Hinsicht eng mit dem Realisationsprinzip verbunden.[395] Da Gewinne erst mit erbrachter Lieferung oder Leistung (**Sprung zum Absatzmarkt**)[396] realisiert werden dürfen, dient das Realisationsprinzip dem Ziel einer durch die Bindung an den Umsatzakt objektivierten Gewinnermittlung, da der Bilanzierende über den Zeitpunkt der Ertragsvereinnahmung nicht willkürlich entscheiden kann.[397] Der so definierte Realisationszeitpunkt ist eine „mittlere" Lösung, da bei Ertragsrealisation nicht sämtliche Risiken (vor allem Bonitätsrisiken des Kunden und Gewährleistungsrisiken) eliminiert sind.[398] Dies wäre nur bei einem **Barrealisationsprinzip** der Fall.

Neben dem Realisationsprinzip sind weitere Regelungen notwendig, um Aufwendungen sowie zeitraumbezogene und periodenfremde Erträge zu periodisieren. Diese werden durch das **Periodisierungsprinzip** nach § 252 Abs. 1 Nr. 5 HGB grundsätzlich vorgegeben.[399] Hiernach sollen Aufwendungen und Erträge nach den Grundsätzen der **Abgrenzung der Sache nach** und der **Abgrenzung der Zeit nach** ermittelt werden.[400] Gemäß dem **Grundsatz der Abgrenzung der Sache nach** sind den realisierten Erträgen die ihnen zurechenbaren Aufwendungen gegenüberzustellen, d. h. die Aufwendungen sind den Erträgen gegenüberzustellen, die sie alimentieren.[401] Dieser Grundsatz konkre-

---

394 Vgl. ADS, 6. Aufl., § 253, Rn. 32; STREIM, H./ESSER, M., Rechnungslegung nach IFRS - Bewertungsfragen, S. 784; BAETGE, J./ZÜLCH, H., Rechnungslegungsgrundsätze nach HGB und IFRS, in: HdJ, Abt. I/2 (2010), Rn. 78; BAETGE, J./KIRSCH, H.-J./THIELE, S., Bilanzen, S. 129.
395 Vgl. ADS, 6. Aufl., § 253, Rn. 32 („*Das Anschaffungswertprinzip steht in engem Zusammenhang mit dem Realisationsprinzip*").
396 Vgl. LEFFSON, U., Die Grundsätze ordnungsmäßiger Buchführung, S. 247 f.
397 Vgl. LEFFSON, U., Die Grundsätze ordnungsmäßiger Buchführung, S. 81 f.; ADS, 6. Aufl., § 253, Rn. 32.
398 Vgl. BALLWIESER, W., in: Beck HdR, B 105 (2005), Rn. 33; zur Diskussion unterschiedlicher Realisationszeitpunkte EULER, R., Grundsätze ordnungsmäßiger Gewinnrealisierung, S. 67-120.
399 Vgl. hierzu LANG, J., in: HuRB, S. 244; BALLWIESER, W., in: Beck HdR, B 105 (2005), Rn. 18.
400 Vgl. LEFFSON, U., Die Grundsätze ordnungsmäßiger Buchführung, S. 299-331; Im Schrifttum wird auch die Auffassung vertreten, dass dieser nicht erforderlich ist, da das Realisationsprinzip sowohl auf Erträge als auch auf korrespondierende Aufwendungen anzuwenden ist (sog. Alimentationsprinzip). Vgl. stellvertrend BALLWIESER, W., in: Beck HdR, B 105 (2005), Rn. 32.
401 Vgl. BALLWIESER, W., in: Beck HdR, B 105 (2005), Rn. 40; BAETGE, J./ZÜLCH, H., Rechnungslegungsgrundsätze nach HGB und IFRS, in: HdJ, Abt. I/2 (2010), Rn. 79; hierzu bereits MOXTER, A., Wirtschaftliche Gewinnermittlung und Bilanzsteuerrecht, S. 305.

tisiert damit die Zuordnung der Aufwendungen zu den über das Realisationsprinzip periodisierten Erträgen. In seiner Funktion ist es vergleichbar mit dem *matching principle* der IFRS bzw. des IFRS-SME,[402] nicht jedoch in seiner Reichweite innerhalb des handelsrechtlichen Prinzipiengefüges, da es objektivierungsbedingt erheblich durch das Imparitäts- und das Vorsichtsprinzip beschränkt wird, das ggf. eine frühere Aufwandserfassung erforderlich macht. Der **Grundsatz der Abgrenzung der Zeit nach** gilt sowohl für Erträge als auch für Aufwendungen. Hiernach sind zeitraumbezogene Erträge und Aufwendungen den einzelnen Perioden *pro rata temporis* zuzurechnen.[403]

Auf Basis der bisherigen Erkenntnisse entsprechen die handelsrechtlichen Grundsätze für den Bilanzansatz und für den Jahreserfolg den Anforderungen an zweckkompatible Rechnungslegungsvorschriften für §§ 57 AktG, 30 GmbHG. Es besteht eine weitgehende Deckungsgleich mit dem stilisiert dargestellten Rechnungslegungssystem auf Basis historischer Kosten.[404] Ermessensspielräume und damit verbundene Objektivierungsprobleme wegen der Grundsätze der Abgrenzung der Sache nach und der Zeit nach werden durch die folgenden Kapitalerhaltungsgrundsätze in erkennbarem Umfang eingegrenzt.

233.5   Würdigung der Kapitalerhaltungsgrundsätze

Um das nominelle Haftungskapital bei der Ausschüttungsbemessung zu sichern, müssen zusätzlich die **Kapitalerhaltungsgrundsätze** beachtet werden. Dies ist von besonderer Bedeutung, da die Definitionsgrundsätze für den Jahreserfolg und die Ansatzgrundsätze für die Bilanz primär dem Rechenschaftszweck dienen.[405]

Das Realisationsprinzip enthält eine kapitalerhaltende Objektivierungsrestriktion, indem es die Bindung an den Umsatzakt als Realisationszeitpunkt und das Anschaffungs- und Herstellungsprinzip als Bewertungsobergrenze für das ruhende Vermögen festlegt. Mit dem **Imparitätsprinzip** (§ 252 Abs. 1 Nr. 4 1. Halbsatz HGB) werden weitere Sachverhalte im Jahresabschluss abgebildet, die ansonsten unberücksichtigt blieben.[406] Das

---

[402] Vgl. hierzu Abschnitt 32.
[403] Vgl. BAETGE, J./ZÜLCH, H., Rechnungslegungsgrundsätze nach HGB und IFRS, in: HdJ, Abt. I/2 (2010), Rn. 80; BAETGE, J./KIRSCH, H.-J./THIELE, S., Bilanzen, S. 133.
[404] Vgl. Abschnitt 223.43.
[405] Vgl. BAETGE, J./ZÜLCH, H., Rechnungslegungsgrundsätze nach HGB und IFRS, in: HdJ, Abt. I/2 (2010), Rn. 92.

Imparitätsprinzip verlangt, dass künftige unrealisierte Verluste **unmittelbar** als Aufwand zu berücksichtigen sind, sofern sie im abgeschlossenen Geschäftsjahr verursacht wurden.[407] Das Imparitätsprinzip **durchbricht somit das Realisationsprinzip** sowie den **Grundsatz der Abgrenzung der Sache nach**, indem Verluste im Vergleich zu Gewinnen, die erst bei ihrer Realisation erfasst werden dürfen, asymmetrisch behandelt werden.[408] Hierdurch wird zudem die Rechenschaftsfunktion, welche eine primär symmetrische („neutrale") Erfassung der Ein- und Auszahlungspotenziale erforderlich macht, eingeschränkt.[409] Um das opportunistische Ausnutzen von Handlungsspielräumen durch die Eigner zu verhindern, ist die zusätzliche Eingrenzung der zu berücksichtigenden negativen Erfolgsbeiträge erforderlich. Eine derartige Objektivierung wird dadurch zu erreichen versucht, dass der Einzelbewertungsgrundsatz auch beim Imparitätsprinzip beachtet werden muss. Die allgemeine Vorwegnahme von Verlusten ohne konkreten Bezug zu bestehenden Vermögensgegenständen bzw. Schulden scheidet damit aus. Neben dem Ansatz von Drohverlustrückstellungen ist das **Niederstwertprinzip** für **Vermögensgegenstände des Anlage- und des Umlaufvermögens** nach § 253 Abs. 3, 4 HGB Ausdruck des Imparitätsprinzips. Hiernach sind außerplanmäßige Abschreibungen für Vermögensgegenstände bei **Eintritt der Verluste** vorgeschrieben.[410] Für die Bemessung der Abschreibung im Anlagevermögen sind die Verhältnisse auf dem Beschaffungsmarkt (Wiederschaffungswert) maßgeblich, sofern es sich um eine dauernde Wertminderung handelt. Für das Umlaufvermögen sind hingegen die Bedingungen auf dem Beschaffungs- oder auf dem Absatzmarkt maßgeblich (Einzelveräußerungspreis), wobei auch nur vorübergehende Wertminderungen erfasst werden müssen. Der beizulegende Wert kann zu Kapitalerhaltungszwecken „nach unten" (**bilanzielle Verlustvorsorge**) herangezogen werden.[411] Die Ermittlung des Abschreibungsvolumens bietet Ermessensspielräume, sofern

---

406 Vgl. MOXTER, A., Grundsätze ordnungsmäßiger Rechnungslegung, S. 60; BAETGE, J./KIRSCH, H.-J./THIELE, S., Bilanzen, S. 134.

407 Vgl. MOXTER, A., Realisationsprinzip, S. 1785; ADS, 6. Aufl., § 252, Rn. 92; WINKELJOHANN, N./GEIẞLER, H., in: Beck Bilanzkomm., 7. Aufl., § 252, Rn. 34.

408 Vgl. ADS, 6. Aufl., § 252, Rn. 92; BALLWIESER, W., in: Beck HdR, B 105 (2005), Rn. 40.

409 Vgl. BAETGE, J./KIRSCH, H.-J./THIELE, S., Bilanzen, S. 135.

410 Vgl. LANG, J., in: HuRB, S. 245 f.; MERKT, H., in: BAUMBACH, A./HOPT, K., HGB, 34. Aufl., § 253, Rn. 13 und 15.

411 Vgl. BAETGE, J./ZÜLCH, H., Fair Value-Accounting, S. 550 („*Gewinndämpfung*").

Kapitel 2: Ökonomische Grundüberlegungen zum geltenden Kapitalerhaltungsregime in Deutschland

keine aktiven Märkte für die betroffenen Vermögensgegenstände vorliegen. Gleiches gilt bei der Beurteilung der Dauerhaftigkeit der Wertminderung. Dies akzeptiert der Gesetzgeber offensichtlich deshalb, da der Wirkungsbereich der *fair value*-Bewertung und die geringere Objektivierungsstrenge auf das Bewertungsspektrum unterhalb der Anschaffungs-/Herstellungskosten Anwendung finden. Die Abbildung von Vermögensminderungen durch Rückstellungs- und Niederstwertregeln gewährleistet i. V. mit dem Realisations- und Anschaffungskostenprinzip die kapitalerhaltungsbedachte Ausschüttungsbemessung zur Verhinderung der Auskehrung fiktiver Dividenden.

Neben dem Imparitätsprinzip verschafft das **Vorsichtsprinzip** (§ 252 Abs. 1 Nr. 4 HGB) dem Kapitalerhaltungszweck Geltung. In der Bilanz können im Gegensatz zum Finanzplan Vermögensgegenstände und Schulden nur einwertig abgebildet werden - unabhängig davon, ob ihnen ein eindeutiger Wert zugewiesen werden kann oder nicht. Das Vorsichtsprinzip kommt bei Vermögenswerten und Schulden zur Geltung, bei denen nur eine **Bandbreite möglicher Werte** mit der jeweiligen Eintrittswahrscheinlichkeit angegeben werden können.[412] Das **Vorsichtsprinzip** legt fest, dass bei **Verdichtung der Bandbreite** auf *einen* Wert ungünstige Werte höher zu gewichten sind als günstige, so dass als Bewertungsmaßstab grundsätzlich nicht der Erwartungswert maßgeblich ist.[413] Das Vorsichtsprinzip ist primär ein GoB für die Bewertung und kein dominierendes Prinzip im GoB-System für Ansatz *und* Bewertung, auf dessen Grundlage weitere Folgeprinzipien abgeleitet werden.[414] Für Kapitalerhaltungszwecke ist diese Einschränkung begrüßenswert, da ab einem bestimmten Umfang der Unterbewertung von Aktiva und Überbewertung von Passiva erhebliche Risikoanreiz- und Überinvestitionsprobleme resultieren können. Die zentrale Klammer des Vorsichtsprinzips besteht daher nicht in der systema-

---

412 Vgl. BAETGE, J./ZÜLCH, H., in: HdJ, Abt. I/2 (2010), Rn. 94; zur Alternative einer Bandbreitenrückstellung bereits BAETGE, J., Möglichkeiten der Objektivierung, S. 150.

413 Vgl. LEFFSON, U., Die Grundsätze ordnungsmäßiger Buchführung, S. 479 („*Wert vom unteren Ende der Bandbreite*") ADS, 6. Aufl., § 252, Rn. 66 („*Dem Vorsichtsprinzip entspricht es [...], bei mehreren Schätzungsalternativen stets eine etwas pessimistischere als die wahrscheinlichste Alternative zu wählen*"); in diesem Sinne auch BALLWIESER, W., in: Beck HdR, B 105 (2005), Rn. 18.

414 So auch LEFFSON, U., Die Grundsätze ordnungsmäßiger Bilanzierung, S. 467 f.; a. A. bspw. MOXTER, A., Realisationsprinzip, S. 1788; BEISSE, H., Gläubigerschutz, S. 83 („*Leitprinzip des GoB-Systems*"); BEISSE, H., Zum neuen Bild des Bilanzrechtssystems, S. 16 („*umfassendes [...] Prinzip*"); ADS, 6. Aufl., § 252, Rn. 60-63; BALLWIESER, W., in: Beck HdR, B 105 (2005), Rn. 25.

tischen Bildung stiller Reserven.[415] **Vielmehr ist Ausdruck des Vorsichtsgedankens das angestrebte hohe Maß an Objektivierung und der damit verbundene Ausschluss opportunistischen Verhaltens der Gesellschafter.**[416] Daher darf das Vorsichtsprinzip nicht „überstrapaziert" werden. Vielmehr ist es im Zuge der herausgehobenen Objektivierungsstrenge durch die Willkürfreiheit begrenzt.[417]

Eine Besonderheit besteht darin, dass partielle Zweckdivergenzen zwischen dem Rechenschafts- und dem Kapitalerhaltungszweck durch außerbilanzielle Ausschüttungsparameter aufgelöst werden. In diesem Sinn beinhaltet § 268 Abs. 8 HGB für bestimmte Aktiva eine **Ausschüttungssperre**. Diese sind vergleichbar zu den originär gesellschaftsrechtlichen Ausschüttungsparametern nach §§ 57 AktG, 30 GmbHG und Ausdruck des **Kompromisscharakters** der Rechenschafts- und Kapitalerhaltungsfunktion. Hierbei wird die Gewinnermittlungs- zu Gunsten der Gewinnverwendungsebene verlassen, um bei Kapitalgesellschaften ein Mindestmaß an Kapitalerhaltung sicherzustellen:

- Selbst geschaffene immaterielle Vermögensgegenstände des Anlagevermögens (§ 248 Abs. 2 Satz 1 HGB);
- Überschuss des beizulegenden Zeitwerts über die Anschaffungskosten des Planvermögens im Sinne des § 246 Abs. 2 Satz 2 HGB abzüglich hierauf gebildeter passiver latenter Steuern;
- aktive Steuerlatenzen, die den Betrag der passiven Steuerlatenzen übersteigen (§ 274 Abs. 1 Satz 2 HGB).

Die Kapitalerhaltungsgrundsätze sind systemadäquat eingebettet in das Bestreben des deutschen Gesetzgebers nach bestmöglicher Objektivierung der Bemessungsgrundlage, das bereits im Zusammenhang mit den Definitionsgrundsätzen für den Jahreserfolg und den Ansatzgrundsätzen zutreffend herausgestellt wurde. Dieser Anspruch wird auch bei den Kapitalerhaltungsgrundsätzen nicht durchgängig verwirklicht, da u. a. im Bereich des Imparitätsprinzips umfangreiche Ermessensspielräume für den Abschlussersteller bestehen. Indes leistet insbesondere das Imparitätsprinzip einen nicht unerheblichen Bei-

---

415 So auch ADS, 6. Aufl., § 252, Rn. 71.
416 Vgl. ADS, 6. Aufl., § 252, Rn. 73; BAETGE, J./KIRSCH, H.-J./THIELE, S., Bilanzen, S. 102.
417 Vgl. hierzu LANG, J., in: HuRB, S. 243; ADS, 6. Aufl., § 252, Rn. 126.

trag zur Reduzierung von Risikoanreizproblemen, was bereits die ökonomischen Grundüberlegungen zu den Bewertungsmaßstäben verdeutlicht haben.

234. Zusammenfassende Würdigung des Kapitalerhaltungsregimes auf Basis der bisherigen ökonomischen Grundüberlegungen

Das GoB-System zur Sicherstellung einer nominalkapitalerhaltenden Ausschüttungsbemessung ähnelt in wesentlichen Teilen dem zuvor dargestellten System historischer Kosten i. V. mit dem Imparitäts- und einem umsatzgebundenen Realisationsprinzip. Durch die Anknüpfung an äußerlich fassbare, justiziable Tatbestandsmerkmale lässt sich das subjektive Ermessen des Abschlusserstellers eingrenzen. Als Ausnahme von der stark objektivierungsrechtlich geprägten Ausrichtung des GoB-Systems ist das Imparitätsprinzip zu nennen, da als Korrektivwerte die beizulegenden Werte auf dem Beschaffungs- bzw. Veräußerungsmarkt herangezogen werden sollen, für die häufig keine objektivierte Wertermittlung über liquide Marktpreise möglich sein dürfte. Auch die Beurteilung der Dauerhaftigkeit von Wertminderungen bietet Ermessensspielräume.

Die zuvor herausgearbeiteten **Problembereiche** bei einer Bewertung zu historischen Kosten betreffen u. a. die **Anreize zu liquidationsfinanzierten Ausschüttungen und Risikoanreizprobleme** durch die Bewertungsobergrenze der fortgeführten Anschaffungs- und Herstellungskosten sowie mögliche Überinvestitionsprobleme durch die vergleichsweise strikten Ansatzkriterien für Vermögensgegenstände und Schulden. Insbesondere gegen Überinvestitionsprobleme bietet aber das Imparitätsprinzip und in schwächerem Umfang das Vorsichtsprinzip Vorkehrungen, um eine gläubigerschädliche Investitionspolitik frühzeitig bilanziell zu erfassen. Demgegenüber dürfte die Eingrenzung der Aktivierungskriterien an **äußerlich erfassbare Einzahlungspotenziale** (Kriterium der Einzelverwertbarkeit) i. V. mit dem **Kriterium der wirtschaftlichen Zurechenbarkeit** vereinzelt Unterinvestitionsprobleme induzieren, da sich die Aktivierungskonzeption in wesentlichen Teilen am Zerschlagungsfall orientiert und c. p. für den Kapitalnehmer geringe Anreize bestehen, in nicht aktivierungsfähige Ressourcen zu investieren, die künftige Einzahlungspotenziale generieren sollen. Das GoB-System orientiert sich konsequent an den **Vorteilen der hohen Objektivierungsstrenge** einer Bewertung zu historischen Kosten und sorgt dafür, dass gravierende Friktionen durch fremdfinanzierungs- und liquidationsbedingte Probleme, durch Risikoanreizprobleme sowie durch Unterinvestitions- und Überinvestitionsprobleme reduziert werden. **Ein simultaner Schutz gegen sämtliche Gläubigerrisiken durch das GoB-System wird im Regelfall dennoch nicht erreicht.** Durch die Gleichrangigkeit des Rechenschafts- mit dem Kapitalerhaltungszweck wird Letzterem nicht monofunktional Geltung verschafft. Vielmehr ist das **GoB-System kompromisshaft** ausgestaltet, sodass nicht sämtliche Normen die Anforderungen aus §§ 30 GmbHG, 57 AktG umfassend erfüllen (z. B. kein Barrealisationsprinzip).

24 Zusammenfassung und Implikationen für die weitere Untersuchung des IFRS-SME

Die Ausführungen zum **zweiten Problemkomplex** (*Ökonomische Grundüberlegungen zum Kapitalerhaltungszweck*) widmeten sich in **Abschnitt 22** zunächst der Beantwortung der **Detailfragen** (21) zur ökonomischen Präzisierung eines Gläubigerschutzes durch bilanzielle Ausschüttungsbemessung. Im Rahmen der finanziellen Prinzipal-Agenten-Theorie lässt sich nachweisen, dass bei Kapitalgesellschaften vertragliche Friktionen zwischen Gläubigern und Kapitalnehmern entstehen. Diese resultieren aus der Eigennutzenmaximierung der Kapitalnehmer (Eigentümer der Kapitalgesellschaft), Informationsasymmetrien und Transaktionskosten bei der Informationsbeschaffung und -verarbeitung. Risiken aus dem absichtlichem Fehlverhalten der Kapitalnehmer, die zur Erhöhung der Insolvenzwahrscheinlichkeit führen, werden als **Gläubigerrisiken** bezeichnet. **Gläubigerschutz beinhaltet den Schutz vor Gläubigerrisiken durch geeignete Schutzinstitutionen.** Rechnungslegung lässt sich als eine normierte Schutzinstitution verstehen, indem sie Informationsasymmetrien abbaut (informationeller Gläubigerschutz) und indem auf diese Handlungsrestriktionen konditioniert werden (institutioneller Gläubigerschutz). Es lässt sich zwischen vor- und nachvertraglichen informationsbedingten Gläubigerisiken und investitions- und finanzierungsbedingten Gläubigerrisiken differenzieren. Ein gesetzliches Regulierungserfordernis der Rechungslegung im Vergleich zu vertraglichen Schutzinstitutionen ist unter gesamtwirtschaftlichen Effizienzaspekten nicht eindeutig nachweisbar. Es wurde daher unterstellt, dass die Normierung der Rechnungslegung den berechtigten Interessen der nicht anpassungsfähigen bzw. verhandlungsschwachen Gläubiger, die keinen vertraglichen Schutz vereinbaren können

Kapitel 2: Ökonomische Grundüberlegungen zum geltenden Kapitalerhaltungsregime in Deutschland

oder für die dies unwirtschaftlich ist, Rechnung tragen soll. Alternativ ist die Normierung der Rechnungslegung effizient, wenn diese eine Lückenschließungsfunktion (Senkung der Transaktionskosten) erfüllt.

Normierte Rechnungslegungsinformationen enthalten weder unmittelbar noch mittelbar verwertbare Prognoseinformationen zur Höhe der Insolvenzwahrscheinlichkeit. Dies resultiert aus der Einwertigkeit der Rechnungslegungsgrößen i. V. mit der fehlenden Kenntnis der Entscheidungsituation des Gläubigers. Die Rechnungslegung kann kaum eine Lückenschließung zur Verringerung vorvertraglicher informationsbedingter Gläubigerrisiken erfüllen (**Entscheidungsunterstützungsfunktion**). Die Regulierungsnotwendigkeit aufgrund der Schutzbedürftigkeit nicht anpassungsfähiger bzw. verhandlungsschwacher Gläubiger scheidet daher aus. Für **Kontrollzwecke** (Verringerung nachvertraglicher informationsbedingter Gläubigerrisiken) ist die Rechnungslegung dann geeignet, wenn *ex post* Reichtumsverlagerungen mittelbar aufgedeckt werden können. Durch die Forderung nach Glaubwürdigkeit der Rechnungslegungsinformationen, die durch empirische Evidenz bei Kreditinstituten als verhandlungsstarke Gläubiger nachgewiesen wurde, lässt sich die Bedeutung der Kontrollfunktion empirisch belegen. Auch für die nicht anpassungsfähigen und verhandlungsschwachen Gläubiger ergibt sich ein Normierungsrechtfertigung. **Ein informationeller Gläubigerschutz der Rechnungslegung lässt sich insgesamt primär über die Kontrollfunktion umsetzen.** Der Schutzzweck der **Ausschüttungsbemessungsfunktion** besteht darin, die Insolvenzwahrscheinlichkeit nach Begründung der Kapitalüberlassung durch die Begrenzung von Ausschüttungen nicht über den Ursprungswert bei Vertragsschluss steigen zu lassen. Ausschüttungen haben Auswirkungen auf die Höhe finanzierungsbedingter Gläubigerrisiken, beeinflussen aber auch investitionsbedingte Gläubigerrisiken (Mindestinvestitionsverpflichtung). Eine Rechnungslegung mit **historischen Kosten** und einem **umsatzgebundenen Realisationsprinzip** ist geeignet, besonders prekäre Gläubigerschädigungen zu vermeiden (Unterinvestitionsprobleme und fremdfinanzierungsbedingte Probleme; in begrenztem Umfang Risikoanreizprobleme und liquidationsbedingte Probleme). Durch die hohe Objektivierungsstrenge ergeben sich große Schnittmengen mit der Kontrollfunktion. Für verhandlungsschwache und nicht anpassungsfähige Gläubiger besteht ein Regulierungserfordernis (Ausbeutungsoffenheit). Die Evidenz zu vertraglichen Ausschüttungsrestriktionen (u. a. für die USA) verdeutlicht, dass sich länderuntypische Eigenschaften identifizieren lassen, die die Simulation des deutschen Kapitalerhaltungsregimes belegen. Das Festhalten am Kapitalerhaltungsregime und die Forderung nach der passgenauen Einbindung des IFRS-SME ist ökonomisch vertretbar.

Die **Detailfragen (22)** wurden in **Abschnitt 23** beantwortet. Das **gesetzliche Kapitalerhaltungsregime in Deutschland** orientiert sich in wesentlichen Teilen an einer **Rechnungslegung auf Basis historischer Kosten** mit einem Imparitäts- und einem umsatzgebundenen Realisationsprinzip. Hierbei knüpfen die gesellschaftsrechtlichen Kapitalerhaltungsnormen nach §§ 57 AktG, 30 GmbHG an die bilanzielle Bemessungsgrundlage an, die sich aus den Ansatz- und Bewertungsvorschriften des HGB ergibt. Auf Basis einer **nominalkapitalerhaltenden Ausschüttungsbemessung** sichert das zweckkompatible Ineinandergreifen von Handels- und Gesellschaftsrecht die Ausschüttungsbegrenzung zu Gunsten der Gläubiger ab. Die konzeptionelle Ausrichtung des Bilanzrechts konkretisiert sich über das **GoB-System**. Die Anforderungen an die bilanzielle Kapitalerhaltung, insbesondere die stark objektivierungsgeprägte Ausrichtung i. V. mit der Quasi-Sicherheit der ausschüttungsoffenen Reinvermögenserhöhungen, werden in wesentlichen Bereichen zweckadäquat über das GoB-System konkretisiert. Im Zuge des o. g. Befunds zur Angemessenheit einer Rechnungslegung auf Basis historischer Kosten ist daher ein **Festhalten am deutschen Kapitalerhaltungsregime ökonomisch gut begründbar**. Jegliche **Änderung in der bilanziellen Bezugsbasis**, bspw. durch die Einführung des IFRS-SME im Einzelabschluss, muss dahin gehend geprüft werden, inwiefern sich diese konzeptionell (d. h. auf Ebene der Rechnungslegungsprinzipien) sowie auf Ebene der konkreten Ansatz- und Bewertungsvorschriften in das bestehende Kapitalerhaltungsregime einfügt und den Anforderungen des AktG und GmbHG sowie dem GoB-System entspricht. Dies ist Gegenstand der folgenden **Abschnitte 3** und **4**.

Kapitel 2: Ökonomische Grundüberlegungen zum geltenden Kapitalerhaltungsregime in Deutschland

3 Konzeptionelle und europarechtliche Implikationen einer IFRS-SME-Anwendung im Einzelabschluss zur Kapitalerhaltung

31 Vorüberlegungen zum Untersuchungsziel und zur Vorgehensweise

In **Abschnitt 2** wurde die prinzipielle Eignung des deutschen Kapitalerhaltungsregimes als Schutzinstitution gegen **finanzierungs- und investitionsbedingte Gläubigerrisiken** aufgezeigt. Ein Festhalten an der bilanziellen Kapitalerhaltung ist auf dieser Basis ökonomisch gut begründbar. Um die Auswirkungen der Einführung des IFRS-SME im Einzelabschluss qualitativ abschätzen zu können, sollen in diesem Abschnitt die **konzeptionellen Grundlagen des IFRS-SME**, d. h. die Zielsetzung und die qualitativen Anforderungen, die bei der Auslegung der IFRS-SME-Einzelnormen zugrunde zu legen sind, mit Blick auf die **Zweckadäquanz zur Kapitalerhaltung** beleuchtet werden. Dies stellt den Ausgangspunkt für die bilanztheoretisch-hermeneutische Würdigung der IFRS-SME-Einzelnormen **in Abschnitt 4** dar. Die Ergebnisse dieses Abschnitts determinieren die Entwicklung einer Regulierungsempfehlung **in Abschnitt 5**.

In unmittelbarem Anschluss hieran werden die **gemeinschaftsrechtlichen Regulierungsgrundlagen zur Kapitalerhaltung auf EU-Ebene** untersucht. Auf Basis der gewonnenen Erkenntnisse zu den konzeptionellen Grundlagen des IFRS-SME lässt sich ein Brückenschlag zur europarechtlichen Vereinbarkeit des IFRS-SME und potenziell erforderlicher Anpassungsmaßnahmen des gemeinschaftsrechtlichen Besitzstands herstellen. Das Kapitalerhaltungsregime in Deutschland ist in hohem Maß durch Europarecht beeinflusst. Für Zwecke dieser Arbeit liegt der Fokus auf der gesellschaftsrechtlichen Regulierungsebene in Form der **Kapitalrichtlinie** (KapRL) und der **Bilanzrichtlinie** (BilRL) sowie der kapitalmarktrechtlichen Regulierungsebene in Form der **IAS-Verordnung** (IAS-VO). Die konzeptionelle Ausrichtung des IFRS-SME im ersten Teil des Abschnitts deutet auf das „Ob" und das „Wie" einer Einbindung dieses Rechnungslegungsstandards in das europäische Normensystem mit Blick auf die Vorschriften zur Kapitalerhaltung hin. Damit wird an dieser Stelle auf die Bedeutung des gemeinschaftsrechtlichen Besitzstands für die künf-

Kapitel 3: Konzeptionelle und europarechtliche Implikationen einer IFRS-SME-Anwendung im Einzelabschluss zur Kapitalerhaltung

tige Regulierung des IFRS-SME auch in Deutschland hingearbeitet. Auf die Vereinbarkeit der konkreten Einzelnormen des IFRS-SME zur Gewinnermittlung wird hingegen nur am Rande eingegangen, da dies Gegenstand der bilanztheoretisch-hermeneutischen Würdigung in **Abschnitt 4** ist. Die Analyse des gemeinschaftsrechtlichen Besitzstands ist von hoher Bedeutung zur Entwicklung der Regulierungsempfehlung für Deutschland (**Abschnitt 5**). Insofern haben die Ergebnisse Auswirkungen auf die anschließende Untersuchung in **Abschnitt 4** und in **Abschnitt 5** (vgl. *Übersicht 3-1*).

Der **dritte Problemkreis** (*Konzeptionelle und europarechtliche Implikationen einer IFRS-SME-Anwendung zur Kapitalerhaltung*) lässt sich durch folgende Detailfragen zusammenfassen:

(31) Auf welchen konzeptionellen Grundannahmen basiert der IFRS-SME - auch im Vergleich zu den IFRS - und welche Schlussfolgerungen lassen sich zur Sicherstellung des Kapitalerhaltungszwecks auf Basis eines IFRS-SME-Abschlusses ziehen?

(32) Welche europarechtlichen Rahmenbedingungen beeinflussen die handels- und gesellschaftsrechtlichen Normen zur Kapitalerhaltung und wie wird eine IFRS-SME-Anwendung in Deutschland europarechtlich gedeckt? Inwiefern wäre die Umsetzung ergänzender Schutzmaßnahmen (z. B. außerbilanzielle Ausschüttungskorrekturen) gemeinschaftsrechtlich legitimiert?

Zur Beantwortung der **Detailfrage (31)** steht in **Abschnitt 32** die konzeptionelle Ausrichtung des IFRS-SME im Untersuchungsfokus. Nach einem kurzen Abriss der Entstehungsgeschichte (**Abschnitt 322**) und der Analyse des potenziellen Anwenderkreises des IFRS-SME (**Abschnitt 323**) wird die Zweckadäquanz des konzeptionellen Rahmens des IFRS-SME zur bilanziellen Kapitalerhaltung herausgearbeitet (**Abschnitt 324**). Hierfür lässt sich auf die im vorangegangenen Abschnitt gewonnenen handels- und gesellschaftsrechtlichen Anforderungskriterien an ein zweckkompatibles bilanzielles Bezugssystem zurückgreifen. Als Ergebnis der ersten Fragestellung wird eine Einschätzung zur Eignung der konzeptionellen Ausrichtung des IFRS-SME zur bilanziellen Kapitalerhaltung abgegeben (**Abschnitt 325**).

Mit Blick auf die **Detailfrage (32)** soll in **Abschnitt 33** die europäische Kapitalschutzregulierung *de lege lata* gewürdigt werden. Nach einem kurzen Abriss der primärrechtlichen Ermächtigungsgrundlagen für eine europäische Regulierung der Kapitalerhaltung und des Bilanzrechts (**Abschnitt 332**) wird eine Einbindung des IFRS-SME in das europäische Gesellschaftsrecht auf Basis der KapRL und der BilRL (**Abschnitt 333**) sowie in die kapitalmarktrechtliche Regulierung auf Basis der IAS-VO (**Abschnitt 334**) geprüft. Als Ergebnis der zweiten Fragestellung wird der mögliche Anpassungsbedarf des gemeinschaftsrechtlichen Besitzstands herausgearbeitet.

Die Ergebnissynthese in **Abschnitt 34** liefert einerseits die konzeptionellen Grundlagen für die Untersuchung der Einzelnormen des IFRS-SME in **Abschnitt 4** sowie die europarechtlichen Rahmenbedingungen für eine Regulierungsempfehlung in Deutschland *de lege ferenda* in **Abschnitt 5** (vgl. *Übersicht 3-1*).

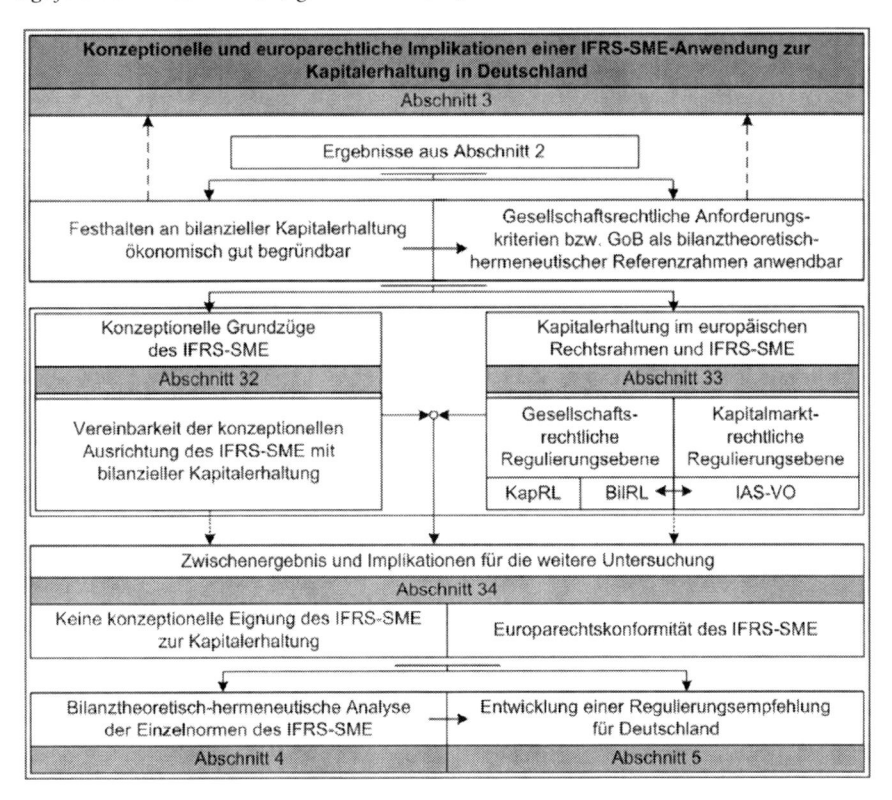

Übersicht 3-1: Struktur des Vorgehens in Kapitel 3

Kapitel 3: Konzeptionelle und europarechtliche Implikationen einer IFRS-SME-Anwendung im Einzelabschluss zur Kapitalerhaltung

32 Konzeptionelle Grundzüge des „IFRS for Small and Medium-Sized Entities"

321. Überblick

In diesem Abschnitt werden in der gebotenen Kürze die Entstehungsgeschichte des IFRS-SME-Standards dargestellt (**Abschnitt 322**) und der potenzielle Anwenderkreis des IFRS-SME herausgarbeitet (**Abschnitt 323**). Die Kenntnis der Entwicklungsgeschichte und des potenziellen Anwenderkreises erleichtert das Verständnis der konzeptionellen Ausrichtung des IFRS-SME und dient daher als Grundlage für den inhaltlichen Schwerpunkt dieses Unterabschnitts, der **bilanztheoretisch-hermeneutischen Würdigung des konzeptionellen Rahmens des IFRS-SME** zur Sicherstellung des Kapitalerhaltungszwecks (**Abschnitt 324**), die mit dem in **Abschnitt 24** aufgezeigten Referenzrahmen (handelsrechtliches GoB-System) vorgenommen wird. Der Abschnitt schließt mit einem Zwischenfazit zur Zweckdäquanz der Konzeption des IFRS-SME (**Abschnitt 325**).

322. Entstehungsgeschichte und Entwicklung des Standards

Die **Entwicklung** eines speziellen Standards „IFRS-SME"[1] wurde **seit 1998** beim International Accounting Standards Committee (IASC), der Vorgängerorganisation des International Acccounting Standards Board, **diskutiert**.[2] Hintergrund war die Forderung nach international vergleichbaren Rechnungslegungsinformationen auch für kleine und mittelgroße Unternehmen, da die Anwendung der IFRS mit einer zu hohen Komplexität und Kosten für kleine und mittelgroße Unternehmen verbunden sei.[3] Dennoch bestehe auch für diese Unternehmen der Bedarf nach international vergleichbaren Rechnungs-

---

[1] Im Folgenden wird durchgehend die Abkürzung „IFRS-SME" verwendet. Die endgültige Verwendung dieser Bezeichnung gab das IASB erst im Juni 2009 bekannt. Zwischenzeitlich wurde in den Jahren 2005 bis 2008 die Bezeichnung „IFRS for Non-Publicly Accountable Entities" (IFRS for NPAEs) sowie in 2008 und 2009 die Bezeichnung „IFRS for Private Entities" (IFRS for PEs) verwendet. Vgl. IASC FOUNDATION (HRSG.), IASB Update May 2008, S. 1. Noch im Januar 2009 hatte man sich entschlossen, wieder die Bezeichnung „IFRS for NPAEs" anzuwenden. Vgl. IASC FOUNDATION (HRSG.), IASB Update January 2009, S. 4 sowie zusammenfassend ebenfalls JANSSEN, J./GRONEWOLD, U., IFRS for SMEs, S. 75 f.

[2] Vgl. BEIERSDORF, K., IASB-Projekt, S. 762; POLL, J., Zum Stand des Projekts IFRS for SMEs, S. 83 f.; HALLER, A., Rechnungslegung für den Mittelstand, S. 231.

[3] Vgl. SCHILDBACH, T., IAS als Rechnungslegungsstandard für alle, S. 276; HALLER, A., Financial accounting developments, S. 181; DALLMANN, H./ULL, T., IFRS-Rechnungslegung für kleine und mittlere Unternehmen, S. 321.

legungsinformationen (IFRS-SME BC.35-36). Nach der **Einstufung des IFRS-SME-Projekts** als *agenda project* im **Jahr 2003** führte das IASB im **Juni 2004** die erste öffentliche Konsultation mittels eines **Diskussionspapiers** durch.[4] Hierzu gingen 113 Stellungnahmen ein, die nach Meinung des IASB den Bedarf eines speziellen Rechnungslegungsstandards für kleine und mittelgroße Unternehmen aufzeigten (IFRS-SME BC.5 und BC.7). Auf dieser Basis traf es eine **Reihe von Grundsatzentscheidungen**. Diese beinhalteten insbesondere die **rein qualitative Abgrenzung des potenziellen Anwenderkreises** des IFRS-SME und die Festlegung auf einen *stand alone*-Ansatz[5], d. h. ein von den IFRS weitgehend losgelöstes Regelwerk. Zusätzlich wurden die **Adressatenorientierung** und die **Kosten-/Nutzen-Relation** als zentrale Kriterien für die Modifikation der IFRS hin zu einem IFRS-SME identifiziert. Die Modifikationen sollten sich nicht auf eine Verringerung von Anhangangaben im Vergleich zu den IFRS beschränken,[6] sondern die **Veränderung der Ansatz- und Bewertungsvorschriften** beinhalten.[7] Hierbei legte sich das IASB bereits zu einem frühen Zeitpunkt darauf fest, ein **einheitliches Rahmenkonzept** für den IFRS-SME und die IFRS anzuwenden.[8] **Faktisch wurde damit das IFRS-Rahmenkonzept auf den IFRS-SME adaptiert**, obwohl zugleich Modifikationen der Gewinnermittlungsvorschriften vorgesehen waren.[9] Im Gegensatz zu den

---

[4] Vgl. IASC FOUNDATION (HRSG.), Preliminary Views on Accounting Standards; hierzu ausführlich BÖCKING, H.-J./HEROLD, C./MÜßIG, A., Zur Notwendigkeit modifizierter IFRS, S. 791-797; DALLMANN, H./ULL, T., IFRS-Rechnungslegung für kleine und mittlere Unternehmen, S. 323-331; HALLER, A./EIERLE, B., Accounting Standards, S. 1839-1844.

[5] Vgl. IASC FOUNDATION (HRSG.), IASB Update May 2006, S. 3; hierzu auch KÜTING, K./LAM, S., IFRS für kleine und mittlere Unternehmen - Teil A, S. 692.

[6] Ursprünglich war dies im Rahmen des Diskussionspapiers noch vorgeschlagen worden. Vgl. IASC FOUNDATION (HRSG.), Preliminary Views on Accounting Standards, S. 36.

[7] Vgl. EVANS, L. ET AL., Problems and Opportunities of an IFRS for SMEs, S. 39; BEIERSDORF, K./SCHREIBER, S., Entwicklung von internationalen Rechnungslegungsstandards, S. 481 f.; PRASSE, S., in: BAETGE ET AL., Rechnungslegung nach IFRS, 2. Aufl., Teil A, Kap. V, Rn. 4; kritisch zur Differenzierung der Ansatz- und Bewertungsvorschriften COENENBERG, A., IFRS auch für den Mittelstand, S. 112; BÖCKING, H.-J./HEROLD, C./MÜßIG, A., Zur Notwendigkeit modifizierter IFRS, S. 796 (ausschließlich Differenzierung der Anhangangaben).

[8] Vgl. HALLER, A./EIERLE, B., Accounting Standards, S. 1843; BEIERSDORF, K., IASB-Projekt, S. 762; ZÜLCH, H., Aktueller Arbeitsentwurf des IASB, S. 233; kritisch hierzu bereits BÖCKING, H.-J./HEROLD, C./MÜßIG, A., Zur Notwendigkeit modifizierter IFRS, S. 792; BALLWIESER, W., IFRS für nicht-kapitalmarktorientierte Unternehmen, S. 28 f.; KAHLE, H./DAHLKE, A., IFRS für mittelständische Unternehmen, S. 317 f.

[9] Vgl. JANSSEN, J., Rechnungslegung im Mittelstand, S. 36; zur Bedeutung des IFRS-Rahmenkonzepts bereits IASC FOUNDATION (HRSG.), Preliminary Views on Accounting Standards, S. 18 f.

Kapitel 3: Konzeptionelle und europarechtliche Implikationen einer IFRS-SME-Anwendung im Einzelabschluss zur Kapitalerhaltung

IFRS sollte der IFRS-SME zudem in Form eines sog. *omnibus*-Standards sämtliche Rechnungslegungsvorschriften in *einem* Regelwerk beinhalten, wobei die **themenbezogene Gliederung der IFRS** hierin inkorporiert werden sollte.[10]

Nach einer erneuten Konsultation über konkrete Modifikationen der Ansatz- und Bewertungsvorschriften auf Basis eines **Fragebogens** *(staff questionnaire)* **im Jahr 2005**[11], einer Reihe sog. *round table meetings* mit Fachvertretern[12] sowie einer ersten **Arbeitsversion** *(staff draft)* des noch in der Entwicklung befindlichen Standardentwurfs[13] **im Jahr 2006**, veröffentlichte das IASB im **Februar 2007** den fertigen **Standardentwurf** *(exposure draft)* des IFRS-SME zur Stellungnahme für die interessierte Öffentlichkeit.[14] Hierzu gingen 162 Stellungnahmen ein. Das *exposure draft* (ED) war eng an die Regelungen der bestehenden IFRS angelehnt und zeigte nur in wenigen Bereichen Erleichterungen auf.[15] Durch die Vielzahl an Querverweisen sowie inhaltlichen und sprachlichen Anlehnungen an die IFRS wurden die effektiven Erleichterungen angezweifelt. Die Anwendung des IFRS-SME sei letztlich komplexer als die IFRS-Bilanzierung, da parallele Kenntnisse über zwei Rechnungslegungssysteme vorausgesetzt würden.[16] Die Resonanz auf den Standardentwurf war aus deutscher Sicht daher ausgesprochen verhalten.[17] Auch auf europäischer Ebene wurde der ED IFRS-SME skeptisch beurteilt.[18]

---

10 Vgl. IASC FOUNDATION (HRSG.), Preliminary Views on Accounting Standards, S. 42; hierzu auch DALLMANN, H./ULL, T., IFRS für kleine und mittelgroße Unternehmen, S. 331.

11 Vgl. IASC FOUNDATION (HRSG.), Staff Questionnaire IFRS-SME; BEIERSDORF, K., IASB-Projekt, S. 763 f.; BALLWIESER, W., IFRS für nicht kapitalmarktorientierte Unternehmen, S. 28.

12 Vgl. BRUNS, H.-G./KNORR, L., in: BRUNS, H.-G. ET AL., IFRS-SME, Teil A, Kap. I, Rn. 13.

13 Vgl. IASC FOUNDATION (HRSG.), IASB Update May 2006, S. 3 f.; hierzu auch BEIERSDORF, K., IFRS für kleine und mittelgroße Unternehmen, S. 1898-1900; ZÜLCH, H., Aktueller Arbeitsentwurf des IASB, S. 233-235; HOFFMANN, W.-D./LÜDENBACH, N., Diskussionsentwurf, S. 1903 f.

14 Vgl. IASC FOUNDATION (HRSG.), Exposure Draft IFRS-SME.

15 Vgl. HALLER, A./EIERLE, B./BEIERSDORF, K., ED-IFRS for SMEs, S. 551; ZÜLCH, H./BURGHARDT, S., Neue Rechnungslegungsnormen für den Mittelstand, S. 113. Im Folgenden wird für den Standardentwurf des IFRS-SME durchgehend die Bezeichnung „ED IFRS-SME" verwendet.

16 Vgl. BALLWIESER, W., IFRS für nicht-kapitalmarktorientierte Unternehmen, S. 29 („[...] *weil sich Anwender in zwei getrennten Regelwerken auskennen müssen*"); KÖHLER, A., IFRS-Standardentwurf für den Mittelstand, S. 6.

17 Vgl. BEIERSDORF, K./MORICH, S., IFRS für kleine und mittelgroße Unternehmen, S. 11; ebenfalls kritisch KAHLE, H./DAHLKE, A., IFRS für mittelständische Unternehmen, S. 318; LÜDENBACH, N./HOFFMANN, W.-D., Der Standardentwurf des IASB für den Mittelstand, S. 549; KUßMAUL, H./HILLMER, K., IFRS für kleine und mittelgroße Unternehmen, S. 123 f.; ROTH, O., IFRS für KMU, S. 1458.

Parallel zur Konsultation über den Standardentwurf führte das IASB in Kooperation mit den nationalen Standardsetzern **Feldstudien** mit über 100 Unternehmen aus 20 Ländern durch, um die **Verständlichkeit des Standardtexts, Kosten-/Nutzen-Aspekte** bei dessen Anwendung durch SMEs sowie die **Adäquanz der Anwendungsleitlinien** zu überprüfen (IFRS-SME BC.20-21).[19] In Deutschland beteiligten sich 15 Unternehmen.[20]

Mit Blick auf die Kritik am ED sowie den Ergebnissen der Feldstudie sah sich das IASB veranlasst, unter Kosten-/Nutzen-Überlegungen den Standardentwurf grundlegend zu überarbeiten (IFRS-SME BC.34). Der in wesentlichen Teilen modifizierte **finale Standard** wurde am 9. Juli 2009 durch das IASB veröffentlicht[21] und in den folgenden Monaten inhaltlich durch die Ausarbeitung praktischer Fallbeispiele und Problemstellungen (*training material*) für die Abschlussersteller illustriert (vgl. zum Verlauf des IFRS-SME-Projekts zusammenfassend *Übersicht 3-2*).[22]

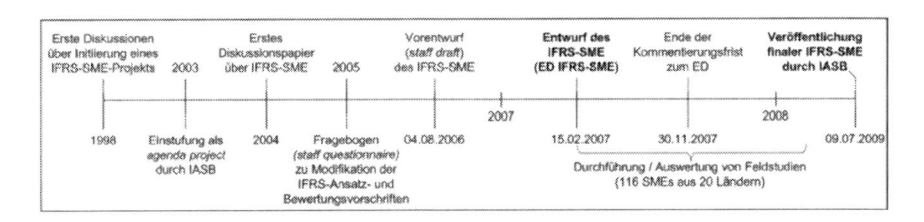

Übersicht 3-2:   *Entwicklungsschritte bis zum finalen IFRS-SME-Standard*

---

18 Vgl. EUROPÄISCHE KOMMISSION (HRSG.), KOM (2007) 394 endgültig v. 10. Juli 2007, S. 8; AUSSCHUSS FÜR WIRTSCHAFT UND WÄHRUNG (HRSG.), Verlautbarung 2006/2248 (INI) v. 5. Februar 2008, Rn. 36.

19 Vgl. zu den Ergebnissen für Deutschland HALLER, A./EIERLE, B./BEIERSDORF, K., Deutsche nichtkapitalmarktorientierte Unternehmen und ED-IFRS for SMEs, S. 155-163; für Europa BEIERSDORF, K./MORICH, S., IFRS für kleine und mittelgroße Unternehmen, S. 6-8.

20 Vgl. hierzu Abschnitt 542.

21 Vgl. IASC FOUNDATION (HRSG.), IASB publishes IFRS for SMEs; hierzu BEIERSDORF, K./EIERLE, B./HALLER, A., IFRS for SMEs, S. 1550-1557; BÖMELBURG, P./LANDGRAF, C./PÖPPEL, A., IFRS für KMU, S. 291-295; WENK, M./JAGOSCH, C./SCHMIDT, S., IFRS for SMEs 2009, S. 2164-2169.

22 Konkrete bilanzierungspraktische Fragestellungen sowie Fragen zur Weiterentwicklung des IFRS-SME werden zudem in der *SME Implementation Group* eruiert. Derzeit befindet sich in dieser Arbeitsgruppe kein deutsches Mitglied. Vgl. IFRS FOUNDATION (HRSG.), IFRS Foundation appoints members of the SME Implementation Group.

Kapitel 3: Konzeptionelle und europarechtliche Implikationen einer IFRS-SME-Anwendung im Einzelabschluss zur Kapitalerhaltung

323. Differenzierungskriterium der öffentlichen Rechenschaftspflicht und Abgrenzung zu Typologien mittelständischer Unternehmen

323.1 Vorbemerkungen

Bevor die konzeptionellen Grundlagen mit Blick auf die Kapitalerhaltungsfunktion kritisch gewürdigt werden, soll zunächst der (potenzielle) Anwenderkreis des IFRS-SME herausgearbeitet werden (**Abschnitt 323.2**). Hierbei ist zu konstatieren, dass **keine Deckungsgleichheit** zwischen der im deutschen Schrifttum gebräuchlichen **Mittelstandsdefinition** und den **Abgrenzungskriterien des IFRS-SME** besteht. Anschließend wird auf Basis der Umsatzsteuerstatistik 2009 der potenzielle Anwenderkreis des IFRS-SME für Deutschland ermittelt und insbesondere die Bedeutung von Kapitalgesellschaften, auf die der Untersuchungsfokus dieser Arbeit bewusst gelegt wurde,[23] verdeutlicht (**Abschnitt 323.3**).

323.2 Differenzierungskriterium der öffentlichen Rechenschaftspflicht im IFRS-SME

Eine originäre Anwendungsverpflichtung für deutsche und europäische Unternehmen ergibt sich aus der Verabschiedung des IFRS-SME nicht, da das IASB eine privatrechtliche Organisation ohne eigene legislative Normsetzungskompetenz ist.[24] Aus diesem Grund handelt es sich bei dem durch das IASB intendierten Anwenderkreis ausschließlich um **potenzielle Anwender**. Dennoch ist die Festlegung des potenziellen Anwenderkreises eine maßgebliche Voraussetzung für die Festsetzung von Rechnungslegungsvorschriften, die von den IFRS abweichen, denn eine derartige Differenzierung kann nur durch **divergierende Nutzen- und Kostenkalküle** bei SMEs im Vergleich zu den Anwendern der IFRS begründbar gemacht werden.[25]

Auch wenn die Namensgebung des Standards („IFRS-SME") eine quantitative Differenzierung im Verhältnis zu den IFRS impliziert, so hat das IASB das qualitative Differenzierungskriterium der **öffentlichen Rechenschaftspflicht** (*public accountability*) zugrunde

---

23 Vgl. hierzu Abschnitt 15.
24 Vgl. hierzu Abschnitt 334.3.
25 Vgl. EVANS, L. ET AL., Problems and Opportunities of an IFRS for SMEs, S. 25; EIERLE, B., Differential Reporting, S. 648; KÖHLER, A./KÖHLER-BRAUN, K., in: BRUNS, H.-G. ET AL., IFRS-SME, Teil A, Kap. V, Rn. 3.

gelegt. Quantitative Abgrenzungskriterien sollen demnach keine Bedeutung haben, da deren Festlegung in hohem Maß von den nationalen Rahmenbedingungen abhängt (IFRS-SME 1.4; IFRS-SME BC.69-.70).[26] Gemäß IFRS-SME 1.2 sind nur solche Unternehmen als „SMEs" anzusehen, die **keiner öffentlichen Rechenschaftspflicht** (*public accountability*) unterliegen und **Mehrzweckabschlüsse** (*general purpose financial statements*) zur Information externer Adressaten veröffentlichen.[27] Die Erstellung eines Jahresabschlusses zur Ausschüttungsbemessung ist von der Zielsetzung eines IFRS-SME-Abschlusses ausgeschlossen. Das IASB räumt aber ein, dass ein IFRS-SME-Abschluss in Abhängigkeit der nationalen Regulierungsbedingungen zweckadäquat hierfür sein kann (IFRS-SME BC.51-.52). Ein Unternehmen unterliegt im Sinne einer Negativabgrenzung nach IFRS-SME 1.3 **keiner öffentlichen Rechenschaftspflicht**, wenn es:

- **keine geregelten, öffentlichen Kapitalmärkte** durch Ausgabe von Eigen- oder Fremdkapitaltiteln **in Anspruch nimmt** bzw. eine Inanspruchnahme nicht erwartet wird (Kapitalmarktorientierung); **oder**

- **keine Vermögenswerte hält**, die es im Rahmen seiner Hauptgeschäftstätigkeit für eine **große Gruppe Dritter verwaltet** (z. B. Kreditinstitute, Fondsgesellschaften).

Alle Unternehmen mit öffentlicher Rechenschaftspflicht sollen die *full* IFRS anwenden. Der Jahresabschluss dieser Unternehmen darf gemäß IFRS-SME 1.3 nicht als mit dem IFRS-SME übereinstimmend bestätigt werden. Lässt man die branchenspezifischen Ausnahmen für die treuhänderische Verwaltung von Vermögenswerten unberücksichtigt, entspricht das Kriterium der **öffentlichen Rechenschaftspflicht** dem Kriterium der **Kapitalmarktorientierung**, so dass dieses das maßgebliche Differenzierungskriterium im Verhältnis der IFRS zum IFRS-SME darstellt.[28] Das Kriterium der **Mehrzweckabschlüsse** weist auf die Bedeutung der Informationsvermittlung und damit auf die Adressatenorientierung bei der Entwicklung der Rechnungslegungsnormen hin.[29] Der Jahresabschluss

---

26 Vgl. ZABEL, M./CAIRNS, D., Vereinfachte IFRS für ausgewählte Unternehmen, S. 211. Die rein qualitative Abgrenzung wurde bereits in einem frühen Projektstadium beschlossen. Vgl. IASC FOUNDATION (HRSG.), Preliminary Views on Accounting Standards, S. 20 f.
27 Vgl. hierzu auch BEIERSDORF, K./EIERLE, B./HALLER, A., IFRS for SMEs, S. 1551; BÖMELBURG, P./LANDGRAF, C./PÖPPEL, A., IFRS für KMU, S. 291 f.
28 So im Ergebnis KÜTING, K./LAM, S., IFRS für kleine und mittlere Unternehmen - Teil A, S. 692.

Kapitel 3: Konzeptionelle und europarechtliche Implikationen einer IFRS-SME-Anwendung im Einzelabschluss zur Kapitalerhaltung

muss auf einen **breiten Kreis externer Abschlussadressaten ausgerichtet** sein (IFRS-SME P.8) und nicht für spezifische Zwecke der Nutzer erstellt werden.[30] Die **Kapitalmarktorientierung** eignet sich folgerichtig als Kriterium zur Ableitung **separater Rechnungslegungsvorschriften** für nichtkapitalmarktorientierte Unternehmen nur dann, wenn:[31]

- die **primären Rechnungslegungsadressaten von SMEs** im Gegensatz zu kapitalmarktorientierten Unternehmen definiert werden;

- deren **Informationsbedürfnisse** hinreichend erklärt werden, wobei diese bei SMEs im Vergleich zu denen bei kapitalmarktorientierten Unternehmen abweichen; **und**

- diese Adressatenorientierung in Relation zu den **korrespondierenden Kosten** aus der Anwendung des IFRS-SME gesetzt wird und sich eine vorteilhaftere Relation als bei Anwendung alternativer Rechnungslegungssysteme (z. B. der IFRS) ergibt.

Sofern diese drei genannten Aspekte hinreichend expliziert werden, liegt eine **konsistente konzeptionelle Basis** vor, die als Deduktionsgrundlage zur Ableitung eigenständiger Rechnungslegungsprinzipien, spezieller Ansatz- und Bewertungsvorschriften und deren **willkürfreier Anwendung durch die Abschlussersteller** fungieren kann.[32] Das IASB hat es versäumt, die Abschlussadressaten im Vergleich zu nichtkapitalmarktorientierten Unternehmen abzugrenzen sowie deren konkrete Informationsbedürfnisse zu explizieren.[33] Zwar werden insbesondere Kreditinstitute, Lieferanten und Kunden, Ratingagenturen, sowie externe Gesellschafter als Rechnungslegungsadressaten von SMEs genannt (IFRS-SME BC.80). Eine **Validierung durch empirische Untersuchungen**, die die eingeschränkte Bedeutung von Ratingagenturen, Kunden und Lieferanten und demgegenüber die hohe Bedeutung geschäftsführender Gesellschafter als Adressaten nachgewiesen

---

29 Vgl. zur Bedeutung der Adressatenorientierung BALLWIESER, W., Informations-GoB, S. 115 f.; JANSSEN, J/GRONEWOLD, U., IFRS for SMEs, S. 76 (für IFRS-SME).
30 Vgl. BÖMELBURG, P./LANDGRAF, C./PÖPPEL, A., IFRS für KMU, S. 292.
31 Vgl. zur zentralen Bedeutung dieser beiden Komponenten bereits DALLMANN, H./ULL, T., IFRS für kleine und mittlere Unternehmen, S. auch KÖHLER, A., IFRS-Standardentwurf, S. 5.
32 Vgl. JANSSEN, J./GRONEWOLD, U., IFRS for SMEs, S. 77 („*Deduktionsbasis, die eine Interpretation der [...] Normen und eine konsistente Weiterentwicklung des Rechnungslegungssystems erlaubt*").
33 Vgl. KÜTING, K./LAM, S., IFRS für kleine und mittlere Unternehmen - Teil A, S. 693. In IFRS-SME P.2 wird lediglich darauf hingewiesen, dass die Informationsbedürfnisse der Rechnungslegungsadressaten von SMEs sowie Kostenaspekte anders beurteilt werden können als bei kapitalmarktorientierten Unternehmen. Vgl. BALLWIESER, W., Informations-GoB, S. 115 f.; JANSSEN, J., Rechnungslegung im Mittelstand, S. 89-119 (mit Blick auf SMEs).

haben,[34] fehlt indes. Die **mangelhafte Explizierung des Adressatenkreises** von SMEs ist somit als wesentliches Defizit für die Ableitung der IFRS-SME-Rechnungslegungsregeln anzusehen.[35] Des Weiteren unterstellt das IASB, dass die **Kosten** aus der Anwendung der Rechnungslegungsvorschriften sowohl innerhalb der Gruppe nichtkapitalmarktorientierter Unternehmen als auch im Vergleich zu kapitalmarktorientierten Gesellschaften ähnlich hoch ausfallen (IFRS-SME BC.46). Während dies mit Blick auf die absoluten Kosten der Fall sein mag, so erscheint eine konstante **relative Kostenbelastung** im Verhältnis zur Unternehmensgröße zweifelhaft.[36]

Insgesamt ist festzuhalten, dass die Differenzierung der Ansatz- und Bewertungsvorschriften nicht hinreichend fundiert erarbeitet wurde und daher **konzeptionelle Schwächen bei der Ableitung differenzierter Rechnungslegungsstandards für SMEs** zu erwarten sind. Es kann somit konstatiert werden, dass die **widerspruchsfreie Ableitung eines konsistenten Systems von Rechnungslegungprinzipien** für SMEs auf Basis der vom IASB gewählten Herangehensweise nicht realistisch erscheint.[37] Insofern bestehen bereits an dieser Stelle erhebliche Zweifel an der Zweckadäquanz des IFRS-SME zur Kapitalerhaltung, da diese Mängel Auswirkungen auf die geforderte Willkürfreiheit und damit die Rechtssicherheit bei der Auslegung des konzeptionellen Rahmens des IFRS-SME haben. Dies wird nachfolgend noch aufzugreifen sein.[38] Zunächst wird der potenzielle Anwenderkreis des IFRS-SME für Deutschland empirisch eingegrenzt.

---

34 Vgl. SCHILDBACH, T., IAS als Rechnungslegungsstandards für alle, S. 271; BÖCKING, H.-J./HEROLD, C./MÜSSIG, A., IFRS für nicht kapitalmarktorientierte Unternehmen, S. 667; zur empirischen Evidenz in Deutschland EIERLE, B./BEIERSDORF, K./HALLER, A., Deutsche nichtkapitalmarktorientierte Unternehmen und ED-IFRS for SMEs, S. 156; KAJÜTER, P./BARTH, D./DICKMANN, T./ZAPP, P., Rechnungslegung nach IFRS im deutschen Mittelstand, S. 1860; ebenfalls GÖBEL, S./KORMAIER, B., Adressaten und deren Anforderungen, S. 522 f. (Überblick über empirische Studien zu Abschlussadressaten von SMEs).

35 Vgl. PRASSE, S., in: BAETGE, J. ET AL., Rechnungslegung nach IFRS, 2. Aufl., Teil A, Kap. V, Rn. 30 („*keine weiterführenden Folgerungen*"); ähnlich für die IFRS bereits SCHILDBACH, T., Prinzipienorientierung, S. 249; BALLWIESER, W., Die Konzeptionslosigkeit des IASB, S. 744.

36 Vgl. NAIR, R./RITTENBERG, L., Accounting Costs, S. 238-241 (empirische Evidenz in den USA); kritisch zur fehlenden Explizierung der Kosten-/Nutzen-Relation beim IFRS-SME DALLMANN, H./ULL, T., IFRS für kleine und mittlere Unternehmen, S. 330.

37 Vgl. JANSSEN, J./GRONEWOLD, U., IFRS for SMEs, S. 79 („*[...] und ihre inhaltliche Konkretisierung so unpräzise ist, dass der Bilanzierende bei Regelungslücken das Ergebnis seinen eigenen Interessen gemäß steuern kann*").

38 Vgl. hierzu Abschnitt 324.3.

Kapitel 3: Konzeptionelle und europarechtliche Implikationen einer IFRS-SME-Anwendung im Einzelabschluss zur Kapitalerhaltung

323.3 Bedeutung der Kapitalerhaltungsvorschriften für nicht öffentlich rechenschaftspflichtige Unternehmen in Deutschland

Das entscheidende Kriterium für die Untersuchung der Zweckadäquanz der Rechnungslegung zur Kapitalerhaltung stellt die **Existenz einer Haftungsbeschränkung** für die Eigentümer dar. Da der gesellschaftsrechtliche Kapitalschutzgedanke ausschließlich hieran anknüpft und damit unabhängig von Unternehmensgröße oder Kapitalmarktzugang konzipiert ist,[39] muss die bilanzielle Ausschüttungsbemessung auf Basis der Vorgaben des GmbHG und des AktG von sämtlichen Kapitalgesellschaftsformen eingehalten werden. In Verbindung mit dem Kriterium der fehlenden öffentlichen Rechenschaftspflicht umfasst der **potenzielle Anwenderkreis des IFRS-SME**, der zugleich unter das Kapitalerhaltungsregime des AktG und des GmbHG fällt, sämtliche **haftungsbeschränkte nichtkapitalmarktorientierte Kapitalgesellschaften** in der Rechtsform der AG und der GmbH.[40] Kapitalgesellschaften haben als **Formkaufleute** nach § 3 Abs. 1 AktG bzw. § 13 Abs. 3 GmbHG i. V. mit § 6 Abs. 1 HGB zwingend und größenunabhängig eine **Buchführungspflicht** nach § 238 HGB zu beachten. Die Pflicht zur Erstellung eines Jahresabschlusses ergibt sich damit in Deutschland qua Rechtsform über das Kriterium der Haftungsbeschränkung. Da der Abschluss von Kapitalgesellschaften im **elektronischen Bundesanzeiger** veröffentlicht werden muss (§325 Abs. 1 HGB) und externen Adressaten damit zur Verfügung steht,[41] wird das Kriterium der Mehrzweckabschlüsse vernachlässigt und sich auf das Kriterium der Kapitalmarktorientierung beschränkt.

Der Begriff „**Mittelstand**" deutet darauf hin, dass mittelständische Unternehmen eine homogene Gruppe bilden, die sich gegenüber anderen Unternehmen einheitlich abgrenzen lassen.[42] Hierbei wird i. d. R. auf die Dichotomie zu „Großunternehmen" abgestellt.[43] Eine einheitliche qualitative oder quantitative Definition zur Erfassung mög-

---

39 Vgl. hierzu Abschnitt 232.
40 An dieser Stelle wird von den brachenbezogenen Einschränkungen abstrahiert, da diese mit Blick auf die potenzielle Anwenderzahl nicht von hoher Bedeutung sind.
41 Vgl. hierzu Abschnitt 522.2.
42 Vgl. LÜDENBACH, N./HOFFMANN, W.-D., IFRS für den Mittelstand, S. 597; PFOHL, H-C., Abgrenzung der Klein- und Mittelbetriebe, S. 2.
43 Vgl. u. a. ULL, T., IFRS in mittelständischen Unternehmen, S. 17 f.; PFOHL, H.-C., Abgrenzung der Klein- und Mittelbetriebe, S. 17.

licher Unterschiede in der Eigentümer- oder Finanzierungsstruktur existiert bisher aber nicht.[44] Als entscheidender qualitativer Aspekt mittelständischer Unternehmungen wird die **enge Verknüpfung zwischen Eigentum und Leitung** gesehen.[45] Diese wird regelmäßig bei **Unternehmen ohne Kapitalmarktorientierung** unterstellt.[46] Indes gibt es in Deutschland in der Unternehmenslandschaft derzeit nur 1.296 kapitalmarktorientierte Unternehmen, die folglich als „nichtmittelständisch" eingestuft werden könnten.[47] Durch die Heterogenität innerhalb einer derartign Gruppe „mittelständischer" Unternehmen ist diese Herangehensweise ohne weitergehende Einschränkungen nicht zielführend.[48] Zur weiteren Eingrenzung mittelständischer Unternehmen werden daher quantitative Merkmale zur Betriebsgröße wie Umsatzerlöse, Bilanzsumme und Mitarbeiterzahl herangezogen, von denen angenommen wird, dass sie in gewisser Weise mit Unternehmenseigenschaften wie der Eigentümer- und der Finanzierungsstruktur und damit auch den Rechnungslegungsadressaten korrelieren.[49] „Mittelstand" wird somit gleichgesetzt mit „Kleinen und Mittelgroßen Unternehmen" (KMU).[50] Jedoch existieren auch hier keine allgemeinen Größengrenzen, was der folgende Überblick **quantitativer Mittelstandstypologien** in Deutschland (u. a. des INSTITUTS FÜR MITTELSTANDSFORSCHUNG (IfM) sowie der Größenabgrenzung nach § 267 HGB[51]) verdeutlicht (vgl. *Übersicht 3-3*).[52]

---

44 Vgl. WOSSIDLO, P., Mittelständische Unternehmungen, Sp. 2888; WOLTER, H.-J./HAUSER, H.-E., Die Bedeutung des Eigentümerunternehmens, S. 29; MUGLER, J., Mittelständische Unternehmungen, Sp. 1235; JANSSEN, J., Rechnungslegung im Mittelstand, S. 8.

45 Vgl. WOLTER, H.-J./HAUSER, H.-E., Die Bedeutung des Eigentümerunternehmens, S. 33; BÖCKING, H.-J./HEROLD, C./MÜßIG, A., IFRS für nicht kapitalmarktorientierte Unternehmen, S. 665; MANDLER, U., Der deutsche Mittelstand, S. 14.

46 EVANS, L. ET AL., Problems and Opportunities of an IFRS for SMEs, S. 34-36; in diesem Sinne ebenfalls BALLWIESER, W., IFRS für nicht kapitalmarktorientierte Unternehmen, S. 24 f.

47 Vgl. zur letzten verfügbaren Erhebung mit Stichtag 28. April 2005 BURGER, A./FRÖHLICH, J./ULBRICH, P., Kapitalmarktorientierung in Deutschland, S. 117. Hierbei werden indes nicht solche kapitalmarktorientierte Unternehmen erfasst, die keinen Konzernabschluss erstellen müssen bzw. erst ab dem 1. Januar 2007 gemäß der IAS-VO hierzu verpflichtet waren. Der Bestand dürfte derzeit damit bei maximal 2.000 Unternehmen liegen.

48 A. A. wohl METH, D., Die IFRS als Grundlage, S. 34-36; ebenfalls JANSSEN, J., Rechnungslegung im Mittelstand, S. 12 f.

49 Vgl. GÜNTERBERG, B./WOLTER, H.-J., Unternehmensgrößenstatistik 2001/2002, S. 2; MUGLER, J., Mittelständische Unternehmungen, Sp. 1234.

50 Vgl. WOLTER, H.-J./HAUSER, H.-E., Die Bedeutung des Eigentümerunternehmens, S. 29; MANDLER, U., Der deutsche Mittelstand, S. 13.

Kapitel 3: Konzeptionelle und europarechtliche Implikationen einer IFRS-SME-Anwendung im Einzelabschluss zur Kapitalerhaltung

Ausgewählte quantitative Mittelstandstypologien						
KMU-Grenzkriterien	Unternehmensgröße	Mitarbeiterzahl		Jahresnettoumsatz EUR/Jahr		Bilanzsumme EUR/Jahr
IfM	klein mittel	bis 9 bis 499	und	bis unter 1 Mio. bis unter 50 Mio.		- -
§ 267 HGB	klein mittelgroß groß	bis 50 bis 250 über 250	oder	bis 8,03 Mio. bis 32,12 Mio. über 32,12 Mio.	oder	bis 4,015 Mio. bis 16,06 Mio. über 16,06 Mio.
EU (Art. 11, 27 BilRL)	klein mittel	bis 50 bis 250	und/ oder	bis 8,8 Mio. bis 35 Mio.	und/ oder	bis 4,4 Mio. bis 17,5 Mio.

Übersicht 3-3:   Ausgewählte quantitative Mittelstandstypologien

Gemäß der Umsatzsteuerstatistik[53] des STATISTISCHEN BUNDESAMTS für das Jahr 2009 gab es zum Stichtag 31.12.2009 insgesamt 3,135 Mio. Unternehmen in Deutschland.[54] Unter Berücksichtigung der 1.296 kapitalmarktorientierten Unternehmen wären auf Basis der SME-Definition des IASB ca. 3,133 Mio. Unternehmen in Deutschland potenziell berechtigt, den IFRS-SME anzuwenden. Hierbei erwirtschafteten 89,7% der in der Umsatzsteuerstatistik erfassten Unternehmen **Umsatzerlöse** (definiert in der Umsatzsteuerstatistik als Summe der Lieferung/Leistung im Kalenderjahr 2009) von weniger als EUR 1 Mio. (vgl. *Übersicht 3-4*). Während noch 10,0% der Unternehmen in Deutschland Umsatzerlöse von EUR 1 Mio. bis EUR 50 Mio. erwirtschafteten, ist der Anteil der Unternehmen mit Umsätzen von mehr als EUR 50 Mio. im Verhältnis zum Gesamtunternehmensbestand gering (0,3%).

---

51 Die handelsrechtliche Größenklassifizierung nach § 267 HGB ist nur für Kapitalgesellschaften relevant. Die Kodifizierung dieser Größenkriterien ist ein unmittelbares Resultat der europarechtlich festgelegten Schwellenwerte in der BilRL, welche die Mitgliedsstaaten im Rahmen eines Mitgliedsstaatenwahlrechts umsetzen dürfen. Dabei müssen die Größengrenzen nach § 267 Abs. 4 HGB an zwei aufeinander folgenden Stichtagen für eine Klassifikation überschritten werden.

52 Vgl. m. w. N. PFOHL, H.-C., Abgrenzung der Klein- und Mittelbetriebe, S. 3.

53 Die nachfolgende empirische Analyse basiert wie die Darstellung in Abschnitt 12 auf einer Sonderauswertung des IfM, denen die Umsatzsteuerstatistik 2009 des STATISTISCHEN BUNDESAMTS zugrunde liegen. Nicht erfasst sind in der Umsatzsteuerstatistik Unternehmen, deren Umsatz zuzüglich der darauf entfallenden Steuer im vorangegangenen Kalenderjahr EUR 17.500 nicht überstiegen hat und im laufenden Kalenderjahr EUR 50.000 voraussichtlich nicht übersteigen wird.

54 Vgl. IfM (HRSG.), Unternehmen nach Rechtsform und Größenklassen.

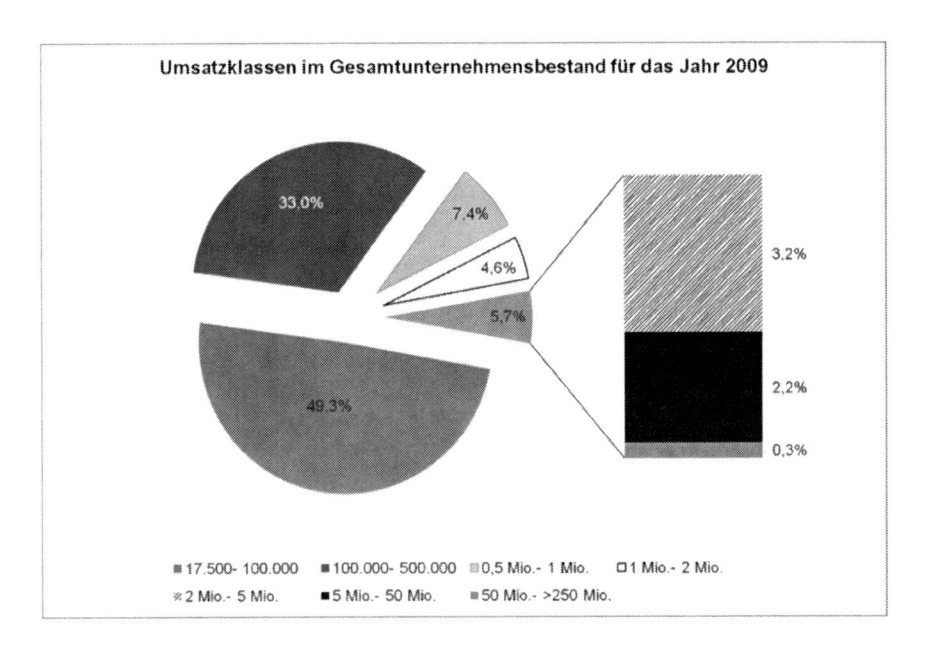

Abschnitt 32: Konzeptionelle Grundzüge des „IFRS for Small and Medium-Sized Entities"

Umsatzklassen im Gesamtunternehmensbestand für das Jahr 2009

- 33,0%
- 7,4%
- 4,6%
- 5,7%
- 49,3%
- 3,2%
- 2,2%
- 0,3%

Legende:
- 17.500 - 100.000
- 100.000 - 500.000
- 0,5 Mio. - 1 Mio.
- 1 Mio. - 2 Mio.
- 2 Mio. - 5 Mio.
- 5 Mio. - 50 Mio.
- 50 Mio. - >250 Mio.

Übersicht 3-4: Einteilung der Unternehmen nach Umsatzklassen für 2009

Eine **Aufteilung hinsichtlich der Rechtsformen** verdeutlicht die hohe Bedeutung der Einzelunternehmen (inkl. natürlicher Personen), die 69,3% des Gesamtunternehmensbestands ausmachen (vgl. *Übersicht 3-5*). Mit Blick auf die Umsatzerlöse im Gesamtunternehmensbestand liegt der Anteil der Einzelunternehmen für das Jahr 2009 hingegen nur bei 10,4% (vgl. *Übersicht 3-6*). **Personengesellschaften** machen gemessen an ihrer Anzahl 12,9% (einschließlich GmbH & Co. KG) und **Kapitalgesellschaften** 15,4% der Unternehmen im Gesamtunternehmensbestand aus, wobei hiervon 15,1% auf die GmbH und nur 0,3% auf die AG entfallen (vgl. *Übersicht 3-5*). Gemessen an den **Umsatzerlösen** wird die hohe Bedeutung der GmbH relativiert. 54,2% der Umsätze umsatzsteuerpflichtiger Unternehmen entfallen auf Kapitalgesellschaften. Hierbei sind aber 18,2% der Umsatzerlöse der AG zuzuschreiben, wohingegen „nur" 36,0% der GmbH zuzurechnen sind (vgl. *Übersicht 3-6*).[55]

---

[55] Vgl. hierzu auf Basis der Umsatzsteuerstatistik 2005 ebenfalls KNORR, L./BEIERSDORF, K./ SCHMIDT, M., EU-Vorschlag zur Vereinfachung des Unternehmensumfelds, S. 2113 (72% der GmbHs weisen Umsatzerlöse von maximal EUR 1 Mio. auf).

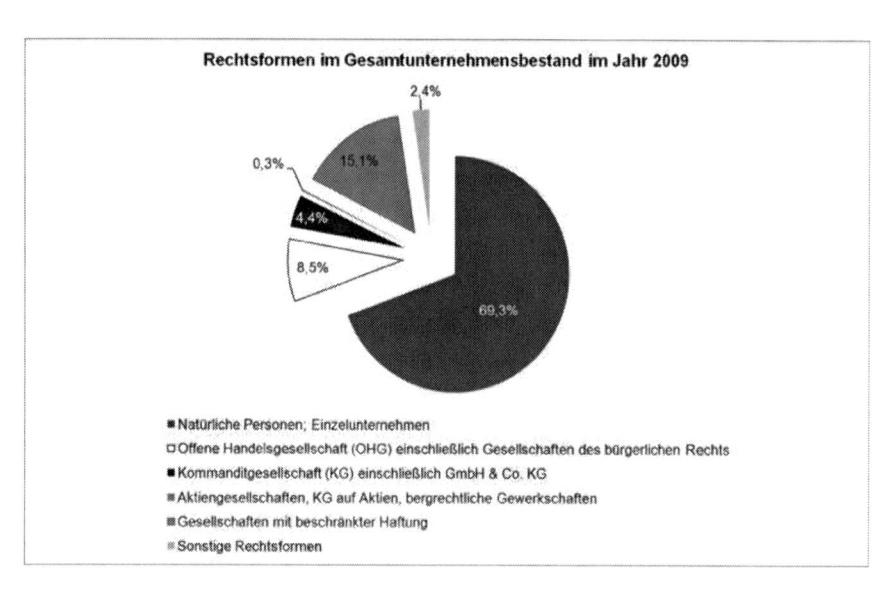

Kapitel 3: Konzeptionelle und europarechtliche Implikationen einer IFRS-SME-Anwendung im Einzelabschluss zur Kapitalerhaltung

Übersicht 3-5: Einteilung des Gesamtunternehmensbestands nach der Rechtsform für 2009

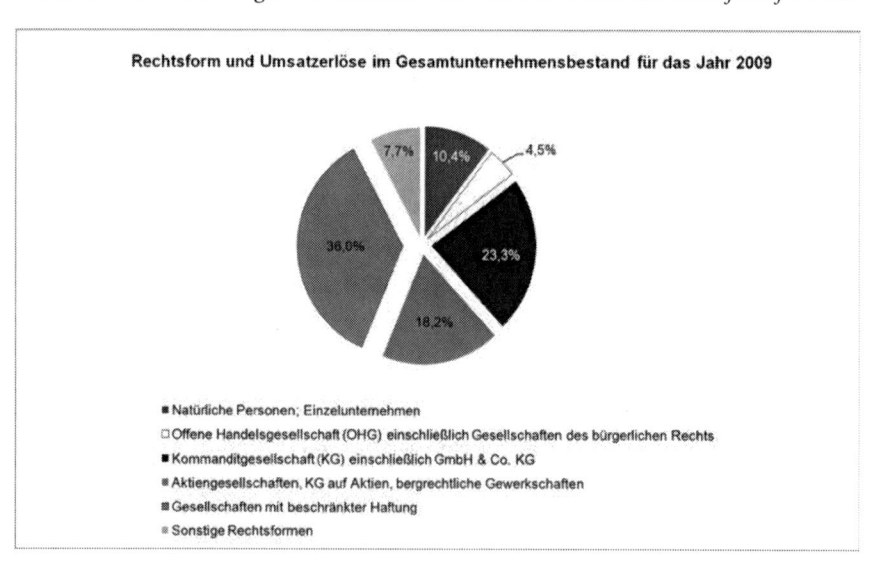

Übersicht 3-6: Umsatzerlöse nach Rechtsformen im Gesamtunternehmensbestand für 2009

324. Konzeptioneller Rahmen des IFRS-SME und Sicherstellung des Kapitalerhaltungszwecks

324.1 Vorbemerkungen

In einem kurzen Überblick wird nachfolgend der Inhalt und die Struktur des IFRS-SME dargestellt (**Abschnitt 324.2**), bevor dessen konzeptioneller Rahmen herausgearbeitet wird (**Abschnitt 324.3**). Letzterer ist geprägt durch das Ziel einer *fair presentation*. Auf dieser Basis lässt sich abschätzen, inwiefern dieser Rechnungszweck sowie dessen Umsetzung anhand konkreter Einzelprinzipien eine qualitativ gleichwertige Kapitalerhaltung im Vergleich zum GoB-System sicherstellt. Abschließend wird die Berücksichtigung der Impraktikabilitätsklausel und die Vorgehensweise für die Regellückenschließung hinsichtlich der Anforderungen zur Kapitalerhaltung gewürdigt (**Abschnitt 324.4**).

324.2 Überblick über Struktur und Überarbeitungsturnus des IFRS-SME

Das IASB hatte sich bereits zu einem frühen Zeitpunkt dazu entschlossen, den IFRS-SME als eigenständiges, von den IFRS separiertes Regelwerk zu entwickeln, das in Form eines *omnibus*-Standards sämtliche Rechnungslegungsregeln in einem Standard vereint.[56] Dennoch ist die **Anlehnung an die IFRS** bei der Gestaltung des IFRS-SME evident.[57] Der IFRS-SME-Standard ist unterteilt in ein Vorwort (*preface*) zu Angaben über Bindungskraft und Überarbeitungsturnus des IFRS-SME,[58] einen Hauptteil mit 35 Abschnitten (*sections*), ein Glossar (*glossary of terms*) sowie eine Herleitungstabelle (*derivation table*), in der nachvollzogen werden kann, aus welchen Vorschriften der bestehenden IFRS die einzelnen Abschnitte abgeleitet wurden. Gemeinsam mit dem Standardtext wurden darüber hinaus die **Grundlage für Schlussfolgerungen** (*Basis for Conclusions*), die **Umsetzungsleitlinie** (*Implementation Guidance*) und eine **Anhangcheckliste** (*Presentation and Disclosure Checklist*) veröffentlicht, die allerdings nicht Bestandteil des Standards

---

[56] Vgl. IASC FOUNDATION (HRSG.), IASB Update May 2006, S. 3; zur Eigenständigkeit des IFRS-SME ebenfalls HALLER, A./BEIERSDORF, K./EIERLE, B.ED-IFRS for SMEs, S. 541; LÜHR, I., Internationale Rechnungslegung, S. 217.

[57] So bereits für den ED IFRS-SME ZÜLCH, H./BURGHARDT, S., Neue Rechnungslegungsnormen für den Mittelstand, S. 111.

[58] Das Vorwort hat nicht den verbindlichen Charakters des Standardtexts und wird daher nachfolgend nicht eingehend betrachtet. Vgl. für die IFRS BAETGE, J./KIRSCH, H.-J./WOLLMERT, P./BRÜGGEMANN, P., in: BAETGE, J. ET AL., Rechnungslegung nach IFRS, 2. Aufl., Teil A, Kap. II, Rn. 13 („*keine nennenswerte Bedeutung*").

sind. Der Hauptteil besteht in den Abschnitten 1 bis 10 aus **übergeordneten Regelungen** zum Anwendungsbereich, zur konzeptionellen Ausrichtung der IFRS-SME-Rechnungslegung, zu den Abschlussbestandteilen sowie zur Schließung von Regelungslücken. Die Rechnungslegungsvorschriften für **spezifische Geschäftsvorfälle** beginnen ab IFRS-SME 11. Nachdem eine breite Anwendung des IFRS-SME weltweit erreicht worden ist, soll die **erstmalige Überarbeitung** des IFRS-SME (*initial implementation review*) gemäß IFRS-SME P.16 in einem **zweijährigen Turnus** erfolgen. Anschließend ist ein **Drei-Jahres-Turnus** vorgesehen (IFRS-SME P.13-P.14).[59] Änderungen der IFRS haben somit **keine automatische Ausstrahlungswirkung** auf den IFRS-SME.[60]

324.3 Vermittlung einer *fair presentation* als oberste Zielsetzung eines IFRS-SME-Abschlusses

324.31 *Fair presentation* im konzeptionellen Rahmen des IFRS-SME

Als Ausgangspunkt für die Entwicklung des IFRS-SME hat das IASB die korrespondierenden IFRS-Normen gewählt. Diese sollten aber modifiziert werden, um den **spezifischen Bedürfnissen der SME-Abschlussadressaten** besser Rechnung zu tragen und zugleich die für die Abschlussersteller verursachten **Kosten aus der Anwendung des Rechnungslegungsstandards** im Vergleich zu den IFRS zu verringern, m. a. W. die **Kosten-/Nutzen-Relation** aus der Anwendung internationaler Rechnungslegungsnormen zu verbessern.[61] In Konsequenz dieses *top down*-**Ansatzes**[62] für die Entwicklung des IFRS-SME sind die Zielsetzung der *fair presentation* sowie die übrigen konzeptionellen Grundlagen aus dem zum Zeitpunkt der IFRS-SME-Verabschiedung gültigen **IFRS-Rahmenkonzept** übernommen worden.[63] In IFRS-SME BC.48 führt das IASB aus:

---

59 Vgl. zu diesem Beschluss bereits IASC FOUNDATION (HRSG.), IASB Update June 2006, S. 1.
60 Vgl. BEIERSDORF, K./EIERLE, B./HALLER, A., IFRS für SMEs, S. 1551.
61 Vgl. KÖHLER, A., IFRS-Standardentwurf, S. 6; HALLER, A./BEIERSDORF, K./EIERLE, B., ED-IFRS for SMEs, S. 541.
62 Vgl. HALLER, A./EIERLE, B., in: BRUNS, H.-G. ET AL., IFRS-SME, Teil B, Absch. 2, Rn 1; LÜHR, I., Internationale Rechnungslegung, S. 200.
63 Vgl. HALLER, A./BEIERSDORF, K./EIERLE, B., ED-IFRS for SMEs, S. 544; PELLENS, B./FÜLBIER, R./GASSEN, J./SELLHORN, T., Internationale Rechnungslegung, S. 138.

> *"The Board believes that the objective of financial statements as set out in the Framework [IFRS-Rahmenkonzept; Anm. d. Verf.] is appropriate for SMEs as well as for entities required to apply the IFRSs."*

Im Gegensatz zu den IFRS stellen die konzeptionellen Grundlagen einen unmittelbaren Bestandteil des Standardtexts dar (IFRS-SME 2 und 3) und haben damit eine **höhere Verbindlichkeitswirkung** als das IFRS-Rahmenkonzept, welches nur teilweise in IAS 1 integriert wurde.[64] Die Widersprüchlichkeit der Herangehensweise des IASB wird deutlich, wenn man sich vor Augen führt, dass bei identischem Rahmenkonzept veränderte Ansatz- und Bewertungsvorschriften abgeleitet werden sollen[65] und hierbei **nicht näher definierten unterschiedlichen Informationsbedürfnissen der Abschlussadressaten** von SMEs im Vergleich zu den IFRS besser Rechnung getragen werden soll.

Nach IFRS-SME 2.2 liegt die **Zielsetzung** eines IFRS-SME-Abschlusses darin, **Informationen über die Vermögens-, Finanz- und Ertragslage sowie die Cashflows des Abschlusserstellers bereitzustellen** (*provide information about the financial position, performance and cash flows of the entity that is useful for ecocnomic decision-making*). Diese Informationen müssen für wirtschaftliche Entscheidungen eines **breiten Adressatenkreises** (*a broad range of users*) (entscheidungs-)nützlich sein, wobei dieser **nicht definiert** und somit kaum eingrenzbar ist.[66] Wenig überraschend liegt der konzeptionelle Fokus des IFRS-SME damit wie bei den IFRS auf der Entscheidungsunterstützungsfunktion (*decision usefulness*) und damit aus **Gläubigerperspektive** auf der **Mitigierung vorvertraglicher Gläubigerrisiken**.[67] Gerade die Operationalisierung dieser Zielsetzung über Rechnungslegungsprinzipien setzt aber voraus, dass das IASB die **Rechnungslegungsadressaten** und deren **Informationsbedürfnisse** klar konkretisiert, was in IFRS-SME 2.2

---

[64] Vgl. LÜHR, I., Internationale Rechnungslegung, S. 252. Teilbereiche wie der Grundsatz der Unternehmensfortführung und der *fair presentation* sind in IFRS-SME 3 umgesetzt worden.

[65] So u. a. HOFFMANN, W.-D./LÜDENBACH, N., in: Haufe IFRS-Kommentar, 8. Aufl., § 50, Rn. 6 („*Ein und derselbe Sachverhalt kann unter Bezugnahme auf **gehaltvolle** Prinzipien [...] der IFRS-Rechnungslegung nicht unterschiedliche Ergebnisse [zeigen]*").

[66] Vgl. PRASSE, S., in: BAETGE, J. ET AL., Rechnungslegung nach IFRS, 2. Aufl., Teil A, Kap. V., Rn. 27 („*zentrale Frage nach den Adressaten [...] bleibt ausgeklammert*"); JANSSEN, J./GRONEWOLD, U., IFRS for SMEs, S. 77.

[67] Vgl. für die IFRS u. a. STROBL, E., IASC-Rechnungslegung, S. 393; BALLWIESER, W., Die Konzeptionslosigkeit des IASB, S. 730.

Kapitel 3: Konzeptionelle und europarechtliche Implikationen einer IFRS-SME-Anwendung im Einzelabschluss zur Kapitalerhaltung

unterlassen wurde. Dieses Problem gilt auch für das Ziel der **Rechenschaft der Unternehmensleitung** (*stewardship of management*) gemäß IFRS-SME 2.3. Es kommt hinzu, dass die Reichweite der beiden Zielsetzungen zueinander unklar bleibt, da diese durchaus unterschiedliche Anforderungen an die Rechnungslegungsinformationen nach sich ziehen können.[68] Insgesamt ist von der Prädominanz der Entscheidungsunterstützungsfunktion - anlog zu den IFRS - auszugehen.[69] **Somit wird eine (an der Entscheidungsunterstützungsfunktion ausgerichtete) Informationsfunktion im IFRS-SME umgesetzt.**

Ohne dass eine explizite Verknüpfung zur Zielsetzung nach IFRS-SME 2.2 hergestellt wird, ist der Grundsatz der sachgerechten Darstellung der wirtschaftlichen Lage (*fair presentation*) nach IFRS-SME 3.2 wohl als **Kernelement einer in diesem Sinne verstandenen entscheidungsnützlichen Informationsvermittlung** anzusehen und berechtigt nach IFRS-SME 3.4 als *overriding principle*[70] in begründeten Ausnahmefällen (*extremely rare cases*) sogar zur Abweichung der einschlägigen IFRS-SME-Einzelregelungen. Der Anwendungsbereich des Abweichungsgebots dürfte begrenzt sein, da der Abschlussersteller den Nachweis einer erforderlichen Abweichung i. d. R. kaum erbringen dürfte.[71]

Während eine explizite Verknüpfung zwischen der *fair presentation* nach IFRS-SME 3.2 und der in IFRS-SME 2.2 definierten Zielsetzung der Vermittlung entscheidungsnützlicher Informationen fehlt, befindet sich in IFRS-SME 3.2 ein **Querverweis** auf die Einhaltung der sog. *pervasive recognition and measurement principles* („Grundprinzipien"[72])

---

[68] Vgl. Abschnitt 223.

[69] Differenzierend PELLENS, B./FÜLBIER, R./GASSEN, J./SELLHORN, T., Internationale Rechnungslegung, S. 138 („*Möglicherweise ist daran [an der Erwähnung in IFRS-SME 2.3; Anm. d. Verf.] zu erkennen, dass das IASB der Koordinationsfunktion im mittelständischen Bereich [...] etwas mehr Bedeutung einräumt*"); für die IFRS u. a. BALLWIESER, W., Rahmenkonzepte der Rechnungslegung, S. 341 f.

[70] Vgl. HALLER, A./BEIERSDORF, K./EIERLE, B., ED-IFRS for SMEs, S. 545; zur begrenzten Anwendbarkeit als *overriding principle* bei den IFRS allerdings BAETGE, J./ZÜLCH, H., Rechnungslegungsgrundsätze nach HGB und IFRS, in: HdJ, Abt. I/2 (2010), Rn. 209.

[71] So für die IFRS PELLENS, B./FÜLBIER, R./GASSEN, J./SELLHORN, T., Internationale Rechnungslegung, S. 122 („*äußerst gering*"); RAMMERT, S., in: Haufe IFRS-Kommentar, 8. Aufl., § 51, Rn. 35; BAETGE, J./ZÜLCH, H., Rechnungslegungsgrundsätze nach HGB und IFRS, in: HdJ, Abt. I/2 (2010), Rn. 205.

[72] So bereits HOFFMANN, W.-D./LÜDENBACH, N., Diskussionsentwurf, S. 1906.

Abschnitt 32: Konzeptionelle Grundzüge des „IFRS for Small and Medium-Sized Entities"

nach IFRS-SME 2.35. Die Reichweite der Grundprinzipien geht nicht eindeutig aus dem Standardtext hervor. In IFRS-SME 2.35 wird lediglich auf die entsprechenden Grundsätze des IFRS-Rahmenkonzepts verwiesen, wobei dies zumindest mit Blick auf die umfassenden Bewertungsvorgaben in IFRS-SME 2 irreführend ist. Die dem Wortlaut zu entnehmende Beschränkung auf die Definitions-, Ansatz- und Bewertungsprinzipien für die Abschlussposten greift insgesamt zu kurz. Eine angemessene Wechselwirkung zwischen IFRS-SME 2.2 und IFRS-SME 3.2 wird nur dann erreicht, wenn die **Grundprinzipien** des IFRS-SME neben den grundlegenden Ansatz- und Bewertungsvorschriften auch die qualitativen Anforderungen erfassen, welche in ihrer Gesamtheit zur angemessenen Darstellung der Vermögens-, Finanz- und Ertragslage im Sinne der *fair presentation* führen.[73] Nachfolgend wird der Begriff der Grundprinzipien im Sinne einer derart **umfassenden Abgrenzung des konzeptionellen Rahmens** verwendet. Vor diesem Hintergrund dürfte auch die Einhaltung der **qualitativen Anforderungen** und der **allgemeinen Rechnungslegungsgrundsätze**[74] (Periodenabgrenzung, Unternehmensfortführung) die notwendige Bedingung für das Ziel einer *fair presentation* sein. Gemäß IFRS-SME 3.2 lit. a führt die Anwendung der Ansatz- und Bewertungsvorschriften in den IFRS-SME-Abschnitten i. d. R. zur *fair presentation*.[75] Insgesamt ist die **Zielsetzung der Vermittlung entscheidungsnützlicher Informationen** (IFRS-SME 2.2) mit dem Ziel einer *fair presentation* nach IFRS-SME 3.2 **deckungsgleich**.[76]

Es werden nun die qualitativen Anforderungen und die allgemeinen Rechnungslegungsgrundsätze analysiert, bevor die Ansatz- und Definitionskriterien für die Posten der Bilanz und Ergebnisrechnung mit Blick auf ihre Adäquanz zur Kapitalerhaltung hin untersucht werden.

---

73 Auch wenn in IFRS-SME 2.35 erstmals der Begriff der „Grundprinzipien" eingeführt wird, ist es notwendig, dass diese in ihrer Funktion als Deduktionsbasis für das IFRS-SME-Regelwerk auch die chronologisch vor diesem Unterabschnitt liegenden Ausführungen miteinbeziehen. So auch HALLER, A./EIERLE, B., in: BRUNS, H.-G. ET AL., IFRS-SME, Teil B, Abschn. 2, Rn. 7.

74 Der Begriff der allgemeinen Rechnungslegungsgrundsätze wird im IFRS-SME nicht verwendet, kennzeichnet in dieser Arbeit aber die aus dem IFRS-Rahmenkonzept bekannten Basisannahmen.

75 Vgl. WÜSTEMANN, J./BISCHOF, J./KIERZEK, S., Bedeutung und Systembildung der internationalen Rechnungslegungsregeln, in: HdJ, Abt. I/3 (2007), Rn. 72 (Analogie zu Art. 2 Abs. 3 BilRL).

76 So auch für die IFRS NAJDEREK, A., Harmonisierung des europäischen Bilanzrechts, S. 182.

324.32 Konkretisierung über qualitative Anforderungen und allgemeine Rechnungslegungsgrundsätze

Zur Vermittlung entscheidungsnützlicher Informationen werden in IFRS-SME 2.4-.14 die **qualitativen Anforderungen** (*qualitative characteristics*) an IFRS-SME-Rechnungslegungsinformationen angeführt, wobei **keine Rangfolge** bzw. **innere Systematik** erkennbar ist. Des Weiteren **fehlen** im Vergleich zum IFRS-Rahmenkonzept die Grundsätze der **glaubwürdigen Darstellung** (*faithful representation*), der **Neutralität** (*neutrality*) und der **Abwägung der qualitativen Anforderungen** (*balance between qualitative characteristics*). Im Einzelnen sind die folgenden **qualitativen Anforderungen** einzuhalten:

- Verständlichkeit (*understandability*);
- Relevanz (*relevance*);
- Wesentlichkeit (*materiality*);
- Verlässlichkeit (*reliability*);
- wirtschaftliche Betrachtungsweise (*substance over form*);
- Vorsicht (*prudence*);
- Vollständigkeit (*completeness*);
- Vergleichbarkeit (*comparability*);
- Zeitnähe (*timeliness*); **und**
- Abwägung zwischen Nutzen und Kosten der Abschlusserstellung (*balance between benefit and cost*).

Eine Unterscheidung zwischen **primären und sekundären qualitativen Anforderungen** und **Nebenbedingungen** wird in IFRS-SME 2 nicht vorgenommen, auch wenn materiell von einer **einheitlichen Interpretation im Vergleich zum IFRS-Rahmenkonzept** auszugehen ist.[77] Problematisch hieran ist indes wie im IFRS-Rahmenkonzept, dass diese qualitativen Anforderungen teilweise in erkennbaren Spannungsverhältnissen zueinander stehen und **keine Leitlinien für deren Auflösung normiert** sind. Hinzu kommt, dass eine

---

[77] Vgl. HALLER, A./BEIERSDORF, K./EIERLE, B., ED-IFRS for SMEs, S. 544; KIRSCH, H., IFRS for SMEs, S. 120; PELLENS, B./FÜLBIER, R./GASSEN, J./SELLHORN, T., Internationale Rechnungslegung, S. 139. In IFRS-SME 2.35 wird für die *pervasive principles*, die die qualitativen Anforderungen konkretisieren, sogar explizit die Anlehnung an das IFRS-Rahmenkonzept postuliert.

adressatenorientierte Abwägung der qualitativen Anforderungen dadurch erschwert wird, dass anders als im IFRS-Rahmenkonzept **keine prädominante Ausrichtung an den Informationsbedürfnissen der Eigenkapitalgeber** postuliert wird.[78]

Die Bedeutung der **Verständlichkeit** nach IFRS-SME 2.4 ist vergleichbar mit dem GoB der Bilanzklarheit und -wahrheit. Jedoch bezieht sich das Kriterium stärker auf die inhaltliche Verständlichkeit und Nachvollziehbarkeit als den formalen Aspekt der Darstellung, welcher **im GoB-System** vor allem auf die **Dokumentationsfunktion** abzielt.[79] Wie im IFRS-Rahmenkonzept fehlt in IFRS-SME 2 der **Grundsatz der Einzelbewertung**. Dieser wird indes in späteren Abschnitten des IFRS-SME erwähnt (z. B. in IFRS-SME 17.4 und IFRS-SME 18.4) und leitet sich indirekt aus dem **Grundsatz der Verständlichkeit** ab, so dass dieser für Ansatz und Bewertung Beachtung finden muss.[80] Gleiches gilt das **Saldierungsverbot** für Posten in der Bilanz und der Erfolgsrechnung (IFRS-SME 2.51). Sowohl der Grundsatz der Einzelbewertung als auch das Saldierungsverbot entsprechen weitgehend den entsprechenden Prinzipien des handelsrechtlichen GoB-Systems.[81]

Das Kriterium der (Entscheidungs-)**Relevanz** wurde bereits im Rahmen der Entscheidungsnützlichkeit (*decision usefulnesss*) zur Mitigierung vorvertraglicher informationsbedingter Gläubigerrisiken dargestellt.[82] Im handelsrechtlichen GoB-System findet sich aufgrund der konzeptionellen Ausrichtung an der Rechenschafts- und der Kapitalerhaltungsfunktion keine Entsprechung. Informationen sind nach IFRS-SME 2.5 **prognosegeeignet** und damit relevant, wenn sie vergangene, gegenwärtige oder künftige Entscheidungen der (**im IFRS-SME nicht näher explizierten) Rechnungslegungsadressaten** beeinflussen.[83] Diese ökonomischen Entscheidungen basieren auf der Einschätzung künftiger Zahlungsmittelzugänge. Ausschlaggebend hierfür ist die **Wesentlichkeit**

---

78 So auch JANSSEN, J./GRONEWOLD, U., IFRS for SMEs, S. 78.
79 Vgl. zu diesem GoB MOXTER, A., Grundsätze ordnungsgemäßer Rechnungslegung, S. 231 f.
80 Vgl. HALLER, A./EIERLE, B., in: BRUNS ET AL., IFRS-SME, Teil B, Abschn. 2, Rn. 26; mit weiteren Nachweisen für die IFRS HETTICH, S., Zweckadäquate Gewinnermittlungsregeln, S. 158 f.
81 Vgl. EULER, R., Bilanzrechtstheorie, S. 177.
82 Vgl. hierzu Abschnitt 223.31. Auf die Darstellung weiterer Einzelheiten wird daher verzichtet.
83 Vgl. hierzu auch BAETGE, J. ET AL., in: BAETGE, J., ET AL., Rechnungslegung nach IFRS, 2. Aufl., Teil A, Kap. II, Rn. 42; STREIM, H./BIEKER, M./LEIPPE, B., Anmerkungen zur theoretischen Fundierung, S. 184.

Kapitel 3: Konzeptionelle und europarechtliche Implikationen einer IFRS-SME-Anwendung im Einzelabschluss zur Kapitalerhaltung

(*materiality*) der Rechnungslegungsinformationen nach IFRS-SME 2.6, um die Entscheidungen der Abschlussadressaten zu beeinflussen.[84] Relevanz und Wesentlichkeit sind interdependent.[85] Durch den Wesentlichkeitsgrundsatz wird der **Vollständigkeitsgrundsatz implizit eingeschränkt**.[86] Für Ausweisfragen wird das Wesentlichkeitskriterium in IFRS-SME 3.15-.16 erneut aufgegriffen.

Rechnungslegungsinformationen sind nach IFRS-SME 2.7 **zuverlässig** (*reliable*), wenn sie keine wesentlichen Fehler oder irreführenden Angaben beinhalten.[87] Nähere Ausführungen hierzu fehlen in IFRS-SME 2. Zur Konkretisierung dienen wohl die Prinzipien der **wirtschaftlichen Betrachtungsweise** (*substance over form*), der **Vorsicht** (*prudence*) und der **Vollständigkeit** (*completeness*). Gemäß IFRS-SME 2.8 müssen die Geschäftsvorfälle auf Basis ihres wirtschaftlichen Gehalts abgebildet werden. Der Begriff der wirtschaftlichen Betrachtungsweise im handelsrechtlichen GoB-System ist hierbei nicht vollständig deckungsgleich mit dem *substance over form*-Grundsatz, da handelsrechtlich für eine Betrachtung des Bilanzierungssachverhalts im Sinne von § 246 Abs. 1 Satz 1 HGB an dessen zivilrechtliche Strukturen angeknüpft wird und hiervon nur abzuweichen ist, sofern dies der Teleogie des HGB widerspricht (§ 246 Abs. 1 Satz 2 HGB).[88] Das Kriterium der **Vorsicht** (*prudence*) soll nach IFRS-SME 2.9 in Ermessensfällen zu einer kaufmännisch vernünftigen Abwägung und Ausübung der Ermessensspielräume führen. Hierdurch wird verhindert, dass Vermögenswerte oder Erträge bei notwendigen Schätzungen unter Unsicherheit zu hoch und Schulden oder Aufwendungen zu niedrig angesetzt werden. In diesem Sinne ist es als „**Sorgfaltsprinzip**" anzusehen.[89] Auch wenn auf Basis des GoB-Systems das Vorsichtsprinzip als Bewertungsregel zur vorsichtigen Ausübung von Ermes-

---

[84] Vgl. zur Wesentlichkeit als qualitative Anforderung LEFFSON, U., in: HuRB, S. 436.

[85] Vgl. zur Regelungsunschärfe des Wesentlichkeitsgrundsatzes im IFRS-Rahmenkonzept BAETGE, J./KIRSCH, H.-J./WOLLMERT, P./BRÜGGEMANN, P., in: BAETGE, J. ET AL., Rechnungslegung nach IFRS, 2. Aufl., Teil A, Kap. II, Rn. 45-47 (quantitative Operationalisierung).

[86] Vgl. hierzu BAETGE, J./ZÜLCH, H., Rechnungslegungsgrundsätze nach HGB und IFRS, in: HdJ, Abt. I/3 (2010), Rn. 233.

[87] Vgl. STREIM, H./BIEKER, M./LEIPPE, B., Anmerkungen zur theoretischen Fundierung, S. 184.

[88] Vgl. MOXTER, A., Wirtschaftliche Gewinnermittlung und Bilanzsteuerrecht, S. 300; BEISSE, H., Bilanzrecht und Betriebswirtschaftslehre, S. 4 und S. 14; a. A. MERSCHMEYER, M., Die Kapitalschutzfunktion des Jahresabschlusses, S. 173 (Übereinstimmung mit § 246 HGB).

[89] Vgl. BAETGE, J. ET AL., in: BAETGE ET AL., Rechnungslegung nach IFRS, 2. Aufl., Teil A, Kap. II, Rn. 58; LÜDENBACH, N./HOFFMANN, W.-D., in: Haufe IFRS-Kommentar, 8. Aufl., § 1, Rn. 21.

sensspielräumen dient, so handelt es sich - bei Anlehnung an das IFRS-Rahmenkonzept - um einen Sekundärgrundsatz zur Konkretisierung des Verlässlichkeitsprinzips. Wie noch gezeigt wird,[90] ist der Grundsatz der Vorsicht im IFRS-SME maßgeblich durch den Grundsatz der periodengerechten Erfolgsermittlung (*acccrual principle*) aufgeweicht.[91] Insofern ist die Reichweite des Vorsichtsprinzips geringer als im GoB-System. Gemäß dem **Grundsatz der Vollständigkeit** (*completeness*) muss der IFRS-SME-Abschluss alle für die Abschlussadressaten relevanten Informationen enthalten (IFRS-SME 2.10). Hierbei handelt es sich wie im HGB nicht um eine Ausweisnorm.[92] Nach dem Grundsatz der **Vergleichbarkeit** (*comparability*) im Sinne von IFRS-SME 2.11 müssen die Rechnungslegungsinformationen zwischenbetrieblich und intertemporal vergleichbar sein.[93] Es entspricht damit dem **formellen und materiellen Stetigkeitsprinzip** des handelsrechtlichen GoB-Systems. Zusätzlich wird die formelle Stetigkeit als Ausweisgrundsatz der *fair presentation* in IFRS-SME 3.11 angesprochen.

Im Gegensatz zum IFRS-Rahmenkonzept werden die beiden übrigen Kriterien nicht als Nebenbedingungen, sondern als **qualitative Anforderungen** angeführt. Dies dürfte aber keine materiellen Auswirkungen nach sich ziehen. Es handelt sich nach IFRS-SME 2.12 um das Kriterium der **Zeitnähe** (*timeliness*) der Rechnungslegungsinformationen, damit deren Entscheidungsrelevanz sichergestellt werden kann.[94] Im Zweifel können sich Konflikte mit dem Verlässlichkeitsgrundsatz ergeben, da die Verlässlichkeit *ex post* tendenziell zunimmt.[95] Darüber hinaus ist das **Kriterium der Wirtschaftlichkeit** bzw. der **Kosten-/Nutzen-Abwägung** (*balance between benefit and cost*) nach IFRS-SME 2.13-.14 zu berücksichtigen. Hiernach müssen die Kosten der Informationsvermittlung in Relation zum Nutzen für die Abschlussadressaten gesetzt werden. Die Grenzkosten der Informa-

---

90 Vgl. Abschnitt 324.35.
91 Vgl. BAETGE, J./KIRSCH, H.-J./WOLLMERT, P./BRÜGGEMANN, P., in: BAETGE, J. ET AL., Rechnungslegung nach IFRS, 2. Aufl., Teil A, Kap. II, Rn. 56.
92 Vgl. BAETGE, J./ZÜLCH, H., Rechnungslegungsgrundsätze nach HGB und IFRS, in: HdJ, Abt. I/2 (2010), Rn. 247.
93 Vgl. hierzu auch BAETGE, J./KIRSCH, H.-J./WOLLMERT, P./BRÜGGEMANN, P., in: BAETGE, J. ET AL., Rechnungslegung nach IFRS, 2. Aufl., Teil A, Kap. II, Rn. 65.
94 Vgl. FISCHER, D., Mehrkomponentenverträge nach IFRS, S. 66; HALLER, A./EIERLE, B., in: BRUNS, H.-G. ET AL., Rechnungslegung nach IFRS, 2. Aufl., Teil A, Kap. II, Rn. 50.
95 Vgl. hierzu BAETGE, J., Möglichkeiten der Objektivierung, S. 168-173.

tionsvermittlung sollen nicht deren Grenznutzen für die Abschlussersteller übersteigen.[96] Ausfluss dieses Grundsatzes ist die sog. **Praktikabilitätsklausel**.[97]

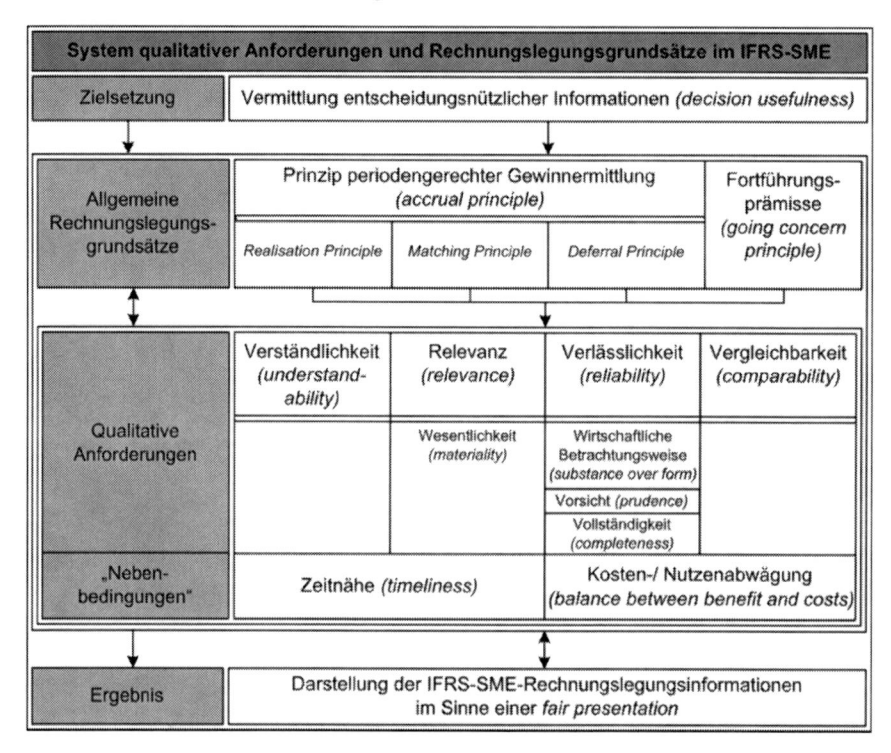

System qualitativer Anforderungen und Rechnungslegungsgrundsätze im IFRS-SME				
Zielsetzung	Vermittlung entscheidungsnützlicher Informationen *(decision usefulness)*			
Allgemeine Rechnungslegungs-grundsätze	Prinzip periodengerechter Gewinnermittlung *(accrual principle)*			Fortführungs-prämisse *(going concern principle)*
	Realisation Principle	Matching Principle	Deferral Principle	
Qualitative Anforderungen	Verständlichkeit *(understand-ability)*	Relevanz *(relevance)*	Verlässlichkeit *(reliability)*	Vergleichbarkeit *(comparability)*
		Wesentlichkeit *(materiality)*	Wirtschaftliche Betrachtungsweise *(substance over form)*	
			Vorsicht *(prudence)*	
			Vollständigkeit *(completeness)*	
„Neben-bedingungen"	Zeitnähe *(timeliness)*		Kosten-/ Nutzenabwägung *(balance between benefit and costs)*	
Ergebnis	Darstellung der IFRS-SME-Rechnungslegungsinformationen im Sinne einer *fair presentation*			

Übersicht 3-7: System qualitativer Anforderungen und allgemeiner Rechnungslegungs-grundsätze zur *fair presentation* im IFRS-SME[98]

Als **allgemeine Rechnungslegungsgrundsätze** spielen im IFRS-SME darüber hinaus der Grundsatz der **Periodenabgrenzung** *(accrual principle)* und der **Unternehmensfortführung** *(going concern principle)* eine große Rolle. Im Gegensatz zum IFRS-Rahmenkonzept werden diese zwar nicht explizit als Basisannahmen herausgestellt. Durch den Verweis in IFRS-SME 2.35 auf das IFRS-Rahmenkonzept ist aber davon auszugehen, dass diese wiederum analog zu den IFRS ausgelegt werden müssen.[99] Während der Grundsatz der **Periodenabgrenzung** *(accrual principle)* nach IFRS-SME 2.36 zentral für die Erfolgser-

---

96 Vgl. FISCHER, D., Mehrkomponentenverträge nach IFRS, S. 67.
97 Vgl. hierzu umfassend Abschnitt 324.4.
98 In grober Anlehnung an FISCHER, D., Mehrkomponentenverträge nach IFRS, S. 68.
99 Vgl. HALLER, A./BEIERSDORF, K./EIERLE, B., ED-IFRS for SMEs, S. 545.

mittlung ist,[100] wird der Grundsatz der **Unternehmensfortführung** (*going concern*) erst in IFRS-SME 3.8-.9 genannt. Wegen der Bedeutung für die Bewertung der Abschlussposten ist dies verwunderlich und inhaltlich nicht begründbar. Der Grundsatz der Unternehmensfortführung entsprich weitgehendem dem handelsrechtlichen GoB.[101] Das System qualitativer Anforderungen und allgemeiner Rechnungslegungsgrundsätze nach IFRS-SME 2,3 wird zusammenfassend in *Übersicht 3-7* dargestellt.

Insgesamt ist festzuhalten, dass wegen der knappen Ausführungen in IFRS-SME 2.4-.14 i V. mit der fehlenden Explizierung der Rechnungslegungsadressaten und deren Informationsbedürfnisse die für eine *fair presentation* gebotene **adressatenorientierte Konkretisierung** der qualitativen Anforderungen kaum möglich erscheint.[102] Gleiches gilt dann für die erforderliche **Abwägung der qualitativen Anforderungen** bei Konflikten zueinander, bspw. für die Anforderungen der Relevanz und Verlässlichkeit. Interessanterweise wird für die Anforderung der *timeliness* in IFRS-SME 2.12 gefordert, dass

„[i]n achieving a balance between relevance and reliability, the overriding consideration is how best to satisfy the needs of users in **making economic decisions**." [Hervorh. d. Verf.]

Dies deutet darauf hin, dass der qualitativen Anforderung der **Entscheidungsrelevanz** eine **Vorrangstellung gegenüber der Verlässlichkeit** eingeräumt wird.[103] Letztlich wird den Abschlusserstellern aber trotz dieser augenscheinlichen Priorisierung ein **sehr weiter Ermessensspielraum** verbleiben, um eine am Zweck der *fair presentation* orientierte Auslegung unbestimmter Begriffe und Schließung von Regelungslücken im IFRS-SME vorzunehmen, denn auch das Relevanzkriterium bleibt unscharf. In diesem Sinne lässt der

---

100 Vgl. ebenfalls BAETGE, J./ZÜLCH, H., Rechnungslegungsgrundsätze nach HGB und IFRS, in: HdJ, Abt. I/2 (2010), Rn. 215. Dies wird noch Gegenstand der nachfolgenden Ausführungen sein und bleibt an dieser Stelle daher ausgeklammert.

101 Vgl. zum entsprechenden GoB ADS, 6. Aufl., § 252, Rn. 23; ausführlich für das IFRS-Rahmenkonzept BAETGE, J./ZÜLCH, H., Rechnungslegungsgrundsätze nach HGB und IFRS, in: HdJ, Abt. I/2 (2010), Rn. 211-214.

102 So auch PREIẞLER, G., Prinzipienbasierung der IAS, S. 2394 („[...] auslegungsbedürftiger Begriff, der bei der Bilanzerstellung auf unbestimmte Weise berücksichtigt werden muss"); SCHILDBACH, T., Prinzipienorientierung, S. 250; RAMMERT, S., in: Haufe IFRS-Kommentar, 8. Aufl., § 51, Rn. 37.

103 So u. a. STREIM, H./BIEKER, M./LEIPPE, B., Anmerkungen zur theoretischen Fundierung, S. 184 („Damit gibt das IASC im Konfliktfall eindeutig dem Kriterium der Relevanz den Vorrang").

Kapitel 3: Konzeptionelle und europarechtliche Implikationen einer IFRS-SME-Anwendung im Einzelabschluss zur Kapitalerhaltung

konzeptionelle Rahmen keinen positiven Beitrag zur einheitlichen Anwendung des IFRS-SME (*application consistency*)[104] erwarten.[105] Als Folge hieraus resultieren **kasuistische Einzelfallabwägungen** im Rahmen „sachkundiger Entscheidungen" der Abschlussersteller (*professional judgement*),[106] was einen evidenten Widerspruch zur geforderten Objektivierungsstrenge des Kapitalerhaltungszwecks impliziert. Diesbezüglich helfen auch die teils widersprüchlichen Ansatz- und Definitionskriterien für die Bilanz und die Ergebnisrechnung nicht weiter.[107] Der Einwand, dass auch bei **Anwendung des GoB-Systems** die Abwägung einzelner Systemelemente geboten ist und damit Ermessensspielräume für die Abschlussersteller bestehen, greift nicht. Der wesentliche Unterschied besteht darin, dass sich die Auslegung und Abwägung der GoB am **Willen des Gesetzgebers** orientieren muss (teleologische Auslegung). Die Ermessensspielräume des Abschlusserstellers bei der Auslegung der Prinzipien bewegen sich zwangsläufig *innerhalb* des vorgegeben Zwecksystems. Im IFRS-SME wird dagegen das *professional judgement* des Abschlusserstellers kaum eingeschränkt, da die qualitativen Anforderungen i. V. mit den Ansatz- und Definitionskriterien für die Bilanz und die Ergebnisrechnung das Ziel der *fair presentation* nicht hinreichend konkretisieren. Im Gegensatz zum IFRS-SME sorgt **das GoB-System** für die **konsistente Adaption des Zwecksystems auf Einzelprobleme**.

Selbst wenn das IASB in absehbarer Zeit den Versuch unternehmen sollte, die qualitativen Anforderungen und allgemeinen Rechnungslegungsprinzipien hinreichend zu konkretisieren, verbleiben erhebliche Zweifel an der Adäquanz des IFRS-SME zur Kapitalerhaltung. Rechnungszweck ist nach IFRS-SME 2.2 die **Entscheidungsunterstützungsfunktion**, was sich für die in dieser Untersuchung maßgebliche Abschlussadressaten (Gläubiger)[108] als **informationeller Gläubigerschutz** interpretieren lässt.[109] Folgerichtig

---

104 Vgl. WÜSTEMANN, J./WÜSTEMANN, S., Why Consistency of Accounting Standards Matters, S. 2.
105 Vgl. WÜSTEMANN, J./WÜSTEMANN, S., Why Consistency of Accounting Standards Matters, S. 10 („*Given the threat of different assessments in court, this imposes an undesirable risk on management even if assessment and application are done in good faith*"); so im Ergebnis bereits SCHILDBACH, T., Prinzipienorientierung, S. 247 („*Die von den übergeordneten Grundprinzipien [...] vorgegebenen allgemeinen Anforderungen an die Rechnungslegung lassen sich beim besten Willen nicht erfüllen*").
106 In diesem Sinne JANSSEN, J./GRONEWOLD, U., IFRS for SMEs, S. 78 („*Dies hat erhebliche Implikationen für die Qualität der Rechnungslegungsnormen*"); für die IFRS bereits PREISSLER, G., Prinzipienbasierung der IAS, S. 2392.
107 Vgl. hierzu Abschnitt 324.34 und 324.35.

können glaubwürdige (objektivierte) Ansatz- und Bewertungsvorschriften - anders als im GoB-System - keinen herausragenden, systemübergreifenden Leitgedanken in IFRS-SME 2 darstellen.[110] Dies drückt sich in der **inferioren Bedeutung des Verlässlichkeitsgegenüber dem Relevanzkriterium** (IFRS-SME 2.12) aus und setzt sich in der Reichweite des *accrual principle* (IFRS-SME 2.36) fort.[111] Die geringeren Anforderungen an die Verlässlichkeit dokumentieren sich zudem darin, dass das **Vorsichtsprinzip** nur ein **Sekundärkriterium** darstellt, das neben dem Vollständigkeits- und dem *substance over form*-Grundsatz die *reliability* konkretisiert.[112]

324.33 Implikationen der Überarbeitung des IFRS-Rahmenkonzepts (Phase A)

Das IASB und der US-amerikanische Standardsetter arbeiten seit Oktober 2004 gemeinsam an der Überarbeitung ihrer Rahmenkonzepte. In diesem Zusammenhang wurde die erste mehrerer Projektphasen (**Phase A**) im September 2010 abgeschlossen.[113] Wesentliche Änderungen sind die **Streichung der qualitativen Anforderung der Verlässlichkeit** (*reliability*) zu Gunsten des Kriteriums der *faithful representation* sowie eine Neuordnung der inneren Struktur des Systems qualitativer Anforderungen (vgl. *Übersicht 3-8*).

Die Neuordnung erachtet das IASB als notwendig an, da die **Rechenschaftsfunktion** (*stewardship of management*) als **eigenständiges Rechnungslegungsziel** neben der Entscheidungsunterstützungsfunktion aufgegeben wird.[114] Die *fair presentation* eines IFRS-Abschluss konkretisiert sich darin, entscheidungsnützliche Informationen über die öko-

---

108 Vgl. Abschnitt 15.
109 Vgl. STREIM, H., Die Vermittlung entscheidungsnützlicher Informationen, S. 113; STREIM, H./ BIEKER, M./LEIPPE, B., Anmerkungen zur theoretischen Fundierung, S. 179; BUSSE VON COLBE, W., Paradigmenwechsel, S. 170.
110 Vgl. in diesem Sinne ARBEITSKREIS BILANZRECHT DER HOCHSCHULLEHRER RECHTSWISSENSCHAFT, Zur Fortentwicklung des deutschen Bilanzrechts, S. 2372; HERZIG, N./GELLRICH, K./ JENSEN-NISSEN, L., IFRS und steuerliche Gewinnermittlung, S. 555 (mit Blick auf das Maßgeblichkeitsprinzip); RAMMERT, S., Erhaltung der Kapitalerhaltung, S. 588 („*niedrige[r] Objektivierungsgrad*").
111 Vgl. hierzu Abschnitt 324.35.
112 Vgl. STROBL, E., IASC-Rechnungslegung, S. 393; BAETGE, J./THIELE, S., Gesellschafterschutz versus Gläubigerschutz, S. 20; MERSCHMEYER, M., Die Kapitalschutzfunktion des Jahresabschlusses, S. 160.
113 Vgl. zu einem Projektüberblick GASSEN, J./FISCHKIN, M./HILL, V., Das Rahmenkonzept-Projekt des IASB und des FASB, S. 875.

nomischen Ressourcen des Abschlusserstellers zu vermitteln, d. h. in einer bilanztheoretisch-statischen **Darstellung der Vermögenslage** (*provide information about the economic resources of the entity [...] and the claims on those resources*).[115]

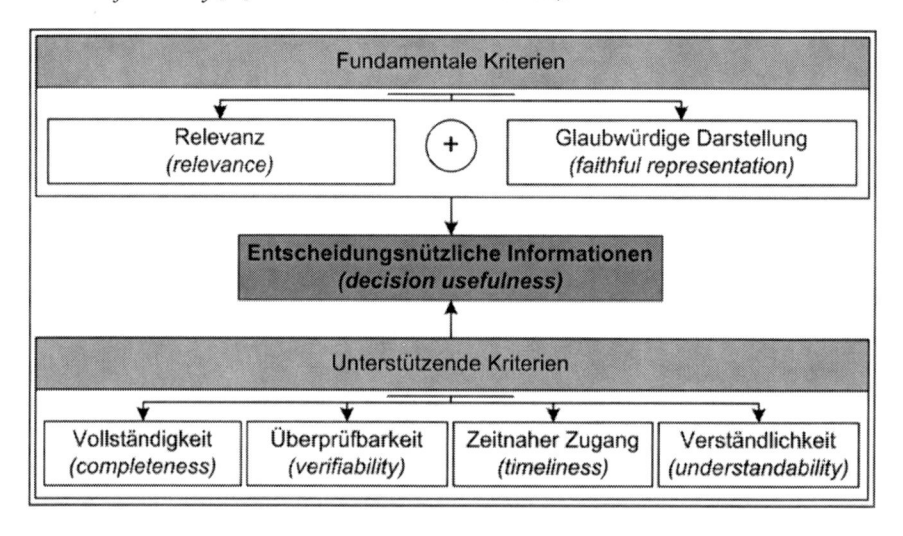

```
┌─────────────────────────────────────────────────────────────┐
│                   Fundamentale Kriterien                    │
│  ┌──────────────────┐    ┌──────────────────────────────┐   │
│  │    Relevanz      │ +  │    Glaubwürdige Darstellung  │   │
│  │   (relevance)    │    │    (faithful representation) │   │
│  └──────────────────┘    └──────────────────────────────┘   │
└─────────────────────────────────────────────────────────────┘
              ↓
   ┌──────────────────────────────────────┐
   │ Entscheidungsnützliche Informationen │
   │        (decision usefulness)         │
   └──────────────────────────────────────┘
              ↑
┌─────────────────────────────────────────────────────────────┐
│                   Unterstützende Kriterien                  │
│  Vollständigkeit  Überprüfbarkeit  Zeitnaher Zugang  Verständlichkeit │
│  (completeness)   (verifiability)   (timeliness)    (understandability)│
└─────────────────────────────────────────────────────────────┘
```

Übersicht 3-8: Qualitative Kriterien gemäß dem neuen Rahmenkonzept des IASB[116]

Zur Sicherstellung der Entscheidungsnützlichkeit sind das Kriterium der *relevance* und der *faithful representation* die zentralen Anforderungskriterien, wobei im Vergleich zur Verwendung des Begriffs der *reliability* die letztgenannte Änderung wohl keine materiellen Auswirkungen hat.[117] Nur noch als **unterstützende Kriterien** zu berücksichtigen sind die Kriterien der Vergleichbarkeit (*comparability*), der intersubjektiven Nachprüfbarkeit (*verifiability*), der Verständlichkeit (*understandability*) sowie der Zeitnähe (*timeliness*). Unverändert bleiben als **Nebenbedingung** das Kosten-/Nutzen-Kalkül und als **Basisannahme** das Prinzip der Unternehmensfortführung. Auch das Erfordernis der Abwägung einzelner Grundsätze ist im Rahmenkonzept beibehalten worden. Der Grundsatz der Vorsicht (*prudence*) ist aus dem IFRS-Rahmenkonzept entfallen, da dieser

---

114 Vgl. hierzu GASSEN, J./FISCHKIN, M./HILL, V., Das Rahmenkonzept-Projekt des IASB und des FASB, S. 876 f.; HOFFMANN, S./DETZEN, D., Das Joint Conceptual Framework, S. 53.

115 Vgl. zu den unterschiedlichen bilanztheoretischen Ausrichtungen Abschnitt 132.

116 In Anlehnung an HOFFMANN, S./DETZEN, D., Das Joint Conceptual Framework, S. 54.

117 Vgl. PELLENS, B./FÜLBIER, R./GASSEN, J./SELLHORN, T., Internationale Rechnungslegung, S. 127.

angabegemäß der *faithful presentation* widerspricht. Durch diese Anpassungen ergibt sich eine noch stärkere Ausrichtung an der *relevance* im Sinne einer *fair presentation* zur Entscheidungsunterstützung.[118] Interessanterweise wurde der **Adressatenkreis** eines IFRS-Abschlusses explizit auf die **Eigenkapitalgeber** verengt.[119] Sollte dies auch auf den IFRS-SME übertragen werden, so würde zumindest das Problem der fehlenden Explizierung der Adressatenbedürfnisse und der damit verbundenen mangelhaften Deduktionsbasis behoben, indem sich auf die Informationsbedürfnisse *einer* Adressatengruppe beschränkt wird. Inwiefern diese Herangehensweise für SMEs mit Blick auf deren primäre Rechnungslegungsadressaten angemessen ist und ob in diesem Fall überhaupt differenzierte Ansatz- und Bewertungsvorschriften für SMEs gerechtfertigt sind, ist zu bezweifeln.[120]

Da die Änderungen des IFRS-Rahmenkonzepts erst nach der Veröffentlichung des IFRS-SME beschlossen wurden und IFRS-SME 2 und 3 somit noch auf den Grundsätzen des vormaligen IFRS-Rahmenkonzepts basieren, ergeben sich **keine unmittelbaren Auswirkungen für die konzeptionellen Grundlagen des IFRS-SME**. Da das IASB in der Vergangenheit den Wunsch nach einheitlichen konzeptionellen Grundlagen der IFRS und des IFRS-SME herausgestellt hat,[121] dürfte der IFRS-SME in absehbarer Zeit angepasst und die Entscheidungsunterstützungsfunktion auch im IFRS-SME gestärkt werden.

324.34 Konkretisierung über Definitions- und Ansatzkriterien der Posten in der Bilanz

Der Grundsatz der *fair presentation* als grundlegendes Konzept der Informationsvermittlung lässt sich neben der **Beachtung der qualitativen Anforderungen an den Jahresabschluss** nur durch die Beachtung der **Definitions- und Ansatzkriterien für Posten der Bilanz *und* der Ergebnisrechnung** erreichen.[122] Insofern sollen auf Basis des in IFRS-SME 2.2 i. V. mit IFRS-SME 3.2 definierten Rechnungszwecks das Vermögen zur

---

118 Gleicher Ansicht NAJDEREK, A., Harmonisierung des europäischen Bilanzrechts, S. 188; WÜSTEMANN, J./BISCHOF, J./KIERZEK, S., Bedeutung und Systembildung der internationalen Rechnungslegungsregeln, in: HdJ, Abt. I/3 (2007), Rn. 113.
119 Vgl. HOFFMANN, S./DETZEN, D., Das Joint Conceptual Framework, S. 53. Zuvor wurden die Informationsbedürfnisse anderer Abschlussadressaten mit denen der Investoren gleichgesetzt. Vgl. auch LÜDENBACH, N./HOFFMANN, W.-D., in: Haufe IFRS-Kommentar, 8. Aufl., § 1, Rn. 5.
120 Vgl. u. a. JANSSEN, J./GRONEWOLD, U., IFRS for SMEs, S. 78.
121 Vgl. hierzu bereits Abschnitt 322.

Kapitel 3: Konzeptionelle und europarechtliche Implikationen einer IFRS-SME-Anwendung im Einzelabschluss zur Kapitalerhaltung

Darstellung der Vermögenslage und der Gewinn zur Darstellung der Ertragslage zentrale Informationsträger sein.[123] Dies kann bilanztheoretisch zu **Zielkonflikten bei der Ausgestaltung des konzeptionellen Rahmens** führen. An dieser Stelle wird zunächst versucht, ein theoretisches Konstrukt hinter dem Informationsträger „Vermögen" zu identifizieren.

Die Darstellung der Vermögenslage (*financial position*) des Abschlusserstellers wird nach IFRS-SME 2.15 in Form der Bilanz (*statement of financial position*) gegeben, welche die Vermögenswerte (*assets*) den Schulden (*liabilities*) gegenüberstellt und als Residualgröße das Eigenkapital (*equity*) aufzeigt.[124] Die **Darstellung der verfügbaren wirtschaftlichen Ressourcen an einem Rechnungslegungsstichtag** ist damit der zentrale Informationsträger der Vermögenslage. Für die Erfassung der Posten in der Bilanz ergibt sich ein **zweistufiger Prüfprozess** bestehend aus Definitions- und aus Ansatzkriterien.[125] Auf der Ebene der Definitionskriterien ist gemäß IFRS-SME 2.15 lit. a als **Vermögenswert** jede Ressource einzustufen, die ein Ergebnis von Ereignissen der Vergangenheit (*past events*) ist und sich in der Vermögensmacht (*control*) des Unternehmens befindet. Des Weiteren wird erwartet, dass hieraus ein künftiger wirtschaftlicher Nutzen (*future economic benefit*) zufließt. Aufgrund der Anknüpfung an die Erzielung eines wirtschaftlichen Nutzens spielt das **Aktivierungskriterium der Einzelverwertbarkeit**, welches durch seine primär zivilrechtliche Anknüpfungskriterien eine objektivierende Beschränkung des Aktivierungspotenzials im HGB einnimmt, keine Rolle.[126] Die *asset*-Definition erscheint damit

---

122 Eine Verknüpfung des Ziels der *fair presentation* mit den Anforderungen und Grundsätzen eines IFRS-SME-Abschlusses wird nur mittelbar hergestellt, da die *fair presentation* erst in IFRS-SME 3.2 eingeführt und hierauf in IFRS-SME 2 nicht explizit Bezug genommen wird. Indes ist eine derartige Verknüpfung analog zum IFRS-Rahmenkonzept anzunehmen.

123 Vgl. für das IFRS-Rahmenkonzept auch WÜSTEMANN, J./BISCHOF, J./KIERZEK, S., Bedeutung und Systembildung internationaler Rechnungslegungsregeln, in: HdJ, Abt. I/3 (2007), Rn. 115.

124 Auf eine separate Analyse der Eigenkapitaldefinition wird verzichtet, da dieses ausschließlich als Residuum aus Vermögenswerten und Schulden nach IFRS-SME 2.22 determiniert wird.

125 Vgl. exemplarisch WÜSTEMANN, J./BISCHOF, J./KIERZEK, S., Bedeutung und Systembildung internationaler Rechnungslegungsregeln, in: HdJ, Abt. I/3 (2007), Rn. 128-130; BAETGE, J./ KIRSCH, H.J./WOLLMERT, P./BRÜGGEMANN, P., in: BAETGE, J. ET AL., Rechnungslegung nach IFRS, 2. Aufl., Teil A, Kap. II, Rn. 68.

126 So auch HOMMEL, M., Internationale Bilanzrechtskonzeptionen, S. 349 („*Objektivierungs- oder Vorsichtsprinzipien treten [...] erkennbar in den Hintergrund, da sie eine möglichst umfassende Berücksichtigung aller ertragswertsteigernden Faktoren verhindern*"); STREIM, H./ESSER, M., Rechnungslegung nach IFRS - Ansatzfragen, S. 739 („*unzweckmäßig*").

nicht kompatibel mit Objektivierungsanforderungen, die sich auch aus der Bedeutung des Haftungskapitals und der Sicherstellung dessen rechtstatsächlicher Existenz ergeben.

Wegen der Konturlosigkeit des für die *asset*-Definition maßgeblichen Begriffs der **wirtschaftlichen Ressource** ergibt sich eine evidente Ausweitung des durch den konzeptionellen Rahmen erfassten Aktivierungspotenzials.[127] Dies resultiert vor allem aus der Ausprägung des Kontrollkriteriums und der Forderung nach einem Zufluss wirtschaftlichen Nutzens. Das **Kontrollkriterium** wird in IFRS-SME 2.15 lit. a nicht näher definiert. Ob sich die Ressource in der Verfügungsmacht des Unternehmens befindet, ist gemäß Einklang mit IFRS-SME 2.19 über das Kriterium der **wirtschaftlichen Betrachtungsweise** (*substance over form*) zu entscheiden.[128] Die Kontrolle muss damit nicht primär über das rechtliche Eigentum abgesichert sein. Vielmehr muss sichergestellt sein, dass es ausschließlich *einem* Abschlussersteller Nutzen stiftet.[129] Hieran wird deutlich, dass das IASB den *asset*-Begriff in einem wirtschaftlich verstandenen Sinne abgrenzt.[130] Dieses Kriterium lässt sich aber kaum operationalisieren und führt zu wenig eindeutigen Aktivierungsentscheidungen.[131] Der handelsrechtliche Aktivierungsgrundsatz setzt demgegenüber am Kriterium der Einzelverwertbarkeit an und konkretisiert die Zurechnung im Sinne von § 246 Abs. 1 Satz 1 HGB über **die zivilrechtlichen Eigentumsstrukturen**.[132] Ein Widerspruch bei Übernahme der zivilrechtlichen Wertungen zur Teleologie des HGB ergibt sich nur dann, wenn das rechtliche und das wirtschaftliche Eigentum nach § 246 Abs. 1 Satz 2 HGB auseinanderfallen. Konkret verbunden mit

---

[127] So u. a. STROBL, E., IASC-Rechnungslegung, S. 396; ARBEITSKREIS BILANZRECHT DER HOCHSCHULLEHRER RECHTSWISSENSCHAFT, Zur Fortentwicklung des deutschen Bilanzrechts, S. 2372 („*größeres Aktivierungspotenzial*"); SCHULZE-OSTERLOH, J., Internationale Rechnungslegung für den Einzelabschluß, S. 95; HERZIG, N./GELLRICH, K./JENSEN-NISSEN, L., IFRS und steuerliche Gewinnermittlung, S. 557.

[128] Vgl. BAETGE, J./ZÜLCH, H., Rechnungslegungsgrundsätze nach HGB und IFRS, in: HdJ, Abt. I/2 (2010), Rn. 267.

[129] Vgl. MELLWIG, W./WEINSTOCK, M., Die Zurechnung von mobilen Leasingobjekten, S. 2349.

[130] Vgl. HOMMEL, M., Internationale Bilanzrechtskonzeptionen, S. 351 („*Entsprechend [...] ist für die bilanzielle Erfassung eines Sachverhalts nicht dessen formalrechtliche Einkleidung [...] ausschlaggebend*"); EULER, R., Paradigmenwechsel, S. 876; HERZIG, N./GELLRICH, K./JENSEN-NISSEN, L., IFRS und steuerliche Gewinnermittlung, S. 557 („*rein wirtschaftliche Größe*").

[131] Ein Leasingvertrag kann bspw. sowohl zum Nutzenzufluss beim Leasingnehmer während der befristeten Überlassung des Leasingobjekts als auch nach Ablauf zum Nutzenzufluss durch Verwertungserlöse beim Leasinggeber führen.

Kapitel 3: Konzeptionelle und europarechtliche Implikationen einer IFRS-SME-Anwendung im Einzelabschluss zur Kapitalerhaltung

dem wirtschaftlichen Eigentum ist im HGB daher die Forderung, dass der Abschlussersteller dauerhaft die **Herrschaft über Erträge** *und* **Substanz** des zu aktivierenden Guts ausüben muss, um hierdurch eine Einzelverwertbarkeit gegenüber Dritten unterstellen zu können.[133] Im Gegensatz zu IFRS-SME 2.15 lit. a sind hierbei explizit auch die Risiken aus der Herrschaft des Guts („Substanz") einzubeziehen.[134] Das **Kriterium der wirtschaftlichen Zurechnung** ist somit **nicht mit dem Kontrollkriterium des IFRS-SME identisch**. In IFRS-SME 2.17 wird bewusst offen gelassen, ob der Abschlussersteller eine Herrschaft über Ertrag *und* Substanz ausüben muss, da lediglich davon gesprochen wird, dass „*[t]hose cash flows may come from using the asset or from disposing it*". Zudem wird der Nutzenzufluss dahingehend definiert, dass „*the future economic benefit of an asset is its potential to contribute, directly or indirectly, to the flow of cash and cash equivalents to the entity*". Die Nutzenziehung durch den Zufluss von Erträgen i. V. mit der Kontrolle über deren Vereinnahmung reicht damit als Aktivierungsvoraussetzung - anders als im Sinne von § 246 Abs. 1 Satz 2 HGB - aus,[135] wobei sogar ein nur mittelbarer (*indirectly*) Zusammenhang zwischen Zahlungszufluss und Ressource genügt. Die Einschätzung eines derartigen Zusammenhangs unterliegt einem erheblichen *professional judgement* und führt zu **Schwierigkeiten bei der Abgrenzbarkeit der Ressource**, da letztlich jede Ressource in irgendeiner Form zur Generierung von Zahlungszuflüssen beiträgt.[136] Das **Kriterium der Einzelverwertbarkeit** macht demgegenüber den **unmittelbaren Zusammenhang zwischen wirtschaftlichen Vorteil und aktiviertem Vermögensgegenstand** zur unabdingbaren Aktivierungsvoraussetzung und bewirkt eine klar höhere Objektivierungstrenge.[137]

---

132 Vgl. hierzu auch STROBL, E., IASC-Rechnungslegung, S. 394 („*Im Gegensatz zur anglo-amerikanischen Rechnungslegung [...] ist das deutsche Bilanzrecht geprägt [...] durch eine rechtliche Betrachtungsweise*"); MELLWIG, W./WEINSTOCK, M., Die Zurechnung von mobilen Leasingobjekten, S. 2346 („*Damit [...] nimmt [das rechtliche Eigentum als Zurechnungskriterium; Anm. d. Verf.] den Charakter einer Vermutung über das Vorliegen von wirtschaftlichem Eigentum an*").

133 Vgl. MELLWIG, W./WEINSTOCK, M., Die Zurechnung von mobilen Leasingobjekten, S. 2351; MOXTER, A., Grundsätze ordnungsgemäßer Rechnungslegung, S. 64 f.

134 Vgl. WÜSTEMANN, J./BISCHOF, J./KIERZEK, S., Bedeutung und Systembildung der internationalen Rechnungslegungsregeln, in: HdJ, Abt. I/3 (2007), Rn. 296.

135 Vgl. HERZIG, N./GELLRICH, K./JENSEN-NISSEN, L., IFRS und steuerliche Gewinnermittlung, S. 559.

136 So im Ergebnis auch MELLWIG, W./WEINSTOCK, M., Die Zurechnung von mobilen Leasingobjekten, S. 2348; LÖHR, D., IFRS versus HGB, S. 647 f.; SCHILDBACH, T., Das System der IFRS, S. 47.

Abschnitt 32: Konzeptionelle Grundzüge des „IFRS for Small and Medium-Sized Entities"

Gemäß IFRS-SME 2.15 lit. b sind **Schulden** (*liabilities*) jede **gegenwärtige Verpflichtung** (*present obligation*), die aus einem vergangenen Ereignis (*past event*) stammt und deren Erfüllung erwartungsgemäß mit einem Ressourcenabfluss verbunden sein wird. Hierbei handelt es sich um **gegenwärtige Außenverpflichtungen**, denen sich das Unternehmen **rechtlich** oder **faktisch** nicht entziehen kann (IFRS-SME 2.20), so dass Aufwandsrückstellungen nach § 249 Abs. 2 HGB a. F. nicht hierunter fallen, wohl aber passive Rechnungsabgrenzungsposten des HGB.[138] In Verbindung mit der stärkeren Bedeutung des *matching principle*[139] hat beim Ansatz von Rückstellungen das Kriterium der wirtschaftlichen Verursachung eine stärkere Bedeutung als im HGB. Nach dem Passivierungsgrundsatz des GoB-Systems gibt die rechtliche Entstehung für den Passivierungszeitpunkt den Ausschlag. Nur falls die wirtschaftliche Verursachung vor der rechtlichen Entstehung liegt, ist dieser frühere Zeitpunkt maßgeblich.[140] Bei Verbindlichkeiten ergeben sich keine großen Unterschiede zum HGB. Letztlich ist IFRS-SME 2.15 lit. b mit Blick auf das Kriterium des *past event* unbestimmt, was aufgrund der großen Reichweite des Imparitätsprinzips für die Qualität des Kapitalerhaltungszwecks kritisch ist.[141]

Neben den **Definitionskriterien** als notwendige Bedingung sind darüber hinaus für sämtliche Posten der Bilanz (sowie der Erfolgsrechnung) die **Ansatzkriterien** als hinreichende Bilanzierungsbedingung zu beachten. Gemäß IFRS-SME 2.27 lit. a muss ein mit dem Vermögenswert bzw. der Schuld verbundener wirtschaftlicher Nutzen mit **ausreichender Wahrscheinlichkeit** (*probable*) zu- bzw. abfließen, wobei sich aus der Definition (*more likely than not*) eine Eintrittswahrscheinlichkeit von mehr als 50% ableiten lässt. Im Gegensatz zum IFRS-Rahmenkonzept wird das Wahrscheinlichkeitskriterium quantifiziert.[142] Zusätzlich muss der Posten nach IFRS-SME 2.27 lit. b **verlässlich quantifizier-**

---

137 Vgl. LÖHR, D., IFRS versus HGB, S. 647; HERZIG, N./GELLRICH, K./JENSEN-NISSEN, L., IFRS und steuerliche Gewinnermittlung, S. 559; STREIM, H./ESSER, M., Rechnungslegung nach IFRS - Ansatzfragen, S. 739; GELTER, M., Kapitalerhaltung, S. 182; a. A. (unter Zugrundelegung des Wirtschaftsgutbegriffs der Finanzrechtsprechung) HOMMEL, M., Internationale Bilanzrechtskonzeptionen, S. 363; MERSCHMEYER, M., Die Kapitalschutzfunktion des Jahresabschlusses, S. 170.
138 Vgl. SCHULZE-OSTERLOH, J., Internationale Rechnungslegung für den Einzelabschluß, S. 96; BAETGE, J./KIRSCH, H.J./WOLLMERT, P./BRÜGGEMANN, P., in: BAETGE, J. ET AL., Rechnungslegung nach IFRS, 2. Aufl., Teil A, Kap. II, Rn. 81.
139 Vgl. hierzu Abschnitt 324.35.
140 Vgl. hierzu umfassend Abschnitt 424.
141 Vgl. EULER, R., Paradigmenwechsel, S. 878.

Kapitel 3: Konzeptionelle und europarechtliche Implikationen einer IFRS-SME-Anwendung im Einzelabschluss zur Kapitalerhaltung

bar (*reliability of measurement*) sein, wobei dies nach IFRS-SME 2.30 die Anwendung von Schätzwerten nicht ausschließt und daher wohl der **handelsrechtlich geforderten Quantifizierbarkeit** entspricht.[143] Die Bestimmung der Wahrscheinlichkeitsgrenzen ist demgegenüber manipulationsanfällig und liegt **im Ermessen des Abschlusserstellers**, da die starre Vorgabe einer Wahrscheinlichkeitsgrenze ein Umgehen des Ansatzes für *liabilities* (bei einer „geschätzten" Wahrscheinlichkeit von 49%) bzw. ein Forcieren des Ansatzes für *assets* (bei 51%) vereinfacht.[144] Die Aktivierung eines *asset* mit einer derart geringen Wahrscheinlichkeit eines Nutzenzuflusses steht nicht in Einklang mit den Anforderungen des Kapitalerhaltungszwecks zur Sicherstellung der rechtstatsächlichen Existenz des Haftungskapitals.[145] Vielmehr würde dessen Aktivierung die strengen gesellschaftsrechtlichen Anforderungen an die Werthaltigkeit der einzubringenden Güter für Zwecke der Kapitalaufbringung aushölen. Ein kompatibles Ineinandergreifen zwischen Bilanz- und Gesellschaftsrecht ist bei Anwendung des Wahrscheinlichkeitskriteriums damit sowohl für *assets* als auch für *liabilities* fraglich. Des Weiteren widerspricht die **symmetrische Behandlung** der Eintrittswahrscheinlichkeiten auf der Aktiv- *und* der Passivseite dem handelsrechtlichen **Imparitätsprinzip** nach § 252 Abs. 1 Nr. 4 HGB, da nach HGB wohl auch bei einer niedrigeren Wahrscheinlichkeitsschwelle zur Sicherstellung des Kapitalerhaltungszwecks der Ansatz eines Passivums (d. h. einer Rückstellung) angezeigt sein kann.[146] An das **Kriterium der verlässlichen Bewertung** sind keine zu hohen Erwartungen zu stellen. Unter Umständen ist bei Passiva (Rückstellungen) denkbar, dass ein Ansatz aufgrund einer kaum quantifizierbaren Verpflichtungshöhe unterbleibt. Dies

---

142 Vgl. zu diesem Problem in den IFRS STREIM, H./BIEKER, M./LEIPPE, B., Anmerkungen zur theoretischen Fundierung, S. 186 f.

143 Vgl. hierzu auch PRASSE, S., in: BAETGE, J. ET AL., Rechnungslegung nach IFRS, 2. Aufl., Teil A, Kap. V, Rn. 53.

144 Vgl. HERZIG, N./GELLRICH, K./JENSEN-NISSEN, L., IFRS und steuerliche Gewinnermittlung, S. 558; SIEBLER, U., Internationalisierung der Rechnungslegung, S. 237. Indes wird auch handelsrechtlich die überwiegende Wahrscheinlichkeit einer Inanspruchnahme als Passivierungsvoraussetzung gesehen. Hieraus resultiert wohl nicht die Vorgabe einer festen Wahrscheinlichkeitsgrenze. Dies wird noch Gegenstand der Ausführungen in Abschnitt 424 sein.

145 Vgl. GELTER, M., Kapitalerhaltung, S. 182.

146 Vgl. STROBL, E., IASC-Rechnungslegung, S. 397; SCHILDBACH, T., Das System der IFRS, S. 47; LÜDENBACH, N./HOFFMANN, W.-D., in: Haufe IFRS-Kommentar, 8. Aufl., § 8, Rn. 21.

widerspricht den Anforderungen zur Sicherstellung der gesellschaftsrechtlich intendierten Risikoallokation zwischen Gesellschaftern und Gläubigern.[147]

Im Gegensatz zum IFRS-Rahmenkonzept beinhaltet IFRS-SME 2 Erläuterungen zu den einzelnen **Bewertungsmaßstäben**. Sowohl die Anschaffungs- und Herstellungskosten (*historical cost*) als auch der beizulegende Zeitwert (*fair value*) werden in IFRS-SME 2.34 definiert, wobei der *fair value* im Sinne von IFRS-SME 2.34 lit. b als zentraler Bewertungsmaßstab anzusehen ist und sowohl durch Marktpreise (*mark to market*) als auch durch Bewertungsmodelle (*mark to model*) konkretisiert wird.[148] Für die **Zugangsbewertung** (*measurement at initial recognition*) von Vermögenswerten und Schulden sind die **Anschaffungs- und Herstellungskosten** gemäß IFRS-SME 2.46 heranzuziehen, sofern die speziellen Einzelnormen keine anderen Vorgaben machen. Bei der **Folgebewertung** (*subsequent measurement*) wird zwischen finanziellen und **nichtfinanziellen Vermögenswerten und Schulden** differenziert. *Basic financial instruments* sind - mit Ausnahme von IFRS-SME 2.47 - grundsätzlich zu fortgeführten Anschaffungskosten abzüglich etwaiger Wertminderungen anzusetzen. **Alle sonstigen finanziellen Vermögenswerte und Schulden** sind gemäß IFRS-SME 2.48 ergebniswirksam zum beizulegenden Zeitwert folgezubewerten. Für finanzielle Vermögenswerte und Schulden wird somit ein *mixed measurement model* verfolgt.[149] **Nichtfinanzielle Vermögenswerte** sind demgegenüber auf Basis anderer Bewertungsgrundsätze fortzuführen (IFRS-SME 2.49). **Nichtfinanzielle Schulden** sind nach IFRS-SME 2.51 mit dem Rückzahlungsbetrag anzusetzen. Diese kurze Auflistung macht deutlich, dass im IFRS-SME ein **einheitliches Bewertungskonzept** fehlt.[150] Dies erschwert die Interpretation der bilanztheoretischen Konzeption des „Ver-

---

147 Vgl. mit ähnlicher Kritik STREIM, H./ESSER, M., Rechnungslegung nach IFRS - Ansatzfragen, S. 741; KAHLE, H., IAS im Einzel- und Konzernabschluss, S. 269; SCHULZE-OSTERLOH, J., Internationale Rechnungslegung für den Einzelabschluß, S. 96.

148 Vgl. für die IFRS STREIM, H./BIEKER, M./ESSER, M., Der schleichende Abschied von der Ausschüttungsbilanz, S. 233; zu den Ermittlungsverfahren bei Anwendung der *fair value*-Bewertung BAETGE, J./ZÜLCH, H., Fair Value-Accounting, S. 547.

149 Vgl. HALLER, A./EIERLE, B., in: BRUNS, H.-G. ET AL., IFRS-SME, Teil B, Absch. 2, Rn. 124; für die IFRS BAETGE, J./ZÜLCH, H., Fair Value-Accounting, S. 552; LÖHR, D., IFRS versus HGB, S. 647.

150 Vgl. für die IFRS bereits HETTICH, S., Zweckadäquate Gewinnermittlungsregeln, S. 150; BAETGE, J./KIRSCH, H.-J./WOLLMERT, P./BRÜGGEMANN, P., in: BAETGE, J. ET AL., Rechnungslegung nach IFRS, 2. Aufl., Teil A, Kap. II, Rn. 155 („*keine geschlossene Bewertungskonzeption*"); WÜSTEMANN, J./WÜSTEMANN, S., Why Consistency of Accounting Standards Matters, S. 12.

Kapitel 3: Konzeptionelle und europarechtliche Implikationen einer IFRS-SME-Anwendung im Einzelabschluss zur Kapitalerhaltung

mögens" im Vergleich zum HGB sowie die Anwendung des konzeptionellen Rahmens bei der **Schließung von Regelungslücken** nach IFRS-SME 10.5 lit. b.[151] Durch die Möglichkeit der *fair value*-Folgebewertung über die fortgeführten Anschaffungskosten wird **gegen das handelsrechtliche Realisationsprinzip verstoßen**, da die Ertragsrealisation nicht strikt umsatzgebunden ist, sondern Erträge zu einem früheren Zeitpunkt realisiert werden können.[152] Die *fair value*-Bewertung verstößt gegen die gebotene Objektivierungsstrenge, sofern Preise auf liquiden Märkten für die Vermögenswerte fehlen und der Abschlussersteller *mark to model*-Bewertungsverfahren anwenden muss.

Zusammenfassend ist festzuhalten, dass die Betonung der *fair value*-Bewertung eine bilanztheoretisch-statische Ausrichtung am **bilanziellen Effektivvermögen** zur Vermittlung entscheidungsnützlicher Informationen nahe legt.[153] Die *asset*-Definition, insbesondere das Abstellen auf das Nutzenpotenzial bei den Definitionskriterien, deutet aber zugleich auf eine bilanztheoretisch-dynamische Ausrichtung mit der *performance* als zentralem Informationsträger hin, indem die Bilanzposten als „Zwischenspeicher" für künftige Ertragszuflüsse fungieren.[154] In **bilanztheoretischer Hinsicht ergibt sich zunächst kein klares Bild** darüber, ob die Vermittlung entscheidungsnützlicher Informationen über die Darstellung des Vermögens oder der *performance* umgesetzt werden soll. Das HGB ist in seiner Aktivierungs-/Passivierungskonzeption stark an einer **bilanztheoretisch-statischen Herangehensweise** ausgerichtet und orientiert sich an der objektivierten Ermittlung eines einzelverwertbaren Reinvermögens. Dies wird durch die einheitliche Bewertung zu (fortgeführten) Anschaffungskosten deutlich. **Wegen der Verwendung verschiedener Bewertungsmaßstäbe fehlt im IFRS-SME ein klares Vermögenskonzept.**[155]

---

151 Vgl. stellvertretend für viele PRASSE, S., in: BAETGE, J. ET AL., Rechnungslegung nach IFRS, 2. Aufl., Teil A, Kap. V, Rn. 59.

152 Vgl. STROBL, E., IASC-Rechnungslegung, S. 395; EULER, R., Paradigmenwechsel, S. 877; SCHULZE-OSTERLOH, J., Internationale Rechnungslegung für den Einzelabschluß, S. 96; MOXTER, A., Gewinnrealisierung nach IAS/IFRS, S. 275.

153 Vgl. für die IFRS BALLWIESER, W., Die Konzeptionslosigkeit des IASB, S. 737; BALLWIESER, W., IFRS für nicht kapitalmarktorientierte Unternehmen, S. 26; WÜSTEMANN, J./BISCHOF, J./KIERZEK, S., Bedeutung und Systembildung der internationalen Rechnungslegungsregeln, in: HdJ, Abt. I/3 (2007), Rn. 110 f.

154 So auch BALLWIESER, W., Die Konzeptionslosigkeit des IASB, S. 736; HETTICH, S., Zweckadäquate Gewinnermittlungsregeln, S. 150 (mit der Einschränkung, dass nur die Definitions-, nicht jedoch die Ansatzkriterien dynamisch ausgerichtet sind); MERSCHMEYER, M., Die Kapitalschutzfunktion des Jahresabschlusses, S. 166.

324.35 Konkretisierung über Definitions- und Ansatzkriterien der Posten der Ergebnisrechnung

Gemäß IFRS-SME 2.2 hat der IFRS-SME nicht nur die Darstellung der Vermögenslage, sondern auch der Ertragslage im Sinne der **Unternehmensleistung** (*performance*) zum Ziel. Informationsträger der *performance* ist nach IFRS-SME 2.23 der **Periodenerfolg**. Somit konkurrieren das Ziel der Effektivvermögensapproximation (bilanztheoretisch-statische Ausrichtung) mit der bilanztheoretisch-dynamischen Orientierung an der Darstellung der *performance*.[156] Es ist herauszuarbeiten, inwiefern die Definitions- und Ansatzkriterien für die Ermittlung des Periodenerfolgs die bisher **offen gebliebene Frage zur konzeptionellen Ausrichtung des IFRS-SME**[157] eindeutig auflösen können.

Der **Periodenerfolg** ergibt sich gemäß IFRS-SME 2.23 aus der Differenz von Erträgen (*income*) und Aufwendungen (*expenses*) innerhalb einer Rechnungsperiode und wird damit explizit über die Veränderung des Reinvermögens (Wertänderung der Bilanzposten) hergeleitet.[158] Zur Sicherstellung des Kapitalerhaltungszwecks ist von besonderem Interesse, inwiefern hierbei ein bestimmtes **Kapitalerhaltungskonzept** verfolgt wird. Im IFRS-SME wird weder ein bestimmtes Kapitalerhaltungskonzept explizit erwähnt, noch sind die konzeptionellen Grundlagen hieran erkennbar ausgerichtet. **Kapitalerhaltung ist im Gegensatz zu handelsrechtlichen GoB-System kein im konzeptionellen Rahmen des IFRS-SME zu beachtendes Konzept.**

Analog zur Darstellung der Vermögenslage im Sinne einer *fair presentation* wird für die Definition der Erfolgsbestandteile ein **zweistufiger Ansatz** aus **Definitions- und Ansatzkriterien** verfolgt. Gemäß den **Definitionskriterien** in IFRS-SME 2.23 lit. a handelt es sich bei **Erträgen** (*income*) um die Steigerung des wirtschaftlichen Nutzens in der Be-

---

155 Vgl. HALLER, A./EIERLE, B., in: BRUNS, H.-G. ET AL., IFRS-SME, Teil B, Abschn. 2, Rn. 89; für die IFRS BALLWIESER, W., Die Konzeptionslosigkeit des IASB, S. 731; BAETGE, J./ZÜLCH, H., Rechnungslegungsgrundsätze nach HGB und IFRS, in: HdJ, Abt. I/2 (2010), Rn. 286; WÜSTEMANN, J./WÜSTEMANN, S., Why Consistency of Accounting Standards Matters, S. 11.

156 Vgl. zu diesem Zielkonflikt grundlegend MOXTER, A., Bilanzlehre, Band I, S. 6; speziell für die IFRS WÜSTEMANN, J./BISCHOF, J./KIERZEK, S., Bedeutung und Systembildung der internationalen Rechnungslegungsregeln, in: HdJ, Abt. I/3 (2007), Rn. 115.

157 Vgl. Abschnitt 324.34.

158 Vgl. STREIM, H./ESSER, M., Rechnungslegung nach IFRS - Ansatzfragen, S. 737.

richtsperiode durch die Zunahme von Vermögenswerten oder die Abnahme von Schulden. Hiervon ausgenommen sind Eigenkapitalerhöhungen, die auf Einlagen von Eigentümern zurückgehen. **Aufwendungen** (*expenses*) umfassen nach IFRS-SME 2.23 lit. b die gegenteiligen wirtschaftlichen Sachverhalte. Die Erfassung von Erträgen und Aufwendungen hängt damit von der **Veränderung der Höhe der Vermögenswerte bzw. Schulden** und von den **Ansatz- und Bewertungsvorschriften für die Bilanzposten** ab (IFRS-SME 2.24).[159] Die **Ansatzkriterien** für die Bestandteile der Erfolgsrechnung entsprechen denjenigen für die Bilanzposten. Dies bedeutet, dass nach IFRS-SME 2.27 Aufwendungen und Erträge nur anzusetzen sind, wenn der Zu- bzw. Abfluss eines künftigen wirtschaftlichen Nutzens wahrscheinlich ist und diesem ein zuverlässig ermittelbarer Wert beigemessen werden kann. Durch die Bezugnahme auf die **Ansatzkriterien der Bilanzposten** wird insgesamt der bilanztheoretisch-statischen Ausrichtung des HGB entsprochen. Diese Einschätzung relativiert sich bei näherer Betrachtung des Erfolgskonzepts.

Erträge und **Aufwendungen** unterteilen sich in jeweils **zwei Subkategorien**. Bei Erträgen differenziert man zwischen solchen, die nach IFRS-SME 2.25 lit. a auf die **gewöhnliche Geschäftstätigkeit** zurückgehen (*revenues*) und den übrigen, die nicht als Erlöse klassifiziert werden und sowohl **innerhalb** als auch **außerhalb der gewöhnlichen Geschäftstätigkeit** anfallen (*gains* nach IFRS-SME 2.25 lit. b).[160] Die Abgrenzung zwischen diesen Ertragstypen ist nicht eindeutig und hängt bspw. von der spezifischen Geschäftstätigkeit des Abschlusserstellers ab. Eine ähnliche Einteilung besteht nach IFRS-SME 2.26 für Aufwendungen. Einerseits gibt es Aufwendungen aus der gewöhnlichen Geschäftstätigkeit (*expenses*), andererseits auch solche, die entweder aus der gewöhnlichen Geschäftstätigkeit oder aus anderen Unternehmensaktivitäten (*losses*) resultieren. Neben den **o. g. Abgrenzungsproblemen** ist kritisch, dass der Begriff *expenses* als Oberbegriff für sämtliche Abnahmen des Eigenkapitals und als Bezeichnung für solche Verringerungen des Eigenkapitals dient, die aus der gewöhnlichen Geschäftstätigkeit resultieren.[161]

---

[159] Vgl. WÜSTEMANN, J./BISCHOF, J./KIERZEK, S., Bedeutung und Systembildung der internationalen Rechnungslegungsregeln, in: HdJ, Abt. I/3 (2007), Rn. 209.

[160] Vgl. hierzu auch BAETGE, J./KIRSCH, H.-J./WOLLLMERT, P./BRÜGGEMANN, P., in: BAETGE, J. ET AL., Rechnungslegung nach IFRS, 2. Aufl., Teil A, Kap. II, Rn. 87.

[161] Vgl. für die IFRS bereits HETTICH, S., Zweckadäquate Gewinnermittlungsregeln, S. 162 f.

Abschnitt 32: Konzeptionelle Grundzüge des „IFRS for Small and Medium-Sized Entities"

In den IFRS wird zum einen eine **Erfolgsspaltung** in einen Jahresüberschuss (*net profit or loss*) nach IFRS-SME 2.44, in dem sämtliche **ergebniswirksame Aufwendungen** und **Erträge** erfasst werden, und zum anderen in ein sonstiges Gesamtergebnis (*other comprehensive income*) vorgenommen, in dem ausschließlich ergebnisneutrale Aufwendungen und Erträge berücksichtigt sind. Beide ergeben in Summe das **Gesamtergebnis** des Abschlusserstellers (*total comprehensive income*) (vgl. *Übersicht 3-9*). Gegenüber den Erträgen (*revenues*) und Aufwendungen (*expenses*), die immer **ergebniswirksam** als Bestandteil des *net profit or loss* erfasst werden, unterscheiden sich die sonstigen Erträge (*gains*) und Aufwendungen (*losses*) hiervon dadurch, dass sie teilweise **ergebnisneutral**, d. h. im *other comprehensive income*, verbucht werden. Die **Spaltung in zwei Erfolgsgrößen** drückt sich in der Darstellung der Ertragslage aus, da im Fokus der *performance* die **Gesamtergebnisrechnung** (*statement of comprehensive income*) steht, welche die Zusammensetzung der beiden Erfolgsgrößen ausweist.[162] Die beiden Erfolgsgrößen können entweder in zwei **separaten Rechnungen** (*two statement approach* gemäß IFRS-SME 5.2 lit. b), bestehend aus einer „traditionellen" GuV (*income statement*) und dem *statement of comprehensive income*, oder in einer **einzigen Rechnung** (*one statement approach* gemäß IFRS-SME 5.2 lit. a), bestehend aus dem *statement of comprehensive income*, ermittelt werden.[163]

Umfang des Erfolgsbegriffs und Art der Erfolgsdarstellung nach IFRS-SME 2	
Periodenerfolg (*performance*)	
Gesamtergebnis (*total comprehensive income*) = Erträge (*income*) minus Aufwendungen (*expenses*)	
Jahresüberschuss (*profit or loss for the year*)	Außerhalb der GuV-Rechnung erfasste Erfolgsbestandteile (*other comprehensive income*)
Erlöse (*revenues*) minus Aufwendungen (*expenses*)	Andere Erträge (*gains*) minus andere Aufwendungen (*losses*)

→ GuV-Rechnung (*income statement*)
→ Gesamtergebnisrechnung (*statement of comprehensive income*)

Übersicht 3-9:   *Umfang des Erfolgsbegriffs und Art der Erfolgsdarstellung des IFRS-SME*[164]

---

[162] Vgl. HALLER, A./EIERLE, B., in: BRUNS, H.-G. ET AL., IFRS-SME, Teil B, Abschn. 2, Rn. 92.
[163] Vgl. hierzu für die IFRS HÖHN, B./MEYER, C., Die Ökonomische Relevanz, S. 677.

Kapitel 3: Konzeptionelle und europarechtliche Implikationen einer IFRS-SME-Anwendung im Einzelabschluss zur Kapitalerhaltung

Die Darstellung der *performance* basiert im Gegensatz zum HGB somit auf **zwei unterschiedlichen Erfolgsgrößen**, die das Gesamtergebnis (*total comprehensive income*) ausmachen. Welche Komponenten der anderen Erträge bzw. Aufwendungen für die Berechnung des *other comprehensive income* berücksichtigt werden, ergibt sich aus den speziellen IFRS-SME-Abschnitten. In IFRS-SME 5.4 lit. b werden die Komponenten des *other comprehensive income* überblicksartig dargestellt. Ein Teil hiervon wird zu einem späteren Zeitpunkt ergebniswirksam, d. h. im *profit or loss*, „recycelt" (*income recycling*), andere werden nach Abgang des Bilanzpostens direkt in den Eigenkapitalrücklagen verbucht und erscheinen zu keinem Zeitpunkt im *net profit or loss*. In IFRS-SME 2 fehlen konzeptionelle Ausführungen zur Erfolgsspaltung gänzlich.[165] Die kasuistische Einteilung zwischen ergebniswirksamen und -neutralen Aufwendungen und Erträgen, die fehlende Einheitlichkeit beim *income recycling* sowie die Abgrenzungsprobleme zwischen den Ertrags- und Aufwandskomponenten machen insgesamt den Mangel an **konzeptioneller Konsistenz bei der Erfolgsspaltung** deutlich. Zusätzlich trägt das teils bestehende Wahlrecht zur Verbuchung im *profit or loss* oder im *other comprehensive income* zur **mangelnden Objektivierung** der Erfolgsgrößen bei, da deren Höhe ggf. durch die Wahlrechtsausübung beeinflusst werden kann. Insgesamt ist damit die **Systematik der Erfolgsspaltung** zur Kapitalerhaltung als **nicht zweckadäquat** einzustufen.

Der Grundsatz der **periodengerechten Erfolgsermittlung** (*accrual principle*) gemäß IFRS-SME 2.36 wurde bereits als allgemeiner Rechnungslegungsgrundsatz identifiziert.[166] Auch wenn in IFRS-SME 2.36 dieser Grundsatz mit den Ansatz- und Bewertungskriterien für die Posten der Bilanz und der Ergebnisrechnung verknüpft wird, kommt diesem Prinzip für die Ableitung des Erfolgs eine **im Vergleich zum HGB umfassendere Bedeutung** zu.[167] Dies ist Ausdruck einer bilanztheoretisch-dynamischen Ausrichtung des IFRS-SME.[168] Gemäß dem *accrual principle* sollen Geschäftsvorfälle in

---

164 In Anlehnung an HALLER, A./EIERLE, B., in: BRUNS, H.-G. et al., IFRS-SME, Teil B, Abschn. 2, Rn. 92.

165 Zur diesbezüglichen Kritik für die IFRS bereits STREIM, H./BIEKER, M./LEIPPE, B., Anmerkungen zur theoretischen Fundierung, S. 201 f.; SCHILDBACH, T., Prinzipienorientierung, S. 256; HETTICH, S., Zweckadäquate Gewinnermittlungsregeln, S. 166 („*kein klares Konzept*"). Die Fallkonstellationen, für die nach IFRS-SME 5.4 lit. b eine ergebnisneutrale Verbuchung geboten ist, werden in Abschnitt 523.22 herausgearbeitet und kritisch gewürdigt.

166 Vgl. Abschnitt 324.32.

denjenigen Rechnungsperioden erfasst werden, in denen sie sich wirtschaftlich ereignen.[169] Ohne dass das *accrual principle* weiter konkretisiert wird, dürfte es sich in Anlehnung an das IFRS-Rahmenkonzept in folgende **Teilprinzipien** untergliedern lassen:[170]

- **Realisationsprinzip** zur Erfassung und Zurechnung von Erträgen (*realisation principle*);
- **Grundsatz der Abgrenzung der Sache nach** für Aufwendungen (*matching principle*); und
- **Grundsatz der Abgrenzung der Zeit nach** für Aufwendungen und Erträge (*deferral principle*).

Analog zum IFRS-Rahmenkonzept werden in IFRS-SME 2 keine Kriterien genannt, wann eine Nettovermögensmehrung und damit eine Ertragsrealisation stattgefunden hat, so dass IFRS-SME 2 **kein übergeordnetes Realisationsprinzip als konzeptionellen Eckpfeiler** enthält.[171] Dies ist mit Blick auf die Bedeutung der Ertragsvereinnahmung für Kapitalerhaltungszwecke als evidentes Defizit im Vergleich zum handelsrechtlichen GoB-System (§ 252 Abs. 1 Nr. 4 HGB) anzusehen. Indes lassen sich durch die Auslegung des IFRS-Rahmenkonzepts interessante Rückschlüsse auch für den IFRS-SME ziehen.

Die Einordnung des *realisation principle* als Unterprinzip des *accrual principle* verdeutlicht, dass das Realisationsprinzip nur einer periodengerechten Ertragsvereinnahmung für das Ziel der entscheidungsnützlichen Informationsvermittlung (Darstellung der *performance*) dienen soll. Der entscheidende Unterschied zwischen IFRS-SME 2.36 und dem

---

167 Vgl. hierzu BAETGE, J./ZÜLCH, H., Rechnungslegungsgrundsätze nach HGB und IFRS, in: HdJ, Abt. I/2 (2010), Rn. 216.
168 Vgl. MOXTER, A., Periodengerechte Gewinnermittlung, S. 447 (zur Verknüpfung zwischen periodengerechter Gewinnermittlung und dynamischer Bilanztheorie); BAETGE, J./ZÜLCH, H., Fair Value-Accounting, S. 551.
169 Vgl. WÜSTEMANN, J./BISCHOF, J./KIERZEK, S., Bedeutung und Systembildung der internationalen Rechnungslegungsregeln, in: HdJ, Abt. I/3 (2007), Rn. 116; FISCHER, D., Mehrkomponentenverträge nach IFRS, S. 59. Indes ergibt sich eine andere Bedeutung dieses Prinzips als Ausfluss der *fair presentation* als im handelsrechtlichen GoB-System. Hierauf wird noch einzugehen sein.
170 Vgl. hierzu BAETGE, J./ZÜLCH, H., Rechnungslegungsgrundsätze nach HGB und IFRS, in: HdJ, Abt. I/2 (2010), Rn. 222.
171 Vgl. für die IFRS WÜSTEMANN, J./BISCHOF, J./KIERZEK, S., Bedeutung und Systembildung der internationalen Rechnungslegungsregeln, in: HdJ, Abt. I/3 (2007), Rn. 211; FISCHER, D., Mehrkomponentenverträge nach IFRS, S. 60 f.

Kapitel 3: Konzeptionelle und europarechtliche Implikationen einer IFRS-SME-Anwendung im Einzelabschluss zur Kapitalerhaltung

handelsrechtlichen Grundsatz der periodengerechten Gewinnermittlung nach § 252 Abs. 1 Nr. 5 HGB besteht somit in dessen Reichweite innerhalb des Prinzipiengefüges in IFRS-SME 2 bzw. im GoB-System.[172] Im GoB-System ist das **Realisationsprinzip nicht aus dem Periodisierungsprinzip** heraus zu interpretieren, sondern ist ein **eigenständiger Bestandteil des GoB-Systems**, der zugleich die Bedeutung einer an der wirtschaftlichen Verursachung orientierten Ertrags- und Aufwandszurechnung einschränkt.[173] Hinsichtlich der Ertragsvereinnahmung sorgt die **strikte Umsatzbindung** des handelsrechtlichen Realisationsprinzips nach § 252 Abs. 1 Nr. 4 HGB dafür, dass der Grundsatz der periodengerechten Gewinnermittlung zur Sicherstellung einer angemessenen Objektivierungsstrenge und zur Verhinderung einer verfrühten Ertragsrealisation beschränkt wird.[174] Im Sinne von IFRS-SME 2.36 stellt das *accrual principle* hingegen die konzeptionelle Grundlage für das *realisation principle* dar, so dass sich die Ertragsrealisation primär an deren wirtschaftliche Verursachung richtet und c. p. nicht durch Objektivierungsrestriktionen einzuschränken ist. Die Ertragsvereinnahmung ist in Einklang mit den Definitions- und Ansatzkriterien geboten, wenn eine Zunahme des wirtschaftlichen Nutzens (Änderung eines *asset* bzw. einer *liability*) eintritt. Im Gegensatz zum HGB sind als Ausfluss des Ziels der Entscheidungsrelevanz große Einschränkungen beim *accrual principle* nicht akzeptabel. Es ist daher zu vermuten, dass die Periodisierung der Erträge im HGB objektivierungsbedingt strikteren Anforderungen mit späterer Ertragsvereinnahmung folgt als bei der an der *fair presentation* orientierten Ertragsperiodisierung des *accrual principle*.[175] Die geringere Bedeutung der qualitativen Anforderung der Verlässlichkeit wird eindrucksvoll bestätigt.

---

[172] Dies verkennt insoweit u. a. LÖHR, D., IFRS versus HGB, S. 644 („*So folgen die IAS/IFRS mit dem Matching Principle und der Accrual Basis [...] denselben Grundsätzen wie das HGB*").

[173] Vgl. MOXTER, A., Periodengerechte Gewinnermittlung, S. 450 („*Die Periodenumsätze bestimmen mithin die zeitraumrichtige Gewinnermittlung*"); BAETGE, J./KIRSCH, H.-J./WOLLMERT, P./ BRÜGGEMANN, P., in: BAETGE, J. ET AL., Rechnungslegung nach IFRS, 2. Aufl., Teil A, Kap. II, Rn. 110 (mit Vergleich zwischen HGB und IFRS).

[174] So u. a. MOXTER, A., Wirtschaftliche Gewinnermittlung und Bilanzsteuerrecht, S. 304; MOXTER, A., Periodengerechte Gewinnermittlung, S. 447 f.; BAETGE, J./ZÜLCH, H./MATENA, S., Fair Value-Accounting - Teil A, S. 368; MERSCHMEYER, M., Die Kapitalschutzfunktion des Jahresabschlusses, S. 157 („*[D]ie periodengerechte Aufwands- und Ertragszuordnung ist keine vorbehaltlos zu berücksichtigende Ansatz- und Bewertungsprämisse des Handelsrechts*").

[175] Vgl. EULER, R., Bilanzrechtstheorie, S. 184; KRAWITZ, N., Langfristige Auftragsfertigung, S. 888; MERSCHMEYER, M., Die Kapitalschutzfunktion des Jahresabschlusses, S. 158.

Die Unterschiede zwischen dem IFRS-SME und dem HGB mit Blick auf die angestrebte Objektivierungsstrenge und die Reichweite des *accrual principle* lassen sich auch auf die Stellung des *matching principle* als weiterem Unterprinzip übertragen. Das *matching principle* richtet sich an die **periodengerechte Erfassung der Aufwendungen** und **ergänzt das Realisationsprinzip**.[176] Es wird weder in IFRS-SME 2 noch in den folgenden IFRS-SME-Abschnitten expliziert. Durch dessen Erwähnung in IFRS-SME 2.45 i. V. mit IFRS-SME 2.35 ist von einer zum IFRS-Rahmenkonzept vergleichbaren Auslegung dieses Grundsatzes im IFRS-SME auszugehen.[177] Hiernach sind die Aufwendungen denjenigen Erträgen systematisch bzw. sachgerecht zuzuordnen, mit denen sie in einem sachlichen Zusammenhang stehen.[178] Als Konkretisierung des *accrual principle* werden die Aufwendungen daher in der Periode berücksichtigt, in der die korrespondierenden Erträge nach dem *realisation principle* wirtschaftlich erfasst werden. Ausgaben, die nicht mit den Erträgen der laufenden Periode, aber mit künftigen Erträgen wirtschaftlich in Verbindung stehen, sind dann zu aktivieren, wenn sie die Definitions- und Ansatzkriterien für Vermögenswerte erfüllen.[179] Andernfalls ist ein Aufwand zu erfassen (IFRS-SME 2.37 i. V. mit IFRS-SME 2.45), so dass das *matching principle* den Ansatz- und Definitionskriterien der Bilanzposten untergeordnet ist.[180] Trotz dieser Beschränkung hängt die Ausgabenaktivierung nach dem *matching principle* wesentlich von der Einschätzung (!) künftiger Gewinnchancen aus den getätigten Ausgaben ab.[181]

Das *matching principle* findet im GoB-System durch den Grundsatz der Abgrenzung der Sache nach seine (formale) Entsprechung. Die Möglichkeit zur Periodisierung der Aufwendungen und damit deren Verlagerung in künftige Perioden wird handelsrechtlich

---

176 Vgl. BAETGE, J./KIRSCH, H.-J./WOLLMERT, P./BRÜGGEMANN, P., in: BAETGE, J. ET AL., Rechnungslegung nach IFRS, 2. Aufl., Teil A, Kap. II, Rn. 36; hierzu ebenfalls STROBL, E., Matching Principle, S. 410 f. (für die US-GAAP).
177 Vgl. HALLER, A./EIERLE, B., in: BRUNS, H.-G. ET AL., IFRS-SME, Teil B, Abschn. 2, Rn. 108.
178 Vgl. BAETGE, J./ZÜLCH, H., Fair Value Accounting, S. 551; STROBL, E., Matching Principle, S. 417; STREIM, H., Die Vermittlung von entscheidungsnützlichen Informationen, S. 117.
179 Vgl. hierzu BAETGE, J./ZÜLCH, H., Rechnungslegungsgrundsätze nach HGB und IFRS, in: HdJ, Abt. I/2 (2010), Rn. 219.
180 Vgl. BAETGE, J./KIRSCH, H.-J./WOLLMERT, P./BRÜGGEMANN, P., in: BAETGE, J. ET AL., Rechnungslegung nach IFRS, 2. Aufl., Teil A, Kap. II, Rn. 112.
181 Vgl. STROBL, E., Matching Principle, S. 416; zur Inkompatibilität unter Objektivierungsgesichtspunkten für das HGB MOXTER, A., Periodengerechte Gewinnermittlung, S. 450.

Kapitel 3: Konzeptionelle und europarechtliche Implikationen einer IFRS-SME-Anwendung im Einzelabschluss zur Kapitalerhaltung

durch mehrere Faktoren eingeschränkt: **Erstens** sind die **Aktivierungsvoraussetzungen** zur bilanziellen „Zwischenspeicherung" der Ausgaben durch das handelsrechtliche Aktivierungskriterium der Einzelverwertbarkeit **enger** als nach IFRS-SME 2.15 lit. a.[182] Ermessensspielräume bei der Verlagerung von Aufwendungen in die Zukunft werden daher eingeschränkt.[183] **Zweitens** sorgt die **Umsatzbindung des Realisationsprinzips** zwar grundsätzlich dafür, dass in Einklang mit § 252 Abs. 1 Nr. 5 HGB und dem Grundsatz der Abgrenzung der Sache nach die hiermit verbundenen Ausgaben aktiviert und erst bei Ertragsrealisation aufwandswirksam aufgelöst werden sollen.[184] Eine vergleichbare Reichweite der Ausgabenperiodisierung wie beim *matching principle* wird aber dadurch verhindert, dass das Vorsichts- und das Imparitätsprinzip eine Aufwendungserfassung in der GuV auch vor Vereinnahmung der diesen zurechenbaren Erträge ergebnismindernd vorsieht, um eine **verlustfreie Bewertung** in der Bilanz sicherzustellen.[185] Die rein wirtschaftliche Betrachtungsweise bei der Periodisierung der Aufwendungen und Erträge erfährt im HGB objektivierungs- und imparitätsbedingte Einschränkungen.[186] Aufwendungen und Erträge werden anders als auf Basis des *realisation* bzw. *matching principle* nach IFRS-SME 2 nicht nach **einheitlichen „Realisationskriterien"**, sondern imparitätisch behandelt. Die größere Reichweite des *accrual principle*[187] hebt die **bilanztheoretisch-dynamischen Konstruktionselemente** des konzeptionellen Rahmens klar hervor.

Nach dem *deferral principle* sind **zeitraumbezogene Aufwendungen und Erträge** periodengerecht zu verteilen, indem bilanzielle Abgrenzungsposten gebildet und sukzessive aufgelöst werden.[188] Dies entspricht dem **handelsrechtlichen Grundsatz der Abgren-**

---

[182] Vgl. BEISSE, H., Zum neuen Bild des Bilanzrechtssystems, S. 16; STROBL, E., IASC-Rechnungslegung, S. 396 („*Die Aktivierungsvoraussetzungen nach IAS tragen der stärkeren Bedeutung des Matching Principle [...] Rechnung*"); EULER, R., Bilanzrechtstheorie, S. 171 („*Periodisierungen sind nur insoweit zulässig, als diese sich zu Vermögensgegenständen oder Schulden vergegenständlicht haben*").

[183] Vgl. STROBL, E., Matching Principle, S. 422.

[184] Vgl. MOXTER, A., Wirtschaftliche Gewinnermittlung und Bilanzsteuerrecht, S. 304.

[185] Vgl. ADS, 6. Aufl., § 252, Rn. 92; BEISSE, H., Bilanzrecht und Betriebswirtschaftslehre, S. 4; EULER, R., Bilanzrechtstheorie, S. 179 f.

[186] Vgl. ADS, 6. Aufl., § 252, Rn. 100; ebenfalls MOXTER, A., Periodengerechte Gewinnermittlung, S. 447; STROBL, E., Matching Principle, S. 422 f.; MERSCHMEYER, M., Die Kapitalschutzfunktion des Jahresabschlusses, S. 158.

[187] Vgl. ZÜLCH, H., Die Gewinn- und Verlustrechnung nach IFRS, S. 25 („*herausragende Bedeutung*"); hierzu bereits Abschnitt 324.32.

zung der Sache und der Zeit nach. Für die Sicherstellung des Kapitalerhaltungszwecks maßgeblichen Unterschiede zwischen HGB und IFRS-SME ergeben sich nicht.

Zusammenfassend lässt sich festhalten, dass auch die konzeptionellen Grundlagen zur Darstellung der Ertragslage **keine eindeutige bilanztheoretische** Ausrichtung aufweisen. Zwar wird die Gewinngröße vergleichbar zum handelsrechtlichen GoB-System im Sinne einer Reinvermögensänderung hergeleitet, was zunächst für eine statische Bilanzkonzeption spricht.[189] Demgegenüber ist zu berücksichtigen, dass gerade diese Aktivierungs- und Passivierungsgrundsätze i. V. mit der starken Bedeutung des *accrual principle* eher einer **dynamischen Bilanzkonzeption** entsprechen.[190]

324.36 Zwischenfazit: Fehlende interne Konsistenz des konzeptionellen Rahmens zur Sicherstellung des Kapitalerhaltungszwecks

Die qualitativen Anforderungen sowie die Definitions- und Ansatzkriterien für die Posten der Bilanz und der Ergebnisrechnung verdeutlichen, dass der konzeptionelle Rahmen des IFRS-SME **keine konsistente bilanztheoretische Ausrichtung aufweist**.[191] Der Rechnungszweck der an der Entscheidungsunterstützung orientierten *fair presentation* bleibt somit konturlos. Damit kann der konzeptionelle Rahmen nicht seinen Zweck erfüllen, d. h. die am Rechnungszweck orientierte, konsistente Formulierung und Auslegung der IFRS-SME-Vorschriften sicherzustellen.[192] Diese fehlende interne Konsistenz (*internal consistency*)[193] hat Folgen für die speziellen Ansatz- und Bewertungsvorschriften des IFRS-SME, als deren konsistente Anwendung durch die Abschlussersteller (*applica-*

---

188 Vgl. ZÜLCH, H., Die Gewinn- und Verlustrechnung nach IFRS, S. 26; hierzu ebenfalls HALLER, A./EIERLE, B., in: BRUNS, H.-G. ET AL., IFRS-SME, Teil B, Abschn. 2, Rn. 109.

189 So auch STREIM, H./ESSER, M., Rechnungslegung nach IFRS - Ansatzfragen, S. 737; MERSCHMEYER, M., Die Kapitalschutzfunktion des Jahresabschlusses, S. 165; WÜSTEMANN, J./KIERZEK, S., IFRS als neues Bilanzrecht, S. 367.

190 Vgl. HETTICH, S., Zweckadäquate Gewinnermittlungsregeln, S. 150; WÜSTEMANN, J./BISCHOF, J./KIERZEK, S., Bedeutung und Systembildung der internationalen Rechnungslegungsregeln, in: HdJ, Abt. I/3 (2007), Rn. 115; LÜDENBACH, N./HOFFMANN, W.-D., in: Haufe IFRS-Kommentar, 8. Aufl., § 1, Rn. 15.

191 Vgl. für die IFRS BALLWIESER, W., Die Konzeptionslosigkeit des IASB, S. 736 f.; NAJDEREK, A., Europäisierung des deutschen Bilanzrechts, S. 82 („*keine einheitliche Konzeption*"); WÜSTEMANN, J./WÜSTEMANN, S., Why Consistency of Accounting Standards Matters, S. 10.

192 Vgl. BALLWIESER, W., Rahmenkonzepte der Rechnungslegung, S. 345 („*Ableitungsbasis*" und „*Aufklärungscharakter*").

Kapitel 3: Konzeptionelle und europarechtliche Implikationen einer IFRS-SME-Anwendung im Einzelabschluss zur Kapitalerhaltung

tion consistency) im Fall von Regelungslücken fraglich ist. Hiervon abgesehen widersprechen die **zahlreichen Konstruktionselemente der dynamischen Bilanztheorie** bei den Ansatz- und Definitionskriterien i. V. mit der geringeren Bedeutung des Zuverlässigkeitskriteriums den Anforderungen des Kapitalerhaltungszwecks.

324.4 Auswirkungen der Impraktikabilitätsklausel und der Methodik zur Regellückenschließung auf Kapitalerhaltungszweck

Nach dem IFRS-SME-Glossar ist eine **Regelung undurchführbar** (*impracticable*), wenn sie für den Abschlussersteller **nicht umzusetzen ist** oder **deren Anwendung zu wirtschaftlich unvertretbarem Aufwand führt**, d. h. „*when the entity cannot apply it after making every reasonable effort to do so.*" Kriterien zur Anwendung und Auslegung dieser Klausel sind allerdings im IFRS-SME nicht enthalten.[194] Für Kapitalerhaltungszwecke ist die **verstärkte Berücksichtigung der Impraktikabilitätsklausel kritisch zu sehen**, da die Einschätzung, ob ein „unvertretbarer" Aufwand vorliegt, primär von der Unternehmensleitung beurteilt werden kann (*professional judgement*).[195] Indem durch „sachkundige Entscheidungen" die Anwendung normierter Ansatz- und Bewertungsvorschriften umgangen wird, steht die **Impraktikabilitätsklausel** in **Widerspruch zu den hohen Objektivierungsanforderungen**, die an Rechnungslegungsinformationen für Kapitalerhaltungszwecke gestellt werden müssen.[196]

Für Kapitalerhaltungszwecke bedeutsam ist des Weiteren die in IFRS-SME 10.4-.6 dargelegte Vorgehensweise zur **Schließung von Regelungslücken**. Diese soll die Entwicklung von Bilanzierungslösungen zur Schließung planwidriger Unvollständigkeiten im IFRS-SME beschreiben.[197] Dies ist erforderlich, wenn sich durch Auslegung der IFRS-SME-

---

193 Gleicher Ansicht für das IFRS-Rahmenkonzept WÜSTEMANN, J./WÜSTEMANN, S., Why Consistency of Accounting Standards Matters, S. 9 („*The IASB Framework is shown to contain contradictory objectives and qualitative characteristics as well as conflicting general concepts and principles*").

194 Vgl. PRASSE, S., in: BAETGE, J. ET AL.. Rechnungslegung nach IFRS, 2. Aufl., Teil A, Kap. V, Rn. 42 („*Die Auslegung wird einem weiten Ermessen unterliegen*").

195 Vgl. zur Bedeutung des *professional judgement* bei der Anwendung prinzipienorientierter Rechnungslegungssysteme WÜSTEMANN, J./WÜSTEMANN, S., Why Consistency of Accounting Standards Matters, S. 3 f.

196 Erleichterungen im Rahmen der Anhangangaben sind für Kapitalerhaltungszwecke weniger kritisch, da diese keinen unmittelbaren Einfluss auf die Festlegung der Ausschüttungsgrenzen haben.

197 Vgl. zu dieser Definition RUHNKE, K./NERLICH, C., Behandlung von Regelungslücken, S. 391.

Abschnitt 32: Konzeptionelle Grundzüge des „IFRS for Small and Medium-Sized Entities"

Vorschriften keine geeignete Bilanzierungslösung für den betrachteten Sachverhalt bestimmen lässt. Der Sachverhalt muss als **wesentlich** eingestuft werden (IFRS-SME 10.3). Für die Beurteilung ist auf die Definition aus IFRS-SME 2.6 zurückzugreifen.

Die Bilanzierungslösung soll nach IFRS-SME 10.4 sowohl zu **relevanten** (lit. a) als auch zu **zuverlässigen Rechnungslegungsinformationen** (lit. b) führen, wobei diese qualitativen Anforderungen in Einklang mit IFRS-SME 2.5 und 2.7 auszulegen sind. Neben den in IFRS-SME 2 genannten Kriterien der Vorsicht, Vollständigkeit und wirtschaftlichen Betrachtungsweise wird das Kriterium der Zuverlässigkeit zusätzlich durch die qualitativen Eigenschaften der Neutralität (*neutrality*) und der glaubwürdigen Darstellung (*faithful representation*) ergänzt. Diese sind aber nicht Gegenstand von IFRS-SME 2, so dass deren Auslegung im konzeptionellen Rahmen des IFRS-SME unbestimmt bleibt. Das **Ineinandergreifen mit dem konzeptionellen Rahmen** ist **nicht widerspruchsfrei**. Dies dürfte damit zusammenhängen, dass IAS 8.11 wortgleich übernommen wurde.[198]

Der Abschlussersteller muss bei der Suche nach Bilanzierungslösungen eine **hierarchische Ordnung** einhalten (vgl. *Übersicht 3-10*). Gemäß IFRS-SME 10.5 ist auf Regelungen mit **ähnlichen Sachverhalten** im IFRS-SME-Regelwerk (lit. a) sowie auf die grundlegenden Prinzipien und die Ansatzkriterien und Bewertungskonzepte (*concepts and pervasive principles*) von IFRS-SME 2 (lit. b) zurückzugreifen.[199] Damit wird die in der Jurisprudenz übliche **Methodik des Analogieschlusses**[200] in den IFRS-SME zur Regellückenschließung eingebettet.[201] Eine Anwendung der IFRS ist nach IFRS-SME 10 nicht zwingend. Vielmehr **können** nach IFRS-SME 10.6 die Vorschriften und Leitlinien der IFRS herangezogen werden, sofern die beiden o. g. Erkenntnisquellen gemäß IFRS-SME 10.5 zu keiner den qualitativen Anforderungen angemessenen Schließung der Regelungslücke führen.

---

198 Vgl. zu ähnlichen Problemen beim Ineinandergreifen des IFRS-Rahmenkonzepts mit IAS 8 u. a. NAJDEREK, A., Harmonisierung des europäischen Bilanzrechts, S. 190.
199 Vgl. BEIERSDORF, K., IFRS für kleine und mittelgroße Unternehmen, S. 1899; HOFFMANN, W.-D./LÜDENBACH, N., in: Haufe IFRS-Kommentar, 8. Aufl., § 50, Rn. 4; KÜTING, K./LAM, S., IFRS für kleine und mittlere Unternehmen - Teil B, S. 752.
200 Vgl. hierzu aus rechtswissenschaftlicher Perspektive LARENZ, K./CANARIS, C.-W., Methodenlehre der Rechtswissenschaft, S. 202-210.
201 Vgl. RUHNKE, K./NERLICH, C., Behandlung von Regelungslücken, S. 393 f.

Kapitel 3: Konzeptionelle und europarechtliche Implikationen einer IFRS-SME-Anwendung im Einzelabschluss zur Kapitalerhaltung

Vorgehen bei der Schließung von Regelungslücken nach IFRS-SME 10.4-10.6

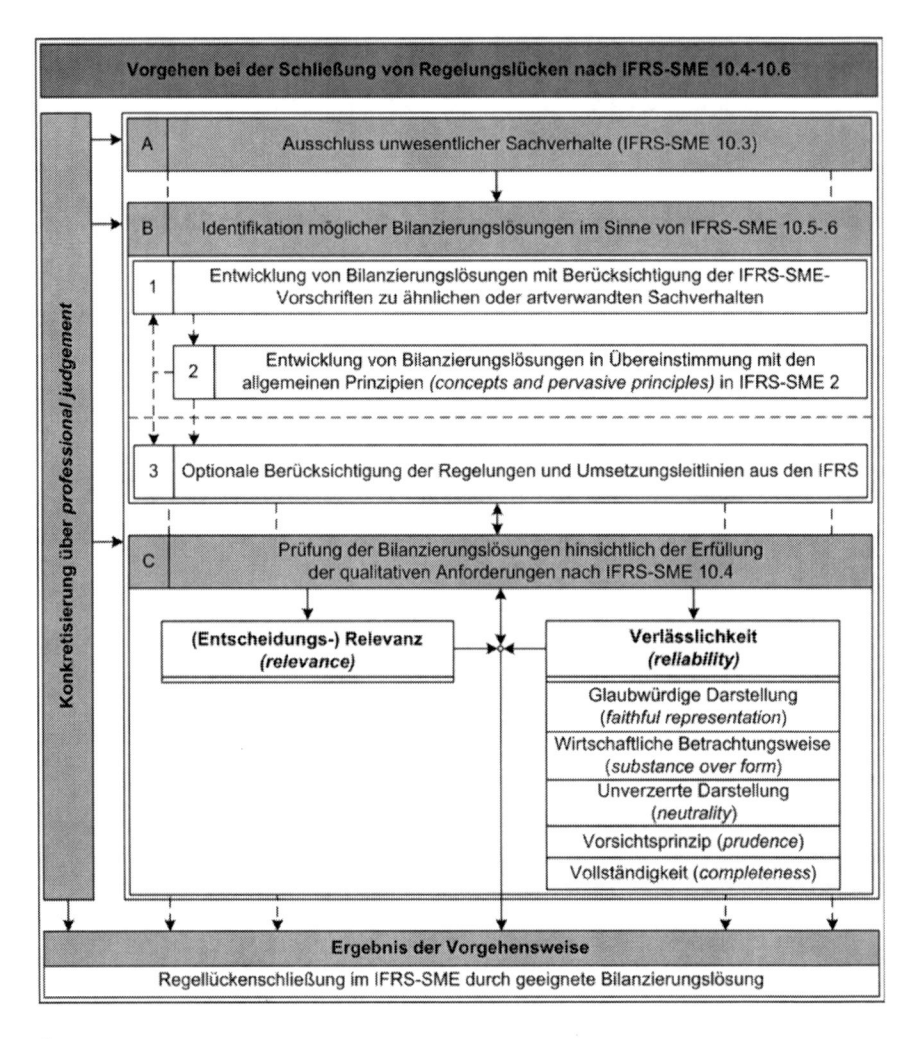

Konkretisierung über *professional judgement*

A: Ausschluss unwesentlicher Sachverhalte (IFRS-SME 10.3)

B: Identifikation möglicher Bilanzierungslösungen im Sinne von IFRS-SME 10.5-.6
1. Entwicklung von Bilanzierungslösungen mit Berücksichtigung der IFRS-SME-Vorschriften zu ähnlichen oder artverwandten Sachverhalten
2. Entwicklung von Bilanzierungslösungen in Übereinstimmung mit den allgemeinen Prinzipien *(concepts and pervasive principles)* in IFRS-SME 2
3. Optionale Berücksichtigung der Regelungen und Umsetzungsleitlinien aus den IFRS

C: Prüfung der Bilanzierungslösungen hinsichtlich der Erfüllung der qualitativen Anforderungen nach IFRS-SME 10.4

- (Entscheidungs-) Relevanz *(relevance)*
- Verlässlichkeit *(reliability)*
  - Glaubwürdige Darstellung *(faithful representation)*
  - Wirtschaftliche Betrachtungsweise *(substance over form)*
  - Unverzerrte Darstellung *(neutrality)*
  - Vorsichtsprinzip *(prudence)*
  - Vollständigkeit *(completeness)*

Ergebnis der Vorgehensweise
Regellückenschließung im IFRS-SME durch geeignete Bilanzierungslösung

Übersicht 3-10: Regelungshierarchie und Schließen von Regelungslücken in Einklang mit IFRS-SME 10[202]

Die fehlende Explizierung der Adressatenbedürfnisse i. V. mit der Unauflösbarkeit der qualitativen Anforderungen und der Definitions- und Ansatzkriterien in IFRS-SME 2 und 3 sorgen nicht nur dafür, dass eine am Zweck der *fair presentation* orientierte Auslegung der IFRS-SME-Rechnungslegungsvorschriften scheitern muss. Sie können auch keine angemessene Rechtssicherheit bei den vom Abschlussersteller zu entwickelnden

---
[202] In grober Anlehnung an FISCHER, D., Mehrkomponentenverträge nach IFRS, S. 129.

Bilanzierungslösungen nach IFRS-SME 10.4-.6 darstellen.[203] Daher sind die Vorgaben weniger als objektivierende Maßgaben an den Abschlussersteller denn als prozedurale Beschreibung ohne ermessensbeschränkende inhaltliche Vorgaben zu interpretieren.[204] Der Rückgriff auf die IFRS dürfte der pragmatischste Lösungsweg sein.[205]

325. Zusammenfassende Würdigung: Keine Kompatiblität des konzeptionellen Rahmens mit Kapitalerhaltungszweck

Der konzeptionelle Rahmen des IFRS-SME basiert auf dem Grundgedanken, den Abschlussadressaten nichtkapitalmarktorientierter Unternehmen (SMEs) mittels der *fair presentation* nach IFRS-SME 3.2 i. V. mit IFRS-SME 2.2 entscheidungsnützliche Informationen über die Vermögens-, Finanz- und Ertragslage sowie der Cashflows zu vermitteln. Die *fair presentation* ist an der **Entscheidungsunterstützungsfunktion** ausgerichtet, was auf eine Inkompatibilität des Rechnungszwecks des IFRS-SME mit dem Kapitalerhaltungszweck des AktG und GmbHG bzw. des HGB hindeutet, weil diese „Prognoseorientierung" eine geringere Objektivierungsstrenge voraussetzt. Da die Schutzwirkung entscheidungsnützlicher Informationen ohnehin fraglich ist,[206] droht aus Gläubigersicht c. p. eine Risikoverschiebung zu Gunsten der Gesellschafter.

Die Einschätzung zur fehlenden Zweckadäquanz des IFRS-SME ließ sich durch die weitere Analyse der Bestandteile des konzeptionellen Rahmens bestätigen. Es wurde gezeigt, dass die **Zielsetzung** der *fair presentation* **wenig konturscharf** ist. Dies liegt vor allem daran, dass die Abschlussadressaten und deren Informationsbedürfnisse sowie die qualitativen Anforderungen kaum expliziert und damit **zweckgerichtet ausgelegt** werden können. Die fehlende inhaltliche Präzisierung der *fair presentation* setzt sich fort in der

---

203 Ähnlich kritisch u. a. BEIERSDORF, K./EIERLE, B./HALLER, A., IFRS for SMEs, S. 1552; JANSSEN, J./GRONEWOLD, U., IFRS for SMEs, S. 79; für die IFRS im Ergebnis wohl ebenfalls RUHNKE, K./NERLICH, C., Behandlung von Regelungslücken, S. 395 („*Unsicherheiten*").

204 So für den IFRS-SME WÜSTEMANN, J./KIERZEK, S., IFRS als neues Bilanzrecht, S. 370 („*nicht tolerierbare Ermessensspielräume*"); für die IFRS NAJDEREK, A., Harmonisierung des europäischen Bilanzrechts, S. 120.

205 So auch HOFFMANN, W.-D./LÜDENBACH, N., in: Haufe IFRS-Kommentar, 8. Aufl., § 50, Rn. 6 („*Der Rückgriff auf die full IFRSs ist [...] zwingend*"); KÜTING, K./LAM, S., IFRS für kleine und mittlere Unternehmen - Teil B, S. 752; a. A. wohl BEIERSDORF, K./EIERLE, B./HALLER, A., IFRS for SMEs, S. 1550; zur Bedeutung der internen Konsistenz für die Regellückenschließung WÜSTEMANN, J./WÜSTEMANN, S., Why Consistency of Accounting Standards Matters, S. 4.

206 Vgl. hierzu die Ausführungen in Abschnitt 223.31.

Kapitel 3: Konzeptionelle und europarechtliche Implikationen einer IFRS-SME-Anwendung im Einzelabschluss zur Kapitalerhaltung

Anwendung zweier sich ausschließender bilanztheoretischer Konzeptionen für die Ansatz- und Definitionskriterien. Während die an der statischen Bilanztheorie ausgerichtete Definition der Posten der Ergebnisrechnung eine Kompatibilität mit den Anforderungen des Kapitalerhaltungszwecks vermuten lässt, wird diese Einschätzung durch die zahlreichen **Elemente der dynamischen Bilanztheorie** (u. a. bei der Definition der Bilanzposten und der Reichweite des *accrual principle* und des *matching princiuple*) unter Zurückdrängung eines objektivierungsrechtlichen Realisationsprinzips relativiert. Kritisch zu sehen ist zudem das Fehlen eines einheitlichen Folgebewertungsgrundsatzes und die Kasuistik bei der Erfolgsspaltung. Daher bildet der konzeptionelle Rahmen **kein intern konsistentes System von Rechnungslegungsprinzipien**, auf dessen Basis sich Rechnungslegungsvorschriften für ungeregelte Bilanzierungsprobleme entwickeln bzw. bestehende Normen auf ihre Konformität mit der *fair presentation* hin überprüfen lassen. Zudem ergeben sich negative Rückwirkungen für die **Schließung von Regelungslücken**.

Insgesamt ist festzuhalten, dass die konzeptionelle Ausrichtung des IFRS-SME **zur Sicherstellung einer qualitativ gleichwertigen Kapitalerhaltung** große Zweckwidrigkeiten aufweist. Deren exaktes Ausmaß lässt sich nur durch eine umfassende bilanztheoretisch-hermeneutische Würdigung bestimmen, die Gegenstand von **Abschnitt 4** ist. Zuvor sind die europarechtlichen Implikationen einer IFRS-SME-Anwendung herauszuarbeiten.

33 Kapitalerhaltung im europäischen Rechtsrahmen und IFRS-SME

331. Überblick

Die Kapitalerhaltung als Kernbestandteil des dreigliedrigen gesellschaftsrechtlichen Kapitalschutzsystems[207] wird in wesentlichen Teilen - insbesondere für die Rechtsform der AG - durch europäisches Recht[208] reguliert. Dies hat bedeutende Implikationen für die Anwendung des IFRS-SME in Deutschland, da nur im Fall einer Konformität mit den geltenden europarechtlichen Bestimmungen eine Gewinnermittlung auf Basis des IFRS-

---

207 Vgl. hierzu Abschnitt 232 (für das AktG und das GmbHG).
208 Im Folgenden werden die Begriffe „Europarecht" und „Gemeinschaftsrecht" bzw. „europarechtlich" und „gemeinschaftsrechtlich" synonym im Sinne des Rechts der EU, d. h. des EUV und AEUV (bzw. vor Verabschiedung des Lissabon-Vertrags des EGV), verwendet.

SME für Kapitalerhaltungszwecke möglich ist. Aus diesem Grund ist die Bedeutung des Gemeinschaftsrechts für eine Anwendung des IFRS-SME in Deutschland zu untersuchen. **Abschnitt 33** ist wie folgt aufgebaut: Nach einer kurzen Darstellung der primärrechtlichen Ermächtigungsgrundlagen (**Abschnitt 332**) zur europarechtlichen Regulierung der Kapitalerhaltung und der Rechnungslegung werden die gesellschaftsrechtliche (**Abschnitt 333**) und die kapitalmarktrechtliche Regulierungsebene (**Abschnitt 334**) mit Blick auf die Anwendbarkeit des IFRS-SME untersucht. Da gesellschafts- und kapitalmarktrechtliche Rechtsakte Einfluss auf das europarechtliche Kapitalerhaltungsregime und die Rechnungslegung haben, ist die Auslegung europäischen Sekundärrechts durch eine besondere Komplexität gekennzeichnet. Als Untersuchungsergebnis (**Abschnitt 335**) ist festzuhalten, dass der IFRS-SME weder auf Basis der gesellschafts- noch der kapitalmarktrechtlichen Regulierung befreiend, d. h. als Ersatz für das nationale Bilanzrecht bzw. für die IFRS, angewendet werden kann. Daher ist zu klären, welche Auswirkungen dieser Befund auf die Entwicklung der Regulierungsempfehlung in **Abschnitt 5** hat.

332. Primärrechtliche Ermächtigungsgrundlagen für Regulierung des Gesellschafts- und Kapitalmarktrechts

Die gemeinschaftsweiten Vorschriften zur Kapitalerhaltung und zur Rechnungslegung sind primär Bestandteil der europäischen Regulierungsmaßnahmen **im Bereich des Gesellschaftsrechts**. Die Angleichung der Rechtsvorschriften in den Mitgliedsstaaten ist **dem Ziel der Schaffung eines Binnenmarkts** in der EU gemäß Art. 3 Abs. 3 Satz 1 EUV (ex-Art. 3 Abs. 1 lit. h EGV) verpflichtet.[209] Der Begriff des „Binnenmarkts" wird im Sinne von Art. 26 Abs. 2 AEUV (ex-Art. 14 Abs. 2 EGV) wie folgt definiert:

> *„Der Binnenmarkt umfasst einen Raum ohne Binnengrenzen, in dem der freie Verkehr von Waren, Personen, Dienstleistungen und Kapital gemäß den Bestimmungen der Verträge gewährleistet ist."*

Das sog. **Binnenmarktziel** nach Art. 26 Abs. 1 AEUV ist untrennbar mit der **Verwirklichung der Grundfreiheiten für** die „Staatsangehörigen" der Mitgliedsstaaten verknüpft, einschließlich der nach dem Recht der Mitgliedsstaaten gegründeten und in der

---

[209] Vgl. ZÜLCH, H./GÜTH, S., Europäisches Bilanzrecht und bilanzieller Kapitalschutz, S. 462.

Kapitel 3: Konzeptionelle und europarechtliche Implikationen einer IFRS-SME-Anwendung im Einzelabschluss zur Kapitalerhaltung

Gemeinschaft niedergelassenen Gesellschaften. Die Gemeinschaft ist nach Art. 26 Abs. 1 AEUV i. V. mit Art. 114 Abs. 1 AEUV (ex-Art. 95 Abs. 1 EGV) berechtigt, die für das Funktionieren eines Binnenmarkts notwendigen gesetzgeberischen Maßnahmen zu erlassen. Da nach dem Prinzip der **begrenzten Einzelermächtigung** gemäß Art. 5 Abs. 2 EUV die Gemeinschaft nur im Rahmen der ihr primärrechtlich zugewiesenenen Kompetenzen gesetzgeberisch handeln kann,[210] ist Art. 114 Abs. 1 AEUV die **Norm der allgemeinen Kompetenzzuweisung** für die **Rechtsangleichung im Binnenmarkt**, welche gegenüber den speziellen Kompetenznormen zurücktritt.[211] Unter **Angleichung** ist die **Beseitigung der rechtlichen oder tatsächlichen Unterschiede** zu verstehen, die den Binnenmarkt behindern. Hierunter fallen die Harmonisierung durch Richtlinien und die Rechtsvereinheitlichung über Verordnungen.[212]

Die Harmonisierung des Gesellschaftsrechts der Mitgliedsstaaten dient primär der Zielsetzung der **Niederlassungsfreiheit** im Sinne von Art. 49 AEUV,[213] welche auch auf **Kapitalgesellschaften im Sinne von Art. 54 Abs. 2 AEUV** anwendbar ist.[214] Dementsprechend sollen bspw. **Beschränkungen der freien Niederlassung** sowie Gründung von Zweigniederlassungen und Tochtergesellschaften nach Maßgabe des europäischen Primärrechts **verboten** sein.[215] Ein an der Niederlassungsfreiheit orientiertes Integrationsziel im Sinne einer Ausräumung von Hindernissen der freien Niederlassung im transnationalen Verkehr[216] bietet die **spezielle Kompetenzgrundlage** nach Art. 50 Abs. 2 lit. g AEUV (ex-Art. 44 Abs. 2 lit. g EGV), welche dazu ermächtigt,

---

210 Vgl. CALLIESS, C., in: CALLIESS, C./RUFFERT, M., EUV/AEUV, 4. Aufl., Art. 5 EUV, Rn. 6.
211 Vgl. KAHL, W., in: CALLIESS, C./RUFFERT, M., EUV/AEUV, 4. Aufl., Art. 114 AEUV, Rn. 9; SCHWARZ, G., Europäisches Gesellschaftsrecht, Rn. 203.
212 Vgl. KAHL, W., in: CALLIESS, C./RUFFERT, M., EUV/AEUV, 4. Aufl., Art. 114 AEUV, Rn. 13.
213 Vgl. KAHL, W., in: CALLIESS, C./RUFFERT, M., EUV/AEUV, 4. Aufl., Art. 26 AEUV, Rn. 28; zu den Dimensionen der europäischen Niederlassungsfreiheit SCHWARZ, G., Europäisches Gesellschaftsrecht, Rn. 10; MÜLLER-GRAFF, P.-C., in: STREINZ, R., EGV/EUV, Art. 43 EGV, Rn. 8 (primäre und sekundäre Niederlassungsfreiheit).
214 Vgl. SCHWARZ, G., Europäisches Gesellschaftsrecht, Rn. 130; HABERSACK, M., Europäisches Gesellschaftsrecht, § 1, Rn. 2.
215 Vgl. TIMMERMANS, C., Die europäische Rechtsangleichung im Gesellschaftsrecht, S. 15 f.; SCHWARZ, G., Europäisches Gesellschaftsrecht, Rn. 107.
216 So bspw. GRUNDMANN, S., Europäisches Gesellschaftsrecht, Rn. 32.

„*soweit erforderlich, Schutzbestimmungen [zu] koordinieren, die in den Mitgliedsstaaten den Gesellschaften im Sinne des Artikels 54 Absatz 2 im Interesse der Gesellschafter sowie Dritter vorgeschrieben sind, um diese Bestimmungen gleichwertig zu gestalten.*"

Diese **spezielle Kompetenznorm** wurde als Ermächtigungsgrundlage für die Verabschiedung der KapRL und der BilRL herangezogen. Indes ist der Anwendungsbereich auf sekundäre Rechtsakte in Form von **Richtlinien** beschränkt.[217] **Verordnungen** können zur Umsetzung des Binnenmarktziels nur auf Basis der **allgemeinen Kompetenznorm**, d. h. auf Basis von Art. 114 Abs. 1 AEUV, erlassen werden.[218]

Die **gesellschaftsrechtliche Regulierungsphilosophie** hat sich in Folge der zunehmenden Bedeutung international vernetzter Güter- und Kapitalmärkte[219] i. V. mit dem stärkeren Gewicht des Kapitalmarktrechts erkennbar verändert. Der Wortlaut der speziellen Kompetenznorm deutet darauf hin, dass als **Korrelat zur Niederlassungsfreiheit** Maßnahmen zur **Sicherstellung eines qualitativ gleichwertigen Schutzes für die Anspruchsberechtigten** der Gesellschaften, d. h. der Gesellschafter sowie „Dritter", in den Mitgliedsstaaten erlassen werden sollen.[220] Hierdurch soll ein negativer **Konkurrenzdruck** nationaler Gesellschaftsrechte zu **Lasten der Anspruchsberechtigten** vermieden werden (sog. DELAWARE-**Effekt**)[221]. Harmonisierung bezweckt in diesem Sinn den **Abbau gesellschaftsrechtlicher Wettbewerbsverzerrungen** zur Sicherstellung eines „gleichwertigen" Mindestschutzes für sämtliche Anspruchsberechtigte.[222] Der EUROPÄISCHE GERICHTSHOF (EUGH) hat ausgeführt, dass der Begriff der „Dritten" in Art. 50 Abs. 2 lit. g AEUV

---

217 Vgl. BRÖHMER, J., in: CALLIESS, C./RUFFERT, M., EUV/AEUV, 4. Aufl., Art. 50 AEUV, Rn. 2; MÜLLER-GRAFF, C.-P., in: STREINZ, R., EUV/EGV, Art. 44 EGV, Rn. 6 („*[...] befugt allein zum Erlass von Richtlinien [...], nicht aber zum Erlass von Verordnungen[...]*").

218 Vgl. LEIBLE, S., in: STREINZ, R., EUV/EGV Art. 95 EGV, Rn. 32 („*Als Handlungsformen stehen dem Gemeinschaftsgesetzgeber daher alle [...] Rechtsformen zur Verfügung, insbesondere auch die Verordnung*"); KAHL, W., in: CALLIESS/RUFFERT, EUV/AEUV, 4. Aufl., Art. 114 AEUV, Rn. 13.

219 Vgl. hierzu Abschnitt 12.

220 Vgl. TIMMERMANS, C., Die europäische Rechtsangleichung im Gesellschaftsrecht, S. 12-14.

221 Vgl. TIMMERMANS, C., Die europäische Rechtsangleichung im Gesellschaftsrecht, S. 14; LEIBLE, S., in: STREINZ, R., EUV/EGV, Art. 95, Rn. 46. Die Bezeichnung „DELAWARE-Effekt" stammt aus den Erfahrungen mit dem US-amerikanischen Gesellschaftsrecht, bei dem der Unternehmenssitz aufgrund des liberalsten Gesellschaftsrechts ausgewählt wurde.

222 So auch HABERSACK, M., Europäisches Gesellschaftsrecht, § 8, Rn. 3 (für das Bilanzrecht).

nicht auf bestimmte Anspruchsgruppen (z. B. auf Gläubiger) zu beschränken ist.[223] Vielmehr erstreckt sich diese Vorschrift auf alle in Verbindung mit der Kapitalgesellschaft stehende Personengruppen.[224] Sollte durch die gesellschaftsrechtliche Rechtsangleichung ursprünglich ein *race to the bottom* im Sinne des DELAWARE-Effekts verhindert werden, so wird zunehmend das **Konzept eines legislativen Wettbewerbs** (*race to the top*) - auch im Bereich der Rechnungslegungsregulierung - verfolgt, so dass Regulierungsunterschiede im Gesellschaftsrecht in höherem Maße als zuvor als akzeptabel angesehen werden.[225] **An die Stelle der Harmonsierung tritt in stärkerem Maße die Pflicht zur Publizität und das Offenlegen der Regulierungsdivergenzen.**[226] Dieser Ansatz setzt voraus, dass die zur Verfügung gestellten Informationen den Anforderungen der Anspruchsberechtigten entsprechen (Adressatenorientierung) und zu geringeren Kosten verarbeitet werden als bei einer europäischen Mindestharmonisierung.[227] Mit Blick auf die Normierung der Rechnungslegung und den informationellen Schutzzweck durch die Entscheidungsunterstützungsfunktion ist dies zweifelhaft.[228] **Daher sind Bestrebungen zur Abschaffung der Kapitalerhaltung zur besseren Erreichung des Binnenmarktziels kritisch zu sehen.**

Innerhalb des Kanons der Grundfreiheiten bezieht sich die **Niederlassungsfreiheit** ebenso auf die **Mobilität der Produktionsfaktoren** wie die **Kapitalverkehrsfreiheit**.[229] Die gesellschaftsrechtliche Rechtsangleichung hat hierbei Auswirkungen auf die Umsetzung der Kapitalverkehrsfreiheit im Sinne von Art. 63 Abs. 1 AEUV. Durch eine Angleichung im Bereich des Gesellschaftsrechts lassen sich häufig **Hindernisse beim grenzüberschreitenden Kapitalverkehr** (bspw. bei Unternehmensbeteiligungen in ausländische Kapitalgesellschaften) **abbauen**.[230] Indes sind die primär auf die Kapitalverkehrsfreiheit

---

223 Vgl. hierzu EUGH-URTEIL v. 4. Dezember 1997, Rs. C-97/96 (Daihatsu).

224 Vgl. bereits TIMMERMANS, C., Die europäische Rechtsangleichung im Gesellschaftsrecht, S. 20; zum EUGH-Urteil in der Rs. DAIHATSU VAN HULLE, K., Die Zukunft der europäischen Rechnungslegung, S. 148 f.

225 Vgl. HABERSACK, M., Europäisches Gesellschaftsrecht, § 3, Rn. 23-25; zu den dichotomen Begriffen des *race to the bottom* und *race to the top* HEINE, K., Regulierungswettbewerb im Gesellschaftsrecht, S. 122; LUTTER, M., Das Europäische Unternehmensrecht, S. 8 f.

226 Vgl. GRUNDMANN, S. Europäisches Gesellschaftsrecht, Rn. 230; hierzu ebenfalls PELLENS, B./ FÜLBIER, R., Differenzierung der Rechnungslegungsregulierung, S. 581.

227 Vgl. hierzu die Ausführungen in Abschnitt 223.2.

228 Vgl. Abschnitt 223.31.

229 Vgl. SCHWARZ, G., Europäisches Gesellschaftsrecht, Rn. 109.

ausgerichteten Harmonisierungsmaßnahmen der **kapitalmarktrechtlichen Regulierungsebene** zuzuordnen. Im Bereich der Rechnungslegungsregulierung ist es das Ziel des Kapitalmarktrechts, die Informationsversorgung der Zielträger der Rechnungslegung (Kapitalanleger) sicherzustellen und hierbei für das transaktionskostenarme Funktionieren des Kapitalmarkts zu sorgen.[231] Hieran wird deutlich, dass die **kapitalmarktrechtliche Regulierung** einen **informationellen Schutzzweck** verfolgt und sich **Wertungswidersprüche zur gesellschaftsrechtlichen Regulierung** (Kapitalerhaltungszweck bzw. **institutioneller Schutzzweck**) ergeben können. Im Schrifttum wird die Auffassung vertreten, dass nicht nur die allgemeine (Art. 114 Abs. 1 AEUV), sondern auch die spezielle Kompetenznorm der Verwirklichung der übrigen Grundfreiheiten dienen kann.[232] Die jüngste EUGH-Rechtsprechung hat bestätigt, dass Art. 50 Abs. 2 lit. g AEUV als Grundlage für den Erlass solcher Rechtsakte herangezogen werden kann, die der **Förderung des Integrationsziels** nach Art. 26 Abs. 1 AEUV (ex-Art. 3 lit. h EGV) **insgesamt, d. h. auch der Kapitalverkehrsfreiheit**, dienlich sind.[233]

333. IFRS-SME und gesellschaftsrechtliche Regulierungsebene

333.1 Vorbemerkungen

Die europarechtlichen Vorschriften zur Sicherstellung des Kapitalerhaltungszwecks werden durch die gesellschaftsrechtliche Regulierung in Form der **Kapitalrichtlinie** (KapRL) und der **Bilanzrichtlinie** (BilRL) vorgegeben. Aus diesem Grund stehen zunächst die einschlägigen Normen der KapRL als Ausgangspunkt der Kapitalerhaltungsvorschriften im Untersuchungsfokus (**Abschnitt 332.2**). Anschließend sind die Bindungswirkung der

---

230 Vgl. SCHÖN, W., Gesellschafter-, Gläubiger- und Anlegerschutz. S. 707 („*Die primären Grundfreiheiten erfüllen [...] komplementäre Funktionen*"); HOMMELHOFF, P., Anlegerinformation, S. 759 („*Zwischen Bilanz- und Kapitalmarktrecht haben Richtlinien- und Gesetzgeber vielfältige Informationslinien gezogen*").

231 Vgl. BAETGE, J./THIELE, S., Gesellschafterschutz versus Gläubigerschutz, S. 16 („*Funktionenschutz des Kapitalmarktes*"); PELLENS, B./FÜLBIER, R., Differenzierung der Rechnungslegungsregulierung, S. 579-581.

232 Vgl. MÜLLER-GRAFF, C.-P., in: STREINZ, R., EUV/EGV, Art. 44 EGV, Rn. 17 („*[...] dient daher primär der Aufhebung von Niederlassungshemmnissen, kann aber [...] auch weiterreichende marktintegrative Ziele [Hervorh. im Original] einbeziehen*"); BRÖHMER, J., in: CALLIESS, C./RUFFERT, M., EUV/AEUV, 4. Aufl., Art. 50 AEUV, Rn. 12, a. A. wohl TIMMERMANS, C., Die europäische Rechtsangleichung im Gesellschaftsrecht, S. 12 f.

233 Vgl. hierzu EUGH-URTEIL v. 4. Dezember 1997, Rs. C-97/96 (Daihatsu).

Kapitel 3: Konzeptionelle und europarechtliche Implikationen einer IFRS-SME-Anwendung im Einzelabschluss zur Kapitalerhaltung

leitgedanklichen Vorgaben der KapRL auf die bilanzielle Bezugsbasis durch Auslegung des Richtlinientexts der BilRL zu ermitteln (**Abschnitt 333.3**). Dies hat besondere Bedeutung für die richtlinienkonforme Auslegung unbestimmter Rechtsbegriffe in der BilRL sowie für die richtlinienkonforme Schließung von Regelungslücken. Die Ergebnisse dienen als Ausgangspunkt für die Untersuchung der Vereinbarkeit des IFRS-SME mit den Anforderungen der BilRL (**Abschnitt 332.4**). Die Ergebnisse zur Anwendbarkeit des IFRS-SME im gesellschaftsrechtlichen Regulierungsrahmen werden sodann zusammengefasst (**Abschnitt 332.5**).

333.2 Kapitalrichtlinie als Regulierungsgrundlage für eine gemeinschaftsweite Kapitalerhaltung

333.21 Regelungszweck der Kapitalrichtlinie: Schutz des Haftungskapitals

Die KapRL entspringt in ihrem Regulierungscharakter der deutschen Rechtstradition.[234] Der **persönliche Anwendungsbereich** der KapRL umfasst ausschließlich die AG bzw. vergleichbare ausländische Rechtsformen (Art. 1 Abs. 1 KapRL). Die Beschränkung auf die AG war ursprünglich nur als Übergangslösung gedacht[235] und wurde damit begründet, dass nur hierdurch die Verabschiedung der KapRL zeitnah herbeigeführt werden konnte.[236] Mit Blick auf die veränderte Regulierungsphilosophie[237] im Gemeinschaftsrecht wurde die Ausdehnung des Anwendungsbereichs der KapRL nicht mehr verfolgt.[238]

Ausweislich des zweiten Erwägungsgrunds der KapRL dienen die Vorschriften zur Kapitalerhaltung primär den **Gesellschaftsgläubigern**.[239] Der gesellschafsrechtliche Schutz „Dritter" gemäß der speziellen Kompetenzzuweisungsnorm wird somit im Bereich der Kapitalerhaltung bewusst auf *eine* Gruppe Anspruchsberechtigter begrenzt, was

---

234 Vgl. GELTER, M., Kapitalerhaltung, S. 182; GRUNDMANN, S., Europäisches Gesellschaftsrecht, Rn. 314.

235 Vgl. NIESSEN, H., Gründung und Kapital, S. 282; TIMMERMANS, C., Rechtsangleichung im Gesellschaftsrecht, S. 18 f.

236 Vgl. EUROPÄISCHE KOMMISSION (HRSG.), Legislativvorschlag KapRL 1970, S. 8.

237 Vgl. hierzu Abschnitt 332.

238 Eine Reform der KapRL findet daher keine Erwähnung mehr in den Verlautbarungen der Kommission. Vgl. u. a. KOM (2003) 284 endgültig v. 21. Mai 2003, S. 20 f.; KOM (2007) 394 endgültig v. 10. Juli 2007, S. 5.

239 So u. a. SCHÖN, W., Gesellschafter-, Gläubiger- und Anlegerschutz, S. 710; HABERSACK, M., Europäisches Gesellschaftsrecht, § 6, Rn. 3.

- wie nachfolgend gezeigt wird - zu Konflikten mit dem **Regelungszweck der BilRL** und der **kapitalmarktrechtlichen IAS-Verordnung** bei der Ausgestaltung der Rechnungslegungsvorschriften führt.[240] Durch die gemeinschaftsweite Regulierung soll dafür Sorge getragen werden, dass ein **Mindestmaß an Gleichwertigkeit** beim Schutz der Gläubiger vor Überausschüttungen an die Gesellschafter hergestellt wird.[241] Nach h. M. weist die KapRL daher einen **Mindestnormcharakter** im Sinne eines **Mindestgläubigerschutzes** auf, der den Mitgliedsstaaten die Möglichkeit zur strengeren Normerfüllung bietet.[242] Der zweite Erwägungsgrund der KapRL führt hierzu aus:

> *„Die Koordinierung der einzelstaatlichen Vorschriften über die Gründung der Aktiengesellschaft sowie die Aufrechterhaltung, die Erhöhung und die Herabsetzung ihres Kapitals ist vor allem bedeutsam, um beim Schutz der Aktionäre einerseits und der Gläubiger der Gesellschaft andererseits ein **Mindestmaß an Gleichwertigkeit** sicherzustellen."* [Hervorh. d. Verf.]

Das Haftungsprivileg der Gesellschafter und der Kapitalschutz stehen auf europäischer Ebene vergleichbar zum AktG und GmbHG in einem **unmittelbaren Legitimationszusammenhang**, indem ein Mindestmaß an Haftungsfonds vorzuhalten ist und dieser nicht durch unberechtigte, *„fiktiv[e]"* Dividenden oder durch *„Manipulationen"*[243] geschmälert werden darf.[244] Die Kapitalerhaltung ist daher (zumindest für die AG) ein

---

240 Vgl. ZÜLCH, H./GÜTH, S./STAMM, A., Der Entwurf einer neuen Bilanzrichtlinie, S. 414.

241 Vgl. NIESSEN, H., Gründung und Kapital, S. 285-287; ebenfalls WÜSTEMANN, J./BISCHOF, J./KIERZEK, S., Bedeutung und Systembildung der internationalen Rechnungslegungsregeln, in: HdJ, Abt. I/3 (2007), Rn. 29.

242 Vgl. DRINKUTH, H., Die Kapitalrichtlinie, S. 48 f.; HABERSACK, M., § 6, Rn. 5 f.; FRESL, K., Die Europäisierung des deutschen Bilanzrechts, S. 184; GRUNDMANN, S., Europäisches Gesellschaftsrecht, Rn. 315. Nach einer abweichenden Meinung sollen gerade die Einzelregelungen der KapRL einen *spezifischen* Interessenausgleich zwischen Gläubigern und Gesellschaftern und damit einen abschließenden Charakter als Höchstnorm erzielen. Sofern durch eine strengere Umsetzung in den Mitgliedsstaaten hiervon abgewichen wird, sei dieser austarierte Ausgleich verletzt. Daher könne die unterschiedliche Umsetzung in nationales Recht das Intergrationsziel der Niederlassungsfreiheit unterwandern. Vgl. FRESL, K., Die Europäisierung des deutschen Bilanzrechts, S. 172 f.

243 EUROPÄISCHES PARLAMENT (HRSG.), Entschließung zu Legislativvorschlag KapRL 1971, S. 19 (beide Zitate).

244 Vgl. KÜBLER, F., Institutioneller Gläubigerschutz oder Kapitalmarkttransparenz, S. 555; MÜLBERT, P., Zukunft der Kapitalerhaltung, S. 154; SCHÖN, W., Balance Sheet Tests or Solvency Tests, S. 183.

Kapitel 3: Konzeptionelle und europarechtliche Implikationen einer IFRS-SME-Anwendung im Einzelabschluss zur Kapitalerhaltung

„*gemeinschaftsweites Konzept*"[245], wie aus dem vierten Erwägungsgrund der KapRL hervorgeht:

> „*Die Gemeinschaft muss [...] Vorschriften erlassen, um das Kapital als Sicherheit für die Gläubiger zu erhalten, indem insbesondere untersagt wird, dass das Kapital durch nicht geschuldete Ausschüttungen an die Aktionäre verringert wird [...]."*

Durch die Anlehnung an die Vorschriften des AktG war der **legislative Aufwand zur Umsetzung der KapRL in deutsches Recht begrenzt**.[246] Die KapRL wurde in Deutschland im Jahr 1978 durch Anpassungen des Aktienrechts (für die Kapitalerhaltung besonders § 57 AktG) transformiert.[247]

333.22 Art. 15 Abs. 1 KapRL als Ausgangspunkt der gemeinschaftsrechtlichen Kapitalerhaltungsvorschriften

Die bilanzielle Kapitalerhaltung wird in Art. 15 Abs. 1 KapRL geregelt. Die an die Gesellschafter zulässige Ausschüttung[248] stimmt mit § 57 Abs. 1, 3 AktG überein. Art. 15 Abs. 1 lit. a KapRL knüpft an die bilanzielle Reinvermögensgröße an (*net assets tests*)[249] und sichert die Nichtausschüttung des Mindestkapitals (und ggf. weiterer Bestandteile des Haftungskapitals) ab. Ausschüttungen sind nur dann zulässig, wenn das **Nettoaktivvermögen**, d. h. Vermögen minus Schulden,[250] **vor und nach der Ausschüttung** die Summe aus gezeichnetem Kapital und Rücklagen, deren Ausschüttung durch Gesetz oder Satzung unzulässig ist, deckt. Diese Ausschüttungsgrenze bindet lediglich das gezeichnete

---

245 SCHÖN, W., Gesellschafter-, Gläubiger- und Anlegerschutz, S. 710; so auch SCHMITTHOFF, C., The Second EEC Directive, S. 52.

246 Vgl. HÜFFER, U., Harmonisierung des aktienrechtlichen Kapitalschutzes, S. 1070; SCHWARZ, G., Europäisches Gesellschaftsrecht, Rn. 571.

247 Vgl. Gesetz zur Durchführung der Zweiten Richtlinie des Rates der Europäischen Gemeinschaften zur Koordinierung des Gesellschaftsrechts vom 13. Dezember 1978, BGBl. I, S. 1959-1964.

248 Der Begriff der „Ausschüttung" wird in Art. 15 Abs. 1 lit. d KapRL nicht abschließend definiert und umfasst „insbesondere" Ausschüttungen in Form von Bar- und Sachleistungen sowie Zinsen.

249 Vgl. RICKFORD, J., Legal Approaches to Restricting Dividends, S. 148; GRUNDMANN, S., Europäisches Gesellschaftsrecht, Rn. 342.

250 Vgl. hierzu RICKFORD, J., Legal Approaches to Restricting Dividends, S. 140; LEYTE, P., The Regime of Capital Maintenance, S. 87. Die KapRL enthält keine Begriffsdefinition, so dass dieser als unbestimmter Rechtsbegriff mittels Auslegung ermittelt werden muss.

Kapital[251] und ist in seiner Ausgestaltung mit § 30 Abs. 1 GmbHG vergleichbar.[252] Eine Ausschüttungssperre weiterer Kapitalbestandteile ist nicht zwingend, sofern dies nicht **gesetzlich** (z. B. nach § 150 AktG) oder **statutarisch** (z. B. für die Kapital- oder Gewinnrücklagen) vorgesehen ist.[253] Die Bezugnahme in Art. 15 Abs. 1 lit. a KapRL auf das „*Nettoaktivvermögen, wie es der Jahresabschluss ausweist*", deutet auf die **Verschränkung der KapRL mit den Rechnungslegungsvorschriften** zur Ermittlung dieser Ausschüttungsgrenze im europäischen Kapitalerhaltungsregime hin.[254]

Neben dieser reinvermögensorientierten Ausschüttungsrestriktion ist für die Ableitung des Ausschüttungsvolumens zusätzlich eine **ergebnisbasierte Ausschüttungsrestriktion** (*running account profits test*)[255] auf Basis des **Bilanzgewinns** zu ermitteln.[256] In Einklang mit Art. 15 Abs. 1 lit. c KapRL darf die Ausschüttung nicht höher sein als der **Bilanzgewinn**. Es dürfen also nur das aktuelle Periodenergebnis und die in vorherigen Geschäftsjahren thesaurierten, frei verfügbaren Gewinne abzüglich der aufgelaufenen Verluste und anderer ausschüttungsgesperrter Beträge ausgeschüttet werden. Hierbei wird die Bedeutung der Rechnungslegungsvorschriften wiederum deutlich, da diese ohne weitere Bereinigungen unmittelbar an den **rechnungslegungsbasierten Gewinn** anknüpft. Ausschüttungsoffen ist im Wesentlichen der periodische Rechnungslegungsgewinn, bereinigt um die Vorträge aus Gewinnen und Verlusten sowie der Einstellung bzw. Auflö-

---

251 Vgl. LUTTER, M., Kapitalerhaltung in den Aktien- und GmbH-Rechten, S. 50; MÜLBERT, P., Zukunft der Kapitalerhaltung, S. 154; RICKFORD, J., Reforming Capital, S. 938.

252 So auch SCHWARZ, G., Europäisches Gesellschaftsrecht, Rn. 596. Weitere Ausschüttungsbeschränkungen, bspw. durch ein Ausschüttungsverbot der Kapitalrücklage (*Agio*), gibt die KapRL nicht vor. Eine rechtsvergleichende Würdigung findet sich bei RICKFORD, J., Reforming Capital, S. 939-941; KPMG (HRSG.), Feasibility Study on Capital Maintenance, S. 146.

253 Vgl. SCHÖN, W., Deutsches Konzernprivileg und europäischer Kapitalschutz, S. 294; HABERSACK, M., Europäisches Gesellschaftsrecht, § 6, Rn. 33; RICKFORD, J., Legal Approaches to Restricting Dividends, S. 149.

254 Vgl. RICHARD, M., Kapitalschutz der Aktiengesellschaft, S. 176; LANFERMANN, G./RÖHRICHT, V., Stand der europäischen Diskussion, S. 9.

255 Vgl. RICKFORD, J., Legal Approaches to Restricting Distributions, S. 148.

256 Nachfolgend wird die Gliederung des Kapitals nach Verwendung des Jahresergebnisses unterstellt. Dies ist in Deutschland gemäß § 268 Abs. 1 HGB in Verbindung mit § 58 AktG für die AG üblich, für die GmbH darf eine analoge Gliederung vorgenommen werden. Vgl. MERKT, H., in: BAUMBACH, A./HOPT, K., HGB, 34. Aufl., § 268, Rn. 1.

Kapitel 3: Konzeptionelle und europarechtliche Implikationen einer IFRS-SME-Anwendung im Einzelabschluss zur Kapitalerhaltung

sung in ausschüttungsgesperrte bzw. ausschüttungsoffene Rücklagen aus den Vorperioden, die sich indes nicht aus der KapRL ergeben.[257]

Durch die Anknüpfung der Ausschüttungsschranken in Art. 15 KapRL an Rechnungslegungsgrößen ergibt sich das Erfordernis nach einer zweckkompatiblen Ausgestaltung der Rechnungslegungsvorschriften auf europäischer Ebene.[258] Eine materielle Konkretisierung der Bezugsgrößen für die Ausschüttungsgrenzen in Art. 15 Abs. 1 KapRL fehlt, so dass sich der Schutzzweck der Kapitalerhaltungsvorschriften - die **Sicherstellung eines Mindestgläubigerschutzes** durch ein Ausschüttungsverbot fiktiver Dividenden - nur bei **Umsetzung der leitgedanklichen Vorgaben im europäischen Bilanzrecht** erreichen lässt.[259] Daher kann man schlussfolgern, dass sich die Gewinnermittlung wie im handelsrechtlichen GoB-System an der **periodischen Reinvermögensänderung** orientieren soll und nur realisierte („quasi-sichere") Vermögensmehrungen, die sich durch eine objektivierte Ermittlung auszeichnen, ausschüttungsoffen sein können.[260] Der europäische Gesetzgeber erkennt einen solchen Gläubigerschutz durch Ausschüttungsbegrenzung zur Absicherung der Niederlassungsfreiheit an, indem durch Mindestvorgaben der KapRL Wettbewerbsverzerrungen, die das Integrationsziel durch ein zu „aktionärsfreundliches" Gesellschaftsrecht konterkarieren, verhindert werden sollen.

Durch die faktische Reduzierung des ausschüttungsgesperrten Kapitals auf das Grundkapital ist das **Ziel eines Mindestgläubigerschutzes** durch Kapitalerhaltung **ohne zweckkompatibles bilanzielles Bezugssystem nicht zu erreichen**.[261] Fraglich ist, inwiefern bei "Friktionen" zwischen KapRL und bilanziellem Bezugssystem, d. h. bei einer

---

257 Vgl. hierzu bereits LUTTER, M., Kapitalerhaltung in den Aktien- und GmbH-Rechten, S. 332.
258 Vgl. NIESSEN, H., Gründung und Kapital, S. 289; HENNRICHS, J., Wahlrechte im Bilanzrecht, S. 95 f.; NIEHUES, M., EU-Rechnungslegungsstrategie, S. 1212.
259 Vgl. ZÜLCH, H./GÜTH, S., Europäisches Bilanzrecht und bilanzieller Kapitalschutz, S. 463; hierzu ebenfalls LUTTER, M., Kapitalerhaltung in den Aktien- und GmbH-Rechten, S. 323 f.; MERSCHMEYER, M., Die Kapitalschutzfunktion des Jahresabschlusses, S. 63 f.
260 Vgl. MERKT, H., Creditor Protection, S. 1049; SCHÖN, W., Balance Sheet Tests or Solvency Tests, S. 186, a. A. RICKFORD, J., Legal Approaches to Restricting Dividends, S. 159, der keine derartigen Vorgaben der KapRL an die Rechnungslegung erkennen will. Mit Blick auf das GoB-System sei auf Abschnitt 233 verwiesen.
261 Gleicher Ansicht RICKFORD, J., Legal Approaches to Restricting Distributions, S. 142 f.; DAVIES, P., Principles of Modern Company Law, S. 263-265; MERKT, H., Creditor Protection, S. 1053; a. A. wohl NIESSEN, H., Gründung und Kapital, S. 289.

dem Kapitalerhaltungszweck divergierenden Ausgestaltung der Rechnungslegung, eine separate **Zusatzrechnung zur Bestimmung der Ausschüttungsgrenzen** auf Basis der leitgedanklichen Vorgaben der KapRL erfolgen muss, um dem Regelungszweck im Sinne von Art. 15 Abs. 1 KapRL Geltung zu verschaffen.[262] Dies hängt von der Intensität des Ineinandergreifens zwischen BilRL und KapRL ab und lässt sich abschließend nur durch die **Auslegung der BilRL** beantworten. Aus der KapRL lässt sich ein derartiges Erfordernis ebenso wenig ableiten wie ein Verbot zur Umsetzung in den Mitgliedsstaaten, da diese dem Regelungszweck der KapRL nicht widersprechen. Für die Anwendbarkeit des IFRS-SME ist entscheidend, in welcher **Intensität** die **teleologisch ermittelten Regelungsanforderungen** der KapRL die **Auslegung der europäischen Bilanzrechtsnormen binden** und ob unter diesem Gesichtspunkt eine IFRS-SME-Bilanzierung durch die gesellschaftsrechtliche Regulierung gedeckt ist.

333.3 Sicherstellung des Kapitalerhaltungszwecks durch bilanziellen Bezugsrahmen auf Basis der Bilanzrichtlinie?

333.31 Regelungszweck: Keine enge systematische Auslegung auf Basis des Regelungszwecks der Kapitalrichtlinie gerechtfertigt

Der Notwendigkeit eines planvollen Ineinandergreifens zwischen einem harmonisierten europäischen Bilanzrecht und Art. 15 KapRL war sich die EUROPÄISCHEN KOMMISSION bereits bei der Ausgestaltung des Entwurfs der KapRL bewusst:

> *„Erst wenn die zur Zeit in Vorbereitung befindlichen Richtlinien die Begriffe ‚Gewinn' und ‚Rücklagen' für die Gemeinschaft präzisiert und die Vorschriften über den Jahresabschluss angeglichen haben, erhält der vorliegende Text seine volle Bedeutung."*[263]

Vor diesem Hintergrund erscheint die Verabschiedung der **Bilanzrichtlinie** (BilRL) als *„Herzstück des EG-Gesellschaftsrechts"*[264] im Jahr 1978 folgerichtig.[265] Die BilRL wurde

---

[262] Vgl. ZÜLCH, H./GÜTH, S./STAMM, A., Der Entwurf einer neuen Bilanzrichtlinie, S. 414. Dies wird in Großbritannien vorgeschrieben. Ob eine solche Ausschüttungsergebnisrechnung) als Regulierungsoption für die Anwendung des IFRS-SME in Deutschland geeignet ist, wird Gegenstand der Ausführungen in Abschnitt 523.4 sein.

[263] EUROPÄISCHE KOMMISSION (HRSG.), Legislativvorschlag KapRL 1970, S. 11.

[264] GRUNDMANN, S., Europäisches Gesellschaftsrecht, Rn. 495.

Kapitel 3: Konzeptionelle und europarechtliche Implikationen einer IFRS-SME-Anwendung im Einzelabschluss zur Kapitalerhaltung

vom deutschen Gesetzgeber im Jahr 1985 umgesetzt[266], was zu einschneidenden Änderungen im HGB geführt hat.[267] Der persönliche Anwendungsbereich der BilRL erstreckt sich auf **sämtliche Kapitalgesellschaften** gemäß Art. 1 Abs. 1 BilRL.

Die Schutzbestimmungen im Bereich der Rechnungslegung konkretisieren sich einerseits durch eine **formelle Harmonisierung** der Rechnunglegungsinformationen, d. h. durch die Definition der Abschlussbestandteile, der Ausweisvorschriften, den Anhangangaben sowie durch die Offenlegungspflichten. Andererseits beinhaltet die BilRL auch eine **materielle Harmonisierung** im Bereich der Ansatz- und Bewertungsvorschriften.[268] Im Sinne der ursprünglichen Regulierungsphilosophie verweist auch der erste Erwägungsgrund der BilRL auf die **primärrechtlichen Grundlagen für die Verabschiedung eines harmonisierten Bilanzrechts**. Hierbei zielt die Regulierung im Gegensatz zur KapRL nicht nur auf einen Interessenausgleich zwischen Gesellschaftern und Gläubigern ab. Vielmehr wird der **Kreis der schutzbedürftigen Dritten offen gelassen**.[269]

Die teleologische Auslegung des Richtlinientexts erfordert eine **hinreichende Klarheit** über das **Zwecksystem der BilRL**. Abgeleitet vom primärrechtlichen Binnenmarktziel lassen sich Hinweise auf die Zweckbestimmung(en) in den weiteren Erwägungsgründen identifizieren. Hierbei deutet sich ein **Dualismus** zwischen der **Informations-** (Entscheidungsunterstützungsfunktion) und der **Kapitalerhaltungsfunktion** an, der auf die verschiedenen Bilanztraditionen in Kontinentaleuropa (Deutschland, Frankreich) und im

---

265 Vor Verabschiedung der BilRL mussten die Ausschüttungsgrenzen der KapRL auf die nationalen Rechnungslegungsordnungen Bezug nehmen. Dies führte zu erheblichen Divergenzen in der Qualität der gemeinschaftsrechtlich implementierten Kapitalerhaltung in den einzelnen Mitgliedsstaaten und entsprach damit nicht dem Regelungszweck der KapRL. Vgl. hierzu MERSCHMEYER, M., Die Kapitalschutzfunktion des Jahresabschlusses, S. 57-59.

266 Vgl. Gesetz zur Durchführung der Vierten, Siebenten und Achten Richtlinie des Rates der Europäischen Gemeinschaften zur Koordinierung des Gesellschaftsrechts (Bilanzrichtlinien-Gesetz - BilRiLiG) vom 19. Dezember 1985, BGBl. I 1985, S. 2355-2433; zu den inhaltlichen Änderungen im Überblick auch SCHWARZ, G., Europäisches Gesellschaftsrecht, Rn. 422.

267 Vgl. HABERSACK, M., Europäisches Gesellschaftsrecht, § 8, Rn. 10 f.

268 Vgl. ebenfalls EUROPÄISCHE KOMMISSION (HRSG.), Legislativvorschlag BilRL 1972, S. 11; weiterführend VAN HULLE, K., Die Reform des europäischen Bilanzrechts, S. 537; SCHÖN, W., Gesellschafter-, Gläubiger- und Anlegerschutz, S. 708.

269 Vgl. ZÜLCH, H./GÜTH, S./STAMM, A., Der Entwurf einer neuen Bilanzrichtlinie, S. 414.

angelsächsischen Raum (England) zurückgehen dürfte.[270] Der zweite Erwägungsgrund der BilRL weist auf die Bedeutung des Haftungsprivilegs für den Schutz „Dritter" hin:

> *„Eine gleichzeitige Koordinierung [...] ist bei den vorgenannten Gesellschaftsformen [d. h. den unter den Anwendungsbereich der BilRL fallenden Kapitalgesellschaften; Anm. d. Verf.] deswegen erforderlich, weil [...] die Gesellschaften [...] Dritten eine Sicherheit nur durch ihr Gesellschaftsvermögen bieten."*

Die **Stellung der Kapitalerhaltungsfunktion** im europäischen Bilanzrecht ist seit Verabschiedung der BilRL umstritten. Vor allem ist strittig, ob die Präambel der BilRL einen Kapitalerhaltungszweck eindeutig hervorhebt. Auch wenn kein Verweis auf die Schutzinteressen der Gesellschaftsgläubiger, sondern auf „Dritte" erfolgt und die Kapitalerhaltung daher nicht eindeutig in der Präambel zum Ausdruck kommt,[271] ist es auf Basis der o. g. Verlautbarungen der EUROPÄISCHEN KOMMISSION naheliegend, „ein einheitliches kapitalschützendes Richtlinienkonzept"[272] anzunehmen. Fraglich ist, ob die BilRL unter Beachtung der leitgedanklichen Vorgaben der KapRL auszulegen ist oder die Teleologie des Bilanzrechts auf Basis des Richtlinientexts der BilRL ermittelt werden muss.

Eine **enge systematische Auslegung der Einzelnormen der BilRL** unter Beachtung der leitgedanklichen Vorgaben der KapRL, d. h. unter der Prämisse der Sicherstellung des **Kapitalerhaltungszwecks**, der sich durch die Bezugnahme in Art. 15 Abs. 1 KapRL auf die Abschlussgrößen ausdrückt, erscheint nicht gerechtfertigt.[273] Vielmehr muss die Auslegung der BilRL und damit die Ermittlung der Reichweite des Kapitalerhaltungszwecks

---

270 Vgl. hierzu bereits TIMMERMANS, C., Die europäische Rechtsangleichung im Gesellschaftsrecht, S. 24. Im gemeinschaftsrechtlichen Schrifttum wird regelmäßig der wenig konturscharfe Begriff der „Informationsfunktion" verwendet. Gemeinhin werden hierunter aber sowohl die Entscheidungsunterstützungs- als auch die Rechenschaftsfunktion verstanden. Vgl. u. a. SCHÖN, W., Gesellschafter-, Gläubiger- und Anlegerschutz, S. 709-712. Wie in Abschnitt 223 herausgearbeitet, besteht eine ausgeprägte Dichotomie zwischen der Entscheidungsunterstützungs- und der Kapitalerhaltungsfunktion. Nachfolgend steht daher unter dem Oberbegriff einer an der Entscheidungsunterstützung ausgerichteten Informationsfunktion dieser Zielkonflikt im Fokus.

271 So auch SCHÖN, W., Gesellschafter-, Anleger- und Gläubigerschutz, S. 716; NIEHUES, M., EU-Rechnungslegungsstrategie, S. 1211; a. A. HENNRICHS, J., Wahlrechte im Bilanzrecht, S. 96 (mit Verweis auf die Erwähnung des Haftungsprivilegs); dem folgend MERSCHMEYER, M., Die Kapitalschutzfunktion des Jahresabschlusses, S. 60 f.; NAJDEREK, A., Harmonisierung des europäischen Bilanzrecht, S. 39.

272 SCHÖN, W., Internationalisierung der Rechnungslegung, S. 77.

Kapitel 3: Konzeptionelle und europarechtliche Implikationen einer IFRS-SME-Anwendung im Einzelabschluss zur Kapitalerhaltung

aus den Einzelnormen der BilRL heraus erfolgen.[274] Nur sofern hierin die Bedeutung des Kapitalerhaltungszwecks zum Ausdruck kommt, ergibt sich ein kompatibles Ineinandergreifen zwischen KapRL und BilRL. Dies lässt sich wie folgt begründen: **Erstens** ist die BilRL auf sämtliche Kapitalgesellschaftsformen anwendbar (Art. 1 Abs. 1 BilRL) und nicht bloß auf Gesellschaften in der Rechtsform AG beschränkt, für die aber ausschließlich die Kapitalerhaltungsnormen der KapRL gelten.[275] Der Einwand, dass dies mehr als Zwischenlösung denn als planvolles Richtlinienkonzept angedacht war,[276] trägt nicht, da die Entstehungsgeschichte bei der teleologischen Auslegung des Sekundärrechts insoweit unberücksichtigt bleiben muss, als sich diese nicht in der Präambel, vor allem im zweiten Erwägungsgrund der BilRL, widerspiegelt.[277] Mit der **gebotenen engen Auslegung von Richtlinien** ist eine systematische Auslegung der BilRL auf Basis der leitgedanklichen Vorgaben der KapRL kaum vereinbar, sofern der Kapitalerhaltungszweck nicht autonom in den Einzelnormen der Ansatz und Bewertungsvorschriften der BilRL hinreichend zum Ausdruck kommt.[278] **Zweitens** ergäbe sich zumindest dann ein **argumentativer Patt**, wenn der europäische Gesetzgeber einen informationellen Schutz der „Dritten" als ebenso wirkungsvoll für die primärrechtliche Zielsetzung der Niederlassungsfreiheit ansieht wie die Umsetzung eines prädominanten Kapitalerhaltungszwecks im Bilanzrecht (institutioneller Schutz). In diesem Fall muss es nicht der gebotenen Einheit der Rechtsordnung im Gemeinschaftsrecht widersprechen, den Mitgliedsstaaten die Umsetzung in nationales Recht zu ermöglichen und damit die Normen der BilRL auch „informationsori-

---

273 So aber HENNRICHS, J., Wahlrechte im Bilanzrecht, S. 95 f. („*Daß die Regelungen der Bilanzrichtlinie nicht nur der Information, sondern auch der Ermittlung des Gewinns dienen, folgt [...] aus dem Zusammenhang zwischen der Vierten und der Zweiten [...] Richtlinie*").

274 Vgl. hierzu sowie zu den nachfolgenden Ausführungen ZÜLCH, H./GÜTH, S./STAMM, A., Der Entwurf einer neuen Bilanzrichtlinie, S. 414; a. A. FRESL, K., Die Europäisierung des deutschen Bilanzrechts, S. 158-161 (Auslegung in *pari materia*); dem folgend WÜSTEMANN, J./KIERZEK, S./BISCHOF, J., Bedeutung und Systembildung der internationalen Rechnungslegungsregeln, in: HdJ, Abt. I/3 (2007), Rn. 48 („*vor dem Regelungszweck [...] der Kapitalrichtlinie [...] auszulegen*").

275 So auch NIEHUES, M., EU-Rechnungslegungsstrategie, S. 1213 („*Eine vergleichbare Schutzfunktion des Jahresabschlusses für Gläubiger anderer haftungsbeschränkter Gesellschaften kennt das Gemeinschaftsrecht nicht*"); GRUNDMANN, S., Europäisches Gesellschaftsrecht, Rn. 514.

276 Vgl. exemplarisch FRESL, K., Die Europäisierung des deutschen Bilanzrecht, S. 161 f.

277 Vgl. HAUCK, A./PRINZ, U., Zur Auslegung von IFRS, S. 640.

278 Vgl. zur Erforderlichkeit der engen, vorrangig teleologischen, Auslegung des Sekundärrechts BLECKMANN, A., Zu den Auslegungsmethoden, S. 1178; BLECKMANN, A., Probleme der Auslegung von EWG-Richtlinien, S. 934.

entiert" auszulegen.[279] Da die KapRL die **Erstellung einer Zusatzrechnung** zur Sicherstellung des institutionellen Schutzes nicht explizit vorschreibt, wäre auch die Frage einer derartigen Verpflichtung im Fall eines „informationsorientierten" Bilanzrechts obsolet.[280] Als **Fazit** bleibt festzuhalten: Die Konkretisierung des Kapitalerhaltungszwecks muss aus den Vorschriften der BilRL heraus erfolgen, wobei die Präambel die Reichweite der Rechnungszwecke nicht klar zum Ausdruck bringt. Daher sind die **Normen der BilRL im Sinne eines hermeneutischen Zirkels** auf ihre Rechnungszwecke zu untersuchen, was dann wiederum der Konkretisierung Normen der BilRL dient.

Die **Bedeutung der Entscheidungsunterstützungsfunktion** ergibt sich aus dem vierten und dem sechsten Erwägungsgrund der BilRL. Der Jahresabschluss „*muss ein den tatsächlichen Verhältnissen entsprechendes Bild der Vermögens-, Finanz- und Ertragslage der Gesellschaft vermitteln*" (vierter Erwägungsgrund der BilRL) bzw. einen *true and fair view* liefern. Die im fünften Erwägungsgrund der BilRL genannte Vereinheitlichung verschiedener Ansatz- und Bewertungsmethoden ist hieran ebenfalls geknüpft. Der Jahresabschluss muss den Informationsinteressen der Gesellschafter und (implizit auch) Dritter gerecht werden, indem er dem *true and fair view*-Prinzip entspricht.[281] Die prominente Stellung des *true and fair view*-Gebots wird durch die Kodifizierung zu Beginn des Richtlinientexts in Art. 2 Abs. 3, 5 BilRL zusätzlich herausgestellt, so dass diese als „*Generalklausel*"[282] der BilRL angesehen werden kann:

> (3) „*Der Jahresabschluß hat ein den tatsächlichen Verhältnissen entpsrechendes Bild der Vermögens-, Finanz- und Ertragslage zu vermitteln.*"
>
> (5) „*Ist in Ausnahmefällen die Anwendung einer Vorschrift dieser Richtlinie mit der in Absatz 3 vorgesehenen Verpflichtung unvereinbar, so muß von der betreffenden Vorschrift abgewichen werden [...].*"

---

279 So aber MERSCHMEYER, M., Die Kapitalschutzfunktion des Jahresabschlusses, S. 62.

280 Vgl. ZÜLCH, H./GÜTH, S./STAMM, A., Der Entwurf einer neuen Bilanzrichtlinie, S. 414. In diesem Fall bestünde auch für das Modell der Ausschüttungsergebnisrechnung zumindest aus europarechtlicher Sicht keine Umsetzungspflicht.

281 Vgl. GROSSFELD, B., in: HuRB, S. 195; GRUNDMANN, S., Europäisches Gesellschaftsrecht, Rn. 513.

282 SCHÖN, W., Gesellschafter-, Gläubiger- und Anlegerschutz, S. 716; VAN HULLE, K., True and Fair View, S. 313; GRUNDMANN, S., Europäisches Gesellschaftsrecht, Rn. 513.

Kapitel 3: Konzeptionelle und europarechtliche Implikationen einer IFRS-SME-Anwendung im Einzelabschluss zur Kapitalerhaltung

Indes fehlen nicht nur in den Erwägungsgründen, sondern auch in den Einzelnormen konkrete Hinweise zur Auslegung der Generalklausel, so dass dieser Norm der Charakter eines **unbestimmten Rechtsbegriffs** im Gemeinschaftsrecht zugewiesen werden muss.[283] Die Reichweite der Entscheidungsunterstützungsfunktion lässt sich nur durch eine autonome teleologische Auslegung mittels einer **Gesamtwürdigung der Einzelnormen der BilRL** konkretisieren.[284] Trotz ihres Ursprungs aus dem britischen Bilanzrecht[285] ist jedenfalls eine primär rechtsvergleichende Auslegung unter Rückgriff auf das britische Gesellschaftsrecht abzulehnen. Vor allem im deutschen Schrifttum wird die Reichweite von Art. 2 Abs. 5 BilRL als *overriding principle*[286] auf die Gliederungs- und Anhangangaben im Sinne von Art. 2 Abs. 4 BilRL beschränkt (**Erläuterungsfunktion**) und damit die Maßgeblichkeit für die Gewinnermittlung als **Abweichungsklausel** oder zur Auslegung einzelner Gewinnermittlungsnormen (**Interpretationsklausel**) verneint.[287] Neben der generellen Fragwürdigkeit der Europarechtskonformität dieser Auslegungsvariante[288] dürfte sich dann eine „informationsorientierte" Auslegung als **Abweichungs- und Interpretationsklausel**[289] für die Ansatz- und Bewertungsvorschriften ergeben, wenn die Kapitalerhaltung zu Gunsten der Entscheidungsunterstützungsfunktion eine unterge-

---

283 Vgl. ZÜLCH, H./GÜTH, S./STAMM, A., Der Entwurf einer neuen Bilanzrichtlinie, S. 414.

284 Vgl. zur autonomen Auslegung unbestimmter Rechtsbegriffe im Gemeinschaftsrecht BLECKMANN, A., Probleme der Auslegung von EWG-Richtlinien, S. 934 f.; speziell zur Auslegung des *true and fair view* in der BilRL ORDELHEIDE, D., True and fair view, S. 81-83; VAN HULLE, K., The true and fair view override, S. 716; MOXTER, A., Zur Interpretation des True-and-fair-view-Gebots, S. 108-110; hierzu auch EUGH-URTEIL v. 27. Juni 1996, Rs. C-234/94 (Tomberger/Wettern GmbH).

285 Vgl. hierzu GROßFELD, in: HuRB, S. 196-198; VAN HULLE, K., True and Fair View, S. 317.

286 Vgl. STREIM, H., Die Generalnorm des § 264 Abs. 2, S. 396; MOXTER, A., Zur Interpretation des True-and-fair-view-Gebots, S. 105.

287 Vgl. zur Erläuterungsfunktion VAN HULLE, K., True and Fair View, S. 320; zur Konkretisierung im deutschen Bilanzrecht über die sog. Abkopplungsthese u. a. BEISSE, H., True and fair view, S. 38; MOXTER, A., Handelsrechtliche Grundsätze ordnungsmäßiger Bilanzierung, S. 425; MOXTER, A., Zur Interpretation des True-and-fair-view-Gebots, S. 112; HALLER, A., Financial accounting developments, S. 157; WÜSTEMANN, J./BISCHOF, J./KIERZEK, S., Bedeutung und Systembildung internationaler Rechnungslegungsregeln, in: HdJ, Abt. I/3 (2007), Rn. 90.

288 Vgl. u. a. SCHÖN, W., Entwicklung und Perspektiven des Handelsbilanzrechts, S. 153; VAN HULLE, K., True and Fair View, S. 318 f.; VAN HULLE, K., The true and fair view override, S. 715; KÜBLER, F., Fragen und Wünsche, S. 560; HABERSACK, M., Europäisches Gesellschaftsrecht, § 8, Rn. 33 („*mit der Richtlinie nicht vereinbar*").

289 Vgl. VAN HULLE, K., True and Fair View, S. 320-322; HENNRICHS, J., Wahlrechte im Bilanzrecht, S. 133-136.

ordnete Bedeutung einnimmt.[290] Dies bedeutet, dass **bei einer Prädominanz der entscheidungsorientierten Informationsfunktion** die **Reichweite der Generalklausel der BilRL** dementsprechend auszulegen ist, wohingegen bei einem prädominanten Kapitalerhaltungszweck der informationelle Schutzzweck weitgehend auf die **sonstigen Informationspflichten** außerhalb der Ansatz- und Bewertungsvorschriften (vor allem auf die Anhangangaben) beschränkt bleibt.

Zusammenfassend ist somit festzuhalten, dass zwar die Grundkonzeption der BilRL in Verbindung mit den vorherigen Vorgaben der KapRL die Geltung des Kapitalerhaltungszweck in der BilRL nahelegt. Indes ist dessen Reichweite gegenüber dem informationellen Schutzzweck nicht zweifelsfrei ableitbar. Die Bedeutung des Kapitalerhaltungszwecks im Zwecksystem des europäischen Bilanzrechts kann daher nur durch eine Gesamtwürdigung der Einzelnormen ermittelt werden.

333.32 Reichweite des Kapitalerhaltungszwecks in Ursprungsversion der Bilanzrichtlinie

Auch eine Auslegung der Bedeutung und der Reichweite des Kapitalerhaltungszwecks auf Basis der zentralen Gewinnermittlungsvorschriften in der BilRL ist nicht abschließend zu klären. Durch die Gewährung expliziter Wahlrechte, aber insbesondere durch unbestimmt gelassene Rechtsbegriffe ergeben sich **erhebliche Umsetzungsspielräume** für die Mitgliedsstaaten, denn bei vage gehaltenen Richtlinienformulierungen ist der nationale Gesetzgeber frei in der Form der gesetzgeberischen Umsetzung.[291] In **Verbindung mit der unklaren Reichweite** der Kapitalerhaltungs- im Verhältnis zur Entscheidungsunterstützungsfunktion ist die zweckgerichtete (teleologische) Auslegung der unbestimmten Rechtsbegriffe, u. a. der *true and fair view*-Klausel[292] und der Rechnungslegungsprinzipien, kaum möglich.

---

290 Vgl. ZÜLCH, H./GÜTH, S./STAMM, A., Der Entwurf einer neuen Bilanzrichtlinie, S. 415; im Ergebnis wohl ebenfalls FRESL, K., Die Europäisierung des deutschen Bilanzrechts, S. 128; NAJDEREK, A., Die Harmonisierung des europäischen Bilanzrechts, S. 146.

291 Vgl. BEISSE, H., Die Gewinnung von GoB, S. 512 („*Die Auslegung kodifizierter GoB wird von dem Grundsatz der Richtlinienkonformität dann nicht berührt, wenn die einschlägige Bestimmung der Richtlinie so vage gehalten ist, dass die nähere Regelung praktisch dem Gesetzgeber überlassen bleibt*"). FRESL zeigt auf, dass diese breiten Umsetzungsspielräume intendiert waren, um den nationalen Bilanztraditionen bei der Richtlinienumsetzung Rechnung zu tragen. Vgl. FRESL., K., Die Europäisierung des deutschen Bilanzrechts, S. 184-270.

Kapitel 3: Konzeptionelle und europarechtliche Implikationen einer IFRS-SME-Anwendung im Einzelabschluss zur Kapitalerhaltung

Zentraler Rechnungsgrundsatz ist das **Vorsichtsprinzip** (Art. 31 Abs. 1 lit. c BilRL), welches „*in jedem Fall beachtet werden [muß]*" und durch das **Realisationsprinzip** sowie das **Imparitätsprinzip** materiell „ausgefüllt" werden soll.[293] Diese Rechnungslegungsprinzipien werden in der BilRL nicht konkretisiert und weisen zudem je nach Sprachfassung und nationaler Bilanztradition unterschiedliche Konnotationen auf.[294] Diese Unschärfe lässt sich anhand der Formulierung des Realisationsprinzips deutlich machen, wonach gemäß Art. 31 Abs. 1 lit. c „*[n]ur die am Bilanzstichtag realisierten Gewinne ausgewiesen werden [dürfen]*". **Was indes als realisiert zu gelten hat, bleibt offen.**[295] Die unterschiedliche Auslegung des Realisationsprinzips führt bspw. dazu, dass die Bilanzierung von Fertigungsaufträgen in Mitgliedsstaaten auf Basis der *percentage of completion*-Methode (PoC-Methode) geregelt wird, d. h. eine Teilgewinnrealisierung nach Maßgabe des Fertigstellungsgrads vorgesehen ist.[296] In anderen Mitgliedsstaaten, u. a. in Deutschland, ist demgegenüber eine Ertragsvereinnahmung erst nach Fertigstellung möglich (*completed contract*-Methode). In der BilRL ist darüber hinaus geregelt, dass alle Bilanzpositionen gemäß Art. 32 BilRL mit den **Anschaffungs- und den Herstellungskosten** zu bewerten sind, die in Art. 35 Abs. 2 bis 4 BilRL definiert werden. Zusätzlich finden sich Regelungen zur planmäßigen Abschreibung beim Anlagevermögen mit begrenzter Nutzungsdauer und zur außerplanmäßigen Abschreibung (gemildertes Niederstwertprinzip bei Anlagevermögen, strenges Niederstwertprinzip bei Umlaufvermögen). In

---

292 Vgl. zur Umsetzung der Generalklausel in den Mitgliedsstaaten NAJDEREK, A., Die Harmonisierung des europäischen Bilanzrechts, S. 51-59. Eine Auslegung dieses Rechtsbegriffs ist durch den EuGH bisher nur in sehr wenigen Fällen erfolgt. In der Rs. TOMBERGER setzte der EuGH - wie bereits dargestellt - diese Klausel mit dem Begriff der „*Bilanzwahrheit*" gleich. Dies deutet auf die dominante Reichweite der Entscheidungsunterstützungsfunktion hin. Vgl. hierzu im Detail EUGH-URTEIL v. 27. Juni 1996, Rs. C-234/94 (Tomberger/Wettern GmbH).

293 Diese Klausel wurde erstaunlicherweise auf Verlangen Großbritanniens in den Richtlinientext aufgenommen. Vgl. EVANS, L./NOBES, C., Some mysteries, S. 365.

294 Vgl. RICKFORD, J., Legal Approaches to Restricting Distributions, S. 150 f.; zu den Übersetzungsunterschieden des Vorsichtsprinzip u. a. EVANS, L./NOBES, C., Some mysteries, S. 362 f.; mit Blick auf das *true and fair view*-Gebot NAJDEREK, A., Harmonisierung des europäischen Bilanzrechts, S. 144 f.

295 So auch SCHÖN, W., Gesellschafter-, Gläubiger- und Anlegerschutz, S. 716; RICKFORD, J., Legal Approaches to Restricting Distributions, S. 151. Hierauf hat auch die Bundesregierung in ihrer Stellungnahme an den EuGH in der Rs. TOMBERGER ausdrücklich verwiesen. Vgl. SCHWARZ, G., Europäisches Gesellschaftsrecht, Rn. 455, Fn. 300.

296 Vgl. HOMMELHOFF, P., Europäisches Bilanzrecht, S. 387 f. („*Durchbrechung des Anschaffungskostenprinzips*"); VAN HULLE, K., Die Zukunft der europäischen Rechnungslegung, S. 145.

ihrer Ursprungsfassung scheint eine **Ausrichtung am Kapitalerhaltungszweck** und eine derartige Auslegung der Rechnungslegungsprinzipien im Sinne von Art. 31 BilRL naheliegend.[297]

Der **kompromisshafte Charakter** zwischen der Kapitalerhaltungs- und der Entscheidungsunterstützungsfunktion wird durch **umfangreiche Wahlrechte** in der Ursprungfassung der BilRL deutlich.[298] Die Mitgliedsstaaten können nach Art. 33 Abs. 1 BilRL ihren Unternehmen gestatten oder vorschreiben:

- Sachanlagen mit zeitlich begrenzter Nutzungsdauer und Vorräte mit Wiederbeschaffungswerten zu bewerten (Art. 33 Abs. 1a BilRL);
- alle Bilanzpositionen einschließlich des Eigenkapitals mit einer Methode zum Ausgleich der Information zu bewerten (Art. 33 Abs. 1b BilRL); **oder**
- für das gesamte Anlagevermögen eine Neubewertung durchzuführen (Art. 33 Abs. 1c BilRL).

Wird von diesen Abweichungen vom Anschaffungskostenprinzip Gebrauch gemacht, muss der Unterschiedsbetrag, der sich im Vergleich zur Bewertung mit Anschaffungs- oder Herstellungskosten ergibt, im Eigenkapitalposten „**Neubewertungsrücklage**" gesondert ausgewiesen werden (Art. 33 Abs. 2a BilRL). Dieser kann in Einklang mit den Vorgaben in Art. 33 Abs. 2b BilRL jederzeit ganz oder teilweise in gezeichnetes Kapital umgewandelt werden. Er ist erst aufzulösen, wenn er ganz oder teilweise nicht mehr erforderlich ist und stellt gemäß Art. 33 Abs. 2c BilRL einen **nicht ausschüttungsoffenen Kapitalbestandteil** dar. Die Neubewertungsrücklage ist im Rahmen des *net asset test* gemäß Art. 15 Abs. 1 lit. a KapRL wie das gezeichnete Kapital zu behandeln und die hierein eingestellten Beträge sind beim *running accounting profits test* ebenfalls als nicht ausschüttungsoffen einzustufen.[299] **Dieses Richtlinienwahlrecht lässt somit eine umfassende Berücksichtigung des gesellschaftsrechtlichen Kapitalerhaltungszwecks erkennen.**[300]

---

[297] Dem steht indes die in der Rs. TOMBERGER zum Ausdruck gekommene Auffassung des EuGH entgegen, wonach der Grundsatz der Bilanzwahrheit die „*Hauptzielsetzung*" darstelle; dem folgend HABERSACK, M., Europäisches Gesellschaftsrecht, § 8, Rn. 31 (Vorrang vor Vorsichtsprinzip).

[298] Vgl. HOMMELHOFF, P., Europäisches Bilanzrecht, S. 387 („*[...] eröffnet das Europarecht eine Fülle von Mitgliedstaaten- und Unternehmenswahlrechten*"); HABERSACK, M., Europäisches Gesellschaftsrecht, § 8, Rn. 2 („*Die Jahresabschlussrichtlinie [...] ha[t] diesen Zielkonflikt zunächst nicht aufgelöst*"); BAETGE, J./BREMBT, T., Möglichkeiten einer einheitlichen Rechnungslegung, S. 573.

Kapitel 3: Konzeptionelle und europarechtliche Implikationen einer IFRS-SME-Anwendung im Einzelabschluss zur Kapitalerhaltung

Die BilRL enthält **drei weitere Ausschüttungssperren**: Werden **Aufwendungen zur Errichtung und Erweiterung des Unternehmens** aktiviert, dürfen in Einklang mit den Vorgaben in Art. 34 Abs. 1b BilRL Gewinne nur bis zur Höhe des noch aktivierten Teils ausgeschüttet werden, wenn die ausschüttungsfähigen Rücklagen und der Gewinnvortrag mindestens so hoch wie der noch nicht abgeschriebene Teil des aktivierten Betrags sind. Gleiches gilt für **aktivierte Forschungs- und Entwicklungskosten** (Art. 37 Abs. 1 BilRL). Bei der *at equity*-Bewertung sind die übersteigenden Beträge, die noch nicht als Ausschüttungen aus Beteiligungen eingegangen sind oder auf deren Zahlung noch kein Anspruch besteht, ebenfalls ausschüttungsgesperrt (Art. 59 Abs. 6 lit. b BilRL).

Durch die Ausschüttungssperren dokumentiert der europäische Gesetzgeber die **Bedeutung des Kapitalerhaltungszwecks im europäischen Bilanzrecht**, da die Kodifizierung derartiger Bilanzierungssachverhalte als **Abweichung** von den in Art. 31 BilRL definierten Prinzipien, insbesondere vom **Vorsichtsprinzip**, anzusehen ist. Der europäische Gesetzgeber möchte offensichtlich ein Mindestmaß an institutionellen Schutzvorkehrungen durch Kapitalerhaltung für sämtliche Kapitalgesellschaftsformen verankert sehen. Allerdings bleibt es den Mitgliedsstaaten überlassen, die Kapitalerhaltung auf Ebene der **Gewinnermittlung** oder auf einer **nachgelagerten Ebene** (Ausschüttungssperren) umzusetzen. Eine teleologische Auslegung der Rechnungslegungsprinzipien auf Basis der in der BilRL zum Ausdruck kommenden Rechnungszwecke[301] impliziert die **maßgebliche Bedeutung der Kapitalerhaltungsfunktion** sowie einen eng auszulegenden informationellen Schutzzweck im Rahmen der Generalklausel, welche sich primär auf die Anhangangaben zu beschränken hat. Die kodifizierten Ausschüttungssperren sind für die Sicherstellung des Kapitalerhaltungszwecks nicht hinreichend[302] sondern vielmehr **Ausdruck einer ins-**

---

299 Vgl. RICKFORD, J., Legal Approaches to Restricting Dividends, S. 152. Die Neubewertungsrücklage entfaltet somit nicht durch die Ausschüttungsbegrenzung von Art. 15 Abs. 1 KapRL ihre Ausschüttungssperrwirkung, sondern ausschließlich durch die Vorgaben der BilRL.

300 So auch GELTER, M., Kapitalerhaltung, S. 185; dies wohl verneinend HABERSACK, M., Europäisches Gesellschaftsrecht, § 8, Rn. 22 („*Art. 33 erlaubt es [...] dem Grundsatz des true and fair view Vorrang gegenüber dem Vorsichtsprinzip einzuräumen*").

301 Vgl. GELTER, M., Kapitalerhaltung, S. 183.

302 So zu verstehen aber VAN HULLE, K., True and Fair View, S. 318, der die Auslegung des *true and fair view*-Gebots an „*Ort und Zeit*" bindet und die nationale Weiterentwicklung der BilRL für möglich hält; ebenso GRUNDMANN, S., Europäisches Gesellschaftsrecht, Rn. 514.

gesamt kapitalerhaltungsorientierten Ausrichtung der BilRL. Dennoch hat der europäische Gesetzgeber den Mitgliedsstaaten **erhebliche Spielräume** bei der Reichweite des Kapitalerhaltungszwecks überlassen.[303] Dies drückt sich in der **unterschiedlichen Interpretation der Rechnungslegungsprinzipien** in den Mitgliedsstaaten aus, die einige von diesen bereits vor der grundlegenden Reformierung der BilRL[304] zur Ausrichtung des Bilanzrechts an der Entscheidungsunterstützung nutzten. Die Sicherstellung eines gleichwertigen Mindestgläubigerschutzes durch Kapitalerhaltung ließ sich nicht erreichen.[305]

333.33 Implikationen der Fair Value- und Modernisierungsrichtlinie auf die Reichweite des Kapitalerhaltungszwecks in der Bilanzrichtlinie

Die Defizite der BilRL wurden durch die **neue Rechnungslegungsstrategie** aufgegriffen.[306] Wesentlicher Bestandteil dieses Aktionsrahmens war die **Anwendbarkeit der IFRS-Bilanzierung im europäischen Bilanzrecht**.[307] Um eine Konsistenz zwischen den IFRS und der BilRL und damit die **Einheit des europäischen Bilanzrechts** zu gewährleisten, wurden mögliche Normenkollisionen zwischen beiden Regelungskreisen geprüft. Die **zentrale Inkompatibilität** war die **Bewertung bestimmter Vermögenswerte** zum beizulegenden Zeitwert (*fair value*) in den IFRS.[308] Dies sollte durch die **Fair-Value-Richtlinie (Fair-Value-RL)** im Jahr 2001 behoben werden (Achter Erwägungsgrund der Fair-Value-RL).[309] Hierdurch fand eine umfassende *fair value*-Bewertung für **Finanzinst-**

---

303 Vgl. TIMMERMANS, C., Die europäische Rechtsangleichung im Gesellschaftsrecht, S. 24; NAJDEREK, A., Harmonisierung des europäischen Bilanzrechts, S. 48-51.

304 Vgl. hierzu Abschnitt 333.33.

305 So auch SCHWARZ, G., Europäisches Gesellschaftsrecht, Rn. 407 („*Ein [...] europäisches Bilanzrecht, das die Vergleichbarkeit der Positionen Gewinn und Eigenkapital [...] in verschiedenen Mitgliedsstaaten ermöglicht, gibt es derzeit noch nicht*"). Im Bereich der formellen Harmonisierung gilt dieser negative Befund hingegen nicht. Vgl. u. a. THORELL, P./WHITTINGTON, G., The harmonization of accounting, S. 219; HALLER, A., Financial accounting developments, S. 159.

306 Vgl. zu diesem Aktionsrahmen KOM (99) 232 endg. v. 11. Mai 1999. Dieser wird im Rahmen der kapitalmarktrechtlichen Regulierung des Bilanzrechts in Abschnitt 334.2 noch erläutert.

307 Vgl. VAN HULLE, K., Von den Bilanzrichtlinien zu IAS, S. 974; BÖCKING, H.-J./HEROLD, C./MÜẞIG, A., IFRS für nicht kapitalmarktorientierte Unternehmen, S. 665.

308 Vgl. zu den übrigen Inkompatibilitäten VAN HULLE, K., Die Zukunft der europäischen Rechnungslegung, S. 140 f. Die Ermittlung der Inkompatibilitäten wurde durch mehrere Studien des nach Art. 52 BilRL eingerichteten Kontaktausschusses in den Jahren 1995 bis 2001 durchgeführt. Vgl. hierzu VAN HULLE, K., Die Zukunft der europäischen Rechnungslegung, S. 147. Das IDW hat auf Basis einer kapitalerhaltungszweckorientierten Auslegung deutlich mehr Inkompatibilitäten identifiziert. Vgl. IDW (HRSG.), Praktisch relevante Abweichungen, S. 183-188.

Kapitel 3: Konzeptionelle und europarechtliche Implikationen einer IFRS-SME-Anwendung im Einzelabschluss zur Kapitalerhaltung

rumente Eingang in das europäische Bilanzrecht (Art. 42a bis 42d BilRL).[310] Mitgliedsstaaten können seitdem ihren Gesellschaften gestatten oder vorschreiben, bestimmte Finanzinstrumente einschließlich Derivate zum beizulegenden Zeitwert zu bewerten (Art. 42a Abs. 1 BilRL). Ausnahmen gelten u. a. für solche Finanzinstrumente, die bis zur Endfälligkeit gehalten werden, und für Darlehensforderungen (Art. 42a Abs. 4 BilRL). Art. 42c BilRL führt unter explizitem Verweis auf die Irrelevanz von Art. 31 Abs. 1 lit. c BilRL die **Ertragsrealisation von Wertänderungen über die fortgeführten Anschaffungskosten** für diese Finanzinstrumente in die BilRL ein. Auch die Erfassung der Erträge im Eigenkapital (bspw. als *other comprehensive income*) ist für die Ausschüttungsoffenheit dieser Erträge nicht hinderlich.[311] Ausschüttungssperren zur Sicherstellung der Kapitalerhaltung finden keine Anwendung.

Weitere Inkompatibilitäten zwischen den IFRS und dem europäischen Bilanzrecht wurden durch die **Modernisierungs-Richtlinie (ModRL)** beseitigt, um eine weitgehende Vergleichbarkeit der Rechnungslegung nach der IAS-VO und der BilRL zu erzielen (fünfter Erwägungsgrund der ModRL).[312] Die Maßnahmen wurden in Form weiterer **Mitgliedsstaatenwahlrechte** umgesetzt, die die Vergleichbarkeit der Rechnungslegung in der BilRL eingeschränkt haben,[313] aus Sicht des europäischen Gesetzgebers aber die künftige Vereinbarkeit der BilRL auch bei Überarbeitungen der IFRS sicherstellen sollen.[314] Die wesentlichen Änderungen im Bereich der Ansatz- und Bewertungsvorschriften betreffen die **Erweiterung der GuV** zu einer Ergebnisrechnung (Art. 22 BilRL), die **Ausrichtung der Rückstellungsdefinition** an den IFRS (Art. 20 Abs. 1 BilRL) bei nur

---

309 Vgl. HALLER, A., Financial accounting developments, S. 167; SCHULZE-OSTERLOH, J., Internationale Rechnungslegung für den Einzelabschluß, S. 94; HABERSACK, M., Europäisches Gesellschaftsrecht, § 8, Rn. 6.

310 Vgl. BÖCKING, H.-J./HEROLD, C./WIEDERHOLD, P., Modernisierung des HGB, S. 395; GELTER, M., Kapitalerhaltung, S. 178.

311 Vgl. RICKFORD, J., Legal Approaches to Restricting Distributions, S. 159.

312 Die Fair-Value-RL, die ModRL sowie die nachfolgend dargestellte IAS-VO wurden in Deutschland im Jahr 2004 umgesetzt. Vgl. Gesetz zur Einführung internationaler Rechnungslegungsstandards und zur Sicherung der Qualität der Abschlussprüfung (Bilanzrechtsreformgesetz - BilReG) vom 4. Dezember 2004, BGBl. I 2004, S. 3166-3182.

313 Kritisch u. a. NIEHUES, R., EU-Vorschlag, S. 1389 („*Die nach den Richtlinien [...] bestehenden erheblichen Ermessensspielräume würden [..] erheblich ausgeweitet*"); HENNRICHS, J., Stand und Perspektiven, S. 1071 („*Flickenteppich unterschiedlicher Bilanzierungsregeln*").

314 Vgl. BÖCKING, H.-J./HEROLD, C./WIEDERHOLD, P., Modernisierung des HGB, S. 397-402.

noch wahlrechtsweisem Ansatz von Aufwandsrückstellungen (Art. 20 Abs. 2 BilRL), die **Begrenzung der Reichweite des Imparitätsprinzips** wie in den IFRS auf „alle Schulden" und nicht auf „alle voraussehbaren Risiken und vermuteten Verluste" (Art. 31 Abs. 1 lit. c BilRL), das **Wahlrecht zur Neubewertung des gesamten Anlagevermögens** (Art. 33 BilRL) sowie die Erweiterung des Wahlrechts zur *fair value*-Bewertung auf weitere „bestimmte Arten von Vermögensgegenständen" (Art. 42e BilRL), wodurch die Bewertung zum beizulegenden Zeitwert praktisch unbeschränkt ermöglicht wird.[315] Auf Art. 42e BilRL muss gemäß Art. 42f BilRL **keine Ausschüttungssperre** angewendet werden.[316]

Die Umsetzung der Fair Value-RL und der ModRL hat zu einer deutlichen **Stärkung der Entscheidungsunterstützungsfunktion** geführt.[317] Zwar ist es den Mitgliedsstaaten weiterhin auf Basis der BilRL möglich, ihre nationalen Rechnungslegungsvorschriften „kapitalerhaltungskompatibel" auszugestalten.[318] *„Kapitalerhaltung scheint [aber] im geltenden europäischen Bilanzrecht zur ‚Nebenbedingung' einer prädominanten Informationsfunktion [...] mutiert zu sein"*[319]. Dies hat Implikationen für die „hermeneutische Spirale" bei der Auslegung der Rechnungslegungsprinzipien und der Reichweite der Generalklausel. Die Reichweite des *true and fair view*-Gebots ist nun wohl „informationsorientiert" und somit als Abweichungs- und Interpretationsklausel herzuleiten. Die stärkere „Informationsorientierung" muss ihren Niederschlag bei der teleologischen Auslegung unbestimmter Rechtsbegriffe wie den Rechnungslegungsprinzipien in Art. 31 BilRL finden, bspw. beim **Realisationsprinzip**. Faktisch besteht im europäischen Gesellschaftsrecht **keine geschlossene Konzeption des Kapitalschutzsystems** mehr. Der europäische Gesetzgeber scheint die *„Flexibilität"*[320] der BilRL dadurch zu rechtfertigen, dass ein informa-

---

315 Das Verhältnis von Art. 33 BilRL zu Art. 42a bis 42f BilRL ist ungeklärt, da beide Normen eine Bewertung zum *fair value* zulassen, aber andere Ausschüttungskonsequenzen nach sich ziehen.

316 Art. 42a und 42e BiLRL setzen Art. 32 BilRL außer Kraft und demzufolge auch die sachlich hiermit zusammenhängenden Ausschüttungssperren nach Art. 33 BilRL.

317 So auch MERKT, H., Der Kapitalschutz in Europa, S. 307; GRUNDMANN, S., Europäisches Gesellschaftsrecht, Rn. 504; NAJDEREK, A., Harmonisierung des europäischen Bilanzrechts, S. 91 („*Dennoch dominiert die Anpassung an die IFRS [...]*").

318 Durch die Unbestimmtheit der Rechtsbegriffe ist im Sinne von BEISSE eine zwingende „informationsorientierte" Auslegung des Richtlinientexts derzeit nicht gerechtfertigt, so dass das kapitalerhaltungsbedachte deutsche HGB nicht offensichtlich den Richtlinienvorgaben widerspricht.

319 ZÜLCH, H./GÜTH, S./STAMM, A., Der Entwurf einer neuen Bilanzrichtlinie, S. 415; so im Ergebnis auch GELTER, M., Kapitalerhaltung, S. 185.

Kapitel 3: Konzeptionelle und europarechtliche Implikationen einer IFRS-SME-Anwendung im Einzelabschluss zur Kapitalerhaltung

tioneller Schutz mindestens gleichwertig zu einem institutionellen Schutz zu verstehen ist.[321] Folgt man dieser Auffassung, ist die gebotene Einheit der Rechtsordnung mit Blick auf die KapRL und die BilRL nicht verletzt, da die Mitgliedsstaaten über die Konkretisierung der Ausschüttungsgrenzen nach Art. 15 Abs. 1 KapRL selbst entscheiden dürfen. Hierfür spricht auch der Umstand, dass keine Ausschüttungssperren für die neuen „informationsorientierten" Sachverhalte in der BilRL verankert sind. Sofern aber der Kapitalerhaltung *de lege ferenda* auf Basis der leitgedanklichen Vorgaben der KapRL die ursprüngliche Bedeutung beigemessen werden soll (was derzeit nicht der Fall ist), wären **kapitalerhaltungsorientierte Zusatzmaßnahmen** (z. B. nach britischem Vorbild) erforderlich.[322]

333.34 Zwischenfazit: Keine gleichwertige Reichweite von Art. 15 Abs. 1 KapRL auf Basis der Bilanzrichtlinie

Schon in der Ursprungsfassung der BilRL war durch die Mitgliedsstaatenwahlrechte keine einheitliche Ermittlung der Ausschüttungsgrenzen nach Art. 15 Abs. 1 KapRL sichergestellt. In der Ursprungsversion der BilRL konnte aber **ein Mindestmaß an Gleichwertigkeit** durch die Kodifizierung von Ausschüttungssperren erreicht werden, die an die Wahlrechtsausübung nach Art. 33 BilRL gekoppelt waren (**Varianten 1 und 2**).[323] Hierdurch wurde ein weitgehend zweckkompatibles Ineinandergreifen von BilRL und KapRL und damit ein Ausgleich zwischen Informations- und Kapitalerhaltungsfunktion hergestellt. Die Gleichwertigkeit der Ausschüttungsbemessung in der Ursprungsversion ist durch die Überarbeitung der BilRL (Fair-Value-RL/ModRL) nicht mehr gegeben (**Variante 3**), da „informationsorientierte" Mitgliedsstaatenwahlrechte eingeführt wurden, die nicht an Ausschüttungssperren gekoppelt sind. Mit Verabschiedung der IAS-VO und der Möglichkeit der IFRS-Bilanzierung im Einzelabschluss[324] ist eine zusätzliche Varian-

---

320 So aus Sicht der Europäischen Kommission ULLRICH, C., Keine Änderungen an der Kapitalrichtlinie, S. 171 mit Blick auf die Entscheidung der Mitgliedsstaaten, ihr Bilanzrecht an den IFRS (informationeller Schutzzweck) oder aber „kapitalerhaltungskompatibel" auszugestalten.

321 So auch MERKT, H., Der Kapitalschutz in Europa, S. 309 f.; PELLENS, B./SELLHORN, T., Zukunft des bilanziellen Kapitalschutzes, S. 466 („*Der EuGH [zieht] das kapitalmarktrechtliche Informationsmodell dem gesellschaftsrechtlichen Konzept des gesetzlichen Kapitalschutzes vor [...]*").

322 Vgl. ZÜLCH, H./GÜTH, S./STAMM, A., Der Entwurf einer neuen Bilanzrichtlinie, S. 414; hierzu sei auch auf die Ausführungen in Abschnitt 523.4 verwiesen.

323 Vgl. GELTER, M., Kapitalerhaltung, S. 185.

te der Ausschüttungsbemessung hinzugetreten (**Variante 4**). Somit bestehen auf Basis von Art. 15 Abs. 1 KapRL vier Grundvarianten als bilanzielle Bemessungsgrundlage:[325]

- **Variante 1**: Festlegung der Ausschüttungsgrenzen auf **Basis der Ursprungsfassung der BilRL** ohne Ausübung der Mitgliedsstaatenwahlrechte und Anwendung der Ausschüttungssperren in der BilRL (Kapitalerhaltungsorientierte Gewinnermittlung);
- **Variante 2**: Festlegung der Ausschüttungsgrenzen **auf Basis der Ursprungsfassung der BilRL** mit Ausübung der Mitgliedsstaatenwahlrechte und Anwendung der Ausschüttungssperren in der BilRL (Informationsorientierte Gewinnermittlung mit Ausübung des kapitalerhaltungskompatiblen Wahlrechts für Ausschüttungssperren);
- **Variante 3**: Festlegung der Ausschüttungsgrenzen **auf Basis der reformierten Fassung der BilRL** (Fair-Value-RL/ModRL) mit Ausübung der neuen Mitgliedsstaatenwahlrechte ohne Anwendung der Ausschüttungssperren in der BilRL (Informationsorientierte Gewinnermittlung ohne Ausübung des kapitalerhaltungskompatiblen Wahlrechts für Ausschüttungssperren);[326] **oder**
- **Variante 4**: Festlegung der Ausschüttungsgrenzen **auf Basis der IFRS** (Art. 5 IAS-VO) (Informationsorientierte Gewinnermittlung).[327]

Durch die weitgehende Kodifizierung von Mitgliedsstaatenwahlrechten in der BilRL ist es auch möglich, die Varianten 1 bis 3 durch Wahlrechte in der BilRL noch zu kombinieren. Die fehlende Sicherstellung einer qualitativ gleichwertigen Kapitalerhaltung verdeutlicht die Notwendigkeit von Reformmaßnahmen in der europäischen Kapitalschutzregulierung eindrucksvoll. Bei Beibehaltung einer „informationsorientierten" Rechnungslegung in der BilRL könnte Art. 15 Abs. 1 KapRL bspw. an die Erstellung einer Zusatz-

---

324 Vgl. hierzu die Ausführungen in Abschnitt 334.
325 Vgl. RICKFORD, J., Legal Approaches to Restricting Distributions, S. 155.
326 Durch die Fair-Value-RL/ModRL wurden auch *verpflichtende* Änderungen an der Ursprungsfassung der BilRL vorgenommen. Diese sind aber für die Gewinnermittlung von untergeordneter Bedeutung und beeinträchtigen die Kapitalerhaltungsfunktion nicht.
327 Trotz Verabschiedung der Fair-Value-RL und der ModRL ist keine vollumfängliche Annäherung der BilRL an die IFRS gelungen. Zu denken ist bspw. an die weiterhin bestehende Pflicht zur planmäßigen Abschreibung des *goodwill* nach Art. 34 BilRL. Vgl. BUSSE VON COLBE, W., Vorschlag der EG-Kommission, S. 1535.

Kapitel 3: Konzeptionelle und europarechtliche Implikationen einer IFRS-SME-Anwendung im Einzelabschluss zur Kapitalerhaltung

rechnung für Kapitalerhaltungszwecke gekoppelt werden (nach britischem Vorbild). Alternativ ist eine spezielle „Kapitalerhaltungbilanz und -GuV" denkbar.[328]

333.4 Vereinbarkeit des IFRS-SME mit Normensystem der Bilanzrichtlinie

Eine unmittelbare Anwendbarkeit des IFRS-SME auf Basis der Vorschriften der BilRL ergibt sich nicht.[329] Aus diesem Grund ist die Kompatibilität der Einzelvorschriften des IFRS-SME mit denen der BilRL zwingend, damit der IFRS-SME befreiend im Einzelabschluss auf Basis des Gemeinschaftsrechts durch die Abschlussersteller im Sinne von Art. 1 Abs. 1 BilRL angewendet werden kann. Auch wenn eine umfassende Analyse sämtlicher Einzelvorschriften des IFRS-SME nicht vorgenommen werden kann, so gibt die nachfolgende Darstellung (vor allem der Untersuchungsmethodik)[330] Anhaltspunkte für die Reichweite des Kapitalerhaltungszwecks in der BilRL und für Normkonflikte zwischen der IFRS-SME und der BilRL.[331] Die Untersuchung wurde durch die EFRAG unter **nachfolgenden Prämissen** durchgeführt:[332]

- Sämtliche Regelungen des IFRS-SME, welche mit den jeweiligen am 1. Mai 2002 gültigen IFRS-Bilanzierungsvorschriften übereinstimmen, werden ohne erneute Prüfung als kompatibel mit der BilRL eingestuft;[333]

---

328 Vgl. ZÜLCH, H./GÜTH, S., Europäisches Bilanzrecht und bilanzieller Kapitalschutz, S. 464. Ob eine Zusatzrechnung dem Kapitalerhaltungszweck angemessen Geltung verschafft und zu einem für den Abschlussersteller vertretbaren Aufwand führt, ist Gegenstand von Abschnitt 523.

329 Vgl. WINDTHORST, K., Regulierungstechnische Fragen, S. 45; BIEBEL, R., in: BRUNS, H.-G. ET AL., IFRS-SME, Teil A, Kap. III, Rn. 19.

330 Vgl. zur Bedeutung der Auslegungsmethoden für die Kompatibilitätsprüfung zwischen den IFRS und der BilRL VAN HULLE, K., Die Zukunft der europäischen Rechnungslegung, S. 140-147; ZITZELSBERGER, S., 4. EG-Richtlinie, S. 801-803.

331 Eine derartige ausführliche Analyse wurde auf Verlangen der EUROPÄISCHEN KOMMISSION durch die *European Financial Reporting Advisory Group* (EFRAG) im Mai 2010 vorgelegt, welche die Grundlage der nachfolgenden Darstellung und der kritischen Einordnung der gewonnenen Ergebnisse liefert. Vgl. für die detaillierte Analyse EFRAG (HRSG.), Working Paper IFRS for SMEs.

332 Vgl. zu einer Auflistung aller Prämissen, welche indes durch die EUROPÄISCHE KOMMISSION für die Kompatibilitätsanalyse vorgegeben wurden, EFRAG (HRSG.), Advice on compatibility, S. 1 f.

333 Gemäß dem 15. Erwägungsgrund der ModRL sollen Divergenzen zwischen der BilRL und den zum 1. Mai 2002 gültigen IFRS beseitigt werden. Der (teleologischen) Auslegung der BilRL liegt diese Annahme zugrunde.

- Solange durch die Wahl einer Bilanzierungsalternative in den Einzelnormen des IFRS-SME bzw. der BilRL eine Kompatibilität erreicht werden kann, ergibt sich kein Konflikt zwischen der IFRS-SME-Vorschrift und der BilRL;
- Für die Analyse wird nicht auf die Umsetzung und die Auslegung der Einzelnormen der BilRL in den Mitgliedsstaaten rekurriert; **und**
- Als Auslegungsgrundlage dient ausschließlich der englischsprachige Richtlinientext.

Problematisch sind **unter Kapitalerhaltungsgesichtspunkten** insbesondere die **erst-** und die **letztgenannte Prämisse**. Die Annahme einer vollständigen Kompatibilität der BilRL und den zum 1. Mai 2002 gültigen IFRS-Vorschriften führt dazu, dass in wesentlichen Bereichen faktisch die IFRS als Referenzrahmen für die Würdigung des IFRS-SME herangezogen werden. Darüber hinaus ist die Heranziehung der englischsprachigen Fassung der BilRL aufgrund der Parallelität zu dem in Englisch abgefassten IFRS-SME-Standard zwar nachvollziehbar. Da nach der Rechtsprechung des EUGH aber **sämtliche Sprachfassungen eines Rechtsakts gleich verbindlich** sein müssen[334] und diese in ihrer Gesamtheit die Grundlage für grammatikalische, systematische und teleologische Auslegung unbestimmter Rechtsbegriffe bilden, stellt dies eine Vereinfachung dar. Folgende **Inkompatibilitäten zwischen der BilRL und den IFRS** hat die EFRAG identifiziert:

- IFRS-SME 12.7 und 12.8 (verpflichtende *fair value*-Bewertung komplexer Finanzinstrumente, welche nicht in den Anwendungsbereich von IFRS-SME 11 fallen) widersprechen der Vorgabe von Art. 42a BilRL i. V. mit Art. 32 BilRL, wonach nur für *bestimmte* komplexe Finanzinstrumente unter genau umrissenen Bedingungen (Art. 42a Abs. 3 bis 5a BilRL) eine *fair value*-Bewertung vorgenommen werden darf;[335]

---

334 Vgl. hierzu im Detail EUGH-URTEIL v. 6. Oktober 1982, Rs. 283/81 (C.I.L.F.I.T.); zur untergeordneten Bedeutung der grammatikalischen Auslegung im Vergleich zur teleologischen und systematischen Auslegung aber BLECKMANN, A., Probleme der Auslegung von EWG-Richtlinien, S. 930 f.

335 Dies betrifft vor allem finanzielle Verpflichtungen mit einem unwesentlichen eingebetteten Derivat. Vgl. EFRAG (HRSG.), Advice on compatibility, S. 5-8. Durch die Option zur Anwendung von IAS 39 gemäß IFRS-SME 12.2 lit. b i. V. mit dem Mitgliedsstaatenwahlrecht nach Art. 42a Abs. 5a BilRL zur Anwendung von IAS 39 kann dies aber umgangen werden. Das Wahlrecht wurde mit der ÄnderungsRL 2006 in die BilRL eingefügt. Indes weist die EFRAG dies mit der Begründung zurück, dass in IFRS-SME 12.2 lit. b kein Bezug auf eine *spezifische* Version von IAS 39 genommen wird und daher diese Option nicht näher betrachtet werden kann.

Kapitel 3: Konzeptionelle und europarechtliche Implikationen einer IFRS-SME-Anwendung im Einzelabschluss zur Kapitalerhaltung

- IFRS-SME 19.23 (verpflichtende Annahme einer Nutzungsdauer des *goodwill* von zehn Jahren, sofern keine verlässliche Bewertung möglich ist) ist ein Verstoß gegen Art. 37 Abs. 2 BilRL, wonach eine Nutzungsdauer von maximal fünf Jahren angenommen werden soll, sofern keine längere wirtschaftliche Nutzungsdauer vorliegt.

- IFRS-SME 22.7 lit. a (Verpflichtung, Forderungen aus Eigenkapitalemission vor Zahlung des Gegenwerts mit Eigenkapital zu verrechnen) widerspricht Art. 9 BilRL, wonach diese Forderung als Vermögensposten aktivisch auszuweisen ist.[336]

- IFRS-SME 27.28 (Wertaufholungsverbot für *goodwill* nach außerplanmäßiger Abschreibung) widerspricht der Vorgabe von Art. 35 Abs. 1 lit c BilRL, wonach bei Wegfall des Grundes eine außerplanmäßige Abschreibung auf den *goodwill* wieder rückgängig zu machen ist.[337]

Im Rahmen der Untersuchung der **Zweckausrichtung und der konzeptionellen Grundlagen der IFRS-SME-Rechnungslegung** in IFRS-SME 2 und 3 hat die EFRAG **keine Divergenzen** identifiziert.[338] Da die Vorschriften der BilRL im Sinne der IFRS-Vorschriften und somit „informationsorientiert" ausgelegt werden, ist dieses Ergebnis wenig verwunderlich. Nicht zuletzt aufgrund der konzeptionellen Übereinstimmung zwischen den IFRS und dem IFRS-SME[339] hätte ein anderes Ergebnis überrascht.

Die rein „informationsorientierte" Auslegung der BilRL wird anhand der Analyse der Reichweite des Vorsichtsprinzips für die Ansatz- und Bewertungsvorschriften in der BilRL besonders deutlich. Die unterschiedliche Auslegung des **Vorsichts- sowie des Realisations- und Anschaffungskostenprinzips** in einzelnen Mitgliedstaaten wird offen zugestanden.[340] Indes interpretiert die EFRAG diese Prinzipien letztlich im Sinne der

---

336 Vgl. für die IFRS GRUNDMANN, S., Europäisches Gesellschaftsrecht, Rn. 543.

337 Im Zusammenhang mit einer negativen *goodwill*-Bilanzierung wurde eine weitere Inkompatibilität identifiziert, die indes in der Konzernbilanzrichtlinie (KonzernRL) geregelt ist und daher nicht weiter untersucht wird. Vgl. EFRAG (HRSG.), Advice on compatibility, S. 9 f.

338 Vgl. EFRAG (HRSG.), Working Paper IFRS for SMEs, S. 13. Mit Blick auf IFRS-SME 2.35 wird resümiert, dass der konzeptionelle Rahmen des IFRS-SME und die BilRL *nicht* inkompatibel sind.

339 Vgl. hierzu Abschnitt 324.

340 Vgl. EFRAG (HRSG.), Working Paper IFRS for SMEs, S. 5. Eine kapitalerhaltungsorientierte Interpretation des Vorsichtsprinzips hätte bspw. zu einer möglichen Inkompatibilität der Währungsumrechnung nach IFRS-SME 30.10 oder Rückstellungsbewertung nach IFRS-SME 21 geführt. Letztere wird in Abschnitt 42 umfassend bilanztheoretisch-hermeneutisch gewürdigt.

Entscheidungsunterstützung, so dass **keine Inkompatibilitäten zwischen BilRL und dem konzeptionellen Rahmen in IFRS-SME 2** identifiziert werden. Gleiches gilt für die evident kapitalerhaltungsinkompatible Stellung des *accrual principle* in IFRS-SME 2.36.[341] Bei den übrigen qualitativen Anforderungen des IFRS-SME-Rahmenkonzepts in IFRS-SME 2 und 3 erkennt die EFRAG ebenfalls keine Inkompatibilitäten und beruft sich auf die Generalklausel des *true and fair view* in Art. 2 Abs. 3 BilRL (für die Auslegung der Anforderungen der *understandability, relevance, materiality, reliability, completeness*).[342] Zudem werden keine Inkompatibilitäten zwischen den Ansatz-[343] und Bewertungsgrundsätzen[344] des IFRS-SME und der BilRL identifiziert. Diese Ergebnisse sind folgerichtig. Mit Blick auf die fehlende Eignung des konzeptionellen Rahmens des IFRS-SME zur Sicherstellung des Kapitalerhaltungszwecks verdeutlichen diese aber umso mehr, dass Kapitalerhaltung im Zwecksystem der BilRL bestenfalls zu einer „Nebenbedingung" degeneriert ist. Es wird geschlussfolgert, dass sowohl die Rechnungslegungsprinzipien in IFRS-SME 2 als auch der Grundsatz der *fair presentation* nach IFRS-SME 3.2 in Einklang mit den Vorgaben der BilRL (sic!) stehen.[345]

Insgesamt bleibt festzuhalten, dass die Gewinnermittlungsvorschriften des IFRS-SME nicht vollumfänglich kompatibel mit den Normvorgaben der BilRL sind.[346] Erhebliche Divergenzen bestehen auf Basis der Untersuchungsergebnisse der EFRAG aber nicht.[347]

---

341 Vgl. EFRAG (HRSG.), Working Paper IFRS for SMEs, S. 13 („ *in accordance with the Council Directives*").

342 Vgl. exemplarisch EFRAG (HRSG.), Working Paper IFRS for SMEs, S. 3.

343 Auch wenn in der BilRL keine Ansatzgrundsätze für die Bilanzposten enthalten sind, wird eine Kompatiblität mit dem IFRS-SME abgeleitet. Vgl. EFRAG (HRSG.), Working Paper IFRS for SMEs, S. 13-15.

344 Vgl. EFRAG (HRSG.), Working Paper IFRS for SMEs, S. 16 f. Nur bei IFRS-SME 2.48 wird eine Inkompatibilität identifiziert, was aus dem o. g. Konflikt bei Finanzinstrumenten resultiert.

345 Vgl. EFRAG (HRSG.), Working Paper IFRS for SMEs, S. 18 f.; mit Blick auf die IFRS bereits VAN HULLE, K., True and fair view override, S. 718 f.; ZAHID, A., „True and Fair View", S. 690.

346 Es bietet sich eine Umsetzung unter Ausklammerung der strittigen Rechnungslegungsvorschriften in den Mitgliedsstaaten an, sofern diese sich zu einer Anwendung des IFRS-SME entschließen sollten. In Großbritannien wird ein derartiges Modell derzeit diskutiert. Vgl. ASB (HRSG.), The Future of UK GAAP, S. 6 f. Indes darf in diesem Fall nicht die Bezeichnung „IFRS-SME" verwendet werden (IFRS-SME 3.3).

347 Gleicher Ansicht BIEBEL, R. in: BRUNS, H.-G. ET AL., IFRS for SMEs, Teil A, Kap. III, Rn. 27.

333.5 Zwischenfazit: Keine befreiende Anwendbarkeit des IFRS-SME im derzeitigen gesellschaftsrechtlichen Regulierungsrahmen

In der **Ursprungsversion der BilRL** wurde dem Bemühen des europäischen Gesetzgebers um ein **planvolles Ineinandergreifen zwichen KapRL und BilRL** trotz Einschränkungen durch die Vielzahl impliziter und expliziter Wahlrechte Rechnung getragen. Trotz der Ablehnung einer engen systematischen Auslegung der BilRL auf Basis der leitgedanklichen Vorgaben der KapRL wurde dem primärrechtlichen Ziel der Sicherstellung der Niederlassungsfreiheit durch Verhinderung eines „DELAWARE-Effekts" insgesamt genüge geleistet. Durch die **Fair-Value-RL** und die **ModRL** hat sich das Zwecksystem der BilRL, in Einklang mit der Bedeutungserhöhung der kapitalmarktrechtlichen Rechnungslegungsregulierung,[348] zu einer **prädominanten Entscheidungsunterstützungsfunktion** verschoben. Dies läuft wegen deren zweifelhafter Schutzwirkung *de lege lata* dem primärrechtlichen Regelungszweck gleichwertiger Schutzbestimmungen für „Dritte" zuwider. Die Varianten des bilanziellen Bezugssystems zur Konkretisierung der Ausschüttungsgrenze nach Art. 15 Abs. 1 KapRL machen deutlich, dass **kein derartiger gleichwertiger Mindestschutz** sichergestellt werden kann.

Die o. g. Entwicklung hat **beachtliche Implikationen für die Anwendbarkeit des IFRS-SME im europäischen Bilanzrechtsrahmen**: Durch die Ausrichtung des konzeptionellen Rahmens in IFRS-SME 2 und 3 an einem informationellen Schutzzweck fügt sich der IFRS-SME **in konzeptioneller Hinsicht systemkonform** in den europäischen Bilanzrechtsrahmen ein. Die EFRAG hat in einer Untersuchung vergleichsweise geringfügige **Inkompatibilitäten des IFRS-SME mit der BilRL** identifiziert. Diese lassen sich mit überschaubarem gesetzgeberischem Aufwand durch eine Überarbeitung der BiLRL beheben. Ob derzeit der politische Wille hierzu besteht, kann bezweifelt werden. Im Rahmen zweier Konsultationsverfahren in den Mitgliedsstaaten, die sich im Jahr 2009 mit der Überarbeitung der BilRL[349] und im Jahr 2010 mit den Möglichkeiten einer Einbindung des IFRS-SME in das europäische Bilanzrecht befassten,[350] ergab sich ein **heterogener**

---

348 Vgl. hierzu Abschnitt 334.
349 Vgl. EUROPÄISCHE KOMMISSION (HRSG.), Consultation Paper on Review of the Accounting Directives; zum Ergebnistenor EUROPÄISCHE KOMMISSION (HRSG.), Summary Report Review of the Accounting Directives.

Meinungstenor zur Notwendigkeit einer Einbindung des IFRS-SME in den europäischen Bilanzrechtsrahmen. Die EUROPÄISCHE KOMMISSION hat sich in ihrem Ende 2011 vorgelegten Entwurf einer überarbeiteten Bilanzrichtlinie dazu entschlossen, auf eine Einbindung des IFRS-SME zu verzichten.[351] Daher ist eine **befreiende Anwendbarkeit** des IFRS-SME im Einzelabschluss auf Basis des gesellschaftsrechtlichen Regulierungsrahmens **in den Mitgliedsstaaten derzeit nicht möglich**.

Abschließend sei darauf hingewiesen, dass die Untersuchung der EFRAG **kein Präjudiz** für die **Zweckadäquanz** der Ansatz- und Bewertungsvorschriften des IFRS-SME **zur Sicherstellung des Kapitalerhaltungszwecks im deutschen Recht** darstellt. Die Untersuchungsprämissen, vor allem die „informationsorientierte" Auslegung des Normensystems der BilRL, widersprechen den Anforderungen, die an den IFRS-SME zur Kapitalerhaltung gestellt werden müssen. Die Entwicklung einer Regulierungsempfehlung für Deutschland in **Abschnitt 5**[352] muss den o. g. Inkompatibilitäten in den Ansatz- und Bewertungsvorschriften des IFRS-SME, die eine befreiende Anwendung in den Mitgliedsstaaten derzeit verhindern, *de lege ferenda* Rechnung tragen.

334. IFRS-SME und kapitalmarktrechtliche Regulierungsebene

334.1 Vorbemerkungen

Zunächst wird die **veränderte Regulierungsphilosophie im europäischen Bilanzrecht**, die sich in der Bedeutungsverschiebung der gesellschaftsrechtlichen zu Gunsten der kapitalmarktrechtlichen Regulierungsebene manifestiert,[353] aufgezeigt (**Abschnitt 334.2**). Sodann steht die kritische Würdigung der IAS-Verordnung als Kern der kapitalmarktrechtlichen Rechnungslegungsregulierung für den durch Art. 15 Abs. 1 KapRL vorgege-

---

350 Vgl. EUROPÄISCHE KOMMISSION (HRSG.), Consultation on IFRS-SME; zum Ergebnistenor EUROPÄISCHE KOMMISSION (HRSG.), Summary Report Consultation on IFRS-SME. Zu dieser Diskussion mit ablehnender Haltung zur Anwendung des IFRS-SME KORTH, H.-M./KSCHAMMER, M., Untersuchung der EU-Kommission, S. 1693; SCHILDBACH, T., Einsatzmöglichkeiten des IFRS for SMEs in Europa, S. 114-119; HENNRICHS, J., Stand und Perspektiven, S. 1069-1071; positiver BAETGE, J/BREMBT, T., Möglichkeiten einer internationalen Rechnungslegung, S. 580.

351 Vgl. EUROPÄISCHE KOMMISSION (HRSG.), KOM (2011) 684 final v. 25. Oktober 2011, S. 9 („*Eine verbindliche Einführung des IFRS für KMU wird im Rahmen dieses Vorschlags nicht angestrebt*"); ZÜLCH, H./GÜTH, S./STAMM, A., Der Entwurf einer neuen Bilanzrichtlinie, S. 417.

352 Vgl. hierzu Abschnitt 53.

353 So auch NAJDEREK, A., Die Harmonisierung des europäischen Bilanzrechts, S. 95 f.

benen Kapitalerhaltungszweck im Fokus (**Abschnitt 334.3**). Hierdurch ist es möglich, die Anwendbarkeit des IFRS-SME im kapitalmarktrechtlichen Regulierungsrahmen zu untersuchen (**Abschnitt 324.4**). In **Abschnitt 325.5** wird ein Zwischenfazit formuliert.

334.2 Bedeutungsverschiebung zu Gunsten kapitalmarktrechtlicher Regulierungsphilosophie durch IAS-Verordnung

Mit der zunehmenden **Verflechtung der internationalen Güter- und Kapitalmärkte**[354] stieg in den 1990er Jahren die Bedeutung internationaler Kapitalmärkte für die Unternehmensfinanzierung, so dass auch die Nachfrage nach **international vergleichbaren Finanzinformationen** stetig wuchs.[355] Diesbezüglich stellte die EUROPÄISCHE KOMMISSION fest, dass die Abschlüsse basierend auf der BilRL den internationalen Kapitalmarktzwecken nicht genügen.[356] Durch die Vielzahl expliziter und impliziter Wahlrechte in der BilRL war eine **unmittelbare Vergleichbarkeit der Rechnungslegungsinformationen** der Kapitalmarktemittenten nicht gegeben, so dass das **europäische Bilanzrecht nicht den Anforderungen internationaler Kapitalmarktinvestoren entsprach**.[357] Daher entwickelte die EUROPÄISCHE KOMMISSION im Jahr 1999 einen **Aktionsplan für Finanzdienstleistungen** in der Europäischen Union,[358] welcher in nachfolgenden Arbeitspapieren detailliert ausgearbeitet und expliziert wurde.[359] Zielsetzung des Aktionsplans war es, bestehende Nachteile für kapitalmarktorientierte Gesellschaften in Folge der fehlenden Vergleichbarkeit einer Rechnungslegung nach der BilRL durch die Anwendung international anerkannter Rechnungslegungsstandards abzubauen.[360] Darüber hinaus sollte ein **integrierter Binnenmarkt für Finanzdienstleitungen** (Kapitalmarkt) durch international anerkannte Rechnungslegungsvorschriften erreicht werden.[361] Somit stand primär die

---

354 Vgl. hierzu Abschnitt 12.
355 Vgl. zu diesen Entwicklungen ZITZELSBERGER, S., 4. EG-Richtlinie, S. 799; VAN HULLE, K., Von den Bilanzrichtlinien zu IAS, S. 971 f.; umfassend zur Entstehungsgeschichte der IAS-VO auch HALLER, A., Financial accounting developments, S. 160-168.
356 Vgl. EUROPÄISCHE KOMMISSION (HRSG.), KOM (95) 508 endg. v. 14. November 1995, S. 5.
357 Vgl. HAVERMANN, H., Internationale Entwicklungen, S. 666 f.; BALLWIESER, W., Amerikanische Rechnungslegung, S. 371; VAN HULLE, K., Die Reform des europäischen Bilanzrechts, S. 538.
358 Vgl. EUROPÄISCHE KOMMISSION (HRSG.), KOM (99) 232 endg. v. 11. Mai 1999.
359 Vgl. hierzu EUROPÄISCHE KOMMISSION (HRSG.), KOM (2000) 359 endgültig v. 13. Juni 2000 sowie EUROPÄISCHE KOMMISSION (HRSG.), KOM (2001) 80 endgültig v. 13. Februar 2001.
360 Vgl. EUROPÄISCHE KOMMISSION (HRSG.), KOM (2000) 359 endgültig v. 13. Juni 2000, S. 3.

Förderung der **Kapitalverkehrsfreiheit** im Fokus. Hierdurch sollte eine verbesserte Informationsversorgung der Kapitalmarktakteure die **Funktionsfähigkeit des Kapitalmarkts verbessern.** Die Schaffung eines **effizienten europäischen Binnenmarkts für Finanzdienstleistungen** setzt den wirksamen Schutz der Kapitalmarktinvestoren durch die Vermittlung **international vergleichbarer Rechnungslegungsinformationen** voraus, wodurch die Effizienz eines gemeinschaftsweiten Kapitalmarkts (**sinkende Transaktionskosten** und Netzwerkeffekte durch ein gemeinschaftsweit **einheitliches Bilanzrecht**) erhöht wird.[362] Durch das Ziel eines europäischen Kapitalmarkts war es nach dieser kapitalmarktrechtlichen Sichtweise nicht länger gerechtfertigt, sozio-ökonomisch bedingte Kompromisslinien im europäischen Bilanzrecht zu verankern (Mindestharmonisierung),[363] sondern **einheitliche Rechnungsvorschriften im Sinne der Rechtsvereinheitlichung**, zumindest für kapitalmarktorientierte Unternehmen, anwendbar zu machen.[364] Hierdurch sollen derzeitige und potenzielle Investoren in die Lage versetzt werden, Entscheidungen über Investitionsalternativen zu treffen.[365] Inwiefern die kapitalmarktrechtliche Regulierung **zwingend** eine **Zweckausrichtung an der Entscheidungsunterstützungsfunktion** impliziert,[366] ist mit Blick auf die Defizite eines informationellen Schutzzwecks und der empirischen Evidenz[367] **mit Skepsis zu begegnen. Unbestritten ist, dass durch die Vergleichbarkeit der Rechnungslegung** den

---

361 Vgl. EUROPÄISCHE KOMMISSION (HRSG.), KOM (2000) 359 endgültig v. 13. Juni 2000, S. 4-6; zu den Zielen einer kapitalmarktrechtlichen Regulierung PELLENS, B./FÜLBIER, R., Differenzierung der Rechnungslegungsregulierung, S. 579-581; HOMMELHOFF, P., Anlegerinformation, S. 769-774.

362 Vgl. VAN HULLE, K., Die Reform des europäischen Bilanzrechts, S. 537 f.; HOMMELHOFF, P., Anlegerinformation, S. 754; EKKENGA, J., Neuordnung des Europäischen Bilanzrechts, S. 2362; aus ökonomischer Perspektive hierzu PELLENS, B./GASSEN, J., EU-Verordnungsentwurf, S. 139; BALLWIESER, W., Konzernrechnungslegung und Wettbewerb, S. 644 f.

363 So bspw. HALLER, A., Financial accounting developments, S. 157.

364 Vgl. STROBL, E., IASC-Rechnungslegung, S. 390; HOMMELHOFF, P., Anlegerinformation, S. 760 (*„Vergleichsfunktion der Anlegerinformationen"*); SCHÖN, W., Gesellschafter-, Gläubiger- und Anlegerschutz, S. 732 (*„Bedürfnis nach internationaler Vergleichbarkeit"*); NIEHUES, M., EU-Rechnungslegungsinformation, S. 1220 (*„International vergleichbare Informationen könnten [...] zwischen Marktteilnehmern Unsicherheiten reduzieren"*); HABERSACK, M., Europäisches Gesellschaftsrecht, § 8, Rn. 57; GRUNDMANN, S., Europäisches Gesellschaftsrecht, Rn. 592; kritisch HENNRICHS, J., Stand und Perspektiven, S. 1068 (*„Wer daran glaubt, dass die IFRS weltweit einheitlich angewendet [...] werden, der hängt einer Wunschvorstellung nach"*).

365 Vgl. KÜBLER, F., Institutioneller Gläubigerschutz oder Kapitalmarkttransparenz, S. 554; PELLENS, B./FÜLBIER, R., Differenzierung der Rechnungslegungsregulierung, S. 582; hierzu auch EUROPÄISCHE KOMMISSION (HRSG.), KOM (2001) 80 endgültig v. 13. Februar 2001, S. 3.

Kapitel 3: Konzeptionelle und europarechtliche Implikationen einer IFRS-SME-Anwendung im Einzelabschluss zur Kapitalerhaltung

kapitalmarktrechtlichen Anforderungen besser entsprochen wird, was daher **das entscheidende Kriterium** für die partielle Abkehr von der BilRL gewesen sein dürfte.

Die EUROPÄISCHE KOMMISSION hat sich frühzeitig auf die IFRS als Regelwerk für die kapitalmarktrechtliche Rechnungslegungsregulierung festgelegt, da diese als „fertiges Set" zur Verfügung standen.[368] Die **BilRL** bleibt aber der **Nukleus des europäischen Bilanzrechts** und stellt sicher, dass Gesellschafts- und Kapitalmarktrecht verschränkt bleiben.[369] Die Verabschiedung der IAS-VO im Jahr 2002 legte die sekundärrechtliche Grundlage der IFRS-Anwendung in der EU.[370] Die Zielsetzung der **kapitalmarktrechtlichen Rechnungslegungsregulierung** macht Art. 1 IAS-VO deutlich:

„Gegenstand der Verordnung ist die Übernahme und Anwendung internationaler Rechnungslegungsstandards in der Gemeinschaft, mit dem Ziel, die von Gesellschaften im Sinne des Artikels 4 vorgelegten Finanzinformationen zu harmonisieren, um einen hohen Grad an Transparenz und Vergleichbarkeit der Abschlüsse und damit eine effiziente Funktionsweise des Kapitalmarkts in der Gemeinschaft und im Binnenmarkt sicherzustellen."

Anders als KapRL/BilRL basiert die IAS-VO primärrechtlich auf Art. 114 Abs. 1 AEUV. Demzufolge muss diese der **Verwirklichung des Binnenmarktziels** dienen und gemäß dem **Verhältnismäßigkeitsgrundsatz** der Rechtsetzung (Art. 5 Abs. 4 EUV) **nur durch eine Verordnung umsetzbar** sein.[371] Mit Blick auf die Zielsetzung der IAS-VO, insbe-

---

366 So KÜBLER, F., Institutioneller Gläubigerschutz oder Kapitalmarkttransparenz, S. 554; HOMMELHOFF, P., Europäisches Bilanzrecht, S. 388; PELLENS, B./FÜLBIER, R., Differenzierung der Rechnungslegungsregulierung, S. 584; VAN HULLE, K., Die Reform des europäischen Bilanzrechts, S. 538 („*investororientiert*").

367 Vgl. hierzu die Ausführungen in Abschnitt 223.3 und 223.4.

368 So u. a. VAN HULLE, K., Von den Bilanzrichtlinien zu IAS, S. 972.

369 Vgl. HALLER, A., Financial accounting developments, S. 169 („*[...] it is important to note that the regulations imposed by the directives may not be violated*"). Dies wird über das sog. *endorsement*-Kriterium zur Sicherstellung eines *true and fair view* erreicht. Vgl. hierzu Abschnitt 334.3.

370 Auf Basis der IAS-VO hat die EUROPÄISCHE KOMMISSION eine Reihe weiterer Verordnungen erlassen, mit welchen sie die internationalen Rechnungslegungsregeln in das Gemeinschaftsrecht übernimmt (sog. Übernahmeverordnungen). Da ausschließlich auf die Ermächtigungsgrundlage für die Anwendung der IFRS in der EU abgestellt wird, werden diese nicht näher betrachtet.

371 Vgl. zum Verhältnismäßigkeitsgrundsatz im Gemeinschaftsrecht u. a. STREINZ, R., in: STREINZ, R., EUV/EGV, Art. 5 EUV, Rn. 45; CALLIESS, C., in: CALLIESS, C./RUFFERT, M., EUV/AEUV, 4. Aufl., Art. 5 EUV, Rn. 53 f.

sondere der **Förderung der Kapitalverkehrsfreiheit** gemäß Art. 63 Abs. 1 AEUV, ist die Verordnung dem Instrument der Richtlinie vorzuziehen. Nur hierdurch ist die **Schaffung einheitlicher und transparenter Rechnungslegungsregeln** für kapitalmarktorientierte Unternehmen - bei hinreichender Flexibilität der Transformation künftiger Rechnungslegungsvorschriften in das Gemeinschaftsrecht[372] - möglich.[373] So ist auch der dritte Erwägungsgrund der IAS-VO zu verstehen.

Der Anwendungsbereich einer verpflichtenden IFRS-Bilanzierung erstreckt sich gemäß Art. 4 IAS-VO auf den Konzernabschluss kapitalmarktorientierter Gesellschaften, da dieser in sämtlichen Mitgliedsstaaten für „Informationszwecke", d. h. ohne gesellschaftsrechtliche Konsequenzen bspw. für die Kapitalerhaltung, verwendet wird.[374] Als kapitalmarktorientiert sind solche Gesellschaften einzustufen, die am jeweiligen Bilanzstichtag ihre Wertpapiere zum Handel in einem geregelten Markt (Art. 1 Abs. 13 WertpapierdienstleistungsRL) zugelassen haben.[375] Nach Art. 5 lit. a IAS-VO besteht zudem ein **übertragbares Mitgliedsstaatenwahlrecht**, wonach die Ausdehnung der IFRS-Bilanzierung auf den **Einzelabschluss** ermöglicht wird. Gleiches gilt für den Einzel- und Konzernabschluss nichtkapitalmarktorientierter Gesellschaften gemäß Art. 5 lit. b IAS-VO.

334.3 Anforderungen an Anwendung der IFRS und Würdigung auf Basis des Schutzzwecks der Kapitalrichtlinie

Da das IASB als *„non-gouvernementale internationale Organisation"*[376] über keine eigenen Hoheitsbefugnisse in Form einer Rechtssetzungskompetenz verfügt, bedarf die **Zuschreibung des Rechtsnormcharakters** für IFRS im europäischen Rechtsraum einer demokratischen Legitimation.[377] Eine **dynamische Verweisung** auf die IFRS, durch die spätere Änderungen der IFRS automatisch als europäisches Recht gelten würden, ist **nicht durch**

---

372 So EUROPÄISCHE KOMMISSION (HRSG.), KOM (95) 508 endg. v. 14. November 1995, S. 139.
373 Vgl. EUROPÄISCHE KOMMISSION (HRSG.), KOM (2001) 80 endgültig v. 13. Februar 2001, S. 4.
374 Vgl. EKKENGA, J., Neuordnung des europäischen Bilanzrechts, S. 2363; VAN HULLE, K., Von den Bilanzrichtlinien zu IAS, S. 977.
375 Da diese Richtlinie durch die FinanzmarktRL aufgehoben wurde, ist nunmehr Art. 4 Abs. 1 Nr. 14 FinanzmarktRL die einschlägige Norm für das Kriterium der Kapitalmarktorientierung.
376 HEINTZEN, M., EU-Verordnungsentwurf, S. 826.
377 Vgl. SCHULZE-OSTERLOH, J., Internationale Rechnungslegung für den Einzelabschluß, S. 98; KIRCHNER, C./SCHMIDT, M., Hybride Regelsetzung, S. 388; WINDTHORST, K., Regulierungstechnische Fragen, S. 37.

europäisches **Primärrecht** gedeckt, da der europäische Gesetzgeber jegliche Rechtssetzungskompetenz verlieren würde.[378] Die IAS-VO sieht daher ein sog. **Komitologieverfahren** im Sinne von Art. 290 und 291 AEUV (**Übernahmeverfahren** bzw. *endorsement-*Verfahren)[379] vor (Art. 6 Abs.2 IAS-VO) und regelt damit die Übernahme jedes einzelnen Rechnungslegungsstandards (IFRS).[380] Die Rechtssetzungskompetenz überträgt sich auf die EUROPÄISCHE KOMMISSION, die prozedural und inhaltlich im Rahmen des Komitologieverfahrens Beschränkungen unterworfen ist.[381] Nach Abschluss gilt der IFRS-Standard als *endorsed*, wodurch ihm eine *„(Quasi-)-Rechtsnormqualität"*[382] verliehen und der EUGH-Auslegung zugänglich gemacht wird.[383]

Die inhaltlichen Beschränkungen sind über die *endorsement-*Kriterien, die für die Übernahmeentscheidung der IFRS geprüft werden, in Art. 3 Abs. 2 IAS-VO festgelegt, um der Rechtssetzungskompetenz der EUROPÄISCHEN KOMMISSION eine **hinreichende normative Bestimmtheit** zuzuweisen.[384] Zugleich dienen sie als *„zentrale Auslegungsrichtschnur"*[385] der *endorsed* IFRS für den EUGH. Nach dem ersten *endorsement-*Kriterium darf der zu prüfende IFRS dem Grundsatz des *true and fair view* aus Art. 2 Abs. 3 BilRL nicht zuwiderlaufen. Nach dem zweiten *endorsement-*Kriterium muss der IFRS dem eu-

---

378 Vgl. KIRCHHOF, P., Gesetzgebung und private Regelsetzung, S. 685 f.; HEINTZEN, M., EU-Verordnungsentwurf, S. 827; HENNRICHS, J., Stand und Perspektiven, S. 1070.

379 Vgl. hierzu RUFFERT, M., in: CALLIESS/RUFFERT, EUV/AEUV, 4. Aufl., Art. 291 AEUV, Rn. 13-19; OVERSBERG, T., Übernahme der IFRS in Europa, S. 1599-1602; GRUNDMANN, S., Europäisches Gesellschaftsrecht, Rn. 599. Bei diesem Rechtssetzungsverfahren beraten, unterstützen und kontrollieren Ausschüsse die EUROPÄISCHE KOMMISSION, die den Rechtsakt erlässt. Gegenüber einem herkömmlichen Gesetzgebungsverfahren zeichnet sich das Komitologieverfahren durch eine Verfahrensbeschleunigung aus, mit der schnell auf Regelungsanlässe reagiert werden kann.

380 Vgl. EUROPÄISCHE KOMMISSION (HRSG.), KOM (2001) 80 endgültig v. 13. Februar 2001, S. 7.

381 Vgl. EKKENGA, J., Neuordnung des europäischen Bilanzrechts, S. 2369; zur Europarechtskonformität des Komitologieverfahrens HEINTZEN, M., EU-Verordnungsentwurf, S. 827. Die prozeduralen Beschränkungen bleiben ausgeklammert, da sie für den Untersuchungsgegenstand von untergeordneter Bedeutung sind. Vgl. NAJDEREK, A., Die Harmonisierung des europäischen Bilanzrechts, S. 102-105.

382 WÜSTEMANN, J./BISCHOF, J./KIERZEK, S., Bedeutung und Systembildung der internationalen Rechnungslegungsregeln, in: HdJ, Abt. I/3 (2007), Rn. 13.

383 Vgl. SCHULZE-OSTERLOH, J., Internationalisierung der Rehnungslegung, S. 176 f.; HAUCK, A./PRINZ. U., Zur Auslegung von IFRS, S. 638; WÜSTEMANN, J./BISCHOF, J./KIERZEK, S., Bedeutung und Systembildung der internationalen Rechnungslegungsregeln, in: HdJ, Abt. I/3 (2007), Rn. 22.

384 Vgl. WOJCIK, K.-P., IFRS als europäisches Recht, S. 139 (*„Steuerungs- und Kontrollleitlinien"*).

385 SCHÖN, W., Kompetenzen der Gerichte, S. 767.

ropäischen öffentlichen Interesse entsprechen. Abschließend müssen gemäß dem dritten *endorsement*-Kriterium die **Grundanforderungen an die Informationsqualität** zur Vermittlung entscheidungsnützlicher Informationen erfüllt werden. Hierzu gehören die Kriterien der **Verständlichkeit, Erheblichkeit, Verlässlichkeit** und **Vergleichbarkeit**.[386]

Mit Blick auf die **beiden letztgenannten Kriterien** sind **keine normativen Beschränkungen** in der Übernahmeentscheidung der EU-Kommission zu erwarten. Die Forderung nach einer **Übereinstimmung mit dem öffentlichen Interesse** soll durch die Anwendung von IFRS im Sinne des neunten Erwägungsgrunds der IAS-VO und in Einklang mit Art. 1 IAS-VO verwirklicht werden. Dieses Kriterium ist eher ein „*politisches Faktum*"[387] als eine tatsächliche inhaltliche Hürde.[388] Die Anforderungen hinsichtlich der **Informationsqualität** unterliegen als **unbestimmte Rechtsbegriffe** einer gemeinschaftsweiten Auslegung.[389] Die Gleichsetzung mit den qualitativen Anforderungen des Rahmenkonzepts zu deren Konkretisierung ist daher nicht ausreichend,[390] zumal das Rahmenkonzept kein Bestandteil der *endorsed* IFRS ist.[391] Da die IAS-VO aber keine Leitlinien zur inhaltlichen Präzisierung dieser Anforderungen an die Informationsqualität enthält, ist deren Auslegung ohne Bezugnahme auf das Rahmenkonzept kaum möglich. Somit dürfte faktisch ein Rückgriff auf das Rahmenkonzept geboten sein.[392] Für eine inhaltliche Begrenzung der exekutiven Übernahmeentscheidung zum jeweiligen Rechnungslegungsstandard düfte daher auch dieses Kriterium ins Leere laufen.

Somit bleiben die Anforderungen auf Basis des *true and fair view*-Grundsatzes im Sinne von Art. 2 Abs. 3 BilRL für die Übernahmeentscheidung einzelner IFRS zu prüfen. Die Übernahme der IFRS in europäisches Recht sieht hierbei **keine strenge Prüfung auf die**

---

386 Die IFRS-Übernahme darf auch nicht dem höherstehenden europäischen Primärrecht entgegenstehen, vor allem den europäischen Grundrechten sowie dem Verhältnismäßigkeitsgrundsatz.
387 VAN HULLE, K., Von den Bilanzrichtlinien zu IAS, S. 979.
388 So auch SCHÖN, W., Kompetenzen der Gerichte, S. 767.
389 Vgl. HAUCK, A./PRINZ, U., Zur Auslegung von IFRS, S. 639.
390 So zu verstehen aber VAN HULLE, K., Von den Bilanzrichtlinien zu IAS, S. 983; NAJDEREK, A., Harmonisierung des europäischen Bilanzrechts, S. 100.
391 Vgl. EUROPÄISCHE KOMMISSION (HRSG.), Kommentar IAS-VO, S. 6; hierzu auch SCHÖN, W., Kompetenzen der Gerichte zur Auslegung der IAS/IFRS, S. 766.
392 So auch BUSSE VON COLBE, W., Vorschlag der EG-Kommission, S. 1531; VAN HULLE, K., Von den Bilanzrichtlinien zu IAS, S. 980.

Kapitel 3: Konzeptionelle und europarechtliche Implikationen einer IFRS-SME-Anwendung im Einzelabschluss zur Kapitalerhaltung

Erfüllung jeder Einzelnorm der BilRL vor (neunter Erwägungsgrund der IAS-VO). Vielmehr ist der fragliche Rechnungslegungsstandards mittels einer **Gesamtwürdigung auf seine Vereinbarkeit** mit der *true and fair view*-Generalklausel zu prüfen. Eine solche Prüfung setzt die Zweckkompatibilität der IFRS mit den der BilRL zugrunde liegenden Rechnungszwecken voraus.[393]

Da sich die IFRS-Rechnungslegung **auf konzeptioneller Ebene** an der Entscheidungsunterstützungsfunktion orientiert, ist eine umfassende Kompatibilität der IFRS-Rechnungslegung nur dann gegeben, wenn die Entscheidungsunterstützung auch in der BilRL **zum Zeitpunkt der Verabschiedung der IAS-VO und der nachgelagerten Durchführungsverordnungen** der primäre Rechnungszweck war. Art. 2 Abs. 3 BilRL ist nach der EUGH-Rechtsprechung teleologisch unter Anwendung der Rechnungslegungsgrundsätze, insbesondere durch Art. 31 BilRL (u. a. Fortführungsgrundsatz, Vorsichts-, Realisations- und Stetigkeitsprinzip), auszulegen.[394] Zuvor wurde herausgearbeitet, dass sich durch die **Fair-Value-RL** und die **ModRL** die Zweckausrichtung der BilRL in Richtung der Entscheidungsunterstützungsfunktion verschoben hat. Auf Basis der reformierten BilRL ist die primär „informationsorientierte" Auslegung der BilRL und damit eine entsprechende Reichweite der Generalklausel (Art. 2 Abs. 3 BilRL) gegeben. Die Annahme des europäischen Gesetzgebers zur **Kongruenz zwischen den IFRS und der reformierten BilRL** lässt sich daher **bestätigen**.[395] Durch die Einschränkung des neunten Erwägungsgrunds ist die Verschränkung zwischen BilRL und IAS-VO aber unscharf gehalten, was seine Tauglichkeit als Prüfkriterium unterminiert.[396] Dies wird auch durch die Aussage bestätigt, wonach eine IFRS-Norm nur zurückgewiesen werden soll, *„wenn die Grundsätze und Auslegungen wesentliche Mängel aufweisen oder bestimmten Merkmalen nicht gerecht wer-*

---

393 Vgl. WÜSTEMANN, J./BISCHOF, J./KIERZEK, S., Bedeutung und Systembildung der internationalen Rechnungslegungsregeln, in: HdJ, Abt. I/3 (2007), Rn. 48 („*Prinzipienkongruenz*").

394 Vgl. hierzu EUGH-URTEIL v. 27. Juni 1996, Rs. C-234/94 (Tomberger/Wettern GmbH); ebenfalls HENNRICHS, J., Wahlrechte im Bilanzrecht, S. 134.

395 Vgl. BÖCKING, H.-J./HEROLD, C./MÜßIG, A., Zur Notwendigkeit modifizierter IFRS, S. 791; differenzierend WÜSTEMANN, J./BISCHOF, J./KIERZEK, S., Bedeutung und Systembildung der internationalen Rechnungslegungsregeln, in: HdJ, Abt. I/3 (2007), Rn. 48 („*Zumindest [...] kann im Anerkennungsverfahren solchen IFRS, die dem in Art. 31 [BilRL] verankerten Prinzip der vorsichtigen Bewertung zuwiderlaufen, nicht die Übernahme in EG-Recht verweigert werden*").

396 Vgl. SCHULZE-OSTERLOH, J., Internationalisierung der Rechnungslegung, S. 174; HENNRICHS, J., Stand und Perspektiven, S. 1070.

den, die für das wirtschaftliche oder rechtliche Umfeld in der EU charakteristisch sind"[397]. Insgesamt widersprechen die *endorsement*-Kriterien der wegen des Demokratiegebots notwendigen eigenständigen Rechtssetzungskompetenz der Gemeinschaftsorgane, da faktisch stets die IFRS übernommen werden dürften.[398]

Durch die **Möglichkeit einer IFRS-Anwendung im Einzelabschluss** (Art. 5 IAS-VO) hat die Auslegung des *true and fair view*-Grundsatzes auch Implikationen für die Sicherstellung eines Mindestgläubigerschutzes durch Kapitalerhaltung. Dies führt dazu, dass eine zusätzliche Variante der Ausschüttungsbegrenzung nach Art. 15 Abs. 1 KapRL auf europäischer Ebene ermöglicht wurde.[399] Im Zuge der starken Akzentuierung der kapitalmarktrechtlich geprägten Rechnungslegung ist die Sicherstellung eines Mindestschutzes durch Kapitalerhaltung daher wohl kein Regulierungsziel mehr.[400] Dieser Befund wird durch die Verlautbarungen der EUROPÄISCHEN KOMMISSION in der jüngeren Vergangenheit bestätigt.[401] Zunächst wurde auf nationaler und internationaler Ebene intensiv über den Fortbestand des bilanziellen Kapitalschutzes auf Basis der IFRS und die Einführung eines sog. **Solvenztests** zur Ableitung des maximalen Ausschüttungsvolumens diskutiert.[402] Auf dieser Basis sah sich die EUROPÄISCHE KOMMISSION veranlasst, eine Studie hinsichtlich alternativer Kapitalerhaltungssysteme und der Folgen einer bilan-

---

397 EUROPÄISCHE KOMMISSION (HRSG.), KOM (2001) 80 endgültig v. 13. Februar 2001, S. 5.
398 Gleicher Ansicht SCHULZE-OSTERLOH, J., Internationalisierung der Rechnungslegung, S. 174 (*„Materiell [...] ist die Befugnis zur Rechtssetzung einer privatrechtlichen Institution anvertraut worden"*); HENNRICHS, J., Unternehmensfinanzierung und IFRS im deutschen Mittelstand, S. 512 f.; WOJCIK, K.-P., IFRS als europäisches Recht, S. 145 (*„Im Einzelnen weist die Konstruktion der Übertragung [der Befugnisse auf die Kommission; Anm. d. Verf.] [...] Schwächen auf"*); HENNRICHS, J., Stand und Perspektiven, S. 1070 (*„zahnloser Tiger"*).
399 Vgl. hierzu Abschnitt 333.34.
400 Vgl. ZÜLCH, H./GÜTH, S., Europäisches Bilanzrecht und bilanzieller Kapitalschutz, S. 461.
401 Vgl. zur Ankündigung einer Reform des Kapitalschutzes kurz nach Verabschiedung der IAS-VO EUROPÄISCHE KOMMISSION (HRSG.), KOM (2003) 284 endgültig v. 21. Mai 2003, S. 20 f.
402 Vgl. zur Einführung eines Solvenztests u. a. NAUMANN, K.-P., Fortentwicklung der handelsrechtlichen Rechnungslegung; PELLENS, B./SELLHORN, T., Zur Zukunft des bilanziellen Kapitalschutzes, S. 471-484; PELLENS, B./JÖDICKE, D./RICHARD, M., Solvenztests als Alternative, S. 1393-1401; BÖCKING, H.-J./DUTZI, A., Zur Notwendigkeit eines zusätzlichen Solvenztests, S. 439-441; MAUL, S./LANFERMANN,G./RICHARD, M., Ausschüttungsmodelle in Europa und Drittstaaten, S. 280-282. Bei der Ausgestaltung des Solvenztests fanden die Ergebnisse der Arbeitsgruppe des britischen Gesellschaftsrechtlers RICKFORD eine umfassende Rezeption. Vgl. hierzu RICKFORD, J., Reforming Capital, S. 966-995; zu Ergebnissen weiterer Arbeitsgruppen im Überblick LANFERMANN, G./RÖHRICHT, V., Stand der europäischen Diskussion, S. 10-12; PELLENS, B./JÖDICKE, D./SCHMIDT, A., Reformbestrebungen zum Gläubigerschutz, S. 430-435.

Kapitel 3: Konzeptionelle und europarechtliche Implikationen einer IFRS-SME-Anwendung im Einzelabschluss zur Kapitalerhaltung

ziellen Ausschüttungsbemessung auf Basis der IFRS oder eines Solvenztests in Auftrag zu geben.[403] In 18 Mitgliedsstaaten sind zum 1. Juli 2010 wahlweise oder verpflichtend die IFRS im Einzelabschluss vorgesehen.[404] Aus dieser Gruppe sind in acht Staaten (u. a. in Großbritannien) außerbilanzielle Korrekturen für Kapitalerhaltungszwecke zwingend.[405] Bei den übrigen zehn Mitgliedsstaaten ist davon auszugehen, dass diese den IFRS die Fähigkeit zusprechen, die *„traditionelle gesellschaftsrechtliche Funktion der Rechnungslegung, nämlich die Ermittlung des ausschüttbaren Gewinns"*[406], zu erfüllen. Daher resümierte die EUROPÄISCHE KOMMISSION, dass Änderungen an der KapRL nicht erforderlich seien, und diese genügend *„Flexibilität"*[407] für nationale Interpretationen aufweise.

334.4 Anwendung des IFRS-SME auf Basis von Art. 5 IAS-VO?

Aufgrund des negativen Befunds zur gesellschaftsrechtlichen Anwendbarkeit des IFRS-SME im Regime der BilRL ist zu prüfen, inwiefern die kapitalmarktrechtliche Regulierung über die Art. 5 IAS-VO für nichtkapitalmarktorientierte Unternehmen eine IFRS-SME-Bilanzierung im Einzel- und/oder Konzernabschluss ermöglichen könne.

Gemäß Art. 5 IAS-VO können die Mitgliedsstaaten den **persönlichen Anwendungsbereich** der IAS-VO auch auf **nichtkapitalmarktorientierte Unternehmen erweitern**.[408] Wie bei den IFRS besteht der Zweck des IFRS-SME darin, entscheidungsnützliche Informationen zur Vermögens-, Finanz- und Ertragslage sowie der Cashflows zu vermitteln

---

403 Vgl. KPMG (HRSG.), Feasibility Study on Capital Maintenance; die Ergebnisse dieser zusammenfassend SCHRUFF, W./LANFERMANN, G., EU-Machbarkeitsstudie.
404 Vgl. EUROPÄISCHE KOMMISSION (HRSG.), Implementation of the IAS Regulation.
405 Vgl. KPMG (HRSG.), Feasibility Study on Capital Maintenance, S. 319 f.
406 GELTER, M., Kapitalerhaltung und internationale Rechnungslegung, S. 177.
407 ULLRICH, C., Keine Änderungen an der Kapitalrichtlinie, S. 171.
408 Auf die primärrechtliche Prüfung dieser Norm auf ihre Vereinbarkeit mit Art. 114 Abs. 1 AEUV wird an dieser Stelle verzichtet. Gegen eine Vereinbarkeit spricht, dass von einer Förderung der Kapitalverkehrsfreiheit zur Erreichung des Binnenmarktziels *ex definitione* nichtkapitalmarktorientierte Unternehmen kaum profitieren dürften. Der Erlass einheitlicher Rechnungslegungsregeln könnte allerdings einen Beitrag zur Förderung der Niederlassungsfreiheit leisten und dem Binnenmarktziel in dieser Hinsicht zuträglich sein, sofern die bestehende Regulierung in Form der BilRL diesem Ziel offensichtlich nicht entspricht. Der europäische Gesetzgeber hat hierbei einen weiten Ermessensspielraum. Vgl. KAHL, W., in: CALLIESS, C./RUFFERT, M., 4. Aufl., EUV/AEUV, Art. 114, Rn. 25-27; WOJCIK, K.-P., IFRS als europäisches Recht, S. 75 f.; kritisch WINDTHORST, K., Regulierungstechnische Fragen, S. 45. Gemäß dem 13. Erwägungsgrund der IAS-VO hat dies der europäische Gesetzgeber offensichtlich bejaht.

(IFRS-SME 2.2). Somit steht die konzeptionelle Ausrichtung des IFRS-SME *prima facie* in Einklang mit dem Regelungszweck der IAS-VO. Im Gegensatz zu den IFRS kann es sich bei den SME-Rechnungslegungsadressaten durch die Fokussierung auf nichtkapitalmarktorientierte Abschlussersteller *ex definitione* **nicht um Investoren auf organisierten Kapitalmärkten** handeln. Daher ist zu prüfen, ob der IFRS-SME unter den im Sinne von Art. 2 IAS-VO subsumierten „internationalen Rechnungslegungsstandards" fällt und auf Basis des in Art. 6 Abs. 2 IAS-VO festgelegten *endorsement*-Verfahrens in Gemeinschaftsrecht transformiert werden kann. Art. 2 IAS-VO führt diesbezüglich wie folgt aus:

> „*Im Sinne dieser Verordnung bezeichnen ‚internationale Rechnungslegungsstandards' [...] die ‚International Financial Reporting Standards' (IFRS) [...] sowie künftige Standards [...]."* [Hervorh. d. Verf.]

Die IAS-VO als kapitalmarktrechtliches Regulierungsinstrument ist auf das **Funktionieren eines Binnenmarkts für Finanzdienstleistungen** zur Sicherstellung der Kapitalverkehrsfreiheit auf **organisierten Kapitalmärkten** ausgerichtet, wozu nach dem fünften Erwägungsgrund der IAS-VO internationale Rechnungslegungsvorschriften angewendet werden sollen, „*die weltweit für grenzüberschreitende Geschäfte oder für die Zulassung an allen Börsen der Welt genutzt werden können*"[409]. Diese Zielsetzung wird durch den zweiten und den vierten Erwägungsgrund der IAS-VO zusätzlich expliziert und durch Art. 4 IAS-VO **verpflichtend** auf **kapitalmarktorientierte Gesellschaften beschränkt**. Der Regelungszweck der IAS-VO erfasst nichtkapitalmarktorientierte Unternehmen, die gemäß IFRS-SME 1.2 i. V. mit IFRS-SME 1.3 den potenziellen Anwenderkreis des IFRS-SME bilden, nur mittelbar, da definitionsgemäß die IFRS-SME-Abschlussersteller **nicht auf organisierten Kapitalmärkten auftreten**. Die teleologische Auslegung von Art. 2 IAS-VO legt nahe, dass die in Art. 2 IAS-VO genannten „internationalen Rechnungslegungsstandards" nur die IFRS umfassen und nicht den IFRS-SME.[410] Dieser Befund

---

[409] Vgl. hierzu ebenfalls EUROPÄISCHE KOMMISSION (HRSG.), KOM (2001) 80 endgültig v. 13. Februar 2001, S. 3 f.
[410] Vgl. BEIERSDORF, K./DAVIS, A., IASB-Standard, S. 989; BIEBEL, R., Rechnungslegung aus europäischer Sicht, S. 82; BIEBEL, in: BRUNS, H.-G. ET AL., IFRS for SMEs, Teil A, Kap. III, Rn. 19; HENNRICHS, J., Stand und Perspektiven, S. 1070; zur diesbezüglichen Einschätzung des Parlaments AUSSCHUSS FÜR WIRTSCHAFT UND WÄHRUNG (HRSG.), Verlautbarung 2006/2248 (INI) v. 5. Februar 2008, Rn. 37 f.

Kapitel 3: Konzeptionelle und europarechtliche Implikationen einer IFRS-SME-Anwendung im Einzelabschluss zur Kapitalerhaltung

wird dadurch untermauert, dass zum Zeitpunkt der Entstehung der IAS-VO der IFRS-SME weder verabschiedet noch in hinreichend konkreter Form bereits diskutiert worden war.[411] Auch das IASB betrachtet den IFRS-SME als von den IFRS unabhängiges Regelwerk (*stand alone*-Ansatz).[412]

Insgesamt bleibt festzuhalten, dass ein *endorsement* des IFRS-SME (Art. 3 Abs. 1 IAS-VO i. V. mit Art. 6 Abs. 2 IAS-VO) ohne Überarbeitung der kapitalmarktrechtlichen Basisverordnung (IAS-VO) nicht vorgenommen werden kann und eine kapitalmarktrechtliche Anwendbarkeit des IFRS-SME somit verneint werden muss.

334.5 Zwischenfazit: Keine befreiende Anwendbarkeit des IFRS-SME im derzeitigen kapitalmarktrechtlichen Regulierungsrahmen

Trotz der Ausrichtung an der Entscheidungsunterstützungsfunktion fällt der Befund zur Anwendbarkeit des IFRS-SME auf Basis der kapitalmarktrechtlichen Regulierungsebene negativ aus. Bedingt durch den Fokus auf nichtkapitalmarktorientierte Abschlussersteller, die *ex definitione* **nicht auf organisierten Kapitalmärkten** tätig sind, kann der IFRS-SME **keinen Beitrag zum kapitalmarktrechtlichen Regelungszweck** der IAS-VO (effizientes Funktionieren eines gemeinschaftsweiten europäischen Kapitalmarkts) leisten. Trotz des einheitlichen konzeptionellen Rahmens mit den IFRS und der in weiten Teilen identischen Ausgestaltung der Ansatz- und Bewertungsvorschriften[413] müsste somit die bestehende IAS-VO erweitert[414] oder aber eine separate „IFRS-SME-VO" verabschiedet werden[415]. Durch die derzeit wenig wahrscheinliche Anpassung der IAS-VO ist die Suche nach Lösungsalternativen **im Rahmen der geltenden Normvorgaben der BilRL** - auch wegen des jüngsten Reformvorschlags der EUROPÄISCHEN KOMMISSION[416] - zielführend. Hieran orientiert sich die Entwicklung einer Regulierungsempfehlung zur Anwendbarkeit des IFRS-SME in Deutschland in **Abschnitt 5**.[417]

---

411 Vgl. BEIERSDORF, K./DAVIS, A., IASB-Standard, S. 989.
412 Vgl. hierzu Abschnitt 322.
413 Vgl. hierzu die umfassende bilanztheoretisch-hermeneutische Würdigung in Abschnitt 4.
414 Vgl. hierzu u. a. ZÜLCH, H./GÜTH, S., Europäisches Bilanzrecht und bilanzieller Kapitalschutz, S. 466; ZÜLCH, H./GÜTH, S./STAMM, A., Der Entwurf einer neuen Bilanzrichtlinie, S. 417.
415 Vgl. hierzu HENNRICHS, J., Stand und Perspektiven, S. 1070.
416 Vgl. hierzu Abschnitt 333.5.
417 Vgl. hierzu Abschnitt 53.

335. Zusammenfassende Würdigung: Keine befreiende Anwendbarkeit des IFRS-SME im europäischen Gemeinschaftsrecht

Die vorangegangenen Ausführungen haben verdeutlicht, dass die **Bestimmung der Ausschüttungsgrenzen** nach Art. 15 Abs. 1 KapRL **eng an das deutsche Kapitalerhaltungsregime** angelehnt ist. Die Implementierung eines **institutionellen Schutzzwecks** soll gemeinschaftsweit einen Beitrag für einen europäischen Binnenmarkt durch die Förderung der **Niederlassungsfreiheit** (Verhinderung des „DELAWARE-Effekts") leisten. Die leitgedankliche Umsetzung kapitalerhaltungsbedachter Rechnungslegungsvorschriften in der BilRL, die in der Ursprungsversion „kompromisshaft" (Ausgleich zwischen Entscheidungsunterstützungs- und Kapitalerhaltungszweck) zum Ausdruck kam, verließ der europäische Gesetzgeber durch den Bedeutungsanstieg des Kapitalmarktrechts im Bereich der Rechnungslegungsregulierung. Diese kapitalmarktrechtliche Herangehensweise manifestiert sich in der Verabschiedung der IAS-VO zur Anwendung einheitlicher Rechnungslegungsstandards (IFRS) für kapitalmarktorientierte Unternehmen, hat aber über die Fair-Value-RL und die ModRL auch Ausstrahlungswirkung auf die BilRL. Durch die Wahl der IFRS ist das **europäische Bilanzrecht** prädominant auf einen **informationellen Schutz** über die Vermittlung entscheidungsnützlicher Informationen (**Entscheidungsunterstützungsfunktion**) ausgerichtet. Dem Regelungszweck der KapRL wird nur noch formal Rechnung getragen, was durch die Variationsmöglichkeiten bei der Ermittlung der Ausschüttungsgrenzen nach Art. 15 Abs. 1 KapRL deutlich gemacht wurde.

Durch die konzeptionelle Hinwendung zu den IFRS ergeben sich für die **europarechtliche Anwendbarkeit des IFRS-SME wichtige Implikationen**. Auf der **gesellschaftsrechtlichen Regulierungsebene** fügt sich der IFRS-SME mit dem Ziel der *fair presentation* (IFRS-SME 3.2 i. V. mit IFRS-SME 2.2) in die konzeptionelle Ausrichtung der BilRL ein. Lediglich bei einer begrenzten Zahl spezieller Ansatz- und Bewertungsvorschriften bestehen Inkompatibilitäten zwischen dem IFRS-SME und den Normen der BilRL. Dennoch sind diese derzeit für die **befreiende Anwendung des IFRS-SME-Standards im Einzelabschluss** (anstelle des HGB-Einzelabschlusses) hinderlich und müssen bei der Entwicklung einer Regulierungsempfehlung für Deutschland in **Abschnitt 5** unter den gegebenen rechtlichen Rahmenbedingungen berücksichtigt werden. Eine

Kapitel 3: Konzeptionelle und europarechtliche Implikationen einer IFRS-SME-Anwendung im Einzelabschluss zur Kapitalerhaltung

kapitalmarktrechtliche Anwendbarkeit des IFRS-SME auf Basis der IAS-VO scheidet ebenfalls aus. Hierzu muss der sachliche Anwendungsbereich der IAS-VO auf den IFRS-SME erweitert werden, was derzeit wenig wahrscheinlich ist. Festzuhalten bleibt, dass die befreiende Bilanzierung nach dem IFRS-SME in den EU-Mitgliedsstaaten **weder durch die gesellschafts- noch die kapitalmarktrechtliche Regulierungsebene gemeinschaftsrechtlich möglich** ist.

34 Zusammenfassung und Implikationen für die nachfolgende Untersuchung in den Abschnitten 4 und 5

Die Ausführungen zum **dritten Problemkreis** (*Konzeptionelle und europarechtliche Implikationen einer IFRS-SME-Anwendung zur Kapitalerhaltung*) widmeten sich **in Abschnitt 32** zunächst der Beantwortung der **Detailfragen** (31) zur Zweckadäquanz des konzeptionellen Rahmens des IFRS-SME unter Kapitalerhaltungsgesichtspunkten. Der Rechnungzweck und die wesentlichen qualitativen Anforderungen sowie die Ansatz- und Definitionskriterien der Posten der Bilanz und der Ergebnisrechnung entsprechen denjenigen aus dem IFRS-Rahmenkonzept. Der IFRS-SME ist primär an der Entscheidungsunterstützungsfunktion mit einer *fair presentation* (IFRS-SME 3.2 i. V. mit IFRS-SME 2.2) für die Abschlussadressaten ausgerichtet. Aufgrund der fehlenden Explizierung der Informationsbedürfnisse der Abschlussadressaten, der mangelhaften inhaltlichen Konkretisierung der qualitativen Anforderungen an einen IFRS-SME-Abschluss, u. a. bei Konflikten zwischen dem Kriterium der Verlässlichkeit und der Relevanz, sowie der Verwendung unterschiedlicher bilanztheoretischer Konzepte fehlt dem **konzeptionellen Rahmen des IFRS-SME** die für Kapitalerhaltungszwecke gebotene **innere Konsistenz**, die eine **rechtssichere** und **hinreichend objektivierte Anwendung der Rechnungslegungsvorschriften** bei Auslegungsfragen einzelner Normen des IFRS-SME und der Schließung von Regelungslücken gewährleistet. Problembehaftet sind darüber hinaus die erkennbaren Konstruktionselemente der dynamischen Bilanztheorie bei der Definition von *assets* (Verstoß gegen handelsrechtliches Kriterium der Einzelverwertbarkeit), die Kasuistik bei der Erfolgsspaltung i. V. mit der **großen Reichweite** des *accrual principle* und des *matching principle* unter Zurückdrängung eines objektivierungsrechtlich geprägten handelsrechtlichen Realisationsprinzips sowie das Fehlen eines einheitlichen Folgebewer-

Abschnitt 34: Zusammenfassung und Implikationen für die nachfolgende Untersuchung in den Abschnitten 4 und 5

tungsgrundsatzes im IFRS-SME. Im Ergebnis leisten diese Mängel einem umfangreichen *professional judgement* bei der Anwendung der IFRS-SME-Vorschriften Vorschub. Die konzeptionellen Grundlagen des IFRS-SME entsprechen daher nicht den **objektivierungsrechtlichen Anforderungen** des AktG und des GmbHG. Die bilanztheoretisch-hermeneutische Würdigung der speziellen Ansatz- und Bewertungsvorschriften **in Abschnitt 4** hat daher vor allem zum Ziel, das Ausmaß der Zweckwidrigkeiten (bei konsistenter Ausgestaltung der speziellen IFRS-SME-Vorschriften) zu konkretisieren. Dies dient als Grundlage für die Entwicklung einer Regulierungsempfehlung **in Abschnitt 5**.

Für die Entwicklung der Regulierungsempfehlung in **Abschnitt 5** dient darüber hinaus die Beantwortung der **Detailfragen** (32). Es wurde herausgearbeitet, dass die verstärkte Bedeutung der **kapitalmarktrechtlichen Rechnungslegungsregulierung** in Form der IAS-VO zu einem starken Bedeutungsanstieg der IFRS im europäischen Bilanzrecht geführt hat. Diesem Einfluss konnte sich auch die **gesellschaftsrechtliche Regulierungsebene** in Form der BilRL nicht entziehen, so dass ein konzeptionelles Ineinandergreifen zwischen der bilanziellen Bezugsbasis und Art. 15 Abs. 1 KapRL, das ein an das deutsche Gesellschaftsrecht angelehnte Kapitalerhaltungsregime statuiert, durch die prädominante Ausrichtung der IFRS an der Entscheidungsunterstützungsfunktion gemeinschaftsrechtlich nicht (mehr) gewährleistet ist. Hieraus ergeben sich wichtige Konsequenzen für die Entwicklung einer Regulierungsempfehlung in **Abschnitt 5**: **Erstens** wird die Anwendung außerbilanzieller Ausschüttungskorrekturen weder durch die KapRL noch durch die BilRL oder die IAS-VO auf Mitgliedsstaatenebene beschränkt, sofern die Rechnungslegung den Anforderungen der BilRL bzw. der IAS-VO entspricht. Dies zeigt auch das britische Modell außerbilanzieller Ausschüttungskorrekturen für den Einzelabschluss. **Zweitens** ist festzustellen, dass auf **gesellschaftsrechtlicher Ebene** (BilRL) keine gravierenden Friktionen aufgrund der in IFRS-SME 3.2 i. V. mit IFRS-SME 2.2 statuierten konzeptionellen Ausrichtung des IFRS-SME bestehen. Indes verstoßen einige spezielle Ansatz- und Bewertungsvorschriften gegen die Normvorgaben der BilRL, die derzeit eine Anwendung des IFRS-SME in den Mitgliedsstaaten ausschließen. **Drittens** ist die Anwendbarkeit des IFRS-SME auf **kapitalmarktrechtlicher Ebene** (IAS-VO) ausgeschlossen, da sich die IAS-VO auf Basis ihres Regelungszwecks auf die Sicherstellung der Kapitalverkehrsfreiheit für kapitalmarktorientierte Unternehmen beschränkt und der

IFRS-SME hierzu keinen Beitrag leisten kann. Die in **Abschnitt 5 zu entwickelnde Regulierungsempfehlung** muss daher der derzeit fehlenden europarechtlichen Anwendbarkeit des IFRS-SME, vor allem mit Blick auf die gesellschaftsrechtlichen Inkompatibilitäten, Rechnung tragen. Eine befreiende Einführung des IFRS-SME anstelle des HGB in Deutschland scheidet damit nicht nur wegen der fehlenden Kompatibilität mit den Anforderungen an eine bilanzielle Kapitalerhaltung, sondern auch aus europarechtlichen Gründen aus. Die **Regulierungsempfehlung** sollte sich somit an den **geltenden Normvorgaben der BilRL für nichtkapitalmarktorientierte Unternehmen** orientieren.

4 Bilanztheoretisch-hermeneutische Untersuchung der IFRS-SME-Einzelnormen zur Kapitalerhaltung

41 Vorüberlegungen zum Untersuchungsziel und zur Vorgehensweise

Die vorherigen Ausführungen haben aus Gläubigersicht die Bedeutung der bilanziellen Kapitalerhaltung zur Sicherstellung der nachvertraglichen Risikoallokation zwischen Gläubigern und Eignern aufgrund finanzierungs- und investitionsbedingter Gläubigerrisiken verdeutlicht. In diesem Zusammenhang wurde gezeigt, dass im Funktionskanon des GoB-Systems neben dem Kapitalerhaltungszweck dem Rechenschaftszweck eine gleichrangige Bedeutung beizumessen ist. Bei einer Gegenüberstellung dieser Anforderungen mit dem IFRS-SME-Rahmenkonzept und den konzeptionellen Grundlagen in IFRS-SME 1 bis 10 wurde deutlich, dass die Zweckausrichtung des IFRS-SME einer **befreienden Anwendung im Einzelabschluss in Deutschland** c. p. im Wege steht. Daher sind die Einzelnormen des IFRS-SME zur Abbildung **spezieller Geschäftsvorfälle** bilanztheoretisch-hermeneutisch zu untersuchen. Aus den bereits dargelegten Gründen[1] erfordert die Analyse, inwiefern der IFRS-SME-Abschluss eine qualitativ gleichwertige Kapitalerhaltung sicherstellt, die **vergleichende bilanztheoretisch-hermeneutische Würdigung der jeweiligen IFRS-SME-Vorschriften in Relation zu den handelsrechtlichen Ansatz- und Bewertungsnormen**. Eine rein GoB-bezogene bzw. an den gesellschaftsrechtlichen Anforderungen der Kapitalerhaltung[2] orientierte Vorgehensweise ist kontraproduktiv, da auch das HGB dem Kapitalerhaltungszweck nicht monofunktional Geltung verschafft. Die vergleichende Würdigung der einschlägigen Bilanzierungsvorgaben basiert in Teilen auf der Vorarbeit von BREMBT zum Dualitätspotenzial von HGB und IFRS-SME[3] und erweitert diese um die bilanztheoretisch-hermeneutische Würdigung zur Kapitalerhaltung. Die Abschnitte IFRS-SME 1 bis 10 bilden den **konzeptionellen Rahmen** des IFRS-SME und werden in diesem Abschnitt nicht analysiert.[4]

---

1 Vgl. Abschnitt 15.
2 Vgl. Abschnitt 232.
3 Vgl. hierzu bereits die Einordnung in das bilanztheoretische Schrifttum in Abschnitt 132.
4 Vgl. hierzu bereits die Würdigung in Abschnitt 323.

Kapitel 4: Bilanztheoretisch-hermeneutische Untersuchung der IFRS-SME-Einzelnormen zur Kapitalerhaltung

Bei den speziellen Ansatz- und Bewertungsvorschriften scheiden folgende IFRS-SME-Abschnitte aus, da es sich **nicht um Gewinnermittlungsvorschriften für den Einzelabschluss** handelt oder **einmalige Sondereffekte** erfasst werden (vgl. *Übersicht 4-1*):

- Anteile an assoziierten Unternehmen (IFRS-SME 14);
- Anteile an Joint Ventures (IFRS-SME 15);[5]
- Ereignisse nach dem Bilanzstichtag (IFRS-SME 32);
- Angaben über Beziehungen zu nahe stehenden Personen (IFRS-SME 33);
- Übergangsvorschriften (IFRS-SME 35).

Zusätzlich bleiben die IFRS-SME-Ansatz- und Bewertungsvorschriften unberücksichtigt, die für die **Mehrzahl der SMEs kaum Bedeutung** haben dürften (vgl. *Übersicht 4-1*):

- als Finanzinvestition gehaltene Immobilien (IFRS-SME 16);[6]
- Zuwendungen der öffentlichen Hand (IFRS-SME 24);[7]
- anteilsbasierte Mitarbeitervergütung (IFRS-SME 26);[8]
- Fremdwährungsumrechnung (IFRS-SME 30);[9]
- Rechnungslegung in Hochinflationsländern (IFRS-SME 31);
- branchenspezifische Vorschriften (IFRS 34).

Für das HGB werden nur die **Vorschriften auf Gewinnermittlungsebene** betrachtet, da die handelsrechtlichen Ausschüttungssperren nach 268 Abs. 8 HGB prinzipiell auch auf einen IFRS-SME-Abschluss angewendet werden können.

---

5   IFRS-SME 14 und 15 sind nur für Konzernabschlüsse und sog. besondere Jahresabschlüsse einschlägig. Für den Einzelabschluss müssen hingegen die Bewertungsvorschriften aus IFRS-SME 9.26 angewendet werden, so dass IFRS-SME 14, 15 ausgeklammert werden. Vgl. hierzu EBELING, R., in: BRUNS, H.-G. ET AL., IFRS-SME, Teil B, Abschn. 9, Rn. 5-7.

6   Vgl. zur geringen Bedeutung dieses Sachverhalts bei deutschen SMEs DRSC (HRSG.)/EIERLE, B./ HALLER, A., IFRS for SMEs - Ergebnisse einer Befragung, S. 16. Hiernach sahen lediglich 6% der Respondenten eine „hohe" bis „sehr hohe" Bedeutung von IFRS-SME 16.

7   So auch BREMBT, T., Möglichkeiten einer internationalisierten Rechnungslegung, S. 19.

8   Vgl. zur geringen Bedeutung EIERLE, B./HALLER, A/BEIERSDORF, K., Deutsche nichtkapitalmarktorientierte Unternehmen und ED-IFRS for SMEs, S. 158 f., wonach bei der Vorgängerversion der o. g. Studie des DRSC im Jahr 2007 lediglich 4% der SMEs diesem Vergütungsinstrument eine „hohe" oder „sehr hohe" Bedeutung beigemessen haben.

9   Bei den nachfolgenden drei Bereichen handelt es sich um Spezialprobleme, die ebenfalls von der Untersuchung ausgeschlossen bleiben.

IFRS-SME-Abschnitt	IFRS-SME-Regelungsbereich
1	Anwendungsbereich
2	Grundkonzept
3	Darstellung des Abschlusses
4	Bilanz
5	Gesamtergebnisrechnung
6	Eigenkapitalveränderungsrechnung
7	Kapitalflussrechnung
8	Anhang
9	Konzern- und separate Einzelabschlüsse
10	Bilanzierungs- und Bewertungsmethoden, Schätzungen und Fehler
11	Einfache Finanzinstrumente
12	Komplexe Finanzinstrumente
13	Vorräte
14	Anteile an assoziierten Unternehmen
15	Anteile an Joint Ventures
16	Als Finanzinvestition gehaltene Immobilien
17	Sachanlagen
18	Immaterielle Vermögenswerte ohne Geschäfts- oder Firmenwert
19	Unternehmenszusammenschlüsse und Geschäfts- oder Firmenwert
20	Leasing
21	Rückstellungen und Eventualposten
22	Schulden und Eigenkapital
23	Erträge
24	Zuwendungen der öffentlichen Hand
25	Fremdkapitalkosten
26	Anteilsbasierte Vergütungstransaktionen
27	Wertminderungen von Vermögenswerten
28	Leistungen an Arbeitnehmer
29	Ertragsteuern
30	Fremdwährungsumrechnung
31	Rechnungslegung in Hochinflationsländern
32	Ereignisse nach dem Stichtag
33	Angaben über Beziehungen zu nahestehenden Personen
34	Branchenspezifische Bilanzierungsmethoden
35	Übergangsvorschriften

☐ ➔ Keine spezielle bilanztheoretisch-hermeneutische Würdigung

▨ ➔ IFRS-SME-Regelungsbereich mit Divergenzen zu IFRS

▩ ➔ IFRS-SME-Regelungsbereich mit Übereinstimmung zu IFRS

Übersicht 4-1:   Übersicht der für die Untersuchung relevanten IFRS-SME-Einzelnormen[10]

Kapitel 4: Bilanztheoretisch-hermeneutische Untersuchung der IFRS-SME-Einzelnormen zur Kapitalerhaltung

Den **vierten Problemkreis** (*Bilanztheoretisch-hermeneutische Untersuchung der Einzelnormen des IFRS-SME zur Kapitalerhaltung*) fassen folgende Detailfragen zusammen:

(41) Welche speziellen Ansatz- und Bewertungsvorschriften des IFRS-SME mit weitgehender Übereinstimmung zu den IFRS genügen den Anforderungen an die bilanzielle Kapitalerhaltung in geringerem bzw. in höherem Umfang als die korrespondierenden handelsrechtlichen Normvorgaben?

(42) Welche speziellen Ansatz- und Bewertungsvorschriften des IFRS-SME mit weitgehenden Divergenzen zu den IFRS genügen den Anforderungen an die bilanzielle Kapitalerhaltung in geringerem bzw. in höherem Umfang als die korrespondierenden handelsrechtlichen Normvorgaben?

(43) Welche speziellen Ansatz- und Bewertungsvorschriften des IFRS-SME stehen einer qualitativ gleichwertigen Kapitalerhaltung im Wege, indem sie in geringerem Umfang als das HGB dem Kapitalerhaltungszweck Geltung verschaffen, und müssen bei Anwendung des IFRS-SME zwingend korrigiert werden?

Zur Beantwortung der **Detailfrage (41)** werden in **Abschnitt 42** die IFRS-SME-Regelungen mit weitgehenden Übereinstimmungen zu den IFRS im Vergleich zum HGB bilanztheoretisch-hermeneutisch gewürdigt. Hierbei werden die Vorgaben zu Fremdkapitalkosten nach IFRS-SME 25 i. V. mit der Vorratsbilanzierung nach IFRS-SME 13 betrachtet, während die Vorgaben zu *impairments* (IFRS-SME 27) i. V. mit den jeweiligen Aktiva analysiert werden.

Für die Beantwortung der **Detailfrage (42)** folgt in **Abschnitt 43** die Würdigung der IFRS-SME-Regelungen mit weitgehenden Divergenzen zu den IFRS sowie der bilanztheoretisch-hermeneutische Vergleich mit dem HGB. Die Bilanzierung des Geschäfts- oder Firmenwerts (*goodwill*) nach IFRS-SME 19 wird hierbei i. V. mit dem immateriellen Anlagevermögen nach IFRS-SME 18 gewürdigt.

---

10 Die Differenzierung zwischen IFRS-SME-Abschnitten mit weitgehender Übereinstimmung zu den IFRS und solchen mit weitgehenden Divergenzen weist den Vorteil auf, dass Erstere von vorangegangenen Untersuchungen über die IFRS profitieren können. Es sei darauf hingewiesen, dass diese Einteilung nicht sämtliche Detailregelungen des jeweiligen IFRS-SME-Abschnitts berücksichtigen kann, so dass einzelne Vorschriften in den IFRS-SME-Abschnitten durchaus geringfügig von den IFRS abweichen können.

Die Ergebnissynthese in **Abschnitt 44** und damit die Beantwortung der **Detailfrage** (43) gibt einen finalen Überblick darüber, welche Regelungsbereiche des IFRS-SME den Anforderungen an eine bilanzielle Kapitalerhaltung **in geringerem Umfang** Geltung verschaffen als das HGB und somit der Sicherstellung einer qualitativ gleichwertigen Kapitalerhaltung im Wege stehen. Diese Regelungsbereiche des IFRS-SME sind im Rahmen der in **Abschnitt 5** entwickelten Regulierungsempfehlung zwingend (obligatorisch) **in Richtung des HGB-Normensystems** zu korrigieren. Als Ergebnis von **Abschnitt 44** lässt sich der Umfang der Inkompatibilitäten bei Anwendung des IFRS-SME für Kapitalerhaltungszwecke abschätzen (vgl. zusammenfassend *Übersicht 4-2*).

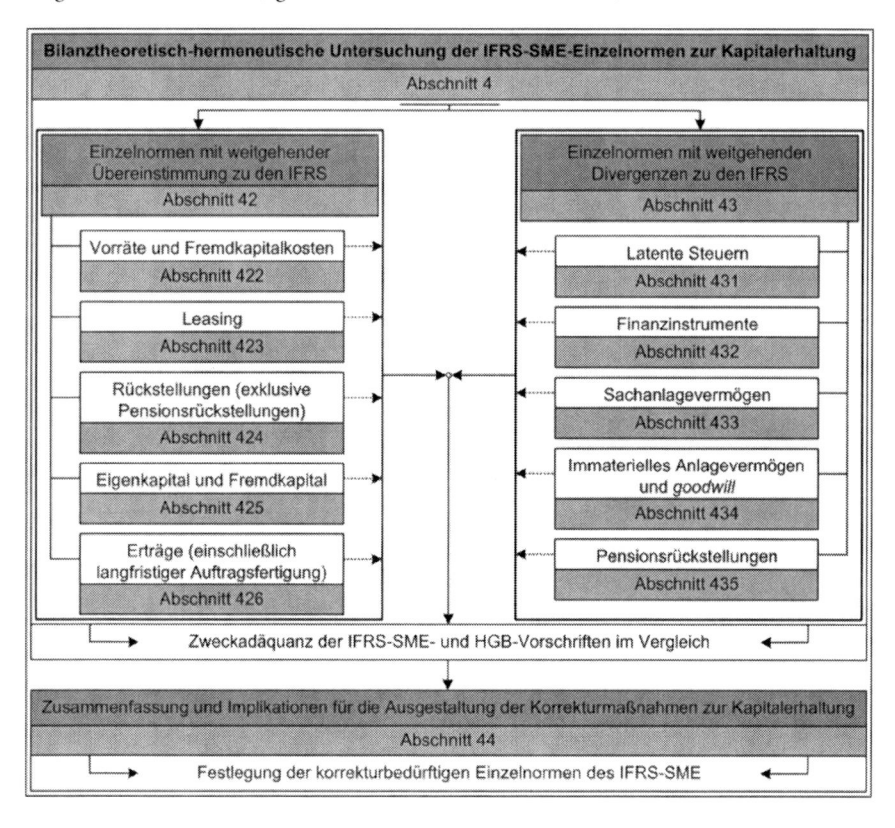

Übersicht 4-2: Struktur des Vorgehens in Kapitel 4

Kapitel 4: Bilanztheoretisch-hermeneutische Untersuchung der IFRS-SME-Einzelnormen zur Kapitalerhaltung

42 IFRS-SME-Einzelnormen mit weitgehender Übereinstimmung zu den IFRS

421. Überblick

Die nachfolgenden Ausführungen orientieren sich an den zuvor aufgelisteten Einzelnormen des IFRS-SME.[11] Nach einer überblickartigen Darstellung, jeweils differenziert nach Ansatz- und Bewertungsvorschriften, werden die speziellen Einzelnormen des IFRS-SME und des HGB anschließend zur Beantwortung der **Detailfragen (41)** und **(42)** bilanztheoretisch-hermeneutisch für Kapitalerhaltungszwecke gewürdigt. Um die Reichweite der Erfüllung des Kapitalerhaltungszwecks **regelungs- und rechnungslegungssystemübergreifend** vergleichbar zu machen, kommt ein **fünfstufiges Klassifikationsschema** zur Anwendung, mit dessen Hilfe die Zweckadäquanz zur Kapitalerhaltung für jeden einzelnen Regelungsbereich des HGB und des IFRS-SME als **Wertungsentscheidung** auf Basis der bilanztheoretischen Würdigung synthetisiert wird (vgl. *Übersicht 4-3*). Durch die Offenlegung der maßgeblichen bilanztheoretischen Entscheidungskriterien wird die jeweilige Einstufung für Dritte **intersubjektiv nachprüfbar** gemacht, ohne die logische Stringenz eines formal- oder verbal-axiomatisierten Entscheidungsmodells erreichen zu können.[12]

Kategorie	Erklärung
+	Dem Kapitalerhaltungszweck wird durch die Regelung **vollumfänglich** entsprochen.
(+)	Dem Kapitalerhaltungszweck wird durch die Regelung **überwiegend** entsprochen.
o	Positive und negative Dimensionen der Regelungen lassen **keine eindeutige Wertung** zur Zweckadäquanz zu.
(-)	Dem Kapitalerhaltungszweck wird durch die Regelung **überwiegend nicht** entsprochen.
-	Dem Kapitalerhaltungszweck wird durch die Regelung **nicht** entsprochen.

Übersicht 4-3: *Klassifikationsschema für die bilanztheoretisch-hermeneutische Würdigung*

---

11 Vgl. hierzu Abschnitt 41.

12 Eine ähnliche Vorgehensweise mit einem derart ausgestalteten Klassifikationsschema wählt u. a. SOLMECKE zur Kategorisierung der Auswirkungen der BilMoG-Regelungen auf das GoB-System. Vgl. SOLMECKE, H., Auswirkungen des BilMoG auf die handelsrechtlichen GoB.

422. Vorräte und Fremdkapitalkosten

422.1 IFRS-SME und HGB im Vergleich

422.11 Ansatz

Trotz der unterschiedlichen Konzeption von Vermögensgegenständen und Vermögenswerten[13] bestehen zwischen HGB und IFRS-SME keine Unterschiede in den **Ansatzvorschriften** für Vorräte.[14] Das **Vorratsvermögen** umfasst solche Güter, die **im Rahmen des betrieblichen Produktionsprozesses** verbraucht werden bzw. **zur Weiterveräußerung** bestimmt sind.[15] Konkrete Ansatzvorschriften fehlen sowohl im HGB als auch im IFRS-SME, so dass die Aktivierungskriterien im Sinne von § 246 Abs. 1 HGB bzw. IFRS-SME 2.15 und 2.27 einschlägig sind.[16] Für **Forderungen aus Lieferung und Leistung** ist dagegen IFRS-SME 11 (IFRS-SME 13.2 lit. b), für **periodenübergreifende Fertigungsaufträge** IFRS-SME 23 (IFRS-SME 13.2 lit. a) anwendbar.

422.12 Bewertung

Nach § 253 Abs. 1 Satz 1 HGB orientiert sich die **Zugangsbewertung der beschafften Vorräte** an der Obergrenze der Anschaffungskosten.[17] Diese umfassen den Anschaffungspreis, die Anschaffungsnebenkosten, nachträgliche Anschaffungskosten und nachträgliche Anschaffungspreisminderungen (§ 255 Abs. 1 HGB). **Fremdkapitalkosten** dürfen **nicht in die Anschaffungskosten** einbezogen werden.[18] Eine ähnliche Abgrenzung der Anschaffungskosten findet sich auch in IFRS-SME 13.5. Diese Norm adaptiert den in IFRS-SME 2.46 definierten Bewertungsmaßstab der *historical cost* auf die Zugangsbewertung von Vorräten. Fremdkapitalkosten dürfen anders als in den IFRS aber analog zum HGB nicht in die Anschaffungskosten einbezogen werden (IFRS-SME 25.2).[19] Mit **Aus-**

---

13 Vgl. hierzu Abschnitt 324.34.
14 Vgl. JANSSEN, J., Rechnungslegung im Mittelstand, S. 161; BREMBT, T., Möglichkeiten einer internationalisierten Rechnungslegung, S. 22.
15 Vgl. HUNDSDOERFER, J., Die Vorräte, in: HdJ, Abt. II/4 (2004), Rn. 1.
16 Vgl. HUNDSDOERFER, J., Die Vorräte, in: HdJ, Abt. II/4 (2004), Rn. 19 und 27; für die IFRS ebenfalls RIESE, J., in: Beck IFRS HB, 3. Aufl., § 8, Rn. 11.
17 Auf die Darstellung der Bewertungsvereinfachungsverfahren wird nachfolgend verzichtet.
18 Vgl. MERKT, H., in: BAUMBACH, A./HOPT, K., HGB, 34. Aufl., § 255, Rn. 3; ELLROTT, H./PASTOR, C., in: Beck Bilanzkomm., 7. Aufl., § 255, Rn. 501; differenzierend ADS, 6. Aufl., § 255, Rn. 36-38 (unter eng abgegrenzten Bedingungen).

Kapitel 4: Bilanztheoretisch-hermeneutische Untersuchung der IFRS-SME-Einzelnormen zur Kapitalerhaltung

nahme der dem Anschaffungsvorgang zurechenbaren Gemeinkosten ergeben sich keine Unterschiede in beiden Regelungskreisen.[20] So sind diese nach IFRS-SME 13.6 i. V. mit IFRS-SME 13.11 zwingend in den Anschaffungskosten zu berücksichtigen.[21] Handelsrechtlich sind Gemeinkosten gemäß § 255 Abs. 1 HGB nicht aktivierungsfähig.[22]

Die **Zugangsbewertung der selbst erstellten Vorräte** basiert auf den **Herstellungskosten** nach § 255 Abs. 2 Satz 1 HGB. Diese beinhalten die Material- und Fertigungseinzelkosten, Sondereinzelkosten der Fertigung, angemessene Teile der Material- und Fertigungsgemeinkosten einschließlich der auf die Produktion entfallenden Teile der Abschreibungen des Anlagevermögens und angemessene Teile der allgemeinen Verwaltung (Gemeinkosten).[23] Fremdkapitalkosten dürfen nach § 253 Abs. 3 Satz 3 HGB unter bestimmten Voraussetzungen einbezogen werden, Forschungs- und Vertriebskosten hingegen nicht (§ 255 Abs. 2 Satz 3 HGB).[24] Durch die Einbeziehungswahlrechte und mögliche Abgrenzungsprobleme bei der Ermittlung herstellungsferner Gemeinkosten weisen die **Herstellungskosten im HGB eine niedrigere Objektivierungsstrenge als die Anschaffungskosten** auf. In IFRS-SME 13 ist der Herstellungskostenbegriff darauf ausgerichtet, gemäß dem **Grundsatz der Periodenabgrenzung** nach IFRS-SME 2.36 (*accrual principle*) und dem *matching principle* nach IFRS-SME 2.45 die Erfolgsneutralität des Herstellungsvorgangs zu gewährleisten.[25] Daher beinhaltet der IFRS-SME im Gegensatz zum HGB **keine expliziten Einbeziehungswahlrechte**. Nach IFRS 13.8 umfassen die

---

19 Vgl. QUICK, R., in: BRUNS, H.-G., IFRS-SME, Teil B, Abschn. 13, Rn. 18; zum Aktivierungsverbot nach HGB ADS, 6. Aufl., § 255, Rn. 37 (mit eng abgegrenzten Ausnahmen); BAETGE, J./ KIRSCH, H.-J./THIELE, S., Bilanzen, S. 194.

20 Vgl. hierzu auch BREMBT, T., Möglichkeiten einer internationalisierten Rechnungslegung, S. 24.

21 Vgl. JACOBS, O./SCHMITT, G., in: BAETGE, J. ET AL., Rechnungslegung nach IFRS, 2. Aufl., IAS 12, Rn. 36; HUNDSDOERFER, J., Die Vorräte, in: HdJ, Abt. II/4 (2004), Rn. 50; a. A. zum Einbezug von Gemeinkosten QUICK, R., Einzelfragen der Vorratsbewertung, S. 2208 (Ansatzverbot von Gemeinkosten); differenzierend HOFFMANN, W.-D., in: Haufe IFRS-Kommentar, 8. Aufl., § 8, Rn. 12-14 (Ausnahme für unechte Gemeinkosten).

22 Vgl. ADS, 6. Aufl., § 255, Rn. 27; MERKT, H., in: BAUMBACH, A./HOPT, K., HGB, 34. Aufl., § 255, Rn. 2.

23 Vgl. ADS, 6. Aufl., § 255, Rn. 135; umfassend ebenfalls KÜTING, K., Die Ermittlung der Herstellungskosten, S. 422-426.

24 Vgl. MERKT, H., in: BAUMBACH, A./HOPT, K., HGB, 34. Aufl., § 255, Rn. 21 und 24; zu den Bedingungen einer Einbeziehung von Fremdkapitalkosten ADS, 6. Aufl., § 255, Rn. 202.

25 Vgl. QUICK, R., Einzelfragen der Vorratsbewertung, S. 2207; HUNDSDOERFER, J., Die Vorräte, in: HdJ, Abt. II/4 (2004), Rn. 65; KÜMPEL, T., Vorratsbewertung nach IAS 2, S. 1154.

Herstellungskosten für selbst erstelltes Vorratsvermögen verpflichtend die **direkt zurechenbaren Einzelkosten** und die **anteiligen Gemeinkosten**, die dem Produktionsbereich zurechenbar sind (**produktionsbezogene Vollkosten**).[26] Folgerichtig besteht im Gegensatz zum HGB für Verwaltungskosten und Kosten des Sozialbereichs eine Einbeziehungspflicht, sofern ein Produktionsbezug gegeben ist. Dies betrifft neben produktionsbezogenen Verwaltungskosten auch die Kosten des Sozialbereichs, der betrieblichen Sozialleistungen oder der betrieblichen Altersversorgung. Nicht einzubeziehen sind gemäß IFRS-SME 13.3 die nicht der Produktion zurechenbaren allgemeinen Verwaltungskosten sowie Vertriebskosten. **Fremdkapitalkosten** dürfen nicht aktiviert werden (IFRS-SME 25.2).[27] Mit Blick auf Gemeinkosten bestehen somit Unterschiede zwischen HGB und IFRS-SME, da es nach § 255 Abs. 2 HGB bei der Gemeinkostenaktivierung nicht auf den Produktionsbezug ankommt (vgl. zusammenfassend *Übersicht 4-4*).

Die **Folgebewertung der angeschafften und selbst erstellten Vorräte** richtet sich wie für das übrige Umlaufvermögen im HGB nach dem **strengen Niederstwertprinzip**.[28] Hiernach sind Vorräte auf den niedrigeren Börsen- oder Marktpreis oder - falls diese nicht vorliegen - auf den (sonstigen) beizulegenden Wert abzuschreiben (§ 253 Abs. 4 HGB). Bei fertigen und unfertigen Erzeugnissen werden ausgehend vom Veräußerungspreis **auf dem Absatzmarkt** die noch anfallenden Kostenkomponenten abgezogen.[29] Der Niederstwerttest für Roh-, Hilfs- und Betriebsstoffe ist **beschaffungsmarktorientiert** vorzunehmen (**Wiederbeschaffungswerte**).[30] Die Folgebewertung der Vorräte richtet sich nach IFRS-SME 13.4 und 13.19 i. V. m. IFRS-SME 27.2. Im Gegensatz zu IAS 36 wird die Behandlung außerplanmäßiger Abschreibungen im Vorratsvermögen auch in IFRS-

---

26 Vgl. KÜMPEL, T., Vorratsbewertung nach IAS 2, S. 1154; QUICK, R., Einzelfragen der Vorratsbewertung, S. 2207; hierzu auch BREMBT, T., Möglichkeiten einer internationalisierten Rechnungslegung, S. 26.

27 Vgl. zur Aktivierbarkeit in den IFRS JACOBS, O./SCHMITT, G., in: BAETGE, J. ET AL., Rechnungslegung nach IFRS, 2. Aufl., IAS 2, Rn. 49; ZÜLCH, H./HENDLER, M., Bilanzierung nach IFRS, S. 308. Hiernach muss es sich um ein sog. *qualifying asset* handeln.

28 Vgl. ADS, 6. Aufl., § 253, Rn. 484; MERKT, H., in: BAUMBACH, A./HOPT, K., HGB, 34. Aufl., § 253, Rn. 15.

29 Vgl. ADS, 6. Aufl., § 253, Rn. 494; MERKT, H., in: BAUMBACH, A./HOPT, K., HGB, 34. Aufl., § 253, Rn. 21.

30 Vgl. ADS, 6. Aufl., § 253, Rn. 492; HUNDSDOERFER, J., Die Vorräte, in: HdJ, Abt. II/4 (2004), Rn. 153; kritisch u. a. LEFFSON, U., Die Grundsätze ordnungsmäßiger Buchführung, S. 358.

Kapitel 4: Bilanztheoretisch-hermeneutische Untersuchung der IFRS-SME-Einzelnormen zur Kapitalerhaltung

SME 27 (*impairments*) behandelt, der vergleichbar zum strengen Niederstwertprinzip ausgestaltet ist. Demzufolge müssen Vorräte zu jedem Abschlussstichtag mit dem niedrigeren Wert aus historischen Anschaffungs- bzw. Herstellungskosten und dem **Nettoveräußerungserlös** (*selling price less costs to complete and sell*) bewertet werden. Bevorzugt ist auf Börsen- oder Marktpreise zurückzugreifen.[31]

	Regelungskreis / Kostenarten	HGB	IFRS-SME
Einzelkosten	Materialeinzelkosten	Pflicht	Pflicht
	Fertigungseinzelkosten	Pflicht	Pflicht
	Sondereinzelkosten der Fertigung	Pflicht	Pflicht
Gemeinkosten	Materialgemeinkosten	Pflicht	Pflicht
	Fertigungsgemeinkosten	Pflicht	Pflicht
	Werteverzehr des Anlagevermögens	Pflicht	Pflicht
	Verwaltungskosten des Material- und Fertigungsbereiches	Pflicht	Pflicht
	Allgemeine Verwaltungskosten	Wahlrecht	Verbot
	Kosten für freiwillige soziale Leistungen	Wahlrecht	Anteilig Pflicht
	Kosten für betriebliche Altersversorgung	Wahlrecht	Anteilig Pflicht
	Kosten für soziale Einrichtungen des Betriebs	Wahlrecht	Anteilig Pflicht
Sonstige Kosten	Fremdkapitalzinsen	Nur unter restriktiven Voraussetzungen	Verbot
	Vertriebskosten	Verbot	Verbot
	Forschungskosten	Verbot	Verbot

Übersicht 4-4: Herstellungskostenbestandteile nach HGB und IFRS-SME[32]

Der Niederstwerttest im IFRS-SME ist anders als nach HGB für Vorräte stets **absatzmarktorientiert**.[33] Hilfsweise dürfen für den Werthaltigkeitstest auch Wiederbeschaffungs- oder Reproduktionskosten verwendet werden, um dem Ziel einer verlust-

---

31 Vgl. SENGER, T., in: BRUNS, H.-G. ET AL., IFRS-SME, Teil B, Abschn. 27, Rn. 6.
32 In Anlehnung an KÜTING, K./CASSEL, J., Anschaffungs- und Herstellungskosten, S. 288.

freien Bewertung gerecht zu werden.[34] Daher bietet der **Niederstwerttest** für den Abschlussersteller in beiden Regelungskreisen einen **nicht unerheblichen Ermessensspielraum**.[35] Durch die Etablierung einer Bewertungsobergrenze in Höhe der fortgeführten Anschaffungs- bzw. Herstellungskosten sind die bilanzpolitischen Spielräume akzeptabel. Abschreibungen sind nach § 253 Abs. 5 Satz 1 HGB bzw. IFRS-SME 27.4 bis maximal zu den historischen Anschaffungs- und Herstellungskosten rückgängig zu machen, wenn deren Gründe entfallen sind (**Wertaufholungsgebot**).

422.2 Bilanztheoretisch-hermeneutische Würdigung

Der Umfang der aktivierten Anschaffungs- und Herstellungskosten in der operativen Einflusssphäre des Vorratsvermögens hat unmittelbaren Einfluss auf die Höhe des Periodenerfolgs und das maximale Ausschüttungsvolumen. Vor diesem Hintergrund kommt der **Vorratsbilanzierung** i. V. mit den Regelungen zur Ertragsrealisation[36] eine **essenzielle Bedeutung** zur **Sicherstellung des Kapitalerhaltungszwecks** zu.

Die synoptischen Ausführungen haben das **hohe Maß an Übereinstimmung zwischen HGB und IFRS-SME** und die Geltung des **Anschaffungs- und Herstellungskostenprinzips in beiden Regelungskreisen** deutlich gemacht. Während in Ansatzfragen keine Divergenzen festzumachen sind, ergeben sich *prima facie* im Bereich der Zugangs- und Folgebewertung Unterschiede. Die Zugangsbewertung zu Anschaffungskosten sichert die Erfolgsneutralität des Anschaffungsvorgangs und dient gleichsam als **objektivierter Werthaltigkeitsindikator**.[37] Aufwendungen, die nicht mit hinreichender Sicherheit zu einer Erhöhung der Werthaltigkeit des Vermögensgegenstands beitragen, sind daher erfolgswirksam zu behandeln.[38] Die Aktivierungspflicht gemäß IFRS-SME 13 für die **dem An-**

---

33 Vgl. QUICK, R., in: BRUNS, H.-G., IFRS-SME, Teil B, Abschn. 13, Rn. 54; RIESE, J., in: Beck IFRS HB, 3. Aufl., § 8, Rn 92. Für Roh-, Hilfs- und Betriebsstoffe kann hilfsweise auf den Absatzmarkt für die Fertigerzeugnisse zurückgegriffen werden, sofern diese als Inputfaktoren dienen.

34 Vgl. KÜMPEL, T., Vorratsbewertung nach IAS 2, S. 1157; ZÜLCH, H./HENDLER, M., Bilanzierung nach IFRS, S. 314; BREMBT, T., Möglichkeiten einer internationalisierten Rechnungslegung, S. 33.

35 Vgl. in diese Richtung ADS, 6. Aufl., § 253, Rn. 455.

36 Vgl. zur Ertragsrealisation umfassend Abschnitt 426; zum Ineinandergreifen zwischen Vorratsbilanzierung und Ertragsrealisation MERKT, H., in: BAUMBACH, A./HOPT, K., HGB, 34. Aufl., § 253, Rn. 1; ZÜLCH, H./HENDLER, M., Bilanzierung nach IFRS, S. 301.

37 Vgl. hierzu auch ADS, 6. Aufl., § 255, Rn. 5.

Kapitel 4: Bilanztheoretisch-hermeneutische Untersuchung der IFRS-SME-Einzelnormen zur Kapitalerhaltung

schaffungsvorgang zurechenbaren Gemeinkosten ist für Kapitalerhaltungszwecke **zu kritisieren**, da das künftige Nutzenpotenzial dieser Ausgaben nicht mit hinreichender Sicherheit erwartbar ist. Zudem bestehen **objektivierungsbedingte Einschränkungen** durch Ermessensspielräume bei der Bestimmung der Zurechenbarkeit.[39] Die Aktivierung der Gemeinkosten ist primärer Ausdruck des *matching principle*. Da aber der Umfang des zusätzlichen Aktivierungspotenzials hieraus begrenzt sein dürfte, sind keine nennenswerten Auswirkungen auf die Qualität der Kapitalerhaltung zu erwarten. Das Aktivierungsverbot für Fremdkapitalkosten (IFRS-SME 25.2 bzw. § 255 Abs. 1 Satz 2 HGB) ist zu begrüßen, da diese - wie die o. g. zurechenbaren Gemeinkosten - keine unmittelbareren Bestandteile des Anschaffungsvorgangs sind und damit keinen hinreichend sicheren Nutzenbeitrag aus der Nutzung des Vermögensgegenstandes repräsentieren.[40]

Im Vergleich zu den Anschaffungskosten fällt die **Objektivierungsstrenge der Herstellungskosten** in beiden Regelungskreisen evident **geringer** aus.[41] Durch die Erweiterung der Herstellungskostenuntergrenze nach dem BilMoG bestehen keine gravierenden Divergenzen zum IFRS-SME mehr. Wahlrechtsweise fällt der nach § 255 Abs. 2 HGB maßgebliche Herstellungskostenumfang aber größer aus, da in stärkerem Maß Gemeinkostenbestandteile Berücksichtigung finden.[42] Die Herstellungskostenaktivierung ist für Kapitalerhaltungszwecke gerechtfertigt, wenn diese künftige Erträge alimentieren und ein quasi-sicheres Nutzenpotenzial repräsentieren.[43] Das **Nutzenpotenzial dieser Kostenkomponenten** entspricht aber nicht dem Kriterium der Quasi-Sicherheit und ist unter Kapitalerhaltungsgesichtspunkten **inadäquat**. Die Herstellungskosten dienen daher nur sehr eingeschränkt als **Werthaltigkeitsindikator**.[44] Auch objektivierungsbedingt ist der

---

38 Vgl. LÖHR, D., IFRS versus HGB, S. 647.
39 Vgl. zu Ermessensspielräumen bei der Gemeinkostenzurechnung u. a. QUICK, R., in: BRUNS, H.-G. ET AL., IFRS-SME, Teil B, Abschn. 13, Rn. 12.
40 Vgl. zur diesbezüglichen Kritik umfassend MERSCHMEYER, M., Die Kapitalschutzfunktion des Jahresabschlusses, S. 260-263.
41 A. A. KÜTING, K./CASSEL, J., Anschaffungs- und Herstellungskosten, S. 284 (Betonung der hohen Objektivierungsstrenge der Anschaffungs- und der Herstellungskosten).
42 Vgl. RIESE, J., in: Beck IFRS HB, 3. Aufl., § 8, Rn. 56; FÜLBIER, R./GASSEN, J., Handelsrechtliche GoB vor der Neuinterpretation, S. 2606.
43 Vgl. EULER, R., Grundsätze ordnungsmäßiger Gewinnrealisierung, S. 61.
44 Vgl. MERSCHMEYER, M., Die Kapitalschutzfunktion des Jahresabschlusses, S. 131 (mit Blick auf das HGB).

weite Aktivierungsumfang nicht unproblematisch, da große Ermessensspielräume bei der Zuordnung der Gemeinkosten bestehen.[45] Bei Anwendung von IFRS-SME 13 ergibt sich insgesamt keine negative Beeinträchtigung des Kapitalerhaltungszwecks. **Insofern hebt sich der IFRS-SME im Bereich der Herstellungskosten positiv vom HGB ab, indem bilanzpolitische Spielräume der Abschlussersteller stärker begrenzt werden.**

Sowohl das HGB als der IFRS-SME verfolgen ein unter Kapitalerhaltungsgesichtspunkten zweckadäquates **strenges Niederstwertprinzip** und folgen ähnlichen Grundsätzen.[46] Handelsrechtlich ist im Gegensatz zum Anlagevermögen stets eine Abschreibung auf den niedrigeren beizulegenden Zeitwert vorzunehmen, so dass Ermessensspielräume in Bezug auf das **Kriterium der Dauerhaftigkeit** gemäß § 253 Abs. 3 Satz 3 HGB nicht zum Tragen kommen. Durch die ausschließlich **absatzmarktorientierte Berücksichtigung des Korrektivwerts** im IFRS-SME können sich aber praktische Probleme ergeben, wenn Absatzmärkte für die Vorräte im Einzelfall nicht vorhanden sind.[47] Ähnliche Probleme entstehen im HGB und IFRS-SME, wenn **kein objektivierter Marktpreis** verfügbar ist.[48] Durch die Beschränkung des Korrektivwerts auf Wertanpassungen „nach unten" sind die objektivierungsbedingten Defizite des IFRS-SME und HGB akzeptabel.

Insgesamt sind keine negativen Auswirkungen auf den Kapitalerhaltungszweck durch die Regelungen in IFRS-SME 13 zu erwarten. Durch den hohen Ermessensspielraum bei Herstellungskosten widerspricht das HGB gemäß dem o. g. Klassifikationsschema den Anforderungen des Kapitalerhaltungszwecks überwiegend. Durch die höhere Objektivierungsstrenge der Herstellungskostenabgrenzung weist der IFRS-SME damit Vorteile auf. Kritisch zu sehen ist in beiden Regelungskreisen die Ausdehnung der Kostenabgrenzung auf Gemeinkosten, was vornehmlich dem Grundsatz der Abgrenzung der Sache nach bzw. dem *matching principle* Rechnung trägt (vgl. zusammenfassend *Übersicht 4-5*).

---

45 Vgl. zu diesem Problem bereits ADS, 6. Aufl., § 255, Rn. 248.
46 Vgl. für das HGB ADS, 6. Aufl., § 253, Rn. 486 („*im Interesse des Gläubigerschutzes*"); für die IFRS RIESE, J., in: Beck IFRS HB, 3. Aufl., § 8, Rn. 96.
47 Vgl. nur ADS, 6. Aufl., § 253, Rn. 489.
48 Vgl. bereits LEFFSON, U., Die Grundsätze ordnungsmäßiger Buchführung, S. 360; MERSCHMEYER, M., Die Kapitalschutzfunktion des Jahresabschlusses, S. 143.

Regelungsbereich \ Regelungskreis	IFRS-SME	HGB
Vorräte (inklusive Fremdkapitalkosten)	O	(-)

Übersicht 4-5: Zusammenfassende Würdigung der Vorratsbilanzierung nach IFRS-SME und HGB

423. Leasing

423.1 Vorbemerkungen

Die folgenden Ausführungen haben die Adäquanz der Regelungen zur bilanziellen Behandlung von Leasingverhältnissen für Kapitalerhaltungszwecke zum Gegenstand. Maßgeblich ist hierbei vor allem die Frage, ob und anhand welcher Kriterien ein Leasingobjekt trotz fehlenden zivilrechtlichen Eigentums wirtschaftlich dem Leasingnehmer zuzurechnen ist. Während dies in IFRS-SME 20 geregelt ist, enthält das Handelsrecht keine derartigen expliziten Vorschriften. Vielmehr werden in der Praxis die steuerrechtlichen Vorschriften in Form der sog. **Leasingerlasse**[49] zur handelsrechtlichen Bilanzierung herangezogen.[50] Zunächst werden die Vorschriften zu Ansatz und Bewertung für beide Regelungskreise herausgearbeitet. In Einklang mit dem Untersuchungsprämissen[51] steht die Perspektive des Leasingnehmers im Fokus. Spezialprobleme im Immobilienleasing (bspw. sog. *sale and lease back*-Verträge) bleiben ausgeklammert, da diese für deutsche SMEs i. d. R. nur geringe Bedeutung haben dürften.[52] Im Anschluss ist die Zweckadäquanz der Vorschriften zur Kapitalerhaltung zu würdigen.

---

49 Vgl. für das Mobilienleasing BMF (HRSG.), Schreiben v. 19. April 1971 - F/IV B 2 - S 2170 - 31/71; BMF (HRSG.), Schreiben v. 22. Dezember 1975 - IV B 2 - S 2170 - 161/75.

50 Vgl. ADS, 6. Aufl., § 246, Rn. 392; AMMANN, H./HUCKE, A., Rechtliche Grundlagen des Leasing, S. 90. Die Leasingerlasse sind nur eine mögliche Interpretation für eine GoB-konforme Leasingbilanzierung und daher nicht zwingend einschlägig. Vgl. mit Verweis auf die Rechtsprechung MERSCHMEYER, M., Die Kapitalschutzfunktion des Jahresabschlusses, S. 202, Fn. 694; in diesem Sinne ebenfalls LEIPPE, B., Die Bilanzierung von Leasinggeschäften, S. 99, Fn. 5.

51 Vgl. hierzu Abschnitt 15.

52 Vgl. zur bilanztheoretisch-hermeneutischen Würdigung des *sale and lease back* für Kapitalerhaltungszwecke MERSCHMEYER, M., Die Kapitalschutzfunktion des Jahresabschlusses, S. 200-202.

423.2 IFRS-SME und HGB im Vergleich

423.21 Ansatz

Im Regelfall fallen zivilrechtliches und wirtschaftliches Eigentum eines Guts zusammen, so dass das deutsche Bilanzrecht für den Bilanzansatz zunächst an das **zivilrechtliche Eigentum des Vermögensgegenstands** anknüpft, sofern keine abweichenden Umstände ein Auseinanderfallen des wirtschaftlichen und des rechtlichen Eigentums nahelegen.[53] Im Zweifel ist der Vermögensgegenstand dem wirtschaftlichen Eigentümer zuzurechnen (§ 246 Abs. 1 Satz 2 HGB).[54] Auch im Sinne von IFRS-SME 2.8 (*substance over form*) ist das **wirtschaftliche Eigentum** maßgeblich für den **Ansatz des Vermögensgegenstands**.[55] Dem IFRS-SME ist aber die **widerlegbare Vermutung** einer Verknüpfung zwischen **zivilrechtlichem** und **wirtschaftlichem Eigentum** fremd, da der Bilanzansatz an die Definition eines *asset* in IFRS-SME 2.15 lit a. anknüpft. Hiernach richtet sich die Zurechnung allein nach der **Verfügungsgewalt über den künftigen Nutzenzufluss**.[56] Für den Bilanzansatz werden nunmehr die **Definitionen** aus § 246 Abs. 1 Satz 2 HGB bzw. aus IFRS-SME 2.8 bei Leasingverträgen hinreichend konkretisiert.

In Deutschland richtet sich die Zurechnung ausschließlich nach der vollständigen und auf Dauer ausübbaren **Verfügungsmacht** über **Ertrag und Substanz** des Leasingobjekts.[57] Die Substanz umfasst die Chance der Wertsteigerung und das Risiko der Wertminderung.[58] Die **Leasingerlasse** knüpfen damit an den **zivilrechtlichen Eigentumsbegriff** dergestalt an, als durch den Leasingvertrag die **Entscheidungsbefugnis über Ertrag und Substanz** (Verwendung des Leasingobjekts nach Beendigung) faktisch auf den Leasingnehmer übergegangen sein muss. In diesem Sinn nimmt der Leasingnehmer die

---

53 Vgl. ADS, 6. Aufl., § 246, Rn. 170.
54 Vgl. ADS, 6. Aufl., § 246, Rn. 387; MERKT, H., in: BAUMBACH, A./HOPT, K., HGB, 34. Aufl., Rn. 14; im Zuge des BilMoG auch BT-Drucksache 16/10067, S. 47 („[...] *unter der Einschränkung steht, dass die betreffenden Vermögensgegenstände dem Kaufmann auch wirtschaftlich zuzurechnen sein müssen*").
55 Vgl. KIRSCH, H.-J.., in: BAETGE, J. ET AL., Rechnungslegung nach IFRS, 2. Aufl., IAS 17, Rn. 20.
56 Vgl. MELLWIG, W./WEINSTOCK, M., Die Zurechnung von mobilen Leasingobjekten, S. 2351.
57 Vgl. zu Definitionsalternativen des wirtschaftlichen Eigentums MELLWIG, W./WEINSTOCK, M., Die Zurechnung von mobilen Leasingobjekten, S. 2347 f.; ADS, 6. Aufl., § 246, Rn. 263.
58 Vgl. m. w. N. LEIPPE, B., Die Bilanzierung von Leasinggeschäften, S. 175; MOXTER, A., Grundsätze ordnungsgemäßer Rechnungslegung, S. 64 f.

Kapitel 4: Bilanztheoretisch-hermeneutische Untersuchung der IFRS-SME-Einzelnormen zur Kapitalerhaltung

für einen zivilrechtlichen Eigentümer typische Stellung auf wirtschaftlicher Basis ein. Unter **objektivierungsrechtlichen Gesichtspunkten** ist die **rechtliche (vertragliche) Absicherung** dieser wirtschaftlichen Eigentümerposition essenziell.[59] Die Leasingerlasse differenzieren hierbei zwischen **Miet-** und **Finanzierungsleasingverträgen**. Voraussetzung für einen Mietleasingvertrag ist ein jederzeit ausübbares Kündigungsrecht des Leasingnehmers, weshalb das Leasingobjekt **stets** beim „Vermieter" (Leasinggeber) bilanziert werden muss. Dieser trägt die Risiken aus dem Eigentum des Objekts und verfügt über dessen Substanz.[60] Durch die Einstufung als **Mietverhältnis** handelt es sich um ein (**ausgeglichenes**) **schwebendes Geschäft**, das im Vergleich zum Finanzierungsleasing zu keinem Bilanzansatz führt. Ein Bilanzansatz des Leasingobjekts sowie der korrespondierenden Leasingverbindlichkeit beim Leasingnehmer ist beim Finanzierungsleasing aber keineswegs zwingend, sofern die in den **Leasingerlassen** definierten Kriterien nicht verletzt sind.[61] In Abhängigkeit von **Teilamortisations-** und **Vollamortisationsverträgen** fallen diese auseinander. Bei einem Vollamortisationsvertrag decken die Leasingraten während der Grundmietzeit mindestens die Anschaffungs- bzw. Herstellungskosten des Leasingobjekts mit einem Gewinnaufschlag des Leasinggebers.[62] Sofern die volle Amortisation nach der Grundmietzeit nicht erreicht ist, handelt es sich um einen Teilamortisationsvertrag.

Die Definitions- und Ansatzkriterien aus IFRS-SME 2 und damit der Begriff des **wirtschaftlichen Eigentums** basieren im IFRS-SME auf der Abgrenzung zwischen *finance* und *operate lease* nach IFRS-SME 20.4. Diese wird zusätzlich durch eine Reihe qualitativer Kriterien und Indikatoren in IFRS-SME 20.5-.6 verfeinert. Hiernach handelt es sich um einen *finance lease*, wenn dem Leasingnehmer **sämtliche mit dem Leasingobjekt verbundene Chancen und Risiken** (*substantially all the risks and rewards*) zufallen.[63] Im

---

59 Vgl. MOXTER, A., Grundsätze ordnungsgemäßer Rechnungslegung, S. 65.
60 Vgl. AMMANN, H./HUCKE, A., Rechtliche Grundlagen des Leasing, S. 88; ADS, 6. Aufl., § 246, Rn. 386.
61 Vgl. CLAßEN, R./SCHULZ, S., Leasingbilanzierung nach HGB und IFRS, S. 4; BREMBT, T., Möglichkeiten einer internationalisierten Rechnungslegung, S. 63.
62 Vgl. AMMANN, H./HUCKE, A., Rechtliche Grundlagen des Leasing, S. 89 f.; GELHAUSEN, F./WEIBLEN, S., Die Bilanzierung von Leasingverhältnissen, in: HdJ, Abt. I/5 (2003), Rn. 10-14.
63 Vgl. BEIERSDORF, K./EIERLE, B./HALLER, A., IFRS for SMEs, S. 1555; JANSSEN, J., Rechnungslegung im Mittelstand, S. 156.

Gegensatz zum HGB bezieht sich diese Analyse auf die **Chancen und Risiken aus der Nutzung des Leasingobjekts**, d. h. vor allem auf die **Verfügungsmacht über die Erträge** des Leasingobjekts. Dies schließt zwar mögliche Chancen und Risiken aus der späteren Verwertung für den Leasingnehmer ein, sofern diese wirtschaftlich wahrscheinlich sind. Im Gegensatz zum HGB kommt der Entscheidungsgewalt über die Verwertungserlöse aber nur eine indikative Bedeutung im Rahmen der notwendigen Gesamtbetrachtung zu.

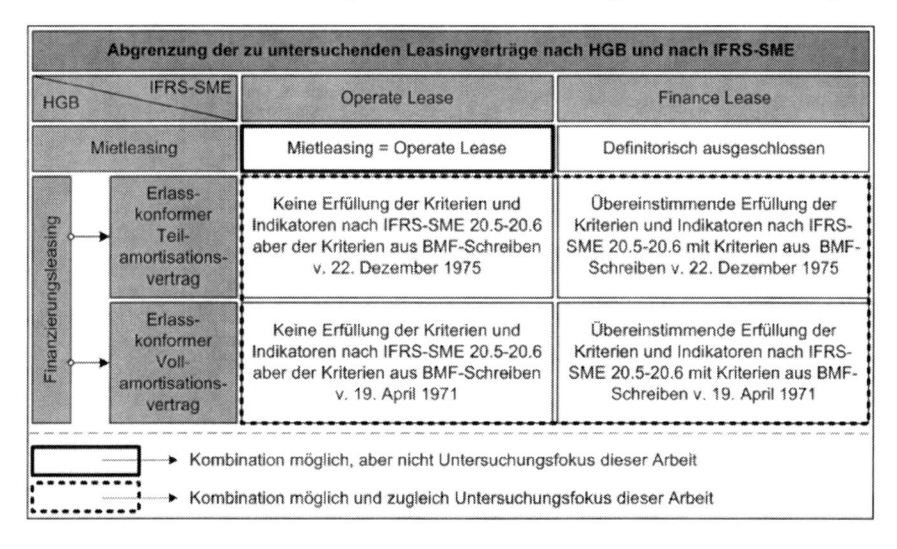

HGB \ IFRS-SME	Operate Lease	Finance Lease
Mietleasing	Mietleasing = Operate Lease	Definitorisch ausgeschlossen
Finanzierungsleasing — Erlasskonformer Teilamortisationsvertrag	Keine Erfüllung der Kriterien und Indikatoren nach IFRS-SME 20.5-20.6 aber der Kriterien aus BMF-Schreiben v. 22. Dezember 1975	Übereinstimmende Erfüllung der Kriterien und Indikatoren nach IFRS-SME 20.5-20.6 mit Kriterien aus BMF-Schreiben v. 22. Dezember 1975
Finanzierungsleasing — Erlasskonformer Vollamortisationsvertrag	Keine Erfüllung der Kriterien und Indikatoren nach IFRS-SME 20.5-20.6 aber der Kriterien aus BMF-Schreiben v. 19. April 1971	Übereinstimmende Erfüllung der Kriterien und Indikatoren nach IFRS-SME 20.5-20.6 mit Kriterien aus BMF-Schreiben v. 19. April 1971

→ Kombination möglich, aber nicht Untersuchungsfokus dieser Arbeit
→ Kombination möglich und zugleich Untersuchungsfokus dieser Arbeit

Übersicht 4-6: *Abgrenzung der untersuchten Leasingvertragsgestaltungen nach HGB und nach IFRS-SME*

Miet- bzw. Finanzierungsleasing nach HGB und *finance* bzw. *operate lease* nach dem IFRS-SME sind nicht einheitlich abgegrenzt (vgl. *Übersicht 4-6*).[64] Ein Finanzierungsleasing kann durchaus als *operate lease* nach IFRS-SME 20.4 eingestuft werden. Ein Mietleasing ist hingegen stets ein *operate lease*-Verhältnis.[65] Dieses bleibt nach dem Grundsatz der **Nichtbilanzierung schwebender Geschäfte** in der Bilanz **unberücksichtigt**.[66] Vielmehr ist der über die Nutzungsdauer verteilte Mietaufwand für das Leasingobjekt in der Ergebnisrechnung periodisch zu erfassen, wobei noch nicht erfolgswirksam verbuchte Aufwendungen aktivisch bzw. passivisch in der Bilanz abgegrenzt werden.[67] In

---

64 Vgl. BREMBT, T., Möglichkeiten einer internationalisierten Rechnungslegung, S. 64.
65 Vgl. BREMBT, T., Möglichkeiten einer internationalisierten Rechnungslegung, S. 65.
66 Vgl. ADS, 6. Aufl., § 246, Rn. 183; GELHAUSEN, H./WEIBLEN, S., Die Bilanzierung von Leasingverhältnissen, in: HdJ, Abt. I/5 (2003), Rn. 165.

Kapitel 4: Bilanztheoretisch-hermeneutische Untersuchung der IFRS-SME-Einzelnormen zur Kapitalerhaltung

Übersicht 4-6 werden die Differenzierungskriterien des *finance* und *operate lease* nach IFRS-SME 20 im Vergleich zu Voll- und Teilamortisationsverträgen in Einklang mit den Leasingerlassen nach deutschem Recht (sog. **erlasskonforme Verträge**) dargestellt.

Anforderungen für Nichtansatz von Leasingobjekten nach Leasingerlassen und IFRS-SME	
Leasingerlasse	**IFRS-SME**
Kein automatischer Eigentumsübergang am Ende der Vertragslaufzeit.	**Kein automatischer Eigentumsübergang** am Ende der Vertragslaufzeit (IFRS-SME 20.5 lit. a).
Das Leasingobjekt kann ohne wesentliche Veränderungen auch von anderen Leasingnehmern genutzt werden (kein **Spezialleasing**) (BMF-Schreiben v. 19. April 1971).	Das Leasingobjekt kann ohne wesentliche Veränderungen auch von anderen Leasingnehmern genutzt werden (kein **Spezialleasing**) (IFRS-SME 20.5 lit. e).
Vorliegen einer ungünstigen **Kaufoption** gem. BMF-Schreiben v. 19. April 1971.	Vorliegen einer ungünstigen **Kaufoption** gem. IFRS-SME 20.5 lit. b.
Vorliegen einer ungünstigen **Mietverlängerungsoption** gem. BMF-Schreiben v. 19. April 1971.	Vorliegen einer ungünstigen **Mietverlängerungsoption** gem. IFRS-SME 20.6 lit. c.
Nutzungsdauertest gem. BMF-Schreiben v. 19. April 1971.	**Nutzungsdauertest** gem. IFRS-SME 20.5 lit. c.
-	**Barwerttest** gem. IFRS-SME 20.5 lit. d.
Vorliegen einer **Restwertgarantie mit Mehrerlösbeteiligung** für den Leasinggeber gem. BMF-Schreiben v. 22. Dezember 1975.	Gewinne oder Verlust, die durch **Schwankungen des Restwertes** des Leasingobjektes entstehen, fallen nicht dem Leasingnehmer zu (IFRS-SME 20.6 lit. a).
Vorliegen eines **Kündigungsrechts mit Restwertgarantie** des Leasingnehmers gem. BMF-Schreiben v. 22. Dezember 1975.	Wenn der Leasingnehmer das Leasingverhältnis auflösen kann (**Kündigungsrecht**), sind die Verluste des Leasinggebers aus der Auflösung nicht vom Leasingnehmer zu tragen (IFRS-SME 20.6 lit. b).
Andienungsrecht des Leasinggebers gem. BMF, Schreiben v. 22. Dezember 1975.	-

Übersicht 4-7: Kriterien des wirtschaftlichen Eigentums bei erlasskonformen Leasingverträgen und nach IFRS-SME 20.5[68]

Die Operationalisierung des für die Bilanzierungsentscheidung von Leasingobjekten maßgeblichen Begriffs des wirtschaftlichen Eigentums konkretisiert sich über die in *Übersicht 4-7* synoptisch dargestellten Kriterien, deren kumulative Erfüllung den Bilanzansatz des Leasingobjekts und der korrespondierenden Verpflichtung **beim Leasinggeber** nahe legt. Anders als bei den Kriterien in den Leasingerlassen handelt es sich im IFRS-SME nur um „indikative" Anforderungen, denn maßgeblich ist eine **Gesamtwürdigung**

---

67 Vgl. GELHAUSEN, H./WEIBLEN, S., Die Bilanzierung von Leasingverhältnissen, in: HdJ, Abt. I/5 (2003), Rn. 165-173; DOLL, C., in: Beck IFRS HB, 3. Aufl., § 22, Rn. 115 f.

68 In Anlehnung an BREMBT, T., Möglichkeiten einer internationalisierten Rechnungslegung, S. 65.

der tatsächlichen Umstände.[69] Ein Beispiel für die Klassifikationsentscheidung ist das **Fahrzeugleasing**, bei dem ein Bilanzansatz beim Leasingnehmer verhindert werden soll. Dies lässt sich erreichen, indem eine **nutzungsabhängige Leasingrate** fällig wird, die regelmäßig als **Mietleasing** nach HGB bzw. *operate lease* nach IFRS-SME einzuordnen ist.[70] Gemäß den Leasingerlassen darf generell **kein automatischer Eigentumsübergang** geregelt sein. Zudem darf es sich **nicht um ein Spezialleasing** handeln.[71] Diese Kriterien entsprechen materiell den korrespondierenden Kriterien in IFRS-SME 20.5. Nach IFRS-SME 20.5 lit. a und e darf nach Ende der Vertragslaufzeit **kein automatischer Eigentumsübergang** des Leasingobjekts auf den Leasingnehmer sowie **kein Spezialleasing** vorliegen.[72] Andernfalls handelt es sich um einen *finance lease*.

Trotz ähnlicher Beschreibung können sich hingegen Divergenzen bei den Kriterien des **Nutzungsdauertests** sowie der **Kaufoption** ergeben. Durch den **Nutzungsdauertest** in IFRS-SME 20.5 lit. c wird vorgegeben, dass die vereinbarte Grundmietzeit den überwiegenden Teil der wirtschaftlichen Nutzungsdauer des Leasingobjekts nicht überschreiten darf.[73] Diese sind indes nicht exakt quantifiziert und unterliegen damit Ermessensspielräumen des Abschlusserstellers.[74] Korrespondierend darf bei einem **erlasskonformen Vollamortisationsvertrag** die **Grundmietzeit** hingegen zwischen 40% bis 90% der **Abschreibungsdauer** gemäß den **AfA-Tabellen** der Steuerverwaltung betragen.[75] Da für die Leasingerlasse die steuerlichen AfA-Nutzungsdauern greifen, die deutlich niedriger sind als die wirtschaftlichen Nutzungsdauern nach IFRS-SME 20.5 lit. c, kommt es meist zu

---

69 Vgl. FÖRSCHLE, G./KRONER, M., in: Beck Bilanzkomm., 7. Aufl., § 246, Rn. 168. Dies gilt auch für das HGB, sofern keine erlasskonforme Leasingverträge geschlossen werden. Vgl. MELLWIG, W./WEINSTOCK, M., Die Zurechnung von mobilen Leasingobjekten, S. 2346.
70 Vgl. zum Kraftfahrzeugleasing GELHAUSEN, F./WEIBLEN, S., Die Bilanzierung von Leasingverhältnissen, in: HdJ, Abt. I/5 (2003), Rn. 19.
71 Vgl. BAETGE, J./KIRSCH, H.-J./THIELE, S., Bilanzen, S. 641.
72 Vgl. DOLL, C., in: Beck IFRS HB, 3. Aufl., § 22, Rn. 49 f. und 81 f.
73 Vgl. KIRSCH, H.-J., in: BAETGE, J. ET AL., Rechnungslegung nach IFRS, 2. Aufl., IAS 17, Rn. 27, GRUBER, T., in: BRUNS, H.-G. ET AL., IFRS-SME, Teil B, Abschn. 20, Rn. 21; KÜMPEL, T./BEKKER, M., Bilanzielle Zurechnung von Leasingobjekten, S. 1474. Die genannten Autoren erachten einen Grenzwert von 75% als sinnvoll.
74 Vgl. MELLWIG, W./WEINSTOCK, M., Die Zurechnung von mobilen Leasingobjekten, S. 2352; KÜMPEL, T./BECKER, M., Bilanzielle Zurechnung von Leasingobjekten, S. 1473.
75 Vgl. ADS, 6. Aufl., § 246, Rn. 390; AMMANN, H./HUCKE, A., Rechtliche Grundlagen des Leasing, S. 90.

Kapitel 4: Bilanztheoretisch-hermeneutische Untersuchung der IFRS-SME-Einzelnormen zur Kapitalerhaltung

einer übereinstimmenden Ansatzentscheidung.[76] Im Vergleich zum IFRS-SME sorgen die Leasingerlasse aber für eine präzisere Definition dieses Kriteriums, da in IFRS-SME 20.5 lit. c keine quantitative Bestimmung des *„überwiegenden Teils"* der Nutzungsdauer vorliegt.[77] Im Sinne von IFRS-SME 20.5 lit. b ist eine **Kaufoption** dann als **günstig** zu bewerten, wenn der vereinbarte Kaufpreis deutlich niedriger ist als der zu erwartende *fair value* am Laufzeitende des Leasingvertrags und deren Ausübung hinreichend wahrscheinlich ist. Hierbei bestehen aber **deutliche Ermessensspielräume**, da die Begriffe „deutlich", „zu erwartender fair value" und „hinreichend wahrscheinlich" **nicht präzisiert** werden. Die Einschätzung dieses Kriteriums hängt somit stark vom subjektiven Ermessen des Abschlusserstellers ab.[78] Da bei erlasskonformen Leasingverträgen der Kaufpreis niedriger sein muss als der Restbuchwert bei Anwendung der AfA-Abschreibungsdauern bzw. als der beizulegende Zeitwert am Ende der Grundmietzeit, wird **handelsrechtlich eine weniger ermessensbehaftete Abgrenzung** erreicht.[79] Ein wesentlicher Unterschied besteht darin, dass IFRS-SME 20.5 lit. d im Gegensatz zu den Leasingerlassen einen **Barwerttest** fordert. Der Barwert der Mindestleasingzahlungen darf für die Dauer des Leasingvertrags den *fair value* des Leasingobjekts bei Vertragsabschluss nicht überschreiten.[80] Der Diskontierungszinssatz ist der interne Zinsfuß, ermittelt aus den diskontierten Leasingraten und dem nicht garantierten Restwert des Leasingobjekts am Laufzeitende, bzw. der Fremdkapitalzins des Leasingnehmers.[81] Im Fall eines positiven Restwerts führt das Barwertkriterium i. d. R. zur Einstufung als *operate lease*.[82] Daher ist die Kritik an der fehlenden Objektivierungsstrenge eines derartigen Bartwertkalküls zwar berechtigt, vor allem bei der Festlegung des Diskontierungszinssatzes, des künftigen Restwerts und des

---

76 Vgl. KIRSCH, H.-J., in: BAETGE, J. ET AL., Rechnungslegung nach IFRS, 2. Aufl., IAS 17, Rn. 92; BREMBT, T., Möglichkeiten einer internationalisierten Rechnungslegung, S. 67.

77 Vgl. DOLL, C., in: Beck IFRS HB, 3. Aufl., § 22, Rn. 60.

78 So u. a. auch KÜMPEL, T./BECKER, M., Bilanzielle Zurechnung von Leasingobjekten, S. 1473 („*beachtliche Ermessensspielräume*"); BREMBT, T., Möglichkeiten einer internationalisierten Rechnungslegung, S. 68.

79 Vgl. MELLWIG, W./WEINSTOCK, M., Die Zurechnung von mobilen Leasingobjekten, S. 2352.

80 Vgl. GRUBER, T., in: BRUNS, H.-G. ET AL., IFRS-SME, Teil B, Abschn. 20, Rn. 33 (Grenzwert von 90%); zur komplexen Definition der Mindestleasingzahlungen KÜMPEL, T./BECKER, M., Bilanzielle Zurechnung von Leasingobjekten, S. 1474 f.

81 Vgl. DOLL, C., in: Beck IFRS HB, 3. Aufl., § 22, Rn. 75 f.; GRUBER, T., in: BRUNS, H.-G. ET AL., IFRS-SME, Teil B, Abschn. 20, Rn. 29.

82 Vgl. m. w. N. BREMBT, T., Möglichkeiten einer internationalisierten Rechnungslegung, S. 68 f.

derzeitigen *fair value* des Leasingobjekts. Da ein positiver Restwert der Regelfall sein dürfte, hat dies aber keine materiellen Auswirkungen auf die Ansatzentscheidung. Neben den Kriterien in IFRS-SME 20.5 werden in IFRS-SME 20.6 drei **weitere sekundäre Indikatoren** vorgegeben, die ihre Entsprechung in den Leasingerlassen finden. Für Vollamortisationsverträge ist das Kriterium der **Mietverlängerungsoption** nach IFRS-SME 20.6 lit. c einschlägig.[83] Die Einschätzung über die „Ungünstigkeit" ist aber ebenso ermessensbehaftet wie das der Kaufoption und führt meist zu identischen Ansatzentscheidungen nach HGB und IFRS-SME.

Bei **erlasskonformen Teilamortisationsverträgen**, bei denen ebenfalls eine unkündbare Grundmietzeit zwischen 40% und 90% der Nutzungsdauer vorliegen muss, wird eine erlasskonforme Bilanzierung unter den folgenden Bedingungen erreicht:[84]

- Nach einer unkündbaren Grundmietzeit besteht für den Leasinggeber ein **Andienungsrecht** des Leasingobjekts, wobei der *a priori* vereinbarte Preis dem nicht durch die Leasingraten amortisierten Restwert des Leasingobjekts zuzüglich eines Gewinnaufschlags entspricht;

- der Leasingnehmer garantiert dem Leasinggeber am Ende der unkündbaren Grundmietzeit die Restamortisation über den Mindestrestwert. Liegt der Verkaufspreis über diesem Schwellenwert, steht der Mehrerlös zu 25% dem Leasingnehmer zu; **und**

- der Leasinggeber veräußert nach der unkündbaren Grundmietzeit, die mindestens 40% der Nutzungsdauer beträgt, das Leasingobjekt, wobei der Leasingnehmer den für die Restamortisation notwendigen Restwert garantiert. Ein Mehrerlös fließt ausschließlich dem Leasinggeber zu.

Diese **erlasskonformen Teilamortisationsverträge** stehen in **Widerspruch zu den Indikatoren** nach IFRS-SME 20.6 lit. a und b, welche c. p. zu einem *finance lease* führen. Durch die **Restwertgarantie des Leasingnehmers** wird zudem der **Barwerttest verletzt**.[85]

---

83 Im Gegensatz zu den Kriterien IFRS-SME 20.5 können die Indikatoren in IFRS-SME 20.6 indes nicht allein den Ausschlag für die Ansatzentscheidung geben. Vgl. GRUBER, T., in: BRUNS, H.-G. ET AL., IFRS-SME, Teil B, Abschn. 20, Rn. 33.

84 Vgl. BMF (HRSG.), Schreiben v. 22. Dezember 1975 - IV B 2 - S 2170 - 161/75, Abschn. 2 lit. a bis c; mit weiteren Erläuterungen LEIPPE, B., Die Bilanzierung von Leasinggeschäften, S. 107-109; LÜDENBACH, N./FREIBERG, J., in: Haufe IFRS-Kommentar, 8. Aufl., § 15, Rn. 111; BREMBT, T., Möglichkeiten einer internationalisierten Rechnungslegung, S. 70 f.

Kapitel 4: Bilanztheoretisch-hermeneutische Untersuchung der IFRS-SME-Einzelnormen zur Kapitalerhaltung

Der **Nutzungsdauertest** ergibt hingegen **keine Unterschiede zu Vollamortisationsverträgen**. Ein erlasskonformer Teilamortisationsvertrag führt i. d. R. zum *finance lease* und damit zu einer abweichenden Zuordnung des Leasingobjekts.[86]

423.22 Bewertung

Hinsichtlich der Bewertung ergeben sich überschaubare Unterschiede zwischen IFRS-SME und HGB. Die erlasskonformen Bewertungsvorschriften finden sich nur im Leasingerlass für Vollamortisationsverträge.[87] Für die **Zugangsbewertung** ist nach IFRS-SME 20.9 das Leasingobjekt auf der Aktivseite in Höhe des *fair value* oder falls niedriger mit dem Barwert der Leasingraten zu bewerten. Auf der Passivseite ist eine **betragsgleiche Verbindlichkeit** zu erfassen. Handelsrechtlich sind die Anschaffungskosten einschlägig. Diese werden über den **Barwert der Leasingraten** approximiert (§ 253 Abs. 1 HGB).[88] Anders als das HGB beinhalten die IFRS-SME-Bewertungsregeln eine **imparitätische Vorsichtskomponente für die Zugangsbewertung** von Leasingobjekten. Hinsichtlich des **Diskontierungssatzes** zur Ermittlung des Barwerts der Leasingraten bestimmt IFRS-SME 20.10, dass der interne Zinsfuß des Leasingverhältnisses oder subsidiär der Fremdkapitalzins des Leasingnehmers anzuwenden ist. **Handelsrechtlich ist ein laufzeitäquivalenter Zinssatz für Investitionskredite** zu verwenden.[89] Approximativ stimmen der Diskontierungszinssatz nach IFRS-SME 20 und nach § 255 Abs. 1 HGB somit überein.[90] Nach § 253 Abs. 3 HGB bzw. IFRS-SME 20.12 ist für die **Folgebewertung** das Leasingobjekt auf der Aktivseite über die wirtschaftliche Nutzungsdauer planmäßig und ggf. außerplanmäßig abzuschreiben.[91] Auf der Passivseite ist der **Barwert der Leasingverpflichtungen** (IFRS-SME 20.11 bzw. § 253 Abs. 3 HGB) in einen Zins- und einen

---

85 Vgl. BREMBT, T., Möglichkeiten einer internationalisierten Rechnungslegung, S. 71.
86 Vgl. BREMBT, T., Möglichkeiten einer internationalisierten Rechnungslegung, S. 72.
87 Vgl. BMF (HRSG.), Schreiben v. 19. April 1971 - F/IV B 2 - S 2170 - 31/71, Abschn. IV. und V.
88 Vgl. GELHAUSEN, F./WEIBLEN, S., Die Bilanzierung von Leasingverhältnissen, in: HdJ, Abt. I/5 (2003), Rn. 175 f.; MERKT, H., in: BAUMBACH, A./HOPT, K., HGB, 34. Aufl., § 255, Rn. 9.
89 Vgl. ADS, 6. Aufl., § 255, Rn. 78 f.; CLAßEN, R./SCHULZ, S., Leasingbilanzierung nach HGB und IFRS, S. 6.
90 Vgl. BREMBT, T., Möglichkeiten einer internationalisierten Rechnungslegung, S. 75.
91 Vgl. AMMANN, H./HUCKE, A., Rechtliche Grundlagen des Leasing, S. 91; zu Unterschieden zwischen den IFRS und dem Handelsrecht bei der Bestimmung der wirtschaftlichen Nutzungsdauer DOLL, C., in: Beck IFRS HB, 3. Aufl., § 22, Rn. 41-43.

Tilgungsteil aufzuteilen und nach der **Effektivzinsmethode** folgezubewerten.[92] Die **Erfolgswirkung** verteilt sich somit wie bei einem kreditfinanzierten Kauf über die **Nutzung des Objekts**.[93] Kritisch anzumerken ist, dass sich durch die fehlenden Spezifikationen das Ausschüttungsvolumen sowohl bei Anwendung des IFRS-SME 20 als auch bei den Leasingerlassen erheblich steuern lässt.[94]

423.3 Bilanztheoretisch-hermeneutische Würdigung

Die Bilanzierung von Leasingverhältnissen und deren Würdigung für Kapitalerhaltungszwecke ist äußerst komplex und wird im Schrifttum kontrovers diskutiert. Aus diesem Grund können nachfolgend nur einige ausgewählte Aspekte in Grundzügen auf ihre Kompatibilität zum Kapitalerhaltungszweck diskutiert werden.

Entscheidendes Kriterium für den Bilanzansatz ist sowohl im HGB als auch im IFRS-SME das **Kriterium des wirtschaftlichen Eigentums**. Die GoB-konforme Auslegung von § 246 Abs. 1 Satz 2 HGB auf Basis der Leasingerlasse knüpft im Gegensatz zum IFRS-SME am **zivilrechtlichen Eigentumsbegriff** an und fordert, dass nur bei einer Abweichung der tatsächlichen Entscheidungsgewalt über Ertrag und Substanz das Leasingobjekt beim wirtschaftlichen Eigentümer bilanziert werden muss.[95] Insbesondere die **Verknüpfung mit der Verfügungsgewalt über die Substanz des Leasingobjekts** steht in Einklang mit dem Aktivierungsgrundsatz, denn dieses Kriterium sichert die **geforderte Einzelverwertbarkeit als Aktivierungskriterium** für die handelsrechtliche Bilanz. Bei einer faktischen Verfügungsgewalt ist in dem Leasingobjekt (bzw. in dem die Nutzung des Leasingobjekts konkretisierenden Leasingvertrag)[96] ein einzelverwertbares wirtschaftliches Potenzial zu sehen.[97] Da zumindest der **wirtschaftliche Vorteil** in Form des Lea-

---

92 Vgl. LEIPPE, B., Die Bilanzierung von Leasinggeschäften, S. 114. Bei Teilamortisationsverträgen kann die Effektivzinsmethode zu unsinnigen Ergebnissen führen, so dass alternative Bewertungsverfahren heranzuziehen sind.
93 Vgl. KIRSCH, H.-J., in: BAETGE, J. ET AL., Rechnungslegung nach IFRS, 2. Aufl., IAS 17, Rn. 30; LEIPPE, B., Die Bilanzierung von Leasinggeschäften, S. 169.
94 Vgl. LEIPPE, B., Die Bilanzierung von Leasinggeschäften, S. 190.
95 Vgl. MELLWIG, W./WEINSTOCK, M., Die Zurechnung von mobilen Leasingobjekten, S. 2347.
96 Vgl. MOXTER, A., Grundsätze ordnungsgemäßer Rechnungslegung, S. 68.
97 Vgl. in diesem Sinn bereits ADS, 6 Aufl., § 246, Rn. 28; LEIPPE, B., Die Bilanzierung von Leasinggeschäften, S. 172.

Kapitel 4: Bilanztheoretisch-hermeneutische Untersuchung der IFRS-SME-Einzelnormen zur Kapitalerhaltung

singvertrags gegenüber Dritten verwertet werden kann, steht diese Herangehensweise in Einklang mit dem Kapitalerhaltungszweck.[98] Durch die Verknüpfung mit dem zivilrechtlichen Eigentumsbegriff wird zudem ein **hinreichendes Objektivierungsniveau** angestrebt. Der *risks and rewards*-Ansatz aus IFRS-SME 20.4 knüpft ebenfalls an die mit dem Eigentum (*incidental to ownership*) verbundenen Chancen und Risiken an. Eine abschließende **Definition des wirtschaftlichen Eigentums fehlt** aber durch das unscharfe Kriterium der *substantially all the risks and rewards*. In Verbindung mit den Definitions- und Ansatzkriterien für ein *asset* in IFRS-SME 2 ergibt sich **keine trennscharfe Abgrenzung des wirtschaftlichen Eigentums**.[99] Die **objektivierungsbedingten Probleme der Abgrenzbarkeit des Nutzenpotenzials** sind evident, zumal die Verfügungsgewalt über die Substanz des Leasingobjekts im Sinne einer wirtschaftlichen Approximation des zivilrechtlichen Eigentums als Randkriterium akzeptiert wird, wie die **qualitativen Kriterien** und **Indikatoren** verdeutlichen.

Die Kriterien und Indikatoren in IFRS-SME 20.5 und 20.6 sind qualitativ ausgestaltet und weisen im Vergleich zu den Leasingerlassen eine **niedrigere Objektivierungsstrenge** auf.[100] Im Vergleich zum HGB ist die Verfügungsgewalt über die Substanz kein konstitutives Kriterium des wirtschaftlichen Eigentumsbegriffs nach IFRS-SME 20.4. Dies wird aber durch das Barwertkriterium indirekt abgedeckt, indem der Barwerttest i. d. R. zum Ansatz beim Leasinggeber führt, wenn ein positiver, nicht durch den Leasingnehmer garantierter Restwert des Leasingobjekts zu erwarten ist.[101] Dieser grobe Maßstab für die Verfügungsgewalt über die Substanz sorgt bei Teilamortisationsverträgen dafür, dass ein wirtschaftliches Eigentum im IFRS-SME in deutlich mehr Fällen anzunehmen ist als auf der Grundlage der Leasingerlasse. **Das Aktivierungspotenzial der Leasingobjekte ist im IFRS-SME umfassender.**[102] Der **Barwerttest**, vor allem bei der Bestimmung der Input-

---

98 Vgl. in diese Richtung ebenfalls FRANKEN, L., Gläubigerschutz durch Rechnungslegung, S. 225.
99 Vgl. MELLWIG, W./WEINSTOCK, M., Die Zurechnung von mobilen Leasingobjekten, S. 2351; kritisch ebenfalls SCHILDBACH, T., IAS als Rechnungslegungsstandards für alle, S. 265.
100 So auch KÜTING, K./LAM, S., IFRS für kleine und mittlere Unternehmen - Teil B, S. 753.
101 Vgl. BREMBT, T., Möglichkeiten einer internationalisierten Rechnungslegung, S. 69.
102 Vgl. für IAS 17 BAETGE, J./KIRSCH, H.-J./THIELE, S., Bilanzen, S. 646; FÖRSCHLE, G./KRONER, M., in: Beck Bilanzkomm., 7. Aufl., § 246, Rn. 165; CLAßEN, R./SCHULZ, S., Leasingbilanzierung nach HGB und IFRS, S. 7.

parameter, unterliegt **erheblichen Ermessensspielräumen** und ist **objektivierungsbedingt abzulehnen**.[103] Auch bei den übrigen qualitativen Kriterien und Indikatoren handelt es sich lediglich um „Hinweise" für das Vorliegen eines *finance lease*. Sie sind nicht abschließend definiert und qualitativ ausgestaltet.[104] Es verbleibt ein **erheblicher Ermessensspielraum** im Sinne eines *professional judgement*.[105] Zudem verursacht die knappe Darstellung **Regelungslücken**, die durch die dargelegten Mängel in IFRS-SME 10[106] kaum rechtssicher geschlossen werden können.[107] Die vorgeschlagene Auslegung auf Basis der US-GAAP ist für Kapitalerhaltungszwecke abzulehnen.[108] Die Typisierungen der Leasingerlasse, u. a. bei der Bestimmung der Nutzungsdauern (AfA-Tabellen) und der Grenzwerte bei Restwertgarantien und Kaufoptionen, sorgen dafür, dass die Ansatzentscheidung rechtssicher getroffen werden kann.

Hinsichtlich der **Bewertungsvorschriften** ist zu kritisieren, dass diese sowohl in den Leasingerlassen als auch in IFRS-SME 20 **äußerst knapp gehalten** sind und daher **Ermessensspielräume** und **Anwendungsprobleme** mit entsprechendem Einfluss auf das Ausschüttungsvolumen bieten. Die **Objektivierungsstrenge bewegt sich in beiden Regelungskreisen auf einem mäßigen Niveau**. In der praktischen Anwendbarkeit bestehen aber keine signifikanten Unterschiede. Die Aktivierung des Leasingobjekts in Höhe des Barwerts der Leasingraten („Anschaffungskosten") sowie die Passivierung einer für die Zugangsbewertung gleich hohen Verbindlichkeit ist zweckmäßig, da mit Eingehen des Leasingvertrags eine wirtschaftliche Belastung in Höhe des Tilgungsanteils der Leasingraten verbunden ist. Zudem ist hierdurch die **Erfolgsneutralität des Anschaffungsvorgangs gesichert**. Die Bewertung auf Basis des Barwertkalküls steht in Einklang mit

---

103 Vgl. LÜDENBACH, N./FREIBERG, J., in: Haufe IFRS-Kommentar, 8. Aufl., § 15, Rn. 114; kritisch auch MELLWIG, W./WEINSTOCK, M., Die Zurechnung von mobilen Leasingobjekten, S. 2352; KÜMPEL, T./BECKER, M., Bilanzielle Zurechnung von Leasingobjekten, S. 1475.

104 Vgl. KÜMPEL, T./BECKER, M., Bilanzielle Zurechnung von Leasingobjekten, S. 1472.

105 Vgl. JANSSEN, J., Rechnungslegung im Mittelstand, S. 158; zu Ermessensspielräumen in IAS 17 auch AMMANN, H./HUCKE, A., Rechtliche Grundlagen des Leasing, S. 92; DOLL, C., in: Beck IFRS HB, 3. Aufl., § 22, Rn. 48.

106 Vgl. hierzu Abschnitt 324.4.

107 Vgl. GRUBER, T., in: BRUNS, H.-G. ET AL., IFRS-SME, Teil B, Abschn. 20, Rn. 1; zu diesen Problemen für IAS 17 auch DOLL, C., in: Beck IFRS HB, 3. Aufl., § 22, Rn. 63-68.

108 Vgl. FÖRSCHLE, G./KRONER, M., in: Beck Bilanzkomm., 7. Aufl., § 246, Rn. 169.

Kapitel 4: Bilanztheoretisch-hermeneutische Untersuchung der IFRS-SME-Einzelnormen zur Kapitalerhaltung

der Bewertung der übrigen Verbindlichkeiten mit Zinsanteil nach § 253 HGB bzw. IFRS-SME 20. **Ein Verstoß gegen das Realisationsprinzip ist nicht erkennbar.** Indes bestehen in den Leasingerlassen große Objektivierungsdefizite durch unscharfe Bewertungsvorgaben, u. a. beim Diskontierungszinssatz.[109] Für die Bewertungsvorschriften bei Mietleasingverträgen und *operate lease*s ist nur der Leasingaufwand maßgeblich, bei wirtschaftlichen Belastungen aus dem Vertrag auch der Ansatz einer Drohverlustrückstellung.[110] Als **Ausdruck des Imparitätsprinzips** ist dies zur Kapitalerhaltung adäquat. Das Kriterium der wirtschaftlichen Zurechnung sorgt im IFRS-SME bzw. HGB dafür, dass **nur im Rahmen der Folgebewertung** das maximale Ausschüttungsvolumen in jeder Periode unterschiedlich ausfällt, sofern Abschreibung und Zinsaufwand beim Finanzierungsleasing nicht dem periodischen Leasingaufwand beim Mietleasing entsprechen.[111]

Zusammenfassend lässt sich festhalten, dass die Anwendung der Leasingerlasse in Folge der rudimentären Bewertungsvorgaben für die Zugangs- und die Folgebewertung sowie der hieraus resultierenden Mängel bei der Objektivierungsstrenge nicht uneingeschränkt kapitalerhaltungskompatibel ist. Die unterschiedliche Definition des wirtschaftlichen Eigentumsbegriffs nach § 246 Abs. 1 Satz 2 HGB und IFRS-SME 20.4 führt vor allem bei Teilamortisationsverträgen zu abweichenden Ansatzentscheidungen. Die Verfügungsgewalt über die Substanz als notwendiges Kriterium wird im IFRS-SME durch den Barwerttest nur grob approximiert und entspricht nicht den objektivierungsrechtlichen Anforderungen. Für das HGB lässt sich keine eindeutige Vorteilhaftigkeitsaussage treffen, während der IFRS-SME aufgrund der Ansatzvorschriften für Kapitalerhaltungszwecke überwiegend nicht geeignet ist (vgl. *Übersicht 4-8*).[112]

---

109 Vgl. zu diesem Problem LEIPPE, B., Die Bilanzierung von Leasinggeschäften, S. 113.

110 Vgl. zu Drohverlustrückstellungen die Ausführungen im folgenden Abschnitt 424.

111 Die Frage der für Ausschüttungszwecke ökonomisch zweckadäquaten Aufwandsverteilung bleibt für die Analyse der GoB-Konformität ausgeklammert. Im Schrifttum wird teilweise kritisiert, dass sich das Kriterium der wirtschaftlichen Zurechnung und die Adaption der o. g. Bewertungsvorschriften ökonomisch nicht begründen lassen. Besondere Kritik wird an der Ausgestaltung des Kriteriums der wirtschaftlichen Zugehörigkeit in den Leasingerlassen geübt. Vgl. stellvertretend LEIPPE, B., Die Bilanzierung von Leasinggeschäften, S. 189-191.

112 Vgl. im Ergebnis für die Anwendung der Leasingerlasse ADS, 6. Aufl., § 246, Rn. 393; für die Leasingvorschriften nach IAS 17 wohl ebenfalls MELLWIG, W./WEINSTOCK, M., Die Zurechnung von mobilen Leasingobjekten, S. 2352.

Regelungskreis / Regelungsbereich	IFRS-SME	HGB
Leasing	(-)	O

Übersicht 4-8: *Zusammenfassende Würdigung der Leasingbilanzierung nach IFRS-SME und HGB*

424. Rückstellungen (exklusive Pensionsrückstellungen)

424.1 Vorbemerkungen

Die Schwierigkeit bei der Ableitung zweckadäquater Rechnungslegungsregeln für Rückstellungen in Relation zu Verbindlichkeiten besteht darin, dass die **wirtschaftliche Verpflichtung** dem Grunde und/oder der Höhe nach **ungewiss** ist. Essenzielle Bedeutung kommt zudem der **Abgrenzung zu Eventualverbindlichkeiten** zu, die hier gleichsam herausgearbeitet wird. An die synoptische Darstellung der Vorschriften nach § 249 HGB bzw. IFRS-SME 21 schließt sich deren Würdigung für Kapitalerhaltungszwecke an.

424.2 IFRS-SME und HGB im Vergleich

424.21 Ansatz

Im Rahmen der handelsrechtlichen Normen zur Rückstellungsbilanzierung fehlt die kodifizierte Definition des Rückstellungsbegriffs. Vielmehr werden in § 249 Abs. 1 HGB die Rückstellungsarten aufgelistet. Durch Bezug auf den bereits eingeführten allgemeinen Ansatzgrundsatz müssen **passivierungspflichtige Schulden** (Verbindlichkeiten und Rückstellungen) **folgende Eigenschaften** aufweisen:[113]

- Es besteht eine Verpflichtung gegenüber einem Dritten;
- der Abschlussersteller wird hieraus wirtschaftlich belastet; **und**

---

[113] Vgl. hierzu u. a. ADS, 6. Aufl., § 246, Rn. 103; BAETGE, J./ZÜLCH, H., Rechnungslegungsgrundsätze nach HGB und IFRS, in: HdJ, Abt. I/2 (2010), Rn. 88; leicht abweichend hingegen KOZIKOWSKI, M./SCHUBERT, W., in: Beck Bilanzkomm., 7. Aufl., § 249, Rn. 26.

Kapitel 4: Bilanztheoretisch-hermeneutische Untersuchung der IFRS-SME-Einzelnormen zur Kapitalerhaltung

- die Verpflichtung muss quantifizierbar sein, d. h. in ihrer Höhe zumindest in einer Bandbreite angegeben werden können.

Durch den handelsrechtlichen Passivierungsgrundsatz werden somit **Verbindlichkeitenrückstellungen**, d. h. Rückstellungen für ungewisse Verbindlichkeiten, und **Rückstellungen für drohende Verluste aus schwebenden Geschäften (Drohverlustrückstellungen)** im Sinne von § 249 Abs. 1 Satz 1 HGB erfasst. Während Verbindlichkeitsrückstellungen einen **rechtlichen** oder **faktischen Leistungszwang** des Abschlusserstellers gegenüber Dritten i. V. mit realisierten Erträgen charakterisieren,[114] dienen Drohverlustrückstellungen der **Antizipation künftiger Aufwandsüberschüsse** bei Geschäften, die bisher schwebend und damit erst künftigen Erträgen zuzurechnen sind.[115] Das **Vollständigkeitsgebot** nach § 246 Abs. 1 Satz 1 HGB und das **Prinzip der Abgrenzung der Sache** und **der Zeit nach** erfordern den Ansatz der Verbindlichkeitsrückstellungen.[116] Drohverlustrückstellungen sind primär Ausdruck des Imparitätsprinzips nach § 252 Abs. 1 Nr. 4 HGB.[117] Zu den schwebenden Geschäften gehören alle zweiseitig verpflichtenden Rechtsgeschäfte, bei denen die eine Seite noch nicht die Hauptleistung erbracht hat.[118] Die zusätzlich mit § 249 Abs. 1 Nr. 1 HGB genannten **Aufwandsrückstellungen** widersprechen dem Passivierungsgrundsatz, da sie **Innenverpflichtungen** darstellen.[119]

In IFRS-SME 21.1 sind Rückstellungen (*provisions*) explizit definiert. Das Unterscheidungskriterium gegenüber Verbindlichkeiten ist der **Grad der Unsicherheit** mit Blick auf **Grund**, **Höhe** und **Zeitpunkt** des verpflichtenden Sachverhalts.[120] Die Ansatzkriterien für Schulden aus IFRS-SME 2.39 werden in IFRS-SME 21.4 wortgleich wiederholt:[121]

---

114 Vgl. MERKT, H., in: BAUMBACH, A./HOPT, K., HGB, 34. Aufl., § 249, Rn. 2.
115 Vgl. ADS, 6. Aufl., § 246, Rn. 42 und 136; MELLWIG, W., Zur Abzinsung von Verbindlichkeiten, S. 670.
116 Vgl. ADS, 6. Aufl., § 249, Rn. 21; SIEBLER, U., Internationalisierung der Rechnungslegung, S. 221; BAETGE, J./KIRSCH, H.-J./THIELE, S., Bilanzen, S. 437.
117 Vgl. ADS, 6. Aufl., § 252, Rn. 92; KOZIKOWSKI, M./SCHUBERT, W., in: Beck Bilanzkomm., 7. Aufl., § 249, Rn. 51 und 58. Entgegen der h. M. werden diese nicht als Unterfall der Verbindlichkeitsrückstellung, sondern als separate Rückstellungskategorie angesehen, da diese Belastungen aus künftigen Erträgen respräsentieren. Vgl. BAETGE, J./KIRSCH, H.-J./THIELE, S., Bilanzen, S. 437; a. A. bspw. ADS, 6. Aufl., § 246, Rn. 137; MERKT, H., in: BAUMBACH, A./HOPT, K., 34. Aufl., HGB, § 249, Rn. 10.
118 Vgl. ADS, 6. Aufl., § 249, Rn. 139; KOZIKOWSKI, M./SCHUBERT, W., in: Beck Bilanzkomm., 7. Aufl., § 249, Rn. 56.
119 Vgl. ADS, 6. Aufl., § 253, Rn. 274; MOXTER, A., Rückstellungen nach IAS, S. 519.

- Für den Abschlussersteller besteht am Bilanzstichtag eine wirtschaftliche **Verpflichtung** aus einem **vergangenen Ereignis** (IFRS-SME 21.4 lit. a);
- es kommt **wahrscheinlich** zu einem Abfluss wirtschaftlichen Nutzens beim Abschlussersteller, wenn die Verbindlichkeit realisiert wird (IFRS-SME 21.4 lit. b); **und**
- die Verpflichtungshöhe kann **verlässlich** geschätzt werden (IFRS-SME 21.4 lit. c).

Das Kriterium in IFRS-SME 21.4 lit. a legt nahe, dass es sich um eine **Außenverpflichtung** handeln muss, auch wenn dies anders als in IAS 37 nicht explizit ausgeführt wird. Der **Rückstellungsbegriff nach IFRS-SME 21** umfasst in Übereinstimmung mit dem handelsrechtlichen Passivierungsgrundsatz **Verbindlichkeits-** und **Drohverlustrückstellungen**.[122] Die in § 249 Abs. 1 Satz 2 Nr. 1 HGB kodifizierten Aufwandsrückstellungen werden durch IFRS-SME 21.4 lit. a nicht abgedeckt, da sich der Abschlussersteller einer derartigen Innenverpflichtung durch künftiges Handeln entziehen kann (IFRS-SME 21.6). Als zentrales Ansatzkriterium muss damit eine Verpflichtung aus einem vergangenen Ereignis (*past event*) aufgrund faktischer (*constructive obligation*) oder rechtlicher Bindung (*legal obligation*) bestehen. Diese müssen außerhalb des Einflussbereichs liegen und dürfen nicht durch künftige Handlungen des Abschlusserstellers beeinflussbar sein.[123] Es fehlt aber an Kriterien, die die Bindungswirkung der Verpflichtung im Sinne der geforderten **Unentziehbarkeit** objektivieren.[124] In IFRS-SME 21.6 wird das Beispiel beschrieben, nach dem bei einer künftigen gesetzlichen Pflicht zum Einbau einer Rauchfilteranlage eine Unentziehbarkeit nicht gegeben ist, da der Abschlussersteller seine Produktion einstellen könnte.[125] Demgegenüber wird gemäß IFRS-SME 21.6 i. V. mit

---

120 Vgl. HEBESTREIT, J./SCHRIMPF-DÖRGES, C., in: Beck IFRS HB, 3. Aufl., § 13, Rn. 7.; VON KEITZ, I./WOLLMERT, P./OSER, P./WADER, D., in: BAETGE, J. ET AL., Rechnungslegung nach IFRS, 2. Aufl., IAS 37, Rn. 14.

121 Vgl. hierzu bereits die Ausführungen in Abschnitt 324.34.

122 Vgl. ERNSTING, I./VON KEITZ, I., Bilanzierung von Rückstellungen nach IAS, S. 2478; EULER, R./ENGEL-CIRIC, D., D., Rückstellungskriterien im Vergleich, S. 148.

123 Vgl. MOXTER, A., Rückstellungen nach IAS, S. 519; ERNSTING, I./VON KEITZ, I., Bilanzierung von Rückstellungen nach IAS 37, S. 2478; HOFFMANN, W.-D., in: Haufe IFRS-Kommentar, 8. Aufl., § 21, Rn. 34.

124 Vgl. MOXTER, A., Neue Ansatzkriterien - Teil I, S. 1059; EULER, R./ENGEL-CIRIC, D., Rückstellungskriterien im Vergleich, S. 152.

125 Vgl. zu dieser Argumentation BREMBT, T., Möglichkeiten einer internationalisierten Rechnungslegung, S. 115.

Kapitel 4: Bilanztheoretisch-hermeneutische Untersuchung der IFRS-SME-Einzelnormen zur Kapitalerhaltung

IFRS-SME 2.20 die Unentziehbarkeit aus einer *constructive obligation* bejaht, wenn entsprechende Erwartungen (*valid expectations*) bei der Gegenpartei zur Erfüllung einer Verpflichtung geweckt werden. Die **Unentziehbarkeit** erfüllt daher kaum die Anforderungen an die für Kapitalerhaltungszwecke erforderliche Objektivierungsstrenge.[126] Auch nach HGB muss die Außenverpflichtung unabwendbar sein.[127] Es ergibt sich kein zwingender Gleichlauf mit IFRS-SME 21.4 lit. a, da die Unentziehbarkeit mit dem zweiten Kriterium des Passivierungsgrundsatzes im HGB (**wirtschaftliche Belastung**) verknüpft ist.[128]

Im Gegensatz zum handelsrechtlichen Passivierungsgrundsatz ist das **Kriterium der wirtschaftlichen Belastung** im IFRS-SME kein eigenständiges Kriterium, sondern wird indirekt durch den Begriff der *obligation* in IFRS-SME 21.4 lit. a und durch den Bezug auf den Abfluss ökonomischen Nutzens (*transfer economic benefits in settlement*) in IFRS-SME 21.4 lit. b zum Ausdruck gebracht. Im Kern ist die Frage einschlägig, ob eine wirtschaftliche Belastung bereits bei **deren rechtlicher Entstehung** oder erst bei **wirtschaftlicher Verursachung** anzunehmen ist, wenn diese beiden Zeitpunkte auseinanderfallen. Das Verpflichtungskriterium in IFRS-SME 21.4 lit. a legt i. V. mit dem *accrual principle* und dem *matching principle* nach IFRS-SME 2.36 einen an der wirtschaftlichen Verursachung orientierten Ansatzzeitpunkt nahe. Sofern Auszahlungen erst künftigen, im Jahresabschluss noch nicht realisierten Erträgen zugeordnet sind bzw. kein Verpflichtungsüberschuss aus schwebenden Verträgen vorliegt, ist diese Belastung unbeachtlich. Hieraus können Objektivierungsprobleme entstehen, da die wirtschaftliche Verursachung zumeist nicht eindeutig abgrenzbar ist.[129] Das Bestehen einer rechtlichen Verpflichtung kann aber bei einer wirtschaftlichen Betrachtungsweise - als Spielart der teleologischen Auslegung[130] - nicht den Ausschlag geben. Für das HGB ist diese Auffassung insofern strittig, als ein Teil des Schrifttums die Meinung vertritt, dass in Einklang mit dem Realisa-

---

126 Vgl. MOXTER, A., Neue Ansatzkriterien - Teil I, S. 1059.
127 Vgl. zur Bedeutung der Unentziehbarkeit als Ansatzkriterium u. a. SIEGEL, T., Unentziehbarkeit, S. 1193 f.; MOXTER, A., Neue Ansatzkriterien - Teil I, S. 1057; HERZIG, N./GELLRICH, K./JENSEN-NISSEN, L., IFRS und steuerliche Gewinnermittlung, S. 563.
128 Vgl. BREMBT, T., Möglichkeiten einer internationalisierten Rechnungslegung, S. 115.
129 Vgl. u. a. ADS, 6. Aufl., § 249, Rn. 65; ebenfalls EULER, R./ENGEL-CIRIC, D., Rückstellungskriterien im Vergleich, S. 146 (mit Blick auf die höchstrichterliche Rechtsprechung).
130 Vgl. BEISSE, H., Bilanzrecht und Betriebswirtschaftslehre, S. 1.

tionsprinzip eine Rückstellung **spätestens bei rechtlicher Entstehung** oder **falls früher bei wirtschaftlicher Verursachung** anzusetzen sei.[131] Ausgaben gelten als wirtschaftlich verursacht, wenn sie realisierten Erträgen zuzurechnen sind (Verbindlichkeitsrückstellung) bzw. bei Eintritt des Verpflichtungsüberhangs aus dem schwebenden Geschäft (Drohverlustrückstellung).[132] Die Gegenmeinung zielt **ausschließlich** auf die wirtschaftliche Verursachung ab.[133] Sofern letzterer Ansicht gefolgt wird, ergibt sich meist ein identisches Passivierungspotenzial nach HGB und IFRS-SME 21.4 lit. a.[134] Das o. g. Beispiel der Rauchfilteranlage lässt sich insgesamt nicht eindeutig beantworten.[135]

Neben der Existenz einer Verpflichtung und der hieraus entstehenden wirtschaftlichen Belastung für den Abschlussersteller muss die hieraus entstehende Belastung **wahrscheinlich** eintreten. Während nach IFRS-SME 2.39 i. V. mit IFRS-SME 21.4 lit. b ein derartiges **Wahrscheinlichkeitskriterium** expliziter Bestandteil der Rückstellungsdefinition ist, wird dies handelsrechtlich implizit über das Kriterium der wirtschaftlichen Belastung abgedeckt. Hierdurch ergeben sich Probleme hinsichtlich der Auslegung konkreter Anforderungen. Nach IFRS-SME 21.4 lit. b i. V. mit dem IFRS-SME-Glossar ist die Inanspruchnahme dann wahrscheinlich (*probable*), wenn mehr dafür als dagegen spricht (*more likely than not*), was einen Ansatz bei einer Wahrscheinlichkeit von mehr als 50% erforderlich macht.[136] Die Einschätzung hierüber liegt wesentlich im subjektiven Ermessen des Abschlusserstellers (*professional judgement*). Nach dem handelsrechtlichen Objektivierungsgebot ist hingegen für die Abschätzung des Eintretens der wirtschaftlichen Belastung **nicht** auf das **subjektive Kaufmannsermessen** abzustellen, sondern auf **objektive, am Bilanzstichtag vorliegende Tatsachen**.[137] Indes ist das entscheidende Problem bei

---

131 Vgl. ADS, 6. Aufl., § 249, Rn. 69 („*Insoweit bedarf das Realisationsprinzip einer Ergänzung*"); MOXTER, A., Rückstellungen nach IAS, S. 521 (mit Blick auf höchstrichterliche Rechtsprechung); HERZIG, N./GELLRICH, K./JENSEN-NISSEN, L., IFRS und steuerliche Gewinnermittlung, S. 563.
132 Vgl. m. w. N. ADS, 6. Aufl., § 249, Rn. 67 und 136.
133 Vgl. BAETGE, J./KIRSCH, H.-J./THIELE, S., Bilanzen, S. 417.
134 Vgl. BREMBT, T., Möglichkeiten einer internationalisierten Rechnungslegung, S. 116.
135 Vgl. hierzu HOFFMANN, W.-D., in: Haufe IFRS-Kommentar, 8. Aufl., § 21, Rn. 77 (mit Blick auf die höchstrichterliche Rechtsprechung in einem vergleichbaren Fall); a. A. BREMBT, T., Möglichkeiten einer internationalisieten Rechnungslegung, S. 116 (Passivierungsverbot nach HGB).
136 Mit ähnlicher Einschätzung für die IFRS ERNSTING, I./VON KEITZ, I., Bilanzierung von Rückstellungen nach IAS, S. 2479.

Kapitel 4: Bilanztheoretisch-hermeneutische Untersuchung der IFRS-SME-Einzelnormen zur Kapitalerhaltung

der Auslegung des Passivierungsgrundsatzes, „*das vom Gesetzgeber gewollte Maß an Vorsicht zu erkennen.*"[138] Ein Teil des Schrifttums vertritt die Meinung, dass Rückstellungen bereits gebildet werden müssen, wenn nur stichhaltige Indikatoren auf die Inanspruchnahme hindeuten.[139] Eine **starre Wahrscheinlichkeitsgrenze** wird **abgelehnt**, da deren Erfüllung kaum intersubjektiv nachprüfbar sei und an der Komplexität des Einzelfalls scheitere.[140] Ein anderer Teil des Schrifttums vertritt die Auffassung, dass die Inanspruchnahme in Einklang mit IFRS-SME 21.4 lit. b überwiegend wahrscheinlich sein müsse.[141] Ohne abschließend hierüber zu befinden, dürfte die **exakte Quantifizierung einer Wahrscheinlichkeit** im Einzelfall **schwierig** sein, so dass faktisch von einem weitgehenden Gleichklang zwischen IFRS-SME 21 und HGB auszugehen ist.[142] Der Kapitalerhaltungszweck erfordert wohl einen Ansatz bereits bei rechtlicher Entstehung, da andernfalls das Vollständigkeitsgebot (§ 246 Abs. 1 Satz 1 HGB) zu sehr eingeschränkt wird.[143] Von ebenso großer Bedeutung ist der Unterschied zwischen dem *professional judgement* gegenüber dem durch objektive Tatsachen begründeten Kaufmannsermessen im Sinne einer **argumentativen Wahrscheinlichkeit** nach HGB.[144]

Das Kriterium der **verlässlichen Bewertung** nach IFRS-SME 21.4 lit. c ist aufgrund der bei Rückstellungen *per se* vorhandenen Unsicherheiten hinsichtlich des Ansatzes wenig restriktiv anzuwenden.[145] Anders als nach § 253 HGB stellt die Schätzbarkeit der Ver-

---

137 Vgl. ADS, 6. Aufl., § 253, Rn. 189; MOXTER, A., Grundsätze ordnungsgemäßer Rechnungslegung, S. 116.
138 EULER, R., Grundsätze ordnungsmäßiger Gewinnrealisierung, S. 62.
139 Vgl. EULER, R., Grundsätze ordnungsmäßiger Gewinnrealisierung, S. 75; ADS, 6. Aufl., § 249, Rn. 75; MOXTER, A., Neue Ansatzkriterien - Teil I, S. 1059 f.; MOXTER, A., Grundsätze ordnungsgemäßer Rechnungslegung, S. 123; HERZIG, N./GELLRICH, K./JENSEN-NISSEN, L., IFRS und steuerliche Gewinnermittlung, S. 566; KOZIKOWSKI, M./SCHUBERT, W., in: Beck Bilanzkomm., 7. Aufl., § 249, Rn. 26.
140 Vgl. ADS, 6. Aufl., § 249, Rn. 75; MERKT, H., in: BAUMBACH, A./HOPT, K., HGB, 34. Aufl., § 249, Rn. 2; KOZIKOWKSI, M./SCHUBERT, W., in: Beck Bilanzkomm., 7. Aufl., § 249, Rn. 34.
141 Vgl. BAETGE, J./KIRSCH, H.-J./THIELE, S., Bilanzen, S. 173 f.
142 Vgl. u. a. HOFFMANN, W.-D., in: Haufe IFRS-Kommentar, 8. Aufl., § 21, Rn. 39. Bei sehr hohen, aber äußerst unwahrscheinlich eintretenden wirtschaftlichen Belastungen könnte sich indes eine Ansatzpflicht nach HGB, aber nicht nach IFRS-SME 21 ergeben, da diese nicht das 51%-Kriterium erfüllen. Vgl. hierzu ADS, 6. Aufl., § 253, Rn. 195.
143 Vgl. KOZIKOWSKI, M./SCHUBERT, W., in: Beck Bilanzkomm.7. Aufl., § 249, Rn. 34.
144 Vgl. BAETGE, J./ZÜLCH, H./BRÜGGEMANN, B./NELLESSEN, T., Management's best estimate, S. 318; wohl ebenfalls EULER, R./ENGEL-CIRIC, D., Rückstellungskriterien im Vergleich, S. 142.

pflichtungshöhe ein Ansatz- und kein Bewertungskriterium dar. Die Verpflichtung muss zumindest **quantifizierbar** sein. Eine derartige Quantifizierbarkeit lässt sich als gegeben ansehen, wenn sie **innerhalb einer Bandbreite** bestimmt werden kann.[146] Aus diesem Kriterium dürften sich für Ansatzzwecke keine relevanten Unterschiede im Ansatz der Rückstellungen zwischen HGB und IFRS-SME ergeben.[147]

424.22 Bewertung

Die Bewertung der Rückstellungen orientiert sich gemäß § 253 Abs. 1 Satz 2 HGB am **Erfüllungsbetrag**, der nach **vernünftiger kaufmännischer Beurteilung** zu bemessen ist. Sofern die der Rückstellung zugrunde liegende Verpflichtung erst in **mehr als einem Jahr** fällig wird, muss der Erfüllungsbetrag gemäß § 253 Abs. 2 Satz 1 HGB abgezinst werden. Entgegen dem Rechtsstand vor Verabschiedung des BilMoG muss die Rückstellung hierbei **nicht zwingend einen Zinsanteil enthalten**. Für die Diskontierung hat der Abschlussersteller die von der Deutschen Bundesbank in der **Rückstellungsabzinsungsverordnung** (RückAbzinsV) veröffentlichten Zinssätze heranzuziehen.[148] Durch den Bezug auf den Erfüllungsbetrag ist zudem deutlich, dass die **Preis- und Kostenentwicklung** bis zum Erfüllungszeitpunkt der Verpflichtung zwingend zu berücksichtigen ist.[149] Hierfür ist auf *„objektive Hinweise"*[150] zurückzugreifen, die die Quasi-Sicherheit der verwendeten Parameter nahelegen.[151] Eine **rein subjektive Schätzung des Kaufmanns** reicht nach allgemeiner handelsrechtlicher Verkehrsauffassung **nicht** aus. Indes fehlen Vorgaben, die dieses **Objektivierungsgebot** für Kapitalerhaltungszwecke konkretisieren.

---

145 Vgl. VON KEITZ, I./WOLLMERT, P./OSER, P./WADER, D., in: BAETGE, J. ET AL., Rechnungslegung nach IFRS, 2. Aufl., IAS 37, Rn. 61; EULER, R./ENGEL-CIRIC, D., Rückstellungskriterien im Vergleich, S. 151.
146 Vgl. ERNSTING, I./VON KEITZ, I., Bilanzierung von Rückstellungen nach IAS, S. 2479; zum handelsrechtlichen Kriterium der Quantifizierbarkeit auch ADS, 6. Aufl., § 249, Rn. 106.
147 Vgl. EULER, R./ENGEL-CIRIC, D., Rückstellungskriterien im Vergleich, S. 151; BREMBT, T., Möglichkeiten einer internationalisierten Rechnungslegung, S. 117.
148 Vgl. hierzu WÜSTEMANN, J./KOCH, C., Zinseffekte und Kostensteigerungen, S. 1075 f.
149 Vgl. DRINHAUSEN, A./DEHMEL, I., Ansatz und Bewertung von Rückstellungen, S. 37 f.; vor dem BilMoG bereits ADS, 6. Aufl., § 253, Rn. 196.
150 BT-Drucksache 16/10067, S. 54.
151 Vgl. ERNST, C./SEIDLER, E., Kernpunkte des Referentenentwurfs, S. 2558; KIRCHMANN, U./SIKORA, K./BLUMBERG, M., Bewertung langfristiger sonstiger Rückstellungen, S. 957.

Nach IFRS-SME 21.7 sind Rückstellungen mit der **bestmöglichen Schätzung** (*best estimate*) zu bewerten. Hiernach ist der durch den Abschlussersteller ermittelte bestmögliche Schätzwert heranzuziehen, zu dem die Verpflichtung am Bilanzstichtag durch einen Dritten abgelöst werden kann (*settle the obligation at the reporting date*). Der Bezug auf die Erfüllung zum Bilanzstichtag legt wie im HGB eine Bewertung unter Anwendung der **künftigen Kosten- und Preisentwicklung** nahe.[152] Die **Abzinsung** ist nicht an die Laufzeit, sondern an die **Wesentlichkeit des Zinseffekts** gekoppelt. Das **Wesentlichkeitskriterium** kann aber nach § 253 Abs. 2 Satz 1 HGB ausgelegt werden.[153] Indes verursacht die fehlende Bestimmtheit der Wesentlichkeitsgrenze **erhebliche Ermessensspielräume** und bietet keine adäquate Rechtssicherheit. Im Gegensatz zum HGB ist die Anwendung von Durchschnittszinssätzen nach IFRS-SME 21.7 nicht möglich. Vielmehr ist ein **laufzeit- und risikoadäquater Stichtagszinssatz** heranzuziehen, der die **rückstellungsspezifischen Risiken** (Schwankung der Verpflichtungshöhe) berücksichtigt.[154] Es muss ein durchschnittlicher Marktzinssatz in Abhängigkeit der Restlaufzeit der Rückstellung herangezogen werden (§ 253 Abs. 2 Satz 1 HGB). Durch die Vorgabe der Zinssätze bestehen im HGB erheblich geringere Ermessensspielräume als im IFRS-SME. Die Effekte aus den Zinssatzänderungen werden ergebniswirksam im Finanzierungsergebnis erfasst.[155]

Die **Bemessung des Erfüllungsbetrags** hängt sowohl im HGB als auch in IFRS-SME 21 davon ab, ob der Rückstellung eine **individuelle** oder eine **hinreichend große Zahl von Verpflichtungen** zugrunde liegt.[156] Handelsrechtlich muss bei einzelnen individuellen Verpflichtungen der kaufmännisch bemessene wahrscheinlichste Wert der Rückstellung um eine zusätzliche **Vorsichtskomponente** erhöht werden (**Vorsichtsprinzip**).[157] Hierzu

---

152 Vgl. BREMBT, T., Möglichkeiten einer internationalisierten Rechnungslegung, S. 120; für IAS 37 bereits MOXTER, A., Rückstellungen nach IAS, S. 523; KIRCHMANN, U./SIKORA, K./BLUMBERG, M., Bewertung langfristiger sonstiger Rückstellungen, S. 958.

153 Vgl. BREMBT, T., Möglichkeiten einer internationalisierten Rechnungslegung, S. 125; KIRCHMANN, U./SIKORA, K./BLUMBERG, M., Bewertung langfristiger sonstiger Rückstellungen, S. 960; differenzierend hingegen HEBESTREIT, G./SCHRIMPF-DÖRGES, C., in: Beck IFRS HB, 3. Aufl., § 13, Rn. 74.

154 Vgl. HEBESTREIT, G./SCHRIMPF-DÖRGES, C., in: Beck IFRS HB, 3. Aufl., § 13, Rn. 75 f.; VON KEITZ, I./WOLLMERT, P./OSER, P./WADER, D., in: BAETGE, J. ET AL., Rechnungslegung nach IFRS, 2. Aufl., IAS 37, Rn. 110.

155 Vgl. ERNSTING, I./VON KEITZ, I., Bilanzierung von Rückstellungen nach IAS 37, S. 2481.

156 Vgl. BREMBT, T., Möglichkeiten einer internationalisierten Rechnungslegung, S. 122-125.

hat der Bilanzierende „*eine intersubjektiv nachprüfbare Bandbreite*"[158] an Erfüllungsbeträgen zu schätzen. Die vorsichtige Ausübung von Ermessensspielräumen soll die übermäßige Ausschüttung von Haftungskapital zu Lasten der Gläubiger durch eine unvorsichtige Dotierung der Rückstellung verhindern. Der Umfang dieser Vorsichtskomponente ist umstritten. Die **kumulative Wahrscheinlichkeitsschwelle** für die Unterdotierung sollte bei weniger als 5-10% liegen.[159] Aufgrund der Einzigartigkeit der Verpflichtung wird ein Abstellen auf den Erwartungswert aus Vorsichtsgründen (Nachvollziehbarkeit) abgelehnt. Liegt der Rückstellung eine große Zahl gleichartiger Verpflichtungen zugrunde, ist im Sinne von § 253 Abs. 2 Satz 1 HGB eine Bemessung des Erfüllungsbetrags auf Basis des **Erwartungswerts** aller möglichen Szenarien angezeigt.

Die Differenzierung für einzelne oder mehrere gleichartige Sachverhalte ist explizit in IFRS-SME 21.7 geregelt. Während in erstgenanntem Fall der Erwartungswert aller möglichen Szenarien (*weighting of all possible outcomes by their associated probabilities*) herangezogen wird, ist bei einem einzelnen Sachverhalt dasjenige Szenario mit der **höchsten Wahrscheinlichkeit** (*individual most likely outcome*) heranzuziehen. Im Gegensatz zum Handelsrecht ist nach IFRS-SME 21.7 lit. b somit **keine vorsichtige Bewertung** vorgesehen, sondern vielmehr wird stets auf das wahrscheinlichste Ergebnis als *best estimate* abgestellt. Da die Bestimmung des Erwartungswerts erheblich durch das subjektive Ermessen des Abschlusserstellers geprägt ist (dies wird in IFRS-SME 21.7 auch explizit herausgestellt), besteht ein **Konflikt zur angestrebten Objektivierungsstrenge** der Rechnungslegung.[160] Ebenso fehlen konkrete Vorgaben, inwiefern bei einer starken Streuung der möglichen Verpflichtungsbeträge der wahrscheinlichste Wert nach oben oder nach unten anzupassen ist.[161] Bei einer Vielzahl gleichartiger Verpflichtungen ergibt sich eine

---

157 Vgl. ADS, 6. Aufl., § 253, Rn. 192. Sofern die Eintrittswahrscheinlichkeit des wahrscheinlichsten Szenarios wesentlich höher liegt als für die der übrigen Szenarien, ist die Vorsichtskomponente wohl entbehrlich.
158 BAETGE, J., Möglichkeiten der Objektivierung, S. 124; ebenfalls ADS, 6. Aufl., § 253, Rn. 190.
159 Vgl. BAETGE, J./ZÜLCH, H./BRÜGGEMANN, B./NELLESSEN, T., Management's best estimate, S. 316.
160 Vgl. MOXTER, A., Rückstellungen nach IAS, S. 523.
161 Vgl. ERNSTING, I./VON KEITZ, I., Bilanzierung von Rückstellungen nach IAS 37, S. 2481; BAETGE, J./ZÜLCH, H./BRÜGGEMANN, B./NELLESSEN, T., Management's best estimate, S. 317.

Kapitel 4: Bilanztheoretisch-hermeneutische Untersuchung der IFRS-SME-Einzelnormen zur Kapitalerhaltung

Übereinstimmung mit IFRS-SME 21.7 lit. a. Es bleibt in **beiden Regelungskreisen offen, wann** eine hinreichend **große Zahl von Verpflichtungen** gegeben ist.[162]

424.3 Bilanztheoretisch-hermeneutische Würdigung

Die Regelungen zur Rückstellungsbilanzierung stellen einen zentralen Eckpfeiler zur Umsetzung einer kapitalerhaltungsbedachten Rechnungslegungskonzeption dar. In beiden Regelungskreisen sind **Verbindlichkeitsrückstellungen wirtschaftliche Außenverpflichtungen** i. V. mit bereits in vergangenen Perioden realisierten Erträgen. Diese sind für die Kapitalerhaltung auf Basis eines bilanziellen Reinvermögensvergleichs zwingend anzusetzen, da sie hinreichend konkrete, bereits eingetretene wirtschaftliche Belastungen darstellen. Drohverlustrückstellungen sind Ausdruck des Imparitätsprinzips und müssen für eine kapitalerhaltungsbedachte Gewinnermittlung ebenfalls berücksichtigt werden, da Verluste aus schwebenden Geschäften eine eingetretene Vermögensminderung anzeigen und die Passivierung den Abfluss „fiktiver Dividenden" verhindert. Die **Ansatzpflicht dieser Rückstellungsarten (§ 249 HGB und IFRS-SME 21)** ist konform mit **der gesellschaftsrechtlich angestrebten Risikoallokation** zwischen Eignern und Gläubigern.

Trotz der übereinstimmenden Ansatzpflicht für jegliche Art der Außenverpflichtung hat die detaillierte Analyse der Einzelregelungen in IFRS-SME 21 im Vergleich zu §§ 249, 253 HGB deutlich gemacht, dass die **Ansatz- und Bewertungsvorschriften des IFRS-SME eine Risikoverlagerung von den Eignern auf die Gläubiger** nicht unter allen Umständen verhindern können. Dies resultiert in erster Linie aus der **Vielzahl von Ermessensspielräumen**, die ein für die Kapitalerhaltung zweckwidriges Maß an *professional judgement* erfordern.[163] Diese Ermessensspielräume ergeben sich allein durch die **äußerst knappe Darstellung der Einzelregelungen** in IFRS-SME 21. Beispielsweise fehlen die speziellen Ansatz- und Bewertungsvorschriften zu Drohverlustrückstellungen aus IAS 37 vollständig.[164] Aus den Ausführungen in IFRS-SME 21 ist somit nicht ersichtlich, wie die Bewertung der Drohverlustrückstellung vorzunehmen ist. Die Auflistung einiger Bei-

---

162 Vgl. MOXTER, A., Rückstellungen nach IAS, S. 523; HEBESTREIT, G./SCHRIMPF-DÖRGES, C., in: Beck IFRS HB, 3. Aufl., § 13, Rn. 55.
163 Vgl. für IAS 37 bereits HOFFMANN, W.-D., in: Haufe IFRS-Kommentar, 8. Aufl., § 21, Rn. 115.
164 Vgl. mit umfassenden Erläuterungen HOFFMANN, W.-D., in: Haufe IFRS-Kommentar, 8. Aufl., § 21, Rn. 54-70.

spiele am Ende des Abschnitts erscheint hierfür nicht zielführend. In Verbindung mit den für Kapitalerhaltungszwecke wenig adäquaten konzeptionellen Grundlagen in IFRS-SME 2 und der Vorgehensweise zur Regellückenschließung nach IFRS-SME 10.5[165] entsteht eine **inakzeptable Rechtsunsicherheit**, die zu Lasten der Gläubiger genutzt werden kann. Auch handelsrechtlich fehlt die Kodifikation wesentlicher Ansatzkriterien für Rückstellungen. Das kodifizierte GoB-System i. V. mit der höchstrichterlichen Rechtsprechung weist ein höheres Maß an Rechtssicherheit bei der Auslegung unbestimmter Rechtsbegriffe und bei der Schließung der Regelungslücken auf.[166] Allerdings besteht auch für das HGB weiterhin ein Bedarf nach gefestigten Ansatzkriterien. Dies macht die Vielzahl der Schrifttumsmeinungen zur Ausgestaltung der Ansatzkriterien deutlich, bspw. bei der Unentziehbarkeit der wirtschaftlichen Belastung. Die **weitgehende Abschaffung der Aufwandsrückstellungen** hat zu einer Erhöhung der Objektivierungsstrenge geführt, was dem Kapitalerhaltungszweck insgesamt zuträglich ist.[167]

Neben diesen grundsätzlichen Problemen bei der Gestaltung des Abschnitts zur Rückstellungsbilanzierung erfüllen die **Ansatz- und Bewertungsvorschriften** des IFRS-SME die **Anforderungen an den Kapitalerhaltungszweck nicht vollumfänglich**. Vor allem fehlt es an konkreten Erläuterungen, die die Auslegung dieses Kriteriums und damit dessen Adaption auf Einzelfälle ermöglichen. Dieses Problem besteht in abgeschwächter Form auch im HGB, da keine Einigkeit über das Vorliegen einer Unentziehbarkeit bei rechtlich existierenden, aber wirtschaftlich noch nicht verursachten Verpflichtungen vorliegt. Sofern die **Unentziehbarkeit** (IFRS-SME 21.4 lit. a) ausschließlich an der **wirtschaftlichen Verursachung** ansetzt und rechtliche Außenverpflichtungen nur bei wirtschaftlicher Verursachung relevant sind, ergeben sich in beiden Regelungskreisen **identische Objektivierungsprobleme**. Das Anknüpfen an den früheren der beiden Zeitpunkte ist insgesamt für die Kapitalerhaltung angemessener.[168] Gleiches gilt für die **Auslegung**

---

165 Vgl. hierzu die Abschnitte 324.34, 324.35 und 324.4.
166 Vgl. MOXTER, A., Neue Ansatzkriterien - Teil I, S. 1060.
167 So auch SCHULZE-OSTERLOH, J., Vorschläge, S. 1132; FÜLBIER, R./GASSEN, J., Handelsrechtliche GoB vor der Neuinterpretation, S. 2610; DRINHAUSEN, A./DEHMEL, I., Ansatz und Bewertung von Rückstellungen, S. 40; ARBEITSKREIS BILANZRECHT DER HOCHSCHULLEHRER RECHTSWISSENSCHAFT, Einzelfragen zum materiellen Bilanzrecht, S. 209; MERKT, H., in: BAUMBACH, A./HOPT, K., HGB, 34. Aufl., § 249, Rn. 27.

des **Wahrscheinlichkeitskriteriums**, bei dem ein Teil des Schrifttums eine weitgehende Übereinstimmung zwischen HGB und IFRS-SME 21.4 lit. b vermutet. Ein anderer Teil lehnt hingegen die Vorgabe einer fixen Wahrscheinlichkeitsgrenze ab und lässt stattdessen eine einzelfallorientierte Prüfung bei im Ergebnis wohl niedrigeren Wahrscheinlichkeitsgrenzen als nach IFRS-SME 21.4 lit. b zu. Für Kapitalerhaltungszwecke ist die **rein quantitative Anwendung der Wahrscheinlichkeitsschwelle** in Höhe von 51% **abzulehnen**, da diese der Komplexität des Einzelfalls nicht angemessen Rechnung trägt, zumal durch die Betonung des *professional judgement* große Beurteilungsspielräume für den Abschlussersteller verbleiben.[169] Zur Kapitalerhaltung sichert das **argumentative Wahrscheinlichkeitskriterium** des GoB-Systems ein Mindestmaß an Objektivierung, wobei die Wahrscheinlichkeitsgrenze nicht als fixierte statistische Größe zu verstehen ist.[170]

Nicht nur die Ansatz-, sondern auch die Bewertungsvorschriften widersprechen in Teilbereichen der geforderten Objektivierungsstrenge sowie den handelsrechtlichen Kapitalerhaltungsgrundsätzen. Im Gegensatz zum HGB bemisst sich der **Erfüllungsbetrag** nach IFRS-SME 21 (*best estimate*) ausschließlich nach dem **Erwartungswert**. Bei einer hinreichend großen Zahl von Verpflichtungen, bei denen hinsichtlich des Verflichtungsbetrags auf **statistische Erfahrungswerte** zurückgegriffen werden kann, lässt sich das **subjektive Ermessen des Abschlusserstellers** zurückdrängen. Im Regelfall liegen aber nur begrenzt vergleichbare Verpflichtungen vor, so dass die Heranziehung des *best estimate* weitgehend auf dem *professional judgement* des Abschlusserstellers fußt.[171] Das **Abstellen auf die Verpflichtung mit der höchsten Wahrscheinlichkeit** widerspricht evident dem **Vorsichtsprinzip** und einer objektivierten Gewinnermittlung.[172]

---

168 A. A. FRANKEN, L., Gläubigerschutz durch Rechnungslegung, S. 228, der das *matching principle* als adäquat für Ausschüttungsbemessungszwecke ansieht.

169 Vgl. zu diesen Ermessensspielräumen u. a. BREMBT, T., Möglichkeiten einer internationalisierten Rechnungslegung, S. 117.

170 Vgl. bereits LEFFSON, U., Die Grundsätze ordnungsmäßiger Buchführung, S. 472 („*Erwartungsgefühl*").

171 Vgl. zu den umfangreichen Ermessensspielräumen BAETGE, J./ZÜLCH, H./BRÜGGEMANN, B./ NELLESSEN, T., Management's best estimate, S. 318; kritisch bei singulären Verpflichtungen ebenfalls HOFFMANN, W.-D., in: Haufe IFRS-Kommentar, 8. Aufl., § 21, Rn. 40.

172 Vgl. ADS, 6. Aufl., § 253, Rn. 192 („*Bei der Bewertung [...] sind daher [...] die sich negativ auswirkenden Gesichtspunkte eingehend zu untersuchen [...]*").

Abschnitt 42: IFRS-SME-Einzelnormen mit weitgehender Übereinstimmung zu den IFRS

Sowohl nach § 253 Abs. 2 Satz 1 HGB als auch nach IFRS-SME 21.7 ist die Abzinsung von Rückstellungen geboten. Durch die **Unbestimmtheit des Wesentlichkeitsgrundsatzes** im IFRS-SME ergeben sich aber wiederum **Auslegungs- und Justiziabilitätsprobleme** im Vergleich zu den **eindeutigen Bewertungsvorgaben des HGB**. Auch die Forderung nach einem „angemessenen" Diskontierungszinssatz dürfte *in praxi* schwer umsetzbar sein, da sich diese nicht nur in der Laufzeit, sondern auch im Risikogehalt der Verpflichtung ausdrücken muss. Wenn die Abschätzung der künftigen Szenarien mit ihren Eintrittswahrscheinlichkeiten erheblichen Ermessensspielräumen unterliegt, so gilt dies erst recht für die Bestimmung der Diskontierungszinssätze und etwaiger Risikozuschläge. Die Abzinsung von Rückstellungen gestaltet sich i. d. R. ungleich schwieriger als bei Verbindlichkeiten, denen ein Rechnungszins explizit zugrunde liegt bzw. für die wegen der feststehenden Laufzeit- und Cashflowstruktur ein Zinssatz hergeleitet werden kann.[173] Unter **Objektivierungsgesichtspunkten** weist die **Vorgabe laufzeitkongruenter Diskontierungszinssätze** nach § 253 Abs. 2 Satz 1 HGB **eindeutig Vorteile** auf.[174] Durch das BilMoG wurde die verpflichtende Abzinsung von Rückstellungen für sämtliche langfristige Rückstellungen eingeführt, ohne dass diese zwingend - insbesondere bei Verbindlichkeitsrückstellungen - einen Zinsanteil enthalten müssen. Hierin ist ein **Verstoß** gegen das **Realisationsprinzip** zu sehen, da künftige Erträge aus der Abzinsung vorweggenommen werden, die **nicht den Anforderungen an die Quasi-Sicherheit entsprechen**.[175] Dieser Widerspruch zum Kapitalerhaltungszweck gilt sowohl für das HGB als auch für den

---

173 Vgl. MELLWIG, W., Zur Abzinsung von Verbindlichkeiten, S. 681 f.
174 Vgl. u. a. FÜLBIER, R./GASSEN, J., Handelsrechtliche GoB vor der Neuinterpretation, S. 2610; DRINHAUSEN, A./DEHMEL, I., Ansatz und Bewertung von Rückstellungen, S. 38; JANSSEN, J., Rechnungslegung im Mittelstand, S. 224; WÜSTEMANN, J./KOCH, C., Zinseffekte und Kostensteigerungen, S. 1075; WÜSTEMANN, J./WÜSTEMANN, S., Das System der GoB, S. 769.
175 Kritisch vor dem BilMog bereits LEFFSON, U., Die Grundsätze ordnungsmäßiger Buchführung, S. 295 f.; ADS, 6. Aufl., § 253, Rn. 200; SCHULZE-OSTERLOH, J., Rückzahlungsbetrag und Abzinsung von Rückstellungen, S. 354 f.; SCHULZE-OSTERLOH, J., Vorschläge, S. 1136; nach Umsetzung des BilMoG u. a. KÜTING, K./KESSLER, H./KEßLER, M., Moderne Bilanzierungsvorschriften, S. 497; ARBEITSKREIS BILANZRECHT DER HOCHSCHULLEHRER RECHTSWISSENSCHAFT, Einzelfragen zum materiellen Bilanzrecht, S. 209; RAMMERT, S./THIES, A., Kapitalerhaltung und Besteuerung, S. 38 f.; BAETGE, J./KIRSCH, H.-J./SOLMECKE, H., Auswirkungen des BilMoG, S. 1216; a. A. MOXTER, A., Grundsätze ordnungsmäßer Rechnungslegung, S. 166 (geringe Anforderungen an die Quasi-Sicherheit, aber kein Verstoß gegen Realisationsprinzip); HERZIG, N./GELLRICH, K./JENSEN-NISSEN, L., IFRS und steuerliche Gewinnermittlung, S. 568.

Kapitel 4: Bilanztheoretisch-hermeneutische Untersuchung der IFRS-SME-Einzelnormen zur Kapitalerhaltung

IFRS-SME, die beide (unter den o. g. abweichenden Bedingungen) eine Abzinsung der Rückstellungen vorsehen. Durch die Ermittlung eines **Durchschnittszinssatzes** werden aber **kurzfristige Schwankungen in der Rückstellungsdotierung**, die zur Ausschüttung auch unrealisierter und höchst unsicherer Ertragskomponenten führen könnten, im Gegensatz zum IFRS-SME **verhindert**, wobei der für die Durchschnittsbildung maßgebliche Zeitraum vergleichsweise lang erscheint.[176] Die Anwendung des Erfüllungsbetrags mit künftigen Preissteigerungen (IFRS-SME 21.7, § 253 Abs. 1 Satz 2 HGB) steht in Einklang mit dem Kapitalerhaltungszweck.[177] Indes ist kritisch anzumerken, dass die Berücksichtigung der Bewertungsparameter **bilanzpolitische Spielräume** beinhaltet, die den gesellschaftsrechtlichen Anforderungen an die Objektivierung zuwiderlaufen.[178] Der Verweis auf objektive Hinweise ist aufgrund der Zukunftsbezogenheit kaum umsetzbar.

Insgesamt wird deutlich, dass zwar die Regelungen zur Rückstellungsbilanzierung nach HGB und IFRS-SME **erkennbare Übereinstimmungen** aufweisen. Die **Regelungsunschärfe** einzelner Detailbestimmungen trägt jedoch nicht den durch den Kapitalerhaltungszweck vorgegebenen Objektivierungsanforderungen angemessen Rechnung. Zudem verursacht die Verwendung eines stichtagsbezogenen Diskontierungszinssaztes eine **Ergebnisvolatilität**, die zum **Abfluss unsicherer Ertragskomponenten** führen kann. Daher erfüllt der IFRS-SME die Anforderungen des Kapitalerhaltungszwecks überwiegend nicht. Handelsrechtlich ergibt sich nach Umsetzung des BilMoG kein eindeutiges Bild. Dies resultiert aus der Abzinsungspflicht langfristiger Rückstellungen (Realisationsprinzip), der fehlenden Objektivierungsstrenge bei der Ermittlung des Erfüllungsbetrags und der Regelungsunschärfe bei der Auslegung der Ansatzkriterien. Mit *Übersicht 4-9* wird die Zweckadäquanz der Rückstellungsbilanzierung zusammenfassend gewürdigt.

---

176 So auch WÜSTEMANN, J./KOCH, C., Zinseffekte und Kostensteigerungen, S. 1076.

177 Vgl. nur ADS, 6. Aufl., § 253, Rn. 196; SCHULZE-OSTERLOH, J., Rückzahlungsbetrag und Abzinsung von Rückstellungen, S. 352; HERZIG, N./GELLRICH, K./JENSEN-NISSEN, L., IFRS und steuerliche Gewinnermittlung, S. 567; ARBEITSKREIS BILANZRECHT DER HOCHSCHULLEHRER RECHTSWISSENSCHAFT, Einzelfragen zum materiellen Bilanzrecht, S. 209.

178 Vgl. kritisch WÜSTEMANN, J./KOCH, C., Zinseffekte und Kostensteigerungen, S. 1075 (hohe Ergebnisvolatilität); WÜSTEMANN, J./WÜSTEMANN, S., Das System der GoB, S. 767; BAETGE, J./KIRSCH, H.-J./SOLMECKE, H., Auswirkungen des BilMoG, S. 1216.

Regelungskreis / Regelungsbereich	IFRS-SME	HGB
Rückstellungen (exklusive Pensionsrückstellungen)	(-)	O

Übersicht 4-9: Zusammenfassende Würdigung der Rückstellungsbilanzierung nach IFRS-SME und HGB

425. Abgrenzung von Eigenkapital zu Fremdkapital

425.1 Vorbemerkungen

Die **Abgrenzung des Eigenkapitals vom Fremdkapital** nach HGB und IFRS-SME ist unter Kapitalerhaltungsgesichtspunkten ein **zentraler Regelungsbereich**, da hierdurch die Festlegung der bilanziellen Ausschüttungsgrenzen und damit die Risikoallokation zwischen Gesellschaftern und Gläubigern maßgeblich beeinflusst wird. Mithin leitet sich aus diesen Regelungen ab, „was" gemäß §§ 30 GmbHG, 57 AktG überhaupt **als Kapital erhalten werden soll**. Aus diesem Grund werden nachfolgend die Abgrenzungskriterien des HGB sowie die korrespondierenden IFRS-SME-Regelungen synoptisch herausgearbeitet und für Kapitalerhaltungszwecke bilanztheoretisch-hermeneutisch gewürdigt. In Einklang mit den Untersuchungsprämissen[179] beschränkt sich die Analyse auf die Abgrenzung der **Gesellschaftereinlagen bei der AG und der GmbH**. Zusammengesetzte Finanzinstrumente (z. B. Wandelschuldverschreibungen), *Mezzanine*-Finanzierungen, anteilsbasierte Vergütungen und derivative Kontrakte in eigenen Aktien werden nicht näher untersucht, da diese für SMEs i. d. R. keine hohe Bedeutung haben. Die Implikationen dieser Vorschriften für deutsche Personenhandelsgesellschaften bleiben in Einklang mit den Untersuchungsprämissen[180] ebenfalls ausgeklammert.

---

[179] Vgl. Abschnitt 15.
[180] Vgl. Abschnitt 15.

Kapitel 4: Bilanztheoretisch-hermeneutische Untersuchung der IFRS-SME-Einzelnormen zur Kapitalerhaltung

425.2 IFRS-SME und HGB im Vergleich

425.21 Ansatz

Das HGB enthält **keine Legaldefinition des Eigenkapitals** und ist damit ein **unbestimmter Rechtsbegriff**.[181] Das Handelsrecht knüpft vielmehr an die gesellschaftsrechtlichen Kapitalbestandteile des AktG und des GmbHG (§§ 266 Abs. 3, 272 HGB) an und übernimmt damit vorbehaltlos diejenigen Eigenkapitalinstrumente, für die gesellschaftsrechtlich eine angemessene Risikoverteilung zwischen Gesellschaftern und Gläubigern „typisiert" unterstellt wird.[182] Es handelt sich somit um sog. **gesetzestypische Eigenkapitalinstrumente**.[183] Auf Basis der im HGB kodifizierten Auflistung ist es möglich, die **handelsrechtlichen Kapitalabgrenzungskriterien** wie folgt zu **synthetisieren**:[184]

- Die Ansprüche sind im Liquidationsfall gegenüber den übrigen Kapitalgebern nachrangig zu bedienen (**Haftungsfunktion**);

- der Kapitalnehmer kann langfristig über das überlassene Kapital verfügen (**Kontinuitätsfunktion**);[185]

- das überlassene Kapital wird erfolgsabhängig aus dem Jahresüberschuss des abgeschlossenen Geschäftsjahres vergütet (**Gewinnbeteiligungsfunktion**); und

- das überlassene Kapital nimmt anteilig an erzielten Verlusten teil (**Verlustausgleichsfunktion**).

Gemäß IFRS-SME 22.3 i. V. mit IFRS-SME 2.22 ist **Eigenkapital** das **Residuum aus Vermögenswerten abzüglich Schulden**.[186] Für die Eigenkapitaldefinition ist speziell die

---

181 Vgl. ADS, 6. Aufl., § 246, Rn. 80 (*„Das Gesetz enthält keine allgemeine Definition des Eigenkapitals"*).
182 Vgl. HENNRICHS, J., Kündbare Gesellschaftereinlagen, S. 1258; WÜSTEMANN, J./BISCHOF, J., Eigenkapital im nationalen und internationalen Bilanzrecht, S. 217 (*„engen ‚Funktionszusammenhang'"*).
183 Vgl. BREMBT, T., Möglichkeiten einer internationalisierten Rechnungslegung, S. 105; zur Notwendigkeit einer Bezugnahme auf das Gesellschaftsrecht zur Kapitalerhaltung HENNRICHS, J., Bilanzgestützte Kapitalerhaltung, S. 257 f.
184 Vgl. u. a. ADS, 6. Aufl., § 246, Rn. 81-84; BREMBT, T., Möglichkeiten einer internationalisierten Rechnungslegung, S. 105; BAETGE, J./KIRSCH, H.-J./THIELE, S., Bilanzen, S. 459-462.
185 Kritisch zu diesem Kriterium aber KLEINDIEK, D., Eigenkapital im nationalen und internationalen Bilanzrecht, S. 249.
186 Vgl. BRUNE, J., in: BRUNS, H.-G. ET AL., IFRS-SME, Teil B, Abschn. 22, Rn. 2; für IAS 32 gleichlautend LÜDENBACH, N., in: Haufe IFRS-Kommentar, 8. Aufl., § 20, Rn. 4.

Abgrenzung zu finanziellen Verbindlichkeiten maßgeblich, da es sich bei Eigenkapital regelmäßig um Finanzinstrumente handelt. Dies kommt durch die Bezugnahme auf *financial instruments* allerdings nur indirekt zum Ausdruck. In Negativabgrenzung zur Definition im IFRS-SME-Glossar, die für finanzielle Verbindlichkeiten die individuelle vertragliche Verpflichtung zur Abgabe von Zahlungsmitteln fordert, liegt nur dann ein Eigenkapitalinstrument vor, wenn die Kapitalgesellschaft den Abfluss wirtschaftlicher Ressourcen **unbedingt** (d. h. im eigenen Ermessen) verhindern kann.[187] Gemäß dem *substance over form*-Gedanken nach IFRS-SME 2.8 ist für diese Beurteilung der **ökonomische Charakter des Finanzinstruments** maßgeblich und nicht die gesellschaftsrechtliche Einordnung als Eigenkapital. Individuelle Verpflichtungen, der sich die Kapitalgesellschaft nicht entziehen kann (z. B. Kündigungs- und Abfindungsansprüche der Gesellschafter bei sog. *puttable instruments*) und die nicht an Organbeschlüsse gebunden sind, führen zur Einstufung als finanzielle Verbindlichkeit.[188] **Entscheidend** für die Einstufung als **finanzielle Verbindlichkeit** ist aber nicht die Kündigungsmöglichkeit, sondern der sich **hieraus ergebende Abfindungsanspruch des Gesellschafters**, der zur Zahlungsverpflichtung führt.[189] Die **Möglichkeit zur kollektiven Entscheidung** durch Hauptversammlungs- oder Gesellschafterbeschlüsse ist **unschädlich**, da die Verpflichtung nicht individuell gegenüber dem Halter des Finanzinstruments besteht.[190] Im Vergleich zum HGB, in dem für Eigenkapitalinstrumente der einseitige Kündigungs- und Abfindungsanspruch untypisch ist, aber in Einklang mit den gesellschaftsrechtlichen Kapitalbindungsvorschriften als zulässig gilt,[191] wendet die **Eigenkapitaldefinition nach IFRS-SME 22** das **Kriterium der Dauerhaftigkeit** formalisiert an.[192] Allein die Möglichkeit

---

[187] Vgl. HEINTGES, S./HÄRLE, P., Probleme der Anwendung, S. 177; KRAFT, E.-T., Die Abgrenzung von Eigen- und Fremdkapital, S. 328; HENNRICHS, J., IAS 32 amended, S. 1067: WÜSTEMANN, J./BISCHOF, J., Eigenkapital im nationalen und internationalen Bilanzrecht, S. 221.

[188] Vgl. MÜLLER, S./WELLER, N./REINKE, J., Entwicklungstendenzen, S. 1113; DETTMEIER, M./PÖSCHKE, M., Austritt aus der GmbH, S. 297.

[189] Die Kündigung muss nicht direkt zu einer Zahlungsverpflichtung führen. Beide Zeitpunkte können somit auseinanderfallen. Vgl. hierzu DETTMEIER, M./PÖSCHKE, M., Austritt aus der GmbH, S. 297.

[190] Vgl. FÖRSCHLE, G./HOFFMANN, H., in: Beck Bilanzkomm., 7. Aufl., § 247, Rn. 165; KLEINDIEK, D., Eigenkapital im nationalen und internationalen Bilanzrecht, S. 251.

[191] Vgl. ADS, 6. Aufl., §. 246, Rn. 82 („*Die Zuordnung zum Eigenkapital bedeutet nicht, daß die dort ausgewiesenen Beträge [...] der Gesellschaft auf immer zur Verfügung stehen müssen*").

einer individuellen Zahlungsverpflichtung führt zur Einordnung als Fremdkapital (*settlement approach*), wobei der **Haftungsfunktion** (*ownership approach*) **subsidiäre Bedeutung** zukommt.[193]

IAS 32 wurde im Jahr 2008 um eine **Ausnahmeregelung** für *puttable instruments* erweitert, die in IFRS-SME 22.4 lit. a wortgleich übernommen wurde. Ein **kündbares Finanzinstrument** gilt **unter den folgenden Bedingungen als Eigenkapital**:[194]

- Dem Kapitalgeber wird ein **beteiligungsproportionaler Anspruch am Liquidationserlös** der Gesellschaft zugesichert (IFRS-SME 22.4 lit. a (i));
- die Ansprüche aus dem Instrument sind im Liquidationsfall **letztrangig** zu bedienen (IFRS-SME 22.4 lit. a (ii));
- alle letztrangig zu bedienenden Instrumente sind mit **denselben finanziellen Merkmalen** ausgestattet (IFRS-SME 22.4 lit. a (iii));
- neben dem Kündigungsrecht stehen dem Kapitalgeber **keine weiteren Zahlungen** vom Kapitalnehmer zu, denen sich der Kapitalnehmer nicht entziehen kann (IFRS-SME 22. 4 lit. a (iv)); **und**
- der sich aus dem Instrument ergebende Zahlungsstrom hängt **substanziell** von der **ökonomischen oder buchhalterischen** *performance*, d. h. vom Jahresüberschuss oder der Veränderung des Unternehmenswerts, ab (IFRS-SME 22. 4 lit. a (v)).

Nach IFRS-SME 22. 4 lit. a (iii) müssen **sämtliche Kapitalgeber der nachrangigsten Kapitalklasse** bei einem Kündigungsrecht einen **einheitlich zu ermittelnden Abfindungsanspruch** bei Ausscheiden aus der Gesellschaft bzw. bei Liquidation haben. Sofern den Gesellschaftern **unterschiedliche Abfindungsansprüche** vertraglich zugesichert sind, wird dieses Kriterium **nicht erfüllt** und die Einstufung als finanzielle Verbindlichkeit ist zwin-

---

[192] Vgl. DETTMEIER, M./PÖSCHKE, M., Austritt aus der GmbH, S. 297; KRAFT, E.-T., Die Abgrenzung von Eigen- und Fremdkapital, S. 329.

[193] Vgl. METH, D., Die IFRS als Grundlage, S. 148 f.; JANSSEN, J., Rechnungslegung im Mittelstand, S. 208; KLEINDIEK, D., Eigenkapital im nationalen und internationalen Bilanzrecht, S. 255.

[194] Vgl. BEIERSDORF, K./MORICH, S., IFRS für kleine und mittelgroße Unternehmen, S. 10; WENK, M./JAGOSCH, C./SCHMIDT, S., IFRS for SMEs 2009, S. 2167; WÜSTEMANN, J./BISCHOF, J., Eigenkapital im nationalen und internationalen Bilanzrecht, S. 231 f. Zusätzlich besteht eine Ausnahme gemäß IFRS-SME 22.4 lit. b im Fall einer ausschließlichen Rückzahlungsverpflichtung der Gesellschaft an Dritte bei Liquidation. Dies wird nachfolgend ausgeklammert.

gend.[195] Ein **Abfindungsanspruch**, der nicht am *fair value* oder dem Buchwert des Reinvermögens orientiert ist, führt ebenfalls zum Verstoß gegen IFRS-SME 22.4 lit. a (iii).[196] Dies gilt vor allem bei **erfolgsunabhängigen Abfindungsklauseln**. Insgesamt stellt IFRS-SME 22.3-.4 striktere Anforderungen als das HGB, da individuelle Kündigungsrechte regelmäßig zum Ansatz einer finanziellen Verbindlichkeit führen.

Die Abgrenzung zwischen Eigen- und Fremdkapital kann im Einzelfall **zu Abweichungen beim Eigenkapitalausweis** nach HGB und IFRS-SME führen. **Anteile an einer AG und einer GmbH** sind gemäß §§ 266 Abs. 3, 272 HGB stets **gesetzestypische Eigenkapitalinstrumente**.[197] Dies gilt nicht für einen IFRS-SME-Abschluss. Aktien einer AG werden als Eigenkapital im Sinne von IFRS-SME 22.3 behandelt, da diese aufgrund der aktienrechtlichen Vorgaben nicht durch die Anteilseigner gekündigt werden können. Vielmehr kann die **Kapitalfreisetzung**, insbesondere in Fällen des § 71 AktG (Erwerb eigener Aktien) oder § 222 AktG (Kapitalherabsetzung), nur durch **kollektive Entscheidungen der Gesellschaftsorgane der AG** herbeigeführt werden.[198] Die Anforderungen aus IFRS-SME 22.3 werden somit für **sämtliche Kapitalbestandteile**, einschließlich für Vorzugsaktien nach § 139 AktG, **erfüllt**.[199] Auch bei Anteilen an einer GmbH ist grundsätzlich keine Kündigungsmöglichkeit für die Gesellschafter vorgesehen. Allerdings kann im **Gesellschaftsvertrag einer GmbH** gemäß § 34 Abs. 1, 2 GmbHG den Gesellschaftern ein **ordentliches Kündigungsrecht** eingeräumt sein.[200] Teile des Gesellschaftsvermögens sind dadurch geschützt, dass gemäß § 34 Abs. 3 GmbHG die Kapitalerhaltungsgrenze nach § 30 Abs. 1 GmbHG auch bei Abfindung des ausscheidenden

---

[195] Vgl. BAETGE, J./WINKELJOHANN, N./HAENELT, T., Bilanzierung gesellschaftsrechtlichen Eigenkapitals, S. 1519.

[196] Vgl. u. a. LÜDENBACH, N., in: Haufe IFRS-Kommentar, 8. Aufl., § 20, Rn. 33; KLEINDIEK, D., Eigenkapital im nationalen und internationalen Bilanzrecht, S. 261.

[197] Vgl. BREMBT, T., Möglichkeiten einer internationalisierten Rechnungslegung, S. 108.

[198] Vgl. HÜFFER, U., Aktiengesetz, 9. Aufl., § 57, Rn. 6. Kollektive Beschlüsse über Haupt- oder Gesellschafterversammlungen sind unschädlich, da die Kapitalfreisetzung nicht unbedingt eingefordert werden kann. Vgl. HENNRICHS, J., Kündbare Gesellschaftereinlagen, S. 1256; METH, D., Die IFRS als Grundlage, S. 156.

[199] Vgl. HEINTGES S./HÄRLE, P., Probleme der Anwendung, S. 177; KRAFT, E.-T., Die Abgrenzung von Eigen- und Fremdkapital, S. 331 f.

[200] Vgl. DETTMEIER, M./PLÖSCHKE, M., Austritt aus der GmbH, S. 298 f.; zu den Kündigungsmöglichkeiten des Gesellschafters HUECK, A./FASTRICH, L, in: BAUMBACH, A./HUECK, A., GmbHG, 18. Aufl., § 34, Rn. 4-6.

Gesellschafters beachtet werden muss. **Der Abfindungsanspruch tritt gegenüber der Kapitalerhaltung zurück.**[201] Dies betrifft nur das Stammkapital, aber nicht die Rücklagen, so dass zumindest für Letztere eine Einstufung als **finanzielle Verbindlichkeit** durch Negativabgrenzung zu IFRS-SME 22.4 lit. a (i) zwingend ist.[202] Die Einstufung eines Finanzinstruments als Eigenkapital oder finanzielle Verbindlichkeit nach IFRS-SME 22.3-.4 lässt sich wie folgt zusammenfassen (vgl. *Übersicht 4-10*).

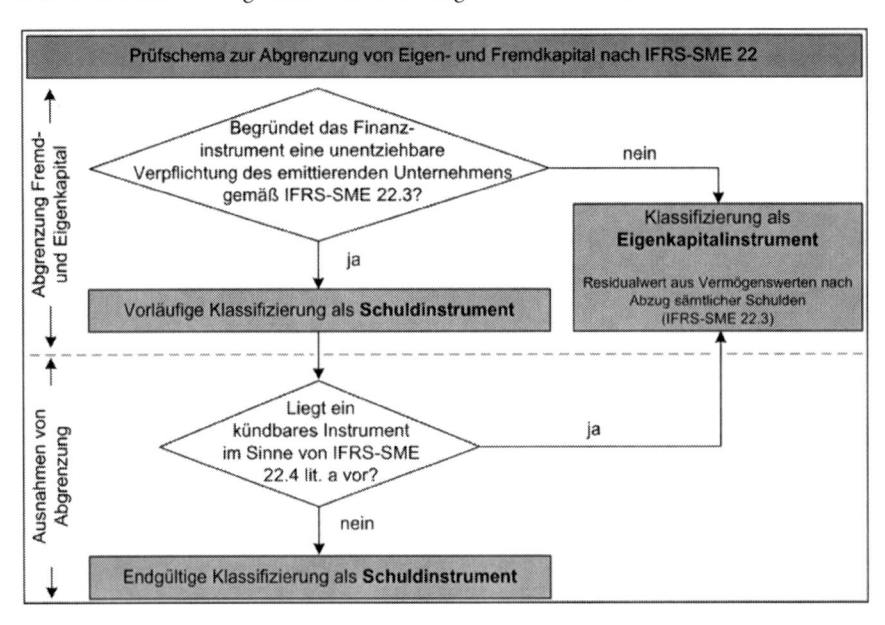

Übersicht 4-10: Prüfschema zur Abgrenzung von Eigen- und Fremdkapital[203]

425.22 Bewertung

Die **Bewertung finanzieller Schulden** basiert auf den Vorschriften des IFRS-SME 11 und 12 und ist **nicht in IFRS-SME 22 geregelt**.[204] Da das Eigenkapital eine Residualgröße

---

201 Vgl. HUECK, A./FASTRICH, L, in: BAUMBACH, A./HUECK, A., GmbHG, 18. Aufl., § 34, Rn. 39; in diesem Sinne auch KRAFT, E.-T., Die Abgrenzung von Eigen- und Fremdkapital, S. 336.
202 Differenzierend hingegen DETTMEIER, M./PLÖSCHKE, M., Austritt aus der GmbH, S. 300, die einen rechtlich durchsetzbaren Abfindungsanspruch ausschließlich bei einer Auflösungsklage nach § 61 GmbHG sehen und daher die Konformität mit IAS 32 bzw. IFRS-SME 22 auch bei kündbaren GmbH-Einlagen bejahen.
203 In grober Anlehnung an BRUNE, J., in: BRUNS, H.-G. ET AL., IFRS-SME, Teil B, Abschn. 22, Rn. 27. Die Ausnahme nach IFRS-SME 22.4 lit. b bleibt hierbei ausgeklammert. Vgl. bereits Fn. 194.

darstellt, entfällt mit Ausnahme der Vorschriften zur Kapitalaufbringung im AktG bzw. GmbHG sowie nach IFRS-SME 22.8 die **Notwendigkeit einer Folgebewertung**. Die **Erstbewertung des Eigenkapitals** erfordert nach HGB und nach dem IFRS-SME die **Bewertung zum beizulegenden Zeitwert**.[205] Kündbare Gesellschaftereinlagen der GmbH sind als finanzielle Verbindlichkeit im Sinne von IFRS-SME 12.7 mit dem *fair value* erstzubewerten. Sofern keine Abfindungsbeschränkungen vorliegen, handelt es sich um den **vollen Abfindungsanspruch**, der mittels einer **Unternehmensbewertung** bestimmt und auf den ersten möglichen Abfindungszeitpunkt diskontiert wird. Da für Anteile an SMEs definitionsgemäß keine aktiven Märkte vorliegen, ist die **Bestimmung der Bewertungsparameter und des -ergebnisses äußerst ermessensbehaftet**.[206] Für die Folgeperioden ist der Abfindungsanspruch (ggf. durch erneute Unternehmensbewertungen) fortzuschreiben. Dies kann zu **fragwürdigen Effekten** führen, denn unter Umständen enthält der passivierte *fair value* des Abfindungsanspruchs einen originären *goodwill*.[207] Probleme entstehen bei der Erfassung der **Vergütung der Gesellschaftereinlagen**, denn das den kündbaren Gesellschaftereinlagen zurechenbare Jahresergebnis bzw. die Ausschüttungen hierauf sind aufwandswirksam zu erfassen.[208]

Zusammenfassend lässt sich somit festhalten, dass der *settlement approach* nach IFRS-SME 22 bei der AG zu einem mit dem Handels- und Gesellschaftsrecht übereinstimmenden Eigenkapitalausweis führt. Bei **kündbaren GmbH-Anteilen** hat hingegen die **Nichterfüllung der engen Ausnahmeregeln** nach IFRS-SME 22.4 lit. a die Einstufung als

---

204 Vgl. u. a. BÖMELBURG, P./LANDGRAF, C./PÖPPEL, A., IFRS für KMU, S. 293.

205 Vgl. für das HGB FÖRSCHLE, G./HOFFMANN, H., in: Beck Bilanzkomm., 7. Aufl., § 247, Rn. 190.

206 Vgl. HENNRICHS, J., IAS 32 amended, S. 1067; BAETGE, J./WINKELJOHANN, N./HAENELT, T., Bilanzierung des gesellschaftsrechtlichen Eigenkapitals, S. 1521; MÜLLER, S./WELLER, N./REINKE, J., Entwicklungstendenzen, S. 1113; JANSSEN, J., Rechnungslegung im Mittelstand, S. 209. Möglicherweise ist das Finanzinstrument in eine Eigen- und Fremdkapitalkomponente zu trennen, was die Komplexität der Erst- und Folgebewertung signifikant erhöht.

207 Vgl. HENNRICHS, J., Kündbare Gesellschaftereinlagen, S. 1257 (*„anomalous accounting"*); JANSSEN, J., Rechnungslegung im Mittelstand, S. 213; SCHILDBACH, T., Das Eigenkapital deutscher Unternehmen, S. 337 (*„form without substance"*); WÜSTEMANN, J./BISCHOF, J., Eigenkapital im nationalen und internationalen Bilanzrecht, S. 223.

208 Vgl. hierzu KLEINDIEK, D., Eigenkapital im nationalen und internationalen Bilanzrecht, S. 252 f.

Fremdkapital mit umfangreichen Anpassungsmaßnahmen und kontraintuitiven Effekten (Passivierung eines originären *goodwill*) zur Folge.

425.3 Bilanztheoretisch-hermeneutische Würdigung

Die **handels- und gesellschaftsrechtlichen Kapitalabgrenzungskriterien** sind aufeinander abgestimmt und rücken die **Haftungs- und Verlustausgleichsfunktion** sowie die **Dauerhaftigkeit der Kapitalüberlassung** in den Mittelpunkt. Die im AktG und GmbHG angestrebte Risikoallokationsfunktion des Eigenkapitals, wonach die Gesellschafter den wirtschaftlichen Risiken näher stehen als die Gläubiger, wird leitgedanklich umgesetzt. Durch die Übernahme der gesellschaftsrechtlichen Kapitalabgrenzungskriterien erfüllen diese kaum überraschend vollumfänglich die Anforderungen des Kapitalerhaltungszwecks.[209]

Das **wesentliche Abgrenzungskriterium des IFRS-SME 22** ist die **Dauerhaftigkeit der Kapitalüberlassung**, wonach jegliche Form einer potenziellen, individuellen Auszahlungsverpflichtung zur Einstufung als finanzielle Verbindlichkeit führt. Aufgrund der Ausgestaltung des deutschen Gesellschaftsrechts kann dies dazu führen, dass **kündbare GmbH-Anteile als Fremdkapital eingestuft** werden müssen. **Stamm- bzw. Vorzugsaktien einer AG** sind hingegen auch nach IFRS-SME 22 stets **Eigenkapital**. Wegen der Bedeutung der GmbH als mittelständische Gesellschaftsform[210] und der empirischen Evidenz zur Bedeutung kündbarer Gesellschaftereinlagen handelt es sich um eine **Fragestellung mit hoher praktischer Relevanz**.[211]

Die Einstufung kündbarer Gesellschaftereinlagen bei der GmbH resultiert aus der strikten Anwendung des Kriteriums der Dauerhaftigkeit und führt zu ökonomisch und gesellschaftsrechtlich zweifelhaften Effekten. Die Dauerhaftigkeit wird ausschließlich aus **individuellen Kündigungsrechten** abgeleitet. Inwiefern deren Ausübung bspw. aufgrund unvorteilhafter Abfindungsklauseln wahrscheinlich ist, spielt mit Ausnahme der in IFRS-SME 22.4 definierten Tatbestände keine Rolle.[212] Diese **fehlende Berücksichtigung der**

---

209 Vgl. hierzu KLEINDIEK, D., Eigenkapital im nationalen und internationalen Bilanzrecht, S. 274.
210 Vgl. hierzu Abschnitt 323.3.
211 So auch DETTMEIER, M./PÖSCHKE, M., Austritt aus der GmbH, S. 298 (mit empirischer Evidenz); HENNRICHS, J., Unternehmensfinanzierung und IFRS im deutschen Mittelstand, S. 504.
212 Kritisch u. a. DETTMEIER, M./PÖSCHKE, M., Austritt aus der GmbH, S. 297; HENNRICHS, J., Kündbare Gesellschaftereinlagen, S. 1255.

Wahrscheinlichkeit einer wirtschaftlichen Belastung steht in **Widerspruch zur Schulddefinition** nach IFRS-SME 2.39 lit. b, welche einen überwiegend wahrscheinlichen Nutzenabfluss fordert.[213] Der gleichsam relevante Residualcharakter des Eigenkapitals, der gesellschaftsrechtlich durch die Nachrangigkeit der Gesellschaftereinlage gegenüber Gläubigern eingefordert wird, tritt in IFRS-SME 22 in den Hintergrund.[214]

Sofern die Rückzahlung der Einlage ausschließlich durch eine **kollektive Beschlussfassung** möglich ist, soll dies für die Einordnung als Eigenkapital unschädlich sein. Speziell bei SMEs ist diese Differenzierung zwischen individuellen und kollektiven Entscheidungen aber wenig geeignet, die gesellschaftsrechtlich geforderte Risikoverteilungsfunktion zwischen Eignern und Gläubigern sicherzustellen, denn ein dominierender Gesellschafter kann durch einen Beschluss der Gesellschafterversammlung eine Auskehrung der Eigenmittel zu Lasten der Gläubiger ebenso erreichen wie durch die individuelle Kündigungsmöglichkeit seiner Einlage.[215] **Wirtschaftlich vergleichbare Sachverhalte werden durch das Kriterium der individuellen und der kollektiven Zahlungsverpflichtung bei SMEs damit ungleich behandelt.**[216] Das Anknüpfen an individuelle Zahlungsverpflichtungen sorgt damit nicht zwingend dafür, dass das Eigenkapital die gesellschaftsrechtlich intendierte Risikoverteilung zwischen Eignern und Gläubigern herstellt.[217]

Die durch die Überarbeitung von IAS 32 im Jahr 2008 auch in IFRS-SME 22.4 einschlägigen **Ausnahmeregelungen** sorgen nur **eingeschränkt für Abhilfe**. Für kündbare GmbH-Anteile ist ein Ausweis als Eigenkapital nur dann möglich, wenn **sämtliche GmbH-Anteile mit identischen Ausstattungsmerkmalen** versehen sind. Die Einstufung einer Gesellschaftereinlage als Eigenkapital hängt aber von den Eigenschaften der übrigen

---

213 Vgl. KLEINDIEK, D., Eigenkapital im nationalen und internationalen Bilanzrecht, S. 269 f.
214 Ebenfalls kritisch u. a. JANSSEN, J., Rechnungslegung im Mittelstand, S. 212; SCHILDBACH, T., Das Eigenkapital deutscher Unternehmen, S. 336 f.; LÜDENBACH, N., in: Haufe IFRS-Kommentar, 8. Aufl., § 20, Rn. 16.
215 Vgl. HENNRICHS, J., Kündbare Gesellschaftereinlagen, S. 1259 (mit Blick auf die GmbH und Personenhandelsgesellschaften).
216 Vgl. METH, D., Die IFRS als Grundlage, S. 162. Dies betrifft allerdings nicht Publikumsgesellschaften mit breitem Gesellschafterkreis.
217 Gleicher Ansicht HENNRICHS, J., Unternehmensfinanzierung und IFRS im deutschen Mittelstand, S. 506 f.; WÜSTEMANN, J./BISCHOF, J., Das Eigenkapital im nationalen und internationalen Bilanzrecht, S. 212.

Kapitel 4: Bilanztheoretisch-hermeneutische Untersuchung der IFRS-SME-Einzelnormen zur Kapitalerhaltung

GmbH-Gesellschaftereinlagen ab, was kaum im Sinne der Risikoverteilung zwischen Eignern und Gläubigern als sachgerechte Lösung anzusehen ist.[218] Hierdurch besteht wiederum die Gefahr, dass ökonomisch identische Sachverhalte unterschiedlich behandelt werden.[219] Das Kriterium der individuell einforderbaren Zahlungsverpflichtung an die Kapitalgesellschaft ist mit Blick auf die Berücksichtigung nachrangiger Finanzinstrumente und individueller Kündigungsmöglichkeiten zu eng gefasst, um die ökonomische Risikoverteilungsfunktion des Haftungskapitals des GmbHG angemessen wiederzugeben.[220] Zudem widerspricht die **Aufnahme kasuistischer Sonderregelungen** („Eigenkapital eigener Art") den konzeptionellen Grundlagen in IFRS-SME 22 und **verhindert** damit eine **rechtssichere Auslegung der IFRS-SME-Vorschriften**.[221]

Nicht nur die Kriterien zur Kapitalabgrenzung, sondern auch die **Bewertung möglicher umklassifizierter Gesellschaftereinlagen ist zweckwidrig**. Neben der **außerordentlichen Komplexität** führt die Erst- und Folgebewertung der Abfindungsansprüche durch Unternehmensbewertungskalküle zu einem Verstoß der für Kapitalerhaltungszwecke gebotenen **Objektivierungsstrenge**, sofern der Kündigungszeitpunkt und/oder der Wert des Abfindungsanspruchs mittels Bewertungsmodellen geschätzt werden muss.[222] Durch die **fehlenden Vorgaben zum Bewertungskalkül** bestehen in IFRS-SME 22 (und in IFRS-SME 12 bei Anwendung der Bewertungsvorschriften) **Regelungslücken**, die wegen der Mängel in IFRS-SME 2[223] nicht mit dem erforderlichen Maß an Rechtssicherheit geschlossen werden können.[224] Die Wertänderungen der umklassifizierten Gesellschaftereinlagen und deren „Vergütungen" werden ergebniswirksam in der GuV erfasst.[225] Die **symmetrische Erfassung der Wertänderungen bei finanziellen Verbindlichkeiten** führt zu einem Verstoß gegen das Realisationsprinzip und ist unter Kapitalerhaltungsgesichts-

---

218 Vgl. METH, D., Die IFRS als Grundlage, S. 172.
219 Vgl. KLEINDIEK, D., Eigenkapital im nationalen und internationalen Bilanzrecht, S. 268.
220 Kritisch u. a. KRAFT, E.-T., Die Abgrenzung von Eigen- und Fremdkapital, S. 355.
221 Vgl. KLEINDIEK, D., Eigenkapital im nationalen und internationalen Bilanzrecht, S. 267.
222 Vgl. BAETGE, J./WINKELJOHANN, N./HAENELT, T., Bilanzierung gesellschaftsrechtlichen Eigenkapitals, S. 1522.
223 Vgl. hierzu Abschnitt 324.34 und 324.35 sowie Abschnitt 324.4.
224 Vgl. stellvertretend BRUNE, J., in: BRUNS, H.-G. ET AL., IFRS-SME, Teil B, Abschn. 22, Rn. 10.
225 Kritisch u. a. SCHILDBACH, T., Das Eigenkapital deutscher Unternehmen, S. 331.

punkten abzulehnen, da eine Verschlechterung der Ertragslage zur Verringerung des Abfindungsanspruchs und damit zu einem Ertrag führt.[226]

Insgesamt sind die Regelungen des IFRS-SME 22 im Vergleich zum HGB durch das Anknüpfen an das Kriterium der individuellen Zahlungsverpflichtung und der Ausgestaltung der Bewertung zur Kapitalerhaltung nicht zweckadäquat. Mit *Übersicht 4-11* wird die Adäquanz der Kapitalabgrenzung für Kapitalerhaltungszwecke zusammengefasst.

Regelungsbereich \ Regelungskreis	IFRS-SME	HGB
Eigen- und Fremdkapital	-	+

Übersicht 4-11: Zusammenfassende Würdigung der Kapitalabgrenzung nach IFRS-SME und HGB

426. Erträge (inklusive langfristiger Auftragsfertigung)

426.1 Vorbemerkungen

Die Regelungen zur Umsatz- und Ertragsrealisation determinieren im Rahmen einer bilanziellen Kapitalerhaltung die Höhe des maximalen Ausschüttungsvolumens. Sie sind denklogisch in einem System der **Gewinnermittlung durch Vermögensvergleich** mit den Bilanzierungsvorschriften für Aktiva und Passiva zu verknüpfen, da Erträge und Aufwendungen eine Veränderung der korrespondierenden Bilanzposten voraussetzen. Die Vorschriften in IFRS-SME 23 zur Ertragsrealisation sorgen für eine Konkretisierung der konzeptionellen Grundlagen in IFRS-SME 2.[227] Im Vordergrund steht die Festlegung, **ab welchem Zeitpunkt** und **in welcher Höhe** die unternehmerischen Leistungen als Erträge zu behandeln sind. Hierzu ist zwischen der **Art der Leistungsverpflichtung** und den zugrunde liegenden Vertragstypen zu **differenzieren** (vgl. *Übersicht 4-12*). Während **Kaufverträge** für Güter einschlägig sind, basiert der Absatz von Dienstleistungen auf **Werk-** oder **Dienstverträgen**. Zusätzlich ist die Ertragsrealisation bei **Zinsen, Dividenden**

---

[226] Vgl. BAETGE, J./WINKELJOHANN, N./HAENELT, T., Bilanzierung des gesellschaftsrechtlichen Eigenkapitals, S. 1522.

[227] Vgl. hierzu bereits Abschnitt 324.35.

Kapitel 4: Bilanztheoretisch-hermeneutische Untersuchung der IFRS-SME-Einzelnormen zur Kapitalerhaltung

und **Nutzungsentgelten** zu untersuchen. Da das handelsrechtliche Realisationsprinzip als tragende Säule des GoB-Systems bereits untersucht wurde,[228] steht die Abgrenzung zur IFRS-SME-Ertragsrealisation im Fokus.

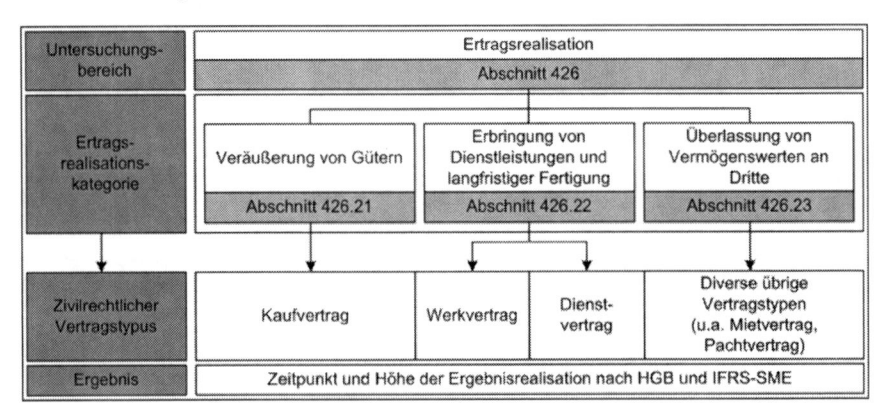

Untersuchungs-bereich	Ertragsrealisation Abschnitt 426		
Ertrags-realisations-kategorie	Veräußerung von Gütern Abschnitt 426.21	Erbringung von Dienstleistungen und langfristiger Fertigung Abschnitt 426.22	Überlassung von Vermögenswerten an Dritte Abschnitt 426.23
Zivilrechtlicher Vertragstypus	Kaufvertrag	Werkvertrag / Dienstvertrag	Diverse übrige Vertragstypen (u.a. Mietvertrag, Pachtvertrag)
Ergebnis	Zeitpunkt und Höhe der Ergebnisrealisation nach HGB und IFRS-SME		

Übersicht 4-12: Überblick der zu untersuchenden Arten der Ertragsrealisation

426.2 IFRS-SME und HGB im Vergleich
426.21 Ertragsrealisation bei Veräußerung von Gütern

Das **handelsrechtliche Realisationsprinzip** konkretisiert sich durch den „Sprung zum Absatzmarkt" im Sinne einer **an den Umsatzakt gebundenen Ertragsrealisation**.[229] Da die Ertragsrealisation einen Forderungszugang voraussetzt, muss sich die hierdurch angestrebte **Quasi-Sicherheit des tatsächlichen Ertragszuflusses** auf die **Einbringlichkeit der korrespondierenden Forderung** (aus Lieferung und Leistung) beziehen. Der Übergang von den für die Bilanz zunächst unbeachtlichen schwebenden Geschäften zum Ansatz einer Forderung (und damit der Ertragsrealisation) hängt entscheidend vom **Vertragstypus** und der dem **Rechtsgeschäft zugrunde liegenden Leistung** ab. Handelsrechtlicher Anknüpfungspunkt ist die **zivilrechtliche Vertragserfüllung** im Sinne eines vollständigen **Erbringens der Hauptleistung**, d. h. der **Leistungshandlung** sowie der **Übergang der**

---

228 Vgl. Abschnitt 233.4.
229 Vgl. hierzu Abschnitt 233.4. Nachfolgend ist der Begriff der Ertragsrealisation als Oberbegriff für die Umsatz- *und* die Gewinnrealisation zu verstehen. Andernfalls wird dies explizit hervorgehoben. Vgl. zu dieser Differenzierung u. a. EULER, R., Grundsätze ordnungsmäßiger Gewinnrealisierung, S. 67. Ebenfalls wird auf die teils unterschiedliche Abgrenzung des Ertragsbegriffs nach HGB und IFRS verzichtet. Vgl. hierzu WÜSTEMANN, J./WÜSTEMANN, S./NEUMANN, S., in: BAETGE, J. ET AL., Rechnungslegung nach IFRS, 2. Aufl., IAS 18, Rn. 8.

Preisgefahr von der hauptleistungspflichtigen Partei.[230] Die **Preisgefahr** umfasst das **Risiko des zufälligen Untergangs** oder einer **zufälligen Verschlechterung der Ware**.[231] Ab diesem Zeitpunkt verbleibt beim Verkäufer insbesondere das Kreditrisiko des Kontrahenten sowie das Risiko der Mängelhaftung.[232] Bei Veräußerungsgeschäften konkretisiert sich der Übergang der Preisgefahr im Regelfall durch das Verlassen der Güter aus dem eigenen Verfügungsbereich. Der **Preisgefahrenübergang** ist für einen objektivierten Gewinnausweis nur dann **zielführend**, wenn ein **wirksames Rechtsgeschäft** abgeschlossen wurde.[233] Notwendig für die ertragswirksame Aktivierung einer Forderung ist daher deren **rechtliches Entstehen**.[234] Eine derartige **Verknüpfung der Ertragsrealisation mit der für das Veräußerungsgeschäft einschlägigen Zivilrechtsstruktur** sorgt dafür, dass in der Bilanz bzw. GuV keine „unsicheren" im Sinne von ermessensbehafteten Ertragskomponenten ausgewiesen werden sollen.[235] **Der gesellschaftsrechtlich geforderten Risikoverteilung zwischen Gläubigern und Eignern wird hierdurch Rechnung getragen.**

Die Ertragsrealisation und der Ansatz einer Forderung aus Lieferung und Leistung resultiert aus der Erfüllung von **Sach- bzw. Dienstleistungsverpflichtungen** und nicht aus dem Austausch von Finanzinstrumenten. Daher sind im IFRS-SME die Vorgaben in IFRS-SME 11 und 12 für Finanzinstrumente nicht einschlägig (IFRS-SME 23.2 lit. c). Wie im HGB ist es beim IFRS-SME für den Ansatz einer Forderung aus Lieferung und Leistung erforderlich, dass der **Leistungsverpflichtete seine Leistung erbracht hat**.[236] Die **Ertragsrealisation** knüpft nicht an das zivilrechtliche Kriterium des Preisgefahrenübergangs, sondern an folgende Kriterien an (IFRS-SME 23.10):[237]

---

230 Vgl. ADS, 6. Aufl., § 246, Rn. 185; MERKT, H., in: BAUMBACH, A./HOPT, K., HGB, 34. Aufl., § 252, Rn. 19; BREMBT, T., Möglichkeiten einer internationalisierten Rechnungslegung, S. 155 f.
231 Vgl. ADS, 6. Aufl., § 246, Rn. 193; MOXTER, A., Gewinnrealisierung nach IAS/IFRS, S. 272 („*Die geschuldete Leistung muß mithin vertragsgemäß erbracht sein*").
232 Vgl. EULER, R., Grundsätze ordnungsmäßiger Gewinnrealisierung, S. 75.
233 Vgl. EULER, R., Grundsätze ordnungsmäßiger Gewinnrealisierung, S. 84.
234 Vgl. ADS, 6. Aufl., § 246, Rn. 180 (*„Im Regelfall wird daher zu verlangen sein, daß die Forderung auch rechtlich entstanden ist"*).
235 Vgl. MOXTER, A., Gewinnrealisisierung nach HGB, S. 268 f.; WÜSTEMANN, J./KIERZEK, S., Normative Bilanztheorie, S. 890.
236 Vgl. DOBLER, M./MAUL, K.-H., Die Wertpapiere des Umlaufvermögens und die flüssigen Mittel, in: HdJ, Abt. II/6 (2007), Rn. 66.

Kapitel 4: Bilanztheoretisch-hermeneutische Untersuchung der IFRS-SME-Einzelnormen zur Kapitalerhaltung

- Die Transaktion sorgt für einen **Übergang der maßgeblichen Chancen und Risiken** aus dem zu übertragenden Gut an den Käufer (sog. *risk and reward*-Kriterium; IFRS-SME 23.10 lit. a);

- der Verkäufer behält **kein Verfügungsrecht**, das üblicherweise mit dem Eigentum an dem zu übertragenden Gut verbunden ist (IFRS-SME 23.10 lit. b);[238]

- die Höhe der Umsatzerlöse ist **verlässlich** bestimmbar (IFRS-SME 23.10 lit. c);

- der Nutzen aus der Verkaufstransaktion wird dem Abschlussersteller **wahrscheinlich** zufließen (IFRS-SME 23.10 lit. d); **und**

- die mit der Verkaufstransaktion verbundenen Kosten sind **verlässlich** bestimmbar (IFRS-SME 23.10 lit. e).

In IFRS 23.12-.13 werden beispielhaft Verkaufstransaktionen von Gütern dargestellt und der maßgebliche Realisationszeitpunkt aufgezeigt. Insbesondere das **Kriterium des wahrscheinlichen Nutzenzuflusses** deutet auf einen **Widerspruch** zu den **Anforderungen an die Quasi-Sicherheit nach dem handelsrechtlichen Realisationsprinzip** hin, da ein wahrscheinlicher Nutzenzufluss nicht zwangsläufig quasi-sicher ist. Da sich die übrigen Anforderungskriterien zudem systemadäquat in die Definition für Aufwendungen und Erträge nach IFRS-SME 2.41-.42 sowie in die *asset*-Definition nach IFRS-SME 2.15 lit. a einfügen, sind die Objektivierungsprobleme aus IFRS-SME 2[239] auch in IFRS-SME 23 erkennbar. So fehlt bspw. für das **Kriterium des Verlusts der Verfügungsmacht** (*control*) eine **hinreichende Konkretisierung**.[240] Anders als die handelsrechtliche Anknüpfung an die dem Rechtsgeschäft zugrunde liegende Zivilrechtsstruktur besteht ein großes *professional judgement*. Die **objektivierungsbedingten Einschränkungen** scheinen zu **Gunsten einer periodengerechten Gewinnermittlung** nach IFRS-SME 2.36 (*accrual principle*) in

---

237 Vgl. hierzu auch BRUNE, J., in: BRUNS, H.-G. ET AL., IFRS-SME, Teil B, Abschn. 23, Rn. 20; BREMBT, T., Möglichkeiten einer internationalisierten Rechnungslegung, S. 156. IFRS-SME 23 umfasst Ertragsformen, die sich aus der „gewöhnlichen" Geschäftstätigkeit ergeben. Wertsteigerungen von Vermögenswerten oder andere Erträge werden in anderen Abschnitten geregelt.

238 Dieses Kriterum ist als Konkretisierung des zuvor genannten Kriteriums anzusehen, da der Übergang der Chancen und Risiken nur bei Übertragung der wirtschaftlichen Verfügungsrechte gegeben ist. Vgl. BRUNE, J., in: BRUNS, H.-G. ET AL., IFRS-SME, Teil B, Abschn. 23, Rn. 22.

239 Vgl. hierzu Abschnitt 324.34.

240 Vgl. WÜSTEMANN, J./WÜSTEMANN, S./NEUMANN, S., in: BAETGE, J. ET AL., Rechnungslegung nach IFRS, 2. Aufl., IAS 18, Rn. 28.

Kauf genommen zu werden. Adaptiert man hingegen die ergänzenden Hinweise in IFRS-SME 23.12-.13 auf die Anforderungen aus IFRS-SME 23.10, ist der **Übergang der Preisgefahren** der **entscheidende Faktor** für die Erfüllung des *risk and rewards*-Kriteriums.[241] Vor allem geht der Übergang der Preisrisiken zumeist mit der Übertragung des Eigentumsrechts einher.[242] Dies wird auch in IFRS-SME 23.11 indirekt zum Ausdruck gebracht. An gleicher Stelle ist der Hinweis enthalten, dass im Einzelfall (*in other cases*) eine Ertragsrealisation auch **vor Übergang des rechtlichen Eigentums** und des **Übergangs der Preisgefahr** (*[...] occurs at a time different from the transfer of legal titel or the passing of possession*) **angezeigt** sein kann. Der Zeitpunkt der Ertragsrealisation im Sinne von § 252 Abs. 1 Nr. 4 HGB bzw. IFRS-SME 23.10 ist somit nur in aller Regel identisch.[243]

426.22 Ertragsrealisation bei Dienstleistungen und langfristiger Fertigung

Für die **Ertragsrealisation bei Dienstleistungen** und **Fertigungsaufträgen** als spezielle Form der Dienstleistungserbringung fehlt es im HGB an expliziten Regelungen.[244] Das Realisationsprinzip nach § 252 Abs. 1 Nr. 4 HGB ist daher durch hermemeutische Auslegung auf solche Fälle zu adaptieren. **Fertigungsaufträge** haben die **auftragsbezogene Herstellung** eines Guts zum Gegenstand und sind in Deutschland als **Werkvertrag** konzipiert. **Dienstleistungen** werden als **Dienst-** oder **Werkvertrag** konzipiert.[245] Die Erbringung der Hauptleistung und damit der Übergang der Preisgefahr konkretisiert sich bei Dienstverträgen nicht im Leistungserfolg, sondern **in der Erbringung der Diensthandlung**.[246] Bei Werkverträgen (Sonderfall von Kaufverträgen) ist der Übergang der

---

241 Vgl. MOXTER, A., Gewinnrealisierung nach IAS/IFRS, S. 276; MERSCHMEYER, M., Die Kapitalschutzfunktion des Jahresabschlusses, S. 194.

242 Vgl. WÜSTEMANN, J./WÜSTEMANN, S., Betriebswirtschaftliche Bilanzrechtsforschung, S. 46; LÜDENBACH, N., in: Haufe IFRS-Kommentar, 8. Aufl., § 25, Rn. 19.

243 Vgl. MOXTER, A., Gewinnrealisierung nach IAS/IFRS, S. 276; BREMBT, T., Möglichkeiten einer internationalisierten Rechnungslegung, S. 162 f. In der Unternehmenspraxis sind bei zwei Konstellationen Unterschiede im Realisationszeitpunkt denkbar. Dies betrifft zum einen Verkäufe, bei denen die Einbringlichkeit der korrespondierenden Forderung aus Lieferung und Leistung bereits bei Zugang zweifelhaft ist. Zum anderen können sich Unterschiede bei Verkäufen mit Rückgaberecht ergeben. Eine für Kapitalerhaltungszwecke bedeutsame Risikoverlagerung zu Lasten der Gläubiger ergibt sich aber nicht, so dass diese Konstellationen ausgeklammert bleiben.

244 Vgl. BREMBT, T., Möglichkeiten einer internationalisierten Rechnungslegung, S. 163.

245 Vgl. WÜSTEMANN, J./WÜSTEMANN, S./NEUMANN, S., in: BAETGE, J. ET AL., Rechnungslegung nach IFRS, 2. Aufl., IAS 18, Rn. 55; WÜSTEMANN, J./WÜSTEMANN, S., Betriebswirtschaftliche Bilanzrechtsforschung, S. 32 f.

Preisgefahr bei Abnahme des Werks durch den Besteller maßgeblich, da der **Leistungsverpflichtete den Leistungserfolg schuldet**.[247] In IFRS-SME 23 werden **beide Vertragstypen** trotz verschiedenen Zeitpunkts des Preisgefahrenübergangs **einheitlich behandelt**.

Sofern Fertigungsaufträge über den Bilanzstichtag hinaus abgearbeitet werden, handelt es sich um einen **periodenübergreifenden Auftrag**.[248] Handelsrechtlich ist für periodenübergreifende Fertigungsaufträge die *completed contract*-Methode einschlägig. Sofern diese als Werkverträge ausgestaltet sind, erfordert der Übergang der Preisgefahr neben der Verschaffung des Eigentums bzw. der Verfügungsmacht auch die **(Gesamt-)Abnahme des Werks durch den Besteller**.[249] Der Übergang der Preisgefahr eignet sich als objektivierter Ertragsrealisationszeitpunkt, da erst die Abnahme des Werks durch den Besteller dessen Vertragsmäßigkeit objektiviert und für die Quasi-Sicherheit der Forderung an die Gegenpartei sorgt.[250] Dies ist Ausdruck des Realisationsprinzips nach § 252 Abs. 1 Nr. 4 HGB. **Vor Beendigung des Werkvertrags** dürfen daher nur **Gewinne realisiert** werden, wenn **klar definierte Teilleistungen** mit dem Abnehmer bereits **vorab abgerechnet** wurden.[251]

In IFRS-SME 23.17-.21 werden in Einklang mit der aus IAS 11 bekannten Abgrenzung nur Werkverträge für **materielle Werke** als Fertigungsaufträge (*construction contracts*) definiert (so auch die Definition im IFRS-SME-Glossar). Konstitutives Merkmal ist die **Kundenspezifizität des Werks**.[252] Die Ertragsrealisation richtet sich nach der *percentage of completion*-Methode (PoC-Methode). Hiernach werden die **geschätzten Gesamterlöse**

---

246 Vgl. EULER, R., Grundsätze ordnungsmäßiger Gewinnrealisierung, S. 72.

247 Vgl. EULER, R., Grundsätze ordnungsmäßiger Gewinnrealisierung, S. 93 f.; ADS, 6. Aufl., § 246, Rn. 197.

248 Vgl. KRAWITZ, N., Langfristige Auftragsfertigung, S. 886; ADS, 6. Aufl., § 246, Rn. 198.

249 Vgl. EULER, R., Grundsätze ordnungsmäßiger Gewinnrealisierung, S. 93; WÜSTEMANN, J./WÜSTEMANN, S., Betriebswirtschaftliche Bilanzrechtsforschung, S. 40.

250 Vgl. EULER, R., Grundsätze ordnungsmäßiger Gewinnrealisierung, S. 92; so ebenfalls MERSCHMEYER, M., Die Kapitalschutzfunktion des Jahresabschlusses, S. 238; WÜSTEMANN, J./KIERZEK, S., Normative Bilanztheorie, S. 893.

251 Vgl. WÜSTEMANN, J./WÜSTEMANN, S., Betriebswirtschaftliche Bilanzrechtsforschung, S. 41-44; ebenfalls ELLROTT, H./BRENDT, P., in: Beck Bilanzkomm., 7. Aufl., § 255, Rn. 461.

252 Vgl. BRUNE, J., in: BRUNS, H.-G. ET AL., IFRS-SME, Teil B, Abschn. 23, Rn. 66; RIESE, J., in: Beck IFRS HB, 3. Aufl., § 9, Rn. 8 und 11. Sofern es sich hingegen um einen standardisierten Fertigungsprozess handelt, ist demgegenüber IFRS-SME 23.10 für den Verkauf von Gütern einschlägig. In diesem Fall findet die PoC-Methode im Regelfall keine Anwendung. Vgl. WÜSTEMANN, J./WÜSTEMANN, S., Betriebswirtschaftliche Bilanzrechtsforschung, S. 46.

und **Gesamtaufwendungen** aus dem Werkvertrag anhand des **geschätzten Fertigstellungsgrads** als **realisiert** betrachtet. Für die Anwendung der PoC-Methode sind nach IFRS-SME 23.17 die folgenden Voraussetzungen einschlägig:

- verlässliche Schätzung der Gesamtkosten des Fertigungsauftrags;
- verlässliche Schätzung der Erträge und der Einbringlichkeit dieser Erträge; **und**
- verlässliche Schätzung des Fertigstellungsgrads des Auftrags.

Die **Abschätzung des Grads an Verlässlichkeit** bietet dem Abschlussersteller **hohe Ermessensspielräume**, da es sich im Sinne von IFRS-SME 23.17 i. V. mit IFRS-SME 23.25 um eine **widerlegbare Vermutung** handelt.[253] Der Abschlussersteller muss somit das Gegenteil nachweisen, um eine Anwendung der PoC-Methode zu verhindern. Bei Einhaltung der Kriterien werden Erträge nach dem Fertigstellungsgrad und damit vor Übergang der Preisrisiken realisiert, denn die Teilabnahme wird lediglich „fingiert". Die „realisierten" Erträge werden als **Forderung aus PoC-Kontrakten** ausgewiesen und **nicht** wie nach HGB **als unfertige Erzeugnisse**.[254] Sofern die verlässliche Schätzung des Fertigstellungsgrads nicht möglich ist, hat der Abschlussersteller nach IFRS-SME 23.25 die bereits angefallenen Auftragserlöse und -aufwendungen **auf Vollkostenbasis**, d. h. ohne Gewinnmarge (*zero profit margin*-Methode), als Umsatzerlöse zu erfassen.[255] **Umsatz- und Gewinnrealisation fallen damit auseinander.** Die *completed contract*-Methode ist unzulässig. Durch die **Abnahme von Teilleistungen** oder die **Aktivierung zu vollen Selbstkosten** lässt sich aber eine **Annäherung zwischen IFRS-SME und HGB** erreichen.[256]

Die **Erbringung von Dienstleistungen** basiert auf **Werkverträgen** oder auf **Dienstverträgen**. Bei Dienstverträgen (z. B. periodenübergreifende Beratungsdienstleistungen) bewirkt das sukzessive Erbringen der Leistung als solche den Übergang der Preisgefahr. Die Erträge gelten im HGB dann als realisiert, wenn die Teildienstleistung durch den Leis-

---

[253] Vgl. zu den Ermessensspielräumen u. a. RIESE, J., in: Beck IFRS HB, 3. Aufl., § 9, Rn. 38 und 44.
[254] Es gelten die analogen Vorschriften aus IAS 11 auch für IFRS-SME 23. Vgl. hierzu auch IASC FOUNDATION (HRSG.), Training Material IFRS-SME, Module 23, Beispiel 54; ebenfalls BRUNE, J., in: BRUNS, H.-G. ET AL., IFRS-SME, Teil B, Abschn. 23, Rn. 99 f.
[255] Vgl. KRAWITZ, N., Langfristige Auftragsfertigung, S. 893; WÜSTEMANN, J./WÜSTEMANN, S./NEUMANN, S., in: BAETGE, J. ET AL., Rechnungslegung nach IFRS, 2. Aufl., IAS 18, Rn. 69.
[256] Vgl. hierzu KRAWITZ, N., Langfristige Auftragsfertigung, S. 889-891.

Kapitel 4: Bilanztheoretisch-hermeneutische Untersuchung der IFRS-SME-Einzelnormen zur Kapitalerhaltung

tungsverpflichteten erbracht wurde. Dies entspricht faktisch der nach IFRS-SME 23 einschlägigen PoC-Methode.

Die Ertragsrealisation nach IFRS-SME 23 ist für die Erbringung von Dienstleistungen speziell in IFRS-SME 23.14-.16 geregelt und ist sowohl auf **Dienstverträge** als auch auf **Werkverträge für immaterielle Werke** anzuwenden. Es wird nicht an die handelsrechtlich einschlägige Differenzierung zwischen Werk- und Dienstverträgen angeknüpft.[257] Es müssen nach IFRS-SME 23.14 **folgende Kriterien für die Ertragsrealisation** erfüllt sein:

- Die Ertragshöhe muss verlässlich bestimmbar sein (IFRS-SME 23.14 lit. a);
- der Nutzenzufluss an den Leistungserbringer ist wahrscheinlich (IFRS-SME 23.14 lit. b);
- der Fertigstellungsgrad des Dienstleistungsgeschäfts kann verlässlich geschätzt werden (IFRS-SME 23.14 lit. c); **und**
- die bereits angefallenen und noch aufzubringenden Kosten des Dienstleistungsgeschäfts können verlässlich bestimmt werden (IFRS-SME 23.14 lit. d).

Diese Kriterien stellen den wahrscheinlichen ökonomischen Nutzenzufluss aus der erbrachten Dienstleistung in den Mittelpunkt der Ertragsrealisation, was die bereits dargestellten Ermessensspielräume erneut verdeutlicht[258] und den Objektivierungsanforderungen des HGB zuwider läuft. In der praktischen Konsequenz ergibt sich hingegen ein gespaltenes Bild. Bei Dienstverträgen tritt der Preisgefahrenübergang mit fortschreitender Leistungserbringung ein, so dass sich faktisch kein Konflikt zwischen der Anwendung der PoC-Methode und dem Realisationsprinzip gemäß § 252 Abs. 1 Nr. 4 HGB ergibt. Der wesentliche Unterschied gilt wiederum für Werkverträge, bei denen durch die PoC-Methode eine Realisation vor Preisgefahrenübergang eintritt (IFRS-SME 23.14).[259] Wenn der Ertrag, die Kosten und/oder der Fertigstellungsgrad nicht verlässlich geschätzt werden können, ist die *zero profit*-Methode anwendbar (IFRS-SME 23.16).

---

257 Vgl. WÜSTEMANN, J./WÜSTEMANN, S./NEUMANN, S., in: BAETGE, J. ET AL., Rechnungslegung nach IFRS, 2. Aufl., IAS 18, Rn. 58.
258 Vgl. hierzu ebenfalls Abschnitt 324.34 und 324.35.
259 Vgl. WÜSTEMANN, J./WÜSTEMANN, S./NEUMANN, S., in: BAETGE, J. ET AL., Rechnungslegung nach IFRS, 2. Aufl., IAS 18, Rn. 59.

426.23 Ertragsrealisation aus der Überlassung von Vermögenswerten zur Nutzung durch Dritte

Vergleichbar zu den Kriterien bei Gütern und Dienstleistungen sind auch bei der Ertragsrealisation aus der Überlassung von Vermögenswerten durch Dritte (z. B. **Zinserlöse, Nutzungsentgelte, Dividenden**) folgende Kriterien einzuhalten (IFRS-SME 23.28):

- Der Nutzenzufluss an den Leistungserbringer ist wahrscheinlich (IFRS-SME 23.28 lit. a); **und**

- die Erträge können verlässlich bestimmt werden (IFRS-SME 23.28 lit. b).

IAS 23.28 greift somit die **allgemeinen Ertragsvereinnahmungskriterien**, die in IFRS-SME 2.27 dargelegt sind, wieder auf. Bei Zinsansprüchen gilt IFRS-SME 23.29 lit. a, wonach Zinsansprüche zeitproportional gemäß der **Effektivzinsmethode** erfasst werden.[260] Nutzungsentgelte für die Überlassung langlebiger Vermögenswerte (*royalties*) sind in Übereinstimmung mit dem wirtschaftlichen Gehalt des Vertrags (*in accordance with the substance of the relevant agreement*) nach dem *accrual principle* abzugrenzen (IFRS-SME 23.29 lit. b).

Zur Konkretisierung des Realisationsprinzips im HGB wird **handelsrechtlich** an die **zivilrechtlichen Strukturen** der diesen Erlösarten zugrundeliegenden Rechtsgeschäfte, bspw. einen Miet-, Darlehens- oder Pachtvertrag, angeknüpft. Bei diesen Vertragstypen versagt i. d. R. das Kriterium des Preisgefahrenübergangs.[261] Daher sind diese **Erlösarten stets als Forderung zu aktivieren**, wenn sie **für den Kaufmann hinreichend sicher** und konkret sind, vor allem bei Entstehen eines Rechtsanspruchs.[262] Es ergeben sich *in praxi* wohl keine großen Unterschiede zur Erlösrealisation nach IFRS-SME 23.28, so dass HGB und IFRS-SME den gleichen, **wenig konturscharfen Bilanzierungsvorgaben** folgen.[263]

---

[260] Vgl. hierzu LÜDENBACH, N., in: Haufe IFRS-Kommentar, 8. Aufl., § 25, Rn. 60; BRUNE, J., in: BRUNS, H.-G. ET AL., IFRS-SME, Teil B, Abschn. 23, Rn. 104. Für die Effektivzinsmethode wird auf IFRS-SME 11.16-.20 verwiesen.

[261] Vgl. m. w. N. EULER, R., Die Grundsätze ordnungsmäßiger Gewinnrealisierung, S. 82-84 (für Darlehens- und Maklerverträge). Für Kommissionsgeschäfte ist das Kriterium der dem Geschäft zugrunde liegenden Sachleistung einschlägig. Vgl. WÜSTEMANN, J./WÜSTEMANN, S./ NEUMANN, S., in: BAETGE, J. ET AL., Rechnungslegung nach IFRS, 2. Aufl., IAS 18, Rn. 38 f.

[262] Vgl. MERKT, H., in: BAUMBACH, A./HOPT, K., HGB, 34. Aufl., § 252, Rn. 20; in diesem Sinne ebenfalls ADS, 6. Aufl., § 246, Rn. 179; MOXTER, A., Gewinnrealisierung nach IAS/IFRS, S. 272.

[263] Vgl. MERSCHMEYER, M., Die Kapitalschutzfunktion des Jahresabschlusses, S. 197.

Kapitel 4: Bilanztheoretisch-hermeneutische Untersuchung der IFRS-SME-Einzelnormen zur Kapitalerhaltung

Erkennbare Unterschiede bestehen allein bei der **Erfassung von Dividendenforderungen**. Nach IFRS-SME 23.29 lit. c sind diese mit der Entstehung des Rechtsanspruchs auf die Dividende als Erlös zu erfassen, d. h. in Deutschland mit Gewinnverwendungsbeschluss der Gesellschafter- bzw. Hauptversammlung nach §§ 42a Abs. 2 GmbHG, 174 AktG.[264] **Eine Erfassung mit der wirtschaftlichen Entstehung ist ausgeschlossen.**[265] Diese sog. **phasengleiche Aktivierung von Dividenden** wird im HGB unter bestimmten Bedingungen akzeptiert, so dass bereits vor rechtlichem Entstehen eine Erlösrealisation beim Mutterunternehmen möglich ist.[266] Unter objektivierungsrechtlichen Gesichtspunkten weist die im IFRS-SME niedergelegte Vorgehensweise damit Vorteile auf.

426.3 Bilanztheoretisch-hermeneutische Würdigung

Anders als für das handelsrechtliche Realisationskriterium der Quasi-Sicherheit, das für die Ertragsrealisation bei sämtlichen Sachleistungen einschlägig ist, ist in IFRS-SME 23 kein einheitliches Kriterium für Sach- und Dienstleistungen erkennbar. Vielmehr statuiert IFRS-SME 23 **unterschiedlich strikte Realisationskriterien**, die keine Ableitung einer einheitlichen Wahrscheinlichkeitsschwelle erlauben.[267]

Mit Blick auf die **Realisation von Erlösen aus der Veräußerung von Gütern** ergeben sich zwischen HGB und IFRS-SME **keine wesentlichen Unterschiede**.[268] Kritisch zu sehen ist die **fehlende Exaktheit** in der Definition des *risk and reward*-Kriteriums und des Kriteriums des wahrscheinlichen Nutzenzuflusses, das c. p. großes *professional judgement* nahe legt. Durch die Bezugnahme auf das Kriterium des **zivilrechtlichen Eigentumsübergangs bei Kauftransaktionen** (IFRS-SME 23.11), das meist zur Erfüllung der Kriterien in IFRS-SME 23.10 führt, ergeben sich weitgehende Parallelen zum Kriterium des Preisgefahrenübergangs.[269] Die Quasi-Sicherheit der zu erfassenden Erträge ist regelmäßig

---

264 Vgl. für die IFRS LÜDENBACH, N., in: Haufe IFRS-Kommentar, 8. Aufl., § 4, Rn. 31-35.
265 Vgl. WÜSTEMANN, J./WÜSTEMANN, S./NEUMANN, S., in: BAETGE, J. ET AL., Rechnungslegung nach IFRS, 2. Aufl., IAS 18, Rn. 104.
266 Vgl. u. a. ADS, 6. Aufl., § 246. Rn. 214-216; MERSCHMEYER, M., Die Kapitalschutzfunktion des Jahresabschlusses, S. 197 f.
267 Vgl. WÜSTEMANN, J./WÜSTEMANN, S./NEUMANN, S., in: BAETGE, J. ET AL., Rechnungslegung nach IFRS, 2. Aufl., IAS 18, Rn. 13.
268 Dies schließt die Fertigung standardisierter Güter ein, die ebenfalls unter den Anwendungsbereich von IFRS-SME 23.10 fallen. Dies wird nachfolgend nicht separat erwähnt.

gegeben, sodass eine Risikoverlagerung von den Eignern auf die Gläubiger durch die Realisation von Scheingewinnen nicht wahrscheinlich ist.[270] Unter Objektivierungsgesichtspunkten kritisch zu sehen ist, dass die Kriterien in IFRS-SME 23.10 - vergleichbar zur Bilanzierung von Leasingverträgen[271] - zunächst nicht auf den zivilrechtlich bestimmbaren Übergang der Preisgefahr als Ertragsrealisationszeitpunkt abstellen. Dies wird durch IFRS-SME 23.11, wonach das *risk and rewards*-Kriterium auch **vor rechtlichem Eigentumsübergang** der veräußerten Ware erfüllt ist, überaus deutlich.[272] Die **rechtliche Durchsetzbarkeit des Veräußerungsgeschäfts** spielt **keine direkte Rolle**, sondern nur im Rahmen des Nutzenkriteriums. Vielmehr werden in IFRS-SME 23.10 wenig trennscharfe Anforderungskriterien ohne hinreichende Konkretisierung aufgelistet. Dies impliziert ein **geringeres Maß an Rechtssicherheit** als im HGB.

Die **Anwendung der PoC-Methode** bei langfristiger Auftragsfertigung und bei Dienstleistungen ist **unmittelbarer Ausdruck des *accrual principle*** und steht im Fall eines werkrechtlichen Vertragsschlusses durch die Ertragsrealisation vor Preisgefahrenübergang in evidentem Widerspruch zu einem an der Quasi-Sicherheit des Ertragszuflusses orientierten Realisationsprinzip.[273] Dies gilt umso mehr, als derartige Aufträge typischerweise mit besonders hohen Risiken behaftet sind. In Verbindung mit dem äußerst geringen Objektivierungsniveau, das aus der umfassenden Anwendung von Schätzungen und internen Kostenkalkulationen des Abschlusserstellers resultiert, ist **dieses Verfahren für Kapitalerhaltungszwecke strikt abzulehnen.**[274] Im Fall einer Ausschüttung derartiger Ertragskomponenten und der Schmälerung der Haftungsbasis kommt es zu einer zweckwidrigen Verschiebung der Unternehmensrisiken von den Eignern auf die Gläubiger. Durch den **rechtssystematischen Konnex zum Anschaffungs- und Herstellungskosten-**

---

269 Vgl. WÜSTEMANN, J./WÜSTEMANN, S./NEUMANN, S., in: BAETGE, J. ET AL., Rechnungslegung nach IFRS, 2. Aufl., IAS 18, Rn. 24.
270 Vgl. MERSCHMEYER, M., Die Kapitalschutzfunktion des Jahresabschlusses, S. 195.
271 Vgl. hierzu Abschnitt 423.
272 Vgl. hierzu kritisch MOXTER, A., Gewinnrealisierung nach IAS/IFRS, S. 275.
273 Vgl. GELTER, M., Kapitalerhaltung, S. 184; zustimmend für die langfristige Auftragsfertigung bereits LEFFSON, U., Die Grundsätze ordnungsmäßiger Buchführung, S. 286.
274 Vgl. EULER, R., Grundsätze ordnungsmäßiger Gewinnrealisierung, S. 95; LÖHR, D., IFRS versus HGB, S. 648; KAHLE, H., IAS im Einzel- und Konzernabschluss, S. 269; SCHULZE-OSTERLOH, J., Vorschläge, S. 1136; MOXTER, A., Gewinnrealisierung nach IAS/IFRS, S. 276.

Kapitel 4: Bilanztheoretisch-hermeneutische Untersuchung der IFRS-SME-Einzelnormen zur Kapitalerhaltung

prinzip ergäbe sich durch den Einbezug des Gewinnaufschlags in die Forderung aus PoC ein Bruch mit der handelsrechtlichen Bewertungsobergrenze, deren Überschreiten erst bei Wegfall der weitgehenden Risiken aus dem „Absatz" möglich ist.[275] Dieses Problem wird noch dadurch verschärft, dass im IFRS-SME keine Präzisierung der geforderten „Verlässlichkeit" vorgenommen wird. In IAS 11 erscheint die Anwendbarkeit der PoC-Methode mit vergleichsweise geringen Einschränkungen möglich.[276] Insgesamt ist daher die Anwendung der PoC-Methode unter Kapitalerhaltungsgesichtspunkten abzulehnen. Nach h. M. ist diese für den handelsrechtlichen Einzelabschluss auch unter Berücksichtigung der Ausnahmeklausel gemäß § 252 Abs. 2 HGB ausgeschlossen.[277]

Hinsichtlich der **Erfassung von Zinsen, Nutzungsentgelten und Dividenden** ergeben sich **starke Parallelen**. Kritisch zu sehen ist wiederum die fehlende Anknüpfung an die der wirtschaftlichen Transaktion zugrunde liegenden Zivilrechtsstruktur, welche im HGB die hinreichende Objektivierung der Ertragsrealisationskriterien sichert.[278] Indes ist die strikte und an zivilrechtlichen Kriterien orientierte Realisation von Dividendenforderungen nach IFRS-SME 23.29 lit. c unter Kapitalerhaltungsgesichtspunkten gegenüber dem HGB eindeutig vorziehenswürdig, da deren Ansatz und damit die Ausschüttungsoffenheit der Erträge an deren rechtliche Existenz gekoppelt wird.

Insgesamt entsprechen die Vorschriften zur Ertragsrealisation in IFRS-SME 23 in überwiegenden Teilen nicht den Anforderungen des Kapitalerhaltungszwecks, wobei dies maßgeblich aus der Anwendbarkeit der PoC-Methode resultiert. Das Realisationsprinzip

---

275 Vgl. KRAWITZ, N., Langfristige Auftragsfertigung, S. 892 („[...] Ausweis noch nicht realisierter und damit per definitionem unsicherer Gewinne [...]").

276 Vgl. MOXTER, A., Gewinnrealisierung nach IAS/IFRS, S. 278.

277 So bereits EULER, R., Grundsätze ordnungsmäßiger Gewinnrealisierung, S. 95; KRAWITZ, N., Langfristige Auftragsfertigung, S. 892; MERSCHMEYER, M., Die Kapitalschutzfunktion des Jahresabschlusses, S. 247; nach Umsetzung BilMoG BT-Drucksache 16/10067, S. 38; WÜSTEMANN, J./WÜSTEMANN, S., Das System der GoB, S. 772; differenzierend hingegen ADS, 6. Aufl., § 252, Rn. 88 („Ob und inwieweit sie [die PoC-Methode; Anm. d. Verf.] für das deutsche Recht herangezogen werden können, bedarf noch der Klärung"). Auch die completed contract-Methode ist wegen des unsteten Ertragsausweises und der damit verbundenen Einschränkung der Rechenschaftsfunktion nicht unumstritten. Vgl. u. a. MOXTER, A., Handelsrechtliche Grundsätze ordnungsmäßiger Bilanzierung, S. 421-423; WÜSTEMANN, J./WÜSTEMANN, S., Betriebswirtschaftliche Bilanzrechtsforschung, S. 36. Deren GoB-Konformität ist insgesamt aber wohl unbestritten.

278 Vgl. SCHILDBACH, T., IAS als Rechnungslegungsstandards für alle, S. 266.

des HGB entspricht trotz der o. g. Kritikpunkte bei Dividendenerlösen in wesentlichen Bereichen dem Kapitalerhaltungszweck (vgl. zusammenfassend *Übersicht 4-13*).

Regelungsbereich \ Regelungskreis	IFRS-SME	HGB
Erträge (inklusive langfristiger Auftragsfertigung)	(-)	+

Übersicht 4-13: Zusammenfassende Würdigung der Ertragsrealisation nach IFRS-SME und HGB

43 IFRS-SME-Einzelnormen mit weitgehenden Divergenzen zu den IFRS

431. Latente Steuern

431.1 Vorbemerkungen

Die Steuerlatenzierung ist einer derjenigen Bilanzierungsbereiche, der im Rahmen des BilMoG entscheidend überarbeitet und hierbei an die Vorschriften der IFRS angenähert wurde. In Kombination mit den übrigen Reformmaßnahmen hat das BilMoG zu einem **Auseinanderfallen von Steuer- und Handelsbilanz** und einer **Abkehr vom Konzept der Einheitsbilanz** geführt.[279] Hierdurch ist die **Ansatzpflicht passiver Steuerlatenzen** in den Fokus handelsrechtlicher Abschlussersteller gerückt.[280] Daher ist die bilanztheoretisch-hermeneutische Würdigung der Steuerlatenzierung nach § 274 HGB bzw. nach IFRS-SME 29 für Kapitalerhaltungszwecke angezeigt, um ein vollständiges Bild der Zweckadäquanz beider Regelungskreise zur Kapitalerhaltung zu zeichnen. Die **Erleichterungen** für **kleine Kapitalgesellschaften** nach § 274a HGB bleiben nachfolgend ausgeklammert.

---

[279] Vgl. SCHEFFLER, W., Steuerliche Gewinnermittlung, S. 51; VELTE, P., Entobjektivierung der Rechnungslegung, S. 292; zur Bedeutung vor dem BilMoG nur MANDLER, U., Argumente für und gegen IAS/IFRS im Mittelstand, S. 681(aus der Sicht von SMEs).

[280] Vgl. NAUMANN, K.-P., Zweifelsfragen der Bilanzierung, S. 691; MAIER, T./WEIL, M., Latente Steuern, S. 2729; zur geringen faktischen Bedeutung der Steuerlatenzierung vor dem BilMoG nur ADS, 6. Aufl., § 274, Rn. 41; BRÄHLER, G./BRUNE, P./HEERDT, T., Komparative Analyse latenter Steuern, S. 651; VELTE, P., Entobjektivierung der Rechnungslegung, S. 293.

Kapitel 4: Bilanztheoretisch-hermeneutische Untersuchung der IFRS-SME-Einzelnormen zur Kapitalerhaltung

431.2　IFRS-SME und HGB im Vergleich

431.21　Ansatz

Durch die Überarbeitung des HGB basiert die Steuerlatenzierung nach § 274 HGB auf dem *temporary*-Konzept, das auch in IAS 12 bzw. IFRS-SME 29 einschlägig ist.[281] Hiernach sind **temporäre und quasi-permanente Differenzen zwischen den Bilanzposten** (Vermögensgegenstände, Schulden, Rechnungsabgrenzungsposten) in der Handelsbilanz und in der Steuerbilanz abzugleichen. Hierauf ist im Anschluss eine Steuerabgrenzung zu bilden. Differenzen in Folge des unterschiedlichen Ansatzes und/oder Bewertung, die sich in den Folgeperioden bzw. spätestens bei Abgang des Bilanzpostens ausgleichen, sind nach § 274 Abs. 1 Satz 1 HGB im Falle zu erwartender Steuerbelastungen als **passive latente Steuern** anzusetzen. **Permanente Differenzen** bleiben stets **unberücksichtigt**.[282] Umgekehrt **können** zu erwartende Steuerentlastungen (**aktive Steuerlatenzen**) in Einklang mit § 274 Abs. 1 Satz 2 HGB berücksichtigt werden. Der Ansatz basiert im HGB auf einer **Einzeldifferenzbetrachtung**, indem die Differenz für jeden Bilanzposten einzeln ermittelt werden muss. Eine **Gesamtdifferenzbetrachtung** ist **unzulässig**.[283] Die Differenzierung zwischen Ansatzpflicht und Ansatzwahlrecht orientiert sich am **Saldo aktiver und passiver Steuerlatenzen**. Bei einem **passivem Überhang** besteht eine **Ansatzpflicht**, bei einem Aktivüberhang ein Ansatzwahlrecht. Im Umkehrschluss sind aktive Steuerlatenzen bis zur Höhe passiver latenter Steuern ansatzpflichtig.[284]

Sowohl aktive als auch passive Steuerlatenzen sind nach § 266 Abs. 2, 3 HGB ein „Sonderposten eigener Art".[285] Hierdurch wird deutlich gemacht, dass die **Steuerlatenzierung primär dem Ausweis einer periodengerechten Ertrags- bzw. Vermögenslage** dient.[286]

281　Vgl. HERZIG, N./VOSSEL, S., Paradigmenwechsel bei latenten Steuern, S. 1175; COENENBERG, A./BLUM, U./BURKHARDT, H., in: BAETGE, J. ET AL., Rechnungslegung nach IFRS, 2. Aufl., IAS 12, Rn.16. Zuvor wurde im HGB das sog. *timing*-Konzept angewandt, das auf Basis des handelsrechtlichen Vorsteuerergebnisses den „richtigen" Ertragsteueraufwand abzubilden suchte. Vgl. ADS, 6. Aufl., § 274, Rn. 14a; SCHWEEN, C., Tatsächliche und latente Steuern, S. 19.

282　Vgl. KOZIKOWSKI, M./FISCHER, N., in: Beck Bilanzkomm., 7. Aufl., § 274, Rn. 13.

283　Vgl. KÜTING, J./SEEL, C., Die Ungereimtheiten der Regelungen, S. 924; HERZIG, N./VOSSEL, S., Paradigmenwechsel bei latenten Steuern, S. 1178; a. A. MAIER, M./WEIL, M., Latente Steuern, S. 2730; BAETGE, J./KIRSCH, H.-J./THIELE, S., S. 542.

284　Vgl. zustimmend HERZIG, N./VOSSEL, S., Paradigmenwechsel bei latenten Steuern, S. 1177; MAIER, T./WEIL, M., Latente Steuern, S. 2730.

Abschnitt 43: IFRS-SME-Einzelnormen mit weitgehenden Divergenzen zu den IFRS

Indes bedeutet dies zumindest für passive Steuerlatenzen keinen Widerspruch zum Vollständigkeitsgebot nach § 246 Abs. 1 Satz 1 HGB, denn passive Steuerlatenzen weisen regelmäßig einen Schuldcharakter auf und erfüllen die **Anforderungen des handelsrechtlichen Passivierungsgrundsatzes**.[287] Der Ausweis als Sonderposten eigener Art in Einklang mit § 266 Abs. 3 HGB schließt aber den Ausweis als Verbindlichkeit bzw. Rückstellung aus. **Aktive Steuerlatenzen** sind **nicht einzelverwertbar** und können daher handelsrechtlich keinen Vermögensgegenstand darstellen. Der **Ansatz aktiver Steuerlatenzen** ist ausschließlich mit einer **periodengerechten Erfolgsermittlung** zu rechtfertigen, was in Konflikt mit dem Kapitalerhaltungszweck steht.

Sämtliche Steuerlatenzen müssen nach § 274 Abs. 1 Satz 1 HGB **voraussichtlich**, d. h. mit hinreichender Wahrscheinlichkeit, **zu einer Steuerent- bzw. -belastung führen**. Dies ist als **Anlehnung an das Ansatzkriterium** nach IFRS-SME 2.27 lit. a. zu verstehen.[288] Inwiefern dies die nach IFRS-SME 2.27 lit. a einschlägige Mindestwahrscheinlichkeit von 51% nahe legt, ist aber strittig. Für passive Steuerlatenzen ist das Wahrscheinlichkeitskriterium erfüllt, da diese stets zu Steuerbelastungen in der Zukunft führen werden. Bei aktiven Steuerlatenzen ist diese Vorschrift wohl in Anlehnung zur Rückstellungsbilanzierung[289] als **argumentatives Wahrscheinlichkeitskriterium** auszulegen, das den Ansatz bei stichhaltigen Hinweisen und nicht ausschließlich auf Basis des subjektiven Kaufmannsermessens vorsieht. Hierbei besteht die Notwendigkeit eines vorsichtigen Ausnutzens von Ermessensspielräumen.[290] Dies legt einen Ansatz erst bei deutlichem Überschreiten der Wahrscheinlichkeitsgrenze von 51% nahe.

---

285 Vgl. MERKT, H., in: BAUMBACH, A./HOPT, K., HGB, 34. Aufl., § 274, Rn. 1 und 3. Rechtlich durchsetzbare Steuernachforderungen bzw. -erstattungsansprüche an die Finanzbehörden sind als Verbindlichkeiten bzw. Forderungen gemäß IFRS-SME 29.4-.8 einzuordnen.

286 Insofern lässt sich die Steuerlatenzierung sowohl mit der dynamischen als auch der statischen Bilanztheorie begründen. Vgl. VELTE, P., Entobjektivierung der Rechnungslegung, S. 293 f.; ADS, 6. Aufl., § 274, Rn. 11 (für dynamische Interpretation). Dies gilt im Übrigen auch für die IFRS. Vgl. nur COENENBERG, A./BLUM, U./BURKHARDT, H., in: BAETGE, J. ET AL., Rechnungslegung nach IFRS, 2. Aufl., IAS 12, Rn.1.

287 Vgl. ADS, 6. Aufl., § 274, Rn. 12; MATSCHKE, M., in: Bonner HdR, § 274, Rn. 10 (jeweils Rechtsstand vor BilMoG); ARBEITSKREIS BILANZRECHT DER HOCHSCHULLEHRER RECHTSWISSENSCHAFT, Einzelfragen zum materiellen Bilanzrecht, S. 215 („*Rückstellungscharakter*").

288 Vgl. hierzu Abschnitt 324.34.

289 Vgl. hierzu Abschnitt 424.

290 Vgl. BT-Drucksache 16/10067, S. 67; NAUMANN, K.-P., Zweifelsfragen der Bilanzierung, S. 693.

Kapitel 4: Bilanztheoretisch-hermeneutische Untersuchung der IFRS-SME-Einzelnormen zur Kapitalerhaltung

Für die Aktivierung von Steuerlatenzen auf **ungenutzte steuerliche Verlustvorträge** besteht gemäß § 274 Abs. 1 Satz 4 HGB ein im Vergleich zu den übrigen aktiven Steuerlatenzen **modifiziertes Ansatzwahlrecht**.[291] Diese können nur angesetzt werden, wenn sie innerhalb der **folgenden fünf Jahre** bei der Reduzierung des steuerpflichtigen Einkommens **voraussichtlich genutzt** werden.[292] Steuerliche Verlustvorträge führen dann zu **künftigen ökonomischen Vorteilen** in Form von Steuerminderzahlungen, sofern künftig **hinreichendes Einkommen** erwirtschaftet wird.[293] Die Schätzung, ob diese in der Zukunft nutzbar gemacht werden, ist daher durch den Abschlussersteller zu dokumentieren, was aber großen Ermessensspielräumen unterliegen dürfte. Insofern ist fraglich, wie durch die zeitliche Beschränkung ein gesellschaftsrechtlich erwünschter positiver Beitrag zur Objektivierungsstrenge des HGB geleistet wird. Die **Beschränkung auf die Frist von fünf Jahren** gilt nach h. M. nicht für **aufrechnungsfähige und unbeschränkt vortragsfähige Verlustvorträge**, sofern diese auch danach einen Passivüberhang aus temporären Differenzen vermindern.[294] Daher ist die **Fünf-Jahres-Frist nur im Falle einer Erhöhung des Überhangs aktiver latenter Steuern** zu beachten.

Nach IFRS-SME 29.14 werden aktive und passive latente Steuern ebenfalls auf Basis des *temporary*-Konzepts abgegrenzt. **Permanente Differenzen** sind für die **Steuerabgrenzung** nach IFRS-SME 29.10 **unbeachtlich**. Im Gegensatz zum HGB erfüllen aktive und passive Steuerlatenzen die **Definitionskriterien** für **Vermögenswerte** und **Schulden** nach IFRS-SME 2.15 lit. a und b[295] und stellen daher **keinen Sonderposten eigener Art** dar. Da temporäre Differenzen in Form passiver latenter Steuern stets zu einer Steuerschuld gegenüber den Finanzbehörden führen, ist das **Wahrscheinlichkeitskriterium** nach IFRS-SME 2.27 lit. a **generell erfüllt** und es besteht eine **Ansatzpflicht**.[296] Wie nach IAS 12

---

291 Vor Umsetzung des BilMoG bestand nach h. M. ein Ansatzverbot. Vgl. stellvertretend m. w. N. ADS, 6. Aufl., § 274, Rn. 28 („*Dagegen kommt nach den geltenden handelsrechtlichen Bilanzierungsgrundsätzen eine Aktivierung [...] nicht in Betracht*").

292 Vgl. zu den großen Ermessensspielräumen bei der Ansatzentscheidung u. a. HERZIG, N./VOSSEL, S., Paradigmenwechsel bei latenten Steuern, S. 1176; weniger kritisch hingegen LIENAU, A./ ERDMANN, M.-K./ZÜLCH, H., Bilanzierung latenter Steuern, S. 1097.

293 Vgl. LIENAU, A./ERDMANN, M.-K./ZÜLCH, H., Bilanzierung latenter Steuern, S. 1094.

294 Vgl. BREMBT, T., Möglichkeiten einer internationalisierten Rechnungslegung, S. 142; NAUMANN, K.-P., Zweifelsfragen bei der Bilanzierung, S. 696; KARRENBROCK, H., Zweifelsfragen der Berücksichtigung, S. 684.

295 Vgl. hierzu Abschnitt 324.34.

wird auch in IFRS-SME 29.21 bei aktiven Steuerlatenzen das Wahrscheinlichkeitskriterium auf Bewertungsebene umgesetzt, indem künftiges zu versteuerndes Einkommen wahrscheinlich zur Verfügung stehen und Steuerminderungen nutzbar gemacht werden müssen. Diese Unsicherheit ist durch einen Bewertungsabschlag (*valuation allowance*) in Höhe der voraussichtlich nicht nutzbaren Steuerentlastungen zu berücksichtigen.[297] Die Wahrscheinlichkeit der Nutzbarkeit künftiger Steuerminderbelastungen ist für den Ansatz wohl von untergeordneter Bedeutung.[298] Nach IFRS-SME 29.15 lit. c sind aktive latente Steuern auf Verlustvorträge **ohne zeitliche Beschränkung** nutzbar.[299] In Einklang mit der *asset*-Definition in IFRS-SME 2.15 lit. a handelt es sich bei ungenutzten steuerlichen Verlustvoträgen um Vermögenswerte. Das Wahrscheinlichkeitskriterium ist wiederum auf der Bewertungs- und nicht der Ansatzebene einschlägig. Wie nach § 274 HGB ist für IFRS-SME 29 eine **Einzeldifferenzenbetrachtung** anzuwenden. Ein **saldierter Ausweis aktiver und passiver Steuerlatenzen** ist nach IFRS-SME 29.29 im Gegensatz zum HGB nur möglich, sofern eine Aufrechnung rechtlich durchsetzbar ist und der Abschlussersteller diese beabsichtigt.

431.22 Bewertung

Die weitgehende Übereinstimmung in der Bilanzierung dem Grunde nach schlägt sich auch in der Bilanzierung der Höhe nach nieder. **Erkennbare Unterschiede** bestehen bei der **Berücksichtigung möglicher Risiken** aus der **Nutzbarkeit aktiver Steuerlatenzen** sowie bei der **Berücksichtigung von Steuerrisiken** für aktive und passive Steuerlatenzen.

Während das Kriterium der hinreichenden Wahrscheinlichkeit auf Ansatzebene des HGB implizit mögliche Unsicherheiten aus dem Eintritt der Steuerwirkung abbilden soll, werden hierfür gemäß IFRS-SME 29.21 in Widerspruch zu IFRS-SME 2.27 lit. a

---

[296] Vgl. COENENBERG, A./BLAUM, U./BURKHARDT, H., in: BAETGE, J. ET AL., Rechnungslegung nach IFRS, 2. Aufl., IAS 12, Rn. 57 („*[...] grundsätzlich zu einer latenten Steuerabgrenzung*").

[297] Vgl. hierzu Abschnitt 431.22.

[298] Vgl. SENGER, T., in: BRUNS, H.-G. ET AL., IFRS-SME, Teil B, Abschn. 29, Rn. 54; anders wohl in IAS 12 nach COENENBERG, A./BLAUM, U./BURKHARDT, H., in: BAETGE, J. ET AL., Rechnungslegung nach IFRS, 2. Aufl., IAS 12, Rn. 83.

[299] Im Schrifttum wird ebenfalls eine zeitliche Beschränkung auf fünf Jahre gefordert. Dies ergibt sich aber weder aus IAS 12 noch aus IFRS-SME 29. Vgl. u. a. SCHULZ-DANSO, J., in: Beck IFRS HB, 3. Aufl., § 25, Rn. 61; a. A. LIENAU, A./ERDMANN, M.-K./ZÜLCH, H., Bilanzierung latenter Steuern, S. 1097.

Kapitel 4: Bilanztheoretisch-hermeneutische Untersuchung der IFRS-SME-Einzelnormen zur Kapitalerhaltung

auf Ebene der Bewertung in IFRS-SME 29.21 **Bewertungsabschläge auf aktive Steuerlatenzen** (*valuation allowance*) berücksichtigt. Diese sind dergestalt zu bemessen, dass der Buchwert des latenten Steueranspruchs dem höchsten Betrag entspricht, der wahrscheinlich (*more likely than not*) künftig realisiert wird (**Nutzbarkeit aktiver Steuerlatenzen**).[300] Durch die **Notwendigkeit einer steuerlichen Ergebnisprognose** entstehen große Ermessensspielräume.[301] Zudem ist die Abgrenzung zu Ansatzkriterien für *assets* nach IFRS-SME 2.27 lit. a unklar, da bereits auf **Ansatzebene** die **Wahrscheinlichkeit eines Nutzenzuflusses** abzuschätzen ist.

Die Berücksichtigung von **Steuerrisiken**, bspw. durch eine andere Einschätzung von Sachverhalten bei steuerlichen Betriebsprüfungen, ist im HGB nicht vorgesehen.[302] Demgegenüber sind diese im Sinne von IFRS-SME 29.24 zu erfassen, indem der Abschlussersteller nur denjenigen Wert ansetzen soll, den die Steuerbehörde aus Sicht des Bilanzierenden **durchschnittlich** akzeptiert. Dies führt vergleichbar zur Bewertung von Rückstellungen zur Aktivierung bzw. Passivierung eines **Erwartungswerts**, dessen Schätzung mit hohen Ermessensspielräumen für den Abschlussersteller verbunden ist, da durch die Spezifität der einzelnen Fälle **keine statistischen Erfahrungswerte** vorhanden sein dürften.[303] Der Konsultationsprozess zur diesbezüglichen Änderung von IAS 12 wurde zwischenzeitlich gestoppt.[304] Im Vergleich zur *valuation allowance* werden Risiken in der Bestimmung der steuerlichen Differenzen abgebildet. Der Bewertungsabschlag auf aktive Steuerlatenzen spiegelt hingegen die fehlende Nutzbarkeit der aktiven Steuerlatenzen durch ein zu geringes steuerliches Einkommen wider.

Da die Bewertung in **beiden Regelungskreisen** auf dem *liability*-Konzept basiert, sind **identische Steuersätze für die Bewertung der Steuerlatenzen** heranzuziehen.[305] Die *liability*-Methode strebt eine exakte Abbildung des bilanziellen Reinvermögens an. Daher

---

300 Vgl. BRÄHLER, G./BRUNE, P./HEERDT, T., Komparative Analyse latenter Steuern, S. 653.
301 Vgl. SENGER, T., in: BRUNS, H.-G. ET AL., IFRS-SME, Teil B, Abschn. 29, Rn. 96.
302 Vgl. BREMBT, T., Möglichkeiten einer internationalisierten Rechnungslegung, S. 149.
303 Vgl. SENGER, T., in: BRUNS, H.-G. ET AL., IFRS-SME, Teil B, Abschn. 29, Rn. 83 f.; hierzu auch BREMBT, T., Möglichkeiten einer internationalisierten Rechnungslegung, S. 147.
304 Vgl. COENENBERG, A./BLAUM, U./BURKHARDT, H., in: BAETGE, J. ET AL., Rechnungslegung nach IFRS, 2. Aufl., IAS 12, Rn. 3; PRASSE, S., in: BAETGE, J. ET AL., Rechnungslegung nach IFRS, 2. Aufl., Teil A, Kap. V, Rn. 158.

ist nach § 274 Abs. 2 Satz 1 HGB der zum Zeitpunkt der Umkehrung der *temporary difference* gültige Steuersatz einschlägig. Nach IFRS-SME 29.18 wird der **aktuelle Steuersatz** herangezogen, sofern **keine rechtsverbindlichen Änderungen** vorliegen. Dies steht in Einklang mit den handelsrechtlichen Vorschriften.[306] Sowohl nach § 274 Abs. 2 HGB als auch nach IFRS-SME 29.23 dürfen Steuerlatenzen nicht diskontiert werden (**Abzinsungsverbot**).

431.3 Bilanztheoretisch-hermeneutische Würdigung

Die Analyse der Zweckadäquanz der Steuerlatenzierung zur Kapitalerhaltung ist für **aktive** und **passive Steuerlatenzen differenziert** vorzunehmen.

Passive Steuerlatenzen weisen regelmäßig einen Schuldcharakter auf und sind daher in **Einklang mit dem Vollständigkeitsgebot** und in Übereinstimmung mit den Anforderungen des Kapitalerhaltungszwecks zu **passivieren**.[307] Gleichzeitig wird hierdurch dem Grundsatz der Periodenabgrenzung (*accrual principle*) entsprochen. Durch diese Steuerabgrenzung wird die effektive periodisierte Steuerbelastung des Abschlusserstellers unabhängig von den in der jeweiligen Periode tatsächlichen Steuerzahlungen ausgewiesen.[308] Die **Schmälerung des Haftungskapitals** durch Ausschüttungen ist nur dann **akzeptabel**, wenn bei der Ableitung des maximalen Ausschüttungsvolumen diese **künftigen Steuerbelastungen** bereits **passiviert** sind und das Reinvermögen reduzieren.[309] Hierdurch lässt sich eine bilanzielle Ausschüttungsschranke in Höhe dieser Belastung einrichten. Das *temporary*-Konzepts führt im Vergleich zum *timing*-Konzept zur umfassenderen Berücksichtigung potenzieller Steuerbelastungen, da es quasi-permanente und ergebnisneutral entstandene Differenzen berücksichtigt.[310] Der **Wechsel vom *timing* approach** (GuV-Orientierung) zum ***temporary approach*** (Bilanzpostenorientierung) steht

---

305 Vgl. hierzu COENENBERG, A./BLAUM, U./BURKHARDT, H., in: BAETGE, J. ET AL., Rechnungslegung nach IFRS, 2. Aufl., IAS 12, Rn. 28; zur Begründung des deutschen Gesetzgebers für deren Anwendung BT-Drucksache 16/12047, S. 114.

306 Vgl. stellvertretend u. a. NAUMANN, K.-P., Zweifelsfragen der Bilanzierung, S. 697; MERKT, H., in: BAUMBACH, A./HOPT, K., HGB, 34. Aufl., § 274, Rn. 6; KOZIKOWSKI, M./FISCHER, N., in: Beck Bilanzkomm., 7. Aufl., § 274, Rn. 61.

307 Vgl. FRANKEN, L., Gläubigerschutz durch Rechnungslegung, S. 236 (für die US-GAAP).

308 Vgl. COENENBERG, A./BLAUM, U./BURKHARDT, H., in: BAETGE, J. ET AL., Rechnungslegung nach IFRS, 2. Aufl., IAS 12, Rn. 15.

309 Vgl. ebenfalls FRANKEN, L., Gläubigerschutz durch Rechnungslegung, S. 236.

Kapitel 4: Bilanztheoretisch-hermeneutische Untersuchung der IFRS-SME-Einzelnormen zur Kapitalerhaltung

in Einklang mit der Orientierung an der bilanziellen Reinvermögensänderung als Ausfluss des Kapitalerhaltungszwecks. Da der Zeitpunkt der Umkehrung ungewiss ist und nicht begrenzt wird, bestehen bei der Anwendung des *temporary approach* große Ermessensspielräume.

Die Anwendung des *liability*-Konzepts sorgt für eine **zweckadäquate Bewertung der Steuerlatenzen**, da sie im Sinne einer Reinvermögensbetrachtung den richtigen Bilanzausweis in den Vordergrund stellt. Während das **Abzinsungsverbot passiver Steuerlatenzen** in Einklang mit dem Realisationsprinzip steht, wird die künftige wirtschaftliche Belastung durch den zum Zeitpunkt der Umkehrung der temporären Differenz gültigen Steuersatz korrekt abgebildet.[311] Die **Ermessensspielräume zur Anwendung künftiger Steuersätze** sind durch die **klaren Vorgaben** nach § 274 Abs. 2 HGB und IFRS-SME 29 hinreichend **eingeschränkt**.[312] Kritisch zu sehen ist im IFRS-SME die Berücksichtigung von Steuerrisiken nach IFRS-SME 29.24. Die **Passivierung des Erwartungswerts** sorgt dafür, dass mangels statistischer Erfahrungswerte **erhebliche Ermessensspielräume** bestehen und gegen die Objektivierungsrestriktionen verstoßen wird.[313] Die übrigen Bewertungsnormen sind kompatibel mit dem Kapitalerhaltungszweck. Dies betrifft die **Beschränkungen bei der Anwendung künftiger Steuersätze** und das **Abzinsungsverbot** (Realisationsprinzip nach HGB), da passive Steuerlatenzen keinen Zinsanteil enthalten.

Während der Ansatz passiver Steuerlatenzen dem Prinzip der Periodenabgrenzung und dem Vollständigkeitsgebot gleichermaßen Rechnung trägt, resultiert der **Ansatz aktiver Steuerlatenzen** ausschließlich aus dem *accrual principle*.[314] Aufgrund der hohen Bedeutung dieses Grundsatzes in IFRS-SME 2.36[315] erfüllen diese Bilanzposten die **Anforderungen an Vermögenswerte** nach IFRS-SME 2.15 lit. a.[316] Indes besteht auch

---

310 Vgl. COENENBERG, A./BLAUM, U./BURKHARDT, H., in: BAETGE, J. ET AL., Rechnungslegung nach IFRS, 2. Aufl., IAS 12, Rn. 26.
311 Vgl. FRANKEN, L., Gläubigerschutz durch Rechnungslegung, S. 236 (für die US-GAAP).
312 Vgl. FRANKEN, L., Gläubigerschutz durch Rechnungslegung, S. 236 (für die US-GAAP).
313 Kritisch u. a. auch SENGER, T., in: BRUNS, H.-G. ET AL., IFRS-SME, Teil B, Abschn. 29, Rn. 84 (praktische und konzeptionelle Umsetzungsprobleme).
314 Vgl. in diese Richtung MERKT, H., in: BAUMBACH, A./HOPT, K., 34. Aufl., § 274, Rn. 8; mit Blick auf § 274 HGB a. F. bereits ADS, 6. Aufl., § 274, Rn. 11; MATSCHKE, M., in: Bonner HdR, 2. Aufl., § 274, Rn. 4.
315 Vgl. hierzu Abschnitt 324.35.

handelsrechtlich ein Ansatzwahlrecht gemäß § 274 Abs. 1 Satz 2 HGB. Da **aktive Steuerlatenzen** nicht die **Anforderungen des handelsrechtlichen Aktivierungsgrundsatzes** erfüllen, ist hierin ein **Verstoß gegen den Kapitalerhaltungszweck** zu sehen. Aktive latente Steuern sind nicht einzeln verwertbar, da es sich um keine rechtlich durchsetzbaren Ansprüche handelt, sondern vielmehr um **voraussichtliche Steuerminderbelastungen**. Dieser Einschätzung folgt der Gesetzgeber implizit dadurch, dass er latente Steuern gemäß § 266 Abs. 2, 3 HGB nur als Sonderposten eigener Art ansieht. An dieser Stelle wird der Unterschied zwischen dem Vermögenswertbegriff des IFRS-SME 2 und der Definition eines Vermögensgegenstands im HGB besonders deutlich. Es reicht handelsrechtlich für eine Aktivierung nämlich nicht aus, dass dem Abschlussersteller künftige Nutzenpotenziale wahrscheinlich zufließen werden, sondern diese müssen **aus Objektivierungsgründen** für **Dritte in Geld transformierbar** (verwertbar) sein. Diese objektivierungsbedingten Einschränkungen werden aus guten Gründen vorgenommen, wie das Beispiel der aktiven Steuerlatenzen verdeutlicht. Die **Prüfung des Eintritts künftiger Steuerminderbelastungen** erfordert jährliche Steuerplanungen für weit in die Zukunft liegende Tatbestände, um abzuschätzen, ob die Umkehrung der temporären Differenzen mit hinreichender Wahrscheinlichkeit zu einer Steuerentlastung führen wird.[317] Der Vorteil des *temporary*-Konzepts bei Passiva schlägt bei Aktiva ins Gegenteil um, da **dieses vor allem auch besonders schwer zu schätzende quasi-permanente Differenzen bei den Bilanzposten** miteinbezieht.[318] Dies macht die **langfristige Planung des zu versteuernden Einkommens** und der künftigen wirtschaftlichen Entwicklung erforderlich. Das handelsrechtliche Objektivierungsgebot kann aber nicht auf einer offenen Beurteilung darüber basieren, ob der Abschlussersteller Gewinne erzielen wird.[319] Das **Abzinsungsverbot** führt zur **systematischen Überbewertung der aktiven Steuerlatenzen**, obwohl der Eintritt der Steuerminderbelastungen möglicherweise erst in ferner Zukunft möglich ist.[320]

---

316 Vgl. SENGER, T., in: BRUNS, H.-G. ET AL., IFRS-SME, Teil B, Abschn. 29, Rn. 33.
317 Vgl. LIENAU, A./ERDMANN, M.-K./ZÜLCH, H., Bilanzierung latenter Steuern, S. 1095; MAIER, T./WEIL, M., Latente Steuern, S. 2732; SENGER, T., in: BRUNS, H.-G. ET AL., IFRS-SME, Teil B, Abschn. 29, Rn. 90.
318 So u. a. auch JANSSEN, J., Rechnungslegung im Mittelstand, S. 200 f.
319 Vgl. hierzu nur KOZIKOWSKI, M./FISCHER, N., in: Beck Bilanzkomm., 7. Aufl., § 274, Rn. 42; gleicher Ansicht MERSCHMEYER, M., Die Kapitalschutzfunktion des Jahresabschlusses, S. 265.

Kapitel 4: Bilanztheoretisch-hermeneutische Untersuchung der IFRS-SME-Einzelnormen zur Kapitalerhaltung

Die Aktivierungsvorschriften widersprechen der Ertragsrealisation im Sinne von § 252 Abs. 1 Nr. 4 HGB.[321]

Die dargesellten Probleme bei der Aktivierung von latenten Steuern verschärfen sich noch im Fall der **Verlustvorträge**, da sich diese nicht auf individuell zurechenbare temporäre Differenzen mit der Steuerbilanz zurückführen lassen. Vielmehr stellen sie das **Wertkonglomerat aus einer steuerlichen Verlusthistorie** dar, für das ein Nutzenpotenzial in Form künftiger Steuerminderzahlungen möglicherweise bis weit in die Zukunft unterstellt werden muss. Da derartige Verlustvorträge definitionsgemäß auf einer schlechten operativen Entwicklung in der Vergangenheit beruhen, ist deren „Realisation" **mit hoher Unsicherheit behaftet**.[322] Die Aktivierung entspricht daher weder den Anforderungen an die Einzelverwertbarkeit von Vermögensgegenständen noch der Quasi-Sicherheit des in diesem Bilanzposten zwischengespeicherten Ertragspotenzials.[323] Die handelsrechtliche Einschränkung auf einen Fünf-Jahres-Zeitraum dürfte nur zu einer Scheinobjektivierung führen und ist kaum geeignet, diese Probleme wirksam zu mindern.[324]

Im Gegensatz zu IFRS-SME 29 ist handelsrechtlich gemäß § 274 Abs. 1 HGB eine **Saldierung aktiver und passiver Steuerlatenzen** vorgesehen, so dass sich das Ansatzwahlrecht in § 274 Abs. 1 Satz 2 HGB nur auf einen aktiven Überschuss bezieht. Während

---

320 Vgl. MAIER, T./WEIL, M., Latente Steuern, S. 2734; LIENAU, A./ERDMANN, M.-K./ZÜLCH, H., Bilanzierung latenter Steuern, S. 1094. Objektivierungsprobleme können aber aus der Unsicherheit hinsichtlich des Eintritts der Steuerminderbelastung resultieren, welche die Anwendung eines laufzeitadäquaten Diskontierungszinssatzes in das Ermessen des Abschlusserstellers stellt. Vgl. COENENBERG, A./BLAUM, U./BURKHARDT, H., in: BAETGE, J. ET AL., Rechnungslegung nach IFRS, 2. Aufl., IAS 12, Rn. 43.

321 Vgl. ADS, 6. Aufl., § 274, Rn. 13; SCHULZE-OSTERLOH, J., Vorschläge, S. 1131; MERSCHMEYER, M., Die Kapitalschutzfunktion des Jahresabschlusses, S. 264.

322 Vgl. LIENAU, A./ERDMANN, M.-K./ZÜLCH, H., Bilanzierung latenter Steuern, S. 1095; ARBEITSKREIS BILANZRECHT DER HOCHSCHULLEHRER RECHTSWISSENSCHAFT, Einzelfragen zum materiellen Bilanzrecht, S. 215; SCHULZE-OSTERLOH, J., Ausgewählte Änderungen, S. 68 („Der Nachweis einer Materialisierung dürfte kaum zu erbringen sein"); JANSSEN, J., Rechnungslegung im Mittelstand, S. 202 f.

323 Vgl. ebenfalls kritisch FRANKEN, L., Gläubigerschutz durch Rechnungslegung, S. 236; KAHLE, H., IAS im Einzel- und Konzernabschluss, S. 266; LÖHR, D., IFRS versus HGB, S. 648; VELTE, P., Entobjektivierung der Rechnungslegung, S. 295-298; RAMMERT, S/THIES, A., Kapitalerhaltung und Besteuerung, S. 37 f.

324 Der Verweis des Gesetzgebers auf die Bedeutung des Vorsichtsprinzips greift daher wohl ins Leere. Vgl. hierzu BT-Drucksache 16/10067, S. 67; deutlich positiver hingegen NAUMANN, K.-P., Zweifelsfragen der Bilanzierung, S. 697 f.; MAIER, T./WEIL, M., Latente Steuern, S. 2732.

eine Saldierung gemäß IFRS-SME 29.29 nicht möglich ist und für die Gläubiger die aktiven Steuerlatenzen zumindest ohne Weiteres bilanziell erkennbar sind, lassen sich diese handelsrechtlich durch eine Saldierung „verstecken". Durch die erforderliche separate Bewertung (**Einzeldifferenzenbetrachtung**) wird der Einzelbewertungsgrundsatz zwar nicht verletzt, aber Bilanzposten unterschiedlicher Qualität werden miteinander verrechnet, so dass hierin ein Verstoß gegen den Vollständigkeitsgrundsatz zu sehen ist.[325]

Die gesellschaftsrechtlich austarierte Risikoverteilung zwischen Eignern und Gläubigern werden durch die **Vorschriften zu aktiven latenten Steuern** nach § 274 Abs. 1 HGB wie auch nach IFRS-SME 29 **empfindlich gestört**. Dies hat eine derart große Tragweite, dass dieser Befund nicht durch die weitgehend zweckadäquaten Vorschriften für passive Steuerlatenzern kompensiert werden kann. Wegen der hohen konzeptionellen Identität zwischen beiden Regelungskreisen sind die Vorschriften zur Steuerlatenzierung für Kapitalerhaltungszwecke als überwiegend inadäquat anzusehen (vgl. *Übersicht 4-14*).

Regelungs- bereich \ Regelungskreis	IFRS-SME	HGB
Latente Steuern	(-)	(-)

Übersicht 4-14: Zusammenfassende Würdigung der Steuerlatenzierung nach IFRS-SME und HGB

432. Finanzinstrumente

432.1 Vorbemerkungen

Die Bilanzierung der Finanzinstrumente und finanziellen Verbindlichkeiten ist durch eine außerordentliche Komplexität gekennzeichnet und erfordert aufgrund der Vielfältigkeit der Ausgestaltungsformen finanzieller Aktiva und Passiva umfangreiches Spezialwissen. Dies wird bereits dadurch deutlich, dass sich mit IFRS-SME 11 und 12 zwei

---

[325] Vgl. kritisch KÜTING, K./SEEL, C., Die Ungereimtheiten der Regelungen, S. 924; HERZIG, N./VOSSEL, S., Paradigmenwechsel bei latenten Steuern, S. 1177; ARBEITSKREIS BILANZRECHT DER HOCHSCHULLEHRER RECHTSWISSENSCHAFT, Einzelfragen zum materiellen Bilanzrecht, S. 215; a. A. KARRENBROCK, H., Zweifelsfragen der Berücksichtigung, S. 683.

Kapitel 4: Bilanztheoretisch-hermeneutische Untersuchung der IFRS-SME-Einzelnormen zur Kapitalerhaltung

Abschnitte diesem Regelungsbereich widmen. Eine Beschränkung des Untersuchungsrahmens ist daher unumgänglich, weshalb die **Bilanzierung von Derivaten** und von **Finanzinstrumenten mit eingebetteten Derivaten**, die **Bilanzierung von Sicherungsbeziehungen** sowie **branchenbezogene Sonderregelungen für Finanzinstititutionen** (z. B. für den Handelsbestand) ausgeklammert bleiben.[326] Gemäß IFRS-SME 11.2 lit. b besteht die Möglichkeit zur vollständigen Anwendung von IAS 39 anstelle von IFRS-SME 11 und 12. Dieser einzig verbliebene *optional fallback* des IFRS-SME auf die IFRS[327] bleibt für die synoptische Untersuchung des HGB und IFRS-SME ausgeklammert, da er durch SMEs *in praxi* aus Komplexitätsgründen kaum genutzt werden dürfte.

432.2   IFRS-SME und HGB im Vergleich

432.21   Ansatz

Trotz fehlender Kodifikation des Begriffs der **Finanzinstrumente** im HGB wird auf Basis der gesetzgeberischen Ausführungen zum BilMoG sowie mit Blick auf die Bilanzposten im Gliederungsschema nach § 266 Abs. 2, 3 HGB deutlich, dass eine **definitorische Übereinstimmung des HGB mit den IFRS** (und damit des IFRS-SME) intendiert ist.[328] **Entscheidendes Kriterium** ist in Übereinstimmung mit IAS 32.11 und der gleichlautenden Definition in IFRS-SME 11.3 **sein vertraglicher Charakter**.[329] Dieser muss bei einer Vertragspartei zum finanziellen Vermögenswert (bspw. zum Zufluss von Zahlungsmitteln) und bei der anderen zur finanziellen Verbindlichkeit bzw. zum Eigenkapitalinstrument führen.[330] Die **Aktivierungs- bzw. Passivierungsgrundsätze** sind

---

326 Vgl. zu diesen Teilaspekten bereits HEINTGES, S./HÄRLE, P., Probleme der Anwendung, S. 174-176; MUJKANOVIC, R., Die Bewertung von Finanzinstrumenten, S. 329. Die Abbildung von Derivaten geht aus IFRS-SME 11 und 12 nicht eindeutig hervor, zumal diese nicht im Standard definiert werden. Insofern ist unklar, ob gemäß IFRS-SME 10.6 die entprechenden Regelungen der IFRS einschlägig sind. Vgl. zu diesem Problem bereits LORENZ, K., Ansatz und Bewertung von Finanzinstrumenten, S. 13; hierzu auch GROßE, J.-V./SCHMIDT, M., in: BRUNS, H.-G. ET AL., IFRS-SME, Teil B, Abschn. 11, Rn. 15-17.

327 Vgl. hierzu WENK, M./JAGOSCH, C./SCHMIDT, S., IFRS for SMEs 2009, S. 2165.

328 Vgl. BT-Drucksache 16/10067, S. 34; so auch BÖCKING, H.-J./TORABIAN, F., Zeitwertbilanzierung von Finanzinstrumenten, S. 265; BREMBT, T., Möglichkeiten einer internationalisierten Rechnungslegung, S. 80; BAETGE, J./KIRSCH, H.-J./THIELE, S., Bilanzen, S. 312.

329 Vgl. GROßE, J.-V./SCHMIDT, M., in: BRUNS, H.-G. ET AL., IFRS-SME, Teil B, Abschn. 11, Rn. 6.

330 Vgl. LORENZ, K., Ansatz und Bewertung von Finanzinstrumenten, S. 13; KUHN, S./FRIEDRICH, M., Komplexitätsreduktion, S. 926.

bei den betrachteten Finanzinstrumenten i. d. R. erfüllt, so dass diese unter die **Kategorien der Aktivseite** (nach § 266 Abs. 2 HGB bei Finanzanlagen, Forderungen, sonstigen Vermögensgegenstände des Umlaufvermögens, Wertpapieren des Umlaufvermögens) oder der **Passivseite** (nach § 266 Abs. 3 HGB Verbindlichkeiten) fallen.

Im Gegensatz zu § 266 Abs. 2, 3 HGB wird eine erste Differenzierung zwischen **Standardfinanzinstrumenten** (sog. *basic financial instruments*) in IFRS-SME 11 und allen **übrigen Finanzinstrumenten** (*other financial instruments*) in IFRS-SME 12 vorgenommen. Hierdurch soll sichergestellt werden, dass für SMEs typischerweise die Vorschriften in IFRS-SME 11 und nur bei komplexen Bilanzierungssachverhalten (bspw. *hedge accounting*) zusätzlich die Vorgaben aus IFRS-SME 12 anwendbar sind.[331] *Basic financial instruments* umfassen gemäß IFRS-SME 11.8 folgende Finanzinstrumente:

- Liquide Mittel (*cash*):
- Schuldinstrumente unter der Voraussetzung, dass die in IFRS-SME 11.9 explizierten Kriterien erfüllt werden (*debt instruments*);
- Kreditzusagen aus Sicht des Kreditnehmers, die durch ein Finanzinstrument beglichen werden und die die Bedingungen in IFRS-SME 11.9 erfüllen (*commitments to receive a loan*); **oder**
- Stamm- oder Vorzugsaktien ohne Inhaberkündigungs- und Wandelrechte (*non-convertible and non-puttable ordinary or preference shares*). Hierbei dürfen in Einklang mit IFRS-SME 22 keine einseitigen Kündigungsrechte des Inhabers bestehen, da ansonsten ein komplexes Finanzinstrument nach IFRS-SME 12 vorliegt (z. B. bei GmbH-Anteilen mit gesellschaftsvertraglichen ordentlichen Kündigungsrechten).[332]

Darüber hinaus müssen **folgende Regelungen** beachtet werden:

- IFRS-SME 12.7-.8 erweitert die o. g. Bestimmungen aus IFRS-SME 11.8 für Aktien auf sämtliche Eigenkapitaltitel ohne Inhaberkündigungs- oder Wandelrechte, die für

---

[331] Vgl. PRASSE, S., in: BAETGE, J. ET AL., Rechnungslegung nach IFRS, Teil A, Kap. V, Rn. 71; BEIERSDORF, K./EIERLE, B./HALLER, A., IFRS for SMEs, S. 1555.

[332] Vgl. GROSSE, J.-V./SCHMIDT, M., in: BRUNS, H.-G. ET AL., IFRS-SME, Teil B, Abschn. 11, Rn. 47; vgl. hierzu auch Abschnitt 425.

Ansatz- und Bewertungszwecke wie die in IFRS-SME 11.8 definierten Stamm- oder Vorzugsaktien behandelt werden müssen;

- die Bilanzierung der übrigen Gesellschafteranteile, die eine geschäftspolitische Einflussnahme in Form einer Beteiligung an Tochterunternehmen, *joint ventures* und assoziierten Unternehmen ermöglichen, werden im Gegensatz zum Handelsrecht nicht im Zusammenhang mit Finanzinstrumenten in IFRS-SME 11 und 12 behandelt (IFRS-SME 11.7 lit. a). Deren Ansatz und Bewertung richtet sich vielmehr für **Zwecke des Einzelabschlusses** nach IFRS-SME 9.25-.27.

Die **Bedingungen** der Einstufung eines Schuldinstruments als *basic financial instrument* werden in IFRS-SME 11.9 konkretisiert:

- Die Rendite muss *a priori* **eindeutig bestimmbar sein**, d. h. durch einen festgelegten Geldbetrag, einen fixen bzw. variablen Zinssatz oder eine Kombination aus den zuvor genannten Varianten festgelegt sein (IFRS-SME 11.9 lit.a);

- ein **Verlust des überlassenen Kapitals** bzw. der in Einklang mit IFRS-SME 11.9 lit. a bestimmten **Vergütung** ist vertraglich nicht vorgesehen (IFRS-SME 11.9 lit. b);

- weder Kapitalgeber noch Kapitalnehmer dürfen in **Abhängigkeit künftiger Ereignisse** zu einer vorzeitigen Rückzahlung des hergegebenen Kapitals berechtigt sein (IFRS-SME 11.9 lit. c); **und**

- es gibt keine **bedingten Rückzahlungsklauseln**, die die Zins- und Tilgungsleistungen von künftigen Ereignissen mit Ausnahme der unter IFRS-SME 11.9 lit. c genannten Bedingungen abhängig machen (IFRS-SME 11.9 lit. d).

Sämtliche Finanzinstrumente, die die Bedingungen in IFRS-SME 11.8-.9 nicht erfüllen, fallen in den Anwendungsbereich von IFRS-SME 12. IFRS-SME 12 wird damit durch die Negativabgrenzung in IFRS-SME 11.8-.9 mit den in IFRS-SME 12.3 definierten zusätzlichen Ausnahmen zur **Residualkategorie** (vgl. *Übersicht 4-15*). Da *basic financial instruments* nach IFRS-SME 11 i. d. R. zu fortgeführten Anschaffungskosten und nicht zum *fair value* bewertet werden,[333] ist diese Abgrenzung für Kapitalerhaltungszwecke von hoher Relevanz. Aufgrund der großen Bedeutung im Vergleich zu den übri-

---

[333] Vgl. hierzu die nachfolgenden Ausführungen in Abschnit 432.222.

gen Finanzinstrumenten beschränkt sich die Analyse auf die Bilanzierung von Schuldinstrumenten und Gesellschafteranteilen.[334]

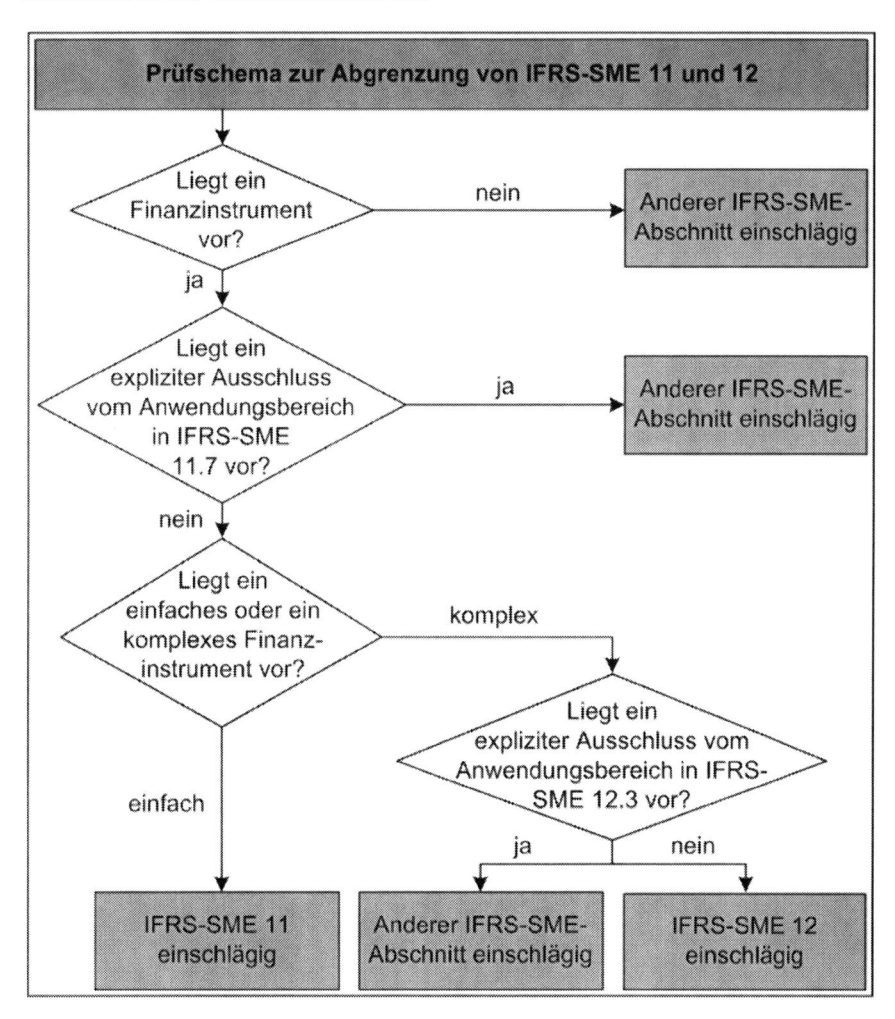

Prüfschema zur Abgrenzung von IFRS-SME 11 und 12

- Liegt ein Finanzinstrument vor?
  - nein → Anderer IFRS-SME-Abschnitt einschlägig
  - ja ↓
- Liegt ein expliziter Ausschluss vom Anwendungsbereich in IFRS-SME 11.7 vor?
  - ja → Anderer IFRS-SME-Abschnitt einschlägig
  - nein ↓
- Liegt ein einfaches oder ein komplexes Finanzinstrument vor?
  - einfach → IFRS-SME 11 einschlägig
  - komplex → Liegt ein expliziter Ausschluss vom Anwendungsbereich in IFRS-SME 12.3 vor?
    - ja → Anderer IFRS-SME-Abschnitt einschlägig
    - nein → IFRS-SME 12 einschlägig

Übersicht 4-15: Entscheidungsbaum zur Abgrenzung des Anwendungsbereichs von IFRS-SME 11 und 12[335]

Im HGB gibt es **keinen** für sämtliche Finanzinstrumente **einheitlich definierten Ansatzzeitpunkt**. Bei Forderungen richtet sich dieser danach, ob eine Gegenleistung vereinbart

---

[334] Die Bilanzierung von Kreditzusagen und liquider Mittel wird damit nachfolgend nicht betrachtet.
[335] In Anlehnung an GROßE, J.-V./SCHMIDT, M., in: BRUNS, H.-G. ET AL., IFRS-SME, Teil B, Abschn. 11, Rn. 4.

Kapitel 4: Bilanztheoretisch-hermeneutische Untersuchung der IFRS-SME-Einzelnormen zur Kapitalerhaltung

ist. Der Ansatz bei **Forderungen mit Gegenleistung** (vor allem Forderungen aus Lieferung und Leistung) resultiert in Einklang mit dem Grundsatz der Nichtbilanzierung schwebender Geschäfte aus den Ertragsrealisationskriterien, insbesondere aus dem Übergang der Preisgefahr.[336] Bei **Forderungen ohne Gegenleistung** ist diese spätestens mit ihrem rechtlichen Entstehen oder ggf. früher anzusetzen, wenn deren Entstehen mit an Sicherheit grenzender Wahrscheinlichkeit zu erwarten ist.[337] Für **finanzielle Verbindlichkeiten** (bspw. Verbindlichkeiten aus Lieferung und Leistung) gilt das Gegenteil.[338] Bei **Verträgen zum Erwerb anderer finanzieller Güter**, bspw. bei Wertpapieren oder bei Beteiligungen an assoziierten Unternehmen, *joint ventures* oder Tochterunternehmen, gelten der **Vertragsabschluss**, die **Erlangung des wirtschaftlichen Eigentums** oder der **Erfüllungszeitpunkt als Ansatzzeitpunkte**.[339]

Der **Ansatzzeitpunkt** im IFRS-SME richtet sich nach den Vorgaben in IFRS-SME 11.12 und IFRS-SME 12.6. Hiernach sind *financial instruments* anzusetzen, wenn der Abschlussersteller eine **Vertragspartei** geworden ist, d. h. zum Zeitpunkt des Vertragsschlusses.[340] Der **Grundsatz der Nichtbilanzierung schwebender Geschäfte** und die Ertragsrealisationskriterien (IFRS-SME 23) sind bei **Forderungen mit Gegenleistung** ebenfalls einschlägig. Bei **Forderungen ohne Gegenleistung** muss nach IFRS-SME 2.15 lit. a ein Nutzenzufluss wahrscheinlich sein. Entsprechendes gilt nach IFRS-SME 2.15 lit. b für finanzielle Verbindlichkeiten.[341] Bei **Verträgen zum Erwerb anderer finanzieller Güter** gelten der Vertragsabschluss (Kaufdatum) oder der Erfüllungszeitpunkt als Ansatzzeitpunkte.[342] Wesentliche Unterschiede zum HGB sind damit nicht erkennbar.[343]

---

336 Vgl. POULLIE, M., Die kurzfristigen Forderungen, in: HdJ, Abt. II/6 (2010), Rn. 15; ELLROTT, H./ROSCHER, K., in: Beck Bilanzkomm., 7. Aufl., § 247, Rn. 80; ausführlich hierzu ebenfalls Abschnitt 426.2.

337 Vgl. ADS, 6. Aufl., § 246, Rn. 175.

338 Vgl. u. a. ADS, 6. Aufl., § 246, Rn. 105; BAETGE, J./KIRSCH, H.-J./THIELE, S., Bilanzen, S. 381.

339 Vgl. für Wertpapiere DOBLER, M./MAUL, K.-H., Die Wertpapiere des Umlaufvermögens und flüssige Mittel, in: HdJ, Abt. II/7 (2007), Rn. 23; ADS, 6. Aufl., § 246, Rn. 211.

340 Anders als in IAS 39 wurde ein Ansatz erst bei effektiver Lieferung des finanziellen Guts (*settlement date*) nicht in IFRS-SME 11 und 12 übernommen. Vgl. LORENZ, K., Ansatz und Bewertung von Finanzinstrumenten, S. 15.

341 Vgl. BAETGE, J./KIRSCH, H.-J./THIELE, S., Bilanzen, S. 399.

342 Vgl. DOBLER, M./MAUL, K.-H., Die Wertpapiere des Umlaufvermögens und flüssige Mittel, in: HdJ, Abt. II/7 (2007), Rn. 65 und 67.

Zur besseren Nachvollziehbarkeit werden die nach HGB und IFRS-SME 11 einschlägigen Kategorien von Finanzinstrumenten synoptisch dargestellt (vgl. *Übersicht 4-16*). Im IFRS-SME wird eine Einordnung bezogen auf einzelne Finanzinstrumente vorgenommen, während sich die Vorschriften des HGB bilanzpostenorientiert nach der Zuordnung zum Anlage-/Umlaufvermögen bzw. zu finanziellen Verbindlichkeiten richten.

Finanzielle Vermögensgegenstände und finanzielle Verbindlichkeiten nach § 266 Abs. 2, 3 HGB	Einfache Finanzinstrumente nach **IFRS-SME 11**	
	Schuldinstrumente	Gesellschafteranteile
Finanzanlagen des Anlagevermögens	──────────────→	
Forderungen und Wertpapiere des Umlaufvermögens	──────────────→	
Finanzielle Verbindlichkeiten	──────────────→	Definitorisch ausgeschlossen

Übersicht 4-16: Kategorisierung des Bilanzansatzes von Finanzinstrumenten nach HGB und IFRS-SME 11[344]

432.22 Bewertung

432.221. Zugangsbewertung

Die Zugangsbewertung für Finanzinstrumente richtet sich handelsrechtlich nach dem allgemeinen Anschaffungs- bzw. Herstellungskostenprinzip sowie dem Realisationsprinzip nach § 253 Abs. 1 HGB. Die **Zugangsbewertung von Schuldinstrumenten** orientiert sich **im Fall kurzfristiger Forderungen aus Lieferung und Leistung am Nennwert**, bei **langfristigen Forderungen aus Lieferungen und Leistungen** hingegen am **Barwert unter Anwendung eines marktüblichen Zinssatzes**, da diese einen **verdeckten Zinsanteil** enthalten.[345] Andernfalls liegt ein Verstoß gegen das Realisationsprinzip vor, indem künftige Zinserträge bereits im Zugangszeitpunkt vereinnahmt werden. Im Fall **verzinslicher Forderungen** gilt nach Schrifttumsmeinung die **Aktivierung zum Rückzahlungsbetrag** der Forderung bei gleichzeitiger Passivierung eines Auszahlungsdisagios durch einen passiven Rechnungsabgrenzungsposten als zulässig.[346] Sofern Forderungen zu niedrig ver-

---

343 Gleicher Ansicht KOZIKOWSKI, M./PASTOR, C., in: Beck Bilanzkomm., 7. Aufl., § 253, Rn. 732.
344 In Anlehnung an BREMBT, T., Möglichkeiten einer internationalisierten Rechnungslegung, S. 86.
345 Vgl. für kurzfristige Forderungen POULLIE, M., Die kurzfristigen Forderungen, in: HdJ, Abt. II/6 (2010), Rn. 136 f.; für langfristige Forderungen BAETGE, J./KIRSCH, H.-J./THIELE, S., Bilanzen, S. 323; zur Anwendung des marktüblichen Zinssatzes u. a. ADS, 6. Aufl., § 253, Rn. 532.

Kapitel 4: Bilanztheoretisch-hermeneutische Untersuchung der IFRS-SME-Einzelnormen zur Kapitalerhaltung

zinst sind, ist bei Zugang zunächst eine Aktivierung zum Auszahlungsbetrag und unmittelbar im Anschluss eine außerplanmäßige Abschreibung auf den Barwert unter Anwendung eines marktüblichen Zinssatzes vorzunehmen.[347] Bei **Zerobonds** wird demgegenüber der Auszahlungsbetrag als einzig maßgeblicher Zugangswert angesehen.[348] Im Fall des **Erwerbs von Schuldtiteln an der Börse** für Anlage- und Umlaufvermögen sind der **Kaufpreis plus Anschaffungsnebenkosten** heranzuziehen.[349] Gleiches gilt für **Eigenkapitalanteile des Umlaufvermögens** und für **Finanzanlagen bzw. Beteiligungen an Tochterunternehmen**, *joint ventures* und **assoziierten Unternehmen**.

Im Bereich der **finanziellen Verbindlichkeiten** richtet sich handelsrechtlich die Zugangsbewertung gemäß § 253 Abs. 1 Satz 2 HGB nach dem **Erfüllungsbetrag**. Dieser entspricht **bei marktüblicher Verzinsung** dem Rückzahlungsbetrag.[350] Sofern bei einer marktüblichen Effektivverzinsung der Auszahlungsbetrag niedriger ist als der Rückzahlungsbetrag, bietet § 250 Abs. 3 HGB dem Bilanzierenden die Möglichkeit, die **Differenz zum Rückzahlungsbetrag als aktiven Rechnungsabgrenzungsposten** über die Laufzeit der Finanzierung abzuschreiben.[351] Auch bei marktunüblich hoher Effektivverzinsung ist ebenfalls die Bewertung zum Rückzahlungsbetrag einschlägig und ggf. zusätzlich eine Drohverlustrückstellung anzusetzen.[352] Bei unverzinslichen Verbindlichkeiten ohne Zinskomponente ist hingegen eine Passivierung zum Rückzahlungsbetrag geboten, da ansonsten ein Verstoß gegen das Realisationsprinzip vorliegt.[353] Nur bei Vorliegen einer Zinskomponente ist die Verbindlichkeit abzuzinsen.[354]

---

346 Vgl. exemplarisch ELLROT, H./BRENDT, P., in: Beck Bilanzkomm., 7. Aufl., § 255, Rn. 254.
347 Vgl. BAETGE, J./KIRSCH, H.-J./THIELE, S., Bilanzen, S. 323.
348 Vgl. ADS, 6. Aufl., § 253, Rn. 86; SCHULZE-OSTERLOH, J., Rückzahlungsbetrag und Abzinsung von Rückstellungen, S. 353.
349 Vgl. DOBLER, M./MAUK, K.-H., Die Wertpapiere des Umlaufvermögens und die flüssigen Mittel, in: HdJ, Abt. II/7 (2007), Rn. 28.
350 Vgl. MELLWIG, W., Zur Abzinsung von Verbindlichkeiten, S. 674.
351 Vgl. ADS, 6. Aufl., § 253, Rn. 77; BAETGE, J./KIRSCH, H.-J./THIELE, S., Bilanzen, S. 385 (wahlrechtsweise auch für sofortige Aufwandserfassung); a. A. (für eine Nettobilanzierung bei jährlicher Zuschreibung der Verbindlichkeit) MELLWIG, W., Zur Abzinsung von Verbindlichkeiten, S. 677; SCHULZE-OSTERLOH, J., Rückzahlungsbetrag und Abzinsung von Rückstellungen, S. 353.
352 Vgl. MERKT, H., in: BAUMBACH, A./HOPT, K., HGB, 34. Aufl., § 253, Rn. 2.
353 Vgl. STROBL, E., Zur Abzinsung von Verbindlichkeiten, S. 629 f.; SCHULZE-OSTERLOH, J., Rückzahlungsbetrag und Abzinsung von Rückstellungen, S. 354; MELLWIG, W., Zur Abzinsung von Verbindlichkeiten, S. 678.

Hinsichtlich der **Zugangsbewertung für Schuldinstrumente ergeben sich im IFRS-SME keine gravierenden Unterschiede zum HGB**. Anknüpfend an IFRS-SME 2.47-.48 ist der **relevante Bewertungsmaßstab** gemäß IFRS-SME 11.13 und 12.7 der **Transaktionspreis** (*transaction price*). Sofern eine Folgebewertung nicht zum *fair value* vorgesehen ist, enthält die Bewertung auch Transaktionskosten.[355] **Kurzfristige Forderungen aus Lieferung und Leistung** sind nach IFRS-SME 11.13 wie nach § 255 Abs. 1 HGB zum **Nennwert** anzusetzen, während IFRS-SME 11.13 explizit für **langfristige unverzinsliche Forderungen** einen Ansatz zum **Barwert** bei **Anwendung marktüblicher Diskontierungszinssätze** fordert. **Darlehensforderungen** und **sonstige erworbene Schuldinstrumente** im Sinne von IFRS-SME 11.9 müssen ebenfalls zum **Barwert** angesetzt werden, wobei Anschaffungsneben- bzw. Transaktionskosten (bspw. Börsenprovisionen) berücksichtigt werden dürfen. Im Fall der Anwendung von IFRS-SME 12.7 muss der *fair value* herangezogen werden, der i. d. R. dem Transaktionspreis entspricht. Die **Zugangsbewertung von Eigenkapitalanteilen** basiert ebenfalls auf dem **Transaktionspreis**, wobei Anschaffungsnebenkosten angesetzt werden dürfen, wenn der *fair value* für die Folgebewertung herangezogen wird. Die Regelungen in IFRS-SME 9.26 sehen wahlrechtsweise eine Bewertung entweder zu Anschaffungskosten oder zum *fair value* (Transaktionspreis) vor.[356] Die Wahl des Bewertungsmaßstabs dürfte vor allem für die Folgebewertung Bedeutung haben, da bei Zugang Transaktionspreis und Anschaffungskosten mit Ausnahme der Anschaffungsnebenkosten identisch sein dürften.

Die **Zugangsbewertung finanzieller Verbindlichkeiten** ist in IFRS-SME 11.13 und 12.7 wie bei finanziellen Vermögenswerten ausgestaltet. Einschlägig ist der Barwert der finanziellen Verpflichtung und - nicht wie im HGB - der Erfüllungsbetrag. Nur bei **kurzfristigen Verbindlichkeiten aus Lieferung und Leistung** sind beide Wertmaßstäbe identisch.

---

354 Vgl. KOZIKOWSKI, M./SCHUBERT, W., in: Beck Bilanzkomm., 7. Aufl., § 253, Rn. 66 f. (für Nettobilanzierung); ADS, 6. Aufl., § 253, Rn. 82 (für Rechnungsabgrenzung).

355 Vgl. KUHN, S./FRIEDRICH, M., Komplexitätsreduktion, S. 927; GROßE, J.-V./SCHMIDT, M., in: BRUNS, H.-G. ET AL., IFRS-SME, Abschn. 11, Teil B, Rn. 63.

356 Die Zugangsbewertung ist nicht in IFRS-SME 9.26 geregelt. Durch Regellückenschließung nach IFRS-SME 10.5 lit. a i. V. mit IFRS-SME 14 und 15 wird deutlich, dass beim *cost model* die Bewertung zu Anschaffungskosten und beim *fair value model* zum Transaktionspreis geboten ist.

Kapitel 4: Bilanztheoretisch-hermeneutische Untersuchung der IFRS-SME-Einzelnormen zur Kapitalerhaltung

Im Bereich der Zugangsbewertung ergeben sich insbesondere bei langfristigen Verbindlichkeiten Divergenzen in beiden Regelungskreisen.[357]

432.222. Folgebewertung

Im Gegensatz zum IFRS-SME richten sich die handelsrechtlichen Folgebewertungsvorschriften für Vermögensgegenstände **nicht nach der Art des Finanzinstruments**, sondern nach der **Zuordnung zum Anlage- oder Umlaufvermögen**. **Bewertungsobergrenze** sind stets die **fortgeführten Anschaffungskosten**, die nach den **Niederstwertvorschriften** nach § 253 Abs. 3, 4 HGB außerplanmäßig abgeschrieben werden müssen. **Schuldinstrumente**, die mit dem Auszahlungsbetrag bzw. dem Barwert aktiviert wurden, werden mittels der **Effektivzinsmethode** bis auf den Rückzahlungsbetrag in den Folgeperioden zugeschrieben. Ein **Rechnungsabgrenzungsposten ist über die Laufzeit des Finanzinstruments** planmäßig abzuschreiben. Gesellschafteranteile des Anlage- und Umlaufvermögens sind im HGB ebenfalls zu ihren Anschaffungskosten fortzuführen. Für **finanzielle Verbindlichkeiten**, die mit dem Barwert bzw. Auszahlungsbetrag (**Zerobonds**) passiviert wurden, ist die **Effektivzinsmethode für die Folgebewertung** einschlägig. Bei der Passivierung des Rückzahlungsbetrags und der Aktivierung eines Rechnungsabgrenzungsposten ist Letzterer aufwandswirksam in den Folgeperioden aufzulösen.

Außerplanmäßige Abschreibungen für Finanzanlagen sind wie für das übrige Anlagevermögen nach § 253 Abs. 3 Satz 3 HGB anzusetzen, wenn der beizulegende Wert **dauerhaft** unter dem Buchwert liegt. Für Finanzanlagen besteht nach § 253 Abs. 3 Satz 4 HGB eine Ausnahme (**gemildertes Niederstwertprinzip**), wonach der Abschlussersteller **wahlrechtsweise auch bei einer nur vorübergehenden Wertminderung** eine außerplanmäßige Abschreibung vornehmen darf.[358] Aus **Vorsichtsgründen** ist die Wertminderung **im Zweifel** als **dauerhaft** einzustufen.[359] Im Umlaufvermögen gilt wie bei Vorräten das **strenge Niederstwertprinzip**. Für das **Umlaufvermögen** ist mit § 253 Abs. 4 Satz 1 HGB die **Anwendung eines Börsen- oder Marktpreises** als **Korrektivwert** vorgeschrieben.[360]

---

357 Vgl. JANSSEN, J., Rechnungslegung im Mittelstand, S. 180.
358 Vgl. ADS, 6. Aufl., § 253, Rn. 449; KOZIKOWSKI, M./ROSCHER, K./SCHRAMM, M., in: Beck Bilanzkomm., 7. Aufl., § 253, Rn. 350.
359 Vgl. ADS, 6. Aufl., § 253, Rn. 476 und 478; KOZIKOWSKI, M./ROSCHER, K./SCHRAMM, M., in: Beck Bilanzkomm., 7. Aufl., § 253, Rn. 316.

Es besteht aber Uneinigkeit über die Berücksichtigung von Anschaffungsnebenkosten. Bei einem kurzfristig geplanten Verkauf sind wohl die Nebenkosten des Verkaufs in Abzug zu bringen.[361] Für unquotierte **Gesellschafteranteile des Umlaufvermögens** ist der beizulegende Wert der wahrscheinliche, anderweitig zu bestimmende Veräußerungserlös.[362] Für **Forderungen des Umlaufvermögens** ist der Korrektivwert der **wahrscheinliche Rückzahlungsbetrag**.[363] Dieser ist zunächst durch den Abzug einer Einzelwertberichtigung auf jede individuelle Forderung zu ermitteln (Einzelbewertungsgrundsatz). Als Ausdruck des Vorsichtsprinzips und der vorsichtigen Ausübung von Ermessensspielräumen ist es handelsrechtlich erlaubt, eine **Pauschalwertberichtigung auf den gesamten Forderungsbestand** anzuwenden, die erfahrungsgemäß bestehende zusätzliche Risiken berücksichtigt.[364] Bei unquotierten Finanzinstrumenten ergeben sich damit Ermessensspielräume bei der Bestimmung des Korrektivwerts. Für **Schuldinstrumente des Anlagevermögens** ist der Korrektivwert der **Barwert der erwarteten Zahlungen**, wobei diese mit einem fristenkongruenten Marktzinssatz abgezinst werden.[365] Hieraus folgt u. a., dass gestiegene Marktzinsen in Relation zur Verzinsung der Forderung eine Abschreibung auslösen, sofern dieser Anstieg dauerhaft ist bzw. vom Wahlrecht in § 253 Abs. 3 Satz 4 HGB Gebrauch gemacht wird. Für **Finanzanlagen bzw. Beteiligungen an Tochterunternehmen**, *joint ventures* **und assoziierten Unternehmen** ist der beizulegende Wert der **subjektive Ertragswert** aus der Sicht des Abschlusserstellers. Dies hat zur Folge, dass besondere Ertragspotenziale und Synergien bei der Bestimmung des Korrektivwerts berücksichtigt werden, sofern mit diesen eine unternehmerische Beteiligung verknüpft ist.[366] **Reine Finanzanlagen ohne unternehmerische Einflussmöglichkeit** sind in **Einklang mit der**

---

360 Vgl. ELLROTT, H./ROSCHER, K., in: Beck Bilanzkomm., 7. Aufl., § 253, Rn. 510.
361 Vgl. MERKT, H., in: BAUMBACH, A./HOPT, K., HGB, 34. Aufl. § 253, Rn. 25; a. A. ADS, 6. Aufl., § 253, Rn. 502 (Wahlrecht).
362 Vgl. DOBLER, M./MAUL, K.-H., Die Wertpapiere des Umlaufvermögens und die flüssigen Mittel, in: HdJ, Abt. II/7 (2007), Rn. 34.
363 Vgl. ADS, 6. Aufl., § 253, Rn. 531; POULLIE, M., Die kurzfristigen Forderungen, in: HdJ, Abt. II/6 (2010), Rn. 151; MERKT, H., in: BAUMBACH, A./HOPT, K., HGB, 34. Aufl. § 253, Rn. 23.
364 Vgl. ADS, 6. Aufl., § 253, Rn. 533.
365 Vgl. BREMBT, T., Möglichkeiten einer internationalisierten Rechnungslegung, S. 99.
366 Vgl. ADS, 6. Aufl., § 253, Rn. 465.

Kapitel 4: Bilanztheoretisch-hermeneutische Untersuchung der IFRS-SME-Einzelnormen zur Kapitalerhaltung

Bestimmung des Korrektivwerts für das Umlaufvermögen zu einem an der Börse erzielbaren Erlös bzw. einem vom Veräußerer losgelösten Ertragswert zu bestimmen.[367]

Beim IFRS-SME hängt die **Folgebewertung** maßgeblich von der Kategorisierung in den Anwendungsbereich von IFRS-SME 11 oder 12 ab. Indes ist eine klare Zuordnung des jeweiligen Bewertungsmaßstabs zu einfachen und komplexen Finanzinstrumenten nicht möglich. Für Finanzinstrumente im Anwendungsbereich von IFRS-SME 12 ist i. d. R. eine ergebniswirksame Folgebewertung zum *fair value* vorgesehen. Bei einfachen Finanzinstrumenten ist die Folgebewertung zu fortgeführten Anschaffungskosten einschlägig, ohne dass die Bewertung zum *fair value* in IFRS-SME 11 ausgeschlossen ist (vgl. *Übersicht 4-17*). Es gibt damit zwei Folgebewertungsmaßstäbe für Finanzinstrumente, die sowohl in IFRS-SME 11 als auch in IFRS-SME 12 Anwendung finden.[368] Der *fair value* ist bei finanziellen Aktiva als *exit price* und für finanzielle Verbindlichkeiten als Ablösebetrag definiert.[369] Wenn es sich um *basic financial instruments* (IFRS-SME 11.8 lit. b) handelt, sind i. d. R. die fortgeführten Anschaffungskosten einschlägig, wenn die Kriterien in IFRS-SME 11.9 erfüllt sind (vgl. *Übersicht 4-17*).

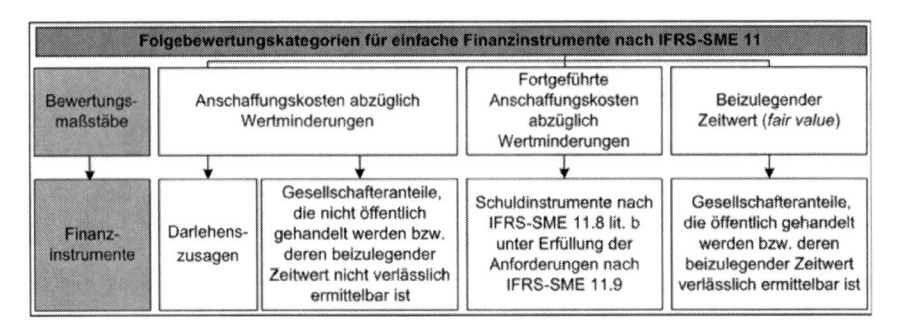

	Folgebewertungskategorien für einfache Finanzinstrumente nach IFRS-SME 11			
Bewertungsmaßstäbe	Anschaffungskosten abzüglich Wertminderungen		Fortgeführte Anschaffungskosten abzüglich Wertminderungen	Beizulegender Zeitwert (*fair value*)
Finanzinstrumente	Darlehenszusagen	Gesellschafteranteile, die nicht öffentlich gehandelt werden bzw. deren beizulegender Zeitwert nicht verlässlich ermittelbar ist	Schuldinstrumente nach IFRS-SME 11.8 lit. b unter Erfüllung der Anforderungen nach IFRS-SME 11.9	Gesellschafteranteile, die öffentlich gehandelt werden bzw. deren beizulegender Zeitwert verlässlich ermittelbar ist

Übersicht 4-17: Folgebewertungskategorien für einfache Finanzinstrumente nach IFRS-SME 11[370]

---

367 Vgl. ADS, 6. Aufl., § 253, Rn. 459.
368 Vgl. LORENZ, K., Ansatz und Bewertung von Finanzinstrumenten, S. 15; PRASSE, S., in: BAETGE, J. ET AL., Rechnungslegung nach IFRS, 2. Aufl., Teil A, Kap. V., Rn. 72.
369 Vgl. BAETGE, J./ZÜLCH, H., Fair Value-Accounting, S. 545; BAETGE, J./ZÜLCH, H./MATENA, S., Fair Value-Accounting - Teil A, S. 366.
370 In Anlehnung an PRASSE, S., in: BAETGE, J. ET AL., Rechnungslegung nach IFRS, 2. Aufl., Teil A, Kap. V., Rn. 78.

Für **kurzfristige Schuldinstrumente ohne Zinskomponente** (bspw. Forderungen und Verbindlichkeiten aus Lieferung und Leistung) ergibt sich nach IFRS-SME 11.14 lit. a (wie nach HGB) **keine Anpassung der Zugangsbewertung auf Basis des Rückzahlungsbetrags**. Für **langfristige Schuldinstrumente**, die bei Zugang mit dem Barwert bewertet wurden, ist die **Effektivzinsmethode** (IFRS-SME 11.16-.20) anzuwenden, so dass diese **über die Laufzeit ergebniswirksam aufgezinst** werden.[371] Dies gilt für Schuldinstrumente (Aktiva) wie auch für finanzielle Verbindlichkeiten bei Anwendung von IFRS-SME 11. Sofern **Eigenkapitalanteile** als *basic financial instrument* gelten, sind sie dennoch ergebniswirksam zum *fair value* zu bewerten, falls sie börsengehandelt sind oder der *fair value* anderweitig verlässlich ermittelbar ist (IFRS-SME 11.14 lit. c und IFRS-SME 12.8). Die Anwendung des *fair value* ist insofern konzeptionell fragwürdig, als nicht alle in den Anwendungsbereich von IFRS-SME 11 fallenden Finanzinstrumente zu Anschaffungskosten bewertet werden. Für **unternehmerische Anteile an Tochterunternehmen, *joint ventures* und assoziierten Unternehmen** besteht nach IFRS-SME 9.26 ein Wahlrecht zwischen der Folgebewertung zu fortgeführten Anschaffungskosten und einer *fair value*-Bewertung. Dem Abschlussersteller wird eine Bewertung zu Anschaffungskosten ermöglicht, während für die übrigen Gesellschafteranteile im Sinne von IFRS-SME 11.8 eine *fair value*-Bewertung vorgeschrieben wird.[372] Die nachfolgend aufgezeigten Vorschriften in IFRS-SME 11 zur *fair value*-Hierarchie dürfte für die Folgebewertung dieser Anteile gemäß der Regellückenschließung im Sinne von IFRS-SME 10.5 lit. a einschlägig sein, auch wenn IFRS-SME 9.26 hierzu keine Vorgaben macht.[373]

Der bestmögliche Indikator für den *fair value* ist der **Marktpreis des Finanzinstruments**. Sollte dieser nicht verfügbar sein, ist die Ableitung nach IFRS-SME 11.27-.32 an die aus IAS 39 bekannte *fair value*-Hierarchie angelehnt. Während die **erste Stufe** als *mark to market*-Komponente angesehen werden kann, handelt es sich bei der **dritten Stufe** klar

---

[371] Vgl. LORENZ, K., Ansatz und Bewertung von Finanzinstrumenten, S. 15; BREMBT, T., Möglichkeiten einer internationalisierten Rechnungslegung, S. 90.

[372] Ebenfalls kritisch u. a. LORENZ, K., Ansatz und Bewertung von Finanzinstrumenten, S. 14.

[373] In IFRS-SME 14.10 und 15.14 wird ebenfalls für den Konzernabschluss explizit auf die *fair value*-Hierarchie in IFRS-SME 11.27-.32 Bezug genommen. Indes dürften die *impairment*-Vorschriften aus IFRS-SME 27 und nicht aus IFRS-SME 11 für diese Regelungen einschlägig sein, denn nach IFRS-SME 11.7 lit. a fällt IFRS-SME 9 nicht in den Anwendungsbereich von IFRS-SME 11.

Kapitel 4: Bilanztheoretisch-hermeneutische Untersuchung der IFRS-SME-Einzelnormen zur Kapitalerhaltung

um eine *mark to model*-Komponente.[374] Die **zweite Stufe** ähnelt hingegen fallweise entweder einer *mark to market* oder einer *mark to model*-Bewertung.[375] Die Schätzung des *fair value* auf der dritten Stufe ist als **verlässlich** einzuschätzen, wenn sich in dem Wert die Markterwartungen angemessen widerspiegeln (IFRS-SME 11.29) und Schätzergebnisse nicht signifikant streuen bzw. deren Eintrittswahrscheinlichkeiten verlässlich ermittelt werden können (IFRS-SME 11.30). **Diese Einschätzung unterliegt einem evidenten *professional judgement* des Abschlusserstellers.**[376]

Mit IFRS-SME 11.21-.26 sind **eigenständige Regelungen für den *impairment test* bei *financial assets*** entwickelt worden, die zu fortgeführten Anschaffungskosten bewertet werden. Finanzielle Verbindlichkeiten sind nicht unterhalb ihrer fortgeführten Anschaffungskosten zu bewerten, so dass *impairments* ausgeschlossen sind. An jedem Bilanzstichtag muss gemäß IFRS-SME 11.21 geprüft werden, ob *loss events* eingetreten sind, die ein *impairment* nahelegen. Diese müssen **objektiv fundiert** sein, wobei in IFRS-SME 11.22 Beispiele für objektiven Hinweise vorgegeben sind. Die Konkretisierung des unbestimmt gelassenen Begriffs der *loss events* führt im Einzelfall zu einem niedrigeren Wertberichtigungsbedarf, da die Begrenzung auf zum Bilanzstichtag eingetretene Verluste - vergleichbar zur Abgrenzung von Rückstellungen - enger gefasst ist als das durch das Imparitätsprinzip geprägte HGB.[377] Die **Bildung von Pauschalwertberichtigungen** ist **unzulässig**.[378] Der Wertminderungstest ist für Vermögenswerte grundsätzlich **einzeln** durchzuführen. Der *impairment test* ergibt sich bei **Schuldinstrumenten** (IFRS-SME 11.25 lit. a) aus der **Differenz zwischen Buchwert und Barwert der nach dem Schadensfall erwarteten Zahlungsströme**, diskontiert mit dem ursprünglichen **Effektivzinssatz**. Bei **kurzfristigen Forderungen** entspricht dies approximativ dem erwarteten Rückzahlungsbetrag nach HGB, da keine Diskontierung aufgrund der Laufzeit notwendig ist.[379] Nach IFRS-

---

374 Vgl. BAETGE, J./ZÜLCH, H./MATENA, S., Fair Value-Accounting - Teil A, S. 370.
375 So auch GROßE, J.-V./SCHMIDT, M., in: BRUNS, H.-G. ET AL., IFRS-SME, Teil B, Abschn. 12, Rn. 35.
376 Vgl. BREMBT, T., Möglichkeiten einer internationalisierten Rechnungslegung, S. 92.
377 Vgl. hierzu HEINTGES, S./HÄRLE, P., Probleme der Anwendung, S. 180 f.
378 Vgl. HEINTGES, S./HÄRLE, P., Probleme der Anwendung, S. 180; GROßE, J.-V./SCHMIDT, M., in: BRUNS, H.-G. ET AL., IFRS-SME, Teil B, Abschn. 11, Rn. 94.
379 Vgl. BREMBT, T. Möglichkeiten einer internationalisierten Rechnungslegung, S. 98 f.

SME 11.25 lit. b ist der Korrektivwert bei Eigenkapitalanteilen die bestmögliche Schätzung des Einzelveräußerungspreises. Konträr zum HGB sind bei DCF-Verfahren keine subjektiven Wertkomponenten zu berücksichtigen, da von der Veräußerung an Dritte auszugehen ist.[380] Es besteht ein **Wertaufholungsgebot** bis zu den fortgeführten Anschaffungskosten, wenn der Grund für die Abschreibung entfallen oder durch andere Gründe überkompensiert wurde (IFRS-SME 11.26).

Die Bewertungsvorschriften für Finanzinstrumente nach HGB und IFRS-SME weisen insgesamt erkennbare Divergenzen auf. Dies betrifft insbesondere Schuldinstrumente, bei denen Auszahlungs- und Rückzahlungsbetrag auseinanderfallen, sowie Eigenkapitaltitel, die unter bestimmten Voraussetzungen zum *fair value* bewertet werden müssen. Die strikte Ausrichtung am Barwertkalkül (Schuldinstrumente) wird im HGB aber durch die Bildung von Rechnungsabgrenzungsposten an den IFRS-SME angenähert. Bei der Folgebewertung für Eigenkapitanteile verbleiben demgegenüber evidente Unterschiede.

432.3 Bilanztheoretisch-hermenteutische Würdigung

Die Anwendung des HGB und des IFRS-SME führt in den betrachteten Fallkonstellationen zu einem **weitgehend identischen Aktivierungs- bzw. Passivierungspotenzial** für Finanzinstrumente, da sich das HGB an die IFRS-/IFRS-SME-Definition für Finanzinstrumente anlehnt. Durch die klare Orientierung des IFRS-SME auf den Zeitpunkt des Vertragsabschlusses gemäß IFRS-SME 11.12 ist der **Ansatzzeitpunkt stringenter geregelt als im HGB**, das unterschiedliche Ansatzzeitpunkte für Finanzinstrumente zulässt. **Diese eindeutigen Vorgaben sind für Kapitalerhaltungszwecke vorziehenswürdig**, da sie dem Objektivierungsgebot sowie dem Vollständigkeitsprinzip (§ 246 Abs. 1 Satz 1 HGB) angemessen Rechnung tragen.

Während die Ansatzvorschriften in beiden Regelungskreisen zu weitgehend identischen Ansatzentscheidungen führen, ergeben sich bei der **Zugangs- und Folgebewertung erhebliche Divergenzen**, die **beträchtliche Auswirkungen auf die Zweckadäquanz zur Kapitalerhaltung** haben. Die konzeptionellen Grundlagen zur Bewertung von Finanzins-

---

[380] Vgl. hierzu auch GROßE, J.-V./SCHMIDT, M., in: BRUNS, H.-G. ET AL., IFRS-SME, Teil B, Abschn. 11, Rn. 99.

Kapitel 4: Bilanztheoretisch-hermeneutische Untersuchung der IFRS-SME-Einzelnormen zur Kapitalerhaltung

trumenten sehen im Gegensatz zum handelsrechtlichen Anschaffungs- und Realisationsprinzip standardmäßig eine Folgebewertung zum *fair value* vor (IFRS-SME 2.48 i. V. mit IFRS-SME 12.8).[381] Erst durch die Negativabgrenzung in IFRS-SME 11.8-.9 wird die Folgebewertung zu (fortgeführten) Anschaffungskosten ermöglicht. Hiervon dürften in der Unternehmenspraxis die Mehrzahl der Finanzinstrumente betroffen sein. **Dennoch hat IFRS-SME 11 den Charakter einer Ausnahmevorschrift zur *fair value*-Bewertung nach IFRS-SME 12.8.** In IFRS-SME 9.26 ist sogar ein explizites Wahlrecht zwischen Anschaffungskosten und *fair value*-Bewertung implementiert. Dies offenbart die Grundkonzeption, die das IASB zur Bewertung von Finanzinstrumenten zugrunde legt.[382] Der *fair value* fungiert als primärer Folgebewertungsmaßstab und soll im Sinne des *accrual principle* für eine **periodengerechte Erfolgsermittlung** sorgen. Lediglich in „Ausnahmefällen", die in IFRS-SME 11.8 umfassend definiert sind, werden Finanzinstrumente zu (fortgeführten) Anschaffungskosten bewertet.[383]

Die Folgebewertung zum *fair value* in IFRS-SME 12.8 und IFRS-SME 9.26 geht über das handelsrechtliche „*imparitätische Fair Value-Konzept*"[384] hinaus, indem auch **Wertsteigerungen am ruhenden Vermögen über die fortgeführten Anschaffungskosten hinaus** als Ertrag vereinnahmt werden, ohne dass diese am Markt durch einen Umsatzakt bestätigt („realisiert") werden müssen.[385] Die gesellschaftsrechtliche Anforderung der Quasi-Sicherheit der Erträge als Eckpfeiler des handelsrechtlichen Realisationsprinzips wird hierdurch evident verletzt.[386] Die Ausschüttbarkeit derartiger Erträge an die Eigner kann dazu führen, dass die Gläubiger den Unternehmensrisiken näher stehen als die Eigner, wenn sich die „realisierte" Wertsteigerung des Finanzinstruments *ex post* als vorübergehend herausstellen sollte.[387] Sofern diese Erträge bereits an die Eigner ausgeschüttet wurden, ist die **Risikoallokationsfunktion des Haftungskapitals** empfindlich **gestört**.

---

381 Vgl. hierzu bereits Abschnitt 324.34.
382 Vgl. hierzu bereits kritisch METH, D., Die IFRS als Grundlage, S. 212 und 214; in diesem Sinne ebenfalls GROßE, J.-V./SCHMIDT, M., in: BRUNS, H.-G. ET AL., IFRS-SME, Teil B, Abschn. 11, Rn. 72.
383 Vgl. KUHN, S./FRIEDRICH, M., Komplexitätsreduktion, S. 928.
384 BAETGE, J./ZÜLCH, H., Fair Value-Accounting, S. 546; BAETGE, J./ZÜLCH, H./MATENA, S., Fair Value-Accounting - Teil A, S. 367.
385 Vgl. SIEGEL, T., Zeitwertbilanzierung, S. 597; MOXTER, A., Gewinnrealisierung nach IAS/IFRS, S. 271.

Die Bewertung zum *fair value* ist im IFRS-SME zuvorderst für Gesellschafteranteile vorgesehen, die am Markt gehandelt bzw. deren *fair value* anderweitig verlässlich ermittelt werden kann. Durch die häufig bestehenden Kündigungsrechte bei GmbH-Anteilen hat die *fair value*-Bewertung daher auch für die übrigen Eigenkapitalinstrumente eine hohe Bedeutung. Das **Kriterium der verlässlichen Schätzbarkeit** (IFRS-SME 11.29-.30) verstößt gegen die **gesellschaftsrechtlich geforderte Objektivierungsstrenge** an die Gewinnermittlung, da diese vom subjektiven Ermessen des Abschlusserstellers abhängt. Zudem ermöglicht die *fair value*-Hierarchie in IFRS-SME 11.27 die modellbasierte Ermittlung des beizulegenden Zeitwert (*mark to market bzw. mark to model*), wobei die **Festlegung des Bewertungsmodells** und der **Inputparameter ermessensbehaftet** ist.[388] Führt man sich die Vielzahl der nicht am Kapitalmarkt gehandelten Finanzinstrumente vor Augen, verstößt die *fair value*-Bewertung regelmäßig gegen Mindestobjektivierungsanforderungen. Daher erstaunt die Annahme in IFRS-SME 11.31, wonach eine verlässliche Ermittlung des *fair value* für sämtliche Finanzinstrumente im Regelfall möglich sein soll. Die Anwendung der Folgebewertung zum *fair value* wird faktisch in das Ermessen des Abschlusserstellers gelegt, was für die rechtssichere Ermittlung einer Ausschüttungsrichtgröße unangemessen ist.[389] Zudem ist kritisch anzumerken, dass eine derartige Bewertung nach IFRS-SME 12.8 prinzipiell auf **finanzielle Verbindlichkeiten** anwendbar ist. Dies führt zu einem evidenten Verstoß gegen das Realisationsprinzip, denn die Bonitätsverschlechterung des Abschlusserstellers hat eine Barwertreduktion der eigenen Verbindlichkeiten und damit den Ausweis „unrealisierter" Erträge zur Folge.[390]

---

386 Vgl. hierzu kritisch u. a. FÜLBIER, R./GASSEN, J., Handelsrechtliche GoB vor der Neuinterpretation, S. 2608; PELLENS, B./KEMPER, T./SCHMIDT, A., Geplante Reformen im Recht der GmbH, S. 412; VELTE, P., Auswirkungen des BilMoG-RefE, S. 72; SIEGEL, T., Normierung der Rechnungslegung, S. 354 (jeweils mit Blick auf die Bewertung des Handelsbestands bei Finanzinstrumenten); a. A. BÖCKING, H.-J./TORABIAN, F., Zeitwertbilanzierung von Finanzinstrumenten, S. 267; BÖCKING, H.-J./DREISBACH, M./GROS, M., Der Fair Value als Wertmaßstab, S. 211 (Konkretisierung des Realisationsprinzips im Sinne einer wirtschaftlichen Betrachtungsweise).

387 Vgl. KAHLE, H., Bilanzieller Gläubigerschutz, S. 702; MOXTER, A., Grundsätze ordnungsgemäßer Rechnungslegung, S. 41.

388 Mit ähnlicher Kritik u. a. bereits SIEGEL, T., Zeitwertbilanzierung, S. 598; BAETGE, J./LIENAU, A., Gläubigerschutzgedanke, S. 76; ARBEITSKREIS BILANZRECHT DER HOCHSCHULLEHRER RECHTSWISSENSCHAFT, Einzelfragen zum materiellen Bilanzrecht, S. 211 (für das BilMoG).

389 Vgl. WEHRHEIM, M./FROSS, I., Erosion handelsrechtlicher GoB, S. 82; JESSEN, U./HAAKER, A., Zur Fair Value-Bewertung, S. 501.

Kapitel 4: Bilanztheoretisch-hermeneutische Untersuchung der IFRS-SME-Einzelnormen zur Kapitalerhaltung

Die **objektivierungsbedingten Einwände** gegen eine modellbasierte Ermittlung des beizulegenden Zeitwerts in IFRS-SME 11 und 12 lassen sich auch auf das **Handelsrecht übertragen**, da ähnliche Probleme bei der Ableitung des beizulegenden Werts für außerplanmäßige Abschreibungen des Anlage-/Umlaufvermögens nach § 253 Abs. 3, 4 HGB auftreten.[391] So ist bspw. bei der Ermittlung des beizulegenden Werts von GmbH-Anteilen des Anlagevermögens eine Unternehmensbewertung mittels Ertragswertverfahren durchzuführen, wobei ggf. Synergie- und Ertragspotenziale zwischen Abschlussersteller und Beteiligungsunternehmen einbezogen werden sollen.[392] Der **entscheidende Unterschied** zum IFRS-SME besteht darin, dass diese Objektivierungsdefizite lediglich **Einfluss auf die Bestimmung der Wertanpassungen „nach unten"** haben und dadurch für Kapitalerhaltungszwecke eher akzeptabel sind als eine *fair value*-Bewertung über die fortgeführten Anschaffungskosten hinaus. An dieser Stelle ist kritisch anzumerken, dass das Kriterium der Dauerhaftigkeit bei Finanzanlagen nach § 253 Abs. 3 Satz 4 HGB unter Objektivierungsgesichtspunkten ebenfalls problematisch ist.[393] Der Verweis auf die Beachtung des Grundsatzes der Vorsicht ist zwar zweckadäquat, führt aber bei der Adaption des Vorsichtsprinzips auf den konkreten Sachverhalt zu einem unübersehbaren Ermessensspielraum für den Abschlussersteller.

Die **Bilanzierung von Schuldinstrumenten** weist durch die Ausnahmeregelungen in IFRS-SME 11.8 lit. b i. V. mit IFRS-SME 11.9 **weitgehende Parallelitäten zum HGB** auf. Zwar orientiert sich die Zugangs- und Folgebewertung des IFRS-SME sowohl auf

---

390 Vgl. BAETGE, J./ZÜLCH, H./MATENA, S., Fair Value-Accounting - Teil A, S. 372; LORENZ, K., Ansatz und Bewertung von Finanzinstrumenten, S. 16.

391 Vgl. SIEBLER, U., Internationalisierung der Rechnungslegung, S. 249. Eine Deckungsgleichheit zwischen *fair value* und beizulegendem Wert besteht für das Anlagevermögen nicht, da dieser als *exit price* die unternehmensinterne Nutzung ausklammert. Vgl. BAETGE, J./ZÜLCH, H., Fair Value-Accounting, S. 545; KÜTING, K./TRAPPMANN, H./RANKER, D., Gegenüberstellung der Bewertungskonzeption, S. 1716.

392 Seit Umsetzung des BilMoG ist der beizulegende Zeitwert gemäß § 255 Abs. 4 HGB ein eigenständiger Bewertungsmaßstab, dessen Bestimmung sich an die o. g. *fair value*-Hierarchie anlehnt. Dieser ist für die Bewertung des Planvermögens und der Saldierung mit Pensionsrückstellungen einschlägig und wird in diesem Zusammenhang kritisch gewürdigt.

393 Kritisch u. a. LÜDENBACH, N./HOFFMANN, W.-D., Gemildertes Fair-Value-Prinzip, S. 85; VELTE, P., Auswirkungen des BilMoG-RefE, S. 70; hierzu auch KOZIKOWSKI, M./ROSCHER, K./SCHRAMM, M., in: Beck Bilanzkomm., 7. Aufl., § 253, Rn. 351 (Dauerhaftigkeit bei Unterschreiten von zwölf Monaten).

der Aktivseite als auch bei einer finanziellen Verbindlichkeit auf der Passivseite am Barwert und wendet konsequent die Effektivzinsmethode zur Aufzinsung in den Folgeperioden an. Im Fall unterschiedlicher Rückzahlungs- und Auszahlungsbeträge wird handelsrechtlich für Schuldinstrumente mit Zinskomponente durch den Ansatz von Rechnungsabgrenzungsposten ein ähnliches Ergebnis („Bruttobilanzierung") erreicht.[394] **Ein wesentlicher Unterschied ist nur bei langfristigen Schuldinstrumenten ohne Zinskomponente erkennbar.** Diese dürfen im HGB nicht abgezinst werden, um keine künftigen Zinserträge vorwegzunehmen.[395] Auch wenn für langfristige Rückstellungen eine Abzinsung handelsrechtlich verpflichtend ist, ist die Anwendung des Barwertkalküls bei Passiva ohne Zinsanteil aufgrund des Verstoßes gegen das Realisationsprinzip abzulehnen. **Das HGB ist inkonsistent, da das Abzinsungsgebot von der Art der wirtschaftlichen Verpflichtung ohne Zinsanteil (Rückstellung oder Verbindlichkeit) abhängt.**[396]

Kritisch zu sehen ist die Anwendung des bei **Vertragsabschluss gültigen Effektivzinses** für die **Ableitung des *impairment loss*** bei Schuldinstrumenten nach IFRS-SME 11.25 lit. a. Im Fall des Verkaufs bzw. Zahlungsausfalls richten sich die „Erträge" und die Wiederanlagemöglichkeiten des Abschlusserstellers nach den dann gültigen Marktbedingungen. Eine imparitätische Wertermittlung erfordert die Bemessung des Wertminderungspotenzials auf Basis der aktuellen Marktlage, um den Verlust aus dem Zahlungsausfall des Schuldners für den Abschlussersteller zu bestimmen.

Durch die konzeptionelle Ausrichtung am *fair value* als zentralem Bewertungsmaßstab sind IFRS-SME 11 und 12 sowie die Vorschriften in IFRS-SME 9.26 für Kapitalerhaltungszwecke trotz partieller Übereinstimmungen vor allem bei Schuldinstrumenten ungeeignet. **Dieser Befund wird durch das Wahlrecht zur Anwendung von IAS 39 noch verstärkt, da hiernach Finanzinstrumente in stärkerem Umfang zum *fair value* bewertet werden.**[397] Im Vergleich hierzu weisen die Vorschriften des HGB zur Bilanzierung von

---

394 Im Fall marktkonformer Verzinsung und identischem Auszahlungs- und Rückzahlungsbetrag ergibt sich im HGB eine faktische Zugangsbewertung zum Barwert. Bei der im Schrifttum teilweise als zulässig angesehenen Nettobilanzierung ist dies ohnehin gegeben.
395 Vgl. m. w. N. SCHULZE-OSTERLOH, J., Rückzahlungsbetrag und Abzinsung von Rückstellungen, S. 354; BAETGE, J./KIRSCH, H.-J./THIELE, S., Bilanzen, S. 389 f.
396 Vgl. in diesem Sinn SIEGEL, T., Normierung der Rechnungslegung, S. 347.
397 Vgl. hierzu BAETGE, J./ZÜLCH, H./MATENA, S., Fair Value-Accounting - Teil A, S. 370.

Finanzinstrumenten eine überwiegende Kompatibilität mit dem Kapitalerhaltungszweck auf. Die Einschränkungen, vor allem bei der Ableitung außerplanmäßiger Abschreibungen, fallen weniger stark ins Gewicht (vgl. zusammenfassend *Übersicht 4-18*).

Regelungsbereich \ Regelungskreis	IFRS-SME	HGB
Finanzinstrumente	-	(+)

Übersicht 4-18: Zusammenfassende Würdigung der Bilanzierung von Finanzinstrumenten nach IFRS-SME und HGB

433. Sachanlagevermögen

433.1 IFRS-SME und HGB im Vergleich

433.11 Ansatz

Gemäß dem **handelsrechtlichen Aktivierungsgrundsatz** sind Vermögensgegenstände in der Bilanz zu erfassen, sofern sie das Kriterium der **Einzelverwertbarkeit** erfüllen.[398] Dies ist bei den in § 266 Abs. 2 HGB genannten Sachanlagen wie Grundstücken, grundstücksgleichen Rechten, Bauten, technischen Anlagen und Maschinen stets anzunehmen. Durch die **physische Substanz der Sachanlagen** ist die Prüfung der handelsrechtlichen Anforderungen an die Aktivierbarkeit **einfacher als bei immateriellen Gütern**, die sich oftmals nur schwer gegenüber dem originären Geschäfts- oder Firmenwert abgrenzen lassen und damit hohe Anforderungen an die Aktivierbarkeit stellen. Daher ist die Differenzierung zwischen selbst erstellten und fremdbezogenen Sachanlagen im Gegensatz zu immateriellen Gütern für den Bilanzansatz von untergeordneter Bedeutung.

Gemäß IFRS-SME 17.2 dienen **Sachanlagen** (*tangible assets*) der **allgemeinen Geschäftstätigkeit** und werden „erwartungsgemäß" **länger als eine Periode** gehalten.[399] Für die Aktivierung sind die Definitionskriterien eines *asset* in IFRS-SME 2.15 lit. a. sowie die Ansatzkriterien aus IFRS-SME 2.27 bzw. IFRS-SME 17.4 zu erfüllen.[400] Insbesondere

---

398 Vgl. hierzu bereits Abschnitt 233.3.

muss der Nutzenzufluss aus der Ressource **wahrscheinlich** (*probable*) sein. Der hierdurch offensichtliche Gegensatz zum handelsrechtlichen Kriterium der Einzelverwertbarkeit spiegelt sich im sog. **Komponentenansatz** (*component approach*) nach IFRS-SME 17 wider. Auch wenn dieser vor allem für die Folgebewertung bedeutsam ist, hat er auch auf die Abgrenzung von Vermögenswerten beim Bilanzansatz Auswirkungen. Dies betrifft die **Aktivierung nachträglicher Herstellungskosten** in folgenden Fällen:[401]

- **Wesentliche Teile** einer Sachanlage werden in einem **kürzeren Zeitraum** genutzt als der Vermögenswert in seiner Gesamtheit, sie werden **regelmäßig ausgetauscht** und lassen einen **zusätzlichen Nutzen** erwarten (IFRS-SME 17.6).
- Sofern für die Sachanlage **regelmäßig** eine für die weitere Nutzung notwendige **Großinspektion** durchzuführen ist und die Ansatzkriterien nach IFRS-SME 17.4 erfüllt sind, dürfen die künftigen Kosten hierfür aktiviert werden (IFRS-SME 17.7).

Beide Fallkonstellationen beinhalten **erhebliche Ermessensspielräume**, vor allem mit Blick auf die **Beurteilung der Wesentlichkeitsgrenze** nach IFRS-SME 17.6 und dem Kriterium der Regelmäßigkeit nach IFRS-SME 17.6 und 17.7.[402] Eine Wesentlichkeit wird bei ca. 5-10% der Anschaffungskosten als gegeben unterstellt.[403] In Einklang mit IAS 16 sind laufende Unterhaltungsaufwendungen stets ergebniswirksam zu erfassen, auch wenn dies in IFRS-SME 17 nicht erwähnt wird. Die **Abgrenzung zwischen Erhaltungsaufwand** (GuV) und **nachträglichen Herstellungskosten** (Aktivierung in der Bilanz) ist **er-**

---

399 Die geplante Nutzungsdauer von mehr als einer Periode ist ein fundamentales Unterscheidungsmerkmal gegenüber Vorräten. Eine nachträgliche Änderung der Nutzungsdauer ändert nichts an der Einstufung als Sachanlagen. Vgl. KÖSTER, O., in: BRUNS, H.-G. ET AL., IFRS-SME, Teil B, Abschn. 17, Rn. 19; a. A. BALLWIESER, W., in: BAETGE, J. ET AL., Rechnungslegung nach IFRS, 2. Aufl., IAS 16, Rn. 10.

400 Vgl. hierzu bereits Abschnitt 324.34. Die Definitionskriterien in IFRS-SME 2.15 lit. a werden zwar nicht in IFRS-SME 17 wiederholt. Die allgemeinen Vorschriften in IFRS-SME 2 gelten aber als uneingeschränkter Bestandteil des Standardtexts für die Spezialregelungen in IFRS-SME 17.

401 Vgl. ebenfalls BREMBT, T., Möglichkeiten einer internationalisierten Rechnungslegung, S. 37.

402 So bspw. LÜDENBACH, N./HOFFMANN, W.-D., Abschreibung von Sachanlagen, S. 376 f.; BUCHHOLZ, R., Sachanlagenbewertung nach IAS, S. 1943.

403 So u. a. KÜTING, K./RANKER, D., Umsetzung des Komponentenansatzes, S. 753 f.; kritisch zur quantitativen Vorgabe MUJKANOVIC, R./RAATZ, P., Der Component Approach nach IAS 16, S. 246 f.; BALLWIESER, W., in: BAETGE, J. ET AL., Rechnungslegung nach IFRS, 2. Aufl., IAS 16, Rn. 40a.

messensbehaftet. Im HGB muss im Sinne von § 255 Abs. 2 Satz 1 HGB eine der folgenden Bedingungen für die Nachaktivierung von Herstellungskosten erfüllt sein:[404]

- Neuschaffung bzw. Wesensänderung;
- Erweiterung; **oder**
- wesentliche Verbesserung des Vermögensgegenstands.

Die Aktivierung von Ausgaben für Großinspektionen gemäß IFRS-SME 17.7 steht zwar in Einklang mit dem Kriterium des künftigen ökonomischen Nutzenzuflusses nach IFRS-SME 17.4 lit. a, ist aber handelsrechtlich ausgeschlossen.[405] Bei Erfüllung der Bedingungen in § 253 Abs. 2 Satz 1 HGB sind hingegen meist gleichermaßen die Anforderungen aus IFRS-SME 17.6 gegeben.[406] Dies bedeutet im Ergebnis, dass **die handelsrechtlichen Kriterien für die nachträglichen Herstellungskosten strikter sind als der Komponentenansatz in IFRS-SME 17**. Durch die Verabschiedung des BilMoG wird auch für das HGB die Anwendung des Komponentenansatzes diskutiert. Das IDW hält den Komponentenansatz bei **wesentlichen, physisch separierbaren Teilen eines Vermögensgegenstands**, die während der Nutzung des gesamten Vermögensgegenstands **regelmäßig ausgetauscht** werden, für zulässig.[407] Die Parallelen mit IFRS-SME 17.6 sind evident. Vor allem durch IFRS-SME 17.7 (**Großinspektionen**) kommt es aber zu einem **stärkeren Nachaktivierungspotenzial** als nach § 253 Abs. 2 Satz 1 HGB.[408]

---

[404] Vgl. ADS, 6. Aufl., § 255, Rn. 122-126; KOZIKOWSKI, M./ROSCHER, K./SCHRAMM, C., in: Beck Bilanzkomm., 7. Aufl., § 255, Rn. 375. Die Nachaktivierung von Anschaffungskosten wird ausgeklammert, da diese *in praxi* kaum Bedeutung hat. Vgl. KÜTING, K./CASSEL, J., Anschaffungs- und Herstellungskosten, S. 286.

[405] So u. a. LÜDENBACH, N./HOFFMANN, W.-D., Vergleichende Darstellung, S. 147; HUSEMANN, W./HOFER, H., Die Abschaffung der Aufwandsrückstellungen, S. 2664; ADS, 6. Aufl., § 255, Rn. 122.

[406] Vgl. GRAUMANN, M., Bilanzierung der Sachanlagen, S. 714.

[407] Vgl. hierzu KELLER, B./GÜTLBAUER, E., Der Komponentenansatz als teilweiser Ersatz, S. 12. Bereits vor Verabschiedung war die Zulässigkeit vereinzelt im Schrifttum anerkannt worden. Vgl. stellvertretend u. a. MUJKANOVIC, R./RAATZ, P., Der Component Approach nach IAS 16, S. 249.

[408] Vgl. zustimmend KÜTING, K./CASSEL, J., Anschaffungs- und Herstellungskosten, S. 286; KOZIKOWSKI, M./ROSCHER, K./SCHRAMM, C., in: Beck Bilanzkomm., 7. Aufl., § 255, Rn. 590.

433.12 Bewertung

Für die **handelsrechtliche Zugangsbewertung** der Sachanlagen gilt das Anschaffungs- bzw. Herstellungskostenprinzip,[409] so dass Gegenstände des Sachanlagevermögens mit den Anschaffungs- bzw. Herstellungskosten erstbewertet werden. Dieser allgemeine Bewertungsmaßstab wird durch § 255 Abs. 1, 2 HGB konkretisiert. Es ergeben sich - mit Ausnahme der bei Sachanlagen ggf. anfallenden Aufwendungen zur Versetzung in einen betriebsbereiten Zustand - keine Unterschiede zu den Anschaffungskosten bei Vorräten.

In Einklang mit IFRS-SME 2.46 bzw. IFRS-SME 17.9 richtet sich auch im IFRS-SME die Zugangsbewertung nach den Anschaffungs- bzw. Herstellungskosten. Die **Anschaffungskosten und -nebenkosten** nach IFRS-SME 17 und § 255 Abs. 1 HGB **stimmen weitgehend überein**, wobei die wesentliche Abweichung im Einbezug der dem Anschaffungsvorgang direkt zurechenbaren Gemeinkosten in die Anschaffungsnebenkosten zu sehen ist.[410] Eine weitere Besonderheit liegt darin, dass nach IFRS-SME 17.10 lit. c der **Barwert verpflichtend anfallender Demontagekosten** in die Anschaffungskosten einzubeziehen ist. Diese wird in gleicher Höhe als Rückstellung zum Zugangszeitpunkt passiviert. Zinseffekte werden den Rückstellungen in den Folgeperioden zugeschrieben.[411] Handelsrechtlich dürfen Demontagekosten nicht in die Anschaffungskosten einbezogen werden, sondern sind planmäßig als Rückstellung über die Nutzungsdauer der Sachanlage zuzuführen. Im Fall **selbst erstellter Sachanlagen** ist wohl nach der Hierarchie zur Regellückenschließung nach IFRS-SME 10.5 lit. a[412] auf die Herstellungskostendefinition für Vorräte zurückzugreifen, da in IFRS-SME 17 keine eigene Definition vorliegt.[413]

Im Gegensatz zu IAS 16 richtet sich die **Folgebewertung** gemäß IFRS-SME 17.15 **ausschließlich** nach den fortgeführten Anschaffungs- und Herstellungskosten. Es wird damit

---

409 Vgl. hierzu Abschnitt 233.4.
410 Vgl. KÖSTER, O., in: BRUNS, H.-G. ET AL., IFRS-SME, Teil B, Abschn. 17, Rn. 41. Der Einbezug von Gemeinkosten in die Anschaffungsnebenkosten bei den IFRS ist nicht unumstritten. Vgl. für ein striktes Einbeziehungsverbot bspw. GRAUMANN, M., Bilanzierung der Sachanlagen, S. 710.
411 Vgl. GRAUMANN, M., Bilanzierung der Sachanlagen nach IAS, S. 710; BALLWIESER, W., in: BAETGE, J. ET AL., Rechnungslegung nach IFRS, 2. Aufl., IAS 16, Rn. 17.
412 Vgl. hierzu Abschnitt 324.4.
413 Vgl. KÖSTER, O., in: BRUNS, H.-G. ET AL., IFRS-SME, Teil B, Abschn. 17, Rn. 34.

Kapitel 4: Bilanztheoretisch-hermeneutische Untersuchung der IFRS-SME-Einzelnormen zur Kapitalerhaltung

auf die *historical costs* nach IFRS-SME 2.34 Bezug genommen. Im Vergleich zu den fortgeführten Anschaffungs- und Herstellungskosten nach § 253 Abs. 1, 4 HGB ergeben sich daher keine grundlegenden Unterschiede. IFRS-SME 17.16 gibt vor, dass Vermögenswerte des Sachanlagevermögens **planmäßig über ihre wirtschaftliche Nutzungsdauer** abzuschreiben sind. **Dies steht in Einklang mit dem HGB.**[414] Die Abschreibungsdauer richtet sich im HGB und in IFRS-SME 17.18-.21 nach der voraussichtlichen Nutzung des Aktivums. Als Abschreibungsmethoden im Sinne von § 253 Abs. 2 Satz 2 HGB bzw. gemäß IFRS-SME 17.22 sind die lineare, degressive und leistungsabhängige Abschreibungsmethode vorgesehen.[415] Die **Schätzung der Abschreibungsparameter** und des Restwerts ist für sämtliche Komponenten vorzunehmen, sofern sich ein signifikanter Unterschied im Nutzenverbrauch ergibt (IFRS-SME 17.16). Die **Ausnahme-Regel-Vermutung** aus IAS 16 wird somit umgekehrt.[416] Hierzu sind Anschaffungskosten bei Zugang auf die einzelnen Komponenten - im Zweifel auf Basis ihrer *fair values* - zu verteilen und über die Nutzungsdauer abzuschreiben.[417] Im Vergleich dazu richtet sich die **separate Abschreibung einzelner Komponenten** im HGB nach der Erfüllung der Ansatzvoraussetzungen für nachträgliche Herstellungskosten. Durch die auch handelsrechtlich diskutierte Anwendbarkeit des Komponentenansatzes stimmen die planmäßigen Abschreibungen im HGB und im IFRS-SME weitgehend überein. Allerdings ist auf Basis des Vorsichtsprinzips ein Ermessensspielraum im HGB **vorsichtig** auszuüben.[418]

Im Gegensatz zu planmäßigen Abschreibungen bestehen Divergenzen bei der Bestimmung der **außerplanmäßigen Abschreibungen**. Handelsrechtlich sind als **Ausfluss des**

---

[414] Vgl. ADS, 6. Aufl., § 253, Rn. 358; KOZIKOWSKI, M./ROSCHER, K./SCHRAMM, C., in: Beck Bilanzkomm., 7. Aufl., § 253, Rn. 715 (mit Ausnahme der Restwertschätzung).

[415] Vgl. zur Übereinstimmung nur KOZIKOWSKI, M./ROSCHER, K./SCHRAMM, C., in: Beck Bilanzkomm., 7. Aufl., § 253, Rn. 716.

[416] Vgl. KÖSTER, O., in: BRUNS, H.-G. ET AL., IFRS-SME, Teil B, Abschn. 17, Rn. 64. IAS 16.43 sieht eine Aufspaltung in die wesentlichen Komponenten vor. Eine Ausnahme besteht nur dann, wenn die einzelnen Komponenten den gleichen Nutzenverlauf aufweisen.

[417] Vgl. für IAS 16 HOFFMANN, W.-D.,/LÜDENBACH, N., Abschreibung von Sachanlagen, S. 376; KÜTING, K./RANKER, D., Umsetzung des Komponentenansatzes, S. 754. Die Aufteilung auf Basis der beizulegenden Zeitwerte wird im HGB bei einheitlichem Gesamtanschaffungspreis für mehrere Vermögensgegenstände vorgeschlagen. Vgl. u. a. ADS, 6. Aufl., § 255, Rn. 105.

[418] Vgl. ADS, 6. Aufl, § 253, Rn. 356; KOZIKOWSKI, M./ROSCHER, K./SCHRAMM, C., in: Beck Bilanzkomm., 7. Aufl., § 253, Rn. 213 und 229.

Imparitätsprinzips sämtliche Vermögensgegenstände des Anlagevermögens bei **voraussichtlich dauernder Wertminderung** gemäß § 253 Abs. 3 Satz 3 HGB auf den **niedrigeren beizulegenden Wert abzuschreiben**. Sofern die Gründe für die Abschreibung wegfallen, besteht gemäß § 253 Abs. 3 Satz 4 HGB ein **Wertaufholungsgebot**. Der beizulegende Wert für das Anlagevermögen ist i. d. R. der Wert auf dem **Beschaffungsmarkt**.[419] Nur bei **geplanter Veräußerung** ist der Einzelveräußerungswert - quasi als Wertuntergrenze - heranzuziehen.[420] Sofern andere Vergleichswerte nicht bestimmt werden können, ist **mittels anerkannter Bewertungsmodelle der Ertragswert** abzuleiten.[421] Da das HGB **keine konkreten Vorgaben zur Bestimmung außerplanmäßiger Abschreibungen** macht, verbleiben für den Abschlussersteller **erhebliche Ermessensspielräume** bei der Heranziehung des Korrektivwerts. Dies gilt auch für das **Kriterium der Dauerhaftigkeit**.[422] Diese liegt vor, wenn bei nutzbaren Gütern für einen **erheblichen Teil der Restnutzungsdauer** ein Unterschreiten erwartet werden kann.[423] Konträr zum IFRS-SME ist bei außerplanmäßigen Abschreibungen nicht auf die Komponenten abzustellen.

Der **Wertminderungstest** (*impairment test*) für Sachanlagen leitet sich aus den Vorgaben in IFRS-SME 17.24 i. V. mit IFRS-SME 27 ab. Letzterer Abschnitt ist weitgehend identisch mit IAS 36. Danach muss ein *impairment* gebildet werden, wenn (qualitative) **Wertminderungsindikatoren** (*triggering events*) vorliegen (IFRS-SME 27.7). Die Prüfung ist demzufolge **zunächst auf qualitativer Basis an jedem Bilanzstichtag** anhand der in IFRS-SME 27.9 beispielhaft aufgeführten **internen und externen Indikatoren** vorzunehmen.[424] Anders als nach § 253 Abs. 3 Satz 3 HGB ist die Dauerhaftigkeit nicht zwangsläufig ein Abschreibungsindikator.[425] Indes dürften die Werthaltigkeitsindikato-

---

419 Vgl. ADS, 6. Aufl., § 253, Rn. 488; KOZIKOWSKI, M./ROSCHER, K./SCHRAMM, C., in: Beck Bilanzkomm., 7. Aufl., § 253, Rn. 308.

420 Vgl. BAETGE, J./BROCKMEYER, K., in: HuRB, S. 383; KÜTING, K./TRAPPMANN, H./RANKER, D., Gegenüberstellung der Bewertungskonzeption, S. 1711.

421 Vgl. ADS, 6. Aufl., § 253, Rn. 464; kritisch BAETGE, J./BROCKMEYER, K., in: HuRB, S. 380.

422 Vgl. zu diesem Problem BAETGE, J./BROCKMEYER, K., in: HuRB, S. 386.

423 Vgl. MERKT, H., in: BAUMBACH, A./HOPT, K., HGB, 34. Aufl., § 253, Rn. 13; so auch HOFFMANN, W.-D./LÜDENBACH, N., Dauernde Wertminderung, S. 577.

424 In IFRS-SME 27 wird nicht zwischen qualifizierten und sonstigen Vermögenswerten unterschieden, da in IFRS-SME 27 nicht der *impairment only approach* aus IAS 36 umgesetzt ist. Vgl. zu möglichen Indikatoren HOFFMANN, W.-D., in: Haufe IFRS-Kommentar, 8. Aufl., § 11, Rn. 13; SENGER, T., in: BRUNS, H.-G. ET AL., IFRS-SME, Teil B, Abschn. 27, Rn. 14 f.

Kapitel 4: Bilanztheoretisch-hermeneutische Untersuchung der IFRS-SME-Einzelnormen zur Kapitalerhaltung

ren des IFRS-SME bei Aktiva des Anlagevermögens zumeist auch das handelsrechtliche Kriterium der Dauerhaftigkeit erfüllen.[426] Falls die Indikatoren einen *impairment loss* nahelegen, muss anschließend ein **quantitativer Werthaltigkeitstest** durchgeführt werden. Für den *impairment test* ist zu untersuchen, ob der **Buchwert** des Vermögenswerts über dem **erzielbaren Betrag** (*recoverable amount*) liegt (IFRS-SME 27.5), wobei Letzterer der höhere Betrag aus dem marktmäßig objektivierten Nettoveräußerungspreis (*fair value less costs to sell*) und dem internen Nutzungswert (*value in use*) ist. Der interne Nutzungswert leitet sich aus dem **Erwartungswert einer Wahrscheinlichkeitsverteilung** der Cashflows ab. Hierfür ist neben der Verteilung künftiger Zahlungszuflüsse ein **risikoadäquater Diskontierungszinssatz** zu bestimmen.[427] Sofern der *impairment test* nicht auf Ebene des einzelnen Vermögenswerts durchgeführt werden kann, sondern die Mittelzuflüsse eines Vermögenswerts von anderen Vermögenswerten abhängen, ist der erzielbare Betrag auf Ebene der nächstgrößeren *cash generating unit* als **Zusammenfassung dieser interdependenten Vermögenswerte** zu bestimmen (IFRS-SME 27.8). Der ermittelte Wertminderungsbedarf ist nach IFRS-SME 27.21 lit. a dem der *cash generating unit* zugeordneten *goodwill* und nach IFRS-SME 27.21 lit. b anschließend buchwertproportional den einzelnen Vermögenswerten zuzurechnen. Wie im HGB besteht für Sachanlagen ein **Wertaufholungsgebot** (IFRS-SME 27.29-.31). Die **Zuordnung des Wertminderungsbedarfs zu *cash generating units* verstößt gegen das Einzelbewertungs- und das Imparitätsprinzip**, da unrealisierte Erträge mit eingetretenen Verlusten verrechnet werden können und keine Bewertung auf Basis des einzelnen Aktivums vorgenommen wird. Je größer die Abgrenzungseinheit ist, desto wahrscheinlicher ist eine solche Saldierung. Da für *cash generating units* i. d. R. keine Marktpreise existieren, ist die **Schätzung des Veräußerungspreises äußerst ermessensbehaftet** und lässt faktisch nur die Ermittlung des *value in use* zu. Durch die kaum objektivierbare Bestimmung der *cash generating units*

---

425 Vgl. MERKT, H., in: BAUMBACH, A./HOPT, K., HGB, 34. Aufl., § 253, Rn. 57; KÖSTER, O., in: BRUNS, H.-G. ET AL., IFRS-SME, Teil B, Abschn. 17, Rn. 81.
426 Vgl. BREMBT, T., Möglichkeiten einer internationalisierten Rechnungslegung, S. 46.
427 Vgl. KOZIKOWSKI, M./ROSCHER, K./SCHRAMM, C., in: Beck Bilanzkomm., 7. Aufl., § 253, Rn. 718. Bei nichtkapitalmarktorientierten Unternehmen ist mangels Kapitalmarktdaten für das Unternehmensrisiko nur schwierig ein risikoadäquater Diskontierungszinssatz zu bestimmen. Vgl. SENGER, T., in: BRUNS, H.-G. ET AL., IFRS-SME, Teil B, Abschn. 27, Rn. 38.

verbleiben große Ermessensspielräume zur Ermittlung der *impairment losses*.[428] Objektivierungsbedingte Mindestanforderungen werden evident verletzt.

433.2 Bilanztheoretisch-hermeneutische Würdigung

Mit Ausnahme der unterschiedlichen Abgrenzung nachträglicher Herstellungskosten auf Basis des Komponentenansatzes ergibt sich ein **annähernd identisches Aktivierungspotenzial in beiden Regelungskreisen**. Der maßgebliche Unterschied im Bilanzansatz ist in der Aktivierung der Aufwendungen **regelmäßig wiederkehrender Großinspektionen** (IFRS-SME 17.7) zu sehen, was nach HGB untersagt ist. Für Kapitalerhaltungszwecke ist das Aktivierungsverbot für Erhaltungsaufwendungen zu begrüßen, da der künftige ökonomische Vorteil aus der Erhaltung der Funktionsfähigkeit **gegenüber dem Kaufzeitpunkt** hierdurch bewahrt wird.[429] Andernfalls bestünde die Gefahr von Doppelaktivierungen.[430] Demgegenüber führt die in IFRS-SME 17.6 genannte Fallkonstellation wohl auch handelsrechtlich regelmäßig zu einem Bilanzansatz. Insgesamt ergibt sich daher nur eine geringfügig höhere Zweckadäquanz des HGB zur Kapitalerhaltung.

Die **Bewertungsvorschriften** in IFRS-SME 17 und § 253 Abs. 1 Satz 1 HGB orientieren sich an den **fortgeführten Anschaffungs- und Herstellungskosten**. Auswirkungen aus der Anwendung des Komponentenansatzes ergeben sich im Wesentlichen bei der Folgebewertung. Zwar werden als Ausfluss des *matching principle* bzw. des Grundsatzes der Abgrenzung der Sache nach Aufwendungen für planmäßige Abschreibungen den korrespondierenden Erträgen verursachungs- und periodengerecht zugewiesen.[431] Das **Abgrenzungskriterium der Wesentlichkeit** wird aber weder in IFRS-SME 17.6 noch handelsrechtlich konkretisiert und ist Gegenstand eines erheblichen *professional judgement*.[432]

---

428 Vgl. HOFFMANN, W.-D., in: Haufe IFRS-Kommentar, 8. Aufl., § 11, Rn. 39 und 50-52; kritisch u. a. STREIM, H./BIEKER, M./ESSER, M., Der schleichende Abschied von der Ausschüttungsbilanz, S. 236 f.

429 So wohl auch ADS, 6. Aufl., § 255, Rn. 122; KOZIKOWSKI, M./ROSCHER, K./SCHRAMM, C., in: Beck Bilanzkomm., 7. Aufl., § 255, Rn. 380.

430 Vgl. MOXTER, A., Periodengerechte Gewinnermittlung, S. 453.

431 Vgl. MUJKANOVIC, R./RAATZ, P., Der Component Appsroach nach IAS 16, S. 246; BALLWIESER, W., in: BAETGE, J. ET AL., Rechnungslegung nach IFRS, 2. Aufl., IAS 16, Rn. 40; für das HGB FÜLBIER, R./GASSEN, J., Handelsrechtliche GoB vor der Neuinterpretation, S. 2610.

432 Vgl. BALLWIESER, W., in: BAETGE, J. ET AL., Rechnungslegung nach IFRS, 2. Aufl., IAS 16, Rn. 40a.

Kapitel 4: Bilanztheoretisch-hermeneutische Untersuchung der IFRS-SME-Einzelnormen zur Kapitalerhaltung

Zudem ist die **Aufteilung der Anschaffungs- bzw. Herstellungskosten** auf die einzelnen Komponenten anhand ihrer *fair values* mit großen Ermessensspielräumen verbunden, da diese i. d. R. nur geschätzt werden können.[433] Durch den Komponentenansatz droht in Widerspruch zum Ansatzkriterium der Einzelverwertbarkeit die **Atomisierung der Aktiva**, was unter Kapitalerhaltungsgesichtspunkten abzulehnen ist.[434]

Abgesehen von der Kritik an der Anwendbarkeit des Komponentenansatzes im HGB und in IFRS-SME 17 bestehen auch **objektivierungsbedingte Defizite zur Bestimmung der planmäßigen Abschreibungen**, da die Regelungen äußerst unscharf gehalten sind.[435] Abschreibungsmethode und -dauer stehen in weitem Ermessen des Abschlusserstellers. Zwar sind die planmäßigen Abschreibungen unter Beachtung des Vorsichtsprinzips nach § 252 Abs. 1 Nr. 4 HGB zu ermitteln. Eine höhere Objektivierungsstrenge oder konkrete bilanzierungspraktische Effekte lassen sich hierdurch aber wohl kaum erreichen.

Die Bemessung der **außerplanmäßigen Abschreibungen** in § 253 Abs. 3 Satz 3 HGB lässt ebenfalls erkennbare Ermessensspielräume zu, u. a. durch das **wenig konturscharfe Kriterium der Dauerhaftigkeit** sowie die **unbestimmt gelassene Kategorie des beizulegenden Werts**.[436] Trotz der Interpretation dieser Bewertungskategorie als unternehmensindividuellen Wertmaßstab besteht eine partielle Objektivierung dadurch, dass der Abschlussersteller meist auf Wiederbeschaffungswerte zurückgreifen muss. In aller Regel sind fortgeführte **Wiederbeschaffungszeit- oder -neuwerte** (abzüglich planmäßiger Abschreibungen) verfügbar, in Einzelfällen ist der Einzelveräußerungswert heranzuziehen. Nur falls diese Wertmaßstäbe nicht ermittelbar sind, ist der **beizulegende Wert modellbasiert mittels Ertragswerten** zu ermitteln.[437] In IFRS-SME 27 soll die Berücksich-

---

433 Vgl. HOFFMANN, W.-D.,/LÜDENBACH, N., Abschreibung von Sachanlagen, S. 376; HUSEMANN, W.,/HOFER, H., Die Abschaffung der Aufwandsrückstellungen, S. 2664.

434 Vgl. BUCHHOLZ, R., Sachanlagenbewertung nach IAS, S. 1942; HERZIG, N./GELLRICH, K./JENSEN-NISSEN, L., IFRS und steuerliche Gewinnermittlung, S. 559 f.; KELLER, B./GÜTLBAUER, E., Der Komponentenansatz als teilweiser Ersatz, S. 12; kritisch auf empirischer Basis EIERLE,B./BEIERSDORF, K./HALLER, A., Deutsche nicht-kapitalmarktorientierte Unternehmen und ED-IFRS for SMEs, S. 160; BEIERSDORF, K./MORICH, S., IFRS für kleine und mittelgroße Unternehmen, S. 6.

435 Vgl. ADS, 6. Aufl., § 253, Rn. 378 (*„erheblicher Ermessensspielraum"*); KOZIWKOWSKI, M./ROSCHER, K./SCHRAMM, C., in: Beck Bilanzkomm., 7. Aufl., § 253, Rn. 229.

436 Gleicher Ansicht BUCHHOLZ, R., Sachanlagenbewertung nach IAS, S. 1944.

tigung zweier unterschiedlicher Korrektivwerte die externen und internen Verwendungsalternativen (extern durch Veräußerung bzw. intern durch weitere Nutzung) widerspiegeln. Da die **künftige interne Verwendung bei Sachanlagen** die Regel sein dürfte, ist vor allem der **interne Nutzungswert als Korrektivwert von Bedeutung**, da sonst die Veräußerung des Aktivums ökonomisch vorteilhafter wäre. Die Bestimmung außerplanmäßiger Abschreibung basiert zwangsläufig in wesentlichen Bereichen auf der **modellbasierten Ermittlung des Korrektivwerts**. Vor allem die Verdichtung von Wahrscheinlichkeitsverteilungen der Zahlungszuflüsse zu einem Erwartungswert widerspricht dem Vorsichtsprinzip sowie den generellen Objektivierungsanforderungen des Kapitalerhaltungszwecks, denn faktisch wird es dem Abschlussersteller freigestellt, einen „gewünschten" Korrektivwert zu ermitteln. Diese Kritik vergrößert sich dadurch, dass ggf. die Einzelbewertungsebene verlassen und die **Bewertung für eine Gruppe von Vermögenswerten** gemeinsam vorgenommen werden muss. Durch das Abstellen auf *cash generating units* ist der Einzelbewertungsgrundsatz obsolet. Neben Ermessensspielräumen bei der Abgrenzung dieser Einheiten und der Ermittlung der Korrektivwerte lassen sich unrealisierte Erträge mit eingetretenen Verlusten verrechnen, so dass die Belastung im Vergleich zur imparitätisch ermittelten Abschreibung zu niedrig ausfallen kann.[438] **Durch die Zuordnung der Mittelzuflüsse zu** *cash generating units* **mutiert die Folgebewertung zu einer partiellen Unternehmensbewertung.**[439] Auch die Allokation der *impairment losses* auf die einzelnen Vermögenswerte und die vorrangige Abschreibung des *goodwill* steht in evidentem Widerspruch zum Einzelbewertungs- und Imparitätsprinzip. Die Defizite des *impairment test* lassen eine signifikante Risikoverschiebung zu Lasten der Gesellschaftsgläubiger und einen Verstoß gegen die gesellschaftsrechtlich angestrebte Risikoallokation vermuten, denn *impairment losses* werden nur vorgenommen, „*wenn sie sich überhaupt nicht mehr vermeiden lassen oder wenn sie bilanzpolitisch erwünscht sind.*"[440]

---

437 Kritisch u. a. ADS, 6. Aufl., § 253, Rn. 464 („*Es liegt in der Natur der Sache, daß der Ertragswert oft [...] nur innerhalb eines Schätzrahmens feststellbar ist.*").
438 Vgl. hierzu u. a. ARBEITSKREIS BILANZRECHT DER HOCHSCHULLEHRER RECHTSWISSENSCHAFT, Einzelfragen zum materiellen Bilanzrecht, S. 212 f.; ZÜLCH, H./HOFFMANN, S., Zahlungsmittelgenerierende Einheiten, S. 45 (mit Blick auf Ermessensspielräume).
439 Vgl. HOFFMANN, W.-D., in: Haufe IFRS-Kommentar, 8. Aufl., § 11, Rn. 6.

Kapitel 4: Bilanztheoretisch-hermeneutische Untersuchung der IFRS-SME-Einzelnormen zur Kapitalerhaltung

Es bleibt festzuhalten, dass mit der auch handelsrechtlich wohl zulässigen Anwendung des Komponentenansatzes der Ansatz und die Zugangsbewertung von Sachanlagen große Überstimmungen aufweisen. Die Anwendung des *impairment test* nach IFRS-SME 27 sorgt für einen evidenten Verstoß gegen den Kapitalerhaltungszweck. Aufgrund objektivierungsbedingter Defizite bei der Folgebewertung sind die HGB-Vorschriften überwiegend zweckkompatibel, während für IFRS-SME 17 keine eindeutig negative oder positive Aussage möglich ist (vgl. zusammenfassend *Übersicht 4-19*).

Regelungsbereich \ Regelungskreis	IFRS-SME	HGB
Sachanlagen (einschließlich *impairments*)	O	(+)

Übersicht 4-19: Zusammenfassende Würdigung der Bilanzierung des Sachanlagevermögens nach IFRS-SME und HGB

434. Immaterielles Anlagevermögen und *goodwill*

434.1 Vorbemerkungen

Nachfolgend werden die neu gefassten Vorschriften des HGB sowie IFRS-SME 18 zu immateriellen Anlagewerten und IFRS-SME 19 zum Geschäfts- oder Firmenwert (*goodwill*) für den Einzelabschluss bilanztheoretisch-hermeneutisch gewürdigt.[441] Aufgrund des Untersuchungsfokus bleiben die Regelungen zu Ansatz und Bewertung immaterieller Güter, die im Rahmen eines Unternehmenszusammenschlusses erworben wurden und für die Ermittlung des *goodwill* maßgeblich sind, ausgeklammert. Es sei aber erwähnt, dass in Teilbereichen (u. a. bei Ansatz und Bewertung von Eventualverbindlichkeiten, Rückstellungen und Steuerlatenzen) Divergenzen zwischen HGB und IFRS-SME 19 bestehen.[442] Diese können die Höhe des anzusetzenden *goodwill* beeinträchtigen.

---

440 KÜTING, K., Der Geschäfts- oder Firmenwert, S. 1800 (mit Blick auf den *goodwill*); gleicher Ansicht wohl BUCHHOLZ, R., Sachanlagenbewertung nach IAS, S. 1945; STREIM, H./BIEKER, M./ ESSER, M., Der schleichende Abschied von der Ausschüttungsbilanz, S. 237.

441 Immaterielle Vermögenswerte des Umlaufvermögens sind inhaltlich sowohl nach HGB als auch nach IFRS-SME 18.1 durch die Vorratsbilanzierung erfasst und bleiben ebenfalls ausgeklammert.

434.2　IFRS-SME und HGB im Vergleich

434.21　Ansatz

Sofern immaterielles Vermögen die Anforderungen an einen Vermögensgegenstand erfüllen, sind diese **gemäß dem Vollständigkeitsgebot** (§ 246 Abs. 1 Satz 1 HGB) grundsätzlich bilanziell zu erfassen. Die **konkrete Aktivierungsnorm** des HGB (§ 248 HGB) differenziert weiter zwisch,.-en **selbst geschaffenen** und **fremdbezogenen immateriellen Gütern**. Nur für Erstere gilt das Vollständigkeitsgebot uneingeschränkt. Für **selbst geschaffene immaterielle Vermögensgegenstände** besteht ein **Aktivierungswahlrecht** nach § 248 Abs. 2 Satz 1 HGB, unter der Bedingung, dass die selbst geschaffenen Güter das **Kriterium der Einzelverwertbarkeit** erfüllen.[443] Eine Neuinterpretation des Aktivierungsgrundsatzes ergibt sich insoweit nicht.[444] Für **selbst geschaffene Marken, Drucktitel, Verlagsrechte, Kundenlisten** und **vergleichbare Vermögensgegenstände** besteht ein **Ansatzverbot** gemäß § 248 Abs. 2 Satz 2 HGB unabhängig davon, ob diese einzelverwertbar sind.[445] Das Vollständigkeitsgebot wird somit typisierend durchbrochen, um Gefahren einer willkürlichen Kostenzurechnung auf bilanzielle Bezugsobjekte und das Ausnutzen von Ermessensspielräumen zu verhindern, was faktisch zur Aktivierung eines originären Geschäfts- oder Firmenwerts führen könnte.[446] Diese im Vergleich zu materiellen Gütern besondere Problematik resultiert aus der Substanzlosigkeit des immateri-

---

442 Vgl. hierzu synoptisch BREMBT, T., Möglichkeiten einer internationalisierten Rechnungslegung, S. 200-203.

443 Vgl. MERKT, H., in: BAUMBACH, A./HOPT, K., HGB, 34. Aufl., § 248, Rn. 3; SCHÜLKE, T., Aktivierbarkeit selbstgeschaffener immaterieller Vermögenswerte, S. 992; ARBEITSKREIS BILANZRECHT DER HOCHSCHULLEHRER RECHTSWISSENSCHAFT, Grundkonzept und Aktivierungsfragen, S. 157; WEHRHEIM, M./FROSS, I., Erosion handelsrechtlicher GoB, S. 75; a. A. KOZIKOWSKI, M./HUBER, F., in: Beck Bilanzkomm., 7. Aufl., § 247, Rn. 380 („*Die Aktivierung erfolgt somit nicht zwangsläufig [...] zu dem Zeitpunkt, indem der [Vermögensgegenstand] enstanden ist, sondern bereits, wenn anhand einer zukunftsrorientierten Beurteilung die [Vermögensgegenstandseigenschaft] bejaht werden kann*"); MINDERMANN, T., Der Ansatz immaterieller Vermögenswerte, S. 659.

444 So aber u. a. FÜLBIER, R./GASSEN, J., Handelsrechtliche GoB vor der Neuinterpretation, S. 2609; ARBEITSKREIS „IMMATERIELLE WERTE IM RECHNUNGSWESEN", Leitlinien zur Bilanzierung, S. 1815.

445 Vgl. u. a. SCHÜLKE, T., Aktivierbarkeit selbst geschaffener immaterieller Vermögensgegenstände, S. 994.

446 Vgl. BT-Drucksache 16/10067, S. 50; ebenfalls ADS, 6. Aufl., § 246, Rn. 41 (Abgrenzungsproblem zum originären Geschäftswert); HENNRICHS, J., Immaterielle Vermögensgegenstände, S. 539; SCHÜLKE, T., Aktivierbarkeit selbst erstellter immaterieller Vermögensgegenstände, S. 996.

Kapitel 4: Bilanztheoretisch-hermeneutische Untersuchung der IFRS-SME-Einzelnormen zur Kapitalerhaltung

ellen Guts. **Objektivierungsrestriktionen** schränken aufgrund der **spezifischen Eigenschaften immaterieller Güter** das Vollständigkeitsgebot nach § 246 Abs. 1 Satz 1 HGB ein.

Die **Existenz eines Vermögensgegenstands** als **notwendige Bedingung** für die Nutzung des Aktivierungswahlrechts nach § 248 Abs. 2 Satz 1 HGB wird **durch das Zusammenspiel mit § 255 Abs. 2a HGB** (Forschungs- und Entwicklungskosten) für selbst geschaffene immaterielle Vermögensgegenstände **kontrovers diskutiert**. Die systematische Auslegung von § 255 Abs. 2a HGB i. V. mit § 248 Abs. 2 Satz 1 HGB legt nahe, dass das immaterielle Gut bereits ein Vermögensgegenstand sein muss. Sodann ist als **hinreichende Bedingung** zu prüfen, ob die in § 255 Abs. 2a HGB dargelegten Anforderungen zur Abgrenzung von Forschungs- und Entwicklungstätigkeiten (Spezialfall der Herstellungskostenermittlung nach § 255 Abs. 2 HGB)[447] eingehalten werden.

Immaterielle Vermögenswerte sind gemäß IFRS-SME 18.2 **nicht-monetäre Vermögenswerte** (*assets*) **ohne physische Substanz**, die zugleich **identifizierbar** sind. Die allgemeinen **Definitionskriterien** für das Vorliegen eines *asset* (IFRS-SME 2.15 lit. a) werden in IFRS-SME 18 nur implizit durch die Verwendung des *asset*-Begriffs als Anforderung herangezogen. Dies betrifft die Kriterien „künftiger Nutzenzufluss" und „Kontrolle über den Nutzenzufluss". Beurteilungsspielräume eröffnet insbesondere das letztgenannte Kriterium.[448] Da gemäß dem *substance over form*-Prinzip der Nutzenzufluss nicht zwingend über einen vertraglichen oder gesetzlichen Anspruch abgesichert sein muss, besteht i. V. mit dem nachfolgend dargestellten Identifizierbarkeitskriterium ein evidentes *professional judgement*.[449] Die Definitionskriterien werden um das Kriterium der **Identifizierbarkeit** erweitert. Dies soll wegen der physischen Substanzlosigkeit immaterieller Güter die Ab-

---

[447] Vgl. ELLROTT, H./BRENDT, P., in. Beck Bilanzkomm., 7. Aufl., § 255, Rn. 481 („*[...] Klarstellungen, die der Ermittlung der Herstellungskosten dienen*").

[448] Vgl. STREIM, H./BIEKER, M./LEIPPE, B., Anmerkungen zur theoretischen Fundierung, S. 189; BAETGE, J./VON KEITZ, I., in: BAETGE, J. ET AL., Rechnungslegung nach IFRS, 2. Aufl., IAS 38, Rn. 21.

[449] Vgl. KÜTING, K./DAWO, S., Die Bilanzierung immaterieller Vermögenswerte, S. 401; MERSCHMEYER, M., Die Kapitalschutzfunktion des Jahresabschlusses, S. 180; ARBEITSKREIS „IMMATERIELLE WERTE IM RECHNUNGSWESEN", Leitlinien zur Bilanzierung, S. 1816.

grenzbarkeit gegenüber dem originären *goodwill* sicherstellen, für den ein Ansatzverbot nach IFRS-SME 18.15 lit. f gilt.[450] Immaterielle Güter sind **identifizierbar**, wenn sie

- **separierbar** (*separable*) sind und somit selbständig vom Gesamtunternehmen verwertet werden können; **oder**
- auf (sonstigen) **vertraglichen** oder **gesetzlichen Berechtigungen** (*contractual or other legal rights*) basieren.

Neben den Definitionskriterien sind gemäß IFRS-SME 18.4 die **Ansatzkriterien** für *assets* aus IFRS-SME 2.27 kumulativ zu erfüllen, indem die Kriterien des **wahrscheinlichen Nutzenzuflusses** sowie der **verlässlichen Bewertbarkeit** wiederholt werden. Diese Kriterien sind bei erworbenen Gütern vergleichsweise unproblematisch zu beurteilen.[451] **Daher ist bei erworbenen immateriellen Gütern das Identifizierbarkeitskriterium entscheidend.** Nach IFRS- SME 18.4 lit. c i. V. mit IFRS-SME 18.14 besteht für selbst geschaffene immaterielle Vermögenswerte anders als nach § 248 Abs. 2 HGB ein Ansatzverbot, da SMEs nach Meinung des Standardsetzungsgremiums IASB nicht die erforderlichen internen Ressourcen zur Abgrenzung der Forschungs- von der Entwicklungsphase haben (IFRS-SME BC.113-114).

Die Aktivierungskriterien nach HGB und IFRS-SME führen aufgrund des Identifizierbarkeitskriteriums zu abweichenden Ansatzerfordernissen. Separierbare (*separable*) immaterielle Vermögenswerte liegen bereits dann vor, wenn das Gut einzeln oder i. V. mit einem Vertrag oder einer Schuld übertragen werden kann. Insofern ist dies nicht zwangsläufig deckungsgleich mit einer Einzelverwertbarkeit.[452] Auf sonstigen Berechtigungen basierende immaterielle Vermögenswerte sind ebenfalls nicht zwangsläufig einzelverwertbar, vor allem wenn sie unternehmensspezifisch verwendet werden können.[453] So gelten

---

450 Vgl. STREIM, H./BIEKER, M./LEIPPE, B., Anmerkungen zur theoretischen Fundierung, S. 188; BAETGE, J./VON KEITZ, I., in: BAETGE, J. ET AL., Rechnungslegung nach IFRS, 2. Aufl., IAS 38, Rn. 18.
451 Vgl. KÜTING, K./DAWO, S., Die Bilanzierung immaterieller Vermögenswerte, S. 405; LÜDENBACH, N./FREIBERG, J., Zweifelsfragen, S. 132; BAETGE, J./VON KEITZ, I., in: BAETGE, J. ET AL., Rechnungslegung nach IFRS, 2. Aufl., IAS 38, Rn. 42 f.
452 Vgl. HENNRICHS, J., Immaterielle Vermögensgegenstände, S. 539.
453 Vgl. ARBEITSKREIS BILANZRECHT DER HOCHSCHULLEHRER RECHTSWISSENSCHAFT, Grundkonzept und Aktivierungsfragen, S. 157 f.; FÜLBIER, R./KLEIN, M., in: BRUNS, H.-G. ET AL., IFRS-SME, Teil B, Abschn. 18, Rn. 13.

Kapitel 4: Bilanztheoretisch-hermeneutische Untersuchung der IFRS-SME-Einzelnormen zur Kapitalerhaltung

u. a. Personalkonzessionen, die strikt an den Abschlussersteller gebunden sind, als Vermögenswert. **Das Aktivierungspotenzial ist größer als nach § 246 Abs. 1 Satz 1 HGB.**[454] Dies dürfte aber durch das Ansatzverbot für selbst geschaffene immaterielle Güter überkompensiert werden.

Ein **erworbener (derivativer)** *goodwill* als positive Differenz zwischen der Gegenleistung (Kaufpreis) und dem Saldo der beizulegenden Zeitwerte für das Vermögen und die Schulden des übernommenen Unternehmens entsteht **im Einzelabschluss** nur in Folge eines *asset deal*. Handelsrechtlich besteht gemäß § 246 Abs. 1 Satz 4 HGB eine **Ansatzpflicht**, für den **selbst geschaffenen (originären)** *goodwill* hingegen ein **Ansatzverbot**.[455] Der Geschäfts- oder Firmenwert als „Bewertungskonglomerat" gilt aufgrund fehlender Einzelverwertbarkeit nur *qua* Fiktion als zeitlich begrenzter Vermögensgegenstand und ist über die „Nutzungsdauer" planmäßig abzuschreiben.[456] Die Beschränkung auf den erworbenen (derivativen) *goodwill* ist mit Objektivierungserwägungen zu rechtfertigen, da nur der Überschuss des Kaufpreises über den Zeitwert des erworbenen Reinvermögens einen hinreichend konkreten, durch eine Markttransaktion objektivierten Vermögensvorteil repräsentiert.[457] Nach IFRS-SME 19.22 ist der **derivative** *goodwill* ebenfalls **ansatzpflichtig**, wobei dieser durch das Abstellen auf ein wahrscheinliches und hinreichend verlässlich messbares Nutzenpotenzial i. V. mit IFRS-SME 2.15 lit. a die *asset*-**Definition** erfüllt.

---

[454] Vgl. HENNRICHS, J., Immaterielle Vermögensgegenstände, S. 540; BREMBT, T., Möglichkeiten einer internationalisierten Rechnungslegung, S. 56; a. A. (jeweils auf Basis des Greifbarkeitskriteriums aus der Finanzrechtsprechung) HOMMEL, M., Internationale Bilanzrechtskonzeptionen, S. 363; KÜTING, K./DAWO, S., Die Bilanzierung immaterieller Vermögenswerte, S. 413.

[455] Vgl. ADS, 6. Aufl., § 255, Rn. 257; zur geringen Bedeutung des derivativen *goodwill* im Einzelabschluss KÜTING, K., Der Geschäfts- oder Firmenwert, S. 1795.

[456] Vgl. ARBEITSKREIS BILANZRECHT DER HOCHSCHULLEHRER RECHTSWISSENSCHAFT, Grundkonzept und Aktivierungsfragen, S. 156; SCHÜLKE, T., Aktivierbarkeit selbst erstellter immaterieller Vermögensgegenstände, S. 996; KOZIKOWSKI, M./HUBER, F., in: Beck Bilanzkomm., 7. Aufl., § 247, Rn. 400. Vor dem BilMoG galt der *goodwill* als Bilanzierungshilfe oder als „Wert eigener Art". Vgl. m. w. N. ADS, 6. Aufl., § 255, Rn. 271 f.

[457] Vgl. MOXTER, A., in: HuRB, S. 246; zu den Schwierigkeiten bei der Analyse der Wertkomponenten des *goodwill* KÜTING, K., Der Geschäfts- oder Firmenwert, S. 1796.

434.22 Bewertung

Die Bewertung des immateriellen Vermögens hängt davon ab, ob dieses selbst geschaffen oder erworben wurde. **Separat erworbene immaterielle Vermögensgegenstände** (d. h. immaterielles Vermögen unter Ausklammerung des *goodwill*) unterliegen im HGB dem **Anschaffungskostenprinzip** (§ 253 Abs. 1 Satz 1 HGB i. V. mit § 255 Abs. 1 HGB) und sind bei der Zugangsbewertung mit den Anschaffungskosten anzusetzen. Diese umfassen wie bei den übrigen Vermögensgegenständen den Anschaffungspreis, direkt zurechenbare Anschaffungsnebenkosten und nachträgliche Anschaffungskosten. Anschaffungspreisminderungen sind in Abzug zu bringen.[458] Auch gemäß IFRS-SME 18.9-.10 sind die Anschaffungskosten für die Zugangsbewertung einschlägig. Deren Abgrenzung orientiert sich mit Ausnahme der Kosten für Großinspektionen und Demontagekosten an den Normen für Vorräte und Sachanlagen.

Da selbst geschaffene immaterielle Güter lediglich nach HGB ansatzfähig sind, werden für diese Gruppe ausschließlich die handelsrechtlichen Bewertungsvorschriften analysiert. Durch § 255 Abs. 2a HGB bestehen gesonderte Bewertungsvorschriften für selbst geschaffene immaterielle Vermögensgegenstände. Für deren Zugangsbewertung ist die Abgrenzung zwischen der **Forschungs- und der Entwicklungsphase** entscheidend, da nach § 255 Abs. 2a Satz 4 HGB nur **bei verlässlicher Trennung der Entwicklungs- von den Forschungstätigkeiten** eine Aktivierung der in der Entwicklungsphase anfallenden Herstellungskosten (Entwicklungskosten) möglich ist. Diese Differenzierung ist konzeptionell an IAS 38 angelehnt.[459] Die **Forschungsphase** ist nach § 255 Abs. 2a Satz 3 HGB durch die **eigenständige und planmäßige Suche nach wissenschaftlichen Erkenntnissen** gekennzeichnet. Als **Entwicklungsphase** gilt nach § 255 Abs. 2a Satz 2 HGB die **konkrete Anwendung dieser oder anderer Erkenntnisse**. Daher kann ein höherer Reifegrad und ein geringeres Risiko der Nichtmaterialisierung des durch die Entwicklungskosten abgebildeten Wertpotenzials im Vergleich zur Forschungsphase erwartet werden. Forschungskosten sind nach § 255 Abs. 2 Satz 4 HGB aufwandswirksam zu erfassen, eine Nachaktivierung der in der Forschungsphase angefallenen Kosten ist ausgeschlossen. Da die Be-

---
[458] Vgl. ADS, 6. Aufl., § 255, Rn. 17.
[459] Vgl. KOZIKOWSKI, M./HUBER, F., in: Beck Bilanzkomm., 7. Aufl., § 247, Rn. 379; ARBEITSKREIS „IMMATERIELLE WERTE IM RECHNUNGSWESEN", Leitlinien zur Bilanzierung, S. 1816.

Kapitel 4: Bilanztheoretisch-hermeneutische Untersuchung der IFRS-SME-Einzelnormen zur Kapitalerhaltung

stimmung des zeitlichen Übergangs von der Forschungs- in die Entwicklungsphase komplex sein kann, bestehen **erhebliche Ermessensspielräume** des Abschlusserstellers bei der **Ermittlung und der Zuordnung der Herstellungskosten zu den bilanziellen Bezugsobjekten.**[460] Das zu fordernde Mindestmaß an Objektivierungsstrenge der Gewinnermittlungsvorschriften wird somit nicht erreicht.

Die Folgebewertung nach HGB und IFRS-SME ist vergleichbar zu den einschlägigen Vorschriften für das Sachanlagevermögen. Handelsrechtlich sind die allgemeinen Bewertungsvorschriften nach § 253 Abs. 3 HGB für das Anlagevermögen anwendbar. Zeitlich begrenzt nutzbares immaterielles Vermögen ist **planmäßig über die voraussichtliche Nutzungsdauer abzuschreiben**, wobei für selbst geschaffene Vermögensgegenstände die Entwicklungsphase abgeschlossen sein muss.[461] Die unbegrenzte zeitliche Nutzbarkeit und damit der Verzicht auf planmäßige Abschreibungen ist aus Vorsichts- und Objektivierungsgründen handelsrechtlich i. d. R. auch bei unbestimmter Nutzungsdauer nicht zu rechtfertigen.[462] **Außerplanmäßige Abschreibungen** müssen bei voraussichtlich dauernder Wertminderung, d. h. bei Unterschreiten des beizulegenden Zeitwerts **auf dem Beschaffungsmarkt** unterhalb des Buchwerts für eine **erheblichen Teil der Restnutzungsdauer,** angesetzt werden.[463] Bei geplanter Veräußerung ist auf den Einzelveräußerungswert als Korrektivwert zurückzugreifen. Mangels aktiver Märkte dürfte die Anwendung eines Bewertungsverfahrens (z. B. Bestimmung des Ertragswerts) unumgänglich sein.[464]

---

460 Vgl. HENNRICHS, J., Immaterielle Vermögensgegenstände, S. 538; ARBEITSKREIS „IMMATERIELLE WERTE IM RECHNUNGSWESEN", Leitlinien zur Bilanzierung, S. 1816 (*„nicht unproblematisch"*); WEHRHEIM, M./FROSS, I., Erosion handelsrechtlicher GoB, S. 78; ELLROTT, H./BRENDT, P., in: Beck Bilanzkomm., 7. Aufl., § 255, Rn. 488. Zur Kritik an IAS 38 u. a. EULER, R., Immaterielle Vermögenswerte, S. 2136 (*„große Grauzone"*); KAHLE, H., IAS im Einzel- und Konzernabschluss, S. 266.

461 Vgl. MERKT, H., in: BAUMBACH, A./HOPT, K., HGB, 34. Aufl., § 253, Rn. 10.

462 Vgl. ARBEITSKREIS „IMMATERIELLE WERTE IM RECHNUNGSWESEN", Leitlinien zur Bilanzierung, S. 1820 (*„seltene Ausnahmen"*): KOZIKOWSKI, M./ROSCHER, K./SCHRAMM, M., in: Beck Bilanzkomm., 7. Aufl., § 253, Rn. 385.

463 Vgl. ADS, 6. Aufl., § 253, Rn. 476 f.; MERKT, H., in: BAUMBACH, A./HOPT, K., HGB, 34. Aufl., § 253, Rn. 13.

464 Vgl. ARBEITSKREIS „IMMATERIELLE WERTE IM RECHNUNGSWESEN", Leitlinien zur Bilanzierung, S. 1820; zur Bedeutung des Ertragswerts ebenfalls ADS, 6. Aufl., § 253, Rn. 464.

Nach IFRS-SME 18.19 ist für **sämtliche immaterielle Vermögenswerte** eine begrenzte Nutzungsdauer und damit eine planmäßige Abschreibung zwingend. Dies gilt auch für Vermögenswerte mit unbegrenzter oder unbestimmter Nutzungsdauer. Falls die planmäßige Nutzungsdauer nicht verlässlich geschätzt werden kann, beträgt die **typisierte Nutzungsdauer zehn Jahre** (IFRS-SME 18.20). Dies hat das IASB aus Kosten-/Nutzen-Erwägungen in den Standard eingefügt (IFRS-SME BC.111-.112). Zudem dürfen in aller Regel **keine Restwerte** berücksichtigt werden (IFRS-SME 18.23). Für immaterielle Vermögenswerte gelten nach IFRS-SME 18.25 die Vorgaben aus IFRS-SME 27 für *impairments*.[465] Die **Neubewertungsmethode** ist in IFRS-SME 18 **nicht zugelassen**.

Die **Folgebewertung des** *goodwill* ist mit wenigen Ausnahmen an die Regelungen des übrigen immateriellen Vermögens angelehnt. Im HGB ist er nach § 246 Abs. 1 Satz 4 HGB i. V. mit § 253 Abs. 3 Satz 1 HGB planmäßig über die betriebsindividuelle voraussichtliche Nutzungsdauer und nach § 253 Abs. 3 Satz 3 HGB außerplanmäßig abzuschreiben. Konkretere Vorgaben enthält das HGB nicht, so dass **erhebliche Ermessensspielräume für den Abschlussersteller** bestehen.[466] Diese sind nach § 252 Abs. 1 Nr. 4 HGB vorsichtig auszuüben. Anders als beim übrigen immateriellen Vermögen besteht für den *goodwill* gemäß § 253 Abs. 5 Satz 2 HGB ein striktes **Wertaufholungsverbot**.[467]

Gemäß IFRS-SME 19.23 lit. a i. V. mit IFRS-SME 18.19-.24 ist der *goodwill* anders als bei IFRS planmäßig über die wirtschaftliche Nutzungsdauer sowie außerplanmäßig (*impairments*) abzuschreiben. Bei nicht hinreichend verlässlicher Schätzbarkeit der Nutzungsdauer ist typisierend ein **Nutzungszeitraum von zehn Jahren** zu unterstellen. Nach IFRS-SME 27.28 besteht ein Wertaufholungsverbot vergangener *impairments*. Durch den Verzicht auf den *impairment only approach* ist die Bedeutung der *impairments* für den *goodwill* und die übrigen immateriellen Vermögenswerte geringer als bei den IFRS.[468]

---

[465] Vgl. hierzu Abschnitt 433.12 (keine Unterschiede zwischen IFRS-SME 17 und 18); kritisch zum *impairment test* speziell bei SMEs BALLWIESER, W., IFRS für nicht kapitalmarktorientierte Unternehmen, S. 26; HENNRICHS, J., Unternehmensfinanzierung und IFRS im deutschen Mittelstand, S. 508 f.

[466] Vgl. PELLENS, B./KEMPER, T./SCHMIDT, A., Geplante Reformen im Recht der GmbH, S. 406; SCHULZE-OSTERLOH, J., Ausgewählte Änderungen, S. 69; ARBEITSKREIS BILANZRECHT DER HOCHSCHULLEHRER RECHTSWISSENSCHAFT, Grundkonzept und Aktivierungsfragen, S. 156.

[467] Vgl. ADS, 6. Aufl., § 255, Rn. 287 (zur unveränderten Regelung vor dem BilMoG).

Kapitel 4: Bilanztheoretisch-hermeneutische Untersuchung der IFRS-SME-Einzelnormen zur Kapitalerhaltung

434.3 Bilanztheoretisch-hermeneutische Würdigung

Bei der Bilanzierung immaterieller Anlagenwerte wird der Zielkonflikt zwischen der Rechenschafts- und der Kapitalerhaltungsfunktion im handelsrechtlichen Normensystem evident.[469] Die **Rechenschaftsfunktion** erfordert im Sinne des Vollständigkeitsgebots nach § 246 Abs. 1 Satz 1 HGB die **Aktivierung sämtlicher immaterieller Vermögensgegenstände**, sofern diese den Anforderungen des allgemeinen Aktivierungsgrundsatzes (Einzelverwertbarkeit) entsprechen. Vor dem BilMoG war mit § 248 Abs. 2 HGB a. F. ein Aktivierungsverbot für selbst geschaffene immaterielle Güter kodifiziert, was das Vollständigkeitsgebot sowie den Grundsatz der Abgrenzung der Sache nach bewusst beschränkte.[470] Dies wurde vornehmlich damit begründet, dass **bei selbst geschaffenen Gütern** ein **externer Werthaltigkeitsindikator** in Form von **Anschaffungskosten** und damit eine **Objektivierung des Wertpotenzials durch Markttransaktionen** fehlt, die die bilanzielle „Zwischenspeicherung" der Herstellungskosten bis zur Fertigstellung des Guts rechtfertigen.[471] Aufgrund der fehlenden physischen Substanz, der schwierigen Abgrenzbarkeit gegenüber dem originären Geschäfts- oder Firmenwert und der hohen Unternehmensspezifität ist die Feststellung der Werthaltigkeit selbst geschaffener immaterieller Güter typischerweise schwieriger als bei selbst erstellten Sachanlagen.[472] Zudem kann der Ansatz selbst geschaffener immaterieller Güter in Widerspruch zum Realisationsprinzip nach § 252 Abs. 1 Nr. 4 HGB stehen, denn die Aktivierung der Herstellungskosten und damit die erfolgsneutrale Vermögensumschichtung in der Bilanz erfordert eine hinreichende konkrete Werthaltigkeit des Vermögensgegenstands.[473] Dies ist aus den o. g. Gründen gerade bei **selbst geschaffenen immateriellen Gütern** zumeist zweifelhaft, so

---

468 So auch PRASSE, S., in: BAETGE, J. ET AL., Rechnungslegung nach IFRS, 2. Aufl., Teil A, Kap. V, Rn. 145.

469 Vgl. zu den Rechnungszwecken des HGB Abschnitt 233.1; in diesem Sinne HOMMEL, M., Internationale Bilanzrechtskonzeptionen, S. 346 f. (Grundausrichtung eines bilanziellen Regelwerks).

470 Vgl. MOXTER, A., in: HuRB, S. 246; EULER, R., Grundsätze ordnungsmäßiger Gewinnrealisierung, S. 63.

471 Vgl. EULER, R., Grundsätze ordnungsmäßiger Gewinnrealisierung, S. 63.

472 Vgl. MOXTER, A., in: HuRB , S. 247 sowie MERSCHMEYER, M., Die Kapitalschutzfunktion des Jahresabschlusses, S. 180 (jeweils mit Blick auf die Abgrenzbarkeit zum Geschäfts- oder Firmenwert); EULER, R., Immaterielle Vermögenswerte, S. 2136; ARBEITSKREIS „IMMATERIELLE WERTE IM RECHNUNGSWESEN", Leitlinien zur Bilanzierung, S. 1818.

473 Vgl. ADS, 6. Aufl., § 255, Rn. 117; KAHLE, H., IAS im Einzel- und Konzernabschluss, S. 269.

dass die Gläubiger das **hohe Risiko einer Nichtmaterialisierung des bilanziell abgebildeten Wertpotenzials** zu tragen hätten. Aufgrund der faktischen Verlagerung der Unternehmensrisiken auf die Gläubiger war das Ansatzverbot gemäß § 248 Abs. 2 HGB für Kapitalerhaltungszwecke folgerichtig.[474]

Durch das **BilMoG** besteht mit § 248 Abs. 2 Satz 1 HGB nunmehr ein **Aktivierungswahlrecht für selbst geschaffene immaterielle Vermögensgegenstände**. Das Aktivierungswahlrecht setzt nach h. M. die Vermögensgegenstandseigenschaft des zu aktivierenden immateriellen Guts (Einzelverwertbarkeit) mit den in § 248 Abs. 2 Satz 2 HGB typisierten Ausnahmen (selbst erstellte Marken, Kundenlisten oder vergleichbare immaterielle Vermögensgegenstände) voraus. Im Sinne „*höchstmöglicher Objektivierung*"[475] und der erforderlichen Systemkonformität zwischen Gesellschafts- und Handelsrecht ist es folgerichtig, dass im Zusammenspiel mit § 255 Abs. 2a HGB eine Aktivierbarkeit nur bei strikter Einhaltung der Vermögensgegenstandseigenschaft und nicht bereits bei hinreichend hoher Wahrscheinlichkeit des Entstehens eines Vermögensgegenstands bejaht werden kann. Andernfalls wäre es unter Umständen möglich, dass trotz strikter Kapitalaufbringungsregeln im AktG und GmbHG die rechtstatsächliche Existenz der ausgewiesenen Kapitalziffer in Zweifel zu ziehen ist.[476] Indes ist die Beurteilung, ab wann ein einzelverwertbarer Vermögensgegenstand vorliegt, gerade bei in der Entwicklungsphase befindlichen immateriellen Gütern außerordentlich schwierig. **Die objektivierungsbedingten Schwierigkeiten setzen sich bei der Bestimmung des bilanziell abzubildenden Wertpotenzials in Form der Herstellungskosten fort**. Im Zusammenspiel von § 248 Abs. 2 Satz 1 HGB (Ansatz) mit § 255 Abs. 2a HGB (Bewertung) treten Probleme auf, die auch die Zweckadäquanz der handelsrechtlichen Bewertungsvorschriften äußerst fraglich erscheinen lassen, insbesondere mit Blick auf die Abgrenzung zwischen der Forschungs- und der Entwicklungsphase. Zwar ist das Risiko einer Nichtmaterialisierung des Wertpotenzials in Höhe der bis dato angefallenen Herstellungskosten in der Ent-

---

[474] Gleicher Ansicht MERSCHMEYER, M., Die Kapitalschutzfunktion des Jahresabschlusses, S. 179; a. A. STREIM, H./ESSER, M., Rechnungslegung nach IFRS - Ansatzfragen, S. 739.

[475] MERSCHMEYER, M., Die Kapitalschutzfunktion des Jahresabschlusses, S. 107; in diesem Sinne auch KÜTING, K./DAWO, S., Die Bilanzierung immaterieller Vermögenswerte, S. 414.

[476] Vgl. GELTER, M., Kapitalerhaltung, S. 179.

Kapitel 4: Bilanztheoretisch-hermeneutische Untersuchung der IFRS-SME-Einzelnormen zur Kapitalerhaltung

wicklungsphase typischerweise geringer als in der Forschungsphase. Die Probleme bei der Abgrenzbarkeit der Forschungs- und Entwicklungsphase i. V. mit der fehlenden physischen Substanz der Güter führen aber zu erheblichen Spielräumen bei der Zurechnung der Herstellungskosten. Rechtsichere Rechnungslegungsvorschriften zeichnen sich gerade durch das Anknüpfen an objektive, nachprüfbare und nach außen in Erscheinung tretende Kriterien aus.[477] Bei § 255 Abs. 2a HGB ist dies äußerst fraglich.[478] Ebenso lässt die Folgebewertung mangels verlässlicher Vorgaben zur planmäßigen Nutzbarkeit des Guts sowie marktnaher Korrektivwerte in Form des beizulegenden Zeitwerts für die Umsetzung des gemilderten Niederstwertprinzips Einschränkungen in der Willkürfreiheit erkennen.[479] Daher sorgt das **Aktivierungswahlrecht nach § 248 Abs. 2 HGB für eine zweckwidrige Verlagerung des unternehmerischen Risikos** auf die Gläubiger, was der Risikoverteilungsfunktion des Haftungskapitals (§§ 30 Abs. 1 GmbHG, 57 Abs. 3 AktG) widerspricht.[480]

Mit Ausnahme der Folgebewertungsvorschriften für außerplanmäßige Abschreibungen, für die gemäß IFRS-SME 18.25 der unter Objektivierungsgesichtspunkten wenig adäquate *impairment test* nach IFRS-SME 27 anwendbar ist, entsprechen die Regelungen im Wesentlichen den handelsrechtlichen Vorschriften vor Umsetzung des BilMoG. Zwar sorgt das Identifizierbarkeitskriterium zur Bestimmung der Vermögenswerteigenschaft immaterieller Güter für eine Ausweitung des Aktivierungspotenzials und einen Verstoß gegen das objektivierungsbedingt vorziehenswürdige Kriterium der Einzelverwertbarkeit. Indes ist die Tragweite dieses Unterschieds im Zuge der Beschränkung auf erworbene Güter deutlich weniger weitreichend als bei IAS 38. Durch die typisierte Vorgabe einer **planmäßigen Nutzungsdauer von zehn Jahren** für unbegrenzt bzw. unbestimmt nutzbare immaterielle Vermögenswerte nach IFRS-SME 18.19-.20 ist der Objektivierungsgrad zudem erkennbar höher als nach HGB. Das vorbehaltlose Aktivierungsverbot in Ver-

---

477 Vgl. MERSCHMEYER, M., Die Kapitalschutzfunktion des Jahresabschlusses, S. 187.
478 Vgl. BAETGE, J./KIRSCH, H.-J./SOLMECKE, H., Auswirkungen des BilMoG, S. 1216 (hohe Ermessensspielräume); EULER, R., Immaterielle Vermögenswerte, S. 2633.
479 Vgl. zu diesem Problem bereits EULER, R., Immaterielle Vermögenswerte, S. 2634 f.; ARBEITSKREIS BILANZRECHT DER HOCHSCHULLEHRER RECHTSWISSENSCHAFT, Grundkonzept und Aktivierungsfragen, S. 157.
480 Vgl. in diesem Sinne SCHÖN, W., Internationalisierung der Rechnungslegung, S. 76.

bindung mit den Bewertungsvorschriften für immaterielle Vermögenswerte sorgt dafür, dass der Risikoallokationsfunktion des Haftungskapitals durch diese Bilanzierungsvorschrift überwiegend entsprochen wird.

Die Aktivierung eines derivativen *goodwill* widerspricht dem handelsrechtlichen Aktivierungsgrundsatz (Einzelverwertbarkeit), da dieser *per definitionem* nicht separat von den übrigen Vermögensgegenständen verwertet werden kann (**Vermögensgegenstand *qua* Fiktion**). Da die Werthaltigkeit des *goodwill* durch einen Unternehmenskauf zumindest indirekt plausibilisiert wurde, ist ein Mindestmaß an Werthaltigkeit bei hinreichender Objektivierung der Bewertung zu unterstellen.[481] Der derivative *goodwill* erfüllt in Einklang mit IFRS-SME 2.15 lit. b und IFRS-SME 2.27 die Definitions- und Ansatzkriterien eines *asset*, so dass das strikte Ansatzgebot nach IFRS-SME 19 folgerichtig ist. Die Vorgabe einer typisierten Nutzungsdauer nach IFRS-SME 19.23 lit. a im Vergleich zur kaum ermessensfrei umsetzbaren Abschreibungsvorgabe nach § 253 Abs. 3 HGB lässt die Regelungen des IFRS-SME gegenüber dem HGB insgesamt überlegen erscheinen.[482]

Insgesamt entsprechen IFRS-SME 18 und 19 zur Aktivierung immaterieller Vermögenswerte und des *goodwill* überwiegend den Anforderungen des Kapitalerhaltungszwecks.[483] Einschränkungen sind in der Anwendung der für Kapitalerhaltungszwecke inadäquaten Ausgestaltung des *impairment test* und des Identifizierbarkeitskriteriums zu sehen. Das HGB widerspricht den Anforderungen an die Kapitalerhaltung umfassend dadurch, dass neben dem äußerst kritisch anzusehenden Ansatzwahlrecht für selbst geschaffene immaterielle Vermögensgegenstände auch die Regelungen für planmäßige und außerplanmäßige Abschreibungen sowie die fehlende Operationalisierung der Abgrenzungskriterien von Forschungs- zu Entwicklungskosten erhebliche objektivierungsbedingte Bedenken verursachen (vgl. zusammenfassend *Übersicht 4-20*).

---

[481] Gleicher Ansicht SCHULZE-OSTERLOH, J., Vorschläge, S. 1131; kritisch hingegen für Kapitalerhaltungszwecke BAETGE, J./KIRSCH, H.-J./SOLMECKE, H., Auswirkungen des BilMoG, S. 1220.

[482] Vgl. zur Notwendigkeit einer typisierten Nutzungsdauer im HGB u. a. KÜTING, K., Der Geschäfts- oder Firmenwert, S. 1802; HENNRICHS, J., Immaterielle Vermögensgegenstände, S. 541.

[483] Vgl. zur hohen Objektivierungsstrenge einer planmäßigen Abschreibung HENNRICHS, J., Unternehmensfinanzierung und IFRS im deutschen Mittelstand, S. 508; BALLWIESER, W., IFRS für nicht kapitalmarktorientierte Unternehmen, S. 26.

Regelungsbereich \ Regelungskreis	IFRS-SME	HGB
Immaterielles Anlagevermögen und *goodwill* (einschließlich *impairments*)	(+)	-

Übersicht 4-20: Zusammenfassende Würdigung der Bilanzierung des immateriellen Anlagevermögens nach IFRS-SME und HGB

435. Pensionsrückstellungen

435.1 Vorbemerkungen

Leistungen nach Beendigung des Arbeitsverhältnisses (*post-employment benefits*) sind vor allem Leistungen der betrieblichen Altersversorgung. Nachfolgend werden ausschließlich **Versorgungspläne mit festen Leistungszusagen** (*defined benefit plans* bzw. **leistungsorientierte Versorgungspläne**) analysiert, da diese zum **Ansatz von Pensionsrückstellungen** führen. Beitragsorientierte Versorgungspläne (*defined contribution plans*) werden hingegen als **Personalaufwand** ergebniswirksam erfasst, da der Abschlussersteller nur zur periodischen Zuführung eines festen Beitrags an externe Versorgungsträger verpflichtet ist. Dies gilt sowohl handelsrechtlich als auch nach IFRS-SME 28.[484] Hinsichtlich der allgemeinen Grundlagen zum Ansatz und zur Bewertung leistungsorientierter Versorgungspläne gelten grundsätzlich die Ausführungen zu sonstigen Rückstellungen.[485] An dieser Stelle stehen **diejenigen Spezialprobleme** im Fokus, die für Kapitalerhaltungszwecke eine **separate bilanztheoretisch-hermeneutische Würdigung** notwendig machen.

435.2 IFRS-SME und HGB im Vergleich

435.21 Ansatz

Pensionsrückstellungen aufgrund leistungsorientierter betrieblicher Versorgungszusagen sind als **Rückstellungen für ungewisse Verbindlichkeiten** (§ 249 Abs. 1 Satz 1 HGB)

---

[484] Vgl. hierzu GOHDES, A.-E., in: BRUNS, H.-G. ET AL., IFRS-SME, Teil B, Abschn. 28, Rn. 20; WOLLMERT, P., in: BAETGE, J. ET AL., 2. Aufl., IAS 19, Rn. 74-77.
[485] Vgl. hierzu Abschnitt 424.

durch den **allgemeinen handelsrechtlichen Passivierungsgrundsatz** erfasst und somit **passivierungspflichtig.**[486] Indes besteht für **unmittelbare Pensionsverpflichtungen**, die vor dem 1. Januar 1987 zugesagt wurden (sog. **Altzusagen**), sowie für **mittelbare Pensionsverpflichtungen** ein **Passivierungswahlrecht.** Dies ist im Einführungsgesetz zum Handelsgesetzbuche (EGHGB) nach § 28 Abs. 1 Satz 2 EGHGB festgelegt. **Mittelbare Verpflichtungen** liegen vor, wenn der Abschlusserstellter einen **externen Versorgungsträger** zur Abwicklung leistungsorientierter Versorgungspläne beauftragt.[487] Die Verpflichtung resultiert dann aus einer möglichen Einstandspflicht, falls beim Versorgungsträger eine Unterdeckung vorliegt. Nach IFRS-SME 28.9 besteht hingegen **eine Pflicht zur Rückstellungsbildung** für sämtliche leistungsorientierte Beitragszusagen unabhängig davon, ob diese mittelbar oder unmittelbar gewährt sind.

435.22 Bewertung

Die Bewertung erfolgt handelsrechtlich unter Anwendung **versicherungsmathematischer Verfahren.**[488] Diese erfüllen die handelsrechtlichen Anforderungen an eine **vernünftige kaufmännische Beurteilung** nach §253 Abs. 1 Satz 2 HGB, indem sie die künftigen Gehaltstrends, die Sterberate, das Invaliditätsrisiko sowie die Fluktuationsrate der Arbeitnehmer abbilden. Indes ist handelsrechtlich **kein konkretes Verfahren vorgesehen.** Neben dem **steuerlichen Teilwert-** sowie dem **Gegenwartswertverfahren** ist die **Methode der laufenden Einmalprämien** (*projected unit credit*-Methode bzw. PCUM) handelsrechtlich zulässig.[489] Bei den beiden erstgenannten Verfahren handelt es sich um sog. **Gleichverteilungsverfahren**, die den Aufwand aus einer Pensionszusage **linear über die Dauer der Dienstzeit** verteilen.[490] Insofern wird die in der Pensionszusage getroffene Zuord-

---

486 Vgl. ADS, 6. Aufl., § 249, Rn. 93; MERKT, H., in: BAUMBACH, A./HOPT, K., HGB, 34. Aufl., § 249, Rn 5.
487 Vgl. ADS, 6. Aufl., § 249, Rn. 106; KÜTING, K./KESSLER, H./KEßLER, M., Moderne Bilanzierungsvorschriften, S. 496; HÖFER, R./RHIEL, R./VEIT, A., Betriebliche Altersversorgung im BilMoG, S. 1605.
488 Vgl. ADS, 6. Aufl., § 253, Rn. 301; FODOR, J./WILDNER, S., „IAS 19 light", S. 1967; JANSSEN, J., Rechnungslegung im Mittelstand, S. 227.
489 Vgl. in diesem Sinne MERKT, H., in: BAUMBACH, A./HOPT, K., HGB, 34. Aufl., § 249, Rn. 42; DRINHAUSEN, A./DEHMEL, I., Ansatz und Bewertung von Rückstellungen, S. 39; JANSSEN, J., Rechnungslegung im Mittelstand, S. 230; ELLROTT, H./RHIEL, R., in; Beck Bilanzkomm., 7. Aufl., § 249, S. 198.
490 Vgl. WOLZ, M., Die Bilanzierung von Pensionsverpflichtungen, S. 1373.

Kapitel 4: Bilanztheoretisch-hermeneutische Untersuchung der IFRS-SME-Einzelnormen zur Kapitalerhaltung

nung der versprochenen Pension zu bestimmten Perioden ignoriert. Bei der PCUM werden dagegen **erstens** die künftigen Rentenzahlungen geschätzt, **zweitens** diese auf den Zeitpunkt des Pensionseintritts diskontiert und **drittens** auf die Perioden der aktiven Dienstzeit verteilt (vgl. *Übersicht 4-21*), so dass jeder Periode fiktiv erworbene Einmalprämien des Arbeitnehmers zugeordet werden (**Ansammlungsverfahren**).[491]

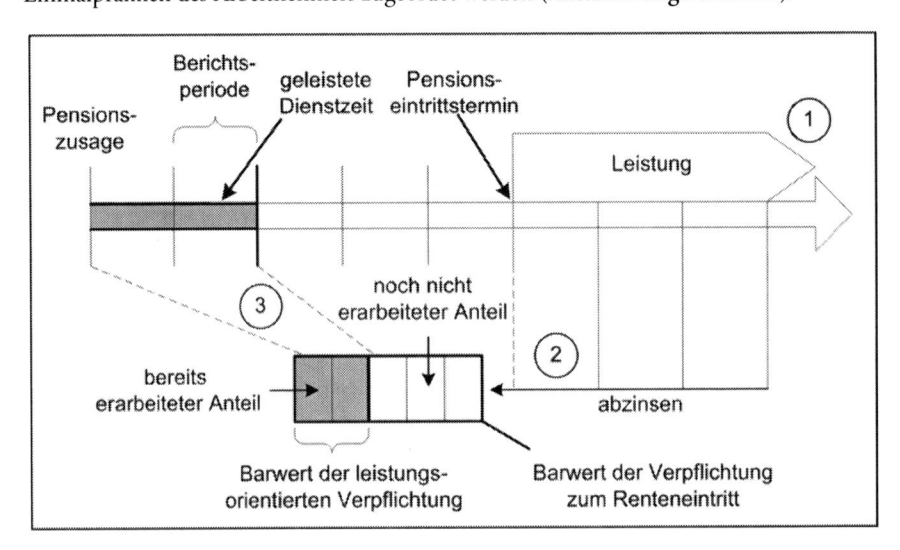

Übersicht 4-21: Berechnung der Pensionsverpflichtung aus leistungsorientierten Altersversorgungsplänen nach der PCUM[492]

Durch die Ansammlung fiktiver Leistungsprämien ergibt sich der **Barwert der geschätzten künftigen Pensionszahlungen** (*defined benefit obligation* bzw. DBO), der vom Versorgungsempfänger gemäß dem Versorgungsplan bis zum Bewertungsstichtag erarbeitet wurde. Durch die Bezugnahme auf den Erfüllungsbetrag in § 253 Abs. 1 Satz 2 HGB ist es erforderlich, **künftige demografische und finanzielle Trends**, bspw. potenzielle Karriere- und Gehaltstrends, zwingend zu berücksichtigen.[493] Der Gesamtaufwand aus der Pensionszusage (laufender Dienstzeitaufwand, Zinsaufwand, Erträge aus Planvermögen) bestimmt sich bei der PCUM zu Beginn des Geschäftsjahres anhand der **Erwartungswer-**

---

491 Vgl. hierzu WOLZ, M., Die Bilanzierung von Pensionsverpflichtungen, S. 1374; BAETGE, J./HAENELT, T., Pensionsrückstellungen im IFRS-Abschluss, S. 2414.

492 In Anlehnung an PELLENS, B./FÜLBIER, R./GASSEN, J./SELLHORN, T., Internationale Rechnungslegung, S. 461.

493 Vgl. THAUT, M, Bilanzierung und Bewertung von Pensionsverpflichtungen, S. 723.

te der Bewertungsparameter.[494] Sofern diese am Ende des Geschäftsjahres von den Erwartungen zu Beginn dieses Geschäftsjahres abweichen, ergeben sich **versicherungsmathematische Gewinne/Verluste**. Auch wenn die Bewertungsparameter nach Einschätzung des Abschlusserstellers **objektiv wahrscheinlich** eintreten müssen,[495] entstehen durch die **Berücksichtigung künftiger Entwicklungen evidente Objektivierungsprobleme**.[496] Da die sofortige Erfassung der Aufwands- und Ertragskomponenten zwingend ist, wird nach dem Vollständigkeitsgebot eine Annäherung an die tatsächliche Verpflichtungshöhe erreicht. Empirisch konnte bei HGB-Bilanzierern eine steigende Zahl der PCUM-Anwender nachgewiesen werden.[497]

Pensionsrückstellungen sind wie die sonstigen langfristigen Rückstellungen mit dem laufzeitkongruenten durchschnittlichen Marktzinssatz gemäß der RückAbszinsV zu diskontieren oder alternativ mit dem durchschnittlichen Marktzinssatz für eine 15-jährige Restlaufzeit auf Basis der RückAbszinsV (§ 253 Abs. 2 Satz 2 HGB), sofern dieser die unternehmensspezifische Altersstruktur der Pensionsberechtigten widerspiegelt.[498] Handelsrechtlich sind in § 246 Abs. 2 HGB gesonderte Regelungen für das **Deckungsvermögen** enthalten, d. h. für solche Vermögensgegenstände, auf die die **übrigen Gläubiger keinen Zugriff haben** und die zur **Erfüllung der Pensionsverpflichtungen** dienen.[499] Dieses ist mit den passivierten Pensionsrückstellungen zu saldieren. Ein positiver Saldo ist auf der Aktivseite zu erfassen. Das Deckungsvermögen ist dabei gemäß § 246 Abs. 2 Satz 3 HGB mit dem **beizulegenden Zeitwert im Sinne von § 255 Abs. 4 HGB** zu bewerten.[500] Dies erfordert entweder eine *mark-to-market-* oder *mark-to-model*-Bewertung. Durch die Saldierung bei sofortiger Verrechnung der Aufwands- und Ertragsbestandteile (**keine Nachverrechnung**) wird bilanziell der *funded status* des Pensionsplans ausgewiesen.[501]

---

494 Vgl. WOLZ, M., Die Bilanzierung von Pensionsverpflichtungen, S. 1378.
495 Vgl. WOLZ, M./ORDEWURTEL, C., Pensionsrückstellungen nach BilMoG, S. 425.
496 Vgl. hierzu bereits Abschnitt 424 (für sonstige Rückstellungen). Zu den großen Ermessensspielräumen vor dem BilMoG sei u. a. verwiesen auf ADS, 6. Aufl., § 253, Rn. 335.
497 Vgl. GASSEN, J./PIERK, J./WEIL, M., Pensionsrückstellungen nach dem BilMoG, S. 1064 (bei allerdings kleiner Grundgesamtheit); zur künftig stark sinkenden Bedeutung des steuerlichen Teilwertverfahrens LUCIUS, F./VEIT, A., Altersversorgungsverpflichtungen, S. 238.
498 Vgl. MERKT, H., in: BAUMBACH, A./HOPT, J., HGB, 34. Aufl., § 253, Rn. 6.
499 Vgl. BT-Drucksache 16/12406, S. 84 f.
500 Vgl. LUCIUS, F./VEIT, A., Altersversorgungsverpflichtungen, S. 236 f.

Kapitel 4: Bilanztheoretisch-hermeneutische Untersuchung der IFRS-SME-Einzelnormen zur Kapitalerhaltung

Die PCUM ist gemäß IFRS-SME 28.16 explizit als einzig maßgebliche versicherungsmathematische Bewertungsmethode für leistungsorientierte Pensionspläne vorgesehen (IFRS-SME 28.10 lit. b). Die **Bewertungsparameter** werden zwar in IFRS-SME 28.16 aufgelistet, es **fehlt** aber eine **nähere Konkretisierung**. Es dürften sich bei der Schätzung der Parameter in der Unternehmenspraxis keine Unterschiede ergeben, auch wenn diese zum *best estimate* der Rückstellung führen sollen und damit explizit vorsichtige Schätzungen ausschließen.[502] Als Diskontierungssatz ist gemäß IFRS-SME 28.17 der laufzeitadäquate Marktzins sicherer Industrieanleihen (*high quality corporate bonds*) **am Bilanzstichtag** heranzuziehen. Auch wenn ebenfalls eine Konkretisierung dieser vagen Vorschriften fehlt, impliziert dies in Übereinstimmung mit dem HGB ein **Emittentenrating** von ‚AA'.[503] Mit Ausnahme der im HGB vorgesehenen Mittelwertbildung liegen beiden Regelungskreisen **identische Zinssätze für die Diskontierung** zugrunde.[504] Zusätzlich gestattet IFRS-SME 28.19 die Anwendung der PCUM unter **vereinfachenden Annahmen**, wenn dem Abschlussersteller unverhältnismäßig hohe Kosten entstehen. Diese Vereinfachungen betreffen die Ausklammerung künftiger Lohn- und Gehaltssteigerungen, Fluktuationraten sowie Sterbewahrscheinlichkeiten aktiver Pensionsempfänger bei der Bewertung (IFRS-SME 28.19 lit. a bis c). Lediglich die Sterberate der inaktiven Pensionsempfänger ist abzubilden. Da nicht explizit ist, wann die Kosten unverhältnismäßig hoch in Relation zum Nutzen sind, ist dies ein **faktisches Wahlrecht**.[505] Die Unterdotierung im Vergleich zur PCUM kann beachtlich sein.[506]

Analog zum HGB ist gemäß IFRS-SME 28.15 lit. b das sog. **Planvermögen** (*plan assets*) mit dem *fair value* zu bewerten und mit den **Pensionsrückstellungen zu saldieren**.[507] Hierzu sind bei finanziellen Vermögenswerten die Bewertungsvorschriften von IFRS-

---

501 Vgl. FODOR, J./WILDNER, S., „IAS 19 light", S. 1966.
502 Vgl. GOHDES, A.-E., in: BRUNS, H.-G. ET AL., IFRS-SME, Teil B, Abschn. 28, Rn. 23; BREMBT, T., Möglichkeiten einer internationalisierten Rechnungslegung, S. 130 f.
503 Vgl. RHIEL, R./VEIT, A., Auswirkungen des BilMoG, S. 168 (für das HGB).
504 Vgl. u. a. HÖFER, R./RHIEL, R./VEIT, A., Betriebliche Altersversorgung im BilMoG, S. 1607.
505 Vgl. WENK, M./JAGOSCH, C./SCHMIDT, S., IFRS for SMEs 2009, S. 2168; GOHDES, A.-E., in: BRUNS, H.-G. ET AL., IFRS-SME, Teil B, Abschn. 28, Rn. 26.
506 Vgl. FODOR, J./WILDNER, S., „IAS 19 light", S. 1968 (Differenz der Gesamtverpflichtung im Einzelfall zwischen 30 und 40%).
507 Vgl. RHIEL, R./VEIT, A., Auswirkungen des BilMoG, S. 168 (Übereinstimmung IFRS mit HGB).

SME 11.27-.32 heranzuziehen. Die Definition des Planvermögens (*plan assets*) im IFRS-SME-Glossar deutet auf eine weitgehende Übereinstimmung von IFRS-SME 28 mit den Vorgaben in § 246 Abs. 2 Satz 2 HGB hin.[508] Wie im HGB ist gemäß IFRS-SME 28.22 der die Pensionsrückstellungen übersteigende Betrag zu aktivieren. Indes besteht die Begrenzung auf den Barwert des wirtschaftlichen Nutzens (*economic benefit*), den der Abschlussersteller theoretisch aus dem Überschuss ziehen kann (*asset ceiling test*).[509] Sofern dieser keinen derartigen Nutzen ziehen kann, sondern bspw. Erstattungen an die Pensionsberechtigten leisten muss, ist die Aktivierung ausgeschlossen. **Die Aktivierungsvoraussetzungen sind somit enger gefasst als nach HGB.**

Ändern sich die Bewertungsparameter für die Pensionsverpflichtungen im Zeitablauf (bspw. durch Veränderungen der Sterbewahrscheinlichkeit, Karrieretrends), ist die Anpassung als **versicherungsmathematischer Gewinn/Verlust** zu erfassen. Ändert sich die Pensionsverpflichtung aufgrund der nachträglichen Modifikation des Pensionsplans, ist diese nach IFRS-SME 28.21 sofort ergebniswirksam zu erfassen. Daher entspricht der Bilanzausweis dem handelsrechtlichen *funded status*. Somit wird im Sinne des Vollständigkeitsgebots ein möglichst exakter Ausweis der Verpflichtungshöhe angestrebt, so dass der **Wegfall der Nachverrechnungsmöglichkeiten keine Ergebnisglättung** als Ausfluss des *matching principle* ermöglicht.[510] Gleichzeitig erhöht sich die Objektivierungsstrenge der Gewinnermittlung. Die Zuführung zu den Pensionsrückstellungen ist gemäß IFRS-SME 28.24 wahlweise **ergebniswirksam** (lit. a) oder **ergebnisneutral im *other comprehensive income*** (lit. b) zu erfassen. Da kein späteres *recycling* des im *other comprehensive income* erfassten Ergebnisses in der GuV vorgesehen ist, verstößt diese Regelung gegen ein an der GuV orientiertes **Kongruenzprinzip**.[511] Wie nach § 277 Abs. 5 HGB sind die

---

508 Vgl. BREMBT, T., Möglichkeiten einer internationalisierten Rechnungslegung, S. 132; GOHDES, A.-E., in: BRUNS, H.-G. ET AL., IFRS-SME, Teil B, Abschn. 28, Rn. 27; zu den geringfügigen Unterschieden zwischen IAS 19 und § 246 HGB KÜTING, K./SCHEREN, M./KEßLER, M., Planvermögen nach HGB und IFRS, S. 271.
509 Vgl. GOHDES, A.-E., in: BRUNS, H.-G. ET AL., IFRS-SME, Teil B, Abschn. 28, Rn. 29; SEEMANN, T., in: Beck IFRS HB, 3. Aufl., § 26, Rn. 31.
510 Vgl. KÜTING, K./KEßLER, M., Pensionsrückstellungen nach HGB und IFRS, S. 201.
511 Vgl. BAETGE, J./HAENELT, T., Pensionsrückstellungen im IFRS-Abschluss, S. 2418; JANSSEN, J., Rechnungslegung im Mittelstand, S. 234. Dies wird noch bei der Entwicklung unterschiedlicher Regulierungsoptionen in Abschnitt 52 umfassend zu untersuchen sein.

Kapitel 4: Bilanztheoretisch-hermeneutische Untersuchung der IFRS-SME-Einzelnormen zur Kapitalerhaltung

Erträge aus dem Deckungsvermögen sowie die Aufwendungen aus der Abzinsung der Verpflichtungen im Finanzergebnis auszuweisen (vgl. zusammenfassend *Übersicht 4-22*).

Bilanzierung betrieblicher Altersversorgungspläne im Vergleich		
	IFRS-SME 28	**HGB**
Ansatz	Ausweis des *funded status* (sofortige Erfassung versicherungsmathematischer Gewinne und Verluste)	Ausweis des *funded status* (sofortige Erfassung versicherungsmathematischer Gewinne und Verluste)
Ansatz	*Asset ceiling* zwingend zu berücksichtigen	Keine Berücksichtigung eines *asset ceiling*
Bewertung	PCUM oder vereinfachte PCUM bei unverhältnismäßiger Kosten-/Nutzen-Relation für SME	Kein versicherungsmathematisches Bewertungsverfahren vorgeschrieben (Gleichverteilungsverfahren, PCUM)
Bewertung	Stichtagszins, Abweichung vom Einzelbewertungsgrundsatz ausgeschlossen	Normierter Durchschnittszins, Abweichung vom Einzelbewertungsgrundsatz möglich

Übersicht 4-22: Ansatz und Bewertung von Pensionsrückstellungen nach HGB und IFRS-SME 28[512]

Zusammenfassend lässt sich festhalten, dass hinsichtlich der Ansatz- und Bewertungsvorschriften für Pensionsrückstellungen zwar grundsätzlich **große Übereinstimmungen** festzustellen sind, insbesondere im Zuge der Anwendung der PCUM. Durch die unterschiedliche Berücksichtigung der versicherungsmathematischen Gewinne/Verluste und des Diskontierungszinssatzes ergeben sich aber **für Kapitalerhaltungszwecke bedeutsame Unterschiede**, die nunmehr bilanztheoretisch-hermeneutisch gewürdigt werden müssen.

435.3 Bilanztheoretisch-hermeneutische Würdigung

Hinsichtlich der Ansatzvorschriften bestehen überschaubare Unterschiede zwischen HGB und IFRS-SME. Während das handelsrechtliche Passivierungswahlrecht für Altzusagen für die Abschlussersteller kaum noch Bedeutung haben dürfte und daher unter Kapitalerhaltungsgesichtspunkten unbeachtlich ist, **verstößt das Passivierungswahlrecht für mittelbare Pensionsverpflichtungen gegen das Vollständigkeitsgebot**, da handels-

---

512 In grober Anlehnung an FODOR, J./WILDNER, S., „IAS 19 light", S. 1966.

rechtlich nicht sämtliche wirtschaftliche Belastungen abgebildet werden.[513] Vor diesem Hintergrund weisen die Regelungen in IFRS-SME 28 gegenüber dem HGB Vorteile auf.

Die Anwendung des **Erfüllungsbetrags** unter Zugrundelegung der bei Verpflichtungseintritt maßgeblichen Verhältnisse vermittelt ein **realistischeres Bild der wirtschaftlichen Belastung**. Hierdurch besteht aber die Gefahr eines **Verstoßes gegen die Objektivierungsanforderungen des Kapitalerhaltungszwecks** an die Gewinnermittlung, was vor dem BilMoG durch die strikte Anwendung des Realisationsprinzips sichergestellt war.[514] Die Abschätzung künftiger Preis- und Gehaltssteigerungen ist somit prinzipiell sachgerecht, ermöglicht aber durch die Zukunftsbezogenheit und bei Anwendung der PCUM durch die Berücksichtigung von Planannahmen **subjektive Ermessensspielräume** und **eine Volatilität des Erfüllungsbetrags**.[515] Die großen bilanzpolitischen Spielräume ließen sich durch erste empirische Ergebnisse zur Bewertung von Pensionsrückstellungen nach dem BilMoG nachweisen.[516] Sowohl das HGB als auch IFRS-SME 28 lassen zudem unterschiedliche versicherungsmathematische Verfahren zu. Die Unterschiede bei der Ermittlung der Verpflichtungshöhe können in Abhängigkeit der versicherungsmathematischen Verfahren und der einschlägigen Bewertungsparameter sowohl im Sinne von § 253 Abs. 1 Satz 2 HGB (Gleichverteilungsverfahren vs. PCUM) als auch nach IFRS-SME 28.18-.19 (PCUM vs. vereinfachte PCUM) beträchtlich sein.[517]

Die **Saldierung des Planvermögens mit der Pensionsrückstellung** und der Ausweis des *funded status* nach HGB und IFRS-SME 28.15 stellt c. p. keinen Verstoß gegen das Vollständigkeitsgebot dar, da das Vermögen der Haftungsmasse und dem Gläubigerzugriff

---

513 Vgl. KÜTING, K./KESSLER, H./KEẞLER, M., Moderne Bilanzierungsvorschriften, S. 496 f.; HÖFER, R./RHIEL, R./VEIT, A., Betriebliche Altersversorgung im BilMoG, S. 1605; WOLZ, M./ORDEWURTEL, C., Pensionsrückstellungen nach BilMoG, S. 424 f.

514 Vgl. MOXTER, A., Grundsätze ordnungsgemäßer Rechnungslegung, S. 108 f.; KÜTING, K./KESSLER, H./KEẞLER, M., Moderne Bilanzierungsvorschriften, S. 499.

515 Vgl. kritisch zu den Ermessensspielräumen u. a. WOLZ, M./ORDEWURTEL, C., Pensionsrückstellungen nach BilMoG, S. 425; MOXTER, A., Die Grundsätze ordnungsgemäßer Rechnungslegung, S. 108 f.; a. A. PELLENS, B./KEMPER, T./SCHMIDT, A., Geplante Reformen im Recht der GmbH, S. 410 („[...] *Vorsichtsprinzip an dieser Stelle gestärkt wird* [...]").

516 Vgl. GASSEN, J./PIERK, J./WEIL, M., Pensionsrückstellungen nach dem BilMoG, S. 1064.

517 Vgl. WOLZ, M./ORDELWURTEL, C., Pensionsrückstellungen nach BilMoG, S. 427; FODOR, J./WILDNER, S., „IAS 19 light", S. 1967 (*„Die vom IASB gewählte offene Formulierung führt im Ergebnis zu einem eigentlich nicht beabsichtigten impliziten Wahlrecht"*).

Kapitel 4: Bilanztheoretisch-hermeneutische Untersuchung der IFRS-SME-Einzelnormen zur Kapitalerhaltung

entzogen ist und ausschließlich für die Pensionsberechtigten designiert ist.[518] Die Bewertung des Planvermögens zum beizulegenden Zeitwert (§ 246 Abs. 2 Satz 2 HGB und IFRS-SME 28.15 lit. b) widerspricht dem **Realisationsprinzip**, da Erträge ausgewiesen werden, die **nicht an einen Umsatzakt gebunden sind** und diese unsicheren Wertbestandteile mit wirtschaftlich verursachten Pensionsverpflichtungen verrechnet werden.[519] Sofern das Planvermögen **Güter ohne aktiven Markt** enthält, ist der beizulegende Zeitwert nach IFRS-SME 28.15 lit. b i. V. mit IFRS-SME 11.27-.32 bzw. § 255 Abs. 4 HGB auf *mark to model*-Basis zu schätzen, was zusätzliche Objektivierungsprobleme hervorruft.[520] Insofern ist **für Kapitalerhaltungszwecke eine Bewertung des Planvermögens zu fortgeführten Anschaffungs- bzw. Herstellungskosten** zu fordern.

Die **Diskontierung von Rückstellungen** kommt nach dem Realisationsprinzip nur dann in Betracht, wenn die **Verpflichtung einen Zinsanteil enthält**.[521] Da dies bei Pensionsrückstellungen stets der Fall ist, ist die Abzinsung sowohl nach HGB als auch IFRS-SME zweckadäquat. Durch die handelsrechtliche Normierung des Diskontierungszinssatzes sowie die Durchschnittsbildung weist das HGB (wie bei den sonstigen Rückstellungen) eindeutige Vorteile gegenüber der Anwendung eines in IFRS-SME 28 nur vage definierten Stichtagszinssatzes auf.[522] Da bei langfristigen Verpflichtungen geringe Schwankungen des Diskontierungssatzes eine große Volatilität in der Rückstellungsdotierung nach sich ziehen können, ist die Verwendung eines Stichtagszinssatzes für Kapitalerhaltungszwecke unangemessen.[523] Die **Vereinfachungsmöglichkeit** (§ 253 Abs. 2 Satz 3 HGB) mit einer pauschalen Restlaufzeit von 15 Jahren stellt einen **Verstoß gegen das Einzelbewertungsprinzip** dar.[524] Dies ist aber für Kapitalerhaltungszwecke solange nicht kri-

---

[518] Vgl. MERKT, H., in: BAUMBACH, A./HOPT, J., HGB, 34. Aufl., § 246, Rn. 26; positiv ebenfalls ARBEITSKREIS BILANZRECHT DER HOCHSCHULLEHRER RECHTSWISSENSCHAFT, Einzelfragen zum materiellen Bilanzrecht, S. 212; SCHULZE-OSTERLOH, J., Ausgewählte Änderungen, S. 66.
[519] Vgl. KÜTING, K./KESSLER, H./KEßLER, M., Moderne Bilanzierungsvorschriften, S. 503; BAETGE, J./KIRSCH, H.-J./SOLMECKE, H., Auswirkungen des BilMoG, S. 1220.
[520] Vgl. u. a. BAETGE, J./KIRSCH, H.-J./SOLMECKE, H., Auswirkungen des BilMoG, S. 1217.
[521] Vgl. u. a. SCHULZE-OSTERLOH, J., Ausgewählte Änderungen, S. 70.
[522] Vgl. zu den Vorteilen eines normierten Diskontierungszinssatzes WOLZ, M., Die Bilanzierung von Pensionsverpflichtungen, S. 1377; JANSSEN, J., Rechnungslegung im Mittelstand, S. 235.
[523] Vgl. zu diesem Problem ebenfalls BAETGE, J./HAENELT, T., Pensionsrückstellungen im IFRS-Abschluss, S. 2418.

tisch, wie kein offensichtlicher Verstoß gegen das Vorsichtsprinzip zu vermuten ist. Eine generelle Beurteilung dieser Vereinfachungsmöglichkeit ist daher nicht möglich.[525]

Sowohl im HGB als auch nach IFRS-SME 28 werden **sämtliche Aufwands- und Ertragskomponenten sofort ergebniswirksam** erfasst, so dass eine Nachverrechnung und die damit verbundene Ergebnisglättung in beiden Regelungskreisen nicht möglich ist. Dies ist im Sinne des Vollständigkeitsgebots positiv zu sehen.[526] Indes können gemäß IFRS-SME 28.24 lit. b **versicherungsmathematische Gewinne/Verluste ergebnisneutral** verbucht werden. Das GuV-Jahresergebnis enthält somit nicht sämtliche ausschüttungsrelevanten Effekte. Durch die ergebnisneutrale Erfassung in separaten Rücklagenpositionen erhöht sich die Komplexität der bilanziellen Ausschüttungsbemessung.[527] Zudem ist diese Vorgehensweise **konzeptionell widersprüchlich**, da der Pensionsaufwand auf Basis der erwarteten finanziellen und demografischen Parameter ergebniswirksam erfasst ist, nicht jedoch nachträgliche Abweichungen. **Dieses Wahlrecht ist kritisch zu sehen**.[528]

Die Defizite des HGB bestehen vor allem in den **fehlenden Vorgaben zur Anwendung der Bewertungsverfahren** und der **Bewertungsparameter** sowie der **Bewertung des Planvermögens zum beizulegenden Zeitwert**. Dem stehen das Diskontierungsgebot sowie die unter Objektivierungsgesichtspunkten vorteilhafte Anwendung normierter Durchschnittszinssätze gegenüber. Insgesamt lässt sich daher wohl keine eindeutige Tendenzaussage zur Vorteilhaftigkeit der HGB-Regelungen treffen. Im Vergleich zum HGB bestehen in IFRS-SME 28 allerdings eine größere Zahl an Zweckdivergenzen als nach HGB. Dies betrifft die Anwendung eines Stichtagszinssatzes sowie den Verstoß gegen das Kongruenzprinzip. IFRS-SME 28 entspricht daher nicht dem Kapitalerhaltungszweck (vgl. *Übersicht 4-23*).

---

524 Vgl. THAUT, M., Bilanzierung und Bewertung von Pensionsverpflichtungen, S. 723; kritisch demgegenüber JANSSEN, J., Rechnungslegung im Mittelstand, S. 236.
525 Vgl. WOLZ, M./ORDELWURTEL, C., Pensionsrückstellungen nach BilMoG, S. 426.
526 Vgl. KÜTING, K./KEẞLER, M., Pensionsrückstellungen nach HGB und IFRS, S. 197 f.
527 Dies wird noch Untersuchungsgegenstand bei der Entwicklung unterschiedlicher Regulierungsoptionen in Abschnitt 52 sein.
528 So auch KÜTING, K./KEẞLER, M., Pensionsrückstellungen nach HGB und IFRS, S. 200 und 202; JANSSEN, J., Rechnungslegung im Mittelstand, S. 233.

Kapitel 4: Bilanztheoretisch-hermeneutische Untersuchung der IFRS-SME-Einzelnormen zur Kapitalerhaltung

Regelungsbereich \ Regelungskreis	IFRS-SME	HGB
Pensionsrückstellungen	-	O

Übersicht 4-23: Zusammenfassende Würdigung der Bilanzierung von Pensionsrückstellungen nach IFRS-SME und HGB

44 Zusammenfassung und Implikationen für die nachfolgende Untersuchung in Abschnitt 5

Die bisherigen Ausführungen zum **vierten Problemkreis** (*Bilanztheoretisch-hermeneutische Untersuchung der Einzelnormen des IFRS-SME zur Kapitalerhaltung*) in den **Abschnitten 42** und **43** dienten der Beantwortung der in der Einführung zu diesem Abschnitt aufgeführten **Detailfragen (41)** und **(42)**. Insgesamt wurde deutlich, dass die speziellen Ansatz- und Bewertungsvorschriften des IFRS-SME in ihrer überwiegenden Mehrzahl dem Kapitalerhaltungszweck zuwider laufen. Zwar verschafft auch das HGB in Teilbereichen prädominant dem Rechenschaftszweck Geltung, was sich in Inkompatiblitäten mit den Anforderungen des Kapitalerhaltungszwecks widerspiegelt. Dies betrifft vor allem die Bilanzierung des Vorratsvermögens, der latenten Steuern und des immateriellen Anlagevermögens. Insgesamt weisen die speziellen handelsrechtlichen Ansatz- und Bewertungsvorschriften eine deutlich höhere Adäquanz zur Umsetzung einer bilanziellen Kapitalerhaltung auf als die IFRS-SME-Normen (vgl. *Übersicht 4-24*). Die IFRS-SME-Bilanzierung im Einzelabschluss lässt c. p. eine **gesellschaftsrechtlich unerwünschte Risikoverschiebung auf die Gläubiger** befürchten, die für ein **abgestimmtes Ineinandergreifen** zwischen **gesellschaftsrechtlichen Kapitalerhaltungsgrenzen** des AktG bzw. GmbHG mit einem **zweckkompatiblen bilanziellen Bezugssystem** hinderlich ist.

Regelungsbereich \ Regelungskreis	IFRS-SME	HGB	Korrektur zur Sicherstellung der Kapitalerhaltung
Vorräte (inklusive Fremdkapitalkosten)	O	(-)	☒
Leasing	(-)	O	☑
Rückstellungen (exklusive Pensionsrückstellung)	(-)	O	☑
Eigen- und Fremdkapital	-	+	☑
Erträge (einschließlich langfristiger Auftragsfertigung)	(-)	+	☑
Latente Steuern	(-)	(-)	☒
Finanzinstrumente	-	(+)	☑
Sachanlagevermögen (einschließlich *impairments*)	O	(+)	☑
Immaterielles Anlagevermögen und *goodwill* (einschließlich *impairments*)	(+)	-	☒
Pensionsrückstellungen	-	O	☑

☑ → Zwingend korrekturbedürftiger IFRS-SME-Regelungsbereich
☒ → Keine Korrektur des IFRS-SME-Regelungsbereichs

Übersicht 4-24: Zusammenfassung des Anpassungsbedarfs eines IFRS-SME-Abschlusses zur Sicherstellung einer qualitativ gleichwertigen Kapitalerhaltung

Die Synthese der Antworten auf die **Detailfragen** (41) und (42) führt auf Basis der Zusammenstellung in *Übersicht 4-24* gleichsam zur Beantwortung der **Detailfrage** (43). Aufgrund des Umfangs der Inkompatibilitäten im IFRS-SME liegt zur Sicherstellung einer qualitativ gleichwertigen Kapitalerhaltung die Forderung nach der vollständigen Überleitung eines IFRS-SME-Abschlusses auf die korrespondierenden HGB-Normen nahe, da eine **punktuelle Anpassung besonders gravierender Inkompatibilitäten** eine akzeptable Qualität der Kapitalerhaltung nicht gewährleisten kann. Insofern kommt eine **parallele Rechnungslegung** in Frage, bei der der HGB-Abschluss weiterhin als bilanzielle

Kapitel 4: Bilanztheoretisch-hermeneutische Untersuchung der IFRS-SME-Einzelnormen zur Kapitalerhaltung

Ausschüttungsbemessungsgrundlage und der IFRS-SME-Abschluss (anderen) Informationszwecken[529] dient. Die qualitativ gleichwertige Kapitalerhaltung lässt sich aber im Vergleich zu einer derartigen „*Maximallösung*"[530] sicherstellen, wenn „nur" diejenigen speziellen Ansatz- und Bewertungsvorschriften des IFRS-SME **in Richtung der korrespondierenden HGB-Vorschriften** angepasst werden, die eine geringere Zweckadäquanz als das HGB aufweisen (**zwingend korrekturbedürftige IFRS-SME-Regelungsbereiche**). In diesem Fall müssten die **zwingend korrekturbedürftigen IFRS-SME-Regelungsbereiche** durch **außerbilanzielle Ausschüttungskorrekturen** außerhalb des IFRS-SME-Abschlusses angepasst werden.[531] Auf Basis der Ergebnissynthese in *Übersicht 4-24* handelt es sich um die Vorschriften zur **Leasingbilanzierung**, zur **Rückstellungsbilanzierung**, zur **Abgrenzung von Eigen- und Fremdkapital**, zur **Ertragsrealisation**, zur **Bilanzierung von Finanzinstrumenten**, zur **Sachanlagenbilanzierung** und zur **Bilanzierung von Pensionsrückstellungen**. Der **Umfang der zwingend korrekturbedürftigen Regelungsbereiche** legt auch bei der Umsetzung außerbilanzieller Ausschüttungskorrekturen eine deutliche Zusatzbelastung für SMEs nahe. Folgende Faktoren könnten diesen Befund aber teilweise relativieren:

- Bei **Pensionsrückstellungen** und **sonstigen Rückstellungen** resultiert der wesentliche Unterschied aus unterschiedlichen Diskontierungszinssätzen, so dass die Korrekturmaßnahmen zumeist auf die unterschiedliche Abzinsung beschränkt bleiben können.

- Sofern die Vorschriften zum *impairment* in IFRS-SME 27 für Kapitalerhaltungszwecke in Einklang mit § 253 Abs. 3, 4 HGB korrigiert werden, ergibt sich im Bereich der Sachanlagen und der immateriellen Vermögenswerte kein Anpassungsbedarf. Zwingend korrekturbedürftig sind ausschließlich die *impairment*-Vorschriften für Sachanlagen und immaterielle Vermögenswerte, nicht hingegen die überwiegend zweckadäquaten speziellen IFRS-SME-Vorschriften in IFRS-SME 17, 18 und 19.

- Die geringe Zweckadäquanz der Vorschriften zur Ertragsrealisation resultiert im Wesentlichen aus der Anwendbarkeit der PoC-Methode und nicht auf den übrigen Kri-

---

529 Vgl. zu den Dimensionen eines informationellen Gläubigerschutzes Abschnitt 223.3.
530 ORDELHEIDE, D., Wettbewerb der Rechnungslegungssysteme, S. 31.
531 Vgl. zu den Regulierungsoptionen einer parallelen Rechnungslegung und zu außerbilanziellen Ausschüttungskorrekturen Abschnitt 522 und 523.

Abschnitt 44: Zusammenfassung und Implikationen für die nachfolgende Untersuchung in Abschnitt 5

terien der Ertragsrealisation. Insofern wäre zu überlegen, ob sich die Modifikationen ausschließlich auf die PoC-Methode beschränken und die übrigen Vorschriften aus IFRS-SME 23 unverändert übernommen werden können.

Die Ergebnisse aus **Abschnitt 4** geben **wichtige Implikationen** für die **Entwicklung einer Regulierungsempfehlung** zur Anwendung des IFRS-SME in **Abschnitt 5**: Die in Frage kommenden Regulierungsoptionen einer parallelen Rechnungslegung und außerbilanzieller Ausschüttungskorrekturen, die beide ein Festhalten am bilanziellen Kapitalerhaltungsregime bei gleichzeitiger Anwendung des IFRS-SME im Einzelabschluss erlauben, werden **auf Basis der identifizierten Inkompatibilitäten des IFRS-SME** daraufhin überprüft, inwiefern sie aus **Sicht der Abschlussersteller, -adressaten** und des **Gesetzgebers** eine **positive Relation** aus Nutzen und Kosten aufweisen und **gesamtwirtschaftlich** die **Umsetzung** einer **solchen Regulierung** geboten ist. Hierbei beschränkt sich die Analyse auf die **Umsetzung eines Unternehmenswahlrechts**, d. h. einem Wahlrecht zwischen der **Anwendung des HGB** und dem nachfolgend zu **entwickelnden Regulierungsmodell**, unter den in **Abschnitt 335** zusammenfassend dargelegten europarechtlichen Einschränkungen.[532]

---

[532] Vgl. hierzu bereits Abschnitt 15.

5 Schlussfolgerungen zur Sicherstellung des Kapitalerhaltungszwecks auf Basis des IFRS-SME

51 Vorüberlegungen zum Untersuchungsziel und zur Vorgehensweise

Die Untersuchung hat verdeutlicht, dass c. p. eine befreiende Anwendung des IFRS-SME für Kapitalerhaltungszwecke abzulehnen ist. Indes sollte sich einer Anwendung des IFRS-SME nicht schon deshalb verschlossen werden, weil dieser für Kapitalerhaltungszwecke nicht „passt". Vielmehr ist die IFRS-SME-Bilanzierung im Einzelabschluss daran zu knüpfen, dass die **zweckwidrigen Regelungsbereiche des IFRS-SME kapitalerhaltungskompatibel gemacht werden** und eine **bilanzielle Ausschüttungsbemessungsgrundlage ermittelt wird**, die sich systemadäquat in das geltende Kapitalerhaltungsregime einfügt. Wegen des Umfangs der Inkompatibilitäten und der damit verbundenen Zusatzkosten bei Anwendung des IFRS-SME (ebenso wie der IFRS)[1] im Vergleich zum HGB ist eine **verpflichtende IFRS-SME-Bilanzierung** anstelle des HGB derzeit **weder unter ökonomischen noch unter rechtspolitischen Aspekten vertretbar** und wird durch den deutschen Gesetzgeber zur Zeit auch ausgeschlossen.[2] Die folgenden Regulierungsoptionen umfassen daher die Umsetzbarkeit eines **Unternehmenswahlrechts** im Einzelabschluss.[3]

Im Zuge eines Unternehmenswahlrechts ist sicherzustellen, dass die Funktionsweise von §§ 57 Abs. 3 AktG, 30 Abs. 1 GmbHG unabhängig davon sichergestellt wird, ob der Jahresabschluss nach dem IFRS-SME oder nach HGB erstellt wird. **Folgerichtig darf das Gläubigerschutzniveau durch Kapitalerhaltung nicht durch die Wahl des Regelungskreises beeinträchtigt werden.**[4] Im Speziellen soll die Anwendung des IFRS-SME nicht zu einem „Zwei-Klassen-Gläubigerschutz" durch Kapitalerhaltung und damit zu einer

---

1 Vgl. Abschnitt 12 (mit Überblick über das einschlägige Schrifttum zu den IFRS).
2 Vgl. Abschnitt 12.
3 Vgl. Abschnitt 15.
4 Vgl. ARBEITSKREIS BILANZRECHT DER HOCHSCHULLEHRER RECHTSWISSENSCHAFT, Zur Fortentwicklung des deutschen Bilanzrechts, S. 2377; HENNRICHS, J., IFRS und Mittelstand, S. 365; HENNRICHS, J., Eignung für Ausschüttungszwecke, S. 424 (*„rechtspolitisch unbillig"*); zum Problem des *„Verfall[s] der staatlichen Ordnung"* durch die unregulierte Anwendung der IFRS in den 1990er Jahren u. a. ORDELHEIDE, D., Wettbewerb der Rechnungslegungssysteme, S. 20.

Kapitel 5: Schlussfolgerungen zur Sicherstellung des Kapitalerhaltungszwecks auf Basis des IFRS-SME

Gefährdung der Einheit der Rechtsordnung führen.[5] Das HGB dient in Abhängigkeit der als erforderlich angesehenen Korrekturen für Kapitalerhaltungszwecke als „Ausschüttungsrechnungslegung", während das IFRS-SME-Regelwerk als „Informationsrechnungslegung"[6] und als bilanzielle Bezugsbasis der Korrekturmaßnahmen anzusehen ist.

Der **fünfte Problemkreis** (*Schlussfolgerungen zur Sicherstellung des Kapitalerhaltungszwecks auf Basis des IFRS-SME*) lässt sich durch folgende Detailfragen zusammenfassen:

(51) Welche Regulierungsoptionen auf Basis eines Unternehmenswahlrechts zur Anwendung des IFRS-SME sind für den Einzelabschluss verfügbar und welche Kosten und welcher Nutzen entstehen für Abschlussersteller, -adressaten und Gesetzgeber ausgehend von den in **Abschnitt 4** identifizierten korrekturbedürftigen Regelungsbereichen?

(52) Welche Regulierungsempfehlung zur Anwendung des IFRS-SME lässt sich unter dem Gesichtspunkt der Kapitalerhaltung als Synthese der Problembereiche 1 bis 5 formulieren?

(53) Inwiefern wird die Einschätzung zu Kosten und zu Nutzen der entwickelten Regulierungsempfehlung im Rahmen einer realen, probeweisen Anwendung des IFRS-SME bei einem deutschen SME bestätigt?

Zur Beantwortung der **Detailfrage (51)** werden in **Abschnitt 52** die Regulierungsoptionen (parallele Rechnungslegung nach HGB und IFRS-SME,[7] außerbilanzielle Ausschüttungskorrekturen) in der gebotenen Kürze vorgestellt (vgl. *Übersicht 5-1*). Von besonderem Interesse wird hierbei sein, inwiefern **außerbilanzielle Ausschüttungskorrekturen Erleichterungen** im Vergleich zur **parallelen Rechnungslegung** nach dem IFRS-SME

---

5   Vgl. ZÜLCH, H./GÜTH, S./STAMM, A., Einzelabschluss nach dem IFRS for SMEs, S. 712; in diesem Sinne bereits STROBL, E., IASC-Rechnungslegung, S. 407 („[...] *Überdenken der bestehenden Verknüpfungen zwischen Bilanzrecht und Gesellschaftsrecht wird erforderlich*"); WATRIN, C., Sieben Thesen, S. 938; RAMMERT, S., Erhaltung der Kapitalerhaltung, S. 592; PELLENS, B./KEMPER, T./SCHMIDT, A., Geplante Reformen im Recht der GmbH, S. 421; differenzierend hingegen NAUMANN, K.-P., Fortentwicklung der handelsrechtlichen Rechnungslegung, S. 426 (für IFRS).

6   Auf die Erörterung, inwiefern eine „Informationsfunktion" durch Rechnungslegungsinformationen, insbesondere zur Entscheidungsunterstützung, sichergestellt werden kann, wird an dieser Stelle verzichtet. Vgl. hierzu bereits Abschnitt 223.3.

7   Vgl. zum Begriff der parallelen Rechnungslegung PELLENS, B./FÜLBIER, R./GASSEN, J./SELLHORN, T., Internationale Rechnungslegung, S. 48.

und dem HGB bieten. Eine solche Abwägung der beiden Regulierungsalternativen stellt jeweils die Kosten für Abschlussersteller und Abschlussadressaten sowie die Regulierungskosten für den Gesetzgeber dem Nutzen für diese Gruppen qualitativ gegenüber.

Anschließend wird mit Blick auf die **Detailfrage (52)** in **Abschnitt 53** eine Regulierungsempfehlung entwickelt, die hinsichtlich der **Dimensionen Abschlusserstellung** (einschließlich **Ausweis**), **Publizität** und **Abschlussprüfung** in Gesetzesform formuliert wird. Diese Regulierungsempfehlung greift als Synthese die Ergebnisse vorangegangener Ausführungen in **Abschnitt 52** sowie aus **Abschnitt 2**, **3** und **4** zusammenfassend auf.

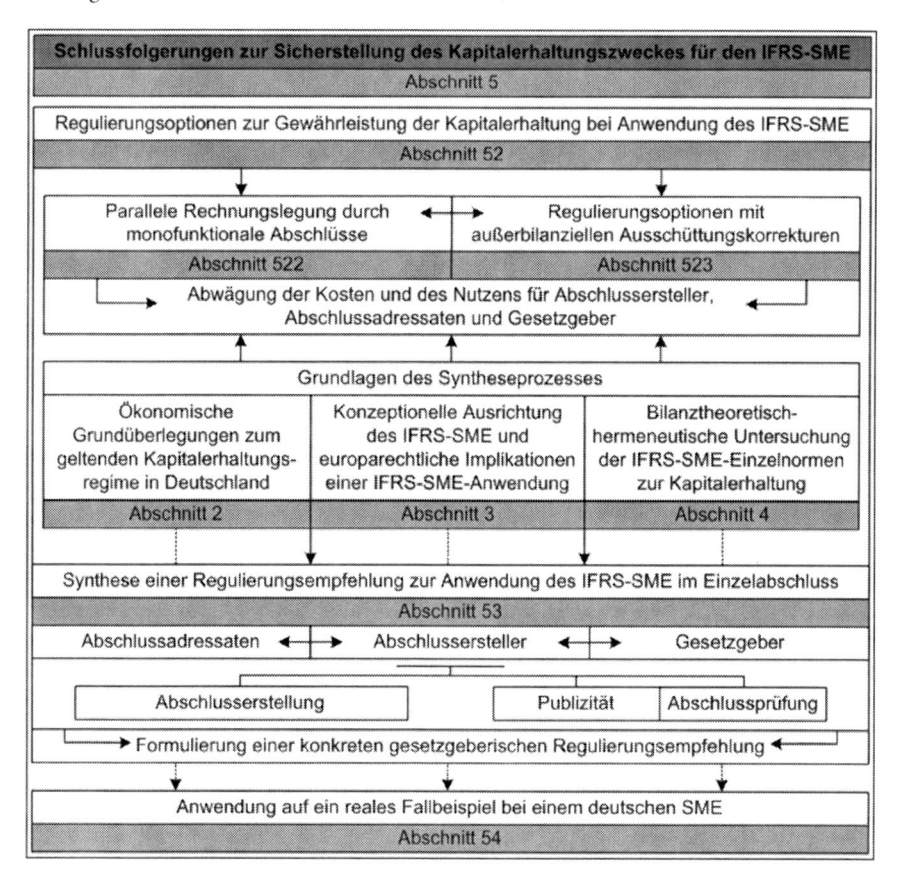

Übersicht 5-1: Struktur des Vorgehens in Kapitel 5

Zur Beantwortung der **Detailfrage (53)** steht in **Abschnitt 54** die Überprüfung der Regulierungsempfehlung auf ihre Praxistauglichkeit im Untersuchungsfokus. Hierfür wurden die **Ansatz- und Bewertungsvorschriften des IFRS-SME** bei einem **deutschen SME** neben den HGB-Normen zum 31. Dezember 2009 **probeweise** angewendet.[8] Die Vorgehensweise in **Abschnitt 5** wird zusammenfassend in *Übersicht 5-1* dargestellt.

52 Regulierungsoptionen zur Gewährleistung der Kapitalerhaltung bei Anwendung des IFRS-SME

521. Überblick

Die **befreiende Anwendung des IFRS-SME** anstelle eines HGB-Abschlusses ist für Kapitalerhaltungszwecke **abzulehnen**.[9] Um die qualitative Gleichwertigkeit der Kapitalerhaltung im Vergleich zum HGB bei einer IFRS-SME-Bilanzierung im Einzelabschluss herzustellen, kommen **verschiedene Regulierungsoptionen** in Frage (vgl. *Übersicht 5-2*).

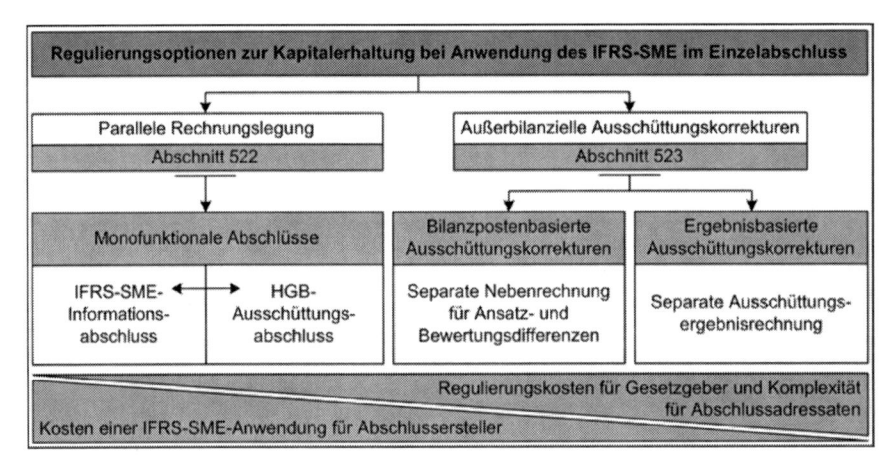

Übersicht 5-2: Regulierungsoptionen bei Anwendung des IFRS-SME im Einzelabschluss[10]

Bei einer **Regulierung auf Basis sog. außerbilanzieller Ausschüttungskorrekturen** muss der Gesetzgeber explizit die Anpassungstatbestände des IFRS-SME zur Sicherstellung des Kapitalerhaltungszwecks festlegen. Mit Blick auf die Sicherstellung einer qualitativ gleichwertigen Kapitalerhaltung betrifft dies die zwingend korrekturbedürftigen IFRS-SME-Regelungsbereiche. Die IFRS-SME-Vorschriften zur Vorratsbilanzierung, Steuerla-

---

8 Vgl. hierzu bereits Abschnitt 14.
9 Vgl. hierzu Abschnitt 44.
10 In grober Anlehnung an ZÜLCH, H./GÜTH, S./STAMM, A., Einzelabschluss nach dem IFRS for SMEs, S. 714.

tenzierung und zum immateriellen Anlagevermögen sind somit von den Korrekturmaßnahmen ausgenommen.[11] Bei der **Regulierungsoption der parallelen Rechnungslegung** sind **sämtliche Bilanzierungssachverhalte** im IFRS-SME-Abschluss ausnahmslos auf ihre Konformität mit dem Kapitalerhaltungszweck hin zu überprüfen, so dass neben einem „IFRS-SME-Informationsabschluss" ein vollständiger „HGB-Ausschüttungsabschluss" erstellt werden muss. Die Umsetzung außerbilanzieller Ausschüttungskorrekturen **konvergiert** in Richtung eines HGB-Ausschüttungsabschlusses, je **umfangreicher** die **Ausschüttungskorrekturen** sind.[12] Die Kosten aus der Anwendung der Regulierungsoption außerbilanzieller Ausschüttungskorrekturen für die Abschlussersteller sowie die Regulierungskosten des Gesetzgebers steigen umso mehr, je größer der Anpassungsbedarf ist.

522. Parallele Rechnungslegung durch monofunktionale Abschlüsse nach IFRS-SME und HGB

522.1 Abschlusserstellung

522.11 Ansatz- und Bewertungsvorschriften

Im Falle einer parallelen Anwendung des HGB und des IFRS-SME richten sich die für die Kapitalerhaltung einschlägigen Ansatz- und Bewertungsvorschriften nach dem handelsrechtlichen Normensystem, das der Abschlussersteller vollumfänglich anzuwenden hat. Hierdurch wird ein monofunktionaler IFRS-SME-Einzelabschluss für „Informationszwecke" und ein hiervon losgelöster HGB-Einzelabschluss für Kapitalerhaltungszwecke erstellt, m. a. W. eine **(mono-)funktionale Trennung des Einzelabschlusses** erreicht.[13] Die unterschiedliche Erfassung komplexer Bilanzierungssachverhalte für Informations- und Kapitalerhaltungszwecke, z. B. im Bereich der Leasingbilanzierung oder außerplanmäßiger Abschreibungen nach HGB im Vergleich zu *impairment losses*

---

11 Vgl. Abschnitt 44.
12 Vgl. ZÜLCH, H./GÜTH, S./STAMM, A., Einzelabschluss nach dem IFRS for SMEs, S. 714 (für bilanzpostenbasierte Ausschüttungssperren) und S. 715 (für ergebnisbasierte Ausschüttungssperren); LANFERMANN, G./RICHARD, M., Ausschüttungen auf Basis von IFRS, S. 1930.
13 Vgl. hierzu u. a. STROBL, E., IASC-Rechnungslegung, S. 412 („*doppelte Bilanzierung*"); PELLENS, B./FÜLBIER, R., Differenzierung der Rechnungslegungsregulierung, S. 587; SCHÖN, W., Gesellschafter-, Gläubiger- und Anlegerschutz, S. 739; RAMMERT, S., Erhaltung der Kapitalerhaltung, S. 586 („*Ausschüttungsbilanz*"); SCHÖN, W., Internationalisierung der Rechnungslegung, S. 79; MERKT, H., IFRS und die Folgen für den Kapitalschutz, S. 104; SCHÖN, W., Balance Sheet Tests or Solvency Tests, S. 196 f.; HOMMELHOFF, P., Modernisiertes HGB-Bilanzrecht, S. 253.

Kapitel 5: Schlussfolgerungen zur Sicherstellung des Kapitalerhaltungszwecks auf Basis des IFRS-SME

nach IFRS-SME, lässt sich durch die **Trennung in zwei Abschlüsse** in **nachvollziehbarer Form aufbereiten**. Insofern ist auch die Anwendung der konzeptionellen Grundlagen in beiden Regelungskreisen, bspw. bei der Regellückenschließung nach IFRS-SME 10.4.-.6 bzw. auf Basis des GoB-Systems,[14] voneinander unabhängig.

Die Ermittlung der Ausschüttungsgrenzen basiert in einem derartigen Szenario auf dem HGB-Ausschüttungsabschluss. Die wirtschaftliche Zusatzbelastung aus der parallelen Anwendung zweier Regelungskreise ist der „Preis" für das Haftungsprivileg der Gesellschafter im Verhältnis zu den Gläubigern und für die erhoffte positive Realisierung von Nutzeneffekten dieser Unternehmen aus der Anwendung des IFRS-SME.[15] Durch die Bezugnahme auf die HGB-Normen sorgt der Gesetzgeber dafür, dass durch die Anwendung des IFRS-SME im Einzelabschluss nicht die **Einheit der Rechtsordnung** bei der Anspruchsbemessung (Kapitalerhaltungszweck) gefährdet wird. Durch das Festhalten an der HGB-Bilanzierung für Kapitalerhaltungszwecke wird zudem dem Umstand Rechnung getragen, dass die Rechnungslegungsvorschriften zwangsläufig in den übrigen **institutionellen Rahmen** eines jeweiligen Landes eingebettet sein müssen.[16] Das Festhalten am HGB sorgt für ein **friktionsloses Ineinandergreifen** von Gesellschaftsrecht und bilanzieller Bezugsbasis, so dass die Umsetzung der Regulierungsoption der parallelen Rechnungslegung mit **geringen Regulierungskosten,** d. h. der Kosten für Gesetzesänderungen, für die Rechtsprechung sowie für die exekutive Normdurchsetzung zur Umsetzung einer parallelen Rechnungslegung, verbunden ist.[17]

Bereits das geltende Recht ermöglicht die freiwillige Anwendung der IFRS bzw. des IFRS-SME, sofern die handelsrechtlichen Rechtsnormen **zusätzlich** vollumfänglich angewendet werden.[18] Eine Einschränkung oder ein Verbot einer solchen freiwilligen Zusatz-

---

14 Vgl. hierzu Abschnitt 324.4 bzw. Abschnitt 233.
15 Vgl. in diesem Sinne ARBEITSKREIS BILANZRECHT DER HOCHSCHULLEHRER RECHTSWISSENSCHAFT, Zur Fortentwicklung des deutschen Bilanzrechts, S. 2377.
16 Vgl. LEUZ, C., Rechnungslegung und Kreditfinanzierung, S. 228; KAHLE, H., Internationale Rechnungslegung, S. 241; KUHNER, C., Zur Zukunft der Kapitalerhaltung, S. 783.
17 Vgl. bereits Abschnitt 223.2 (HGB als Ausdruck eines Entwicklungspfads rechtlicher Regelungen und damit Ausdruck eines spezifischen Funktionsprofils).
18 Vgl. PELLENS, B./FÜLBIER, R., Differenzierung der Rechnungslegungsregulierung, S. 593; ARBEITSKREIS BILANZRECHT DER HOCHSCHULLEHRER RECHTSWISSENSCHAFT, Zur Fortentwicklung des deutschen Bilanzrechts, S. 2377.

erstellung wäre ein **unzulässiger Eingriff in die Vertrags- und Handlungsfreiheit** des Abschlusserstellers.[19] Es bleibt zu hinterfragen, inwiefern die wirtschaftliche Belastung einer parallelen Rechnungslegung durch **gesetzgeberische Maßnahmen** verringert werden kann, ohne die **Qualität der Kapitalerhaltung negativ** zu beeinflussen. Die Kodifizierung eines Unternehmenswahlrechts zwischen der parallelen Anwendung des IFRS-SME und des HGB bzw. der bisherigen HGB-Bilanzierung ist geboten, wenn für die **Abschlusserstellung (einschließlich Ausweis)**, **Abschlussprüfung** und/oder **Offenlegungspflichten** Erleichterungen realisiert werden. Beschränkungen hinsichtlich der Ansatz- und Bewertungsvorschriften sind bei dieser Regulierungsoption definitionsgemäß ausgeschlossen. Insofern beziehen sich Erleichterungen im Bereich der Abschlusserstellung auf Ausweisfragen.

Für den Abschlussersteller dürfte vor allem die **doppelte Ermittlung der Steuerlatenzen im IFRS-SME- und HGB-Abschluss** mit hohen Kosten verbunden sein.[20] Durch die Anwendung des *temporary*-Konzepts[21] ist die Steuerlatenzierung in beiden Regelungskreisen ähnlich komplex, da nicht nur temporäre, sondern auch quasi-permanente Differenzen abzubilden sind.[22]

522.12 Ausweis

Für Kapitalerhaltungszwecke ist die Ausgestaltung eines separaten „HGB-Ausschüttungsabschlusses" bei einer parallelen Rechnungslegung maßgeblich. Hierbei kann sich auf die **Bilanz** und **GuV** nach HGB als Bestandteile eines Ausschüttungsabschlusses beschränkt werden. Der HGB-Abschluss nimmt im Vergleich zum IFRS-SME-Abschluss eine *„Ausschüttungssperrfunktion"*[23] ein. Daneben ist der Ausweis einer „Ausschüttungs-GuV"

---

19 So u. a. NIEHUS, R., Einzelabschlüsse, S. 750; MERSCHMEYER, M., Die Kapitalschutzfunktion des Jahresabschlusses, S. 309 f. („*Akt ‚paternalistischer Fürsorge', der [...] durch nichts gerechtfertigt wäre*").

20 Vgl. zu Erfahrungen bei der IFRS-Umstellung BDI/BDB/E & Y (HRSG.), Umstellung der Rechnungslegung, S. 25 („*Die Ermittlung der latenten Steuern [...] führt zu einem großen zusätzlichen Aufwand*"); ähnlich bei der probeweisen IFRS-SME-Anwendung DRSC (HRSG.), Report on the Field Tests, S. 18.

21 Vgl. hierzu Abschnitt 431.

22 So auch HENNRICHS, J., Auswirkungen des BilMoG, S. 109; KÜTING, K./SEEL, C., Die Ungereimtheiten der Regelungen, S. 923.

23 STÜTZEL, W., Bemerkungen zur Bilanztheorie, S. 324.

Kapitel 5: Schlussfolgerungen zur Sicherstellung des Kapitalerhaltungszwecks auf Basis des IFRS-SME

angezeigt, damit die Gläubiger die zur Kapitalerhaltung maßgeblichen Erfolgsquellen identifizieren können. Der bilanzielle Reinvermögensausweis ist **nicht ausreichend**.[24]

Die Erstellung des **handelsrechtlichen Anhangs** in Ergänzung zum IFRS-SME-Abschluss mit **Bilanz, Gesamtergebnisrechnung, IFRS-SME-Anhang, Eigenkapitalspiegel** und **Kapitalflussrechnung** nach IFRS-SME 3.17 ist entbehrlich.[25] Es sollte aber die gesetzliche Verpflichtung bestehen, diejenigen Sachverhalte und Bilanzierungseffekte zu erläutern, die zu **wesentlichen Abweichungen** zwischen dem IFRS-SME-Informationsabschluss und dem verkürztem HGB-Ausschüttungsabschluss führen.[26] Ein stark verändertes Bilanzbild könnte sich bspw. ergeben, wenn Leasingverträge zu einem unterschiedlichen Bilanzansatz des Leasingobjekts nach HGB und IFRS-SME führen oder bei der Ertragsrealisation im IFRS-SME (u. a. PoC-Methode) Anwendung findet.

Durch die Verpflichtung zur Erstellung eines HGB-Ausschüttungsabschlusses reduziert sich die parallele Anwendung zweier Regelungskreise auf die vollständige Anwendung der IFRS-SME-Rechnungslegungsvorschriften i. V. mit einem Ausschüttungsabschluss **unter Beachtung der handelsrechtlichen Grundsätze ordnungsmäßiger Buchführung**, einschließlich der speziellen Vorschriften für Kapitalgesellschaften. Ergänzende Angaben beschränken sich auf **wesentliche Abweichungen zwischen IFRS-SME- und verkürztem HGB-Abschluss,** die im IFRS-SME-Anhang in einem separaten Abschnitt ausgewiesen werden können. Die **Ausweisvorschriften** sind mit § 266 Abs. 2, 3 HGB für Bilanz und durch § 275 Abs. 2, 3 HGB für die GuV handelsrechtlich vorgegeben. Hierdurch wird zudem die Vereinbarkeit der Ausweisvorschriften mit den europarechtlichen Normvorgaben auf Basis der BilRL sichergestellt. Dies betrifft gleichsam die erweiterten Anhangangaben mit den jeweiligen Abweichungen zwischen HGB und IFRS-SME. Insofern ist eine solche Regulierung **im Bereich der Abschlusserstellung als europarechtskonform** anzusehen.

---

24 So aber EIERLE, B., Die Entwicklung der Differenzierung, S. 492 („*Für Ausschüttungszwecke würde es genügen, das entziehbare Ergebnis nur in Summe auszuweisen*").

25 A. A. FÜLBIER, R./GASSEN, J., Handelsrechtliche GoB vor der Neuinterpretation, S. 2608; ARBEITSKREIS BILANZRECHT DER HOCHSCHULLEHRER RECHTSWISSENSCHAFT, Grundkonzept und Aktivierungsfragen, S. 154; SCHULZE-OSTERLOH, J., Ausgewählte Änderungen, S. 72 (jeweils im Rahmen von § 264e HGB-RefE).

26 Vgl. zu einem derartigen Erfordernis bereits SIEGEL, T., Mangelnde Ernsthaftigkeit, S. 141.

Abschnitt 52: Regulierungsoptionen zur Gewährleistung der Kapitalerhaltung bei Anwendung des IFRS-SME

Nach § 268 Abs. 1 HGB besteht die Möglichkeit, die Bilanz **nach Ergebnisverwendung** auszuweisen und von den o. g. Bilanzgliederungsvorschriften in § 266 Abs. 2, 3 HGB abzuweichen. Dies ist vor allem dann bedeutsam, wenn **gesetzliche (§ 150 AktG), satzungsmäßige** oder **gesellschaftsvertragliche Verpflichtungen** zur Dotierung der Rücklagen (z. B. nach §§ 58 Abs. 2 AkG, 29 Abs. 1 Satz 2 GmbHG) bestehen. Zudem ist eine **Ergebnisverwendungsrechnung** für die **AG nach § 158 Abs. 1 AktG** verpflichtend als Fortführung der GuV oder im Anhang zu erstellen. Für die GmbH wird deren Erstellung empfohlen, sofern **erhebliche Abweichungen** zwischen Bilanzgewinn und HGB-Jahresüberschuss bestehen.[27] Aufgrund der Erstellung einer HGB-Ausschüttungsbilanz/-GuV können diese Normen weiterhin am HGB-Ausschüttungsabschluss ansetzen und bedürfen keiner Anpassung.

Bei der Regulierungsoption der parallelen Rechnungslegung lassen sich die gesellschaftsrechtlichen Kapitalerhaltungsnormen zur Festlegung des maximalen Ausschüttungsvolumens auf eine zweckadäquate bilanzielle Bezugsbasis adaptieren.[28] Hierdurch wird sichergestellt, dass die **Abgrenzung des Eigenkapitals** zum Schutz der Gläubiger gegen eine Einlagenrückgewähr nach §§ 57 Abs. 1 AktG, 30 Abs. 1 GmbHG i. V. mit § 272 HGB vorgenommen wird und Inkompatibilitäten zwischen der IFRS-SME- und der HGB-Kapitalabgrenzung[29] nicht zum Tragen kommen. Zudem ist sichergestellt, dass die **Ausschüttungssperren nach § 268 Abs. 8 HGB** als **spezielle Ergebnisverwendungsvorschrift**[30] sowie die allgemeinen gesellschaftsrechtlichen Ergebnisverwendungsnormen in § 29 Abs. 1 GmbHG und in §§ 58, 150, 158 AktG ihre bisherige Geltung behalten.

Eine andere Ausgestaltungsvariante der parallelen Rechnungslegung stellt die sog. **Zwei-Spalten-Rechnung** (*two statements approach*) dar.[31] Hierbei wird die „Ausschüttungsrech-

---

27 Vgl. ADS, 6. Aufl., § 268, Rn. 14.
28 Vgl. hierzu u. a. ARBEITSKREIS BILANZRECHT DER HOCHSCHULLEHRER RECHTSWISSENSCHAFT, Zur Fortentwicklung des deutschen Bilanzrechts, S. 2378; SCHÖN, W., Gesellschafter-, Gläubiger- und Anlegerschutz, S. 739 („*Vorteil besonderer Klarheit*").
29 Vgl. hierzu Abschnitt 425 (insbesondere bei kündbaren GmbH-Anteilen).
30 Vgl. hierzu bereits Abschnitt 233.5.
31 Vgl. hierzu u. a. STAMP, E., Multi-Column-Reporting, S. 57-77; BALLWIESER, W., Zur Begründbarkeit informationsorientierter Jahresabschlussverbesserungen, S. 778; ORDELHEIDE, D., Wettbewerb der Rechnungslegungssysteme, S. 31; SIEGEL, T., Normierung der Rechnungslegung, S. 345; LÜHR, I., Internationale Rechnungslegung, S. 333.

Kapitel 5: Schlussfolgerungen zur Sicherstellung des Kapitalerhaltungszwecks auf Basis des IFRS-SME

nungslegung" (HGB) für jeden Bilanz- und GuV-Posten um eine „Informationsrechnungslegung" in einer separaten Spalte (bzw. Zeile), d. h. in diesem Fall nach IFRS-SME, erweitert. Somit werden unterschiedliche Rechnungslegungsfunktionen nicht in zwei unterschiedlichen Abschlüssen ausgewiesen, sondern in *einem* Rechenwerk vereint. Damit handelt es sich nur um eine **andere Ausweisform zweier monofunktionaler Rechnungslegungssysteme**. Wie bei separaten, parallel ausgestellten Abschlüssen nach IFRS-SME und HGB besteht das Problem eines *information overload*.[32] Dieses verschärft sich aber bei einer Zwei-Spalten-Rechnung aber dadurch, dass beim Einbezug von Vorjahreswerten vier Spalten bzw. Zeilen in *einem* Rechenwerk ausgewiesen werden.[33] Neben den Ausweisproblemen scheitert im Fall des IFRS-SME und des HGB diese Ausgestaltungsvariante daran, dass die **beiden Rechnungslegungskreise nicht planmäßig aufeinander abgestimmt** sind. Einige Regelungen des IFRS-SME sind für Kapitalerhaltungszwecke vorteilhafter als nach HGB,[34] so dass die durchgängige Interpretation des IFRS-SME als „informationsorientierte" Erweiterung des HGB konzeptionell fehlschlägt. Auch die Ergebnisgrößendefinition im Rahmen des *other comprehensive income* verhindert eine Vergleichbarkeit zwischen IFRS-SME und HGB, da das *other comprehensive income* nicht als „informationsorientierte" Erweiterung im Sinne eines *performance*-Ausweises im Verhältnis zum HGB anzusehen ist.[35] Insgesamt bleibt festzuhalten, dass die Trennung durch monofunktionale, separate Abschlüsse nach HGB und IFRS-SME die einzig sinnvolle Variante einer parallelen Rechnungslegung darstellt.

---

32 Vgl. zu diesem Problem BALLWIESER, W., Nutzen handelsrechtlicher Rechnungslegung, S. 21; BAETGE, J./THIELE, S., Gesellschafterschutz versus Gläubigerschutz, S. 21; SIEGEL, T., Mangelnde Ernsthaftigkeit, S. 135 („*schwer vorstellbar*"); EIERLE, B., Die Entwicklung der Differenzierung, S. 487 („*Vertrauenseinbußen und Verwirrungen bei den Abschlussadressaten*"); MERKT, H., IFRS und die Folgen für den Kapitalschutz, S. 104; a. A. wohl ALBERTH, R., US-amerikanische Gläubigerbilanzen durch Covenants, S. 821; SCHÖN, W., Entwicklung und Perspektiven des deutschen Handelsbilanzrechts, S. 159.

33 Vgl. STAMP, E., Multi-Column-Reporting, S. 75; hierzu ebenfalls SCHMIDT, I., Ansätze für eine umfassende Rechnungslegung, S. 141.

34 Vgl. hierzu Abschnitt 44.

35 Vgl. HETTICH, S., Zweckadäquate Gewinnermittlungsregeln, S. 171 f. hierzu bereits Abschnitt 324.35.

522.2 Publizität und Prüfung

Ohne an dieser Stelle die ökonomische Wirkung von Offenlegungspflichten eingehend zu würdigen,[36] müssen sich die **Offenlegungspflichten** für den IFRS-SME-Abschluss passgenau in die Verpflichtungen nach § 325 Abs. 1 HGB für die HGB-Abschlussersteller einfügen. Die Offenlegung erstreckt sich folgerichtig auf den **gesamten IFRS-SME-Abschluss**. Da der HGB-Ausschüttungsabschluss zur Sicherstellung des Kapitalerhaltungszwecks aus Gläubigersicht essenzielle Bedeutung hat, muss zudem die Ausschüttungsbilanz und -GuV offen gelegt werden.[37] Die Gläubiger sollten über die Ausschüttungsgrenzen, in Einklang mit §§ 57 Abs. 3, 30 Abs. 1 GmbHG, sowie die an diese anknüpfenden Ergebnisverwendungstatbestände informiert sein. Gleiches gilt für die übrigen Offenlegungspflichten nach § 325 Abs. 1 HGB, sofern die Abschlussersteller zu deren Anfertigung handels-/gesellschaftsrechtlich verpflichtet sind. Hierzu gehören der **Lagebericht** und ein **Ergebnisverwendungsvorschlag/-beschluss** (§§ 170 Abs. 2 AktG, 174 Abs. 1 AktG). Für die GmbH gilt §§ 42a Abs. 2, 46 Nr. 1 GmbHG.[38]

Auf eine umfassende ökonomische Würdigung der Vorschriften zur **Abschlussprüfung** wird wiederum verzichtet.[39] Um die Konformität mit geltendem Handelsrecht zu gewährleisten, hat sich die **Prüfungspflicht** auf den **IFRS-SME-** und auf den **verkürzten HGB-Abschluss** zu erstrecken, sofern eine Prüfungspflicht nach § 316 HGB vorliegt. Ausschließlich **kleine Kapitalgesellschaften** sind nach § 316 Abs. 1 Satz 1 HGB von der **Prüfungspflicht ausgenommen**. Die **Bestätigungsvermerke** für beide Abschlüsse sind in Anlehnung an § 325 Abs. 1 HGB offenzulegen.

---

36 Vgl. hierzu u. a. PELLENS, B./FÜLBIER, R./GASSEN, J., Unternehmenspublizität unter veränderten Marktbedingungen, S. 56-65; WATRIN, C., Internationale Rechnungslegung und Regulierungstheorie, S. 47-107.

37 So auch HOMMELHOFF, P., Modernisiertes HGB-Bilanzrecht, S. 262; gegen die Veröffentlichung zweier Rechenwerke PELLENS, B./GASSEN, J., EU-Verordnungsentwurf, S. 140; PELLENS, B./KEMPER, T./SCHMIDT, A., Geplante Reformen im Recht der GmbH, S. 420, Fn. 183.

38 Bei der GmbH besteht im Gegensatz zur AG keine generelle Pflicht zur Erstellung eines Ergebnisverwendungsvorschlags, so dass sich die Offenlegungspflicht nur auf den Ergebnisverwendungsbeschluss beziehen kann. Vgl. ELLROTT, H./GROTTEL, B., in: Beck Bilanzkomm., 7. Aufl., § 325, Rn. 14; Altmeppen, H., in: ROTH, G./ALTMEPPEN, H., GmbHG, 6. Aufl., § 42a, Rn 31.

39 Vgl. hierzu überblicksartig EIERLE, B., Die Entwicklung der Differenzierung, S. 60-62; zu den geltenden handelsrechtlichen Vorschriften BAETGE, J./KIRSCH, H.-J./THIELE, S., Bilanzen, S. 42.

Kapitel 5: Schlussfolgerungen zur Sicherstellung des Kapitalerhaltungszwecks auf Basis des IFRS-SME

522.3 Potenzielle Kosten für die Abschlussersteller und Ergebnisse empirischer Untersuchungen

Die Umsetzung eines Unternehmenswahlrechts zur Erstellung eines IFRS-SME-Einzelabschlusses einschließlich eines verkürzten HGB-Abschlusses ist für SMEs nur von Interesse, wenn im Vergleich zur derzeitigen HGB-Bilanzierung der unternehmensindividuelle **Zusatznutzen** aus der Nutzung dieser Regulierungsoption deren **Zusatzkosten** überkompensiert. Der Nutzen aus der Anwendung des IFRS-SME hängt vor allem von der **Eigentümerstruktur** und dem **Grad der internationalen Verflechtung** mit ausländischen Lieferanten, Kunden und Kapitalgebern ab.[40] Auch die Zusatzkosten leiten sich aus den unternehmensindividuellen Bedingungen, vor allem der **Komplexität der Geschäftsvorfälle** und der **Ressourcenausstattung** (u. a. mit IT-Systemen), ab.

Durch die Erfüllung der Rechnungslegunganforderungen entstehen für Abschlussersteller **laufende Kosten** zu jedem Abschlussstichtag. Zudem müssen **einmalige Umstellungskosten** getragen werden, die aus der Umstellung der internen Ressourcen auf die parallele Anwendung zweier Regelungskreise resultieren.[41] Für kapitalmarktorientierte Großunternehmen wurde empirisch eine **mittlere Dauer für die Umstellungsplanung** von 5,7 Monaten und für die **Umsetzung der Rechnungslegungsumstellung** von 7,7 Monaten ermittelt.[42] Die exakte Dauer korreliert stark mit der Höhe der Umsatzerlöse. Die einmaligen bzw. laufenden Kosten bei paralleler Rechnungslegung betreffen folgende Kategorien:[43]

---

40 Vgl. MANDLER, U., Der deutsche Mittelstand, S. 93 (u. a. Art und Ausmaß der Geschäftstätigkeit, Untrnehmensgröße, Internationalisierungsgrad); DIHK/PwC (HRSG.), IFRS in mittelständischen Unternehmen, S. 23; zu diesen Einflussfaktoren bereits Abschnitt 12.

41 Vgl. JEBENS, C., Was bringen die IFRS dem Mittelstand, S. 2350; HALLER, A., IFRS für alle Unternehmen, S. 415; DALLMANN, H./ULL, T., IFRS-Rechnungslegung für kleine und mittelgroße Unternehmen, S. 321.

42 Vgl. KÖHLER, A./MARTEN, K.-U./SCHLERETH, D./CRAMPTON, D., Erfahrungen von Unternehmen, S. 2618 (bei hoher Streuung); mit ähnlichen Ergebnissen BDI/BDB/E & Y (HRSG.), Umstellung der Rechnungslegung, S. 19 und 24; ULL, T., IFRS in mittelständischen Unternehmen, S. 69 (drei bis sechs Monate). Im Rahmen des abschließenden Fallbeispiels wurde für IFRS-Umstellungsprojekte sogar eine typische Dauer von zwei Jahren genannt. Vgl. EXP.1, S. 20.

43 Vgl. KÖHLER, A./MARTEN, K.-U./SCHLERETH, D./CRAMPTON, D., Erfahrungen von Unternehmen, S. 2619; DIHK/PwC (HRSG.), IFRS in mittelständischen Unternehmen, S. 23 (beide Quellen speziell zu den Umstellungskosten auf IFRS); VON KEITZ, I.,/STIBI, B./STOLLE, I., Rechnungslegung nach (Full-)IFRS, S. 515.

- Einführung und laufende Schulung der Mitarbeiter für zwei Regelungskreise;
- einmalige Durchsicht und laufende Weiterverfolgung relevanter Normanforderungen und -änderungen für zwei Regelungskreise;
- einmalige externe Beraterkosten für Durchführung des Umstellungsprojekts sowie laufende Prüfungskosten zweier Rechenwerke (IFRS-SME und verkürzter HGB-Abschluss); **und**
- einmalige Anpassung der internen IT-Systeme sowie der Informationsbeschaffungs- und -verarbeitungsprozesse.

Die Kosten für den Abschlussersteller bei einer parallelen Rechnungslegung umfassen die laufenden Kosten der HGB-Anwendung,[44] sowie die laufenden und einmaligen Umstellungskosten auf den IFRS-SME. Die **parallele Anwendung zweier Regelungskreise** stellt damit **dauerhaft hohe Anforderungen an die internen Ressourcen des Abschlussstellers**, zumal auch der IFRS-SME einer höheren Änderungsdynamik unterliegen dürfte als das HGB. Des Weiteren bringt die IFRS-SME-Anwendung teilweise neuartige bzw. anders abzubildende Geschäftsvorfälle mit sich, bspw. im Rahmen der PoC-Methode, der Anwendung der Abgrenzungskriterien für Leasingverträge oder der Bildung von *cash generating units* bei der Bestimmung der *impairment losses*.[45] Daher sind i. d. R. **interne Prozesse bei der Informationsbeschaffung und- verarbeitung anzupassen**.[46] Bei kleineren Unternehmen fehlt aber meist sowohl eine ausgeprägte Rechnungslegungsexpertise als auch ein entwickeltes Controllingsystem.[47] Die umfassende Bereitstellung interner Ressourcen gilt verständlicherweise ebenso für die parallele Anwendung unterschiedlicher Rechnungslegungsvorschriften nach IFRS-SME und HGB.[48]

---

44 Da das HGB ohnehin angewendet wird, entfallen hierfür einmalige Umstellungskosten.

45 Vgl. KAHLE, H./DAHLKE, A., IFRS für mittelständische Unternehmen, S. 317; KAJÜTER, P./ BARTH, D./ DICKMANN, T./ZAPP. P., Rechnungslegung nach IFRS im deutschen Mittelstand, S. 1882 (für *impairments*); BDI/BDB/E & Y (HRSG.), Umstellung der Rechnungslegung, S. 8.

46 Vgl. hierzu u. a. HÜTTCHE, T., IAS für den Mittelstand, S. 1802; SCHILDBACH, T., IAS als Rechnungslegungsstandards für alle, S. 271; HALLER, A., IFRS für alle Unternehmen, S. 415; SENGER, T., Begleitung mittelständischer Unternehmen, S. 414.

47 Vgl. PEEMÖLLER, V./SPANIER, G./WELLER, H., Internationalisierung der externen Rechnungslegung, S. 1802; MANDLER, U., Der deutsche Mittelstand, S. 69 f. und S. 94; OEHLER, R., Auswirkungen einer IAS/IFRS-Umstellung bei KMU, S. 15; SCHREINER, T., IFRS für KMU, S. 21.

48 Vgl. VON KEITZ, I./STIBI, B./KLAHOLZ, E., IFRS - Thema für den Mittelstand, S. 13.

Kapitel 5: Schlussfolgerungen zur Sicherstellung des Kapitalerhaltungszwecks auf Basis des IFRS-SME

Hinsichtlich der Schätzung der einmaligen und der laufenden Kosten gehen die Angaben im Schrifttum auseinander. Die einmaligen Umstellungskosten von HGB auf IFRS werden für den Einzelabschluss auf Beträge von EUR 100.000 bis zu EUR 300.000 geschätzt.[49] In einer Befragung des BDI und ERNST & YOUNG gaben 73,3% der teilnehmenden kleinen und mittelgroßen Unternehmen (gemäß § 267 Abs. 1, 2 HGB) an, dass die einmaligen Umstellungskosten bei EUR 100.000 und weniger liegen.[50] Zugleich werden die periodischen Mehraufwendungen bei einer befreienden Anwendung der IFRS anstelle des HGB auf weniger als EUR 100.000 quantifiziert. Andererseits werden für den Konzernabschluss einmalige Umstellungskosten von EUR 800.000 bis EUR 1 Mio. genannt.[51] SENGER spricht i. V. mit öffentlichen Verlautbarungen von EUR 170.000.[52] Trotz der im Detail großen Divergenzen sind die aufzubringenden finanziellen Ressourcen somit erheblich. Daher gelten die Umstellungskosten von HGB auf IFRS als wesentliche, in einer Reihe empirischer Untersuchungen gar als **entscheidende Determinante für die Ablehnung einer IFRS-Anwendung** (vgl. *Übersicht 5-3*). Dieser Ergebnistenor dürfte für den IFRS-SME gleichsam gelten[53] und umso mehr für die parallele Anwendung des IFRS-SME und des HGB. Es wird deutlich, dass die Kosten einer parallelen Rechnungslegung im Vergleich zur ausschließlichen HGB-Anwendung beträchtlich sind.[54] Dies betrifft SMEs umso stärker, als sich die relativen Kosten aus der Anwendung der Rechnungslegung **degressiv zur Unternehmensgröße** verhalten.[55]

---

49 Vgl. u. a. JEBENS, C., Was bringen die IFRS dem Mittelstand, S. 2350; ähnliche Quantifizierungen finden sich bei SCHILDBACH, T., Kosten der internationalen Rechnungslegung, S. 121.
50 Vgl. BDI/E & Y (HRSG.), Rechnungslegung im Umbruch, S. 31.
51 Vgl. SCHREINER, T., IFRS für KMU, S. 21.
52 Vgl. SENGER, T., Begleitung mittelständischer Unternehmen, S. 422.
53 Diesen Schluss legen die Ergebnisse aus der Feldstudie im Jahr 2007 in Deutschland nahe. Vgl. BEIERSDORF, K./MORICH, S., IFRS für kleine und mittelgroße Unternehmen, S. 4 (hohe Komplexität und zwingender Einbezug externer Berater bei Umstellung). Indes wurden im finalen IFRS-SME Erleichterungen eingefügt, die dieses eindeutige Resultat abschwächen könnten.
54 Gleicher Ansicht SCHÖN, W., Gesellschafter-, Gläubiger- und Anlegerschutz, S. 739 („*[...] mit besonderen Kosten verbunden*"); KAHLE, H., Internationale Rechnungslegung, S. 252; SCHILDBACH, T., IAS als Rechnungslegungsstandards für alle, S. 272; EKKENGA, J., Einzelabschlüsse nach IFRS, S. 390 („*dritte Pflichtbilanz*"); SIEBLER, U., Die Internationalisierung der Rechnungslegung, S. 407 f.; LÜHR, I., Internationale Rechnungslegung, S. 304 („*nicht bereit sein, einen weiteren Abschluss zu Informationszwecken zu akzeptieren*"); a. A. PELLENS; B./FÜLBIER, R., Differenzierung der Rechnungslegungsregulierung, S. 589.
55 Vgl. hierzu Abschnitt 323.2.

Abschnitt 52: Regulierungsoptionen zur Gewährleistung der Kapitalerhaltung bei Anwendung des IFRS-SME

Autoren	Umfrage-zeitpunkt	Untersuchungsgesamtheit	Rücklauf-quote	Bedeutung einmaliger und laufender Kosten internationaler Rechnungslegung	Quantifizierung einmaliger Kosten der Umstellung
MANDLER, U. Der Deutsche Mittelstand	Herbst 2002	400 Unternehmen aus dem IHK-Verbund Mittelhessen mit maximal 500 Mitarbeitern	24%	Umstellungskosten wichtigstes Argument gegen IFRS-Anwendung	–
KÖHLER, A./MARTEN, K.-U./SCHLERETH, D./CRAMPTON, D., Erfahrungen von Unternehmen	Dezember 2010/März 2011	329 zufällig aus dem Prime Standard ausgewählte Unternehmen (kapitalmarktorientierte Gesellschaften)	27%	–	ca. EUR 717.000
BDI/ERNST & YOUNG (HRSG.), Rechnungslegung im Umbruch	April 2005	Mitgliedsunternehmen des BDI (Industrieunternehmen jeder Größenordnung); keine weiteren Agenten	820 Antworten (keine Rücklaufquote verfügbar)	Organisatorischer und finanzieller Aufwand zweitwichtigster Grund gegen IFRS-Anwendung	73,3% kleiner/mittlerer Unternehmen mit Kosten weniger als EUR 100.000; 28,9% der großen Unternehmen mit Kosten größer als EUR 250.000
DIHK/PwC (HRSG.), IFRS in mittelständischen Unternehmen	2005	Mitgliedsunternehmen des DIHK	60 Antworten (keine Rücklaufquote verfügbar)	79% der Respondenten sehen in Umstellungs- und Folgeaufwand das größte Hindernis; große Nachteile ebenfalls bei paralleler Rechnungslegung	–
VON KEITZ, I./STIBI, B./STOLLE, I., Rechnungslegung nach (Full-)IFRS	Ende 2005/Anfang 2006	4.780 Unternehmen aus Nordrhein-Westfalen mit Umsatzerlösen von mindestens EUR 20 Mio.	7%	Einmalige Umstellungskosten zweitwichtigster Nachteil, laufende Kosten werden als weniger bedeutsam angesehen	–
OEHLER, R., Auswirkungen mit IAS/IFRS-Umstellung bei KMU	Januar/Februar 2005	1.800 Unternehmen aus Mittelfranken mit weniger als EUR 500 Mio. Umsatzerlösen	5%	Einmalige Umstellungskosten wichtigster Nachteil, auch Folgekosten werden als bedeutsamer Nachteil genannt	–
OCHS, A./LEIBFRIED, P., IFRS für den deutschen Mittelstand	Januar bis März 2006	500 Unternehmen mit weniger als EUR 50 Mio. Umsatzerlösen und weniger als 500 Mitarbeitern	10%	Einmalige Umstellungskosten und laufende Folgekosten zweitwichtigster Grund gegen IFRS-Anwendung	–
DANNE, M./WIELENBERG, S./REUTHER, F., IFRS und große Familiengesellschaften	September 2006	60 Mitgliedsunternehmen des VMEBF	10%	Ausschließlich verschiedene Bestandteile der einmaligen Umstellungskosten und der laufenden Kosten wurden als Nachteile erfragt	–
KAJÜTER, P./BARTH, D./DICKMANN, T./ZAPP, P., Rechnungslegung nach IFRS im deutschen Mittelstand	April/Mai 2007	971 Unternehmen aus Großraum Berlin mit weniger als EUR 50 Mio. Umsatzerlösen und weniger als 500 Mitarbeitern	11%	Hohe Bedeutung der Schulungskosten eigener Mitarbeiter und laufender Kosten	–
VON KEITZ, I./STIBI, B./KLAHOLZ, E., IFRS – Thema für den Mittelstand	Dezember 2010/März 2011	4.564 Unternehmen aus Nordrhein-Westfalen mit Umsatzerlösen von mindestens EUR 20 Mio.	9%	Einmalige Umstellungskosten zweitwichtigster Nachteil, laufende Kosten drittwichtigster Nachteil	–

Übersicht 5-3: *Ergebnisse ausgewählter deutscher Studien zur Bedeutung einmaliger und laufender Kosten für SMEs bei einer IFRS-Umstellung*[56]

Kapitel 5: Schlussfolgerungen zur Sicherstellung des Kapitalerhaltungszwecks auf Basis des IFRS-SME

Mit Blick auf die hohen Kosten für die Abschlussersteller ist die parallele Rechnungslegung speziell für SMEs i. d. R. mit **unverhältnismäßig hohen wirtschaftlichen Belastungen** verbunden. Diese Regulierungsoption dürfte bestenfalls **für mittelgroße und große Gesellschaften mit internationaler Verflechtung** sowie für **Konzernunternehmen**, die aufgrund einer möglichen Konzernrechnungslegungspflicht nach IFRS-SME ohnehin im Einzelabschluss eine Handelsbilanz II nach dem IFRS-SME zu erstellen haben, eine **wirtschaftlich sinnvolle Alternative** darstellen.[57] Für diese Unternehmen ist die Anwendung des IFRS-SME ggf. mit einem im Vergleich zu den Zusatzkosten mindestens gleich hohen Zusatznutzen verbunden, sofern die Abschlussadressaten international vergleichbare Rechnungslegungsinformationen einfordern.[58] **Der Anwenderkreis des IFRS-SME bei dieser Regulierungsoption wird daher sehr beschränkt sein.**

522.4 Bisherige Erfahrungen mit § 325 Abs. 2a und 2b HGB

Im Zuge der Umsetzung von Art. 5 IAS-VO im Jahr 2004[59] wurde in Deutschland die befreiende Anwendung der IFRS im Einzelabschluss abgelehnt[60] und lediglich Erleichterungen bei den Publizitätspflichten kodifiziert, sofern ein IFRS-Einzelabschluss in Ergänzung zum HGB-Abschluss erstellt wird.

Nach § 325 Abs. 1 Satz 1 bis 3 HGB umfassen die Offenlegungspflichten für Kapitalgesellschaften stets neben dem Jahresabschluss (Bilanz, GuV, Anhang) den Lagebericht, den Bericht des Aufsichtsrats, die nach § 161 AktG vorgeschriebene Entsprechenserklärung zum *Corporate Governance Kodex* und den Ergebnisverwendungsvorschlag bzw. -be-

---

56 An dieser Stelle sei darauf hingewiesen, dass die Abgrenzungskriterien der befragten mittelständischen Unternehmen variieren. Zudem waren in einigen Studien Mehrfachnennungen möglich. Insofern sind die Ergebnisse nicht unmittelbar vergleichbar.

57 Vgl. mit empirischer Evidenz für die IFRS MANDLER, U., Der deutsche Mittelstand, S. 151; OEHLER, R., Auswirkungen einer IAS/IFRS-Umstellung bei KMU, S. 32-34; OCHS, A./LEIBFRIED, P., IFRS für den deutschen Mittelstand, S. 189; HANE, T./MÜLLER, S., Rechnungslegung mittelständischer Unternehmen, S. 249 (Konzernverbund); VON KEITZ, I./STIBI, B./KLAHOLZ, E., IFRS - Thema für den Mittelstand, S. 6 (internationale Ausrichtung); gleicher Ansicht HENNRICHS, J., Unternehmensfinanzierung und IFRS im deutschen Mittelstand, S. 515; SENGER, T., Begleitung mittelständischer Unternehmen, S. 414.

58 Vgl. u. a. DIHK/PwC (HRSG.), IFRS in mittelständischen Unternehmen, S. 23; LANFERMANN, G./RICHARD, M., Ausschüttungen auf Basis von IFRS, S. 1928.

59 Vgl. hierzu Abschnitt 334.2.

60 Vgl. hierzu Abschnitt 12.

schluss.⁶¹ § 325 Abs. 1 Satz 1 HGB bestimmt, dass der **Ergebnisverwendungsvorschlag- bzw. -beschluss** (§§ 170 Abs. 2 AktG, 174 Abs. 1 AktG sowie §§ 42a Abs. 2, 46 Nr. 1 GmbHG) nur eigenständig offenzulegen ist, wenn dieser jeweils nicht aus dem Jahresabschluss hervorgeht, bspw. im Rahmen der gesellschaftsrechtlichen Ergebnisverwendungsrechnung (§ 158 Abs. 1 AktG). Der Gesetzgeber hat mit § 325 Abs. 2a und 2b HGB für die IFRS Modifikationen dieser Offenlegungspflichten kodifiziert.⁶² Kapitalgesellschaften, die als freiwillige Anwender die nach § 315a Abs. 1 HGB gemeinschaftsrechtlich übernommenen IFRS im Einzelabschluss anwenden, dürfen einen IFRS-Einzelabschluss beim elektronischen Bundesanzeiger einreichen (§ 325 Abs. 2a Satz 1 HGB) . Die „Erleichterung" reduziert sich auf die Publizität des IFRS-Abschlusses anstelle des HGB-Abschlusses im elektronischen Bundesanzeiger, während die Rechnungslegungspflichten nach HGB bestehen bleiben.⁶³ Trotz Erstellung des IFRS-Abschlusses muss weiterhin ein HGB-Abschluss beim Betreiber des elektronischen Bundesanzeigers eingereicht werden. Statt dem HGB-Jahresabschluss wird aber der Einzelabschluss nach IFRS bekanntgemacht.⁶⁴ Gemäß § 325a Abs. 2a Satz 3 HGB muss dieser des Weiteren ausgewählte Anhangangaben aus § 285 HGB übernehmen (u. a. Mitarbeiter, Organmitglieder) und in deutscher Sprache (§ 244 HGB) erstellt werden. **Nach § 325 Abs. 2a Satz 4 HGB hat der Lagebericht in erforderlichem Umfang Abweichungen des HGB- und IFRS-Abschlusses darzustellen.**⁶⁵ Die **Trennung zwischen Informations- und Ausschüttungsabschluss** führt bereits im geltenden Recht **bei den IFRS** zu einer **parallelen Rechnungs-**

---

61 Vgl. ELLROTT, H./GROTTEL, B., in: Beck Bilanzkomm., 7. Aufl., § 325, Rn. 6. Größenabhängige Erleichterungen bestehen in §§ 326, 327 HGB für kleine und mittelgroße Kapitalgesellschaften. Hierauf wird nachfolgend nicht gesondert eingegangen.

62 Vgl. in diesem Sinne HENNRICHS, J., Unternehmensfinanzierung und IFRS im deutschen Mittelstand, S. 500 („*Schaufensterdekoration*").

63 Vgl. ELLROTT, H./GROTTEL, B. in: Beck Bilanzkomm., 7. Aufl., § 325, Rn. 71; HALLER, A./ HÜTTEN, C./LÖFFELMANN, J., in: KÜTING, K./WEBER, C.-P., HdR, 5. Aufl., § 325 (Stand: August 2010), Rn. 100.

64 Vgl. zur Unterscheidung zwischen Einreichung und Bekanntmachung HALLER, A./HÜTTEN, C./ LÖFFELMANN, J., in: KÜTING, K./WEBER, C.-P., HdR, 5. Aufl., § 325 (Stand: August 2010), Rn. 13.

65 Vgl. MERKT, H., in: BAUMBACH, A./HOPT, K., HGB, 34. Aufl., § 325, Rn. 7; HALLER, A./ HÜTTEN, C./LÖFFELMANN, J., in: KÜTING, K./WEBER, C.-P., HdR, 5. Aufl., § 325 (Stand: August 2010), Rn. 109.

Kapitel 5: Schlussfolgerungen zur Sicherstellung des Kapitalerhaltungszwecks auf Basis des IFRS-SME

legung. In der Unternehmenspraxis wird dieses Wahlrecht - primär aus Kostengründen - kaum genutzt.[66]

522.5 Zwischenergebnis: Parallele Rechnungslegung als „Maximallösung"

Als Zwischenergebnis bleibt festzuhalten, dass die parallele Rechnungslegung auf Basis monofunktionaler Jahresabschlüsse eine mögliche Regulierungsoption darstellt, um einen qualitativ gleichwertigen Gläubigerschutz durch Kapitalerhaltung bei Anwendung des IFRS-SME im Einzelabschluss sicherzustellen. Als bedeutende Nachteile verbleiben der **hohe Aufwand einer einmaligen IFRS-SME-Umstellung** und die **hohen laufenden Kosten aus der Anwendung zweier Regelungskreise**. Dies wurde durch empirische Evidenz zur IFRS-Umstellung tendenziell bestätigt. Kostenersparnisse würden aus dem Verzicht auf separate HGB-Anhangangaben resultieren. Es ist dennoch fraglich, ob eine große Zahl von Abschlusserstellern eine solche Regulierungsoption nutzen werden.

Der individuelle Nutzen für die jeweiligen Abschlussersteller und -adressaten aus der zusätzlichen Anwendung des IFRS-SME hängt entscheidend von der Nachfrage nach dem IFRS-SME-Regelwerk durch die *übrigen* Abschlussersteller ab. Der Grund hierfür besteht in **Netzwerkeffekten**, die im Fall des IFRS-SME durch die stärkere internationale Vergleichbarkeit in Relation zum HGB zur Senkung der Transaktionskosten führen können.[67] Messbare Netzwerkeffekte aus der ergänzenden IFRS-SME-Anwendung entstehen dann, wenn sich das **Rechnungslegungssystem als Standard etabliert** und eine **kritische Masse an Abschlusserstellern** den IFRS-SME anwendet.[68] Dies ist mit Blick auf den derzeitigen Verbreitungsgrad des IFRS-SME in der EUROPÄISCHEN UNION zumindest unsicher.[69] Des Weiteren sind die **Regulierungskosten** für den Gesetzgeber bei Umsetzung dieser Regulierungsoption in die Betrachtung einzubeziehen. Die Ausführungen haben verdeutlicht, dass deren gesetzgeberische Umsetzung mit geringen **zusätz-**

---

66 Vgl. FEY, G/DEUBERT, M., Befreiender IFRS-Einzelabschluss, S. 92; WIEDMANN, H./BEIERSDORF, K./SCHMIDT, M., IFRS im Mittelstand, S. 327 („*kaum Gebrauch gemacht*"); BÖCKING, H.-J./DREISBACH, M./GROS, M., Der Fair Value als Wertmaßstab, S. 213.
67 Vgl. hierzu bereits Abschnitt 223.2.
68 Vgl. BALLWIESER, W., Konzernrechnungslegung und Wettbewerb, S. 645.
69 Vgl. hierzu zusammenfassend aus europarechtlicher Perspektive Abschnitt 335.

lichen Regulierungskosten verbunden ist. Auch eine europarechtliche Konformität dieser Regulierungsoption liegt vor, so dass sich eine solche Regulierung ohne Änderungen in den gemeinschaftsrechtlichen Rahmenbedingungen umsetzen lässt.

Insgesamt stehen dieser Regulierungsoption - trotz der fraglichen Akzeptanz des IFRS-SME in der EU und in Deutschland - keine erkennbaren Hürden im Weg.

523. Außerbilanzielle Ausschüttungskorrekturen am IFRS-SME-Einzelabschluss

523.1 Verankerung der Ausschüttungskorrekturen im HGB versus separate Rechtsverordnung

Im Gegensatz zur Regulierungsoption einer parallelen Rechnungslegung dient der IFRS-SME-Abschluss bei außerbilanziellen Ausschüttungskorrekturen als **Ausgangspunkt für die obligatorischen Modifikationen** der IFRS-SME-Regelungsbereiche.[70] Das Konzept folgt dem Prinzip der *„gläsernen, aber verschlossenen Taschen"*[71], ist aber aufgrund der vorgeschlagenen Herangehensweise deutlich umfassender. Auf Grundlage der in **Abschnitt 4** ermittelten Ergebnisse[72] ist für die zwingend korrekturbedürftigen IFRS-SME-Regelungsbereiche die Funktionsweise **außerbilanzieller Ausschüttungskorrekturen** herauszuarbeiten, die durch den Abschlussersteller in **einer separaten Zusatzrechnung** umgesetzt werden. Hierunter fällt nicht die **Bildung einer pauschalen ausschüttungsgesperrten Rücklage**. Diese kann mangels Feinsteuerung keinen qualitativ gleichwertigen Gläubigerschutz durch Kapitalerhaltung sicherstellen.[73] Da Kapitalgesellschaften im Einzelabschluss zwingend den europarechtlichen Anforderungen der BilRL bzw. der IAS-VO

---

[70] Vgl. hierzu Abschnitt 44; zur verfassungsrechtlichen Bedeutung gleichwertiger Rechnungslegungsinformationen BUDDE, W./STEUBER, E., Rechnungslegung nach HGB, S. 7 f.
[71] KRONSTEIN, H./CLAUSSEN, C., Publizität und Gewinnverteilung, S. 136 (mit Blick auf einen Reformvorschlag für das AktG im Jahr 1965); hierzu auch SCHÖN, W., Entwicklung und Perspektiven des deutschen Handelsbilanzrechts, S. 150; EIERLE, B., Die Entwicklung der Differenzierung, S. 113-118; RAMMERT, S./THIES, A., Kapitalerhaltung und Besteuerung, S. 46.
[72] Vgl. hierzu zusammenfassend Abschnitt 44.
[73] Kritisch hierzu u. a. SCHÖN, W., Entwicklung und Perspektiven des Handelsbilanzrechts, S. 158; ARBEITSKREIS BILANZRECHT DER HOCHSCHULLEHRER RECHTSWISSENSCHAFT, Zur Fortentwicklung des deutschen Bilanzrechts, S. 2376; KAHLE, H., Bilanzieller Gläubigerschutz, S. 703 f.; MERKT, H., IFRS und die Folgen für den Kapitalschutz, S. 102; BÖRSTLER, C., Zur Zukunft der externen Rechnungslegung, S. 171; kritisch auf Basis *agency*-theoretischer Erwägungen ebenfalls LEUZ, C., Rechnungslegung und Kreditfinanzierung, S. 98.

Kapitel 5: Schlussfolgerungen zur Sicherstellung des Kapitalerhaltungszwecks auf Basis des IFRS-SME

unterliegen, ist für die Umsetzung außerbilanzieller Ausschüttungskorrekturen zwingend die **Europarechtskonformität des IFRS-SME herzustellen**. Zwar ist die Umsetzung außerbilanzieller Ausschüttungskorrekturen durch die leitgedanklichen Vorgaben der KapRL und der BilRL nicht untersagt.[74] Indes ist hierfür die bilanzielle Bezugsbasis als kompatibel mit den Vorgaben der BilRL anzusehen. Dies ist gegenwärtig mit Blick auf den IFRS-SME nicht gegeben, auch wenn es sich hierbei nur um eng abgegrenzte Teilbereiche handelt.[75] Die Anwendung einer solchen Regulierung in Deutschland steht damit unter dem Vorbehalt, dass auf **europäischer Ebene künftig eine Anwendung des IFRS-SME ermöglicht** wird.

Im Gegensatz zum Konzept der parallelen Rechnungslegung werden beim Konzept der Ausschüttungskorrekturen die **zwingend korrekturbedürftigen Regelungsbereiche** des **IFRS-SME außerbilanziell** angepasst, um der Gleichwertigkeit der bilanziellen Kapitalerhaltung und damit der **Einheit der Rechtsordnung** Geltung zu verschaffen. Da diese für Kapitalgesellschaften einschlägig sind, ist die **Verankerung der Ausschüttungskorrekturen innerhalb des zweiten Abschnitts des dritten Buchs des HGB (§§ 264-335 HGB)** sinnvoll. Die Kodifizierung der Funktionsweise der Ausschüttungskorrekturen würde den gesetzgeberischen Rahmen sprengen und der prinzipienbasierten Ausrichtung des deutschen Bilanzrechts widersprechen.[76] Daher sollte gesetzlich festgelegt werden, dass bei Ausübung des Unternehmenswahlrechts zur Anwendung des IFRS-SME im Einzelabschluss die **Grundsätze ordnungsmäßiger Buchführung** im Sinne des für Kapitalgesellschaften gültigen ersten und zweiten Abschnitts des dritten Buches des HGB (§ 243 Abs. 1 HGB i. V. mit § 264 Abs. 2 Satz 1 HGB) auf die im Gesetz genannten IFRS-SME-Regelungsbereiche, die als zwingend korrekturbedürftig angesehen werden, anzuwenden sind.[77] Details zu den Ausschüttungskorrekturen wären außerhalb des HGB zu konkretisieren.

---

74 Vgl. hierzu Abschnitt 333.32.
75 Vgl. hierzu Abschnitt 333.4.
76 Vgl. hierzu WÜSTEMANN, J./WÜSTEMANN, S., Why Consistency of Accounting Standards Matters, S. 8; ZÜLCH, H./GÜTH, S./STAMM, A., Einzelabschluss nach dem IFRS for SMEs, S. 714.
77 Vgl. ZÜLCH, H./GÜTH, S./STAMM, A., Einzelabschluss nach dem IFRS for SMEs, S. 714.

Erläuterungen zu Detailfragen der Anwendung der Ausschüttungskorrekturen wären in einer **separaten Rechtsverordnung** des **Bundesministeriums der Justiz** (BMJ), ggf. unter Hinzuziehung des DRSC, zu regeln.[78] Bei letzteren wäre, vergleichbar zur Konzernrechnungslegung nach § 342 Abs. 1 HGB, gesetzlich die GoB-Konformität zu vermuten, sofern das BMJ keine anderslautende Stellungnahme (§ 342 Abs. 2 Satz 1 HGB) abgibt.[79] Eine vollständige Übertragung der Befugnisse auf das BMJ oder gar das DRSC zur Festlegung der korrekturbedürftigen IFRS-SME-Regelungsbereiche ist unter **Demokratiegesichtspunkten** abzulehnen, denn der Gesetzgeber kann die **gesellschaftsrechtliche Gleichwertigkeit einer IFRS-SME-Anspruchsbemessung** im Vergleich zum HGB-Abschluss dann nicht sicherstellen.[80] Das Bundesverfassungsgericht hat bei seiner Rechtsprechung zur sog. **Wesentlichkeitstheorie** festgelegt, dass alle **wesentlichen Entscheidungen** durch das Parlament getroffen werden müssen.[81] Der Korrekturbedarf kann daher nicht außerhalb des Gesetzgebungsverfahrens festgelegt werden.[82] Im Vergleich zur parallelen Rechnungslegung ist ein **hoher gesetzgeberischer Mehraufwand** (Regulierungskosten) zu erwarten.

Für die außerbilanziellen Ausschüttungskorrekturen ist die **Anknüpfung** an die **Bilanzposten der IFRS-SME-Bilanz** oder an die **Ergebnisposten der IFRS-SME-Ergebnisrechnung** denkbar. Aufgrund der doppelten Buchführung spiegelt sich jede Reinvermögens-

---

[78] Vgl. zu ähnlichen Vorschlägen u. a. ORDELHEIDE, D., Wettbewerb der Rechnungslegungssysteme, S. 31; HALLER, A., IFRS für alle Unternehmen, S. 422; MAUL, S./LANFERMANN, G./ RICHARD, M., Zur Leistungsfähigkeit der Ausschüttungsmodelle in Europa und Drittstaaten, S. 102 (*„Schaffung einer Institution [...], die auf gesetzlicher Grundlage diese Aufgabe wahrnimmt"*).

[79] Vgl. MERKT, H., in: BAUMBACH, A./HOPT, K., HGB, 34. Aufl. § 342, Rn. 2 (*„Vermutung der Richtigkeit"* im Sinne einer GoB-Konformität für die Konzernrechnungslegung).

[80] Vgl. KIRCHHOF, P., Gesetzgebung und private Regelsetzung, S. 688 (*„Das Gesetz darf [...] dem Unternehmen ein Wahlrecht nur einräumen, wenn die Rechnungslegung nach IFRS und nach international anerkannten Grundsätzen den gleichen Schutz gewährt"*); so auch BUDDE, W./STEUBER, E., Rechnungslegung nach HGB, S. 10 f.; EKKENGA, J., Neuordnung des Europäischen Bilanzrechts, S. 2365 f.; zu Demokratiedefiziten bei der Übernahme privater Regelwerke KIRCHNER, C./ SCHMIDT, M., Hybride Regelsetzung, S. 387-390.

[81] Vgl. KIRCHHOF, P., Der Karlsruher Entwurf, S. 10; HENNRICHS, J., Unternehmensfinanzierung und IFRS im deutschen Mittelstand, S. 513; hierzu jüngst auch HENNRICHS, J., Stand und Perspektiven, S. 1069.

[82] Vgl. hierzu KIRCHHOF, P., Gesetzgebung und private Regelsetzung, S. 685 (*„Der Gesetzgeber darf den Regelungsbetroffenen insbesondere [...] nicht schrankenlos der normsetzenden Gewalt Dritter ausliefern, die weder staatlich-demokratisch noch mitgliedschaftlich legitimiert sind"*).

änderung in der **Gesamtergebnisrechnung** (*statement of comprehensive income*) wider, so dass beide Herangehensweisen nicht zu verschiedenen Ausschüttungsvolumina führen. Die Komplexität bei der praktischen Umsetzung der Ausschüttungskorrekturen kann aber differieren. Zunächst wird die mögliche Regulierung über bilanzpostenbasierte Ausschüttungskorrekturen untersucht.

523.2 Bilanzpostenbasierte Ausschüttungskorrekturen

523.21 Begriffsdefinition

Bei der Anknüpfung an die einzelnen Posten der IFRS-SME-Bilanz ist die individuelle Abweichung der Ansatz- und Bewertungsvorschriften zwischen dem IFRS-SME und dem HGB, sowie die Konsequenzen für das bilanzielle Reinvermögen zur Bestimmung des unterschiedlichen Ausschüttungspotenzials zu neutralisieren. Der **Begriff der bilanzpostenbasierten Ausschüttungskorrekturen** kennzeichnet folgerichtig die Korrektur **sämtlicher positiver und negativer Abweichungen der Bilanzposten** nach HGB und IFRS-SME mit Auswirkungen auf die **Höhe des Reinvermögens** für die zwingend korrekturbedürftigen IFRS-SME-Regelungsbereiche.

Ausschüttungssperren beziehen sich in Einklang mit § 268 Abs. 8 HGB auf die Eliminierung der zur Kapitalerhaltung zweckwidrigen **Erhöhungen** des Reinvermögens.[83] Die Beschränkung der Korrekturen auf problematische Ansatz- und Bewertungseffekte, die zur Reinvermögenserhöhung im IFRS-SME-Abschluss im Vergleich zum HGB führen, scheidet aus, denn der Großteil der zweckwidrigen Inkompatibilitäten führt nicht zwingend zu einer Reinvermögenserhöhung (z. B. bei der Rückstellungsdotierung je nach Zinsentwicklung, *impairments*). Daher ist zu fordern, dass für die korrekturbedürftigen IFRS-SME-Regelungsbereiche mittels eines **prinzipienorientierten Vorgehens** die GoB anwendbar sind. Somit sind für diese **IFRS-SME-Regelungsbereiche** Über- *und* Unterbewertungen im Vergleich zum HGB gleichermaßen zu neutralisieren.

---

83 Vgl. KAHLE, H., Internationale Rechnungslegung, S. 255; BUSSE VON COLBE, W., Paradigmenwechsel, S. 170; ENGERT, A., Solvenzanforderungen als gesetzliche Ausschüttungssperre, S. 311; EKKENGA, J., Einzelabschlüsse nach IFRS, S. 397; PELLENS, B./KEMPER, T./SCHMIDT, A., Geplante Reformen im Recht der GmbH, S. 424; MAUL, S./LANFERMANN, G./RICHARD, M., Zur Leistungsfähigkeit der Ausschüttungsmodelle in Europa und Drittstaaten, S. 280.

Abschnitt 52: Regulierungsoptionen zur Gewährleistung der Kapitalerhaltung bei Anwendung des IFRS-SME

Die Ausschüttungssperren des HGB werden nicht auf Basis einer **vorgegebenen Nebenrechnung** bestimmt und in einer **separaten Eigenkapitalrücklage** ausgewiesen.[84] Die gesperrten Reinvermögenserhöhungen sind Bestandteil des Jahresüberschusses, an den die **Ergebnisverwendungsnormen** (§§ 29 GmbHG, 58, 150, 158 AktG) anknüpfen.[85] Ausschüttungen sind unter Berücksichtigung von § 268 Abs. 8 HGB zulässig, wenn sie maximal den **frei verfügbaren Rücklagen** und dem **Gewinn-/Verlustvortrag** entsprechen (vgl. *Übersicht 5-4*).[86] Frei verfügbare Rücklagen umfassen **Kapital- und Gewinnrücklagen**, soweit sie gesellschaftsvertraglich oder gesetzlich nicht beschränkt sind (u. a. frei verfügbare Kapitalrücklagen nach § 272 Abs. 2 Nr. 4 HGB).[87]

Zulässigkeit einer Ausschüttung unter Berücksichtigung von § 268 Abs. 8 HGB		
Frei verfügbare Rücklagen	≥	Der Gesamtbetrag der ergebniserhöhenden Beträge aus
- Verlustvortrag		der Aktivierung immaterieller VG des Anlagevermögens
	-	hierauf gebildete passive latente Steuern
	+	dem Aktivüberhang latenter Steuern
+ Gewinnvortrag	+	der Zeitwertbewertung des Planvermögens
	-	hierauf gebildete passive latente Steuern

Übersicht 5-4: *Ermittlung des Ausschüttungssperrvolumens auf Basis von § 268 Abs. 8 HGB unter Berücksichtigung handelsrechtlicher Steuerlatenzen*[88]

Der Regelungsinhalt von § 268 Abs. 8 HGB macht deutlich, dass der Gesetzgeber die Ausschüttungssperrtatbestände über eine **Anknüpfung an die Bilanzposten** definiert. Damit sorgt er für die **periodische Fortschreibung** des Ausschüttungssperrvolumens anhand der fortgeführten Buchwerte.[89] Das Anknüpfen der Ausschüttungssperre an die mit

---

84 Vgl. GELHAUSEN, H./ALTHOFF, F., Bilanzierung ausschüttungsgesperrter Beträge (Teil 1), S. 590; vor Umsetzung des BilMoG bereits ADS, 6. Aufl., § 269, Rn. 22 („*[...] sind die von der Ausschüttungssperre betroffenen Beträge [...] nicht besonders kenntlich zu machen*").

85 Vgl. GELHAUSEN, H./ALTHOFF, F., Bilanzierung ausschüttungsgesperrter Beträge (Teil 1), S. 587; KNOP, W./ZANDER, S., in: KÜTING, K./WEBER, C.-P., HdR, 5. Aufl., § 268 (Stand: Oktober 2010), Rn. 17; PETERSEN, K./ZWIRNER, C./FROSCHHAMMER, M., Funktionsweise und Problembereiche, S. 337.

86 Vgl. hierzu ELLROTT, H./HOFFMANN, H., in: Beck Bilanzkomm., 7. Aufl., Vor § 325, Rn. 92.

87 Vgl. KÜTING, K./LORSON, P., in: KÜTING, K./WEBER, C.-P., HdR, 5. Aufl., § 268 (Stand: April 2011), Rn. 286; ebenfalls ADS, 6. Aufl., § 269, Rn. 21.

88 In Anlehnung an LANFERMANN, G./RÖHRICHT, V., Neue Generalnorm für außerbilanzielle Ausschüttungssperren, S. 1217.

Kapitel 5: Schlussfolgerungen zur Sicherstellung des Kapitalerhaltungszwecks auf Basis des IFRS-SME

den jeweiligen Bilanzposten zusammenhängenden Erträge in der GuV hätte sich nicht systemadäquat in das Handelsrecht einfügen lassen und zu Problemen bei der Umsetzung der periodischen Fortschreibung des Ausschüttungssperrvolumens im Verhältnis zu den Ergebnisverwendungsnormen (§§ 29 GmbHG, 58 AktG) geführt.[90] Zur Ausschüttungsbemessung ist die Verknüpfung der Erträge bzw. Aufwendungen mit dem jeweiligen Buchwert des Bilanzpostens zwingend, um die **kumulierte Ausschüttungssperrwirkung** über mehrere Perioden ermitteln zu können.[91]

Im Rahmen von § 268 Abs. 8 HGB sind die auf die Bilanzposten entfallenden **passiven Steuerlatenzen** in Abzug zu bringen. Dies ist konzeptionell unproblematisch, da das *temporary*-Konzept zur Steuerabgrenzung ebenfalls an die Bilanzposten anknüpft. Durch diese Berücksichtigung der Steuerlatenzen soll ein **übermäßiger Thesaurierungszwang** verhindert werden.[92] Die in Abzug gebrachten passiven Steuerlatenzen werden anschließend auf den ebenfalls gesperrten Überhang aktiver latenter Steuern über passive Steuerlatenzen hinzugerechnet, da ansonsten ein zu niedriges Sperrvolumen ermittelt würde.[93] Die Erfassung der Steuereffekte bei Ausschüttungssperren i. V. mit der Implementierung einer Ausschüttungssperre für den Aktivüberhang der Steuerlatenzen induziert **Zirkularitätsprobleme**. Trotz der Beschränkung auf drei Fallkonstellationen kann die Anwendung von § 268 Abs. 8 HGB zu großen Anwendungsproblemen führen.[94] Das **periodische Nachhalten des Ausschüttungssperrvolumens in einer Nebenbuchhaltung** ist unvermeidbar.[95] Da der **Gesamtbetrag des Ausschüttungssperrvolumens** nicht aus der

---

89 Vgl. LANFERMANN, G./RÖHRICHT, V., Neue Generalnorm für außerbilanzielle Ausschüttungssperren, S. 1218; GELHAUSEN, F./ALTHOFF, F., Bilanzierung ausschüttungsgesperrter Beträge (Teil 1), S. 586 („[...] orientiert sich an dem Buchwert der [...] abgegrenzten Beträge"); KÜTING, K./LORSON, P., in: KÜTING, K./WEBER, C.-P., HdR, 5. Aufl., § 268 (Stand: April 2011), Rn. 255.

90 Vgl. hierzu u. a. ARBEITSKREIS „STEUERN UND REVISION" (HRSG.), Abkehr vom Gläubigerschutz, S. 1300; HAAKER, A., Keine Abkehr vom Gläubigerschutz, S. 1751-1753.

91 Vgl. PETERSEN, K./ZWIRNER, C./FROSCHHAMMER, M., Ausschüttungssperre nach § 268 Abs. 8 HGB, S. 437; hierzu sei auch auf die Ausführungen in Abschnitt 523.3 verwiesen.

92 Vgl. KARRENBROCK, H., Zweifelsfragen der Berücksichtigung, S. 686-688; KÜTING, K./LORSON, P., in: KÜTING, K./WEBER, C.-P., HdR, 5. Aufl., § 268 (Stand: April 2011), Rn. 263.

93 Vgl. ZÜLCH, H./HOFFMANN, S., Lösungsansätze der neuen Ausschüttungssperre, S. 910; ELLROTT, H./HUBER, F., in: Beck Bilanzkomm., 7. Aufl., § 268, Rn. 143.

94 Vgl. KÜTING, K./LORSON, P., in: KÜTING, K./WEBER, C.-P., HdR, 5. Aufl., § 268 (Stand: April 2011), Rn. 273; PETERSEN, K./ZWIRNER, C./FROSCHHAMMER, M., Ausschüttungssperre nach § 268 Abs. 8 HGB, S. 441 („*nicht zu unterschätzende[r] Mehraufwand*").

Bilanz oder aus der Ergebnisverwendungsrechnung hervorgeht, besteht die **Pflicht einer Angabe im Anhang** (§ 285 Abs. 1 Nr. 28 HGB).

Insgesamt wird deutlich, dass aufgrund der Fokussierung auf Reinvermögenserhöhungen und der fehlenden Vorgabe eines expliziten Berechnungsschemas die Funktionsweise der handelsbilanziellen Ausschüttungssperren nach § 268 Abs. 8 HGB nicht ohne ergänzende konzeptionelle Festlegungen auf einen IFRS-SME-Einzelabschluss adaptierbar sein dürfte. **Aufgrund des Anpassungsbedarfs ist vielmehr ein explizites Berechnungs- und Prüfschema zwingend.**

523.22 Bedeutung ergebnisneutraler IFRS-SME-Eigenkapitalrücklagen und abweichender Eigenkapitalklassifikation nach HGB/IFRS-SME

Aufgrund der Anknüpfung an die IFRS-SME-Bilanz entstehen zahlreiche Problembereiche im Zusammenhang mit der Umsetzung der Korrekturmaßnahmen. Hierzu gehört insbesondere, dass die Wertveränderungen der Bilanzposten, anders als im HGB, nicht ausschließlich **ergebniswirksam** im Nettoergebnis bzw. Jahresüberschuss (*net profit*) erfasst werden, sondern bei den in IFRS-SME 5.4 lit. b aufgelisteten Fällen die ergebnisneutrale Erfassung in **einer separaten Eigenkapitalrücklage** möglich oder geboten ist.[96] Bei Umsetzung einer Ausschüttungsbemessung entstehen **folgende Probleme**:[97]

- In der ergebnisneutralen Rücklage für den **effektiven Teil von Wertveränderungen derivativer Finanzinstrumente** bei *cashflow hedges* und für das **versicherungsmathematische Ergebnis bei Pensionsrückstellungen** können sich bis zur Ausbuchung Verluste kumulieren. Da sich diese „an der GuV vorbei" sammeln, ist die Nichtberücksichtigung dieser Rücklagen zur Ermittlung des Ausschüttungsvolumens nicht vertretbar, da die Gefahr von Überausschüttungen entsteht.

---

95 Vgl. FUNNEMANN, C.-B./KERSSENBROCK, O.-F., Ausschüttungssperren im BilMoG-RegE, S. 2676; PETERSEN, K./ZWIRNER, C./FROSCHHAMMER, M., Ausschüttungssperre nach § 268 Abs. 8 HGB, S. 437 („*Aus der Entscheidung des Gesetzgebers [...] folgt die Notwendigkeit der Erstellung einer differenzierten Nebenrechnung im Rahmen der Ergebnisverwendung*").

96 Vgl. auch AMEN, M., in: BRUNS, H.-G. ET AL., IFRS-SME, Teil B, Abschn. 5, Rn. 10 f.; ZÜLCH, H./GÜTH, S./STAMM, A., Einzelabschluss nach dem IFRS for SMEs, S. 716.

97 Von den in IFRS-SME 5.4 lit. b genannten Fällen wird die Rücklage für Umrechnungsdifferenzen bei der Währungsumrechnung ausgeklammert, da diese nur den Konzernabschluss betrifft.

Kapitel 5: Schlussfolgerungen zur Sicherstellung des Kapitalerhaltungszwecks auf Basis des IFRS-SME

- In Abhängigkeit der jeweiligen Rücklagenkategorie wird der Rücklagensaldo, nach Abgang des Bilanzpostens, in der GuV ergebniswirksam (*income recycling*)[98] oder direkt in den IFRS-SME-Gewinnrücklagen verbucht. Ein *income recycling* ist beim *hedge accounting* vorgesehen,[99] nicht hingegen beim versicherungsmathematischen Ergebnis.[100] Durch die **fehlende Konsistenz des *income recycling*** kommt es zu **formalen Verstößen gegen das Kongruenzprinzip** (*clean surplus accounting*) auf Ebene des Nettoergebnisses und des sonstigen Gesamtergebnisses.[101]

- Bei einzelnen Bilanzposten (z. B. Pensionsrückstellungen, *cash flow hedges*) werden vor Abgang des Bilanzpostens Wertveränderungen teilweise ergebnisneutral *und* ergebniswirksam verbucht. Es kommt zu einer **gespaltenen Ergebniswirksamkeit**.

Es wird deutlich, dass die **Ergebnisspaltung keinem einheitlichen Konzept folgt**, was für eine Anknüpfung am IFRS-SME zur Ausschüttungsbemessung äußerst kritisch ist. Die beiden erstgenannten Aspekte sprechen für eine Anknüpfung an **sämtliche Bilanzposten** der obligatorisch anzupassenden Regelungsbereiche, so dass **sämtliche Wertänderungen** einschließlich des sonstigen Gesamtergebnisses (*other comprehensive income*) korrigiert werden müssten.[102] Die o. g. fehlende Konsistenz, vor allem beim *income recycling*, sorgt aber dafür, dass eine **solche Anknüpfung an das Gesamtergebnis** (*total comprehensive income*) nur unter Inkaufnahme einer hohen Komplexität umsetzbar ist. Beispielsweise wäre es bei Anwendung von Ausschüttungskorrekturen erforderlich, Teile der ergebnisneutral gebildeten IFRS-SME-Rücklagen als zur Ausschüttung offen stehende Rücklagenkomponenten zu identifizieren.[103] Es wäre die **Differenzierung nach verschiedenen**

---

98 Vgl. zum Begriff des *income recycling* HOLZER, P./ERNST, C., Erfassung und Ausweis des Jahresergebnisses, S. 362-364; PELLENS, B./FÜLBIER, R./GASSEN, J./SELLHORN, T., Internationale Rechnungslegung, S. 501.

99 Vgl. für die IFRS PRONOBIS, P., Die Neugestaltung des Performance Reporting, S. 46; PELLENS, B./FÜLBIER, R./GASSEN, J./SELLHORN, T., Internationale Rechnungslegung, S. 635.

100 Vgl. für die IFRS PRONOBIS, P., Die Neugestaltung des Performance Reporting, S. 49; PELLENS, B./FÜLBIER, R./GASSEN, J./SELLHORN, T., Internationale Rechnungslegung, S. 470.

101 Vgl. PRONOBIS, P., Die Neugestaltung des Performance Reporting, S. 32; zum Kongruenzprinzip u. a. BUSSE VON COLBE, W., Gefährdung des Kongruenzprinzips, S. 137 („*Jede Durchbrechung des Kongruenzprinzips gefährdet die Einhaltung des Prinzips des Gläubigerschutzes*"); ORDELHEIDE, D., Bedeutung und Wahrung des Kongruenzprinzips, S. 516 sowie bereits Abschnitt 324.35.

102 Vgl. auch ZÜLCH, H./GÜTH, S./STAMM, A., Einzelabschluss nach dem IFRS for SMEs, S. 715.

103 Vgl. hierzu auch HOLZER, P./ERNST, C., Erfassung und Ausweis des Jahresergebnisses, S. 361.

Arten von Ausschüttungskorrekturen notwendig, so dass die Überleitung von einem IFRS-SME-Jahresabschluss auf eine bilanzielle Ausschüttungsbemessungsgrundlage höchst komplex würde.[104] Im Schrifttum wird diese **ergebnisneutrale Verbuchung** mit der **Erfassung von Wertsteigerungen** (*fair value gains*) über die fortgeführten Anschaffungskosten **gleichgesetzt** und die Sperrung der ergebnisneutral gebildeten Rücklagen zur Ergebnisverwendung gefordert.[105] Wie u. a. bei negativen Rücklagensalden vorzugehen ist, bleibt unbeantwortet. Für eine Ausschüttungsbemessung auf Basis des IFRS-SME sind diese Fragen aber zwingend zu beantworten.[106]

Komplexitätsbedingt sollte eine Ausschüttungsbemessung auf Basis des IFRS-SME nur an der Korrektur solcher Bilanzposten anknüpfen, deren Wertänderung ergebniswirksam im IFRS-SME-Nettoergebnis erfasst wird. In diesem Fall bleibt zu klären, wie mit kumulierten ergebnisneutralen Verlusten, die an der GuV vorbei ergebnisneutral in IFRS-SME-Rücklagen verbucht werden, umzugehen ist. Unter Inkaufnahme einer begrenzten Verwässerung der Qualität des Kapitalerhaltungszwecks ist ein pragmatischer Lösungsweg zielführend: Bei **positivem Saldo ergebnisneutraler Rücklagen** (kumulierte Erträge) sollte ein gesellschaftsrechtliches **Ergebnisverwendungsverbot** für diese Rücklagen bestehen. Wenn die Rücklagen einen **negativen Saldo** aufweisen, sollten sie das Ausschüttungspotenzial als „*Verlustvortrag kraft Gesetzes*"[107] mindern. Dies entspricht deren ökonomischem Charakter als kumulierter Verlust und verhindert Überausschüttungen in der jeweiligen Periode. Für Bilanzposten, bei denen Wertveränderungen in ergebnisneutralen

---

104 Vgl. für die Umsetzung einer derartigen Differenzierung der Ergebniskomponenten ZÜLCH, H./ GÜTH, S./STAMM, A., Einzelabschluss nach dem IFRS for SMEs, S. 716 f.

105 Vgl. u. a. GELTER, M., Kapitalerhaltung, S. 186; EKKENGA, J., Einzelabschlüsse nach IFRS, S. 397; HENNRICHS, J., IFRS und Mittelstand, S. 377; HENNRICHS, J., Eignung für Ausschüttungszwecke, S. 427; HENNRICHS, J., Zur Zukunft der Kapitalerhaltung, S. 49. Durch den Verzicht auf die Neubewertungsmethode gilt dies für den IFRS-SME nicht.

106 So auch PELLENS, B./KEMPER, T./SCHMIDT, A., Geplante Reformen im Recht der GmbH, S. 427 („*Die Idee, ausschließlich die in der Neubewertungsrücklage des IFRS-Abschlusses enthaltenen Beträge mit einer Ausschüttungssperre zu belegen, greift zu kurz, da das IASB die Entscheidung einer ergebniswirksamen [...] Bilanzierung nicht an dem Kriterium der Gewinnausschüttung beurteilt*").

107 In Analogie zu ADS, 6. Aufl., § 269, Rn. 22a (mit Blick auf einen Gewinnvortrag kraft Gesetzes); hierzu ebenfalls GELHAUSEN, H./ALTHOFF, F., Bilanzierung ausschüttungsgesperrter Beträge (Teil 1), S. 588. Interessanterweise hat Großbritannien für die Umsetzung des Bilanztests nach Art. 15 Abs. 1 lit. a KapRL auf Basis der IFRS/UK-GAAP bei *public companies* ein ähnliches Vorgehen gewählt. Vgl. DAVIES, P., Principles of Modern Company Law, S. 289.

Kapitel 5: Schlussfolgerungen zur Sicherstellung des Kapitalerhaltungszwecks auf Basis des IFRS-SME

Rücklagen anfallen, sind generell **keine Ausschüttungskorrekturen** vorzunehmen, auch wenn es sich um eine gespaltene Ergebniswirksamkeit handelt. Dies ist zur Kapitalerhaltung vertretbar, da die Differenzierung bei der Ergebnisverwendung zwischen positiven/negativen Salden ergebnisneutraler Rücklagen greift. Dies betrifft **Pensionsrückstellungen** (IFRS-SME 28) und **Finanzinstrumente** (*cash flow hedges*) nach IFRS-SME 12.[108]

Probleme bei einem IFRS-SME-Abschluss als Ausschüttungsbemessungsgrundlage ergeben sich bei **abweichender Eigenkapitalklassifikation** nach HGB und IFRS-SME, sofern der Umfang des gezeichneten Kapitals und der Kapitalrücklagen (*Agio*) abweichen. In diesem Fall verliert das gesellschaftsrechtliche Kapitalschutzsystem nicht nur in Bezug auf die Reinvermögensänderungen ein adäquates Bezugssystem, sondern knüpft auch an eine „fehlspezifizierte" Kapitalziffer an, was große gesellschaftsrechtliche Folgewirkungen zur Folge hat (u. a. für das **Einlagenrückgewährverbot** nach §§ 30 Abs. 1 GmbHG, 57 Abs. 1 AktG oder für die **Verlustanzeigepflicht** im Sinne von §§ 49 Abs. 3 GmbHG, 92 Abs. 1 AktG). Werden in einem Geschäftsjahr **Eigenkapitaltransaktionen** mit Gesellschaftern vorgenommen, die zur abweichenden Einstufung der in § 272 Abs. 1, 2 HGB genannten Kapitalkomponenten führen, ist die **Erstellung einer Überleitungsrechnung von den betroffenen IFRS-SME-Kapitalkomponenten auf die HGB-Kapitalkomponenten** außerhalb des Berechnungsschemas für Ausschüttungskorrekturen erforderlich, um auf die für das Handels- und Gesellschaftsrecht maßgeblichen Kapitalbestandteile überzuleiten (vgl. *Übersicht 5-5*).[109] Eigenkapitalähnliche Finanzinstrumente (**Eigenkapitalsonderposten**) tangieren die Ausschüttungsgrenzen hingegen nicht (z. B. stille Beteiligungen),[110] so dass diese nicht die Pflicht zur Erstellung einer separaten Überleitungsrechnung nach sich ziehen. Eine derartige Überleitungsrechnung kann sich bspw. an IFRS-SME 35.13 lit. b zur **Überleitung des Eigenkapitals bei erstmaliger IFRS-SME-Anwendung** orientieren.[111]

---

108 Für die jeweiligen Bilanzposten wird somit keine Korrektur vorgenommen. Dies betrifft aber nicht die Korrektur der Steuerwirkungen, da die Rücklagen nach Erfassung der Steuerwirkungen dotiert werden (Nettobilanzierung).

109 Die Erstellung einer Eigenkapitalveränderungsrechnung bzw. eines *statement of retained earnings* ist verpflichtend in IFRS-SME 6.3-.5 geregelt. Diese bezieht sich aber nur auf die Eigenkapitalveränderungen innerhalb des IFRS-SME-Rechenwerks und nicht auf abweichende Kapitalklassifizierungen.

110 Vgl. u. a. ELLROTT, H./KRÄMER, A., in: Beck Bilanzkomm., 7. Aufl., § 266, Rn. 190-193.

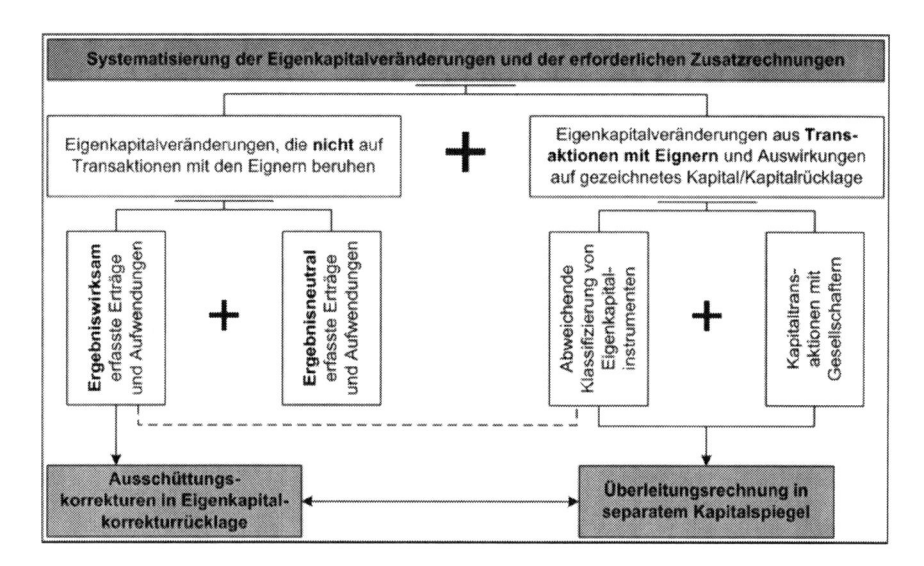

Übersicht 5-5: Systematisierung der Eigenkapitalveränderungen und der erforderlichen Zusatzrechnungen[112]

523.23 Notwendigkeit der konzeptionellen Identität mit handelsrechtlichen Ausschüttungssperren

Analog zu den nachfolgend darzustellenden IFRS-SME-Ausschüttungskorrekturen handelt es sich bei den handelsrechtlichen Ausschüttungssperren um **spezielle Ergebnisverwendungsvorschriften**, die den Ergebnisverwendungsvorschriften des AktG und des GmbHG vorgehen. Die nach § 268 Abs. 8 HGB einschlägigen Ausschüttungssperren sollten stets Berücksichtigung finden, unabhängig davon, ob es sich um zwingend korrekturbedürftige IFRS-SME-Regelungsbereiche handelt oder nicht. Für den IFRS-SME sind daher sowohl ein *fair value*-Überschuss des Planvermögens als auch ein aktiver Überschuss an Steuerlatenzen für Ausschüttungszwecke zu neutralisieren. Die Ausschüttungssperre für selbst geschaffene immaterielle Güter (Aktivierungsverbot im IFRS-SME) ist

---

111 Vgl. hierzu SENGER, T., in: BRUNS, H.-G. ET AL., IFRS-SME, Teil B, Abschn. 35, Rn. 83 f.; für IFRS 1 u. a. PELLENS, B./FÜLBIER, R./GASSEN, J./SELLHORN, T., Internationale Rechnungslegung, S. 857; BAETGE, J./KIRSCH, H.-J./THIELE, S., Bilanzen, S. 688.

112 Eine ähnliche Darstellung für die Systematisierung von Aufwendungen und Erträgen soie sonstigen Eigenkapitalveränderungen bei den IFRS findet sich bei ZÜLCH, H., Die Gewinn- und Verlustrechnung nach IFRS, S. 54.

Kapitel 5: Schlussfolgerungen zur Sicherstellung des Kapitalerhaltungszwecks auf Basis des IFRS-SME

nicht anwendbar.[113] **Zwei der drei in § 268 Abs. 8 HGB kodifizierten Fälle sind bei den IFRS-SME-Ausschüttungskorrekturen somit umzusetzen.**

Die Umsetzung der Ausschüttungssperren auf Basis von § 268 Abs. 8 HGB sollte konzeptionell identisch sein mit der Ausgestaltung der IFRS-SME-Ausschüttungskorrekturen. Fraglich ist zwar, ob ein aktiver Überschuss der Steuerlatenzen vor oder nach Berücksichtigung der Ausschüttungskorrekturen neutralisiert werden muss, d. h. ob analog zur Regelung in § 268 Abs. 8 HGB für jede Ausschüttungskorrektur gleichzeitig der Steuereffekt überzuleiten ist und auf dieser Basis ein aktiver Steuerlatenzsaldo ausschüttungsgesperrt sein sollte. Bei einem **Verzicht auf die Erfassung der Steuerlatenzen bei der Erfassung der Ausschüttungskorrekturen** kommt es aber ggf. zu einem **signifikanten zusätzlichen Ausschüttungssperrvolumen**,[114] sofern auf eine Überleitung der passiven Steuerlatenzen verzichtet wird. Dies hängt damit zusammen, dass passive Steuerlatenzen in der IFRS-SME-Bilanz das Reinvermögen bereits gemindert haben. § 268 Abs. 8 HGB ist damit auf einen übergeleiteten Steuerlatenzsaldo **nach Umsetzung der übrigen Ausschüttungskorrekturen** anwendbar (vgl. *Übersicht 5-6*).[115] Eine Ausschüttungskorrektur am IFRS-SME-Bilanzposten ohne gleichzeitiges Rückgängigmachen der hierauf gebildeten passiven Steuerlatenzen würde zu einer **zweifachen Zwangsthesaurierung** führen.[116] Daher sind **bei den IFRS-SME-Ausschüttungskorrekturen** wie bei § 268 Abs. 8 HGB **Steuereffekte zu erfassen**, was zur **doppelten Steuerlatenzierung** bei der Regulierungsoption außerbilanzieller Ausschüttungskorrekturen führt. Faktisch wird somit die Funktionsweise der handelsrechtlichen Ausschüttungssperren auf die IFRS-SME-Ausschüttungskorrekturen übertragen.

---

113 Im Fall des Planvermögens trifft dies auf Basis der vorherigen konzeptionellen Vorentscheidung nur dann zu, wenn die versicherungsmathematischen Gewinne/Verluste nicht ergebnisneutral erfasst werden. Nutzt der Abschlussersteller die Option zur ergebnisneutralen Verrechnung, sind die jeweiligen Bilanzposten von weiteren Korrekturmaßnahmen befreit.

114 Vgl. hierzu auch die Ausführungen für das Fallbeispiel in Abschnitt 543.3.

115 Die zweite Ausschüttungssperre nach § 268 Abs. 8 HGB (*fair value*-Überschuss bei Planvermögen) setzt hingegen unmittelbar am IFRS-SME-Bilanzposten an, da keine Ansatz- und Bewertungsunterschiede zum HGB bestehen.

116 Wie im Rahmen des Fallbeispiels in Abschnitt 54 gezeigt wird, kann das zusätzliche Sperrvolumen durchaus beträchtlich sein.

Aufgrund des Umfangs der erforderlichen IFRS-SME-Ausschüttungskorrekturen ist die Ermittlung der Ausschüttungsgrenzen für Abschlussadressaten ohne klar geregelte **Ausweisvorschriften** im Rahmen der Ergebnisverwendung kaum nachvollziehbar.[117] Daher sind die Ausschüttungskorrekturen in die **gesetzlichen Berechnungsschemata zur gesellschaftsrechtlichen Ergebnisverwendung** zu integrieren, um das maximale Ausschüttungspotenzial bei Anwendung des IFRS-SME im Einzelabschluss nachvollziehbar auszuweisen. Hierdurch gewinnen die Ausschüttungskorrekturen anders als die bisherigen handelsrechtlichen Ausschüttungssperren auch an Bedeutung für die Ergebnisverwendungskompetenzen und -pflichten.[118]

523.24 Prüfschema zur Ableitung des Korrekturumfangs

Auf Basis der bisherigen Ausführungen lässt sich das **Prüfschema für die Regulierungsoption** außerbilanzieller Ausschüttungskorrekturen darstellen (vgl. *Übersicht 5-6*). Dies gilt für die **ergebniswirksamen Ansatz- und Bewertungsunterschiede** zwischen IFRS-SME und HGB, welche in Form von **Ausschüttungskorrekturen** umgesetzt werden. Hierbei ist einerseits denkbar, dass im IFRS-SME ein höheres Reinvermögen ausgewiesen und insofern eine negative Eigenkapitalkorrektur - vergleichbar zur handelrechtlichen Ausschüttungssperre - vorliegt. Anderseits kann durch die Korrektur ein höheres Reinvermögen und größeres Ausschüttungsvolumen (z. B. bei niedriger Rückstellungsbewertung) bestimmt werden (vgl. *Übersicht 5-6*).

---

[117] So bspw. mit Blick auf § 269 HGB a. F. ADS, 6. Aufl., § 269,Rn. 22; zu den nicht unerheblichen Unklarheiten beim Ausweis des Ausschüttungssperrvolumens nach § 268 Abs. 8 HGB GELHAUSEN, H.,/ALHOFF, F., Bilanzierung ausschüttungsgesperrter Beträge (Teil 1), S. 591.

[118] Vgl. zum bisherigen Rechtsstand GELHAUSEN, H./ALTHOFF, F., Bilanzierung ausschüttungsgesperrter Beträge (Teil 1), S. 588; KÜTING, K./LORSON, P., in: KÜTING, K./WEBER, C.-P., HdR, 5. Aufl., § 268 (Stand: April 2011), Rn. 301.

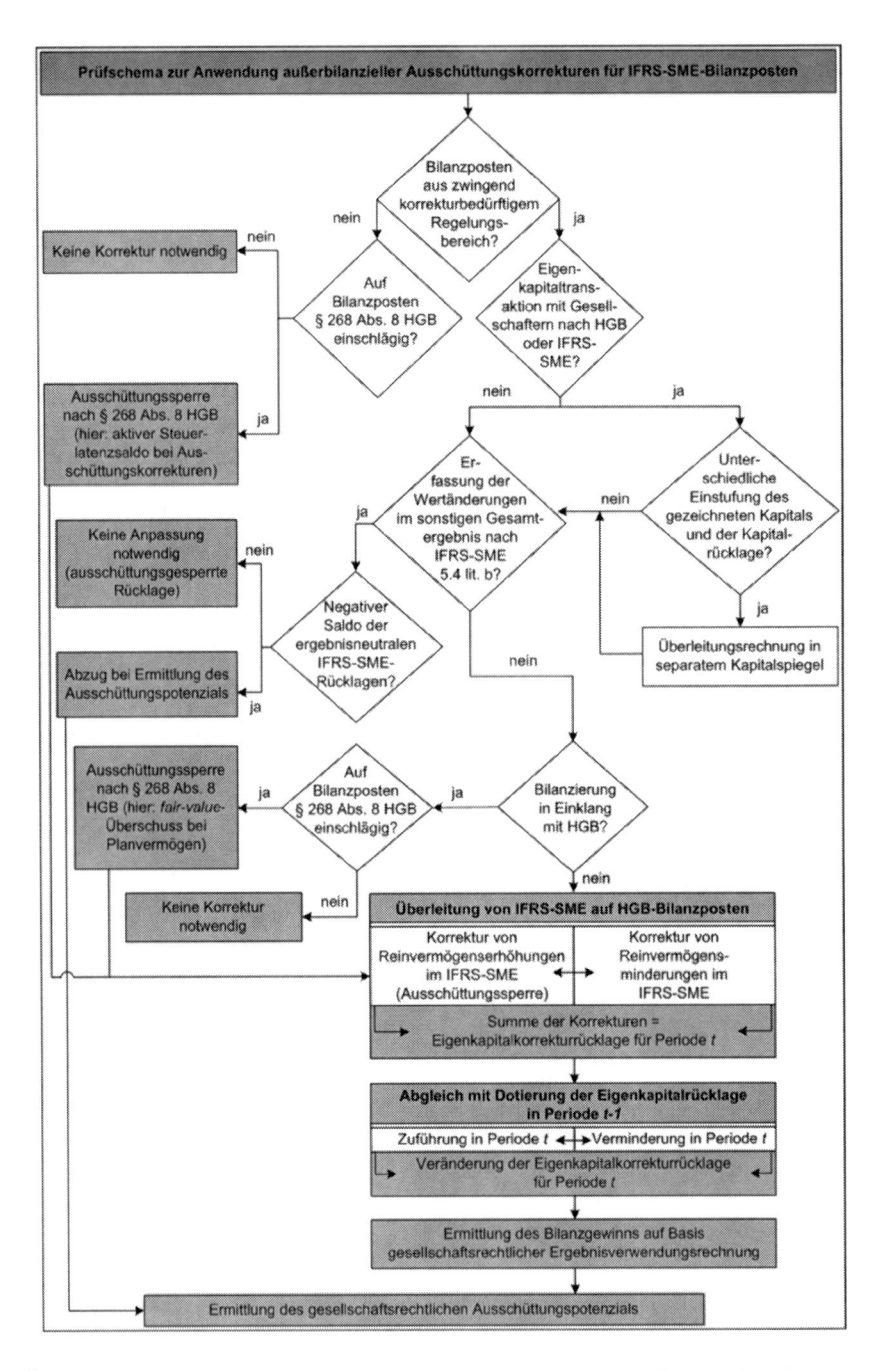

Kapitel 5: Schlussfolgerungen zur Sicherstellung des Kapitalerhaltungszwecks auf Basis des IFRS-SME

Übersicht 5-6: *Prüfschema zur Anwendung außerbilanzieller Ausschüttungskorrekturen*

Die Summe der Ausschüttungskorrekturen wird in einer **außerbilanziellen Eigenkapitalkorrekturrücklage** gesammelt.[119] Hierbei handelt es sich um **keine gesellschaftsrechtliche Rücklagenkategorie** nach § 266 Abs. 3 HGB. Vielmehr ist diese als **außerbilanzieller Vortrag sämtlicher Ausschüttungskorrekturen** auf Basis der IFRS-SME-Bilanz zu verstehen, die das IFRS-SME-Eigenkapital „kapitalerhaltungskompatibel" anpassen. Die Funktionsweise ähnelt damit einem **Gewinn- bzw. Verlustvortrag**. Hierin enthalten sind auch die Effekte aus den handelsrechtlichen Ausschüttungssperren gemäß § 268 Abs. 8 HGB, die unabhängig von den anpassungsbedürftigen Regelungsbereichen des IFRS-SME umzusetzen sind (vgl. *Übersicht 5-6*). Der periodische Dotierungsbedarf ergibt sich daraus, dass die Ansatz- und Bewertungsdifferenzen zwischen IFRS-SME- und HGB-Bilanzposten abgeglichen werden und so der Korrekturumfang bestimmt wird. Dieser wird mit dem Saldo der Eigenkapitalkorrekturrücklage verglichen und eine Erhöhung bzw. Verminderung der Eigenkapitalrücklage abgeleitet. Auf Basis der um die Eigenkapitalkorrekturrücklage adjustierten Bemessungsgrundlagen lässt sich die **Ergebnisverwendung in Einklang §§ 29 GmbHG, 58 AktG beschließen**. Die Systematik der Ausschüttungskorrekturen illustriert ein **vereinfachtes Beispiel**:[120]

- Eine AG passiviert zum Ende des Geschäftsjahres 2011 eine **Pensionsrückstellung** im IFRS-SME-Abschluss über EUR 120 (vgl. *Übersicht 5-7*). Hierin enthalten ist ein **versicherungsmathematisches Ergebnis** von EUR +30 (**Buchungssatz 1 und 2**). Der Abschlussersteller hat für die ergebniswirksame Verbuchung in der GuV optiert. Bedingt durch **unterschiedliche Diskontierungszinssätze** liegt das handelsrechtliche versicherungsmathematische Ergebnis bei EUR +20, so dass bei gleichem Ausgangswert in der Eröffnungsbilanz in Höhe von EUR 150 die Pensionsrückstellung mit EUR 130 passiviert wird. Es ist **eine negative Eigenkapitalkorrektur von EUR 10** durch Zuführung zum Konto **Δ IFRS-SME/HGB-Pensionsrückstellungen** (Passivkonto) und der Zwischenspeicherung auf dem Differenzkonto **Δ IFRS-SME-Eigenkapitalkorrekturrücklage** (Sammlung sämtlicher Bilanzpostendifferenzen) zu

---

[119] Der Unterschied zu den ergebnisneutralen IFRS-SME-Eigenkapitalrücklagen liegt darin, dass diese außerhalb des Jahresabschluss auf Gewinnverwendungsebene dotiert wird.
[120] Vgl. mit einem ähnlichen Beispiel ZÜLCH, H./GÜTH, S./STAMM, A., Einzelabschluss nach dem IFRS for SMEs, S. 719 (adaptiert auf die Ausschüttungsergebnisrechnung).

Kapitel 5: Schlussfolgerungen zur Sicherstellung des Kapitalerhaltungszwecks auf Basis des IFRS-SME

erfassen (**Buchungssatz 3**). Sofern das Eigenkapital nach IFRS-SME/HGB jeweils EUR 150 betrug und die Eigenkapitalkorrekturrücklage einen AB von EUR 0 aufwies, ergibt sich unter Berücksichtigung der außerbilanziellen Ausschüttungskorrektur für die Pensionsrückstellung eine Eigenkapitalkorrekturrücklage von EUR -10 (**Buchungssatz 4**). Nach HGB fällt das Ausschüttungspotenzial um EUR 10 geringer aus. **Steuereffekte** sind **ausgeklammert**. Eine **positive Eigenkapitalkorrekturrücklage** impliziert ein **höheres Ausschüttungspotenzial** nach HGB als nach IFRS-SME.

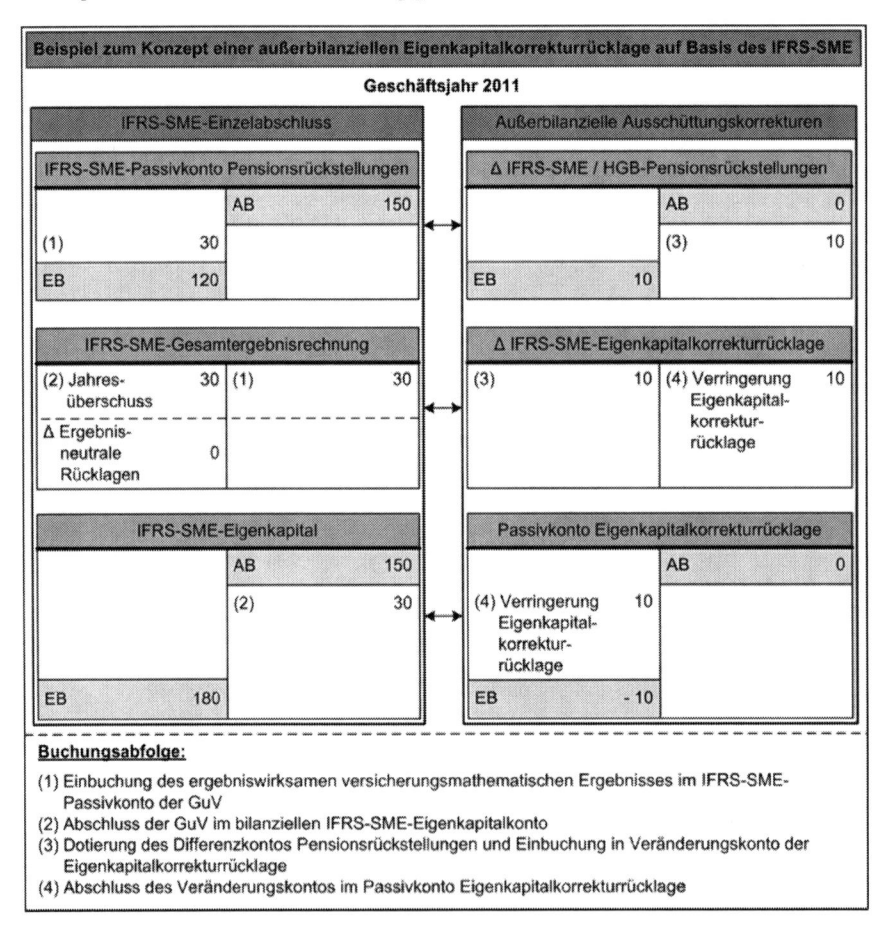

Beispiel zum Konzept einer außerbilanziellen Eigenkapitalkorrekturrücklage auf Basis des IFRS-SME

Geschäftsjahr 2011

IFRS-SME-Einzelabschluss		Außerbilanzielle Ausschüttungskorrekturen	
IFRS-SME-Passivkonto Pensionsrückstellungen		**Δ IFRS-SME / HGB-Pensionsrückstellungen**	
	AB 150		AB 0
(1) 30			(3) 10
EB 120		EB 10	
IFRS-SME-Gesamtergebnisrechnung		**Δ IFRS-SME-Eigenkapitalkorrekturrücklage**	
(2) Jahresüberschuss 30	(1) 30	(3) 10	(4) Verringerung Eigenkapitalkorrekturrücklage 10
Δ Ergebnisneutrale Rücklagen 0			
IFRS-SME-Eigenkapital		**Passivkonto Eigenkapitalkorrekturrücklage**	
	AB 150		AB 0
	(2) 30	(4) Verringerung Eigenkapitalkorrekturrücklage 10	
EB 180		EB -10	

Buchungsabfolge:
(1) Einbuchung des ergebniswirksamen versicherungsmathematischen Ergebnisses im IFRS-SME-Passivkonto der GuV
(2) Abschluss der GuV im bilanziellen IFRS-SME-Eigenkapitalkonto
(3) Dotierung des Differenzkontos Pensionsrückstellungen und Einbuchung in Veränderungskonto der Eigenkapitalkorrekturrücklage
(4) Abschluss des Veränderungskontos im Passivkonto Eigenkapitalkorrekturrücklage

Übersicht 5-7: *Verbuchung der Eigenkapitalkorrekturrücklage bei Anwendung des IFRS-SME im Einzelabschluss (Teil 1)*[121]

---

[121] Vgl. zu einem ähnlichen Konzept mit innerbilanzieller Verrechnung SCHMIDT, I., Ansätze für eine umfassende Rechnungslegung, S. 142-154 (einschließlich umfasendem Beispiel).

Abschnitt 52: Regulierungsoptionen zur Gewährleistung der Kapitalerhaltung bei Anwendung des IFRS-SME

- Das Beispiel wird abgewandelt, indem der Abschlussersteller im Geschäftsjahr 2011 für die **ergebnisneutrale Verbuchung des versicherungsmathematischen Ergebnisses** (*other comprehensive income*) optiert (**Buchungssatz 5**). Es entfällt die **Notwendigkeit**, eine **Eigenkapitalkorrekturrücklage zu bilden**. Das versicherungsmathematische Ergebnis im IFRS-SME in Höhe von EUR +30 wird ergebnisneutral in der IFRS-SME-Rücklage verbucht (**Buchungssatz 6**). Aufgrund deren gesellschaftsrechtlicher Einstufung[122] ergibt sich ein **innerbilanzielles Ausschüttungssperrvolumen** von EUR 30 für 2011. Auf Basis des positiven Saldos der IFRS-SME-Rücklage ist nach o. g. Prüfschema **keine Erfassung in der Ergebnisverwendungsrechnung** nötig.

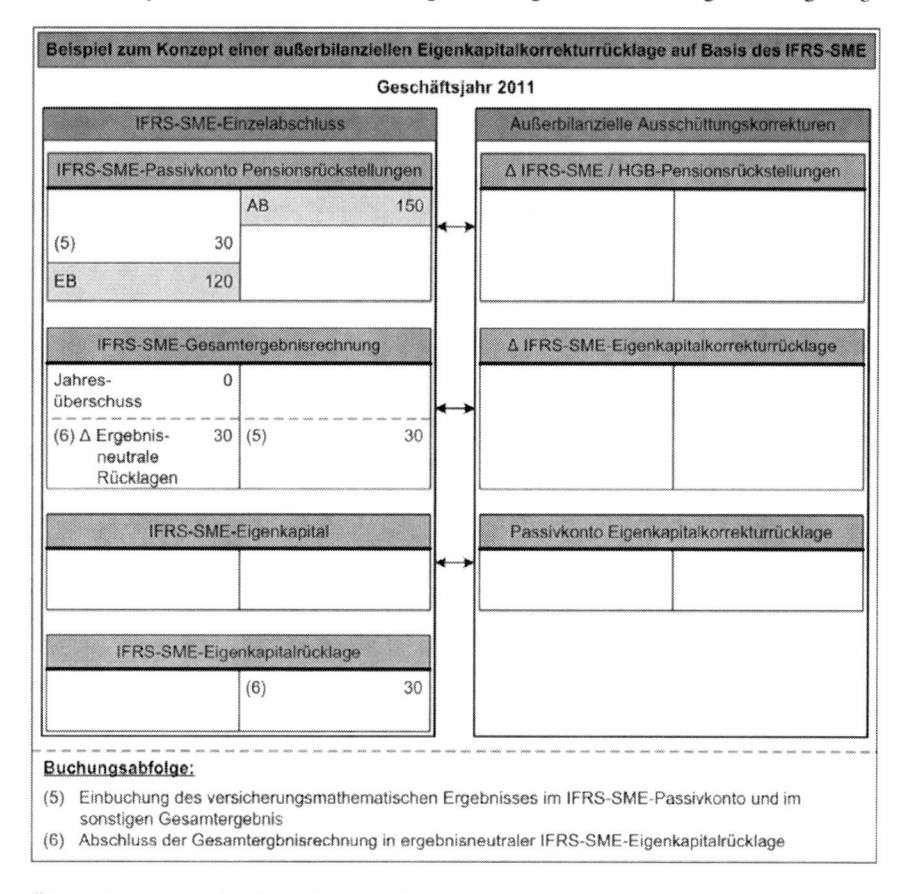

Beispiel zum Konzept einer außerbilanziellen Eigenkapitalkorrekturrücklage auf Basis des IFRS-SME

Geschäftsjahr 2011

IFRS-SME-Einzelabschluss		Außerbilanzielle Ausschüttungskorrekturen
IFRS-SME-Passivkonto Pensionsrückstellungen		Δ IFRS-SME / HGB-Pensionsrückstellungen
(5) 30 / AB 150 / EB 120		
IFRS-SME-Gesamtergebnisrechnung		Δ IFRS-SME-Eigenkapitalkorrekturrücklage
Jahresüberschuss 0 / (6) Δ Ergebnisneutrale Rücklagen 30	(5) 30	
IFRS-SME-Eigenkapital		Passivkonto Eigenkapitalkorrekturrücklage
IFRS-SME-Eigenkapitalrücklage		
(6) 30		

Buchungsabfolge:
(5) Einbuchung des versicherungsmathematischen Ergebnisses im IFRS-SME-Passivkonto und im sonstigen Gesamtergebnis
(6) Abschluss der Gesamtergebnisrechnung in ergebnisneutraler IFRS-SME-Eigenkapitalrücklage

Übersicht 5-8: *Verbuchung der Eigenkapitalkorrekturrücklage bei Anwendung des IFRS-SME im Einzelabschluss (Teil 2)*

---

122 Vgl. hierzu Abschnitt 523.22.

Kapitel 5: Schlussfolgerungen zur Sicherstellung des Kapitalerhaltungszwecks auf Basis des IFRS-SME

Das Beispiel macht deutlich, dass die Eigenkapitalkorrekturrücklage in den **Folgeperioden zwingend außerbilanziell fortzuschreiben** ist. Letztlich müssen für sämtliche zwingend korrekturbedürftige IFRS-SME-Regelungsbereiche außerbilanzielle „**Schattenkonten**" geführt werden, deren periodische Änderungen in einem „Veränderungskonto der Eigenkapitalkorrekturrücklage" jeweils gesammelt und danach in der IFRS-SME-Eigenkapitalkorrekturrücklage abgeschlossen werden. Dies hat bei **komplexen Bilanzierungssachverhalten** (z. B. bei Leasing, unterschiedlichen Abschreibungsverläufen im Anlagevermögen) einen **erheblichen Zusatzaufwand** zur Folge. Der Vorteil bilanzpostenbasierter Ausschüttungskorrekturen kommt nur zum Tragen, wenn - wie bei selbst geschaffenen immateriellen Gütern nach § 268 Abs. 8 HGB - Bilanzposten vollständig für die Ergebnisverwendung gesperrt sind und außerhalb des Rechenwerks vergleichsweise unproblematisch von den frei verfügbaren Rücklagen abgezogen werden können.[123] Der **Aufwand** bei Umsetzung der Korrekturmaßnahmen dürfte **erheblich** sein und **kaum Erleichterungen** gegenüber der parallelen Rechnungslegung mit sich bringen.[124] Im Vergleich zur parallelen Rechnungslegung ist ein **friktionsloses Einbinden in das bestehende Normensystem** ohne umfassende Regulierung des Gesetzgebers nicht möglich.

523.25 Ergebnisverwendung und maximales Ausschüttungspotenzial

Nach der Dotierung der Eigenkapitalkorrekturrücklage auf Basis des o. g. Prüfschemas müssen die **Ausschüttungskorrekturen in die Ergebnisverwendungsnormen integriert werden**, die am HGB-Jahresabschluss ansetzen (für die GmbH: § 29 Abs. 1 GmbHG, § 42 Abs. 1 GmbHG; für die AG: § 174 Abs. 1 AktG, § 158 Abs. 1 AktG). Die **Ermitt-**

---

[123] Vgl. LANFERMANN, G./RÖHRICHT, V., Neue Generalnorm für außerbilanzielle Ausschüttungssperren, S. 1218.

[124] Gleicher Ansicht mit Blick auf außerbilanzielle Ausschüttungskorrekturen u. a. ARBEITSKREIS BILANZRECHT DER HOCHSCHULLEHRER RECHTSWISSENSCHAFT, Zur Fortentwicklung des deutschen Bilanzrechts, S. 2376; SCHULZE-OSTERLOH, J., Internationale Rechnungslegung für den Einzelabschluß, S. 100; RAMMERT, S., Erhaltultung der Kapitalerhaltung (*„unzumutbare Belastungen"*); PELLENS, B./JÖDICKE, D./SCHMIDT, A., Reformbestrebungen zum Gläubigerschutz, S. 433 f.; BÖRSTLER, C., Zur Zukunft der externen Rechnungslegung, S. 174; POTTGIEßER, G., Einflüsse internationaler Standards, S. 195 f.; MERKT, H., IFRS und die Folgen für den Kapitalschutz, S. 102; MAUL, S./LANFERMANN, G./RICHARD, M., Zur Leistungsfähigkeit der Ausschüttungsmodelle in Europa und Drittstaaten, S. 282 (*„[...] wäre die Überleitungsrechnung ein komplexes Regelwerk, das von den Unternehmen nur unter Hinzuziehung hochspezialisierten Expertenwissens und [...] unter Inkaufnahme erhöhter Kosten zu handhaben wäre"*); positiver BÖCKING, H.-J./GROS, M., Änderungen im Jahres-und Konzernabschluss durch BilMoG.

lung des Bilanzgewinns basiert auf der **Ergebnisverwendungsrechnung** in Einklang mit § 158 Abs. 1 Satz 1, 2 AktG, die **bei der AG** die Grundlage für den Ergebnisverwendungsbeschluss der Hauptversammlung nach § 174 Abs. 1 AktG ist.[125] Bei Umsetzung eines IFRS-SME-Einzelabschlusses ist der **Ausweis der Ergebnisverwendungsrechnung im Anhang** einer Verlängerung der IFRS-SME-Gesamtergebnisrechnung vorzugswürdig. § 158 Abs. 1 Satz 2 AktG sollte daher nicht anwendbar sein. Bei der **GmbH** muss - im Gegensatz zur AG - der Ergebnisverwendungsbeschluss nur der Erhaltung des Stammkapitals nach § 30 Abs. 1 GmbHG Rechnung tragen.[126] Die Erstellung einer Ergebnisverwendungsrechnung ist nicht vorgeschrieben. Bereits für das geltende Recht wird empfohlen, bei **umfassenden Rücklagenbewegungen** eine Ergebnisverwendungsrechnung - analog zu § 158 Abs. 1 AktG - als Grundlage des Ergebnisverwendungsbeschlusses (§ 46 Abs. 1 Nr. 1 GmbHG) zu erstellen.[127] § 158 Abs. 1 AktG i. V. mit § 29 Abs. 1 Satz 1 GmbHG sollte daher bei Anwendung des IFRS-SME auch bei der GmbH verpflichtend Folge geleistet werden.

Das adjustierte Schema der **Ergebnisverwendungsrechnung** wird nachfolgend dargestellt (vgl. *Übersicht 5-9*). Die Eigenkapitalkorrekturrücklage wird ihrem ökonomischen Charakter entsprechend als Vortrag der Ausschüttungskorrekturen auf den IFRS-SME-Jahresüberschuss hinzugerechnet. Zusätzlich ist die Erhöhung bzw. Verringerung der Rücklagen, insbesondere der Gewinnrücklagen im IFRS-SME-Abschluss, abzubilden.[128] Bei den nach dem IFRS-SME 6.5 lit. a ausgewiesenen Gewinnrücklagen sind der Jahresüberschuss und der Ergebnisvortrag als Komponenten enthalten, so dass diese nicht der handels- und gesellschaftsrechtlichen Definition entsprechen.[129] In Einklang mit dem Berechnungsschema nach § 158 Abs. 1 AktG i. V. mit § 272 Abs. 3 HGB werden der Ergebnisvortrag und der Jahresüberschuss in der Ergebnisverwendungsrechnung separiert.

---

125 Vgl. ADS, 6. Aufl., § 58, Rn. 109 f.; HÜFFER, U., Aktiengesetz, 9. Aufl., § 58, Rn. 3.
126 Vgl. HUECK, A./FASTRICH, L., in: BAUMBACH, A./HUECK, A., GmbHG, 19. Aufl., § 30, Rn. 4; ROTH, G., in: ROTH, G./ALTMEPPEN, H., GmbHG, 6. Aufl., § 29, Rn. 54.
127 Vgl. ADS, 6. Aufl., § 268, Rn. 14; KNOP, W./ZANDER, S., in: KÜTING, K./WEBER, C.-P., HdR, 5. Aufl., § 268 (Stand: Oktober 2010), Rn. 34; HUECK, A./FASTRICH, L., in: BAUMBACH, A./HUECK, A., GmbHG, 19. Aufl., § 29, Rn. 22 und 38 (zum Ergebnisverwendungsbeschluss).
128 Vgl. umfassend ADS, 6. Aufl., § 158, Rn. 9-21.
129 Vgl. AMEN, M., in: BRUNS, H.-G. ET AL., IFRS-SME, Teil B, Abschn. 6, Rn. 9; hierzu auch FÖRSCHLE, G./KRONER, M., in: Beck Bilanzkomm., 7. Aufl., § 272, Rn. 473.

Kapitel 5: Schlussfolgerungen zur Sicherstellung des Kapitalerhaltungszwecks auf Basis des IFRS-SME

Adjustierte Ergebnisverwendungsrechnung auf Basis eines IFRS-SME-Einzelabschlusses
IFRS-SME-Jahresüberschuss in Periode *t*
+ Verminderung von Kapitalrücklagen (u.a. Agios) in IFRS-SME-Bilanz
+/- Verminderung (+) / Erhöhung (-) der Gewinnrücklagen in IFRS-SME-Bilanz
+/- Vortrag des IFRS-SME-Jahresüberschusses bis Perioden *t-1* (- : bei Verlustvortrag)
+/- Eigenkapitalkorrekturrücklage (- : bei negativem Rücklagensaldo)
= **Bilanzgewinn (+) / -verlust (-) auf Basis eines IFRS-SME-Einzalabschlusses in Periode *t***

Übersicht 5-9: Adjustierte Ergebnisverwendungsrechnung im Sinne von § 158 Abs. 1 AktG auf Basis eines IFRS-SME-Einzelabschlusses

Bei Unternehmen in der Rechtsform der AG sind zur Ermittlung des Bilanzgewinns nach § 158 Abs. 1 AktG die gesetzlichen Vorgaben zur **Dotierung der Gewinnrücklagen**, insbesondere **der gesetzlichen Rücklage nach § 150 AktG**, zu beachten. Eine solche Pflicht gilt bei der GmbH gemäß § 30 Abs. 1 GmbHG i. V mit § 29 Abs. 1 GmbHG nicht.[130] Das Berechnungsschema der gesetzlichen Rücklage nach § 150 Abs. 2 AktG ist dahingehend anzupassen, dass der **IFRS-SME-Jahresüberschuss** den Ausgangspunkt für die Dotierung der gesetzlichen Rücklage darstellt. Dies wird um die **Veränderung der Eigenkapitalkorrekturrücklage** in der jeweiligen Periode (= Veränderungskonto der Eigenkapitalkorrekturrücklage) adjustiert, um eine zum HGB-Jahresüberschuss gleichwertige IFRS-SME-Ergebnisgröße zu ermitteln. Für die **Approximation des handelsrechtlichen Verlustvortrags** ist folgendermaßen vorzugehen: Der Vortrag des *net profit or loss* nach IFRS-SME aus den vorherigen Geschäftsjahren wird erweitert um den Saldo der Eigenkapitalkorrekturrücklage aus der Vorperiode. Damit wird eine zum HGB gleichwertige Bemessungsgrundlage approximiert. Sofern der Saldo aus IFRS-SME-Ergebnisvortrag und Eigenkapitalkorrekturrücklage in der Vorperiode **negativ** ist und es sich damit um einen „adjustierten Verlustvortrag" handelt, ist dieser für die Dotierung der gesetzlichen Rücklage einschlägig (vgl. *Übersicht 5-10*). Sofern der Saldo positiv ist („adjustierter Gewinnvortrag"), bleibt er unbeachtlich.[131] Abschließend wird hiervon der zwanzigste Teil nach § 150 Abs. 2 Satz 1 AktG in die gesetzliche Rücklage eingestellt. Sofern

---

130 Vgl. HUECK, A./FASTRICH, L., in: BAUMBACH, A./HUECK, A., GmbHG, 19. Aufl., § 29, Rn. 23.
131 Die zum handelsrechtlichen Gewinn-/Verlustvortrag analoge Behandlung wird hierdurch approximiert. Vgl. hierzu auch ADS, 6. Aufl., § 150, Rn. 24.

der Abschlussersteller diese Zuführung zur gesetzlichen Rücklage umgehen möchte, kann er das gesetzlich vorgesehene Maximum sofort zuführen.[132]

Adjustierte Dotierung der gesetzlichen Rücklage auf Basis eines IFRS-SME-Einzelabschlusses		
IFRS-SME-Jahresüberschuss in Periode *t*		
+/-	Erhöhung (+) / Verminderung (-) der Eigenkapitalkorrekturrücklage	
-	Adjustierter Verlustvortrag	
	+/-	Vortrag des IFRS-SME-Jahresüberschusses bis Perioden *t-1* (- : bei Verlustvortrag)
	+/-	Eigenkapitalkorrekturrücklage (- : bei negativem Rücklagensaldo)
	=	Adjustierter Gewinn- (+) / Verlustvortrag (-)
=	Bemessungsgrundlage für gesetzliche Rücklage	
x	5% auf Bemessungsgrundlage	
=	Dotierungspflicht für gesetzliche Rücklage auf Basis eines IFRS-SME-Einzelabschlusses in Periode *t*	

Übersicht 5-10: Dotierung der gesetzlichen Rücklage im Sinne von § 150 Abs. 2 AktG auf Basis eines IFRS-SME-Einzelabschlusses

Bei der AG sind - im Gegensatz zur GmbH - bei Aufstellung des Jahresabschlusses gemäß § 58 Abs. 1, 2 AktG umfassende **Kompetenzen der Gesellschaftsorgane zur Ergebnisverwendung** kodifiziert.[133] Anders als die handelsrechtlichen Ausschüttungssperren nach § 268 Abs. 8 HGB ist es, aufgrund der im Einzelfall deutlichen Abweichungen zwischen dem IFRS-SME-Jahresüberschuss und einem kapitalerhaltungskompatiblen Periodenergebnis, erforderlich, die Kompetenzen der Gesellschaftsorgane zur Verwendung des periodischen Jahresergebnisses an einer **kapitalerhaltungskompatiblen Bemessungsgrundlage** auszurichten.[134] Der Wirkungsradius der Ausschüttungskorrekturen ist durch die Berücksichtigung bei der Rücklagendotierung und den Ergebnisverwendungskompetenzen somit größer als bei den handelsrechtlichen Ausschüttungssperren. Die Verwendungskompetenzen (§ 58 Abs. 1, 2 AktG) sollten sich nach § 58 Abs. 1 Satz 3 AktG an der Dotierung der gesetzlichen Rücklage und der Ergebnisverwendungsrechnung ori-

---

132 Vgl. ADS, 6. Aufl., § 150, Rn. 4; KÜHNBERGER, M., Eigenkapitalausweis und Kompetenzregeln, S. 1389.

133 Die Ergebnisverwendungskompetenz basiert bei der GmbH gemäß § 29 Abs.1 GmbHG auf einem Gesellschafterbeschluss, dem die o. g. Ergebnisverwendungsrechnung zugrunde liegt. Weitere Beschränkungen bestehen nicht, so dass sich nachfolgend auf die AG konzentriert wird.

134 Vgl. zum Konnex mit dem Kapitalerhaltungszweck STROBL, E., IASC-Rechnungslegung, S. 400-403; ADS, 6. Aufl., § 58, Rn. 4; HÜFFER, U., Aktiengesetz, 9. Aufl., § 58, Rn. 5.

entieren (vgl. *Übersicht 5-11*).[135] Auch die Beschlussfassung der Hauptversammlung nach § 58 Abs. 4 AktG knüpft an den Bilanzgewinn in der dargestellten Form an.[136]

Berechnungsgrundlage für Ergebnisverwendungskompetenzen auf Basis eines IFRS-Einzelabschlusses		
IFRS-SME-Jahresüberschuss in Periode *t*		
+/-	Erhöhung (+) / Verminderung (-) der Eigenkapitalkorrekturrücklage	
-	Adjustierter Verlustvortrag	
	+/-	Vortrag des IFRS-SME-Jahresüberschusses bis Perioden *t-1* (- : bei Verlustvortrag)
	+/-	Eigenkapitalkorrekturrücklage (- : bei negativem Rücklagensaldo)
	=	Adjustierter Gewinn- (+) / Verlustvortrag (-)
=	Bemessungsgrundlage für Ergebnisverwendungskompetenzen der Gesellschaftsorgane in Periode *t*	

Übersicht 5-11: Berechnungsgrundlage für Ergebnisverwendungskompetenzen nach § 58 Abs. 1, 2 AktG auf Basis eines IFRS-Einzelabschlusses

Das **Ausschüttungspotenzial** kennzeichnet das maximal verfügbare Ausschüttungsvolumen im Sinne einer **Ausschüttungsobergrenze**.[137] Bei Anknüpfung an einen IFRS-SME-Einzelabschluss ist der IFRS-SME-Jahresüberschuss um die **frei verfügbaren Kapital- und Gewinnrücklagen** zu erhöhen. Die freie Verfügbarkeit ist dann gegeben, wenn die im IFRS-SME-Abschluss ausgewiesenen Gewinn- und Kapitalrücklagen weder gesetzlich (z. B. nach § 150 Abs. 3, 4 AktG) noch gesellschaftsvertraglich oder satzungsmäßig verwendungsbeschränkt sind.[138] Bei Anwendung des IFRS-SME sind die **ergebnisneutralen IFRS-SME-Rücklagen mit einem positiven Saldo** nicht frei verfügbar. **Ergebnisneutrale Rücklagen** mit einem negativen Saldo werden bei der Ermittlung des Ausschüttungspotenzials in Abzug gebracht (vgl. *Übersicht 5-12*). Ähnlich wie bei der Erfassung handelsrechtlicher Ausschüttungssperren sind die ergebnisneutralen Rücklagen anders als die Ausschüttungskorrekturen nur implizit bei der Ermittlung des Ausschüttungspotenzials abzubilden und mindern nicht die Ausschüttungsbemessungsgrundlage in Form des Bilanzgewinns.[139] Die **Ausschüttung sollte bei Einhaltung des Ausschüttungspotenzials** (vgl. *Übersicht 5-12*) zulässig sein, so dass sich die Regelung für die ergebnisneutralen

---

135 Vgl. ELLROTT, H./HOFFMANN, H., in: Beck Bilanzkomm., 7. Aufl., Vor § 325, Rn. 44.
136 Vgl. ELLROTT, H./HOFFMANN, H., in: Beck Bilanzkomm., 7. Aufl., Vor § 325, Rn. 52.
137 Vgl. auch KÜTING, K./LORSON, P., in: KÜTING, K./WEBER, C.-P., HdR, 5. Aufl., § 268 (Stand: April 2011), Rn. 285; hierzu ebenfalls MATSCHKE, M., in: Bonner HdR, 2. Aufl., § 269, Rn. 40.
138 Vgl. KÜTING, K./LORSON, P., in: KÜTING, K./WEBER, C.-P., HdR, 5. Aufl., § 268 (Stand: April 2011), Rn. 286.

IFRS-SME-Rücklagen an § 268 Abs. 8 HGB für die handelsrechtlichen Ausschüttungssperren anlehnt. Eine Ausschüttung ist nur unter Berücksichtigung der außerhalb der GuV kumulierten Verluste vorzunehmen.

Ermittlung des maximalen Ausschüttungspotenzials auf Basis eines IFRS-SME-Einzelabschlusses	
	IFRS-SME-Jahresüberschuss in Periode *t*
+	Frei verfügbare Kapital- und Gewinnrücklagen in Periode *t* in IFRS-SME-Bilanz
+/-	Vortrag des IFRS-SME-Jahresüberschusses bis Perioden *t-1* (- : bei Verlustvortrag)
+/-	Eigenkapitalkorrekturrücklage für Kapitalerhaltungszwecke in Periode *t* (- : bei negativem Rücklagensaldo)
-	Ergebnisneutrale IFRS-SME-Eigenkapitalrücklagen, sofern Rücklagensaldo negativ
=	Maximales Ausschüttungspotenzial auf Basis eines IFRS-SME-Einzelabschlusses in Periode *t*

Übersicht 5-12: Ermittlung des maximalen Ausschüttungspotenzials auf Basis eines IFRS-SME-Einzelabschlusses[140]

Die Ausführungen verdeutlichen, dass das **gesellschaftsrechtliche Kapitalerhaltungsregime** bei Anwendung des IFRS-SME im Einzelabschluss mit zusätzlicher Umsetzung einer Eigenkapitalkorrekturrücklage, wegen der Komplexität in der praktischen Anwendung, an **seine Grenzen stößt**. Die **Regulierungskosten für den Gesetzgeber** und die **Umsetzungskosten für den Abschlussersteller** dürften hoch ausfallen. Zudem ist der **Ausweis der außerbilanziellen Ausschüttungskorrekturen für die Abschlussadressaten** kaum **eingängig** zu gestalten und daher komplexer als bei einer parallelen Rechnungslegung.

523.26 Ausweis

Auch wenn bisher für die GmbH eine Ergebnisverwendungsrechnung nur empfohlen wurde,[141] sollte deren Erstellung aufgrund der umfangreichen Ausschüttungskorrekturen bei Anwendung des IFRS-SME verpflichtend sein. Hieraus sollte auch der periodische Dotierungsbedarf der Eigenkapitalkorrekturrücklage hervorgehen. Aus Komplexitätsgründen ist aber kein Ausweis der Korrekturen für jeden einzelnen Bilanzposten erforder-

---

139 A. A. HOLZER, P./ERNST, C., Erfassung und Ausweis des Jahresergebnisses, S. 361 (Erfassung im Bilanzgewinn). Eine derartige Erfassung würde nach der hier vertretenen Auffassung die Anwendung der Ausschüttungskorrekturen notwendig machen, was explizit ausgeschlossen wurde.

140 In Erweiterung des Berechnungsschemas bei GELHAUSEN, H./ALTHOFF, F., Bilanzierung ausschüttungsgesperrter Beträge (Teil 1), S. 586.

141 Vgl. ADS, 6. Aufl., § 268, Rn. 14; ROTH, G., in: ROTH, G./ALTMEPPEN, H., GmbHG, 6. Aufl., § 29, Rn. 18; KNOP, W./ZANDER, S., in: KÜTING, K./WEBER, C.-P., HdR, 5. Aufl., § 268 (Stand: Oktober 2010), Rn. 39.

lich, denn die **Interpretation der Differenzen** zwischen IFRS-SME- und HGB-Bilanzposten dürfte **wenig eingängig** sein.[142] Vielmehr sollten neben der adjustierten Ergebnisverwendungsrechnung analog zu § 325a Abs. 2a Satz 3 HGB zusätzliche Anhangangaben (bspw. zur Vergütung der Organmitglieder, Beschäftigtenzahl) sowie Erläuterungen zu **wesentlichen Veränderungen** der Eigenkapitalkorrekturrücklage vorgeschrieben werden.[143] Des Weiteren sollte der Ausweis des gesellschaftsrechtlichen Ergebnisverwendungsvorschlags bzw. -beschlusses für die AG (§§ 170 Abs. 2 AktG, 174 Abs. 1 AktG) bzw. für die GmbH (§§ 42a Abs. 2, 46 Nr. 1 GmbHG) vorgeschrieben werden.

523.27 Publizität und Prüfung

Das **erweiterte Ergebnisverwendungsschema** einschließlich der o. g. **ergänzenden Anhangangaben und dem Ergebnisverwendungsvorschlag/-beschluss** sollte gemeinsam mit den IFRS-SME-Abschlussbestandteilen nach IFRS-SME 3.17 **offengelegt** werden.

In Einklang mit § 324a Abs. 1 HGB ist nicht nur der IFRS-SME-Einzelabschluss, sondern auch die Ermittlung der Korrekturmaßnahmen und die korrekte Dotierung der Eigenkapitalkorrekturrücklage als Grundlage der Ergebnisverwendungsrechnung in die **Abschlussprüfung** einzubeziehen, sofern der Abschlussersteller der Prüfungspflicht nach § 316 Abs. 1 Satz 1 HGB unterliegt. Da die **modifizierte Ergebnisverwendungsrechnung** in Übereinstimmung mit § 158 Abs. 1 Satz 2 AktG Bestandteil des Anhangs ist, ist sie auch **Gegenstand der Abschlussprüfung**.

523.28 Zwischenergebnis: Keine Erleichterungen im Vergleich zur parallelen Rechnungslegung erwartbar

Die vorangegangenen Ausführungen haben verdeutlicht, dass keine bedeutenden Erleichterungen bei der Umsetzung außerbilanzieller Ausschüttungskorrekturen auf Basis der IFRS-SME-Bilanzposten gegenüber einer parallelen Rechnungslegung zu erwarten sind.

---

142 Kritisch u. a. SCHÖN, W., Gesellschafter-, Gläubiger- und Anlegerschutz, S. 739 („[...] *weil die Präsentation einer komplizierten Überleitungsrechnung für Zwecke der allgemeinen Informationspublizität eher Verwirrung stiftet*"); BUSSE VON COLBE, W., Paradigmenwechsel, S. 170; RAMMERT, S., Erhaltung der Kapitalerhaltung („*[...] bei widersprüchlichen Zahlen Verwirrung stiften könnte*").

143 Vgl. FEY, G./DEUBERT, M., Befreiender IFRS-Einzelabschluss, S. 95; HALLER, A./HÜTTEN, C./ LÖFFELMANN, J., in: KÜTING, K./WEBER, C.-P., HdR, 5. Aufl., § 325 (Stand: August 2010), Rn. 106 („*[...] scheint eine Überleitung oder Erläuterung der Unterschiede zumindest bei erheblichen Abweichungen beider Ergebnisse wünschenswert [...]*").

Abschnitt 52: Regulierungsoptionen zur Gewährleistung der Kapitalerhaltung bei Anwendung des IFRS-SME

Zudem sind eine Vielzahl von Einzelfragen zu klären, so dass diese Regulierungsoption **umfassende gesetzgeberische Anpassungsmaßnahmen** verlangt und sich damit nicht nahtlos in den bestehenden institutionellen Rahmen aus Handels- und Gesellschaftsrecht (AktG bzw. GmbHG) einbinden lässt. Im Vergleich zur parallelen Rechnungslegung entstehen zudem **höhere Regulierungskosten** dadurch, dass sich ein Normauslegung erst entwickeln müsste (u. a. durch Rechtsprechung). Bei der im Vergleich zum HGB dynamischeren Überarbeitung des IFRS-SME wäre turnusmäßig zu prüfen, inwiefern einzelne IFRS-SME-Regelungsbereiche einer Korrekturpflicht unterliegen sollten oder nicht (**dynamische Normierungsnotwendigkeit**).[144]

Auf Ebene des Abschlusserstellers sind für die einzelnen korrekturbedürftigen Bilanzposten „Schattenkonten" zu führen, die faktisch zu einer **parallelen Rechnungslegung** führen. Auch der Ausweis dürfte für die Abschlussadressaten, insbesondere mit Blick auf die Nachvollziehbarkeit des Korrekturmaßnahmen, große Probleme bereiten. Daher ist die **parallele Rechnungslegung auf Basis eines Unternehmenswahlrechts** gegenüber der Anwendung der Ausschüttungskorrekturen bei einem Fortbestand des institutionellen Rahmens des Handels- und Gesellschaftsrechts **vorziehenswürdig**.

523.3 Verbleibende Unterschiede zur Ausschüttungsergebnisrechnung

Im Schrifttum wird im Zusammenhang mit der Implementierung von Ausschüttungskorrekturen vorgeschlagen, die dem Kapitalerhaltungszweck zuwiderlaufenden Ergebnisbestandteile der IFRS bzw. des IFRS-SME zu korrigieren.[145] Eine derartige „ergebnisbasierte" Ausrichtung der Ausschüttungskorrekturen führt zur Unterteilung in ein „**Rechnungslegungsergebnis**" (*accounting profit*) sowie ein auf dieser Basis überzuleitendes „**Ausschüttungsergebnis**" (*distributable profit*).[146] Für Kapitalerhaltungszwecke ist das

---

[144] Vgl. BRUNS, H.-G., International vergleichbare deutsche Jahresabschlüsse, S. 178; ARBEITSKREIS BILANZRECHT DER HOCHSCHULLEHRER RECHTSWISSENSCHAFT, Zur Fortentwicklung des deutschen Bilanzrechts, S. 2376; PELLENS, B./SELLHORN, T., Zukunft des bilanziellen Kapitalschutzes, S. 470 („*erheblicher Aufwand in Form einer Parallelgesetzgebung*").

[145] Vgl. u. a. KRUMNOW, J., Deutsche Rechnungslegung, S. 694; BAETGE, J./THIELE, S., Gesellschafterschutz versus Gläubigerschutz, S. 23; PELLENS, B./GASSEN, J., EU-Verordnungsentwurf, S. 140 („*Ausschüttungsergebnis*"); KAHLE, H., Bilanzieller Gläubigerschutz, S. 702; SCHÖN, W., Balance Sheet Tests or Solvency Tests, S. 198; EKKENGA, J., Einzelabschlüsse nach IFRS, S. 391; LANFERMANN, G./RICHARD, M., Ausschüttungen auf Basis von IFRS, S. 1929.

Ausschüttungsergebnis maßgeblich, indem hieran die gesellschaftsrechtlichen **Ergebnisverwendungs- und Kapitalerhaltungsnormen anknüpfen.**

Die außerbilanziellen Ausschüttungskorrekturen auf Basis der IFRS-SME-Ergebnisrechnung führen letztlich zur Umsetzung einer **Ausschüttungsergebnisrechnung**.[147] Der Begriff der ergebnisbasierten **Ausschüttungskorrekturen** bei **Umsetzung einer Ausschüttungsergebnisrechnung** kennzeichnet die Korrektur sämtlicher positiver und negativer Abweichungen zwischen dem *net profit or loss* nach IFRS-SME und dem Jahresüberschuss nach HGB für die zwingend korrekturbedürftigen IFRS-SME-Regelungsbereiche.[148] Im Gegensatz zur bilanzpostenbasierten Herangehensweise wird nicht an Bestandsgrößen in der Bilanz, sondern an **periodenbezogene Stromgrößen aus dem *income statement* nach dem IFRS-SME** angeknüpft.

Sofern ergebnisbasierte Ausschüttungskorrekturen auf Basis des IFRS-SME-Jahresabschlusses nur in der Periode ihres Anfalls korrigiert, aber in den folgenden Perioden nicht weiterverfolgt werden (**einperiodige Korrekturen**), entfalten sie **keine materielle Schutzwirkung**.[149] Dies kann bspw. bei der Aktivierung von Bilanzposten relevant sein, die inkompatibel mit dem Kapitalerhaltungszweck sind und deren Aktivierung daher zur Kapitalerhaltung neutralisiert werden muss. In der Periode des Erstansatzes führt die Aktivierung zu einem höheren Ausschüttungspotenzial. Sofern in den Folgeperioden die Ertragswirkungen aus der Aktivierung auf Basis des Restbuchwerts nicht korrigiert werden, ergäbe sich ein für Kapitalerhaltungszwecke inkompatibles Ausschüttungspotenzial.[150]

Die mehrperiodige Fortschreibung der Korrekturmaßnahmen lässt sich nicht durch die Anknüpfung an Stromgrößen aus der Ergebnisrechnung umsetzen. Vielmehr müssen **die**

---

146 Vgl. KAHLE, H., Internationale Rechnungslegung, S. 254; LANFERMANN, G./RÖHRICHT, V., Neue Generalnorm für außerbilanzielle Ausschüttungssperren, S. 1220; FRESL, K., Die Europäisierung des deutschen Bilanzrechts, S. 178 (jeweils mit Blick auf Großbritannien); RAMMERT, S., Erhaltung der Kapitalerhaltung, S. 588.

147 Vgl. ZÜLCH, H./GÜTH, S./STAMM, A., Einzelabschluss nach dem IFRS for SMEs, S. 715.

148 Vgl. zu einer ähnlichen Interpretation ergebnisbasierter Anpassungsmaßnahmen u. a. LANFERMANN, G./RICHARD, M., Ausschüttungen auf Basis von IFRS, S. 1930.

149 Vgl. ARBEITSKREIS „STEUERN UND REVISION" (HRSG.), Abkehr vom Gläubigerschutz, S. 1300; HAAKER, A., Keine Abkehr vom Gläubigerschutz, S. 1752; GELHAUSEN, H./ALTHOFF, F., Bilanzierung ausschüttungsgesperrter Beträge (Teil 1), S. 586.

150 Vgl. ARBEITSKREIS „STEUERN UND REVISION" (HRSG.), Abkehr vom Gläubigerschutz, S. 1299.

korrekturbedürftigen Aufwendungen und Erträge mit den jeweilen Buchwerten der Bilanzposten verknüpft werden, um in Folgeperioden auf Basis der bilanziellen Bestandsgrößen Abweichungen zwischen HGB und IFRS-SME für die obligatorisch anzupassenden IFRS-SME-Regelungsbereiche eliminieren zu können.[151] Es ergeben sich keine Erleichterungen für den Abschlussersteller bei Anwendung einer Ausschüttungsergebnisrechnung, da wiederum eine „Schattenbilanz" erstellt werden muss.

Bilanzierungspraktisch kann eine Ausschüttungsergebnisrechnung mit Nachteilen verbunden sein. Dies liegt zum einen darin, dass sich diese **nicht kompatibel** in das System **handelsrechtlicher Ausschüttungssperren** nach § 268 Abs. 8 HGB einfügen lässt, da sie das Ausschüttungssperrvolumen über eine bilanzpostenbasierte Herangehensweise ableitet. Die konzeptionelle Vorentscheidung, die Funktionsweise handelsrechtlicher Ausschüttungssperren einschließlich der Überleitung der Steuereffekte auch bei einer IFRS-SME-Bilanzierung anwendbar zu machen, lässt sich nicht friktionslos bei ergebnisbasierten IFRS-SME-Ausschüttungskorrekturen umsetzen. Da das *temporary*-Konzept die Erfassung temporärer und quasi-permanenter Differenzen auf Basis der Differenzen der einzelnen **Bilanzposten** zur Steuerbilanz vorsieht, ist die **Überleitung der Steuereffekte** ohne Hinzuziehung der Bilanzposten kaum möglich.[152] Die **Komplexität bei Umsetzung bilanzpostenbasierter Ausschüttungskorrekturen** auf Basis des IFRS-SME ist auch bei Umsetzung einer Ausschüttungsergebnisrechnung zu erwarten.[153] Sofern an das Nettoergebnis im *income statement* angeknüpft wird und das sonstige Gesamtergebnis nicht korrigiert wird,[154] kommt als weiteres praktisches Problem hinzu, dass **unterschiedliche Ertrags- und Aufwandsposten** die Wertveränderungen *eines* Bilanzpostens im *income statement* abbilden (z. B. bei der Rückstellungsbewertung im Finanzergebnis und den sonstigen Aufwendungen) und die Überleitung vom *accounting* zum *distributable profit* faktisch nur unter Rückgriff auf die jeweiligen Bilanzposten umsetzbar ist.

---

151 Vgl. ZÜLCH, H./GÜTH, S./STAMM, A., Einzelabschluss nach dem IFRS for SMEs, S. 716; GELHAUSEN, H./ALTHOFF, F., Bilanzierung ausschüttungsgesperrter Beträge (Teil 1), S. 585 f.; KÜTING, K./LORSON, P., in: KÜTING, K./WEBER, C.-P., HdR, 5. Aufl., § 268 (Stand: April 2011), Rn. 255.
152 Vgl. auch ZÜLCH, H./GÜTH, S./STAMM, A., Einzelabschluss nach dem IFRS for SMEs, S. 715.
153 Vgl. hierzu die vorherigen Ausführungen in Abschnitt 523.
154 Vgl. zum möglichen Einbezug ergebnisneutraler Posten und hierbei entstehenden Problemen ZÜLCH, H./GÜTH, S./STAMM, A., Einzelabschluss nach dem IFRS for SMEs, S. 716-720.

Kapitel 5: Schlussfolgerungen zur Sicherstellung des Kapitalerhaltungszwecks auf Basis des IFRS-SME

Eine Ausschüttungsergebnisrechnung lässt sich wie folgt ausgestalten: Nach Durchführung der ergebnisbasierten Ausschüttungskorrekturen ergibt die Summe der Korrekturmaßnahmen am IFRS-SME-Nettoergebnis das sog. **Anpassungsergebnis**, welches durch Addition mit dem IFRS-SME-Nettoergebnis dem **Auschüttungsergebnis als periodisch entziehbarer Gewinn** (*distributable profit*) der Rechnungsperiode entspricht.[155] Das **Anpassungsergebnis** lässt sich als **Veränderung der Eigenkapitalkorrekturrücklage** interpretieren. Dies entspricht der Endbestände sämtlicher **Δ IFRS-SME/HGB-Konten** (z. B. in *Übersicht 5-7* dem Konto für Pensionsrückstellungen). Ein negatives Anpassungsergebnis hätte zur Folge, dass nicht ausschüttungsoffene IFRS-SME-Ergebnisbestandteile eliminiert werden müssten. Das Anpassungsergebnis als Summe der ergebnisbasierten Ausschüttungskorrekturen ist in der Eigenkapitalkorrekturrücklage abzuschließen. Die periodische Dotierung der Eigenkapitalkorrekturrücklage entspricht damit dem Anpassungsergebnis. Die Eigenkapitalkorrekturrücklage findet anschließend auf die adjustierte gesellschaftsrechtliche Ergebnisverwendung Anwendung.

Die **Systematik einer Ausschüttungsergebnisrechnung** lässt sich am **nachfolgenden Beispiel** illustrieren, das die Rahmenbedingungen des vorherigen Beispiels[156] aufgreift:

- Die ergebniswirksame Berücksichtigung des versicherungsmathematischen Ergebnisses für Pensionsrückstellungen führt auf Basis des o. g. Prüfschemas dazu, dass dieser zwingend korrekturbedürftige IFRS-SME-Regelungsbereich (IFRS-SME 28) angepasst werden muss. Das **Anpassungsergebnis** entspricht im Geschäftsjahr 2011 der **Differenz des versicherungsmathematischen Ergebnisses** in Höhe von EUR -10. Bilanziell drückt sich dies in einem um EUR 10 höheren Ansatz der Pensionsrückstellung nach HGB aus. Die Eigenkapitalkorrekturrücklage wird nach Ermittlung des Anpassungsergebnisses in Höhe von EUR -10 dotiert. Die Verbuchungssystematik entspricht derjenigen bei bilanziellen Ausschüttungskorrekturen. Das Differenzkonto der Eigenkapitalkorrekturrücklage, auf dem die Ansatz-/Bewertungsdifferenzen ver-

---

155 Vgl. ZÜLCH, H./GÜTH, S./STAMM, A., Einzelabschluss nach dem IFRS for SMEs, S. 717 (mit Erweiterung um ergebnisneutrale Ergebniskomponenten).
156 Vgl. Abschnitt 523.24.

bucht werden, entspricht bei ergebnisbasierter Herangehensweise dem Konto für das Anpassungsergebnis.[157]

- Sofern der Abschlussersteller für eine ergebnisneutrale Verbuchung optiert, sind keine außerbilanziellen Korrekturen erforderlich. Eine Eigenkapitalkorrekturrücklage wird nicht dotiert. Die ergebnisneutralen IFRS-SME-Rücklagen sind im Rahmen der Ermittlung des maximalen Ausschüttungspotenzials zu berücksichtigen. Es bestehen ansonsten keine Unterschiede zur bilanzpostenbasierten Vorgehensweise.

Im Schrifttum wird auch eine Korrektur der nicht ausschüttungsoffenen Ergebniskomponenten durch die **Einrichtung eines (für gesellschaftsrechtliche Zwecke maßgeblichen) Sperrkontos** *innerhalb* der IFRS-SME-Gesamtergebnisrechnung diskutiert.[158] Dieser Vorschlag resultierte aus dem Entwurf einer überarbeiteten Gesamtergebnisrechnung im Zusammenhang mit dem *Reporting Comprehensive Income*-Projekt, in der alle Eigenkapitalveränderungen in Matrixform dargestellt und eine Berücksichtigung ausschüttungsoffener und ausschüttungsgesperrter Jahresergebnisse erfasst worden wären.[159] Zudem wäre die Inkonsistenz bei den ergebnisneutralen Aufwendungen bzw. Erträge (Kongruenzprinzip, *income recycling*) beseitigt worden.[160] Bei Integration in eine derartige Ergebnisrechnung sei die Komplexität der Anpassungen sowie der Zusatzaufwand für die Abschlussersteller niedriger als bei außerbilanziellen Ausschüttungskorrekturen.[161] Dieser Vorschlag wurde im Rahmen des Projekts aber nicht umgesetzt und bedarf daher keiner näheren Erläuterung.[162]

---

157 Vgl. mit umfassendem Beispiel zur Ausschüttungsergebnisrechnung ZÜLCH, H./GÜTH, S./ STAMM, A., Einzelabschluss nach dem IFRS for SMEs, S. 718 (mit Erweiterung um ergebnisneutrale Ergebniskomponenten).

158 Vgl. überblicksartig u. a. BÖCKING, H.-J./DUTZI, A., Gläubigerschutz durch IFRS-Rechnungslegung, S. 12; LANFERMANN, G./RICHARD, M., Ausschüttungen auf Basis von IFRS, S. 1929; zu einer Verrechnung innerhalb einer „informationsorientierten" Gesamtergebnisrechnung auf Basis eines umfassend reformierten HGB auch SCHMIDT, I., Ansätze für eine umfassende Rechnungslegung, S. 133-158.

159 Vgl. zu den ursprünglichen Vorschlägen u. a. ZÜLCH, H., Die Gewinn- und Verlustrechnung nach IFRS, S. 215-261; HETTICH, S., Zweckadäquate Gewinnermittlungsregeln, S. 174-182.

160 Vgl. HALLER, A., IFRS für alle Unternehmen, S. 420-424; BÖRSTLER, C., Zur Zukunft der externen Rechnungslegung, S. 304-307.

161 Vgl. HALLER, A., IFRS für alle Unternehmen, S. 423; EIERLE, B., Die Entwicklung der Differenzierung, S. 495.

162 Vgl. zum Fortschritt des nunmehr unter dem Oberbergriff der *Financial Statement Presentation* firmierenden Projekts PRONOBIS, P., Die Neugestaltung des Performance Reporting, S. 2 f.

Kapitel 5: Schlussfolgerungen zur Sicherstellung des Kapitalerhaltungszwecks auf Basis des IFRS-SME

Auch der Vorschlag zur **Einrichtung eines Sperrkontos im *income statement*** nach dem IFRS-SME, das Vorteile gegenüber außerbilanziellen Korrekturmaßnahmen mit sich bringen soll,[163] verspricht insgesamt **wenig Vorteile**:[164]

- Der **Zusatzaufwand** richtet sich für den Abschlussersteller nach dem Umfang der Anpassungsmaßnahmen, so dass deren Komplexität nicht davon abhängt, ob die Korrekturen inner- oder außerhalb des IFRS-SME-Rechenwerks vorgenommen werden.

- Die **klare Trennung im Ausweis zwischen Gewinnermittlungs- und Gewinnverwendungsebene** wird zu Lasten der Nachvollziehbarkeit für die Abschlussadressaten aufgeweicht, da die GuV um das Sperrkonto und die Eigenkapitalkorrekturrücklage in der IFRS-SME-Bilanz als Unterposten ausgewiesen werden müsste.[165] Dies ist aber auf Basis der IFRS/IFRS-SME-Vorschriften nicht umsetzbar.[166] Eine friktionslose Anwendung des IFRS-SME lässt sich nur durch eine klare Trennung zwischen Ergebnisermittlung und -verwendung erzielen.[167]

Es wird deutlich, dass bei einer mehrperiodigen Herangehensweise die Ausschüttungsergebnisrechnung zwangsläufig mit den Bilanzgrößen (Bestandsgrößen) verknüpft werden muss. Die Umsetzung bilanzpostenbasierter und ergebnisbasierter Ausschüttungskorrekturen ist gleichermaßen mit einem **erheblichen Mehraufwand** für den Abschlussersteller verbunden, der einer parallelen Rechnungslegung in nichts nachstehen dürfte.

---

[163] Vgl. insbesondere HENNRICHS, J., IFRS und Mittelstand, S. 375-379; HENNRICHS, J., Eignung für Ausschüttungszwecke, S. 425-427.

[164] Vgl. kritisch nur LANFERMANN, G./RICHARD, M., Ausschüttungen auf Basis von IFRS, S. 1930, Fn. 56 („*wenig praktikabel*").

[165] Vgl. zu dieser Umsetzung EIERLE, B., Entwicklung der Differenzierung, S. 492.

[166] Vgl. m. w. N. FEY, G./DEUBERT, M., Befreiender IFRS-Einzelabschluss, S. 96.

[167] Vgl. ZÜLCH, H./GÜTH, S./STAMM, A., Einzelabschluss nach dem IFRS for SMEs, S. 715; hierzu mit Blick auf die Einführung von § 268 Abs. 8 HGB BÖCKING, H.-J./GROS, M., Änderungen im Jahres- und Konzernabschluss durch BilMoG, S. 358 („*Insofern wird die Vorsichtskomponente aus dem Bereich der Gewinnermittlung in den Bereich der Gewinnverwendung verlagert*").

523.4 Erfahrungen mit einer Ausschüttungsergebnisrechnung in Großbritannien: Übertragbarkeit auf Deutschland?

523.41 Kernbestandteile der britischen Ausschüttungsergebnisrechnung

Die Ermittlung des maximalen Ausschüttungspotenzials ist in Großbritannien nicht Gegenstand der Gewinnermittlungsebene. Rechnungslegung und Gesellschaftsrecht stehen in **keinem unmittelbaren Funktionszusammenhang**.[168] Daher folgen die Rechnungslegungsvorschriften (UK-GAAP[169] bzw. seit 2004 wahlweise die IFRS) nicht den leitgedanklichen Vorgaben einer bilanziellen Kapitalerhaltung. Vielmehr wird diese über eigene gesellschaftsrechtliche Vorschriften zur Bemessung des maximalen Ausschüttungsvolumens konkretisiert.[170] Im *Companies Act 2006 (CA 2006)* ist festgelegt, dass für die Ableitung des maximalen Ausschüttungsvolumens nicht die im Einzelabschluss ausgewiesenen, sondern **ausschließlich die zur Ausschüttung verfügbaren Gewinne** einschlägig sind (*s830(1) CA 2006*):[171]

> „A company may only make a distribution out of profits **available for that purpose**." [Hervorh. d. Verf.]

Im Gegensatz zum AktG bzw. GmbHG wird die Ausschüttung für Kapitalgesellschaften (*private und public companies*) auf einen *earned surplus test* begrenzt. Ein Bilanztest (*net asset test*) im Sinne von Art. 15 Abs. 1 lit. a KapRL gilt zusätzlich gemäß *s831(1) CA 2006* für *public companies*.[172] Hiernach sind bestimmte Kapitalbestandteile ausschüttungsgesperrt (gezeichnetes Kapital, Kapitalrücklage), so dass diese analog zu §§ 29, 30 GmbHG bzw. §§ 57, 58 AktG als Haftungskapital nicht für eine Ausschüttung zur Verfügung

---

[168] Vgl. KAHLE, H., Bilanzieller Gläubigerschutz, S. 702; NAJDEREK, A., Die Harmonisierung des europäischen Bilanzrechts, S. 53.

[169] Die UK-GAAP werden von dem privatrechtlichen Gremium des ACCOUNTING STANDARDS BOARD (ASB) herausgegeben und fanden ursprünglich auf Basis des *common law* Anwendung. Seit Umsetzung von *s464(1) CA 2006* im Jahr 1991 ist die Bilanzierungspflicht nach den UK-GAAP kodifiziert. Vgl. RICKFORD, J., Legal Approaches to Restricting Distributions, S. 148, Fn. 42. Die befreiende Anwendung der IFRS seit 2004 ist über *ss395-397 CA 2006* geregelt.

[170] Vgl. ZÜLCH, H./GÜTH, S., Europäisches Bilanzrecht und bilanzieller Kapitalschutz, S. 468.

[171] Vgl. hierzu auch FRESL, K., Die Europäisierung des deutschen Bilanzrechts, S. 176.

[172] Bei *private* und *public companies* handelt es sich nicht um zwei verschiedene Gesellschaftsformen, sondern um im Wesentlichen identisch strukturierte Typen *einer* Kapitalgesellschaftsform. Die Vorschriften zur *private company* unterliegen nicht der KapRL. Vgl. hierzu DAVIES, P., Legal Capital, S. 346; WITT, C.-H., Modernisierung der Gesellschaftsrechte in Europa, S. 887-889.

stehen.[173] Während in Deutschland das Kapitalerhaltungsregime durch ein Ineinandergreifen zwischen Bilanz- und Gesellschaftsrecht gekennzeichnet ist, basiert das britische Gesellschaftsrecht auf der eigenständigen Ermittlung eines **ausschüttungsoffenen Gewinns**, adjustiert um kumulierte ausschüttungsoffene Gewinne bzw. Verluste der Vorperiode(n).[174] Daher knüpfen gesellschaftsrechtliche außerbilanzielle Ausschüttungskorrekturen nur als Ausgangspunkt am **Einzelabschluss** nach UK-GAAP bzw. IFRS (*relevant accounts*) gemäß *s836(1) CA 2006* an. Die in *s830(1) CA 2006* kodifizierte Verfügbarkeit der Gewinne richtet sich nach einem **gesellschaftsrechtlich kodifizierten Realisationsprinzip** gemäß *s830(2) CA 2006*:[175]

> „A company's profits available for distribution are its accumulated, **realised profits**, so far as not previously utilised by distribution or capitalisation, less its accumulated **realised losses**, so far as not previously written of in a reduction or reorganisation of capital duly made." [Hervorh. d. Verf.]

Dieses Vorgehen ist rechtstechnisch mit den auf den IFRS-SME adaptierten außerbilanziellen Ausschüttungskorrekturen auf Basis des handelsrechtlichen GoB-Systems vergleichbar. Diese sind indes **ergebnisbasiert** ausgestaltet, bei *private companies* findet **keine Einbindung in den Bilanztest** statt. Dies hat zur Folge, dass gesetzlich keine zusätzlichen Kapitalkomponenten ausschüttungsgesperrt sind und die Ausschüttungskorrekturen generell nicht in einer kodifizierten Ergebnisverwendungsrechnung erfasst werden müssen. Der *earned surplus test* ist nicht vollumfänglich mit dem vorgeschlagenen Modell außerbilanzieller Ausschüttungskorrekturen vergleichbar.

Die Normen des *CA 2006* sorgen für **keine inhaltliche Präzisierung** des **Realisationsprinzips**, das als Deduktionsgrundlage für konkrete Bilanzierungsprobleme dienen könnte.[176] Zwar geht aus *s853(2) CA 2006* hervor, dass eine Unterscheidung zwischen *revenues* und *capital gains* für Kapitalerhaltungszwecke nicht erforderlich ist und somit auch

---

173 Vgl. EGGINTON, D., Distributable Profit, S. 13; DAVIES, P., Principles of Modern Company Law, S. 286 f.; ICAEW (HRSG.), UK Distributable Profits, S. 12.

174 Auf eine weitere Darstellung des Bilanztests wird nachfolgend aufgrund der weitgehenden Übereinstimmung zum AktG/GmbHG verzichtet und sich auf den *earned surplus test* konzentriert.

175 Vgl. EGGINTON, D., Distributable Profit, S. 12; MORRIS, R., Distributable Profit in Britain since 1980, S. 28.

Abschnitt 52: Regulierungsoptionen zur Gewährleistung der Kapitalerhaltung bei Anwendung des IFRS-SME

Komponenten des sonstigen Gesamtergebnisses nach IFRS korrekturbedürftig sein können.[177] Eine Unterscheidung zwischen ergebniswirksamen und -neutralen Erträgen entfällt aber, so dass umfangreiche Überleitungsrechnungen vom Einzelabschluss für Zwecke des *earned surplus test* erforderlich sein können. In *s836(2) CA 2006* ist kodifiziert, dass als Ausgangspunkt für die Ausschüttungsbemessung die rechnungslegungsbasierte Gewinnermittlung in Einklang mit dem *Companies Act*, d. h. der zuletzt geprüfte Jahresabschluss nach UK-GAAP bzw. IFRS (*relevant accounts*), als Ausgangspunkt für außerbilanzielle Korrekturen heranzuziehen ist.

Für die Auslegung des Realisationsprinzips nach *s830(2) CA 2006* ist in *s853(4) CA 2006* festgelegt, dass auf die gültigen Rechnungslegungsgrundsätze der den *relevant accounts* zugrunde liegenden Vorschriften zurückzugreifen ist.[178] Die **Definition des Realisationsprinzips** enthält damit einen **Zirkelverweis**, denn gesellschaftsrechtlich sollen gerade die Zweckwidrigkeiten der IFRS bzw. UK-GAAP korrigiert werden, die nunmehr für die Auslegung des Realisationsprinzips heranzuziehen sind. Dies verdeutlicht auch die Kodifizierung des ***true and fair view-override*** nach *s396(5) CA 2006* (analog zum europarechtlichen Art. 2 Abs. 5 BilRL), für dessen Auslegung die Rechnungslegungsgrundsätze der UK-GAAP bzw. IFRS gelten.[179] Der **dynamische Verweis auf anerkannte Rechnungslegungsprinzipien** (*principles generally accepted at the time when the accounts are prepared*) in *s853(4) CA 2006* i. V. mit dem *true and fair view-override* sorgt dafür, dass die **Qualität des Kapitalerhaltungszwecks erheblich eingeschränkt wird**.[180]

Da keine Details zur Ausgestaltung des gesellschaftsrechtlichen Realisationsprinzips im *Companies Act* enthalten sind, wird dieses **induktiv über Umsetzungsleitlinien der Wirt-**

---

176 Vgl. MORRIS, R., Distributable Profit in Britain since 1980, S. 18; in diesem Sinne ebenfalls ELLIOTT, B./ELLIOTT, J., Financial Accounting Reporting, S. 268; DAVIES, P., Principles of Modern Company Law, S. 288.
177 Vgl. GEE, P., UK-GAAP, S. 326; DAVIES, P., Principles of Modern Company Law, S. 287, Fn. 10; ICAEW (HRSG.), UK Distributable Profits, S. 5.
178 Vgl. hierzu bereits CARSBERG, B./NOKE, C., The reporting of profits, S. 3.
179 Vgl. GEE, P., UK-GAAP, S. 326; ZÜLCH, H./GÜTH, S., Europäisches Bilanzrecht und bilanzieller Kapitalschutz, S. 468.
180 Vgl. CARSBERG, B./NOKE, C., The reporting of profits, S. 42 („*[...] we have failed to identify a clear meaning of realisation*"); MORRIS, R., Distributable Profit in Britain since 1980, S. 27 f.; FRESL, K., Die Europäisierung des deutschen Bilanzrechts, S. 180; ZÜLCH, H./GÜTH, S., Europäisches Bilanzrecht und bilanzieller Kapitalschutz, S. 469.

schaftsprüferkammern, d. h. des INSTITUTE OF CHARTERED ACCOUNTS OF SCOTLAND (ICAS) und des INSTITUTE OF CHARTERED ACCOUNTANTS IN ENGLAND AND WALES (ICAEW) ausgelegt, welche den **unbestimmten Rechtsbegriff** des in *s830(1) CA 2006* kodifizierten Realisationsprinzips **über Einzelsachverhalte konkretisieren**.[181] Die Umsetzungsleitlinien (sog. *Technical Releases*)[182] berücksichtigen die sich stetig ändernden Bilanzierungsvorschriften und legen für die Standards fest, welche **Gewinne** und **Verluste** für Kapitalerhaltungszwecke **als realisiert gelten**.[183] Im Zuge der Anwendbarkeit der IFRS und deren konzeptionelle Ausrichtung an der Entscheidungsunterstützungsfunktion sah es der Berufsstand der Wirtschaftsprüfer als erforderlich an, das **gesellschaftsrechtlich verankerte Realisationsprinzip** durch **konkrete Umsetzungsleitlinien inhaltlich zu präszisieren**.[184] Die Verlautbarungen weisen lediglich **Empfehlungscharakter** auf und haben keine rechtliche Bindungswirkung.[185] Der **Verbindlichkeitsgrad** ist niedriger als die Verlautbarungen des DRSC, bei denen die Konformität mit den handelsrechtlichen GoB unterstellt wird, sofern das BMJ nicht widerspricht (§ 342 Abs. 2 HGB).[186]

Die **Umsetzungsleitlinie *Tech 02/10*** hat einen Umfang von 168 Seiten, wovon 22 Seiten auf Inhaltsverzeichnis, Einleitung und Einführung in die Problematik entfallen. Sie ist dergestalt aufgebaut, dass nach einer Einführung in die im *CA 2006* verankerten

---

[181] Vgl. MORRIS, R., Distributable Profit in Britain since 1980, S. 19; KPMG (HRSG.), Feasibility Study on Capital Maintenance, S. 129; LANFERMANN, G./RÖHRICHT, V., Neue Generalnorm für außerbilanzielle Ausschüttungssperren, S. 1220.

[182] Im Oktober 2010 wurde die zuletzt überarbeitete Version der Umsetzungsleitlinie (*Technical Release 02/10* bzw. kurz *Tech 02/10*) durch das *ICAS/ICAEW* veröffentlicht, die die Leitlinie *Tech 01/09* ablöste. Vgl. ICAS/ICAEW (HRSG.), Tech 01/09; ICAS/ICAEW (HRSG.), Tech 02/10.

[183] Vgl. DAVIES, P., Principles of Modern Company Law, S. 288, Fn. 15; LANFERMANN, G./ RÖHRICHT, V., Neue Generalnorm für außerbilanzielle Ausschüttungssperren, S. 1220; ICAEW (HRSG.), UK Distributable Profits, S. 5.

[184] Vgl. ICAEW (HRSG.), UK Distributable Profits, S. 5. Zunächst wurden lediglich zwei kurze Umsetzungsleitlinien (*TR 481, TR 482*) im Jahr 1981 veröffentlicht. Explizite Regelungen zur Ausschüttungsoffenheit sollten in den folgenden Jahren in die UK-GAAP aufgenommen werden, was indes nicht passierte und zu großen Anwendungsproblemen führte. Vgl. CARSBERG, B./NOKE, C., The reporting of profits, S. 4; MORRIS, R., Distributable Profit in Britain since 1980, S. 20 f.

[185] Vgl. ELLIOTT, J./ELLIOTT, B., Financial Accounting and Reporting, S. 268; kritisch zur Verbindlichkeitswirkung im Vergleich zu Gesetzesnormen WÜSTEMANN, J./BISCHOF, J./KIERZEK, S., Internationale Gläubigerschutzkonzeptionen, S. 17.

[186] Vgl. MERKT, H., in: BAUMBACH, A./HOPT, K., HGB, 34. Aufl., § 342, Rn. 2. Eine gerichtliche Bindungswirkung der Verlautbarungen des DRSC besteht aber ebenfalls nicht. Vgl. FÖRSCHLE, G., in: Beck Bilanzkomm., 7. Aufl., § 342, Rn. 17.

Kapitalerhaltungsvorschriften ein **theoretischer Bezugsrahmen** zur **Konkretisierung des gesellschaftsrechtlichen Realisationsprinzips** entwickelt wird. Hierfür werden sog. *principles of realisation* genannt und durch einzelne Sachverhalte erläutert, die zu *realised profits* führen. Es fällt auf, dass auch Erträge, die nach den UK-GAAP bzw. IFRS als unrealisiert gelten, für Kapitalerhaltungszwecke als realisiert und damit als ausschüttungsoffen angesehen werden können. Die Herangehensweise auf der Ertragsseite ähnelt damit der umfassenden Definition von Ausschüttungskorrekturen im Rahmen der Regulierungsoption der vorherigen Abschnitte.[187] *Realised losses* werden kaum erläutert, da rechnungslegungsbasierte Verluste i. d. R. „realisiert" sind und auch das Ausschüttungsergebnis mindern sollen.[188] Der Anpassungsbedarf dürfte im Vergleich zur o. g. Regulierungsoption außerbilanzieller Ausschüttungskorrekturen geringer sein. Das gesellschaftsrechtliche Realisationsprinzip in Großbritannien ist somit schwächer an der Objektivierung ausgerichtet als das Realisationsprinzip des HGB.

Die **einzelnen Abschnitte der Umsetzungsleitlinie** gehen schwerpunktmäßig auf unterschiedliche Themenbereiche ein, bspw. zur Ausschüttungsoffenheit von *fair value*-Erträgen bei Finanzinstrumenten, zur Behandlung von Erträgen bei *hedge accounting* oder zur Ertragsrealisation bei konzerninternen Leistungen.[189] Die außerbilanziellen Korrekturmaßnahmen setzen am Einzelabschluss nach UK-GAAP oder IFRS an. Es besteht keine Möglichkeit für Abschlussadressaten, das maximale Ausschüttungsvolumen unmittelbar nachzuvollziehen, da die **außerbilanziellen Ausschüttungskorrekturen nicht offen zu legen sind**.[190] Zudem ist **keine turnusmäßige Prüfung der Ausschüttungskorrekturen** im Rahmen der Abschlussprüfung vorgesehen. Vielmehr handelt es sich um eine **anlassbezogene Prüfungshandlung**, sofern eine Ausschüttung durch die Kapitalgesellschaft beabsichtigt ist.[191] Gesellschaftsrechtliche Bestimmungen zum Prüfungsumfang

---

187 Vgl. hierzu Abschnitt 523.2 und 523.3.
188 Vgl. ICAS/ICAEW (Hrsg.), Tech 02/10, § 3.10; ICAEW (Hrsg.), UK Distributable Profit, S. 9.
189 Vgl. zur inhaltlichen Struktur der Umsetzungsleitlinie ZÜLCH, H./GÜTH, S., Europäisches Bilanzrecht und bilanzieller Kapitalschutz, S. 470. Nachfolgend wird sich auf die Prinzipien eines nach britischem Verständnis kapitalerhaltungskompatiblen Realisationsprinzips beschränkt.
190 Vgl. ICAS/ICAEW (Hrsg.), Tech 02/10, § 2.25.
191 Vgl. ICAS/ICAEW (Hrsg.), Tech 02/10, § 2.27.

fehlen. Ausweis, Offenlegung und Prüfung der Ausschüttungskorrekturen sind somit wenig bis überhaupt nicht gesetzlich reguliert.

Oberstes Leitprinzip des Realisationsprinzips im Rahmen der sog. *principles of realisation* ist die Definition der Ausschüttungsoffenheit der Rechnungslegungserträge:

> „[P]rofits shall be treated as realised [...] only when realised in the form of cash or of other assets the ultimate cash realization of which can be assessed with reasonable certainty."[192]

Somit sind auch Erträge ausschüttungsoffen, die **realisierbar** sind (*readily convertible to cash*), d. h. **ohne wertmäßige Bestätigung** durch einen Umsatzakt.[193] Diese Definition stimmt mit dem „informationsorientierten" Realisationsprinzip der UK-GAAP überein und hat im Vergleich zum deutschen Realisationsprinzip eine **deutliche Ausweitung der ausschüttungsoffenen Erträge** zur Folge.[194] Um den abstrakt gehaltenen Begriff der Realisierbarkeit der Erträge zu konkretisieren, spielt der Begriff der *qualifying considerations* eine entscheidende Rolle. Hiernach gelten sämtliche Erträge aus Geschäftsvorfällen mit einer *qualifying consideration* als realisiert.[195] Die *qualifying consideration* muss wiederum beim Abschlussersteller zu einem Zugang in Form von Bargeld bzw. umgehend liquidierbarer Vermögenswerte oder aber zu Forderungen führen, bei denen davon ausgegangen werden kann, dass sie mit hinreichender Sicherheit in absehbarer Zeit zum Erhalt der zuvor dargestellten Vermögenswerte führen.[196] Es dürfte deutlich werden, dass die **Konkretisierung des Realisationsprinzips** in der Umsetzungsleitlinie auf unbestimmt gelassenen Begriffen basiert, was einer justiziablen Anwendung für Ausschüttungszwecke

---

192 ICAS/ICAEW (HRSG.), Tech 02/10, § 3.3.

193 Vgl. ICAS/ICAEW (HRSG.), Tech 02/10, § 3.12; hierzu bereits HAVERMANN, H., Internationale Entwicklungen, S. 668.

194 Vgl. ZÜLCH, H./GÜTH, S., Europäisches Bilanzrecht und bilanzieller Kapitalschutz, S. 471; kritisch u. a. FRESL, K., Die Europäisierung des deutschen Bilanzrechts, S. 179; WÜSTEMANN, J./BISCHOF, J./KIERZEK, S., Internationale Gläubigerschutzkonzeptionen, S. 16.

195 Vgl. ICAS/ICAEW (HRSG.), Tech 02/10, § 3.9 lit. a und b.

196 Vgl. ICAS/ICAEW (HRSG.), Tech 02/10, § 3.11. Zudem wird darauf hingewiesen, dass eine *qualifying consideration* bei Transaktionen mit unabhängigen Dritten (außerhalb einer Unternehmensgruppe) regelmäßig anzunehmen ist. Dies gilt aber nicht, wenn bei konzerninternen Lieferungs- und Leistungsverpflichtungen eine der Transaktion zugrunde liegende hinreichende wirtschaftliche Substanz fehlt. Vgl. ICAEW (HRSG.), UK Distributable Profits, S. 8.

hinderlich ist. **Dies stellt die Ermittlung der Ausschüttungskorrekturen im britischen Gesellschaftsrecht in wesentlichen Teilen in das Ermessen des Abschlusserstellers.**[197] Erst hierdurch wird es erforderlich, eine **Vielzahl von Einzelsachverhalten in der Umsetzungsleitlinie** für Ausschüttungszwecke **herauszuarbeiten**. Beispielsweise gelten *fair value gains* über die fortgeführten Anschaffungskosten hinaus als realisiert, wenn es sich um Vermögenswerte handelt, die umgehend liquidierbar sind.[198] Zuschreibungen bei als Finanzinvestition gehaltenen Immobilien sind hingegen nicht ausschüttungsoffen, da diese wohl regelmäßig nicht umgehend liquidierbar sind.[199] Erträge aus der fortschreitenden Leistungserbringung bei Fertigungsaufträgen (PoC-Methode) sind als ausschüttungsoffen anzusehen, da diese die Anforderungen an eine *qualifying consideration* erfüllen.

523.42 Implikationen für eine mögliche Regulierung in Deutschland

Die Tauglichkeit des britischen Modells der Ausschüttungsergebnisrechnung - auch als Regulierungsoption für Deutschland - wird bezweifelt.[200] Dies hängt vor allem mit der Komplexität einer derartigen Zusatzrechnung und den dadurch entstehenden Kosten für die Abschlussersteller zusammen. Auch eine rechtsvergleichende Untersuchung zu unterschiedlichen Regulierungsvarianten (u. a. für USA, Deutschland und Großbritannien) hat ergeben, dass britische Abschlussersteller **in Einzelfällen** große wirtschaftliche Belastungen in der praktischen Anwendung auf sich nehmen müssen.[201] Daher ist zu hinter-

---

[197] Vgl. LANFERMANN, G./RÖHRICHT, V., Neue Generalnorm für außerbilanzielle Ausschüttungssperren, S. 1221 („*Gleichzeitig werden die Geschäftsleiter [...] dazu angehalten, das Bilanzierungsergebnis ggf. auch im Rahmen einer eigenen vorsichtigen Einschätzung anzupassen.*").

[198] Vgl. hierzu u. a. ICAS/ICAEW (HRSG.), Tech 02/10, § 4.2-.3 und 4.14; mit weiteren Erläuterungen ICAEW (HRSG.), UK Distributable Profits, S. 6.

[199] Vgl. ICAS/ICAEW (HRSG.), Tech 02/10, § 4.13.

[200] Vgl. kritisch im britischen Schrifttum u. a. RICKFORD, J., Legal Approaches to Restricting Distributions, S. 137-141; DAVIES, P., Principles of Modern Company Law, S. 300 („*complex set of rules for the purpose of setting up the maximum level of dividend*"); kritisch im deutschen Schrifttum u. a. WÜSTEMANN, J./BISCHOF, J./KIERZEK, S., Internationale Gläubigerschutzkonzeptionen, S. 16 f.; LANFERMANN, G./RÖHRICHT, V., Neue Generalnorm für außerbilanzielle Ausschüttungssperren, S. 1221 („*nicht mehr tragbar*"); MAUL, S./LANFERMANN, G./RICHARD, M., Zur Leistungsfähigkeit der Ausschüttungsmodelle in Europa und in Drittstaaten, S. 281 f.

[201] Vgl. KPMG (HRSG.), Feasibility Study on Capital Maintenance, S. 132 f.; hierzu auch MAUL, S./LANFERMANN, G./RICHARD, M., Zur Leistungsfähigkeit der Ausschüttungsmodelle in Europa und Drittstaaten, S. 281.

Kapitel 5: Schlussfolgerungen zur Sicherstellung des Kapitalerhaltungszwecks auf Basis des IFRS-SME

fragen, ob dies ein generelles Problem bei der Umsetzung außerbilanzieller Korrekturmaßnahmen ist oder aus der speziellen Ausgestaltung in Großbritannien resultiert.[202]

Die Komplexität außerbilanzieller Ausschüttungskorrekturen auf Basis eines IFRS-SME-Abschlusses hängt damit zusammen, dass zur Sicherstellung einer gleichwertigen bilanziellen Kapitalerhaltung **sämtliche Über- und Unterbewertungen** der als inkompatibel definierten IFRS-SME-Regelungsbereiche **korrigiert** werden müssen. Insofern werden die an der britischen Ausschüttungsergebnisrechnung festgemachten **Kritikpunkte** hinsichtlich der Komplexität im Falle einer Anwendung in Deutschland **bestätigt**.[203]

Durch die umfassende „Informationsorientierung" der UK-GAAP bzw. der IFRS bei Rückkopplung des gesellschaftsrechtlichen Realisationsprinzips auf eben diese Rechnungslegungsprinzipien gemäß *s853(4) CA 2006* existiert in Großbritannien **kein tradiertes und durch Rechtsprechung gefestigtes Prinzipiengefüge** zur Ermittlung des kapitalerhaltungskompatiblen Ausschüttungsvolumens. Daher ist am britischen Modell der Ausschüttungsergebnisrechnung nicht nur der umfassende Anpassungsbedarf des Einzelabschlusses für Ausschüttungszwecke kritisch zu sehen, der aus der Ausrichtung an der Entscheidungsunterstützung der UK-GAAP und der IFRS resultiert. Vielmehr fehlt es auch an einer adäquaten institutionellen Umsetzung dieser Regulierung in Großbritannien, die die rechtssichere Anwendbarkeit der Normvorgaben ermöglicht. Mit anderen Worten fehlt ein rechtssicher anwendbares **Prüfschema** in der für Deutschland entwickelten Form,[204] das die **Abgrenzung der Ausschüttungskorrekturen** erlaubt. Der hohe Abstraktionsgrad des gesellschaftsrechtlichen Realisationsprinzips i. V. mit einer fehlenden gefestigten Rechtsprechung ist einer der wesentlichen Treiber für die Komplexität und die praktischen Anwendungsprobleme.[205]

Eine **uneingeschränkte Übertragbarkeit** der Erfahrungen mit dem britischen Modell **auf Deutschland** ist durch das seit Jahrzehnten gefestigte GoB-System, das auf die Ausschüt-

---

202 Vgl. ZÜLCH, H./GÜTH, S., Europäisches Bilanzrecht und bilanzieller Kapitalschutz, S. 471.
203 Vgl. zu diesen Kritikpunkten Abschnitt 523.2 und 523.3; hierzu auch ZÜLCH, H./GÜTH, S., Europäisches Bilanzrecht und bilanzieller Kapitalschutz, S. 473.
204 Vgl. hierzu Abschnitt 523.22.
205 Vgl. u. a. MORRIS, R., Distributable Profit in Britain since 1980, S. 30; RICKFORD, J., Legal Approaches to Restricting Dividends, S. 170.

tungskorrekturen lückenlos anwendbar wäre, **nicht zwingend gegeben**.[206] Indes gilt die **Kritik am hohen Umsetzungsaufwand und der komplexen Berechnungsschritte durch die periodische Fortschreibung** auch für Deutschland, da auch hierzulande umfassende Ausschüttungskorrekturen erforderlich wären.[207] **Die Kritik an der Komplexität dieser Regulierungsoption lässt sich daher auf Deutschland übertragen**, auch wenn die institutionellen Rahmenbedingungen für diese Regulierungsoption im deutschen Handels- und Gesellschaftsrecht (GoB-System) im Vergleich zu Großbritannien unterschiedlich sind.

524. Zwischenfazit

Die Anwendung „informationsorientierter" Rechnungslegungsvorschriften wie dem IFRS-SME ist unter den geltenden handels- und gesellschaftsrechtlichen Rahmenbedingungen nur bei **monofunktionaler Entkopplung des „Informationsabschlusses" (IFRS-SME) vom Ausschüttungsabschluss (HGB)** mittels **paralleler Rechnungslegung** umsetzbar. Insofern lassen sich die **dargelegten Befunde zur Inkompatibilität der IFRS für eine bilanzielle Kapitalerhaltung**[208] auf **eine Rechnungslegung nach dem IFRS-SME übertragen**.

Auch wenn die Anwendung außerbilanzieller Ausschüttungskorrekturen in Deutschland durch die leitgedanklichen Vorgaben der KapRL und der BilRL nicht ausgeschlossen ist, hat die Unvereinbarkeit des IFRS-SME mit dem europäischen Bilanzrecht (BilRL) zur Folge, dass diese Regulierungsoption derzeit nicht europarechtskonform in Deutschland umgesetzt werden kann. Hiervon abgesehen hat der große Umfang der anzupassenden IFRS-SME-Regelungsbereiche zur Folge, dass der Umsetzungsaufwand für die Abschlussersteller ähnlich hoch ist wie bei einem parallelen HGB-Ausschüttungsabschluss, die Verständlichkeit der Anpassungsmaßnahmen für die Abschlussadressaten im Vergleich zu einem separaten HGB-Ausschüttungsabschluss aber deutlich geringer sein dürfte. Zudem induziert die Umsetzung der Ausschüttungskorrekturen höhere Regulierungskosten für den Gesetzgeber. Daher ist für die **folgende Regulierungsempfehlung** die **Option der parallelen Rechnungslegung** weiterzuverfolgen (vgl. *Übersicht 5-13*).

---

206 Vgl. ZÜLCH, H./GÜTH, S., Europäisches Bilanzrecht und bilanzieller Kapitalschutz, S. 473.
207 Vgl. hierzu Abschnitt 44.
208 Vgl. hierzu Abschnitt 12.

Kapitel 5: Schlussfolgerungen zur Sicherstellung des Kapitalerhaltungszwecks auf Basis des IFRS-SME

Ergebnisse zur Umsetzung der Regulierungsoptionen für den IFRS-SME in Deutschland

Grundlagen des Syntheseprozesses		
Ökonomische Grundüberlegungen zum geltenden Kapitalerhaltungsregime in Deutschland	Konzeptionelle und europarechtliche Implikationen einer IFRS-SME-Anwendung zur Kapitalerhaltung	Bilanztheoretisch-hermeneutische Untersuchung der IFRS-SME-Einzelnormen zur Kapitalerhaltung
Abschnitt 2	Abschnitt 3	Abschnitt 4
Festhalten an Kapitalerhaltungsregime ökonomisch vertretbar	Europarechtskonformität des IFRS-SME derzeit nicht gegeben	Qualitativ gleichwertige Kapitalerhaltung bei IFRS-SME nicht gegeben

Regulierungsoptionen zur Gewährleistung der Kapitalerhaltung bei Anwendung des IFRS-SME
Abschnitt 52

Parallele Rechnungslegung durch monofunktionale Abschlüsse	Regulierungsoptionen mit außerbilanziellen Ausschüttungskorrekturen
Abschnitt 522	Abschnitt 523
Abwägung der Kosten und des Nutzens für Abschlusssersteller, Abschlussadressaten und Gesetzgeber	

Umsetzbarkeit außerbilanzieller Ausschüttungskorrekturen in Deutschland
Abschlussadressaten ↔ Abschlusssersteller ↔ Gesetzgeber
Hoher Umsetzungsaufwand durch umfassenden Korrekturbedarf
Hohe Anforderungen an Verständlichkeit durch umfassenden Korrekturbedarf — Hohe Regulierungkosten durch umfassende Normanpassungen und deren Durchsetzung
Anwendbarkeit des IFRS-SME nur bei paralleler Rechnungslegung

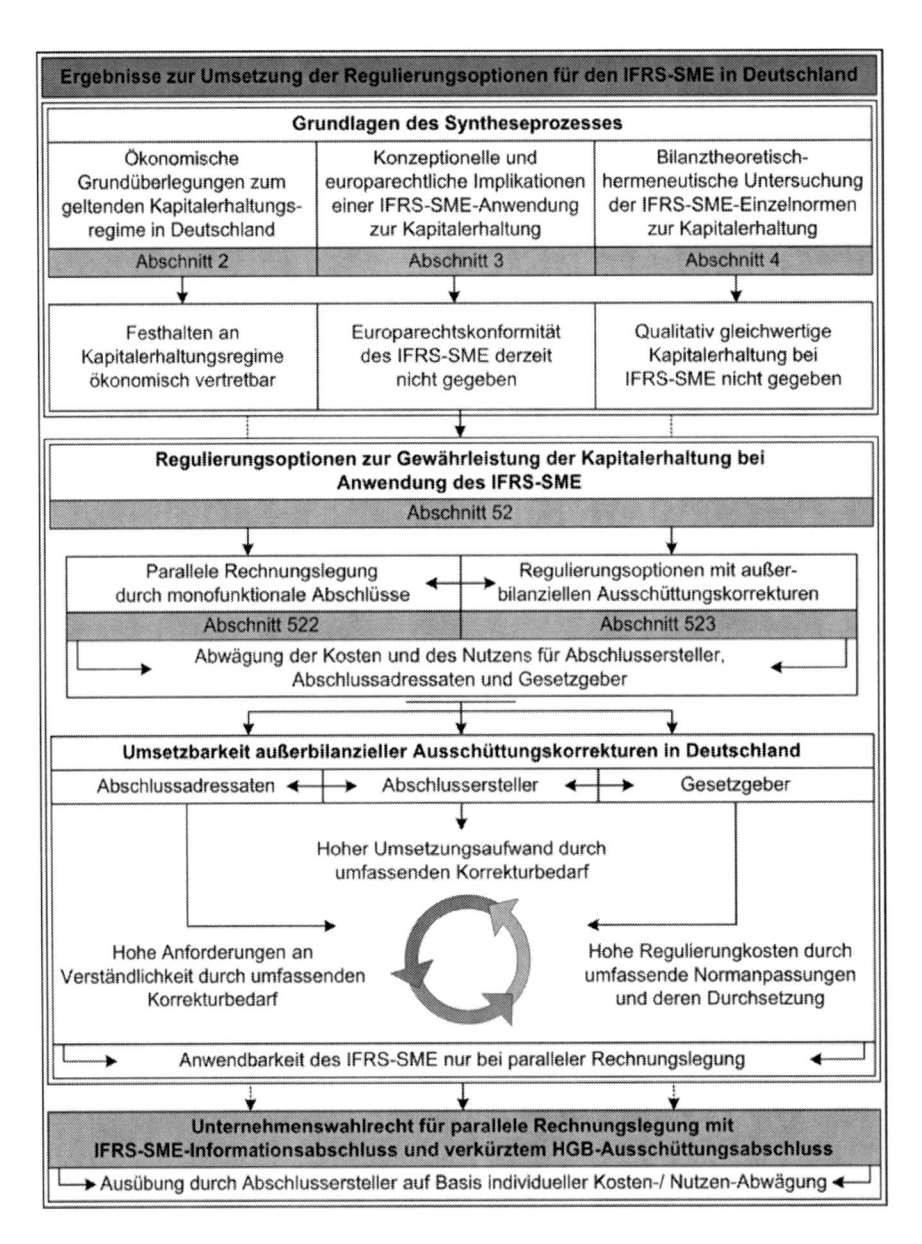

Unternehmenswahlrecht für parallele Rechnungslegung mit IFRS-SME-Informationsabschluss und verkürztem HGB-Ausschüttungsabschluss
Ausübung durch Abschlusssersteller auf Basis individueller Kosten-/ Nutzen-Abwägung

Übersicht 5-13: Ergebnisse zur Umsetzbarkeit der Regulierungsoptionen für den IFRS-SME in Deutschland

53 Synthese einer Regulierungsempfehlung zur Anwendung des IFRS-SME im Einzelabschluss

Eine parallele Rechnungslegung nach dem IFRS-SME und HGB stellt sicher, dass im Rahmen eines **kontrollierten Wettbewerbs** unterschiedlicher Rechnungslegungssysteme[209] die Abschlussersteller die unter **Kosten-/Nutzen-Gesichtspunkten** vorteilhaftere Regulierungsoption (umfassende HGB-Bilanzierung oder parallele Rechnungslegung nach IFRS-SME und HGB) heranziehen können.[210] Gleichzeitig werden negative **externe Effekte** auf den Gläubigerschutz verhindert. Die Entwicklung einer Regulierungsempfehlung kann sich am **Referentenentwurf (RefE) für das BilMoG durch das BMJ** aus dem Jahr 2007 orientieren. Hiernach sollten Kapitalgesellschaften *„im Interesse der Stärkung ihrer Wettbewerbsfähigkeit"*[211] ein **Unternehmenswahlrecht** zur Anwendung der IFRS im Einzelabschluss beim gleichzeitig verkürzter HGB-Bilanzierung für Kapitalerhaltungszwecke eingeräumt werden. Unbenommen der Anwendbarkeit der IFRS[212] für kapitalmarktorientierte Unternehmen kann auf Basis der vorherigen Ausführungen nichtkapitalmarktorientierten Kapitalgesellschaften die Möglichkeit eröffnet werden, den IFRS-SME (bzw. alternativ die IFRS) im Einzelabschluss anzuwenden und im Anhang zum IFRS-SME eine Bilanz und eine GuV nach HGB (verkürzter HGB-Ausschüttungsabschluss) aufzustellen. Hieran knüpfen die Normen des AktG und des GmbHG zur Kapitalerhaltung an. Ein **kontrollierter Systemwettbewerb** ermöglicht es, dass jede Kapitalgesellschaft wahlweise an der bisherigen HGB-Bilanzierung im Einzelabschluss festhält oder **alternativ** den IFRS-SME bei Erstellung eines **verkürzten HGB-Ausschüttungsabschlusses** erstellt. In eine solche Regulierung lassen sich die IFRS als Rechnungslegungssystem primär für kapitalmarktorientierte Unternehmen[213] einbinden.

---

209 Vgl. hierzu bereits Abschnitt 223.2.
210 Vgl. BÖCKING, H.-J./DUTZI, A., Zur Notwendigkeit eines zusätzlichen Solvenztests, S. 441; HOMMELHOFF, P., Modernisiertes HGB-Bilanzrecht, S. 260 (*„Wettbewerb der Regulierungssysteme"*); ZÜLCH, H./GÜTH, S./STAMM, A., Einzelabschluss nach dem IFRS for SMEs, S. 720; aus europäischer Perspektive auch VAESSEN, M., IFRS for SMEs (*„let the market decide"*).
211 BMJ (HRSG.), BilMoG-Referentenentwurf, S. 62.
212 Der Einbezug der IFRS in die Regulierungsempfehlung wurde bisher nicht umfassend diskutiert. Sollte sich der Gesetzgeber für ein Wahlrecht zur Anwendung des IFRS-SME für nichtkapitalmarktorientierte Unternehmen entscheiden, spricht unter Gläubigerschutzgesichtspunkten nichts gegen eine Erweiterung des Wahlrechts um die IFRS für kapitalmarktorientierte und wahlweise ebenfalls für nichtkapitalmarktorientierte Unternehmen.

Kapitel 5: Schlussfolgerungen zur Sicherstellung des Kapitalerhaltungszwecks auf Basis des IFRS-SME

Die Regulierungskosten für den Gesetzgeber aus der Anpassung des Normensystems und deren Vollzug (Rechtsprechung, Verwaltungsanweisungen etc.) dürften begrenzt sein.[214] Auch für die Unternehmen entstehen nur dann Zusatzkosten, wenn sie von diesem Unternehmenswahlrecht Gebrauch machen. Da dies ökonomisch nur dann sinnvoll ist, sofern mindestens ebenso hohe Nutzenpotenziale realisiert werden können, sind c. p. keine gesamtwirtschaftlich negativen Effekte aus der Implementierung eines derartigen Wahlrechts erkennbar.[215] Vielmehr kann ein derartiges Wahlrecht den unterschiedlichen Präferenzen besonders der **heterogenen Gruppe nichtkapitalmarktorierter Unternehmen** besser Rechnung tragen. **Gesamtwirtschaftlich** sind **keine adversen Effekte** aus der Umsetzung erkennbar.

Durch die Regulierungsoption der parallelen Rechnungslegung stellt der Gesetzgeber zulässigerweise sicher, dass die **Qualität der Kapitalerhaltung** nicht durch die Wahl eines für die Kapitalerhaltung inferioren Rechnungslegungskreises beeinträchtigt und damit die **Einheit der Rechtsordnung** gefährdet wird.[216] Das Unternehmenswahlrecht sorgt für den erforderlichen Schutz vor der **Aushöhung der gesellschaftsrechtlichen Kapitalerhaltungsnormen**.[217] Das BMJ hat bei Vorlage des RefE die gesamten **Kosteneinsparungen** für alle **Abschlussersteller** auf EUR 18 Mio. p. a. beziffert.[218] Diese auf gesamtwirtschaftlicher Ebene überschaubaren Kostensenkungspotenziale resultieren daraus, dass für die weit überwiegende Zahl der Abschlussersteller die Nutzung des Wahlrechts aus Kostengründen **wenig attraktiv** sein dürfte. Nur die geringe Zahl an Unternehmen, die einen Konzernabschluss nach internationalen Standards erstellen bzw. aus anderen Gründen

---

213 Vgl. hierzu Abschnitt 323.2.

214 Vgl. BMJ (HRSG.), BilMoG-Referentenentwurf, S. 79 („*Das Gesetz [d. h. das BilMoG in der Fassung des RefE; Anm. d. Verf.] soll weder für den Bund noch für die Länder und Gemeinden Haushaltsausgaben mit oder ohne Vollzugsaufwand mit sich bringen*").

215 Vgl. BMJ (HRSG.), BilMoG-Referentenentwurf, S. 127 („*Damit können Kapitalgesellschaften das für ihre Zwecke am günstigsten erscheinende Rechnungslegungssystem wählen*"); gleicher Ansicht HOMMELHOFF, P., Modernisiertes HGB-Bilanzrecht, S. 260 f.; ZÜLCH, H./GÜTH, S./STAMM, A., Einzelabschluss nach dem IFRS for SMEs, S. 721; a. A. mit Blick auf § 325 Abs. 2a HGB NAUMANN, K.-P., Fortentwicklung der handelsrechtlichen Rechnungslegung, S. 423 („*volkswirtschaftlich nicht sinnvoll*").

216 Vgl. hierzu auch GELTER, M., Kapitalerhaltung, S. 186; BMJ (HRSG.), BilMoG-Referentenentwurf, S. 130.

217 Vgl. ZÜLCH, H./GÜTH, S./STAMM, A., Einzelabschluss nach dem IFRS for SMEs, S. 713.

218 Vgl. BMJ (HRSG.), BilMoG-Referentenentwurf, S. 80 und S. 83.

Abschnitt 53: Synthese einer Regulierungsempfehlung zur Anwendung des IFRS-SME im Einzelabschluss

der parallelen Anwendung zweier Rechnungslegungskreise unterliegen, können Kostenerleichterungen durch den Verzicht auf doppelte Anhangangaben erreichen.[219] Aus den dargelegten Gründen ist die im RefE vorgesehene Beschränkung des Wahlrechts auf große bzw. kapitalmarktorientierte Kapitalgesellschaften nicht zwingend. Vielmehr sollten **sämtliche Kapitalgesellschaften** dieses Wahlrecht ausüben können, da adverse Folgeeffekte aus einer IFRS- bzw. IFRS-SME-Anwendung, u. a. mit Blick auf den Kapitalerhaltungszweck, nicht erkennbar sind.[220]

Beim BilMoG wurden Vorbehalte geäußert, wonach ein derartiges Wahlrecht eine befreiende IFRS- bzw. IFRS-SME-Anwendung ohne Schutzmaßnahmen für Kapitalerhaltungszwecke in der Zukunft präjudiziert.[221] Daher wurde das **Unternehmenswahlrecht** aus dem RefE in das finale Gesetz übernommen. Der Ablehnung hiergegen kann aus den dargelegten Gründen nicht zugestimmt werden. Vielmehr ist als **Regulierungsempfehlung** vorzuschlagen, im Ersten Unterabschnitt des Zweiten Abschnitts des HGB ein **Unternehmenswahlrecht zur parallelen Rechnungslegung in nachfolgender Gesetzesfassung aufzunehmen**, wobei dieses für die Wahl zwischen IFRS/ IFRS-SME am Kriterium der Kapitalmarktorientierung nach § 264d HGB anknüpft (§ 264e Abs. 1 HGB-E):[222]

§ 264e („Jahresabschluss nach internationalen Rechnungslegungsstandards")

(1) Die gesetzlichen Vertreter einer Kapitalgesellschaft im Sinne von § 264d dürfen den Jahresabschluss auch nach den **[IFRS]** aufstellen. Die gesetzlichen Vertreter einer Kapitalgesellschaft, auf die Satz 1 nicht anwendbar ist, dürfen neben den in Satz 1 genannten Standards einen Jahresabschluss wahlweise auch nach dem **[IFRS-SME]** aufstellen. Wird

---

219 Vgl. BMJ (HRSG.), BilMoG-Referentenentwurf, S. 127; in diesem Sinne ebenfalls LANFERMANN, G./RICHARD, M., Ausschüttungen auf Basis von IFRS, S. 1925 (*„wenig attraktiv"*); HENNRICHS, J., IFRS und Mittelstand, S. 362.

220 So für die IFRS u. a. SIEBLER, U., Internationalisierung der Rechnungslegung, S. 423; a. A. LÜHR, I., Internationale Rechnungslegung, S. 333 (Ausschluss kleiner Unternehmen nach § 267 HGB).

221 So u. a. ARBEITSKREIS BILANZRECHT DER HOCHSCHULLEHRER RECHTSWISSENSCHAFT, Grundkonzept und Aktivierungsfragen, S. 154; SCHULZE-OSTERLOH, J., Ausgewählte Änderungen, S. 72; GÜNTHER, A., Entwicklung im Bilanzrecht, S. 29; positiv BÖCKING, H.-J./GROS, M., Änderungen im Jahres- und Konzernabschluss durch BilMoG, S. 361; PELLENS, B./KEMPER, T./SCHMIDT, A., Geplante Reformen im Recht der GmbH, S. 420 (*„sehr behutsamer Schritt"*).

222 Vgl. zum Unternehmenswahlrecht im RefE, an dem die folgende Regulierungsempfehlung angelehnt ist, BMJ (HRSG.), BilMoG-Referentenentwurf, S. 8.

Kapitel 5: Schlussfolgerungen zur Sicherstellung des Kapitalerhaltungszwecks auf Basis des IFRS-SME

von den Wahlrechten in Satz 1 oder Satz 2 Gebrauch gemacht, sind die in Satz 1 oder Satz 2 genannten internationalen Standards jeweils vollständig zu befolgen.

(2) Der Jahresabschluss nach Absatz 1 Satz 1 oder Satz 2 ist in Übereinstimmung mit §§ 244, 245, 257 bis 261, 264 Abs. 1 Satz 1 bezüglich des Lageberichts, Satz 3 und 4 , Abs. 2 Satz 3, §§ 267, 285 Nr. 7, 8 Buchstabe b, 9 bis 11a, 14 bis 17, § 286 Abs. 1, 3 bis 5, §§ 288, 289 und 289a sowie dem Dritten und Vierten Unterabschnitt des Zweiten Abschnitts zu erstellen. § 264 Abs. 3 und 4 sowie § 264b sind entsprechend anzuwenden, soweit das Mutterunternehmen einen Konzernabschluss nach § 315a aufstellt.

(3) In den Anhang sind die nach den Vorschriften des Ersten Abschnitts und des Ersten Unterabschnitts des Zweiten Abschnitts aufgestellte Bilanz und Gewinn- und Verlustrechnung aufzunehmen. Sie gelten als nach den Grundsätzen ordnungsmäßiger Buchführung aufgestellter Jahresabschluss und sind Grundlage der Gewinn- und Verlustverteilung im Sinne der übrigen bundesgesetzlichen Vorschriften. § 285 Abs. 1 Nr. 28 gilt für den Gesamtbetrag der Beträge im Sinne des § 268 Abs. 8 HGB entsprechend.

(4) Wesentliche Abweichungen zwischen den Posten der nach Absatz 2 Satz 1 aufgestellten Bilanz und Gewinn- und Verlustrechnung und dem nach Absatz 1 Satz 1 oder Satz 2 erstellten Jahresabschluss sind im Anhang unter der Angabe der Gründe für die Abweichungen zu erläutern.

Durch den Bezug auf die **in § 264e Abs. 2 HGB-E aufgeführten HGB-Normen** wird berücksichtigt, dass bei Anwendung der IFRS bzw. des IFRS-SME alle Anhangangaben auf Basis von Art. 43 BilRL enthalten sein müssen.[223] Die in § 264e Abs. 2 Satz 1 HGB genannten **Anhangangaben** orientieren sich an § 325 Abs. 2a Satz 3 HGB.[224] In Übereinstimmung mit § 325 Abs. 2a Satz 3 HGB gelten **Erleichterungen bei den Anhangangaben (§§ 286, 288 HGB)** sowie die Normen zum **Lagebericht (§§ 289, 290 HGB)** analog. Anders als nach § 325a Abs. 2a Satz 5 HGB muss der Lagebericht aufgrund von

---

[223] Vgl. hierzu auch BMJ (HRSG.), BilMoG-Referentenentwurf, S. 128 f.; für § 325 Abs. 2a Satz 3 HGB bereits FEY, G./DEUBERT, M., Befreiender IFRS-Einzelabschluss, S. 97; HALLER, A./ HÜTTEN, C./LÖFFELMANN, J., in: KÜTING, K./WEBER, C.-P., HdR, 5. Aufl., § 325 (Stand: August 2010), Rn. 103.

[224] Die geforderten Angaben zum Personalaufwand waren im RefE nicht enthalten. Es besteht aber wohl kein Grund, bei Anwendung des Umsatzkostenverfahrens in der HGB-GuV auf diese zusätzliche Anhangangabe zu verzichten.

§ 264e Abs. 4 HGB-E keinen Bezug zum verkürzten HGB-Ausschüttungsabschluss im Anhang aufweisen, da dieser selbst im Anhang ausgewiesen wird.[225] Die Anwendbarkeit von §§ 244, 245, 257 bis 261 HGB ist bereits durch § 325 Abs. 2a Satz 3 HGB geregelt und sollte für HGB- wie für IFRS/IFRS-SME-Abschlüsse gelten.[226] Die Erleichterungen nach § 264e Abs. 2 Satz 2 HGB-E werden an dieser Stelle ebenfalls angeführt, betreffen aber ausschließlich solche Kapitalgesellschaften, die als **Tochterunternehmen zu einem Konzern** gehören, und sind für Kapitalerhaltungszwecke nicht von Bedeutung.

Im Gegensatz zum RefE enthält die Regulierungsempfehlung mit § 264e Abs. 4 HGB-E die Verpflichtung, **wesentliche Abweichungen** zwischen dem verkürzten **HGB-Ausschüttungsabschluss** nach § 264e Abs. 3 Satz 1 HGB-E und dem nach § 264e Abs. 1 Satz 1 und 2 HGB-E erstellten **Jahresabschluss im IFRS-/IFRS-SME Anhang anzugeben**. Zudem wird durch die Beachtung von § 267 HGB sowie des Dritten und Vierten Unterabschnitts des Zweiten Abschnitts sichergestellt, dass das Gliederungsschema für die nach den GoB aufzustellende Bilanz und GuV sowie die Normen zur **Abschlussprüfung** und zur **Offenlegung** auf den nach internationalen Standards erstellten Abschluss einschließlich des verkürzten HGB-Abschlusses einschlägig sind. Eine verpflichtende Abschlussprüfung für **kleine Kapitalgesellschaften** (§ 267 Abs. 1 HGB) und die Nichtbeachtung der Befreiung von Prüfungspflichten (§ 316 Abs. 1 Satz 1 HGB) für dieses Wahlrecht erscheint nicht gerechtfertigt.[227] Mit § 264e Abs. 3 Satz 3 HGB-E wird sichergestellt, dass die **Ausschüttungssperrbeträge nach § 268 Abs. 8 HGB** als Gesamtbetrag durch den Abschlussersteller im Anhang anzugeben sind.

Durch die Kodifizierung von § 264e HGB-E können die **Vorschriften zur Abschlussprüfung und Offenlegung** nach §§ 324a, 325 Abs. 2a und 2b HGB **ersatzlos gestrichen** werden, da der IFRS- bzw. IFRS-SME-Einzelabschluss einem HGB-Abschluss gleichgestellt wird und u. a. §§ 316, 325 Abs. 1 HGB anwendbar sind.[228] Durch das Anknüpfen

---

225 Vgl. kritisch hierzu SCHULZE-OSTERLOH, J., Ausgewählte Änderungen, S. 72. Diese Kritik läuft aber nunmehr durch die vorgeschlagene Kodifizierung von § 264e Abs. 4 HGB-E ins Leere.
226 Vgl. hierzu auch FEY, G./DEUBERT, M., Befreiender IFRS-Einzelabschluss, S. 95.
227 So aber SIEBLER, U., Internationalisierung der Rechnungslegung, S. 424.
228 Vgl. BMJ (HRSG.), BilMoG-Referentenentwurf, S. 188; MEYER, C., Die wesentlichen Änderungen nach dem Referentenentwurf, S. 2228.

Kapitel 5: Schlussfolgerungen zur Sicherstellung des Kapitalerhaltungszwecks auf Basis des IFRS-SME

von § 158 Abs. 1 AktG i. V. mit § 325 Abs. 1 Satz 3 HGB an den verkürzten HGB-Ausschüttungsabschluss kann der **Ergebnisverwendungsvorschlag/-beschluss** in den offen zu legenden IFRS-SME/IFRS-Abschluss einschließlich der HGB-Bilanz und -GuV im Anhang integriert werden. Mit Ausnahme redaktioneller Änderungen im AktG und GmbHG[229] fügt sich der Regulierungsvorschlag **systemkonform** bei **begrenztem gesetzgeberischem Umsetzungs- und Folgeaufwand** in das bestehende Normensystem ein.

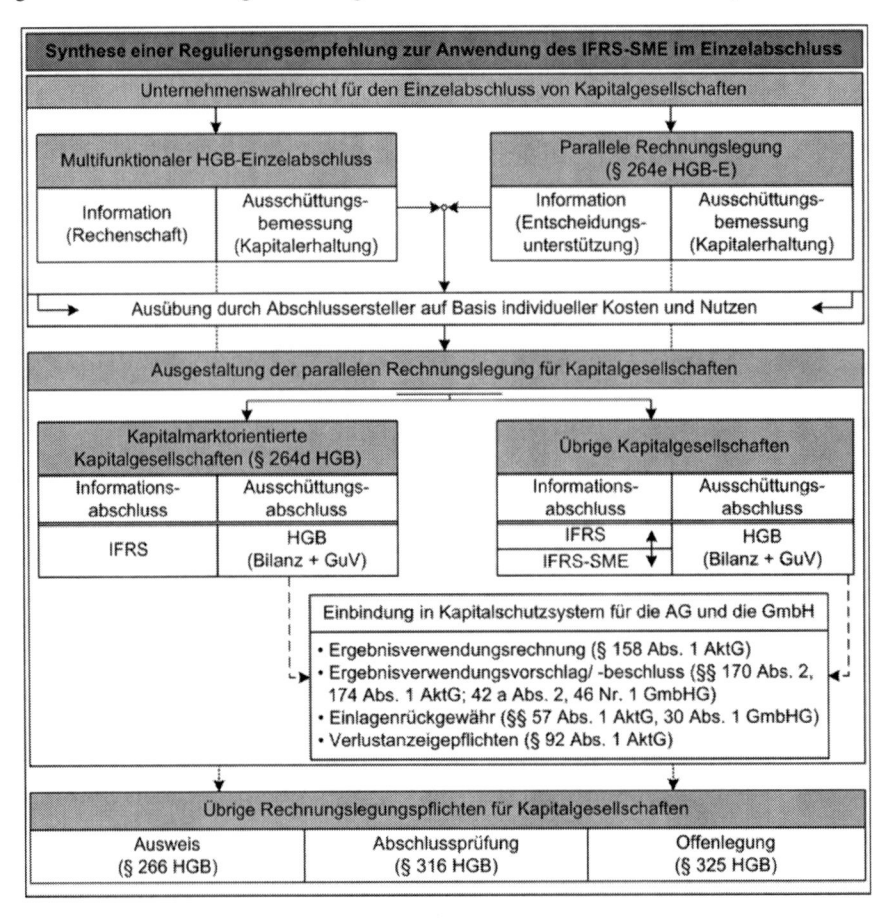

Übersicht 5-14: Synthese der Regulierungsempfehlung zur Anwendung des IFRS-SME im Einzelabschluss

---

[229] Vgl. hierzu umfassend BMJ (HRSG.), BilMoG-Referentenentwurf, S. 207-215 und S. 217 f.

Die Ausgestaltung des deutschen Bilanzrechts orientiert sich auf Basis der vorgeschlagenen Regulierung (vgl. *Übersicht 5-14*) an einem **dreigliedrigen Rechnungslegungssystem für den Einzelabschluss**, das **erstens** für sämtliche Kapitalgesellschaften die **Erstellung eines umfassenden HGB-Abschlusses** zulässt. **Zweitens** ist eine **parallele Rechnungslegung** nach den IFRS für kapitalmarktorientierte und nichtkapitalmarktorientierte Gesellschaften bei gleichzeitiger Erstellung eines HGB-Ausschüttungsabschlusses (§ 264e HGB-E) erlaubt. **Drittens** dürfen nichtkapitalmarktorientierte Gesellschaften einer parallelen Rechnungslegung nach IFRS-SME und dem HGB (§ 264e HGB-E) folgen. Sofern am Kapitalerhaltungsregime festgehalten wird, ist die **Koexistenz solcher funktionsspezifischer Rechnungslegungssysteme** unumgänglich.[230]

54 Anwendung auf reales Fallbeispiel eines deutschen SME

541. Überblick

Gegenstand des abschließenden Forschungsprojekts war die **probeweise Anwendung der IFRS-SME-Gewinnermittlungsvorschriften** im Einzelabschluss bei einem im Sinne von § 267 HGB **mittelgroßen deutschen SME im Geschäftsjahr 2009**. Aufgrund der derzeitigen Rahmenbedingungen stellt dieses explorative Vorgehen die einzige Möglichkeit dar, die bisherigen Befunde zu den **Kosten einer parallelen Rechnungslegung und der Anwendung von Ausschüttungskorrekturen** in ihrer Tendenz zu validieren und einen Vergleich der Komplexität der IFRS-SME- mit den HGB-Rechnungslegungsvorschriften ziehen zu können. Durch die Beschränkung auf nur einen Abschlussersteller sind die Erkenntnisse **nicht als repräsentativ** anzusehen. Sie dienen daher nur als **erster Indikator** für die reale Umsetzbarkeit der o. g. Regulierungsempfehlung.[231]

---

230 Vgl. HERZIG, N., Modernisierung des Bilanzrechts, S. 2 („*Ein solches Nebeneinander von zwei unterschiedlichen Bilanzen und GuV-Rechnungen im gleichen Abschluss kann allenfalls für eine Übergangszeit Bestand haben*").

231 Vgl. zur Bedeutung unternehmens- und branchenindividueller Besonderheiten bei IFRS-Umstellungsprojekten SENGER, T., Begleitung mittelständischer Unternehmen, S. 415. Die Identifikation geeigneter SMEs wurde durch die Ansprache mittelständischer Prüfungsgesellschaften erreicht, die unmittelbar Zugang zu „interessierten" SMEs aus ihrem Mandantenkreis hatten. Die Resonanz der Prüfungsgesellschaften auf das Projekt war überwiegend positiv. Indes fehlte es bei einigen SMEs an der Bereitschaft zur Teilnahme am Projekt, da zum Zeitpunkt der Projektdurchführung das BilMoG erstmals anzuwenden war. Vgl. DRSC (HRSG.), Report on the Field Tests, S. 6 („*challenging to motivate SMEs*").

Kapitel 5: Schlussfolgerungen zur Sicherstellung des Kapitalerhaltungszwecks auf Basis des IFRS-SME

Nachfolgend werden in **Abschnitt 542** die **zeitliche Struktur**, die **Zielsetzungen** und der **Umfang des realen Fallbeispiels** herausgearbeitet. Anschließend stehen in **Abschnitt 543** die **Projektergebnisse** in Form der **bilanziellen Überleitungsrechnung** von der HGB- auf die IFRS-SME-Bilanz zum 31. Dezember 2009 im Fokus. Sodann werden die Ergebnisse der **Befragung der beteiligten Wirtschaftsprüfer** untersucht und die **Implikationen des Fallbeispiels** für die **Regulierungsempfehlung** der parallelen Rechnungslegung auf Basis des IFRS-SME und des HGB **zusammengefasst (Abschnitt 544)**.

542. Zielsetzung, Struktur und inhaltlicher Umfang des Fallbeispiels

Gegenstand des realen Fallbeispiels ist die probeweise Anwendung der IFRS-SME-Einzelnormen für Ansatz und Bewertung, indem **zum 31. Dezember 2009** die **HGB-Bilanz mittels einer Überleitungsrechnung auf IFRS-SME-Vorschriften adaptiert** wurde. Das SME ist mit Blick auf die Betriebsgröße, die Bedeutung der internationalen Geschäftsaktivitäten, der internen Steuerungssysteme und der Erfahrung mit internationalen Rechnungslegungsnormen dem **gehobenen Mittelstand** zuzuordnen. Es handelt sich um eine mittelgroße Kapitalgesellschaft nach § 267 Abs. 2 HGB mit folgenden **wirtschaftlichen und gesellschaftsrechtlichen Eckdaten:**[232]

- **Umsatzerlöse** (Geschäftsjahr 2009) nach HGB: ca. EUR 51 Mio.;
- **Bilanzsumme** (Geschäftsjahr 2009) nach HGB: ca. EUR 15 Mio.;
- **Rechtsform:** GmbH;
- **Branche:** Dienstleistungssektor;
- **Gesellschafterstruktur:** Einbindung in Unternehmensgruppe (Familienholding hält über mehrere Zwischenholdings faktisch 100% der Gesellschaftsanteile am SME). Hinter der Familienholding stehen **zwei Mitglieder** der **Gründerfamilie**. Einer der beiden Familiengesellschafter ist mit ca. 80% **eindeutiger Mehrheitsgesellschafter** und zugleich **Geschäftsführer** des SME. Der Abschlussersteller hat Schwestergesell-

---

[232] Auf Wunsch der Gesellschafter des SMEs erfolgt die Darstellung des SME und der beteiligten Prüfungsgesellschaft in anonymisierter Form. Die Projektunterlagen (z. B. Projekt- und Interviewleitfaden, Transkripte der Interviews, IFRS-SME-Überleitungsrechnung, Dokumente des Abschlusserstellers) können eingesehen werden, sofern die Vertraulichkeit gewahrt bleibt.

schaften, mit denen Liefer- und Finanzbeziehungen bestehen. Es besteht ein *cash pooling* in der Unternehmensgruppe.

- **Sonstige Besonderheiten:** Es besteht ein **Ergebnisabführungsvertrag**, der Abschlussersteller ist **Teil einer steuerlichen Organschaft**, wobei Organträger eine der o. g. Zwischenholdings ist.

Das Projekt hat eine **qualitative** und eine **quantitative Zielsetzung**.[233] Hinsichtlich der **qualitativen Dimension** ist herauszuarbeiten, inwiefern sich die Kritikpunkte an der o. g. Regulierungsempfehlung (Wahlrecht zur parallelen Rechnungslegung) über Tendenzaussagen bestätigen lassen. Entscheidendes Kriterium hierfür ist die **Bestimmung der zu erwartenden Zusatzkosten**, was eine **qualitative Datenerhebung** erfordert, um die mit der Anwendung des IFRS-SME verbundenen Probleme insbesondere durch Diskussionen im Rahmen der Abschlusserstellung aufgreifen zu können.[234] Die Ergebnisse deuten auf die Umsetzbarkeit des Regulierungskonzepts einer parallelen Rechnungslegung - auch im Vergleich zu bilanzpostenbasierten Ausschüttungskorrekturen - hin. Darüber hinaus illustriert die Überleitungsrechnung **in quantitativer Hinsicht** die Unterschiede zwischen dem IFRS-SME und dem HGB und macht **mögliche Effekte auf das Ausschüttungspotenzial bei Anwendung des IFRS-SME** deutlich. Im Gegensatz zu anderen Untersuchungen ist das Untersuchungsziel nicht rein quantitativ ausgerichtet.[235] Die **Zielsetzung** wird durch **folgende Detailfragen** synthetisiert:

- Bei welchen IFRS-SME-Normen lässt sich ein **erhöhter bzw. reduzierter Aufwand bei der Abschlusserstellung und -prüfung** im Vergleich zum HGB identifizieren?
- Inwiefern handelt es sich hierbei um **Einmaleffekte aus der erstmaligen Anwendung** (z. B. wegen mangelnder Kenntnisse der Vorschriften) oder um **wiederkehrende Effekte** (z. B. zusätzliche interne Dokumentationspflichten für das SME)?

---

[233] Vgl. hierzu bereits Abschnitt 14.
[234] Vgl. ULL., T., IFRS in mittelständischen Unternehmen, S. 54.
[235] So u. a. bei GIORGINO, M./PATERNOSTRO, S., The voluntary adoption of ‚IFRS for SMEs', S. 2; zur Bedeutung der qualitativen Datenerhebung bei einem derartigen Fallbeispiel ULL., T., IFRS in mittelständischen Unternehmen, S. 54 („*Es ist jedoch zu bedenken, [...] dass die Jahresabschlüsse [...] nur sehr verkürzt Ergebnisse widerspiegeln*"); DRSC (HRSG.), Report on the Field Tests, S. 2.

Kapitel 5: Schlussfolgerungen zur Sicherstellung des Kapitalerhaltungszwecks auf Basis des IFRS-SME

- Inwiefern ist das **Unternehmenswahlrecht zwischen umfassender HGB-Anwendung und einer parallelen Rechnungslegung** aus Sicht des SMEs eine **realistische Handlungsalternative** und wie wird im Vergleich hierzu die **Anwendung bilanzpostenbasierter Ausschüttungskorrekturen** eingeschätzt?

Aus Komplexitätsgründen wurde die zeitliche und inhaltliche Struktur des Fallbeispiels in vier voneinander abgegrenzte **Projektphasen** unterteilt (vgl. *Übersicht 5-15*).

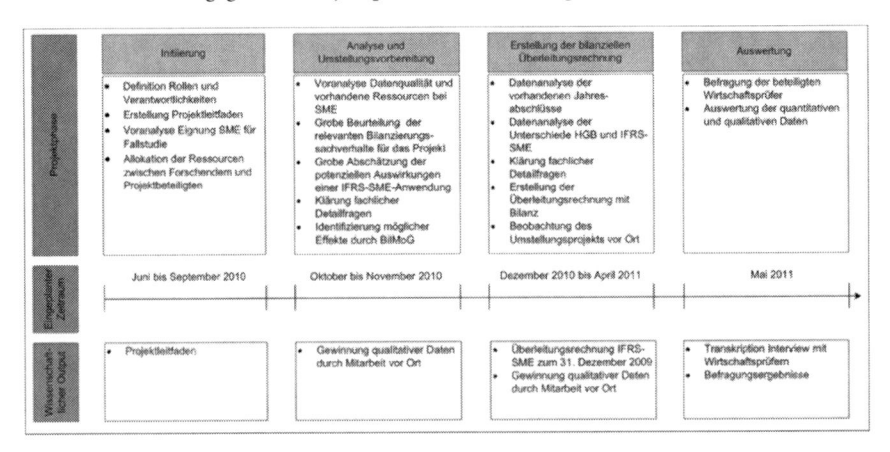

Projektphase	Initiierung	Analyse und Umstellungsvorbereitung	Erstellung der bilanziellen Überleitungsrechnung	Auswertung
	• Definition Rollen und Verantwortlichkeiten • Erstellung Projektleitfaden • Voranalyse Eignung SME für Fallstudie • Allokation der Ressourcen zwischen Forschendem und Projektbeteiligten	• Voranalyse Datenqualität und vorhandene Ressourcen bei SME • Grobe Beurteilung der relevanten Bilanzierungssachverhalte für das Projekt • Grobe Abschätzung der potenziellen Auswirkungen einer IFRS-SME-Anwendung • Klärung fachlicher Detailfragen • Identifizierung möglicher Effekte durch BilMoG	• Datenanalyse der vorhandenen Jahresabschlüsse • Datenanalyse der Unterschiede HGB und IFRS-SME • Klärung fachlicher Detailfragen • Erstellung der Überleitungsrechnung mit Bilanz • Beobachtung des Umstellungsprojekts vor Ort	• Befragung der beteiligten Wirtschaftsprüfer • Auswertung der quantitativen und qualitativen Daten
Eingesetzter Zeitraum	Juni bis September 2010	Oktober bis November 2010	Dezember 2010 bis April 2011	Mai 2011
Wissenschaftlicher Output	• Projektleitfaden	• Gewinnung qualitativer Daten durch Mitarbeit vor Ort	• Überleitungsrechnung IFRS-SME zum 31. Dezember 2009 • Gewinnung qualitativer Daten durch Mitarbeit vor Ort	• Transkription Interview mit Wirtschaftsprüfern • Befragungsergebnisse

Übersicht 5-15: Projektphasen für die Umsetzung des realen Fallbeispiels

Zu Beginn des Projekts wurde den Projektbeteiligten (Abschlussersteller, beteiligte Prüfungsgesellschaft) ein **Projektleitfaden** ausgehändigt, in dem die **Struktur, Zielsetzung** und **Umfang des Projekts** zusammengefasst wurden. Die Prüfungshandlungen fielen in die **dritte Projektphase**, in der die **bilanzielle Überleitungsrechnung** von HGB auf **IFRS-SME zum 31. Dezember 2009** erstellt wurde.[236] Das Projekt wurde federführend durch zwei Partnergesellschafter (Wirtschaftsprüfer) einer **mittelständischen Wirtschaftsprüfungsgesellschaft** betreut, die auch die Abschlussprüfung nach HGB bei dem betroffenen SME begleitet haben und über Kenntnisse zu den internen Abläufen beim Abschlussersteller verfügten. In geringerem Umfang waren die **Mitarbeiter des Rechnungswesens** des SME bei dem Projekt involviert.[237] Die **Prüfungsgesellschaft** beteiligte

---

236 Aus Vertraulichkeitsgründen wurde vereinbart, das Projekt auf die Erstellung der bilanziellen Überleitungsrechnung zum 31. Dezember 2009 zu fokussieren, um einen zeitlichen Abstand zur Veröffentlichung der Abschlussinformationen im Rahmen dieser Arbeit zu gewährleisten. Das Projekt wurde in die Vor- und Hauptprüfung für den HGB-Jahresabschluss 2010 integriert.

sich bereits an der **Feldstudie des DRSC** zur Anwendung des IFRS-SME im Jahr 2007/ 2008 und verfügte damit über erste Erfahrungen mit dem IFRS-SME in der damaligen Entwurfsfassung. Darüber hinaus wurde ein „reales" Umstellungsprojekt auf die IFRS betreut.[238] In der Mandantschaft der beiden Partner der Wirtschaftsprüfungsgesellschaft gab es zum Zeitpunkt der Durchführung des Fallbeispiels zwei IFRS-Mandate (Konzernabschluss).[239] Ungefähr drei Viertel der Mandantschaft der Prüfungsgesellschaft ist nach Angaben der befragten Partnergesellschafter **eigentümergeführt**.[240]

Die **Umsetzung der Projektphasen** wurde durch den Autor u. a. durch Besuche vor Ort begleitet. Dies umfasste **situative Beobachtungen und Befragungen**, deren Ergebnisse in Erhebungsprotokollen[241] schriftlich dokumentiert wurden. Nach Projektabschluss wurden die Partnergesellschafter im Mai 2011 zu einem **semi-strukturierten Gruppeninterview (Leitfadengespräch)**[242] eingeladen.[243] Die Interviewten erhielten den Befragungsleitfaden eine Woche vor dem Interviewtermin, um Verständnisfragen vorab zu klären. Die **Transkription** wurde den Projektbeteiligten zur **Freigabe** vorgelegt, wobei keine Beanstandungen vorgebracht wurden. Die Befragung beschränkte sich auf die beiden Partnergesellschafter, da diese durch ihre Erfahrungen bei anderen Abschlusserstellern weitergehende Erkenntnisse in die Beurteilung einfließen lassen konnten.

Eine besondere Herausforderung bestand darin, dass das SME zum 1. Januar 2010 **erstmals die Neuregelungen des BilMoG** umfassend anwendete. Um die Gewinnung

---

237 Vgl. zur Bedeutung mittelständischer Prüfungsgesellschaften bei o. g. Feldstudie DRSC (HRSG.), Report on the Field Tests, S. 2 („*it was virtually impossible to find SMEs participating in the field test without additional support*").

238 Vgl. EXP.1, S. 3.

239 Vgl. EXP.1, S. 3.

240 Vgl. EXP.2, S. 4 und S. 7. Eigentümergeführt heißt in diesem Zusammenhang, dass es maximal drei Gesellschafter gibt, von denen mindestens einer zugleich Geschäftsführer bzw. Vorstand ist.

241 Die Erhebungsprotokolle werden mit „ERHEBUNGSBOGEN FALLBEISPIEL, Nr. xx" zitiert. Die Nummerierung gibt den Vor-Ort-Besuch an, bei dem die Erkenntnisse gewonnen wurden.

242 Die schriftliche Transkription des Leitfadengesprächs wird mit „EXP.1" bzw. „EXP.2" zitiert. Die Zahlenangabe macht den jeweiligen Partnergesellschafter kenntlich.

243 Beide Interviewten gehörten derselben Hierarchiestufe an, waren miteinander vertraut und gleichberechtigt für die Projektdurchführung vor Ort verantwortlich. Daher erschien diese Herangehensweise zielführend, um im Rahmen einer offen geführten Diskusssion zusätzliche qualitative Daten zu den o. g. Fragestellungen zu erhalten.

Kapitel 5: Schlussfolgerungen zur Sicherstellung des Kapitalerhaltungszwecks auf Basis des IFRS-SME

quantitativer und qualitativer Erkenntnisse nicht durch Einmaleffekte zu beeinträchtigen, wurde folgende inhaltliche Einschränkungen für das Projekt festgelegt:

- Die Überleitung fand unter der **Fiktion einer vollständigen BilMoG-Anwendung** zum 31. Dezember 2009 statt. Alt- und Übergangsregelungen in der HGB-Schlussbilanz (**HGB vor BilMoG**) wurden in eine **HGB-BilMoG-adjustierte Bilanz** überführt. Die bilanzielle Überleitung auf den IFRS-SME wurde damit auf Basis einer bereinigten HGB-Schlussbilanz (sog. **HGB-BilMoG-Adjustierung**) vorgenommen. Übergangsvorschriften in IFRS-SME 35 wurden nicht berücksichtigt.

- Um Sondereffekte aus der **steuerlichen Organschaft** auszuschließen, erfolgte eine **fiktive Berechnung der Steuerlatenzen** und des **Steueraufwands** sowohl nach HGB als auch nach IFRS-SME.[244] Aufgrund des für die Organschaft erforderlichen Ergebnisabführungsvertrags wurde zudem die **vollständige Thesaurierung des Jahresüberschusses** für das Geschäftsjahr 2009 unterstellt.

- In Teilbereichen war **keine umfassende Prüfung sämtlicher Voraussetzungen** für die Anwendung der Ansatz- und Bewertungsvorschriften im IFRS-SME möglich, da dies mit einem für die probeweise IFRS-SME-Anwendung **unverhältnismäßigem Ressourcenaufwand** verbunden gewesen wäre. Die quantitativen Ergebnisse sind somit nur **indikativ**.[245] Hierauf wird nachfolgend jeweils explizit hingewiesen.

- Die Überleitungsrechnung beschränkt sich auf die **Überleitung der o. g. HGB-BilMoG-adjustierten Schlussbilanz** zum 31. Dezember 2009 auf IFRS-SME-Werte. Auf die **Überleitung der Ergebnisposten** in der GuV wurde verzichtet, da dies zur Abschätzung der Eigenkapitaleffekte sowie zur Verdeutlichung der Umsetzbarkeit bilanzpostenbasierter Ausschüttungskorrekturen keinen deutlichen Zusatznutzen gebracht hätte.[246] Für Ausweiszwecke wird an die HGB-Bilanzgliederung angeknüpft,

---

[244] Durch die steuerliche Organschaft wird die Steuerbelastung auf Ebene des Organträgers ermittelt, nicht auf Ebene des Abschlusserstellers als Organgesellschaft. Im Bereich der Gewerbesteuer wurde eine fiktive effektive Gewerbesteuerbelastung durch die Lohnsummenaufteilung auf die einzelnen Betriebsstätten des Abschlusserstellers vorgenommen, um die verschiedenen kommunalen Gewerbesteuerhebesätze abzubilden.

[245] Vgl. mit ähnlicher Vorgehensweise DRSC (HRSG.), Report on the Field Tests, S. 3.

[246] Bei der DRSC-Feldstudie haben von den teilnehmenden 15 SMEs lediglich acht Unternehmen eine vollständige Bilanz erstellt. Vgl. DRSC (HRSG.), Report on the Field Tests, S. 2. Vorjahreswerte wurden hierbei nicht ermittelt. Vgl. DRSC (HRSG.), Report on the Field Tests, S. 9.

so dass **unterschiedliche Ausweisvorschriften**, bspw. im Bereich der Steuerrückstellungen und der PoC-Methode, **ausgeklammert** bleiben. Dies hängt damit zusammen, dass für Kapitalerhaltungszwecke vor allem der Eigenkapitaleffekt aus der IFRS-SME-Anwendung im Vergleich zum HGB maßgeblich ist.

543. Umsetzung und Ergebnisse des realen Fallbeispiels bei deutschem SME

543.1 Erste Stufe: Adjustierung der Original-HGB-Schlussbilanz zum 31. Dezember 2009 auf BilMoG

Die bilanzielle Überleitungsrechnung basiert auf der **adjustierten HGB-BilMoG-Bilanz** zum **31. Dezember 2009**. Adjustiert bedeutet im Rahmen dieses Fallbeispiels, dass sämtliche HGB-Alt- und Übergangsregelungen zur Anwendung des BilMoG (z. B. anteilige Zuführung der Pensionsrückstellungen) angewandt wurden.[247] Die Spalte „HGB-BilMoG-Adjustierung" in nachfolgender Überleitungsrechnung (vgl. *Übersicht 5-16*) spiegelt die **umfassende Anwendung des BilMoG** wider. Auf der **Aktivseite** betreffen die Adjustierungen nur die aktiven Steuerlatenzen sowie die unterstellte Vollthesaurierung mit der Einbuchung von Forderungen gegenüber verbundene Unternehmen. Im Bereich des Anlage- und Umlaufvermögens hat das BilMoG für den Abschlussersteller keine Anpassungen erforderlich gemacht. Wegen der steuerlichen Organschaft war im Rahmen des Fallbeispiels die **Berechnung des effektiven Steuersatzes** als Grundlage für die Steuerlatenzierung erforderlich. Es wurde ein **effektiver Steuersatz** aus **Körperschaft- und Gewerbesteuer** einschließlich Solidaritätszuschlag von ca. **31,35%** ermittelt.

Die wesentlichen Adjustierungen betreffen die Rückstellungen auf der **Passivseite**. Hierbei wurden die **folgenden Buchungen zur BilMoG-Adjustierung** umgesetzt:

- Der Ansatz einer **Aufwandsrückstellung** für Umzugskosten über EUR 40.000 wurde eliminiert, da diese nach BilMoG nicht mehr passiviert werden darf. Dies ist konform mit der Steuerbilanz, so dass die **Erfassung latenter Steuern entfällt**:[248]

---

247 Die Adjustierung umfasste auf Wunsch der SME-Gesellschafter auch die Erhöhung des gezeichneten Kapitals um einen konstanten Betrag. Hierdurch wurde sichergestellt, dass durch die Veröffentlichung der Abschlussdaten keine Rückschlüsse auf das SME gezogen werden. Die Gegenbuchung fand im Anlagevermögen statt. Die Bilanzrelationen wurden hierdurch aber nur unwesentlich beeinflusst.

Kapitel 5: Schlussfolgerungen zur Sicherstellung des Kapitalerhaltungszwecks auf Basis des IFRS-SME

Sonstige Rückstellungen	an	Jahresüberschuss	EUR 40.000,00

- Das SME verfügt über eine begrenzte Zahl an Berechtigten mit Ansprüchen aus **Pensionszusagen**. Die versicherungsmathematische Bewertung leistungsorientierter Versorgungszusagen (**Pensionsrückstellungen**) durch einen externen Gutachter erfolgte zum 31. Dezember 2009 mit der PCUM im Sinne von § 253 Abs. 1 Satz 2 HGB unter Berücksichtigung des von der Deutschen Bundesbank vorgegeben Durchschnittszinssatzes nach § 253 Abs. 2 Satz 2 HGB. Es wurde pauschal eine Restlaufzeit von 15 Jahren zum 31. Dezember 2009 unterstellt (5,25% p. a.). Zuvor wurde das **steuerliche Teilwertverfahren** nach § 6a Abs. 3 EStG einschließlich des steuerlichen relevanten Zinssatzes (6% p. a.) verwendet. Der **zusätzliche Dotierungsbedarf** zum 31. Dezember 2009 beläuft sich auf EUR 163.839,00, die Pensionsrückstellung damit auf EUR 1.021.761,00. Hieraus resultieren **aktive latente Steuern**, da der Abschlussersteller vom Aktivierungswahlrecht nach § 274 Abs. 1 Satz 2 HGB künftig Gebrauch machen wird.[249] Die zusätzliche Dotierung der Pensionsrückstellungen führt zur Differenz mit der Steuerbilanz von EUR 163.839,00 und zu **aktiven Steuerlatenzen** von EUR 51.363,50 (= 0,3135 * 163.839,00)[250]:

Jahresüberschuss	an	Pensionsrückstellungen	EUR 163.839,00
Aktivische latente Steuern	an	Jahresüberschuss	EUR 51.363,50

- Die **Rückstellungen für Altersteilzeitverpflichtungen** wurden um EUR 58.432,00 auf EUR 57.120,00 reduziert. Während der niedrigere Diskontierungszinssatz zu einer höheren Rückstellungsdotierung führte, überwog ein Einmaleffekt im Zuge der BilMoG-Umstellung. Beim SME wird das sog. **Blockmodell** umgesetzt, so dass handelsrechtlich die Rückstellung für den Erfüllungsbetrag über die Laufzeit der Altersteilzeit anzusammeln ist, während der Aufstockungsbetrag des Arbeitgebers in voller Höhe von der Entstehung an gebildet wird.[251] Steuerrechtlich ergibt sich laut den

---

248 Die Aufwands- und Ertragsanpassungen auf HGB-BilMoG werden unmittelbar in der HGB-Residualgröße „Jahresüberschuss" innerhalb des Eigenkapitals verbucht.
249 Sämtliche aktiven und passiven latenten Steuern werden nachfolgend angesetzt. Für passive Steuerlatenzen besteht gemäß § 274 Abs. 1 Satz 1 HGB eine Ansatzpflicht.
250 Es können sich geringe Rundungsdifferenzen ergeben, da der exakte Steuersatz verwendet wurde.

Berechnungen der Wirtschaftsprüfer/Steuerberater ein Wert von EUR 5.670,00. Durch diese Differenz entstehen **aktive Steuerlatenzen** von EUR 16.129,58:

Sonstige Rückstellungen	an	Jahresüberschuss	EUR 58.432,00
Aktivische latente Steuern	an	Jahresüberschuss	EUR 16.129,58

- **Drohverlustrückstellungen**, die bei einer Laufzeit von mehr als einem Jahr nicht abgezinst wurden, sind nach HGB-BilMoG abzinsungspflichtig. Die Drohverlustrückstellung resultierte aus einem noch laufenden **Mietvertrag für eine ungenutzte Immobilie**.[252] Der zusätzliche **Dotierungsbedarf** lag bei EUR 4.430,00, der Rückstellungsansatz nach dem BilMoG bei insgesamt EUR 158.511,00. Zusätzlich wurden hierauf **aktive latente Steuern gebildet** (= 0,3135 * 158.511,00):

Jahresüberschuss	an	Drohverlustrückstellungen	EUR 4.430,00
Aktivische latente Steuern	an	Jahresüberschuss	EUR 49.693,20

- Auf Basis des **fiktiv ermittelten Steuerergebnisses für das Geschäftsjahr 2009** wurde eine **periodische Steuerzahllast** von EUR 1.935.228,05 ermittelt. Diese wurde aufwandswirksam in die **Steuerrückstellungen** gebucht:

Jahresüberschuss	an	Steuerrückstellungen	EUR 1.935.228,05

- Effekte aus der **Ergebnisabführung** wurden **eliminiert** und die **vollständige Thesaurierung des Jahresüberschusses** unterstellt:

Forderungen verb. Unternehmen	an	Jahresüberschuss	EUR 5.675.618,43

Da der Abschlussersteller in der Rechtsform der GmbH firmiert, finden die Ergebnisverwendungs- und Kapitalerhaltungsnormen nach §§ 29, 30 GmbHG zur **Ableitung des Ausschüttungspotenzials** Anwendung. Mit Ausnahme des für die Untersuchung „neutralisierten" Ergebnisabführungsvertrags bestehen keine gesellschaftsvertraglichen oder sonstigen Pflichten, den **Jahresüberschuss** ganz oder teilweise bei Aufstellung des Jahresabschlusses in die Rücklagen einzustellen. Daher steht dieser **in vollem Umfang der Ergebnisverwendung nach § 29 Abs. 1 GmbHG zur Verfügung**. Indes hat sich der Abschluss-

---

251 Vgl. KOZIKOWSKI, M./SCHUBERT, W., in: Beck Bilanzkomm., 7. Aufl., § 249, Rn. 100; hierzu ebenfalls EULER, R./BINGER, M., Rückstellungen für Altersteilzeit, S. 178 sowie HEBESTREIT, G./ SCHRIMPF-DÖRGES, C., in: Beck IFRS HB, 3. Aufl., § 13, Rn. 144.

252 Der Grund für die Drohverlustrückstellung ist in dem belastenden Mietvertrag zu sehen. Vgl. KOZIKOWSKI, M./SCHUBERT, W., in: Beck Bilanzkomm., 7. Aufl., § 249, Rn. 100 („Mietvertrag").

Kapitel 5: Schlussfolgerungen zur Sicherstellung des Kapitalerhaltungszwecks auf Basis des IFRS-SME

ersteller für die Aktivierung latenter Steuern nach § 274 Abs. 1 Satz 2 HGB entschieden, für die in Übereinstimmung mit § 268 Abs. 8 Satz 2 HGB eine Ausschüttungssperre vorgesehen ist. Unter Berücksichtigung des Gewinnvortrags in Höhe von EUR 8.181,16 ergibt sich das **maximale Ausschüttungspotenzial zum 31.12.2009** wie folgt:

EUR 8.181,16 + EUR 3.787.739,68 - EUR 117.186,30 = **EUR 3.678.734,54**

543.2 Zweite Stufe: Überleitung von adjustierter BilMoG-Bilanz auf IFRS-SME-Bilanz

543.21 Vorbemerkungen

In einem zweiten Schritt sind nunmehr die HGB-BilMoG-Bilanzposten auf die IFRS-SME-Bilanzposten zum 31. Dezember 2009 überzuleiten. Nachfolgend wird nicht nur die Umsetzung der Überleitungsbeträge erläutert, sondern die Untersuchung auf diejenigen Bilanzposten ausgedehnt, für die letztlich kein Anpassungsbedarf identifiziert wurde. Dies dient der Gewinnung qualitativer Daten zur Anwendbarkeit des IFRS-SME für Kapitalerhaltungszwecke über das hier betrachtete SME hinaus.[253]

543.22 Anlagevermögen und Leasingbilanzierung

Das **Anlagevermögen** wurde **nicht angepasst**, da keine Divergenzen zwischen HGB und IFRS-SME festgestellt wurden. Im Rahmen des Projekts wurden **zwei Problembereiche** identifiziert: **Erstens** bestanden Unsicherheiten bei der Anwendung des Abschreibungsplans für Sachanlagen (IFRS-SME 17.18) im Vergleich zu § 255 Abs. 2 Satz 2 HGB. Des Weiteren wurde die geforderte **Identifizierung separater Komponenten kritisiert**, da die Vorgaben aus IFRS-SME 17.16 als oberflächlich und damit wenig praktikabel wahrgenommen wurden.[254] Das SME wendet für die Sachanlagen (Büroausstattung/-einbauten) in der HGB-Bilanz die AfA-Tabellen an. Die Bestimmung des *useful life* mit den Indikatoren aus IFRS-SME 17.19-.21 ließ sich kaum operationalisieren.[255] Für die Überleitungsrechnung konnten **Ermessensspielräume** dergestalt ausgenutzt werden, dass

---

253 Vgl. hierzu ebenfalls Abschnitt 544.
254 Vgl. ERHEBUNGSBOGEN FALLBEISPIEL, Nr. 1, S. 3; hierzu ebenfalls SENGER, T., Begleitung mittelständischer Unternehmen, S. 416 f.
255 Vgl. ERHEBUNGSBOGEN FALLBEISPIEL, Nr. 2, S. 2; ebenfalls bereits DRSC (HRSG.), Report on the Field Tests, S. 14.

die lineare Abschreibung nach den AfA-Tabellen zu keinem Verstoß gegen den an der wirtschaftlichen Nutzungsdauer orientierten Abschreibungsverlauf (IFRS-SME 17.18) führte. Zudem bestanden keine Anzeichen für *impairment losses* nach IFRS-SME 27.9. Dies musste aber für jeden Vermögenswert separat geprüft werden. Bei Abweichungen nach HGB und IFRS-SME sowie deren Fortschreibung bei paralleler Rechnungslegung ist eine **doppelte Anlagenbuchhaltung** unumgänglich.[256] Dies führt bei Abschlusserstellern aus anlagenintensiven Branchen zu **deutlichen Mehrbelastungen** und macht die **umfassende Neustrukturierung interner Buchführungssysteme** erforderlich.[257]

Zweitens mussten die Anwendbarkeit der Vorschriften zur **Leasingbilanzierung** überprüft werden.[258] Auf besondere Probleme stieß dabei die Anwendung der Kriterien zur Einstufung als *finance* oder *operate lease* nach IFRS-SME 20.5. Dies betraf das PKW-Leasing des SMEs (Leasingnehmer). Während die Mehrzahl der Kriterien unproblematisch geprüft werden konnte, war die **Anwendbarkeit des Barwertkalküls** kritisch. Es war erforderlich, die **Mindestleasingraten zu bestimmen**, die indes in IFRS-SME 20.5 lit. d nicht näher definiert werden, so dass ein Rückgriff auf IAS 17.4 notwendig war.[259] Hieraus geht hervor, dass bedingte (kilometerabhängige) Entgelte beim Barwertkalkül unberücksichtigt bleiben, so dass nur die Einstufung als *operate lease* in Frage kam. Die **Eigenständigkeit** der IFRS-SME-Vorschriften wurde im Bereich des Leasing als **mangelhaft** wahrgenommen.[260] Des Weiteren war die Anwendung der Leasingbestimmungen bei Dienstleistungs- und Nutzungsüberlassungsverträgen innerhalb der Unternehmensgruppe zu prüfen. Eine Schwestergesellschaft übernahm Querschnittsaufgaben für andere Gruppenunternehmen, wozu auch das betrachtete SME gehört. Hierzu gehörten u. a. die Bereitstellung von Arbeitsplätzen, Telefongeräten und Computerservern. Die Kosten wurden verursachungsgerecht auf die Gesellschaften umgelegt (ohne Gewinnaufschlag). Es bestanden **keine Bindungsfristen und Grundmietzeiten oder sonstige Verpflichtungen**. Der Dienstvertrag war jederzeit kündbar. Das wirtschaft-

---

256 Vgl. ERHEBUNGSBOGEN FALLBEISPIEL, Nr. 2, S. 2 f.
257 Vgl. EXP.2, S. 13 f.; ebenfalls SENGER, T., Begleitung mittelständischer Unternehmen, S. 414.
258 Vgl. hierzu bereits DRSC (HRSG.), Report on the Field Tests, S. 15.
259 Vgl. hierzu GRUBER, T., in: BRUNS, H.-G. ET AL., IFRS-SME, Teil B, Abschn. 20, Rn. 23-26.
260 Vgl. ERHEBUNGSBOGEN FALLBEISPIEL, Nr. 1, S. 2.

Kapitel 5: Schlussfolgerungen zur Sicherstellung des Kapitalerhaltungszwecks auf Basis des IFRS-SME

liche Risiko lag damit in vollem Umfang bei der Schwestergesellschaft des SME, so dass kein *finance lease* vorliegt. Bis vor kurzem wurde zusätzlich IT-Hardware für einen fixen Zeitraum von drei Jahren an den Abschlussersteller vermietet, wobei die Schwestergesellschaft die Abschreibung auf eine Dauer von drei Jahren anlegte sowie eine günstige Kaufoption nach Vertragsende anbot. Indikativ wurden die in IFRS-SME 20.5 dargelegten Kriterien für diese Verträge ebenfalls geprüft. In diesem Fall wäre der **Nutzungdauertest nach IFRS-SME 20.5 lit. c** nicht eingehalten worden, so dass ein *finance lease* mit entsprechenden bilanziellen und ertragsseitigen Anpassungen vorgelegen hätte.

543.23 Umlaufvermögen und Ertragsrealisation

Das SME erbringt Dienstleistungsaufträge für Kunden, die oftmals über einen Zeitraum von mehreren Monaten oder Jahren anfallen, so dass die **Vorschriften zur Ertragsrealisation nach IFRS-SME 23** bei über den Bilanzstichtag **noch nicht fertig gestellten Aufträgen** eine wichtige Bedeutung einnehmen. Dies schlägt sich in der Bewertung des **Vorrats- und Forderungsbestands** nieder. Die Leistungserbringung erfolgt beim Abschlussersteller auf Basis von **Dienst- oder Werkverträgen**, so dass handelsrechtlich die *completed contract*-Methode einschlägig ist. Nach IFRS-SME 23.14 ist bei der Erbringung von Dienstleistungen die PoC-Methode anwendbar, wenn die in IFRS-SME 23.14 lit. a bis d dargelegten Kriterien eingehalten sind. Umsatzerlöse, Fertigstellungsgrad und Kosten müssen verlässlich schätzbar sein (IFRS-SME 23.14 lit. a, b, d), wobei es sich nicht um **verlustträchtige Projekte** handeln darf (lit. b). **Diese Kriterien** wurden beim Abschlussersteller vor Ort **umfassend geprüft**:

- Die Dienstleistungen führt das SME auf Basis schriftlicher Verträge durch. Die Erlöse aus den Verträgen umfassen Honorare, die *a priori* fixiert sind. Variable Erlösbestandteile (Prämien oder Nachforderungen) sind nicht vorgesehen. Das Kriterium **verlässlicher Schätzbarkeit** der Gesamterlöse (IFRS-SME 23.14 lit. a) wurde **erfüllt**.

- Die Vereinbarungen mit den Vertragspartnern fixieren die rechtlich durchsetzbaren Ansprüche, den Leistungsaustausch und die Fristen der Leistungserfüllung. Das Kriterium des **wahrscheinlichen Nutzenzuflusss** nach IFRS-SME 23.14 lit. b ist unter Ausklammerung sich *ex post* herausstellender verlustträchtiger Projekte **erfüllt**.[261]

- Der Abschlussersteller hat Stundenaufzeichnungen der im Auftrag tätigen Mitarbeiter vorliegen. Zum Stichtag der Überleitungsrechnung wurden die eingesetzten **Mitarbeiterstunden (Verkaufspreis) im Verhältnis zur Auftragssumme** bewertet, um den **Fertigstellungsgrad** zu ermitteln. Dies ist als Approximation der nach IFRS-SME 23.22 beschriebenen Methoden (Fertigstellungsgrad) **akzeptabel**.

- Die Aufträge sind auf Stunden- bzw. Tagesbasis kalkuliert. Die erbrachte Leistung ist anhand der Aufzeichnungen der für den jeweiligen Kundenauftrag tätigen Berater möglich. Die **noch zu erbringende Leistung** ist aus der **Kalkulation des Auftrags ermittelbar**. Das Berichts- und Controllingsystem des SME liefert überblicksartig die notwendigen Informationen. Aus der noch zu erbringenden Leistung können über die Kostensätze der Berater die Gesamtkosten hergeleitet werden. Das Kriterium der **verlässlichen Kostenbestimmung** (IFRS-SME 23.14 lit. d) ist ebenfalls **erfüllt**.

Auf dieser Basis musste der **gesamte Bestand an teil- bzw. unfertigen Leistungen** des Abschlusserstellers zum 31. Dezember 2009 **auf Basis der PoC-Methode** bewertet werden. Bei einem Teil der Dienstleistungsaufträge ist die o. g. **lineare Hochrechnung des Fertigstellungsgrads** auf Basis der angefallenen Mitarbeiterstunden nicht gerechtfertigt, da zu Projektbeginn umfangreiche Vorarbeiten geleistet werden müssen, die aber noch nicht unmittelbar den „Fertigstellungsgrad" erhöhen. Eine Teilgewinnrealisation auf Basis der angefallenen Stunden hätte damit einen zu hohen Gewinnausweis zur Folge. Diese Projekte ließen sich auf Basis des internen Berichtssystems identifizieren und die Erlösrealisation entsprechend anpassen. IFRS-SME 23.15 wurde somit Rechnung getragen. Ebenso wurde der Projektbestand **stichprobenartig** auf **verlustträchtige Projekte geprüft**. Zum Bilanzstichtag 31. Dezember 2009 wurden auf Basis der Kosten- und Stundenkalkulation des Berichtssystems keine **verlustträchtigen Projekte** identifiziert.[262] Die **Bildung einer Drohverlustrückstellung** nach IFRS-SME 23.26 war nicht angezeigt.

---

261 Vgl. hierzu die Ausführungen in IASC FOUNDATION (HRSG.), Training Material IFRS-SME, Module 23, S. 21 f.
262 Vgl. ERHEBUNGSBOGEN FALLBEISPIEL, Nr. 2, S. 2. Die Prüfung der Projekte auf Verluste zur möglichen Bildung einer Drohverlustrückstellung muss indes auch im HGB vorgenommen werden und stellte keinen Zusatzaufwand im Rahmen von IFRS-SME 23 dar.

Kapitel 5: Schlussfolgerungen zur Sicherstellung des Kapitalerhaltungszwecks auf Basis des IFRS-SME

Die **Anpassung des Vorratsbestand** und der Ertragsrealisation mittels der PoC-Methode führte zu folgenden Buchungsschritten: Die Erlöserfassung nach der PoC-Methode basiert darauf, dass gedanklich **Teilfakturierungen** je nach Projektfortschritt unterstellt werden. Im Geschäftsjahr 2009 wurden bei HGB-Umsatzerlösen von EUR 51.337.112,20 **Bestandsveränderungen** von EUR 402.496,23 verbucht. Die **unfertigen Leistungen**, die zu handelsrechtlichen Herstellungskosten bewertet werden, stiegen somit im Jahr 2009 um EUR 402.496,23 auf EUR 2.938.859,79. Da der Bestand an unfertigen Leistungen ausschließlich aus Dienstleistungsaufträgen besteht, die nach der PoC-Methode bewertet werden können, muss die o. g. **gedankliche Teilfakturierung** zunächst eine Umbuchung des HGB-Vorratsbestands in die Forderungen (**Forderungen aus PoC**)[263] nach sich ziehen. Durch die Behandlung als teilfakturierte Forderung aus PoC entfällt die Differenzierung zwischen Anzahlungen, die den Vorratsbestand zu Herstellungskosten übersteigen und den aktiv abgegrenzten erhaltenen Anzahlungen.[264] Diese werden nach IFRS-SME 23.22 stets saldiert und als Forderung bzw. Verbindlichkeit aus PoC ausgewiesen. Die nach HGB auf der Passivseite ausgewiesenen **erhaltenen Anzahlungen auf Bestellungen**, soweit sie die Vorräte übersteigen, und die **erhaltenen Anzahlungen**, die mit dem Vorratsbestand nach HGB aktiviert **saldiert** sind, wurden daher zunächst eliminiert. Bei **sämtlichen** Aufträgen überschritten die Anzahlungen (*progress billings*) **nicht** die teilfakturierten Forderungen. Ein passiver Ausweis einzelner Projekte als **Verbindlichkeiten aus PoC** war damit **nicht** gegeben.[265] Die nach HGB angesetzten Anzahlungen sowie die **Rückstellungen für noch zu erbringende Leistungen** wurden nach der Eliminierung unmittelbar bei Forderungen aus PoC in Abzug gebracht.[266] Das interne Berichtswesen des

---

263 Durch die Verwendung des HGB-Gliederungsschemas werden die Forderungen aus PoC gemeinsam mit den Forderungen aus Lieferung und Leistung nachfolgend ausgewiesen. Analog zu IFRS-SME 23.31-.32 ist hingegen ein separater Bilanzausweis für diese Forderungskategorie vorgesehen, da es sich wirtschaftlich um eine Fakturierung handelt. Vgl. hierzu LÜDENBACH, N., in: Haufe IFRS-Kommentar, 8. Aufl., § 18, Rn. 75.

264 Dies wurde im Rahmen der nachfolgenden Befragung auch als einer der wesentlichen Vorteile bei Anwendung der PoC-Methode im Vergleich zum HGB angesehen. Vgl. EXP.2, S. 16.

265 Vgl. hierzu die Ausführungen in IASC FOUNDATION (HRSG.), Training Material IFRS-SME, Module 23, S. 35.

266 Die nachfolgenden Buchungsschritte resultieren daher aus der internen Datenverfügbarkeit beim SME und den auf dieser Basis vorzunehmenden bilanziellen Anpassungsschritten.

Abschnitt 54: Anwendung auf reales Fallbeispiel eines deutschen SME

SME generierte einen derartigen Ausweis. Die **Buchungsschritte zur Eliminierung der Anzahlungen** lauten wie folgt:

Anzahlungen auf Best.	an	unfertige Leistungen	EUR 1.542.895,83
Rückstellungen für zu erbring. Leist.	an	unfertige Leistungen	EUR 1.675.024,07
Anzahlungen, die Vorr. übersteigen	an	unfertige Leistungen	<u>EUR 1.012.521,85</u>
			EUR 4.230.441,75

Anschließend war das **Bilanzkonto für unfertige Leistungen** noch kontenmäßig in Höhe der **verbleibenden Differenz aus der Eliminierung der in der HGB-Bilanz erfassten Anzahlungen auszugleichen**. Dies spiegelt sich in folgender Buchung wider:[267]

Unfertige Leistungen	an	Sammelkonto GuV	EUR 1.291.581,96

Da zu Verkaufspreisen insgesamt ein **Bestand an unfertigen Dienstleistungsaufträgen** in Höhe von EUR 8.565.531,05 auf Basis des internen Controllingsystems des SMEs ermittelt wurde, war unter Abzug der bereits ergebniswirksam erfassten EUR 1.291.581,96 der **verbleibende Betrag**, d. h. EUR 7.273.949,09, als weitere Umsatzerlöse zu verbuchen, wobei als Gegenkonto „Forderungen" (aus PoC) fungieren.[268] Hierbei waren die *progress billings* bereits in Abzug gebracht. Die Buchung lautet damit:

Forderungen	an	Sammelkonto GuV	EUR 7.273.949,09

Da in der GuV noch die zu **Herstellungskosten bewertete Bestandsveränderung** erfasst ist, wird eine **Doppelzählung** durch die folgende Korrekturbuchung rückgängig gemacht:

Sammelkonto GuV	an	Forderungen	EUR 402.496,23

Hinsichtlich der in der GuV bereits verbuchten handelsrechtlichen Herstellungskosten ergibt sich eine Konformität mit IFRS-SME 23.17, d. h. die handelsrechtlichen Herstellungskosten sind für die PoC-Methode heranzuziehen. Ein Anpassungsbedarf auf der Aufwandsseite ergibt sich nicht. Die (nach IFRS-SME zusätzlichen) Umsatzerlöse aus

---

[267] Im Sammelkonto GuV werden alle Anpassungen der Aufwendungen und Erträge von HGB auf IFRS-SME zwischengebucht, bevor dieses nach sämtlichen Anpassungen für die Bilanzierungssachverhalte im IFRS-SME-Eigenkapital (Jahresüberschuss) abgeschlossen wird.

[268] Zusätzlich sind noch Pauschalwertberichtigungen zu erfassen, so dass der Saldo auf der Sollseite des Bilanzkontos EUR 7.340.949,09 beträgt. Dies wird nachfolgend noch herausgearbeitet.

Kapitel 5: Schlussfolgerungen zur Sicherstellung des Kapitalerhaltungszwecks auf Basis des IFRS-SME

PoC betrugen für das Geschäftsjahr 2009 insgesamt EUR 8.565.531,05 (= 7.273.949,09 + 1.291.581,96).[269] Da bereits Bestandsveränderungen von EUR 402.496,23 in der GuV nach HGB verbucht wurden, sind diese von den Umsatzerlösen aus PoC abzuziehen (= 8.565.531,05 - 402.496,23). Auf diese Differenz zwischen Handels- und Steuerbilanz sind abschließend passive latente Steuern in Höhe von EUR 2.559.111,41 zu bilden (= EUR 8.163.034,82 * 0,3135):

Sammelkonto GuV   an   Passivische latente Steuern EUR 2.559.111,41

Die Höhe der Steuerlatenzen resultiert daraus, dass durch die **fiktive Anwendung der PoC-Methode** c. p. ein um EUR 8.163.034,82 höheres Reinvermögen ausgewiesen wird als in der handels- und steuerrechtlichen Bilanz.

Abschließend ist der Bestand an handelsrechtlichen **Pauschalwertberichtigungen** auf **Forderungen aus Lieferungen und Leistungen** zu eliminieren, da diese im IFRS-SME nicht erfasst werden dürfen. Der **Bestand der Pauschalwertberichtigungen** am 31. Dezember 2009 lag bei EUR 67.000. Hierbei handelte es sich um eine **temporäre Differenz** zwischen IFRS-SME-Bilanzposten und Steuerbilanz, da die Pauschalwertberichtigungen unter den vom Abschlussersteller vorgenommenen Bedingungen (Wertberichtigungssatz von 1% unter Einhaltung der steuerlichen Vorgaben durch das Finanzamt) anerkannt werden.[270] Daher waren **passive latente Steuern** auf Basis des effektiven Steuersatzes von 31,35% zu bilden. Da HGB und IFRS-SME bei der Steuerlatenzierung beide das *temporary*-Konzept anwenden, ist die Steuerabgrenzung konzeptionell identisch.[271] Die Buchungssätze lauten insgesamt wie folgt:

Forderungen   an   Sammelkonto GuV   EUR 67.000,00

Sammelkonto GuV   an   Passivische latente Steuern EUR 21.004,45

---

[269] Wie bereits erwähnt, werden diese Forderungen aus PoC zusammen mit Forderungen aus Lieferungen und Leistungen in der Überleitungsrechnung ausgewiesen.

[270] Vgl. hierzu auch SENGER, T., in: BRUNS, H.-G. ET AL., IFRS-SME, Teil B, Abschn. 29, Rn. 48; ELLROTT, H./ROSCHER, K., in: Beck Bilanzkomm., 7. Aufl., § 253, Rn. 576-578.

[271] In beiden Regelungskreisen wird i. d. R. ein einheitlicher Steuersatz angewendet. Vgl. hierzu Abschnitt 431. Insofern kann auch nach IFRS-SME 29 auf den (für das HGB einschlägigen) Steuersatz von 31,35% zurückgegriffen werden. Steuerliche Verlustvorträge haben im vorliegenden Fall keine Bedeutung, so dass hierauf keine aktiven Steuerlatenzen gebildet werden müssen.

Die **aktiven Rechnungsabgrenzungsposten** umfassten abgegrenzte Aufwendungen für Werbemaßnahmen und Veranstaltungen im Geschäftsjahr 2010 über EUR 20.759,29. Sie sind als **sonstige Vermögensgegenstände nach IFRS-SME** ansatzpflichtig.

Die Ausführungen verdeutlichen, dass die Berücksichtigung der PoC-Methode **umfassende Anpassungsbuchungen** von der HGB- auf die IFRS-SME-Bilanz erfordert. Im Fall einer befreienden IFRS-SME-Anwendung wäre es erforderlich, die Anwendung der PoC-Methode mit ihren Effekten auf den Eigenkapital- und Gewinnausweis zu neutralisieren. Da dies Auswirkungen auf das gesamte Bilanzbild hat und eine Vielzahl von Anpassungen auf der Aktiv- und der Passivseite erforderlich macht, ist fraglich, inwiefern die **Umsetzung außerbilanzieller Ausschüttungskorrekturen** Erleichterungen gegenüber der parallelen Erstellung eines zusätzlichen verkürzten HGB-Abschlusses mit sich bringt. Zudem wurde die Umsetzung der PoC-Methode ein enger Bezug zu IAS 11 hergestellt, da die IFRS-SME-Vorschriften nur rudimentär ausgestaltet sind.[272] Die unproblematische Anwendung der PoC-Methode dürfte vor allem damit zusammenhängen, dass das interne Berichtswesens des SME äußerst leistungsfähig war.[273]

543.24 Abgrenzung zwischen Fremd- und Eigenkapital

Ein weiterer Untersuchungsschwerpunkt im Rahmen des Fallbeispiels war die Abgrenzung zwischen Eigen- und Fremdkapital. Hierbei traten **zwei Problemkomplexe** auf: **Erstens** bestehen **stille Beteiligungen** der Geschäftsführer als Bestandteil des variablen Vergütungspakets. Auf Basis des Vertrags für die stille Beteiligung wurde deutlich, dass diese **den dispositiven gesetzlichen Vorschriften entsprechen.** Sie waren daher als **Verbindlichkeit** einzustufen und die Vergütungen hierauf aufwandswirksam zu verbuchen.[274] Es ergibt sich kein Anpassungsbedarf zum IFRS-SME, da stille Beteiligungen wegen des Kündigungsrechts stets als **finanzielle Verbindlichkeit** behandelt werden.[275]

---

272 Vgl. ERHEBUNGSBOGEN FALLBEISPIEL, Nr. 1, S. 3.
273 Vgl. EXP.1, S. 12; zur besonderen Komplexität der Anforderungen aus der PoC-Anwendung für SMEs BRUNE, J., in: BRUNS, H.-G. ET AL., IFRS-SME, Teil B, Abschn. 23, Rn. 65.
274 Vgl. hierzu ADS, 6. Aufl., § 246, Rn. 90; KOZIKOWSKI, M./SCHUBERT, W., in: Beck Bilanzkomm., 7. Aufl., § 247, Rn. 234.
275 Vgl. u. a. KRAFT, E.-T., Die Abgrenzung von Eigen- und Fremdkapital, S. 342 f.

Kapitel 5: Schlussfolgerungen zur Sicherstellung des Kapitalerhaltungszwecks auf Basis des IFRS-SME

Zweitens wurden die **GmbH-Anteile** auf ihre Konformität mit den Anforderungen an **Eigenkapitalinstrumente** nach IFRS-SME 22.3-.4 untersucht. Auf Basis dieser Prüfung wurde festgestellt, dass keine Kündigungsmöglichkeit der GmbH-Anteile im Sinne von IFRS-SME 22.4 lit. a besteht und daher **keine Umklassifizierung** bzw. **Prüfung der übrigen Kriterien nach IFRS-SME 22.4** erforderlich war. Weitere Fremd- und Eigenkapitalinstrumente, bei denen die Abgrenzung kritisch gewesen wäre, lagen nicht vor.

543.25 Rückstellungen und Verbindlichkeiten

Im Bereich der Verbindlichkeiten wurde bei der probeweisen Anwendung des IFRS-SME **kein Anpassungsbedarf** identifiziert, da der Abschlussersteller **ausschließlich kurzfristige Verbindlichkeiten** passivierte, die nach HGB und IFRS-SME zum **Nennbetrag** angesetzt werden. Die nachfolgenden Ausführungen sind folgerichtig auf den Bereich der **Rückstellungen** (mit Ausnahme der Steuerrückstellungen) fokussiert.[276]

Die zur Erfassung der Versorgungszusagen passivierten **Pensionsrückstellungen** wurden nach HGB auf Basis eines externen Gutachtens erstmals mittels der PCUM bewertet.[277] Die Bestimmung der *defined benefit obligation* nach der **PCUM** ist nach IFRS-SME 28.18 ein **zulässiges versicherungsmathematisches Verfahren**. Die erforderlichen finanziellen und demografischen Parameter unterliegen nach HGB und IFRS keinen Beschränkungen, so dass die versicherungsmathematische Bewertung der Versorgungszusagen nach HGB und IFRS-SME nicht auseinanderfällt.[278] Die Vereinfachungsmöglichkeit in IFRS-SME 28.18 spielte keine Rolle.[279] Sie wurde aber als Erleichterung für SMEs eingestuft, da die Notwendigkeit eines zusätzlichen versicherungsmathematischen

---

[276] Für den Ausweis im IFRS-SME-Abschluss müssen ggf. Umgliederungen von den Rückstellungen in die Verbindlichkeiten vorgenommen werden, da die Rückstellungsdefinition im IFRS-SME enger ist als nach HGB. Effekte auf die Höhe des Eigenkapitals und das Ausschüttungspotenzial ergeben sich hierdurch aber nicht. Beim vorliegenden SME war eine derartige Umgliederung nicht notwendig.

[277] Das SME verfügt über kein Planvermögen zur Deckung der Pensionsrückstellungen, so dass diesbezügliche Ansatz- und Bewertungsfragen, auch mit Blick auf § 268 Abs. 8 HGB, nicht zum Tragen kommen.

[278] Vgl. BREMBT, T., Möglichkeiten einer internationalisierten Rechnungslegung, S. 130.

[279] In IFRS-SME BC.125 wird klargestellt, dass die umfassende versicherungsmathematische Bewertung nach der Methode der laufenden Einmalprämien Vorrang hat. Insofern ist diese Vorgehensweise konform mit der Intention dieser Vereinfachungsmöglichkeit.

Gutachtens hierdurch entfällt.[280] Die **Diskontierungszinssätze** nach § 253 Abs. 2 HGB und IFRS-SME 28.17 stimmen **nicht überein**, so dass die hieraus resultierenden Effekte korrigiert werden müssen. Wegen der überschaubaren Zahl an Pensionsverpflichtungen konnte mit vergleichsweise geringem Umfang[281] die **Verpflichtungshöhe für jede Pensionszusage** aus den externen Wertgutachten herangezogen werden und auf Basis der gutacherlich bestimmten voraussichtlichen Laufzeit die **laufzeitkongruente Stichtagsrendite** eines *high quality corporate bond* herangezogen werden. Die Ermittlung der Stichtagsrendite verursachte indes praktische Probleme, da diese in IFRS-SME 28.17 **nicht näher spezifiziert** wurde.[282] Letzlich wurden die von der Deutschen Bundesbank veröffentlichten **laufzeitäquivalenten Stichtagsrenditen** herangezogen, d. h. die handelsrechtlich gebotene Bildung eines Durchschnittssatzes über sieben Jahre blieb ausgeklammert.[283] Aufgrund der Zinsentwicklung lagen die Stichtagssätze zum 31. Dezember 2009 niedriger als die Durchschnittssätze, so dass eine **zusätzliche Rückstellungsdotierung** erforderlich war. Auf die **höhere Differenz zur Steuerbilanz**, die u. a. aus der Anwendung des steuerlichen Rechnungszinses (6% p. a.) resultierte, waren **aktive latente Steuern** zu bilden (= 0,3135 * 123.730,46):[284]

Sammelkonto GuV	an	Pensionsrückstellungen	EUR 123.730,46
Aktivische latente Steuern	an	Sammelkonto GuV	EUR 38.789,50

Eine ähnliche Vorgehensweise wurde bei der **Diskontierung der Altersteilzeitrückstellungen** herangezogen. Hierbei handelt es sich um *termination benefits* im Sinne von IFRS-SME 28.31. Die handelsrechtliche Bewertung des **Blockmodells** basiert auf einer **verursachungs- und periodengerechten Zuordnung** des Aufwands aus den Altersteilzeitmodellen (Anwendung des **Barwertkalküls**) und ist konform mit IFRS-SME 28.37.[285] Allerdings war der in § 253 Abs. 2 Satz 1 HGB kodifizierte Durchschnittszinssatz gegen

---

280 Vgl. Exp.1, S. 15.
281 Vgl. Exp.1, S. 12.
282 Vgl. Exp.2, S. 13.
283 Die von der Deutschen Bundesbank ermittelten Zinssätze unterstellen faktisch ein Emittentenrating von ‚AA'. Vgl. ELLROTT, H./RHIEL, R., in: Beck Bilanzkomm., 7. Aufl., § 249, Rn. 200. Dies steht in Einklang mit der geforderten hohen Qualität von Unternehmensanleihen.
284 Der Abschlussersteller hat im Rahmen der probeweisen Anwendung das versicherungsmathematische Ergebnis nicht ergebnisneutral in einer separaten Eigenkapitalrücklage verbucht.

den o. g. Stichtagszinssatz für jede Altersteilzeitrückstellung auszutauschen.[286] Die Adjustierung der Zinssätze für jede einzelne Altersteilzeitrückstellung verlief problemlos, da hierbei auf ein **vom Abschlussersteller erstelltes Berechnungsschema** zurückgegriffen wurde. Die **Differenzen zur Steuerbilanz** wurden **aktivisch latenziert** (= 0,3135 * 500). Hieraus resultierten folgende Buchungsschritte:

Sammelkonto GuV	an	Sonstige Rückstellungen	EUR 500,00
Aktivische latente Steuern	an	Sammelkonto GuV	EUR 156,75

Abschließend war die **Diskontierung der Drohverlustrückstellung** anzupassen. Die übereinstimmende Bewertung des belastenden Mietvertrags nach HGB und IFRS-SME ist vertretbar, da die handelsrechtliche Bewertung nach § 249 Abs. 1 HGB für diese Individualverpflichtung als *best estimate* angesehen werden kann. Praktische Probleme bereitete aber die sachgerechte **Ermittlung eines Risikozuschlags** zur Erfassung der Risikostruktur der Rückstellung.[287] Mangels konkreter Messbarkeit des Rückstellungsrisikos wurde auf die o. g. Ermittlung des Zinssatzes (bei einer Restlaufzeit von 1,5 Jahren) zurückgegriffen. Es ergeben sich folgende Buchungssätze:

Sammelkonto GuV	an	Sonstige Rückstellungen	EUR 5.189,40
Aktivische latente Steuern	an	Sammelkonto GuV	EUR 1.626,90

Im Vergleich zur PoC-Bewertung dürfte die Umsetzung der **Ausschüttungskorrekturen** bei **Rückstellungen einfacher umsetzbar** sein, nicht zuletzt durch die **Verfügbarkeit der Diskontierungszinssätze**. Schließlich ist es möglich, in einer parallelen Buchhaltung für jede Rückstellungskategorie die Entwicklung des Diskontierungszinssatzes nachzuhalten. Das **GuV-Sammelkonto der IFRS-SME-Anpassungen** ist final noch im IFRS-SME-Eigenkapital durch folgenden Buchungssatz abzuschließen:[288]

---

285 Vgl. ELLROTT, H./RHIEL, R., in: Beck Bilanzkomm., 7. Aufl., § 249, Rn. 299; zur Erfassung im IFRS-SME überblicksartig auch GOHDES, A.-E., in: BRUNS, H.-G. et al., IFRS-SME, Teil B, Abschn. 28, Rn. 42-45.

286 Vgl. u. a. HEBESTREIT, G./SCHRIMPF-DÖRGES, C., in: Beck IFRS HB, 3. Aufl., § 13, Rn. 148.

287 Keine Anwendungsprobleme lieferte hingegen die Feldstudie des DRSC. Vgl. DRSC (HRSG.), Report on the Field Tests, S. 15.

288 Wegen der Verwendung des exakten Steuersatzes bei der Steuerlatenzierung ergeben sich geringfügige Rundungsdifferenzen.

Sammelkonto GuV   an   Jahresüberschuss   EUR 5.561.072,12

543.3 Zwischenergebnis: Bilanzielle Überleitungsrechnung auf IFRS-SME und Auswirkungen auf maximales Ausschüttungspotenzial

Nachfolgend sind sämtliche Buchungsschritte der ersten und der zweiten Anpassungsstufe für das reale Fallbeispiel zusammenfassend in der **bilanziellen Überleitungsrechnung** zum 31. Dezember 2009 dargestellt (vgl. *Übersicht 5-16*).

Überleitung HGB auf IFRS-SME (HGB-Format)	HGB vor BilMoG 31.12.2009	Überleitung	HGB-BilMoG Adjustierung 31.12.2009	IFRS-SME-Überleitung Soll	IFRS-SME-Überleitung Haben	IFRS-SME 31.12.2009
AKTIVA						
A. Anlagevermögen	848.528,75		848.528,75			848.528,75
I. Immaterielle Vermögensgegenstände	99.252,95		99.252,95			99.252,95
Konzessionen, gewerbliche Schutzrechte und ähnliche Rechte	99.252,95		99.252,95			99.252,95
II. Sachanlagen	749.275,80		749.275,80			749.275,80
andere Anlagen, Betriebs- und Geschäftsausstattung	749.275,80		749.275,80			749.275,80
B. Umlaufvermögen	14.536.596,71	5.675.618,43	20.212.214,14	10.175.426,88	4.632.937,98	25.754.703,04
I. Vorräte	1.395.963,96		1.395.963,96	2.834.477,79	4.230.441,75	0,00
1. unfertige Leistungen	2.938.859,79		2.938.859,79	1.291.581,96	4.230.441,75	0,00
2. erhaltene Anzahlungen auf Bestellungen	1.542.895,83		1.542.895,83	1.542.895,83		0,00
II. Forderungen und sonstige Vermögensgegenstände	12.656.780,18	5.675.618,43	18.326.398,61	7.340.949,09	402.496,23	25.264.851,47
1. Forderungen aus Lieferungen und Leistungen	7.776.264,72		7.776.264,72	7.340.949,09	402.496,23	14.714.717,58
2. Forderungen gegen verbundene Unternehmen	4.802.277,24	5.675.618,43	10.477.895,67			10.477.895,67
3. sonstige Vermögensgegenstände	72.238,22		72.238,22			72.238,22
III. Schecks, Kassenbestand, Bundesbank- und Postgiroguthaben, Guthaben bei Kreditinstituten	489.851,57		489.851,57			489.851,57
C. Rechnungsabgrenzungsposten	26.769,29		26.769,29			26.769,29
D. Aktivische latente Steuern	0,00	117.186,30	117.186,30	40.573,15		157.759,45
Summe Aktiva	14.408.883,76		21.198.888,48			26.781.760,53
PASSIVA						
A. Eigenkapital	708.181,16	3.787.739,68	4.495.920,84		5.561.072,12	10.056.992,96
I. gezeichnetes Kapital	700.000,00		700.000,00			700.000,00
II. Gewinnvortrag	8.181,16		8.181,16			8.181,16
III. Jahresüberschuss	0,00	3.787.739,68	3.787.739,68		5.561.072,12	9.348.811,80
B. Rückstellungen	10.024.350,36	2.005.066,05	12.029.416,41	1.678.024,07	129.419,94	10.483.811,28
1. Rückstellungen für Pensionen und ähnliche Verpflichtungen	857.922,00	163.839,00	1.021.761,00		129.730,40	1.145.491,40
2. Steuerrückstellungen	0,00	1.935.228,05	1.935.228,05			1.935.228,05
3. sonstige Rückstellungen	9.166.428,36	-94.002,00	9.072.426,30	1.675.024,07	1.589,48	7.403.091,77
C. Verbindlichkeiten	4.673.352,23		4.673.352,23	1.012.521,85		3.660.830,38
1. Erhaltene Anzahlungen auf Bestellungen, soweit sie die Vorräte übersteigen	1.012.521,85		1.012.521,85	1.012.521,85		0,00
2. Verbindlichkeiten aus Lieferungen und Leistungen	342.023,42		342.023,42			342.823,42
3. Verbindlichkeiten gegenüber Gesellschaftern	30.817,05		30.817,05			30.817,05
4. Verbindlichkeiten gegenüber verbundenen Unternehmen	178.789,53		178.789,53			178.789,53
5. sonstige Verbindlichkeiten	3.111.200,38		3.111.200,38			3.111.200,38
davon aus Steuern	549.803,29		549.803,29			549.803,29
davon im Rahmen der sozialen Sicherheit	18.902,62		18.902,62			18.902,62
D. Passivische latente Steuern	0,00		0,00		2.580.115,91	2.580.115,91
Summe Passiva	14.408.883,76		21.198.888,48			26.781.760,53

Übersicht 5-16: Bilanzielle Überleitungsrechnung auf HGB-BilMoG (1. Stufe) und auf IFRS-SME (2. Stufe)

Die **Anwendung des IFRS-SME** zum 31. Dezember 2009 führt zu einer **signifikanten Erhöhung des Reinvermögens** um mehr als EUR 5,5 Mio. Da für die GmbH keine gesetzlichen und bei dem vorliegenden SME zudem keine gesellschaftsvertraglichen Beschränkungen der Rücklagendotierung vorliegen, ist diese **vollumfänglich ausschüttungsoffen** und steht der **Ergebnisverwendung** (§ 29 Abs. 1 Satz 1 GmbHG) offen.

Kapitel 5: Schlussfolgerungen zur Sicherstellung des Kapitalerhaltungszwecks auf Basis des IFRS-SME

Auch wenn sich dieses Ergebnis wegen branchenbedingter Besonderheiten (langfristige Dienstleistungen mit großen PoC-Effekten) als „Ausreißer nach oben" qualifizieren lässt, **ist die fehlende Zweckadäquanz des IFRS-SME** für eine bilanzielle Kapitalerhaltung im Vergleich zum HGB **evident**. Das Erfordernis flankierender Schutzmaßnahmen bei einer IFRS-SME-Anwendung wurde somit in diesem Fallbeispiel bestätigt.

Das **maximale Ausschüttungspotenzial** liegt bei Anwendung der IFRS-SME-Ansatz- und Bewertungsvorschriften bei EUR 9.356.992,96 (Jahresüberschuss und Bilanzgewinn nach IFRS-SME) gegenüber EUR 3.678.734,54 nach HGB.[289] Im Fall einer **Anwendung von Ausschüttungskorrekturen** lässt sich dies wie folgt **interpretieren**: Für die IFRS-SME-Bilanzierung besteht im Vergleich zum HGB-Abschluss ein positiver Saldo an Reinvermögenserhöhungen, der vollständig außerbilanziell korrigiert werden muss, da dieser ausschließlich aus zwingend korrekturbedürftigen Regelungsbereichen resultiert. Dies hat bei korrekter Implementierung der Ausschüttungskorrekturen und angemessener Berücksichtigung der Steuerlatenzen die außerbilanzielle Dotierung der **Eigenkapitalkorrekturrücklage** in Höhe der o. g. Differenz zur Folge. Da beim IFRS-SME das bilanzielle Reinvermögen höher ausfällt als nach HGB, handelt es sich um eine **negative Dotierung**, die außerbilanziell vom IFRS-SME-Eigenkapital in Abzug zu bringen ist.

Dieses Fallbeispiel macht deutlich, dass die **Nichtüberleitung der Steuerlatenzen** zu einer **erheblichen zusätzlichen Zwangsthesaurierung** führen würde. Bei Ausklammerung der passivierten Steuerlatenzen wäre ein Reinvermögen in Höhe von ca. EUR 8 Mio. in die Eigenkapitalkorrekturrücklage als negativer Korrekturposten einzustellen. Bei einem IFRS-SME-Eigenkapital von ca. EUR 10 Mio. hätte dies ein **ausschüttungsoffenes Kapital** von ca. EUR 2 Mio. zur Folge, was geringer ist als bei einer Bilanzierung nach HGB. Daher ist die parallele Steuerlatenzierung bei Anwendung von Ausschüttungskorrekturen unabdingbar. Unter diesen Bedingungen führt diese Regulierungsoption nicht mehr zu nennenswerten Erleichterungen gegenüber einer parallelen Rechnungslegung.[290]

---

[289] Vgl. Abschnitt 543.1.
[290] Vgl. hierzu bereits die zusammenfassenden Ausführungen in Abschnitt 525.

544. Ergebnisse aus Befragung der Projektteilnehmer nach Beendigung der probeweisen IFRS-SME-Anwendung

Nach Abschluss der probeweisen Anwendung wurden die beiden federführenden Partnergesellschafter der mittelständischen Prüfungsgesellschaft auf Basis eines **Leitfadengesprächs** zu ihren Erfahrungen mit der praktischen Umsetzung des IFRS-SME im vorliegenden Fallbeispiel und nach ihrer Meinung zu dessen künftiger Anwendbarkeit in Deutschland befragt. Das Gespräch wurde am **30. Mai 2011** durchgeführt. Es dauerte eine Stunde und 55 Minuten. Hierbei beschränkte sich die Befragung auf die **künftige Regulierung des IFRS-SME in Deutschland** auf Basis der erarbeiteten **Regulierungsoptionen**, da die Ausführungen aus **Abschnitt 52** ansatzweise validiert werden sollten.

In der Befragung kam eine deutliche Skepsis gegenüber der Regulierungsoption einer **parallelen Rechnungslegung** zum Ausdruck.[291] Die **Kostenbelastung** wird für SMEs in der weitüberwiegenden Mehrzahl als deutlich zu hoch angesehen, sodass diese Regulierungsvariante mit einem verkürzten HGB-Ausschüttungsabschluss (Bilanz und GuV) bestenfalls für kapitalmarktorientierte Unternehmen in Frage kommt.[292] Diese dürften aber die IFRS anwenden, da sich der IFRS-SME an nichtkapitalmarktorientierte Abschlussersteller richtet. Interessanterweise wird konzidiert, dass die **laufenden Kosten** der Anwendung der IFRS-SME-Ansatz-/Bewertungsvorschriften auf Basis der Erfahrungen mit diesem Projekt als vergleichbar zum HGB-BilMoG eingeschätzt werden.[293] Insofern sprechen aus Sicht der Wirschaftsprüfer nicht praktische Anwendungsprobleme gegen die IFRS-SME-Bilanzierung, sondern vielmehr die **Notwendigkeit eines gesellschaftsrechtlichen Systemwechsels**, der die Abkehr vom Kapitalerhaltungsregime bisheriger Prägung erforderlich machen würde. Bei einem Verzicht auf die Erstellung eines HGB-Abschlusses könnten daher ausgewählte SMEs eine IFRS-SME-Anwendung in Erwägung ziehen.[294] Bei **paralleler Rechnungslegung** fällt der Befund **klar negativ** aus.

---

291 Vgl. Exp.1, S. 20 („[...] wird im deutschen Mittelstand zu fast 100% scheitern [...]").
292 Vgl. Exp.2, S. 16 f.
293 Vgl. Exp.1, S. 13.
294 Vgl. Exp.1, S. 26; kritischer hingegen die Erfahrungen auf Basis der Feldstudie DRSC (Hrsg.), Report on the Field Tests, S. 7.

Kapitel 5: Schlussfolgerungen zur Sicherstellung des Kapitalerhaltungszwecks auf Basis des IFRS-SME

Hinsichtlich der Anwendung von **Ausschüttungskorrekturen** kam keine klare Haltung bei den Befragten zum Ausdruck. Einer der beiden Partnergesellschafter sah in Abhängigkeit des unternehmensindividuellen Anpassungsbedarfs Erleichterungen gegenüber einer parallelen Rechnungslegung.[295] Der andere Partnergesellschafter vertritt die Auffassung, dass Ausschüttungskorrekturen zu einer **quasi-parallelen Rechnungslegung** führen und keine wesentlichen Vorteile gegenüber einer verkürzten HGB-Bilanz und -GuV mit sich brächten.[296] Zudem bestünde bei SMEs eine große **Skepsis** gegenüber **Zusatzrechnungen**. Daher fand sich im Mandantenportfolio beider Wirtschaftsprüfer nur ein SME, das die Ausschüttungssperren nach § 268 Abs. 8 HGB genutzt hat.[297] Dies wurde mit der komplexen Fortschreibung in den Folgeperioden und den fehlenden personellen Ressourcen begründet.[298] Diese Argumente sprächen auch gegen Ausschüttungskorrekturen.

Insgesamt bleibt festzuhalten, dass die **Anwendung des IFRS-SME in einem starken Spannungsverhältnis zum geltenden gesellschaftsrechtlichen Kapitalerhaltungsregime steht. Die befreiende Bilanzierung nach dem IFRS-SME im Einzelabschluss scheidet unter den geltenden handels- und gesellschaftsrechtlichen Rahmenbedingungen daher aus.** Da die Abkehr vom geltenden Kapitalerhaltungsregime derzeit kaum wahrscheinlich ist, dürfte ausschließlich die **Regulierungsoption der parallelen Rechnungslegung** denkbar sein. Diese ist aber wohl für die weit überwiegende Zahl der SMEs wenig attraktiv. Daher dürfte das HGB als Rechnungslegungssystem für den Einzelabschluss aus Sicht deutscher SMEs auf absehbare Zeit nicht durch den IFRS-SME ersetzt werden. Bestenfalls im **Konzernabschluss** ist eine stärkere **Verbreitung des IFRS-SME** denkbar,[299] sofern die **europarechtlichen Hürden beseitigt** werden.

---

295 Vgl. Exp.1, S. 23; Exp.2, S. 23.
296 Vgl. Exp.2, S. 16 f. („*prohibitiv hoch*").
297 Vgl. Exp.1, S. 10 f.
298 Vgl. Exp.1, S. 11; Exp.2, S. 11.
299 Vgl. Exp.1, S. 8; ähnlich positiv bereits Kirsch, H.-J./Schellhorn, M., IFRS for SMEs, S. M1.

6 Thesenförmige Zusammenfassung und Ausblick

Seit Veröffentlichung des International Financial Reporting Standard für Small and Medium-Sized Entities (IFRS for SMEs bzw. kurz IFRS-SME) wird über dessen Vereinbarkeit mit den Grundwerten des deutschen Handels- und Gesellschaftsrechts diskutiert. Für den Einzelabschluss von Kapitalgesellschaften besteht der Zweck der Rechnungslegung darin, die Ausschüttungsansprüche der Eigner durch die bilanzielle Festlegung des maximalen Ausschüttungsvolumen zum Gläubigerschutz einzugrenzen. Diese bilanzielle Ausschüttungsbemessung wird im handels- und gesellschaftsrechtlichen Normensystem über das Konzept der Kapitalerhaltung (Kapitalerhaltungsregime) umgesetzt. Eine Rechnungslegung auf Basis des IFRS-SME hat bei einem Festhalten an der geltenden institutionellen Ordnung den Anforderungen eines solchen Kapitalerhaltungszwecks zu entsprechen. Die IFRS entsprechen nach h. M. diesen Anforderungen nicht.

Das **Erkenntnisziel** der Untersuchung besteht darin, die Anwendbarkeit des IFRS-SME für Zwecke der bilanziellen Kapitalerhaltung im geltenden Handels- und Gesellschaftsrecht zu prüfen und auf dieser Basis eine Regulierungsempfehlung zum „Ob" und „Wie" einer Einführung des IFRS-SME für den Einzelabschluss deutscher Kapitalgesellschaften zu erarbeiten. Die **Ergebnisse** lassen sich **thesenförmig** wie folgt **zusammenfassen**:

(1) Die Analyse der zentralen Einflussfaktoren auf die künftige Ausgestaltung der Rechnungslegungsregulierung in Deutschland legt nahe, dass SMEs einen zunehmenden Bedarf nach international anerkannten Rechnungslegungsstandards wie dem IFRS-SME haben. Wesentlicher Treiber hierfür ist der starke Bedeutungsanstieg internationaler Güter- und Kapitalmärkte für SMEs. Diese zunehmende Bedeutung internationaler Rechnungslegungsvorschriften kann in Konflikt mit den Anforderungen des deutschen Kapitalerhaltungsregimes stehen, sofern der IFRS-SME dem Kapitalerhaltungszweck qualitativ nicht angemessen Geltung verschafft.

(2) Die Auseinandersetzung mit der Ausgestaltung, Anwendbarkeit und Weiterentwicklung der bilanziellen Ausschüttungsbemessung ist Gegenstand intensiver Forschungsbemühungen. Diese lassen sich unterteilen in die bilanztheoretische Forschungsrichtung, die Forschungsrichtung der ökonomischen Analyse des Rechts

(neo-institutionalistische Untersuchungen) sowie die rechtsvergleichende Forschungsrichtung. Die Prüfung auf Kompatibilität des IFRS-SME mit dem geltenden Rechtsrahmen des Handels- und Gesellschaftsrechts erfordert ein primär bilanztheoretisch-hermeneutisches Forschungsdesign. Um Schlussfolgerungen für die Anwendbarkeit des IFRS-SME zu ziehen, sind die Bilanzierungsnormen des HGB im Vergleich zu den IFRS-SME synoptisch gegenüberzustellen und für Kapitalerhaltungszwecke bilanztheoretisch-hermeneutisch zu würdigen. Die ökonomische Zweckerfüllung des deutschen Kapitalerhaltungsregimes („Gläubigerschutz") lässt sich bei einem rein bilanztheoretisch-hermeneutischen Forschungsdesign nicht überprüfen. Für die Entwicklung einer Regulierungsempfehlung zur Anwendung des IFRS-SME zur Kapitalerhaltung ist dies aber von großer Bedeutung.

(3) Der Beitrag der neo-institutionalistischen Forschungsrichtung besteht darin, die Wirkungsweise der bilanziellen Ausschüttungsbemessungsfunktion sowie deren Regelungszweck ökonomisch zu präzisieren. Die Analyseebene lässt sich von der Untersuchung individueller vertraglicher Ausschüttungsrestriktionen auf die Notwendigkeit einer gesetzlich regulierten Ausschüttungsbemessungsfunktion erweitern. Auf Basis der Annahme, dass ausschließlich den berechtigten Interessen der Gläubiger durch die Rechnungslegung entsprochen werden muss, ist nachzuweisen, dass Gläubiger auf die gesetzliche Normierung der Rechnungslegung mangels alternativer Schutzinstitutionen angewiesen sind bzw. die Rechnungslegung für diese im Sinne eines standardisierten Vertrags zur Lückenschließung vertraglicher Vereinbarungen (Senkung der Transaktionskosten) dient. Unter diesen Bedingungen ist die Normierung der Rechnungslegung aus Gläubigerschutzgründen ökonomisch vertretbar. Ergebnisse rechtsvergleichender Untersuchungen des angelsächsischen mit dem deutschen Rechtsraum dienen als Erkenntnisquelle für die Erarbeitung einer Regulierungsempfehlung zur IFRS-SME-Anwendung. Ein prädominant rechtsvergleichender Forschungsansatz scheidet mit Blick auf das Erkenntnisziel aus.

(4) Unter den Annahmen der finanziellen Prinzipal-Agenten-Theorie lässt sich nachweisen, dass bei Kapitalgesellschaften fremdfinanzierungsbedingte Friktionen in

der Vertragsbeziehungen zwischen Gläubiger und Kapitalnehmer entstehen. Diese resultieren aus der Eigennutzenmaximierung des Kapitalnehmers (Eigner der Kapitalgesellschaft) i. V. mit Informationsasymmetrien und Transaktionskosten durch Kosten der Informationsbeschaffung und -verarbeitung für Gläubiger. *Agency*-induzierte Vertragsfriktionen aufgrund des absichtlichen Fehlverhaltens des Kapitalnehmers werden als Gläubigerrisiken bezeichnet. Sie führen zu einer bewussten Erhöhung des Insolvenzrisikos des Kapitalnehmers zu Lasten der Gläubiger.

(5) Zur Verringerung der durch Gläubigerrisiken induzierten gesamtwirtschaftlichen Effizienzeinbußen können auf vertraglicher oder auf gesetzlicher Basis Schutzinstitutionen etabliert werden. Die Rechnungslegung lässt sich als solche Schutzinstitution gegen *agency*-induzierte Gläubigerrisiken interpretieren (Gläubigerschutz durch Rechnungslegung): Erstens hilft sie, Informationsasymmetrien zwischen Gläubiger und Kapitalnehmer abzubauen. Zweitens dient sie als Bemessungsgrundlage für Handlungsrestriktionen (Beschränkung des Aktionsraums des Kapitalnehmers). Im Sinne eines informationellen Gläubigerschutzes kann die Rechnungslegung als Schutzinstitution gegen vorvertragliche (Entscheidungsunterstützungsfunktion) und nachvertragliche informationsbedingte Gläubigerrisiken (Kontrollfunktion) angewendet werden. Im Rahmen eines institutionellen Gläubigerschutzes wirkt sie als bilanzielle Ausschüttungsrestriktion (Ausschüttungsbemessungsfunktion) gegen finanzierungs- und investitionsbedingte Gläubigerrisiken.

(6) Informationsbedingte Gläubigerrisiken resultieren aus unterschiedlichen Informationsständen des Gläubigers und des Kapitalnehmers. Vorvertragliche informationsbedingte Gläubigerrisiken lassen sich durch die Übermittlung von Prognoseinformationen und nachvertragliche Gläubigerrisiken durch Kontroll- bzw. Rechenschaftsinformationen mitigieren. Für Gläubiger sind Rechnungslegungsinformationen dann prognosetauglich und damit entscheidungsrelevant, wenn sie zur Revision der geschätzten Insolvenzwahrscheinlichkeit führen (Entscheidungsunterstützungsfunktion). Kontrollinformationen dienen der Kontrolle der Handlungen

der Kapitalnehmer *ex post*, um Reichtumsverlagerungen der Eigner zu Lasten der Gläubiger aufzudecken (Kontrollfunktion).

(7) Finanzierungs- und investitionsbedingte Gläubigerrisiken kennzeichnen ein absichtliches Fehlverhalten des Kapitalnehmers bei Finanzierungs- und bei Investitionsentscheidungen. Opportunistische Finanzierungsentscheidungen betreffen das Risiko der Forderungsverwässerung (Risiko fremdfinanzierter Ausschüttungen) und das Risiko liquidationsfinanzierter (bilanzverkürzender) Ausschüttungen. Bei investitionsbedingten Gläubigerrisiken wird zwischen dem Risikoanreizproblem, dem Unterinvestitionsproblem und dem Überinvestitionsproblem differenziert. Bei der Ausschüttungsbemessungsfunktion wird eine monetäre Bemessungsgrundlage der Rechnungslegung (z. B. der Jahresüberschuss) kombiniert mit Restriktionen, die an die Bemessungsgrundlage anknüpfen. Ausschüttungsrestriktionen können die Gefahr bilanzverkürzender und fremdfinanzierter Ausschüttungen lindern und Unterinvestitionsprobleme verringern, da sie gleichsam als Mindestinvestitionsverpflichtung wirken. Die Strenge der Ausschüttungsrestriktionen korreliert nicht zwingend positiv mit der Reduzierung der Gläubigerrisiken, da eine zu hohe Mindestinvestitionsverpflichtung Überinvestitionsprobleme induzieren kann.

(8) Quantitative Rechnungslegungsgrößen können keine unmittelbar verwertbaren Prognoseinformationen zur individuellen Höhe der Insolvenzwahrscheinlichkeit des Kapitalnehmers beinhalten. Dies resultiert aus der Einwertigkeit der Größen. Durch die standardisierte Informationsübermittlung fehlt zudem die Passgenauigkeit der Informationen für die Entscheidungssituation des Gläubigers. Auch als Inputvariablen für ein subjektives Prognosemodell zur Insolvenzwahrscheinlichkeit ist die Verwendung quantitativer Rechnungslegungsinformationen nicht vielsprechend, da die Entscheidungsnützlichkeit der Informationen im Spannungsverhältnis zwischen der erforderlichen Glaubwürdigkeit der Informationen und der Prognoserelevanz steht. Der Vorteil von Rechnungslegungsinformationen ist aber in deren Normierung und daher in der höheren Glaubwürdigkeit gegenüber einer individuellen Informationsübermittlung des Abschlusserstellers zu sehen. Dies ist bei einer prädominanten Ausrichtung an der Entscheidungsunterstützungsfunktion

kaum gegeben. Die Rechnungslegung kann daher nur äußerst bedingt zur Lückenschließung gegen vorvertragliche informationsbedingte Gläubigerrisiken für verhandlungsstarke Gläubiger fungieren. Eine Regulierungsnotwendigkeit aufgrund der Schutzbedürftigkeit nicht anpassungsfähiger bzw. verhandlungsschwacher Gläubiger scheidet ebenso aus, so dass die gesetzliche Normierung eines informationellen Gläubigerschutzes auf Basis der Entscheidungsunterstützungsfunktion nur äußerst bedingt zu rechtfertigen sein dürfte.

(9) Rechnungslegungsinformationen können nicht unmittelbar als Kontrollinformationen genutzt werden. Um zumindest als mittelbarer Indikator für Reichtumsverlagerungen *ex post* zu dienen, müssen die Rechnungslegungsinformationen glaubwürdig sein. Mit der Kontrollfunktion unvereinbar ist die willkürliche Bildung stiller Reserven, obgleich die vorsichtige Bewertung bis zu einem gewissen Grad zur Steigerung der Glaubwürdigkeit führt (z. B. bei der Bewertung zu Anschaffungs- und Herstellungskosten). Die empirische Evidenz für Kreditinstitute als prädominante Gruppe verhandlungsstarker Gläubiger für deutsche SMEs verdeutlicht, dass diese die Rechnungslegung in hohem Maße für Kontrollzwecke einsetzen. Dies erfordert eine hohe Objektivierungsstrenge, um die Transaktionskostenvorteile durch die Standardisierung in der Informationsübermittlung zu nutzen. Die Rechnungslegung nimmt eine Lückenschließungsfunktion für verhandlungsstarke Gläubiger ein. Für verhandlungsschwache und nicht anpassungsfähige Gläubiger ist eine Regulierung für Kontrollzwecke zudem angezeigt, da individuelle vertragliche Vereinbarungen nicht durchsetzbar bzw. zu kostenintensiv sind. Ein informationeller Gläubigerschutz lässt sich über die Umsetzung der Kontrollfunktion realisieren.

(10) Die exakte Wirkungsweise einer bilanziellen Ausschüttungsbemessung auf die Insolvenzwahrscheinlichkeit ist nur unternehmensindividuell ableitbar. Es lässt sich aber zeigen, dass eine Rechnungslegung auf Basis historischer Kosten mit einem umsatzgebundenen Realisationsprinzip geeignet ist, besonders prekäre Gläubigerschädigungen durch Unterinvestitionsprobleme und durch das Risiko der Forderungsverwässerung (fremdfinanzierungsbedingte Probleme) zu reduzieren. In beschränktem Maße kann sich auch eine Schutzwirkung gegen bilanzverkürzende

Ausschüttungen (liquidationsbedingte Probleme) und gegen Risikoanreizprobleme ergeben. Ein besonderer Vorzug einer Rechnungslegung auf Basis historischer Kosten ist es, dass die Rechnungslegungsinformationen die für die Umsetzung der bilanziellen Kapitalerhaltung erforderliche Glaubwürdigkeit aufweisen. Hierdurch bestehen große Schnittmengen mit der Kontrollfunktion. Für nicht anpassungsfähige und verhandlungsschwache Gläubiger ist es unmöglich bzw. unwirtschaftlich, vertragliche Ausschüttungsrestriktionen zu vereinbaren, so dass ein gesetzliches Regulierungserfordernis mangels alternativer Schutzinstitutionen für diese ausbeutungsoffenen Gläubiger besteht. Die empirische Evidenz zu vertraglichen Ausschüttungsrestriktionen in den USA, Großbritannien und in Deutschland verdeutlicht, dass sich länderuntypische Eigenschaften identifizieren lassen, die die vertragliche Simulation des deutschen Kapitalerhaltungsregimes auf Basis einer Rechnungslegung mit historischen Kosten nahelegen. Ein gesetzliches Kapitalerhaltungsregime lässt sich daher auch aus Gründen der Lückenschließung für die Vertragsgläubiger begründen. Eine Rechnungslegung auf Basis von Veräußerungswerten, Wiederbeschaffungswerten oder unternehmensspezifischen Nutzungswerten weist jeweils selektive Vorteile gegenüber einer Bewertung zu historischen Kosten auf. Diese sind aber entweder nicht geeignet, die finanzierungs- bzw. investitionsbedingten Gläubigerrisiken insgesamt hinreichend zu reduzieren (Nutzungswerte, Wiederbeschaffungswerte), oder sie weisen große Objektivierungsdefizite auf (unternehmensspezifische Nutzungswerte).

(11) Das gesetzliche Kapitalerhaltungsregime in Deutschland orientiert sich in wesentlichen Teilen an einer Rechnungslegung zu historischen Kosten. Auf Basis eines zweckkompatiblen Ineinandergreifens zwischen Handels- und Gesellschaftsrecht knüpfen die gesellschaftsrechtlichen Kapitalerhaltungsnormen (§ 57 AktG für die AG, § 30 GmbHG für die GmbH) an die nominalkapitalerhaltende bilanzielle Bemessungsgrundlage an, die sich aus den Ansatz- und Bewertungsvorschriften des HGB ergibt. Die konzeptionelle Ausrichtung des HGB konkretisiert sich über das GoB-System. Die mit dem Kapitalerhaltungszweck in Verbindung stehenden Anforderungen an die Rechnungslegung, vor allem das hohe Maß an Objektivierungsstrenge sowie die Forderung nach einer Quasi-Sicherheit der Mittelzuflüsse

an den Abschlussersteller bei der Ertragsrealisation, werden über das GoB-System konkretisiert. Tragende GoB zur Umsetzung des Kapitalerhaltungszwecks sind das umsatzgebundene Realisationsprinzip, das Imparitäts- i. V. mit einem ermessensbeschränkenden Vorsichtsprinzip sowie die objektivierungsgeprägten Ansatzgrundsätze für Aktiva (Einzelverwertbarkeit des Vermögens) und Passiva (wirtschaftliche bzw. rechtlich eingetretene Belastung). Hierdurch lassen sich gravierende Friktionen durch fremdfinanzierungs- und liquidationsbedingte Probleme, durch Risikoanreizprobleme sowie durch Unterinvestitions- und Überinvestitionsprobleme reduzieren. Ein simultaner Schutz gegen sämtliche Gläubigerrisiken durch das GoB-System wird im Regelfall dennoch nicht erreicht. Insgesamt ist das Festhalten am Kapitalerhaltungsregime und die Forderung nach der passgenauen Einbindung des IFRS-SME hierein aber ökonomisch gut vertretbar.

(12) Der konzeptionelle Rahmen des IFRS-SME ist primär an der Entscheidungsunterstützung mit dem Ziel der *fair presentation* gegenüber den Abschlussadressaten nichtkapitalmarktorientierter Unternehmen ausgerichtet. Durch die hierfür erforderliche Prognoseorientierung der Rechnungslegungsinformationen ergeben sich gravierende Widersprüche gegenüber den Anforderungen für Kapitalerhaltungszwecke, vor allem mit Blick auf die Objektivierungsstrenge der Rechnungslegung und der geforderten Quasi-Sicherheit der Mittelzuflüsse bei der Ertragsrealisation.

(13) Der Rechnungszweck der *fair presentation* bleibt im IFRS-SME unbestimmt. Dies liegt daran, dass die Abschlussadressaten nichtkapitalmarktorientierter Unternehmen nicht näher expliziert werden. Die konzeptionelle Kritik an der Eignung der Rechnnungslegung zur Entscheidungsunterstützung findet im IFRS-SME keine Berücksichtigung. Dieses Defizit führt dazu, dass sich die qualitativen Anforderungen an die IFRS-SME-Rechnungslegung nicht hinreichend auf Grundlage der angestrebten *fair presentation* konkretisieren lassen. Der konzeptionelle Rahmen des IFRS-SME bildet keine adäquate Basis, mit der sich Rechnungslegungsvorschriften für ungeregelte Sachverhalte entwickeln bzw. Einzelregelungen auf ihre Konformität mit der *fair presentation* hin überprüfen lassen. Dies führt zu einer fehlenden

Rechtssicherheit in der Anwendung und Auslegbarkeit der IFRS-SME-Vorschriften durch ein erhebliches *professional judgement* für den Abschlussersteller.

(14) Die fehlende inhaltliche Präzisierbarkeit der *fair presentation* setzt sich darin fort, dass die Ansatz- und Definitionskriterien für die Posten der Bilanz und der Ergebnisrechnung keine konsistente bilanztheoretische Konzeption aufweisen. Während die an der statischen Bilanztheorie ausgerichtete Definition der Posten der Ergebnisrechnung eine Kompatibilität mit den Anforderungen des Kapitalerhaltungszwecks vermuten lässt, wird dies durch die Berücksichtigung der dynamischen Bilanztheorie relativiert, vor allem bei der Definition von *assets* und *liabilities* (Verstoß gegen Kriterium der Einzelverwertbarkeit) und der Reichweite des *accrual principle* und des *matching principle* unter Zurückdrängung eines umsatzgebundenen Realisationsprinzips. Zugleich fehlt ein einheitlicher Folgebewertungsgrundsatz und eine konsistente Systematik in der Erfolgsspaltung. Die im HGB widerlegbare Vermutung, dass die zivilrechtliche Struktur der Geschäftsvorfälle zugleich deren ökonomischer Substanz entspricht, wird im konzeptionellen Rahmen des IFRS-SME erheblich zurückgedrängt, was zu weiteren Objektivierungsdefiziten führen kann. Auch die Vorschriften zur Schließung von Regelungslücken und zur Impraktikabilitätsklausel sind inadäquat, da diese in Folge der Anknüpfung an den konzeptionellen Rahmen des IFRS-SME erhebliche Ermessensspielräume verursachen. Der konzeptionelle Rahmen des IFRS-SME stellt keine im Vergleich zum HGB gleichwertige Kapitalerhaltung sicher, so dass eine befreiende Anwendbarkeit für Kapitalerhaltungszwecke abzulehnen ist.

(15) Das deutsche Kapitalerhaltungsregime wird maßgeblich durch europarechtliche Normen vorgegeben. Die Bestimmung der Ausschüttungsgrenzen richtet sich nach Art. 15 Abs. 1 KapRL. Die gemeinschaftsweite Umsetzung des Kapitalerhaltungsregimes für Gesellschaften in der Rechtsform der AG soll einen Beitrag zur Verwirklichung eines europäischen Binnenmarktes (Art. 26 Abs. 2 AEUV) leisten und ist Gegenstand der gesellschaftsrechtlichen Regulierung in der EU. Diese zielt auf die Förderung der Niederlassungsfreiheit (Art. 49 Abs. 1 AEUV) durch den Abbau

gesellschaftsrechtlicher Wettbewerbsverzerrungen ab, indem ein gleichwertiger Mindestschutz der Anspruchsberechtigten sicherzustellen ist.

(16) Die leitgedankliche Umsetzung kapitalerhaltungsbedachter Rechnungslegungsvorschriften erfolgte in der Ursprungsversion der BilRL „kompromisshaft", indem neben der Umsetzung des Kapitalerhaltungszwecks zugleich Konstruktionselemente der Entscheidungsunterstützungs- und der Kontrollfunktion Eingang in die Vorschriften der BilRL gefunden haben. Eine uneingeschränkte Kompatibilität zwischen BilRL und KapRL bestand in der ursprünglichen Fassung der BilRL nicht. Eine enge systematische Auslegung der BilRL auf Basis der leitgedanklichen Vorgaben der KapRL und damit eine erheblich größere Reichweite des Kapitalerhaltungszwecks ist mit der gebotenen engen Richtlinienauslegung unvereinbar. Dies liegt besonders darin begründet, dass sich der persönliche Anwendungsbereich der BilRL im Gegensatz zur KapRL auf sämtliche Kapitalgesellschaftsformen erstreckt.

(17) Mit der IAS-VO besteht das europäische Bilanzrecht nunmehr aus einer gesellschaftsrechtlichen (BilRL) und einer kapitalmarktrechtlichen Regulierungskomponente. Folgerichtig dient die gemeinschaftsweite Rechnungslegungsregulierung nicht mehr nur dem Ziel der Niederlassungsfreiheit. Vielmehr ist die Rechnungslegung seit der Verabschiedung der IAS-VO auch ein bedeutender Teil des Kapitalmarktrechts zur Förderung der Kapitalverkehrsfreiheit (Art. 63 Abs. 1 AEUV). Mit der Fair Value-RL und der ModRL, die auf eine konzeptionelle Annäherung zwischen der Bilanzierung nach der BilRL und den IFRS abzielen, ergeben sich Rückwirkungen auf die gesellschaftsrechtliche Regulierung des Bilanzrechts. Durch die Hinwendung zu den IFRS ist die Reichweite des Kapitalerhaltungszwecks stark in den Hintergrund getreten. Das europäische Bilanzrecht mit der überarbeiteten BilRL und der IAS-VO ist primär auf einen informationellen Schutz der Anspruchsberechtigten (Entscheidungsunterstützungsfunktion) ausgerichtet. Dem in Art. 15 Abs. 1 KapRL zum Ausdruck kommenden Kapitalerhaltungszweck wird im europäischen Bilanzrecht materiell kaum mehr Geltung verschafft. Diese Entwicklung ist wegen des zweifelhaften Schutzes durch die Entscheidungsunterstützungsfunktion für das Binnenmarktziel kritisch zu sehen.

(18) Durch die konzeptionelle Hinwendung der BilRL zu den IFRS ergeben sich für die europarechtliche Anwendbarkeit des IFRS-SME wichtige Implikationen: Auf der gesellschaftsrechtlichen Regulierungsebene fügt sich der IFRS-SME mit seinem konzeptionellen Rahmen zwar in den Normzweck der BilRL (informationeller Schutz) ein. Bei einer begrenzten Zahl von speziellen Ansatz- und Bewertungsvorschriften bestehen aber Inkompatibilitäten mit der BilRL. Diese stehen einer befreienden Anwendung des IFRS-SME in den Mitgliedsstaaten der EU entgegen. Eine kapitalmarktrechtliche Anwendbarkeit des IFRS-SME durch die IAS-VO scheidet ebenfalls aus. Hierzu wäre der sachliche Anwendungsbereich der IAS-VO zu erweitern. Eine befreiende Einführung des IFRS-SME anstelle des HGB in Deutschland scheidet damit nicht nur wegen der fehlenden Kompatibilität mit den Anforderungen des Kapitalerhaltungszwecks, sondern auch aus europarechtlichen Gründen aus.

(19) Der negative Befund zur Kompatibilität des konzeptionellen Rahmens mit den Anforderungen des Kapitalerhaltungszwecks lässt sich unter Berücksichtigung der speziellen Ansatz- und Bewertungsvorschriften des IFRS-SME bestätigen. In Relation zur Bilanzierung nach dem HGB wird auf Basis der untersuchten IFRS-SME-Ansatz- und Bewertungsvorschriften keine gleichwertige Kapitalerhaltung erzielt.

(20) Bei den IFRS-SME-Vorschriften mit großen Übereinstimmungen zu den IFRS sind die Regelungen zur Abgrenzung von Eigen- und Fremdkapital vollständig inadäquat. Da die handels- und gesellschaftsrechtlichen Kapitalabgrenzungskriterien im geltenden Kapitalerhaltungsregime konzeptionell aufeinander abgestimmt sind, führt die Anwendung des IFRS-SME zu einer Beseitigung des bisher friktionslosen Ineinandergreifens zwischen Handels- und Gesellschaftsrecht. Besonders betroffen von einer abweichenden Kapitalabgrenzung sind kündbare GmbH-Anteile, die im IFRS-SME zumeist als Fremdkapital einzustufen sind. Überwiegend inadäquat sind die Vorschriften zur Rückstellungsbilanzierung (ohne Pensionsrückstellungen) sowie zur Ertragsrealisation. Im Bereich der Rückstellungsbilanzierung liegt dies primär an der Vielzahl der Ermessensspielräume (Verstoß gegen Objektivierungsstrenge) und der Verwendung eines Stichtagszinssatzes bei der Diskontierung der

Verpflichtungen. Die IFRS-SME-Vorschriften zur Ertragsrealisation verstoßen ebenfalls gegen Mindestobjektivierungsanforderungen. Im Gegensatz zum GoB-System fehlt im IFRS-SME ein einheitliches Realisationsprinzip, da unterschiedlich strikte Realisationskriterien angewendet werden. Der im GoB-System verankerte Konnex zwischen dem umsatzgebundenen Realisationsprinzip und dem Anschaffungs- bzw. Herstellungskostenprinzip wird durch die Anwendbarkeit der PoC-Mehode bei der langfristigen Auftragsfertigung und bei der Ertragsrealisation für Dienstleistungen aufgelöst. Bei der Ertragsrealisation aus der Veräußerung von Gütern ergeben sich keine für Kapitalerhaltungszwecke bedeutsamen Friktionen. Bei der Vorratsbilanzierung ist der IFRS-SME durch die geringeren Ermessensspielräume bei der Bestimmung der Herstellungskosten zweckadäquater als das handelsrechtliche Normensystem.

(21) Bei den IFRS-SME-Vorschriften mit erheblichen Unterschieden zu den IFRS sind die Vorschriften zu Finanzinstrumenten sowie zu Pensionsrückstellungen als vollständig inadäquat anzusehen. Bei Finanzinstrumenten resultiert dies aus den Folgebewertungsvorschriften. Hiernach ist - als Ausfluss des *accrual principle* - im Regelfall der *fair value* als Folgebewertungsmaßstab heranzuziehen. Wertsteigerungen am ruhenden Vermögen über die fortgeführten Anschaffungskosten hinaus werden als Ertrag vereinnahmt. Der Bedeutung des umsatzgebundenen Realisationsprinzips und der Anschaffungs- und Herstellungskosten als Bewertungsobergrenze zur Umsetzung einer bilanziellen Kapitalerhaltung wird nicht Rechnung getragen. Im Bereich der Pensionsrückstellungen bestehen Ermessensspielräume bei der Bewertung der Verpflichtung. Zudem verstößt die Saldierung der Pensionsrückstellungen mit dem zum *fair value* bewerteten Planvermögen gegen das handelsrechtliche Realisationsprinzip. Die Vorschriften zur Steuerlatenzierung verstoßen sowohl im IFRS-SME als auch im HGB überwiegend gegen den Kapitalerhaltungszweck. Dieser Befund resultiert primär aus der Ansetzbarkeit aktiver Steuerlatenzen, was dem objektivierungsrechtlichen Grundsatz der Einzelverwertbarkeit widerspricht. Für die Sachanlagenbilanzierung kann im Gegensatz zur überwiegend positiven Einschätzung für das HGB beim IFRS-SME keine eindeutig negative bzw. positive Einschätzung abgegeben werden. Die Bilanzierung des immateriellen Anlagever-

mögens und des *goodwill* im IFRS-SME entspricht vor allem aufgrund des Aktivierungsverbots für selbst geschaffenes immaterielles Vermögen überwiegend dem Kapitalerhaltungszweck. Im HGB wird den Anforderungen des Kapitalerhaltungszwecks durch ein Aktivierungswahlrecht für derartiges Vermögen nicht entsprochen. Es handelt sich um den einzigen Regelungsbereich, für den eine vollumfängliche Inkompatibilität des HGB mit den Anforderungen des Kapitalerhaltungszwecks identifiziert wurde.

(22) Die Entwicklung von Regulierungsoptionen zur Anwendbarkeit des IFRS-SME im Einzelabschluss ist daran zu knüpfen, dass die zweckwidrigen IFRS-SME-Regelungsbereiche kapitalerhaltungskompatibel gemacht werden und eine Ausschüttungsbemessungsgrundlage ermittelt wird, die sich systemkonform in das Kapitalerhaltungsregime einfügt. Wegen des Umfangs der Inkompatibilitäten und der erforderlichen Korrekturmaßnahmen bei Anwendung des IFRS-SME wird eine Anwendung des IFRS-SME zu teils erheblichen Zusatzkosten für SMEs im Vergleich zu einer HGB-Bilanzierung führen. Nur eine Teilmenge der SMEs (große Verflechtungen auf internationalen Güter- und Kapitalmärkten) wird demgegenüber einen Zusatznutzen durch die IFRS-SME-Anwendung erreichen. Für den Einzelabschluss ist daher nur ein Unternehmenswahlrecht zwischen HGB und IFRS-SME (und ggf. der IFRS) umsetzbar, zumal eine verpflichtende IFRS-SME-Anwendung auch vom deutschen Gesetzgeber ausgeschlossen wird. Hierfür kommen eine parallele Rechnungslegung durch monofunktionale Einzelabschlüsse nach HGB und IFRS-SME oder außerbilanzielle Ausschüttungskorrekturen, die in einer separaten Zusatzrechnung an den IFRS-SME-Abschluss anknüpfen, in Frage.

(23) Die parallele Rechnungslegung auf Basis monofunktionaler Einzelabschlüsse nach HGB und IFRS-SME stellt eine geeignete Regulierungsoption dar, um einen qualitativ gleichwertigen Gläubigerschutz durch Kapitalerhaltung sicherzustellen. Bei einer parallelen Rechnungslegung wird ein IFRS-SME-Informationsabschluss und ein verkürzter HGB-Ausschüttungsabschluss erstellt. Durch die vollumfängliche Anwendung des HGB wird vernachlässigt, dass einzelne IFRS-SME-Regelungsbereiche eine gleich hohe oder höhere Zweckadäquanz als die entsprechenden HGB-

Normen aufweisen. Hierzu gehören die Vorschriften zur Vorratsbilanzierung, zur Steuerlatenzierung sowie zur Bilanzierung des immateriellen Anlagevermögens und des *goodwill*. Der verkürzte HGB-Ausschüttungsabschluss muss die Bilanz und die GuV zur Ableitung der Ausschüttungsgrenzen umfassen. Wesentliche Divergenzen zwischen IFRS-SME- und verkürztem HGB-Abschluss sind im IFRS-SME-Anhang zu erläutern. Die Offenlegungspflichten sollen sich auf den IFRS-SME-Informationsabschluss und auf den verkürzten HGB-Ausschüttungsabschluss erstrecken, damit die Gläubiger über die Ausschüttungsgrenzen informiert werden. Beide Einzelabschlüsse sollten darüber hinaus der Prüfungspflicht in Einklang mit § 316 HGB unterliegen. Die Regulierungsoption der parallelen Rechnungslegung ist europarechtskonform und daher durch den deutschen Gesetzgeber national umsetzbar. In Folge der Erstellungs-, Ausweis-, Offenlegungs- und Prüfungspflichten dürften die Zusatzkosten im Vergleich zur ausschließlichen HGB-Anwendung beträchtlich sein. Die empirische Evidenz für die IFRS deutet darauf hin, dass bei der Mehrzahl der SMEs allein die einmaligen Umstellungskosten prohibitiv hoch sind. Dieser Befund wird durch das für diese Untersuchung durchgeführte Fallbeispiel zur IFRS-SME-Anwendung bei einem deutschen SME bestätigt.

(24) Die Anwendung außerbilanzieller Ausschüttungskorrekturen lässt sich auf solche IFRS-SME-Regelungsbereiche beschränken, die eine geringere Zweckadäquanz aufweisen als die korrespondierenden HGB-Vorschriften (zwingend korrekturbedürftige IFRS-SME-Regelungsbereiche). Bilanzpostenbasierte Ausschüttungskorrekturen knüpfen in einer außerbilanziellen Zusatzrechnung an sämtliche positive und negative Abweichungen zwischen HGB und IFRS-SME-Bilanzposten für diese zwingend korrekturbedürftigen IFRS-SME-Regelungsbereiche an. Hierdurch wird eine selektive HGB-Kompatibilität außerhalb des Einzelabschlusses erreicht. Die Umsetzung einer Ausschüttungsergebnisrechnung nach britischem Vorbild (ergebnisbasierte Ausschüttungskorrekturen) ist für das Kapitalerhaltungsregime in Deutschland mit konzeptionellen Problemen im Vergleich zur Umsetzung bilanzpostenbasierter Ausschüttungskorrekturen in einer separaten Zusatzrechnung verbunden. Zwingend korrekturbedürftig sind die IFRS-SME-Vorschriften zur Leasingbilanzierung, zur Rückstellungsbilanzierung, zur Abgrenzung von Eigen- und

Fremdkapital, zur Ertragsrealisation, zur Bilanzierung von Finanzinstrumenten, zur Sachanlagenbilanzierung und zur Bilanzierung von Pensionsrückstellungen. Aufgrund des Umfangs der zwingend korrekturbedürftigen IFRS-SME-Regelungsbereiche sind keine wesentlichen Erleichterungen gegenüber der Regulierungsoption einer parallelen Rechnungslegung erkennbar. Die Ergebnisse aus dem für diese Untersuchung durchgeführten Fallbeispiel zur Anwendung des IFRS-SME bestätigen diese Einschätzung. Zudem steht diese Regulierungsoption unter dem Vorbehalt, dass europarechtlich eine befreiende Anwendung des IFRS-SME ermöglicht wird.

(25) Im Unterschied zur parallelen Rechnungslegung erfordert eine Regulierung mittels außerbilanzieller Ausschüttungskorrekturen hohe gesetzgeberische Anpassungsmaßnahmen mit einer dynamischen Normierungsnotwendigkeit. Dies ist bedingt durch die Festlegung eines gesellschaftsrechtlichen Ergebnisverwendungsverbots für ergebnisneutrale IFRS-SME-Rücklagen, die Notwendigkeit der Erstellung eines zusätzlichen Kapitalspiegels bei abweichender Abgrenzung des gezeichneten Kapitals und der Kapitalrücklage nach IFRS-SME und HGB (Überleitung der Ausschüttungsgrenzen) sowie die erforderliche konzeptionelle Identität bei der Berechnung des bilanzpostenbasierten Korrekturbedarfs mit den handelsrechtlichen Ausschüttungssperren nach § 268 Abs. 8 HGB. Der letztgenannte Aspekt führt faktisch zur doppelten Steuerlatenzierung im Rahmen des IFRS-SME-Abschlusses und außerbilanzieller Ausschüttungskorrekturen. Zudem ist es erforderlich, dass die Ausschüttungskorrekturen in die gesellschaftsrechtlichen Kapitalerhaltungs- und Ergebnisverwendungsnormen integriert und im IFRS-SME-Anhang mit Erläuterungen für die Abschlussadressaten ausgewiesen werden. Sie sind als Bestandteil des IFRS-SME-Anhangs offenzulegen und Gegenstand der Abschlussprüfung.

Als **Synthese der dargelegten Untersuchungsergebnisse** lässt sich **folgende Regulierungsempfehlung** als **Gesamtergebnis** formulieren: Die Anwendung der informationsorientierten Rechnungslegungsvorschriften des IFRS-SME ist im geltenden Kapitalerhaltungsregime nur bei Entkopplung des Informationsabschlusses vom Ausschüttungsabschluss umsetzbar (**parallele Rechnungslegung**). Die Befunde zur Inkompatibilität der IFRS werden für den IFRS-SME insgesamt bestätigt. Daher ist vorzuschlagen, im Ersten

Unterabschnitt des Zweiten Abschnitts des HGB (§ 264e HGB-E: „Jahresabschluss nach internationalen Rechnungslegungsstandards") ein Unternehmenswahlrecht zur parallelen Rechnungslegung nach IFRS-SME (Informationsabschluss) und nach HGB (verkürzter Ausschüttungsabschluss mit Bilanz und GuV) aufzunehmen. Da bei einer solchen Regulierung adverse Folgeeffekte auf den Gläubigerschutz mittels Kapitalerhaltung ausgeschlossen sind, kann dieses Unternehmenswahlrecht neben der IFRS-SME-Anwendung auch die Bilanzierung nach den IFRS umfassen. Das Bilanzrecht für den Einzelabschluss deutscher Kapitalgesellschaften basiert bei Umsetzung dieser Regulierungsempfehlung auf einem **dreigliedrigen Rechnungslegungssystem**: **Erstens** bleibt für sämtliche Kapitalgesellschaften die Erstellung eines (umfassenden) HGB-Abschlusses zulässig. **Zweitens** dürfen kapitalmarktorientierte und nichtkapitalmarktorientierte Gesellschaften einer parallelen Rechnungslegung nach den IFRS und dem HGB folgen. **Drittens** dürfen nichtkapitalmarktorientierte Gesellschaften alternativ eine parallele Rechnungslegung nach dem IFRS-SME und dem HGB anwenden.

Inwiefern eine derartige Regulierung mit mehreren, parallel anwendbaren Rechnungslegungssystemen langfristig Bestand haben wird, lässt sich im Rahmen eines **thematischen Ausblicks** nicht abschließend beantworten. Festzuhalten bleibt aber, dass derzeit eine Abkehr vom geltenden Kapitalerhaltungsregime weder politisch umsetzbar noch aus den dargelegten Gründen ökonomisch angezeigt ist, zumal die Überlegenheit der als Alternativen zum Kapitalerhaltungsregime diskutierten Regulierungsvarianten, vor allem der liquiditätsorientierten Solvenztests, bisher nicht nachgewiesen werden konnte. Sofern am Kapitalerhaltungsregime festgehalten wird, ist die Anwendung „informationsorientierter" Rechnungslegungssysteme wie dem IFRS-SME im Einzelabschluss an die monofunktionale Trennung in einen Informationsabschluss und einen separaten Ausschüttungsabschluss gebunden.

Verzeichnis der Kommentare und Handbücher

ADLER, HANS/DÜRING, WALTHER/SCHMALTZ, KURT, Rechnungslegung und Prüfung der Unternehmen, 6. Aufl., Stuttgart 1994/2001 (zitiert: ADS, 6. Aufl.).

BAETGE, JÖRG/WOLLMERT, PETER/KIRSCH, HANS-JÜRGEN/OSER, PETER/BISCHOF, STEFAN, Rechnungslegung nach IFRS, Kommentar auf der Grundlage des deutschen Bilanzrechts, Loseblatt, 2. Aufl., Stuttgart 2002 ff. (zitiert: BEARBEITER, in: BAETGE, J. ET AL., Rechnungslegung nach IFRS, 2. Aufl.).

BAUMBACH, ADOLF/HOPT, KLAUS/MERKT, HANNO, Handelsgesetzbuch, 34. Aufl., München 2010 (zitiert: BEARBEITER, in: BAUMBACH, A./HOPT, K., HGB, 34. Aufl.).

BAUMBACH, ADOLF/HUECK, ALFRED, GmbH-Gesetz, 19. Aufl., München 2010 (zitiert: BEARBEITER, in: BAUMBACH, A./HUECK, A., GmbHG,19. Aufl.).

BOHL, WERNER/RIESE, JOACHIM/SCHLÜTER, JÖRG, Beck'sches IFRS-Handbuch, Kommentierung der IAS/IFRS, 3. Aufl., München 2009 (zitiert: BEARBEITER, in: Beck IFRS HB, 3. Aufl.).

BRUNS, HANS-GEORG/EIELRE, BRIGITTE/KLEIN, KLAUS-GÜNTER/KNORR, LIESEL/MARTEN, KAI-UWE, IFRS for SMEs, Kommentar zur Rechnungslegung nach IFRS für nicht kapitalmarktorientierte Unternehmen, Stuttgart 2010 (zitiert: BEARBEITER, in: BRUNS, H.-G. ET AL., IFRS-SME).

CASTAN, EDGAR/BÖCKING, HANS-JOACHIM/HEYMANN, GERD/PFITZER, NORBERT/SCHEFFLER, EBERHARD, Beck'sches Handbuch der Rechnungslegung, Loseblatt, München 1986 ff. (zitiert: BEARBEITER, in: Beck HdR).

CALLIESS, CHRISTIAN/RUFFERT, MATTHIAS, EUV/AEUV - Das Verfassungsrecht der Europäischen Union mit Europäischer Grundrechtecharta, 4. Aufl., München 2011 (zitiert: BEARBEITER, in: CALLIESS, C./RUFFERT, M., EUV/AEUV, 4. Aufl.).

ELLROTT, HELMUT/FÖRSCHLE, GERHART/KOZIKOWSKI, MICHAEL/WINKELJOHANN, NORBERT, Beck'scher Bilanz-Kommentar, Handels- und Steuerbilanz, 7. Aufl., München 2010 (zitiert: BEARBEITER, in: Beck Bilanzkomm., 7. Aufl.).

HOFBAUER, MAX/KUPSCH, PETER, Bonner Handbuch der Rechnungslegung, Loseblatt, 2. Aufl., 2000 ff. Berlin (zitiert: BEARBEITER, in: Bonner HdR, 2. Aufl.).

HÜFFER, UWE, Aktiengesetz, Kommentar, 9. Aufl., München 2010 (Aktiengesetz, 9. Aufl.).

KÖHLER, RICHARD/ KÜPPER, HANS-ULRICH/ PFINGSTEN, ANDREAS, Handwörterbuch der Betriebswirtschaft, 6. Aufl., Stuttgart 2007 (zitiert: BEARBEITER, in: HWB, 6. Aufl.).

KÜTING, KARLHEINZ/PFITZER, NORBERT/WEBER, CLAUS-PETER, Handbuch der Rechnungslegung - Einzelabschluss, Loseblatt, 5.Aufl., Stuttgart 2002ff. (zitiert: BEARBEITER, in: KÜTING, K./WEBER, C.-P., HdR, 5. Aufl.).

LEFFSON, ULRICH/RÜCKLE, DIETER/GROSSFELD, BERNHARD, Handwörterbuch unbestimmter Rechtsbegriffe im Bilanzrecht des HGB, Köln 1986 (zitiert: BEARBEITER, in: HuRB).

LÜDENBACH, NORBERT/HOFFMANN, WOLF-DIETER, Haufe IFRS-Kommentar, 8. Aufl., Freiburg 2010 (zitiert: BEARBEITER, in: Haufe IFRS-Kommentar, 8. Aufl.).

SCHREYÖGG, GEORG/WERDER, AXEL VON, Handwörterbuch Unternehmensführung und Organisation, 4. Aufl., Stuttgart 2004 (zitiert: BEARBEITER, in: HWO, 4. Aufl.).

STREINZ, RUDOLF, EUV/EGV - Vertrag über die Europäische Union und Vertrag zur Gründung der Europäischen Gemeinschaft, München 2003 (zitiert: BEARBEITER, in: STREINZ, R., EUV/EGV).

VON WYSOCKI, KLAUS/SCHULZE-OSTERLOH, JOACHIM/HENNRICHS, JOACHIM/KUHNER, CHRISTOPH, Handbuch des Jahresabschlusses in Einzeldarstellungen, Loseblatt, Köln 1984 ff. (zitiert: BEARBEITER, in: HdJ).

WITTMANN, WALDEMAR/KERN, WERNER/KÖHLER, RICHARD/KÜPPER, HANS-ULRICH/WYSOCKI, KLAUS VON, Handwörterbuch der Betriebswirtschaft, 5. Aufl., Stuttgart 1993 (zitiert: BEARBEITER, in: HWB, 5. Aufl.).

Verzeichnis der Aufsätze und Monografien

A

ALBERTH, MARKUS: USA: Vertraglicher Gläubigerschutz und Ausschüttungsbemessung durch Covenants als Vorbild zur Änderung des deutschen Bilanzrechts?, in: WPg 1997, 50. Jg., Nr. 21, S. 744-750 (Vertraglicher Gläubigerschutz).

ALBERTH, MARKUS: US-amerikanische Gläubigerbilanzen durch Covenants in Verträgen, der Versuch einer weltweiten Kategorisierung der Rechnungslegung und Folgen für die internationale Harmonisierungsdiskussion, in: ZfB 1998, 68. Jg., Nr. 8, S. 803-824 (US-amerikanische Gläubigerbilanzen durch Covenants).

AMMANN, HELMUT/HUCKE, ANJA: Rechtliche Grundlagen des Leasing und dessen Bilanzierung nach HGB, US-GAAP sowie IAS, in: IStR 2000, 9. Jg., Nr. 3, S. 87-94 (Rechtliche Grundlagen des Leasing).

AMOUR, JOHN: Share Capital and Creditor Protection: Efficient Rules for a Modern Company Law, in: MLR 2000, 63. Jg., Nr. 3, S. 355-378 (Share Capital and Creditor Protection).

ARBEITSKREIS "STEUERN UND REVISION" (HRSG.): Abkehr vom Gläubigerschutz im BilMoG - nur einjährige Ausschüttungssperre, in: DStR 2008, 46. Jg., Nr. 27, S. 1299-1300 (Abkehr vom Gläubigerschutz).

ARBEITSKREIS BILANZRECHT DER HOCHSCHULLEHRER RECHTSWISSENSCHAFT (HRSG.): Zur Fortentwicklung des deutschen Bilanzrechts, in: BB 2002, 57. Jg., Nr. 46, S. 2372-2381 (Zur Fortentwicklung des deutschen Bilanzechts).

ARBEITSKREIS BILANZRECHT DER HOCHSCHULLEHRER RECHTSWISSENSCHAFT (HRSG.): Stellungnahme zu dem Entwurf eines BilMoG: Grundkonzept und Aktivierungsfragen, in: BB 2008, 63. Jg., Nr. 4, S. 152-158 (Grundkonzept und Aktivierungsfragen).

ARBEITSKREIS BILANZRECHT DER HOCHSCHULLEHRER RECHTSWISSENSCHAFT (HRSG.): Stellungnahme zu dem Entwurf eines BilMoG: Einzelfragen zum materiellen Bilanzrecht, in: BB 2008, 63. Jg., Nr. 5, S. 209-216 (Einzelfragen zum materiellen Bilanzrecht).

ARBEITSKREIS „IMMATERIELLE WERTE IM RECHNUNGSWESEN" DER SCHMALENBACH-GESELLSCHAFT FÜR BETRIEBSWIRTSCHAFT E. V. (HRSG.): Leitlinien zur Bilanzierung selbst geschaffener immaterieller Vermögensgegenstände des Anlagevermögens nach dem Regierungsentwurf des BilMoG, in: DB 2008, 61. Jg., Nr. 34, S. 1813-1821 (Leitlinien zur Bilanzierung).

ARMSTRONG, CHRISTOPHER/GUAY, WAYNE/WEBER, JOSEPH: The role of information and financial reporting in corporate governance and debt contracting, in: JAaE 2010, 50. Jg., Nr. 2-3, S. 179-234 (The role of information and financial reporting).

ARNOLD, ARND: Zur ökonomischen Theorie des Solvenztests, in: DK 2007, 5. Jg., Nr. 2, S. 118-125 (Zur ökonomischen Theorie des Solvenztests).

ARROW, KENNETH: The Economics of Agency, in: Principals and Agents: The Structure of Business, hrsg. v. Pratt, John/Zeckhauser, Richard, Boston 1985, S. 37-51 (The Economics of Agency).

B

BAETGE, JÖRG: Möglichkeiten der Objektivierung des Jahreserfolges, Düsseldorf 1970 (Möglichkeiten der Objektivierung).

BAETGE, JÖRG: Rechnungslegungszwecke des aktienrechtlichen Jahresabschlusses, in: Bilanzfragen, hrsg. v. Baetge, Jörg/Moxter, Adolf/Schneider, Dieter, Düsseldorf 1976, S. 11-30 (Rechnungslegungszwecke).

BAETGE, JÖRG: Möglichkeiten der Früherkennung negativer Unternehmensentwicklungen mit Hilfe statistischer Jahresabschlussanalysen, in: ZfbF 1989, 41. Jg., Nr. 9, S. 792-811 (Möglichkeiten der Früherkennung).

BAETGE, JÖRG: Aktuelle Ergebnisse der empirischen Insolvenzforschung auf Basis von Jahresabschlüssen, in: Beiträge zum neuen Insolvenzrecht, hrsg. v. Baetge, Jörg, Düsseldorf 1998, S. 105-121 (Aktuelle Ergebnisse der empirischen Insolvenzforschung).

BAETGE, JÖRG: Rechnungslegungskonzeptionen im empirischen Test, in: Rechnungslegungskonzeptionen im Widerstreit - Beiträge zu den Wirtschaftswissenschaften, hrsg. v. Wirtschaftswissenschaftliche Fakultät der Universität Leipzig/KPMG/PwC, Leipzig 2000, S. 23-44 (Rechnungslegungskonzeptionen im empirischen Test).

BAETGE, JÖRG/BREMBT, TOBIAS: Möglichkeiten einer einheitlichen Rechnungslegung für nicht-kapitalmarktorientierte Unternehmen in der EU aus deutscher Sicht, in:

WPg 2011, 64. Jg., Nr. 12, S. 572-580 (Möglichkeiten einer einheitlichen Rechnungslegung).

BAETGE, JÖRG/HAENELT, TIMO: Pensionsrückstellungen im IFRS-Abschluss, in: DB 2006, 59. Jg., Nr. 45, S. 2413-2419 (Pensionsrückstellungen im IFRS-Abschluss).

BAETGE, JÖRG/KIRSCH, HANS-JÜRGEN/SOLMECKE, HENRIK: Auswirkungen des BilMoG auf die Zwecke des handelsrechtlichen Jahresabschlusses, in: WPg 2009, 62. Jg., Nr. 24, S. 1211-1222 (Auswirkungen des BilMoG).

BAETGE, JÖRG/KIRSCH, HANS-JÜRGEN/THIELE, STEFAN: Bilanzen, 11. Aufl., Düsseldorf 2011 (Bilanzen).

BAETGE, JÖRG/LIENAU, ACHIM: Der Gläubigerschutzgedanke im Mixed Fair Value-Modell des IASB, in: Kritisches zu Rechnungslegung und Unternehmensbesteuerung, hrsg. v. Schneider, Dieter/Rückle, Dieter/Küpper, Hans-Ulrich/Wagner, Franz, Berlin 2005, S. 65-86 (Gläubigerschutzgedanke).

BAETGE, JÖRG/THIELE, STEFAN: Gesellschafterschutz versus Gläubigerschutz - Rechenschaft versus Kapitalerhaltung, in: Handelsbilanzen und Steuerbilanzen, hrsg. v. Budde, Wolfgang/Moxter, Adolf/Offerhaus, Klaus, Düsseldorf 1997, S. 11-24 (Gesellschafterschutz versus Gläubigerschutz).

BAETGE, JÖRG/WINKELJOHANN, NORBERT/HAENELT, TIMO: Die Bilanzierung des gesellschaftsrechtlichen Eigenkapitals von Nicht-Kapitalgesellschaften nach der novellierten Kapitalabgrenzung des IAS 32 (rev. 2008), in: DB 2008, 61. Jg., Nr. 28-29, S. 1518-1522 (Bilanzierung des gesellschaftsrechtlichen Eigenkapitals).

BAETGE, JÖRG/ZÜLCH, HENNING: Fair Value-Accounting, in: BFuP 2001, 53. Jg., Nr. 6, S. 543-562 (Fair Value-Accounting).

BAETGE, JÖRG/ZÜLCH, HENNING/BRÜGGEMANN, BENEDIKT/NELLESSEN, THOMAS: Management's best estimate - Abbildung singulärer Risiken im HGB- und IFRS-Abschluss, in: PiR 2007, 3. Jg., Nr. 11, S. 315-321 (Management's best estimate).

BAETGE, JÖRG/ZÜLCH, HENNING/MATENA, SONJA: Fair Value-Accounting - Ein Paradigmenwechsel auch in der kontinentaleuropäischen Rechnungslegung? (Teil A), in: StuB 2002, 4. Jg., Nr. 8, S. 365-372 (Fair Value-Accounting - Teil A).

BALLWIESER, WOLFGANG: Zur Begründbarkeit informationsorientierter Jahresabschlussverbesserungen, in: ZfbF 1982, 34. Jg., Nr. 8-9, S. 772-793 (Zur Begründbarkeit informationsorientierter Jahresabschlussverbesserungen).

BALLWIESER, WOLFGANG: Ergebnisse der Informationsökonomie zur Informationsfunktion der Rechnungslegung, in: Information und Produktion - Beiträge zur Unternehmenstheorie und Unternehmensplanung, hrsg. v. Stöppler, Siegmar, Stuttgart 1985, S. 21-40 (Ergebnisse der Informationsökonomie).

BALLWIESER, WOLFGANG: Ein Überblick über Ansätze zur ökonomischen Analyse des Bilanzrechts, in: BFuP 1996, 48. Jg., Nr. 5, S. 503-527 (Ansätze zur ökonomischen Analyse des Rechts).

BALLWIESER, WOLFGANG: Zum Nutzen handelsrechtlicher Rechnungslegung, in: Rechnungslegung - Warum und Wie?, hrsg. v. Ballwieser, Wolfgang/Moxter, Adolf/Nonnenmacher, Rolf, München 1996, S. 1-25 (Nutzen handelsrechtlicher Rechnungslegung).

BALLWIESER, WOLFGANG: Chancen und Gefahren einer Übernahme amerikanischer Rechnungslegung, in: Handelsbilanzen und Steuerbilanzen, hrsg. v. Budde, Wolfgang/Moxter, Adolf/Offerhaus, Klaus, Düsseldorf 1997, S. 25-43 (Amerikanische Rechnungslegung).

BALLWIESER, WOLFGANG: Informations-GoB - auch im Lichte von IAS und US-GAAP, in: KoR 2002, 2. Jg., Nr. 3, S. 115-121 (Informations-GoB).

BALLWIESER, WOLFGANG: Rahmenkonzepte der Rechnungslegung: Funktionen, Vergleich, Bedeutung, in: DK 2003, 1. Jg., Nr. 5, S. 337-348 (Rahmenkonzepte der Rechnungslegung).

BALLWIESER, WOLFGANG: Die Konzeptionslosigkeit des International Accounting Standards Board (IASB), in: Gesellschaftsrecht, Rechnungslegung, Sportrecht, hrsg. v. Crezelius, Georg/Hirte, Heribert/Vieweg, Klaus, Köln 2005, S. 727-745 (Die Konzeptionslosigkeit des IASB).

BALLWIESER, WOLFGANG: IFRS für nicht kapitalmarktorientierte Unternehmen?, in: IRZ 2006, 1. Jg., Nr. 1, S. 23-30 (IFRS für nicht kapitalmarktorientierte Unternehmen).

BARKER, RICHARD: The market for information - evidende from finance directors, analysts and fund managers, in: ABR 1998, 29. Jg., Nr. 4, S. 3-20 (The market for information).

BARKER, RICHARD: The role of dividends in valuation models used by analysts and fund managers, in: EAR 1999, 8. Jg., Nr. 2, S. 195-218 (The role of dividends).

BARNEA, AMIR/HAUGEN, ROBERT/SENBET, LEMMA: Agency Problems and Financial Contracting, Englewood Cliffs 1985 (Agency Problems and Financial Contracting).

BASSEN, ALEXANDER/BEHNAN, MICHAEL/GILBERT, DIRK ULRICH: Internationalisierung des Mittelstands, in: ZfB 2001, 71. Jg., Nr. 4, S. 413-432 (Internationalisierung des Mittelstands).

BDI/BDB/E & Y (HRSG.): International Financial Reporting Standards auch für den Mittelstand? Umstellung der Rechnungslegung auf IFRS bei mittelständischen Unternehmen, Berlin 2008 (Umstellung der Rechnungslegung).

BDI/E & Y (HRSG.): Rechnungslegung im Umbruch - Ergebnisse einer repräsentativen Umfrage bei der deutschen Industrie, Berlin 2005 (Rechnungslegung im Umbruch).

BEATTY, ANNE/RAMESH, K. /WEBER JOSEPH: The importance of accounting changes in debt contracts: the cost of flexibility in covenant calculations, in: JAaE 2002, 33. Jg., Nr. 2, S. 205-227 (The importance of accounting changes).

BEGLEY, JOY/FREEDMAN, RUTH: The Changing Role of Accounting Numbers in Public Lending Agreements, in: AH 2004, 18. Jg., Nr. 2, S. 81-96 (The Changing Role).

BEIERSDORF, KATI: IASB-Projekt - Accounting Standards for Small and Medium-Sized Entities (SME), in: StuB 2005, 7. Jg., Nr. 17, S. 762-764 (IASB-Projekt).

BEIERSDORF, KATI: IFRS für kleine und mittelgroße Unternehmen: Veröffentlichung des Arbeitsentwurfs, in: BB 2006, 61. Jg., Nr. 35, S. 1898-1900 (IFRS für kleine und mittelgroße Unternehmen).

BEIERSDORF, KATI/DAVIS, ANNETTE: IASB-Standard for Small and Medium-sized Entities: keine unmittelbare Rechtswirkung in Europa, in: BB 2006, 61. Jg., Nr. 18, S. 987-990 (IASB-Standard).

BEIERSDORF, KATI/EIERLE, BRIGITTE/HALLER, AXEL: International Financial Reporting Standard for Small and Medium-sized Entities (IFRS for SMEs): Überblick über den finalen Standard des IASB, in: DB 2009, 62. Jg., Nr. 30, S. 1549-1557 (IFRS for SMEs).

BEIERSDORF, KATI/MORICH, SVEN: IFRS für kleine und mittelgroße Unternehmen, in: KoR 2009, 9. Jg., Nr. 1, S. 1-13 (IFRS für kleine und mittelgroße Unternehmen).

BEIERSDORF, KATI/SCHREIBER, STEFAN: Entwicklung von internationalen Rechnungslegungsstandards für mittelständische Unternehmen, in: DStR 2006, 44. Jg., Nr. 11, S. 480-483 (Entwicklung von internationalen Rechnungslegungsstandards).

BEISSE, HEINRICH: Zum Verhältnis von Bilanzrecht und Betriebswirtschaftslehre, in: StuW 1984, 61. Jg., Nr. 1, S. 1-14 (Bilanzrecht und Betriebswirtschaftslehre).

BEISSE, HEINRICH: Rechtsfragen der Gewinnung von GoB, in: BFuP 1990, 42. Jg., Nr. 6, S. 499-514 (Rechtsfragen der Gewinnung von GoB).

BEISSE, HEINRICH: Gläubigerschutz - Grundprinzip des deutschen Bilanzrechts, in: Festschrift für Karl Beusch zum 68. Geburtstag, hrsg. v. Beisse, Heinrich/Lutter, Marcus/Närger, Heribald, Berlin 1993, S. 77-97 (Gläubigerschutz).

BEISSE, HEINRICH: Zum neuen Bild des Bilanzrechtssystems, in: Bilanzrecht und Kapitalmarkt, hrsg. v. Ballwieser, Wolfgang/Böcking, Hans-Joachim/Drukarczyk, Jochen/Schmidt, Reinhard, Düsseldorf 1994, S. 5-31 (Zum neuen Bild des Bilanzrechtssystems).

BEISSE, HEINRICH: Zehn Jahre "True and fair view", in: Rechnungslegung - Warum und Wie?, hrsg. v. Ballwieser, Wolfgang/Moxter, Adolf/Nonnenmacher, Rolf, München 1996, S. 27-58 (True and fair view).

BIEBEL, REINHARD: Rechnungslegung aus europäischer Sicht, in: IRZ 2008, 3. Jg., Nr. 2, S. 79-83 (Rechnungslegung aus europäischer Sicht).

BLECKMANN, ALBERT: Zu den Auslegungsmethoden des Europäischen Gerichtshofs, in: NJW 1982, 35. Jg., Nr. 22, S. 1177-1182 (Zu den Auslegungsmethoden).

BLECKMANN, ALBERT: Probleme der Auslegung von EWG-Richtlinien, in: RIW 1987, 33. Jg., Nr. 12, S. 929-935 (Probleme der Auslegung von EWG-Richtlinien).

BÖCKING, HANS-JOACHIM: IAS für Konzern- und Einzelabschluss?, in: WPg 2001, 54. Jg., Nr. 24, S. 1433-1440 (IAS für Konzern- und Einzelabschluss).

BÖCKING, HANS-JOACHIM/DREISBACH, MARIUS/GROS, MARIUS: Der Fair Value als Wertmaßstab im Handelsrecht und den IFRS - eine Diskussion vor dem Hintergrund des Referentenentwurfs des BilMoG, in: DK 2008, 6. Jg., Nr. 4, S. 207-214 (Der Fair Value als Wertmaßstab).

BÖCKING, HANS-JOACHIM/DUTZI, ANDREAS: Gläubigerschutz durch IFRS-Rechnungslegung im Jahresabschluss und ergänzenden Solvenztest, in: ZfB Special Issue 2006, 76. Jg., Nr. 6, S. 1-23 (Gläubigerschutz durch IFRS-Rechnungslegung).

BÖCKING, HANS-JOACHIM/DUTZI, ANDREAS: Zur Notwendigkeit eines zusätzlichen Solvenztests, in: DK 2007, 5. Jg., Nr. 6-7, S. 435-441 (Zur Notwendigkeit eines zusätzlichen Solvenztests).

BÖCKING, HANS-JOACHIM/GROS, MARIUS: Ausgewählte Änderungen im Jahres- und Konzernabschluss durch das BilMoG, in: DK 2009, 7. Jg., Nr. 7, S. 355-361 (Änderungen im Jahres- und Konzernabschluss durch BilMoG).

BÖCKING, HANS-JOACHIM/HEROLD, CHRISTIAN/MÜßIG, ANKE: IFRS für nicht kapitalmarktorientierte Unternehmen, in: DK 2004, 2. Jg., Nr. 10, S. 664-672 (IFRS für nicht kapitalmarktorientierte Unternehmen).

BÖCKING, HANS-JOACHIM/HEROLD, CHRISTIAN/MÜßIG, ANKE: Zur Notwendigkeit modifizierter IFRS für kleine und mittelgroße Unternhemen, in: DK 2004, 2. Jg., Nr. 12, S. 789-797 (Zur Notwendigkeit modifizierter IFRS).

BÖCKING, HANS-JOACHIM/HEROLD, CHRISTIAN/WIEDERHOLD, PHILIPP: Modernisierung des HGB in Richtung IAS/IFRS, in: DK 2003, 1. Jg., Nr. 6, S. 394-409 (Modernisierung des HGB).

BÖCKING, HANS-JOACHIM/TORABIAN, FARHOOD: Zeitwertbilanzierung von Finanzinstrumenten des Handelsbestands nach dem Entwurf eines BilMoG, in: BB 2008, 63. Jg., Nr. 6, S. 265-267 (Zeitwertbilanzierung von Finanzinstrumenten).

BÖMELBURG, PETER/LANDGRAF, CHRISTIAN/PÖPPEL, ANDREA: IFRS für KMU - eine echte Alternative für den deutschen Mittelstand?, in: PiR 2009, 5. Jg., Nr. 10, S. 290-298 (IFRS für KMU).

BÖRSTLER, CHRISTIAN: Zur Zukunft der externen Rechnungslegung in Deutschland, Wiesbaden 2006 (Zur Zukunft der externen Rechnungslegung).

BRÄHLER, GERNOT/BRUNE, PHILIPP/HEERDT, TOBIAS: Der Entwurf zu IFRS for SMEs: Eine Beurteilung anhand einer komparativen Analyse der latenten Steuern, in: KoR 2007, 7. Jg., Nr. 12, S. 649-657 (Komparative Analyse latenter Steuern).

BRATTON, WILLIAM: Bond Covenants and Creditor Protection: Economics of Law, Theory and Practice Substance and Process, in: EBOR 2006, 7. Jg., Nr. 1, S. 39-87 (Bond Covenants and Creditor Protection).

BREMBT, TOBIAS: Möglichkeiten einer internationalisierten Rechnungslegung für deutsche nicht-kapitalmarktorientierte Unternehmen, Düsseldorf 2010 (Möglichkeiten einer internationalisierten Rechnungslegung).

BRUNS, HANS-GEORG: International vergleichbare und qualitativ hochwertige deutsche Jahresabschlüsse durch Anwendung der IAS/IFRS, in: ZfbF 2002, 54. Jg., Nr. 2, S. 173-180 (International vergleichbare deutsche Jahresabschlüsse).

BUCHHOLZ, RAINER: Sachanlagenbewertung nach IAS - eine Alternative zur Reform des HGB aus mittelständischer Sicht, in: DStR 2003, 41. Jg., Nr. 45, S. 1941-1946 (Sachanlagenbewertung nach IAS).

BUDDE, WOLFGANG/STEUBER, ELGIN: Rechnungslegung nach HGB und der verfassungsrechtliche Grundsatz der Gleichbehandlung, in: Jahresabschluss und Jahresabschlussprüfung, hrsg. v. Fischer, Thomas/Hömberg, Reinhold, Düsseldorf 1997, S. 3-35 (Rechnungslegung nach HGB).

BURGER, ANTON/FRÖHLICH, JÜRGEN/ULBRICH, PHILIPP: Kapitalmarktorientierung in Deutschland, in: KoR 2006, 6. Jg., Nr. 2, S. 113-122 (Kapitalmarktorientierung in Deutschland).

BUSSE VON COLBE, WALTHER: Gefährdung des Kongruenzprinzips durch erfolgsneutrale Verrechnung von Aufwendungen im Konzernabschluss, in: Rechnungslegung: Entwicklungen bei der Bilanzierung und Prüfung von Kapitalgesellschaften, hrsg. v. Moxter, Adolf/Müller, Hans-Peter/Windmöller, Rolf/von Wysocki, Klaus, Düsseldorf 1992, S. 125-138 (Gefährdung des Kongruenzprinzips).

BUSSE VON COLBE, WALTHER: Die deutsche Rechnungslegung vor einem Paradigmenwechsel, in: ZfbF 2002, 54. Jg., Nr. 3, S. 159-172 (Paradigmenwechsel).

BUSSE VON COLBE, WALTHER: Vorschlag der EG-Kommission zur Anpassung der Bilanzrichtlinien an die IAS - Abschied von der Harmonisierung, in: BB 2002, 57. Jg., Nr. 30, S. 1530-1536 (Vorschlag der EG-Kommission).

C

CARSBERG, BRYAN/NOKE, CHRISTOPHER: The reporting of profits and the concepts of realisation, London 1989 (The reporting of profits).

CITRON, DAVID: Accounting Measurement Rules in UK Bank Loan Contracts, in: ABR 1992, 23. Jg., Nr. 89, S. 21-30 (Accounting Measurement Rules).

CITRON, DAVID: Financial Ratio Covenants in UK Bank Loan Contracts and Accounting Policy Choice, in: ABR 1992, 22. Jg., Nr. 88, S. 322-336 (Financial Ratio Covenants).

CITRON, DAVID: The Incidence of Accounting-based Covenants in UK Public Debt Contracts: An Empirical Analysis, in: ABR 1995, 25. Jg., Nr. 99, S. 139-150 (The Incidence of Accounting-based Covenants).

CLAßEN, ROBERT/SCHULZ, SEBASTIAN: Leasingbilanzierung nach HGB und IFRS, in: StuB 2011, 13. Jg., Nr. 1, S. 3-10 (Leasingbilanzierung nach HGB und IFRS).

COENENBERG, ADOLF: International Financial Reporting Standards (IFRS) auch für den Mittelstand?, in: DBW 2005, 65. Jg., Nr. 2, S. 109-113 (IFRS auch für den Mittelstand).

COENENBERG, ADOLF/STRAUB, BARBARA: Rechenschaft versus Entscheidungsunterstützung: Harmonie oder Disharmonie der Rechnungszwecke?, in: KoR 2008, 8. Jg., Nr. 1, S. 17-26 (Rechenschaft versus Entscheidungsunterstützung).

D

DALLMANN, HOLGER/ULL, THOMAS: IFRS-Rechnungslegung für kleine und mittlere Unternehmen, in: KoR 2004, 4. Jg., Nr. 9, S. 321-331 (IFRS-Rechnungslegung für kleine und mittlere Unternehmen).

DANNE, MARC/WIELENBERG, STEFAN/REUTHER, FRANK: Entsprechen die IFRS den Anforderungen von großen Familiengesellschaften, in: KoR 2007, 7. Jg., Nr. 11, S. 581-587 (IFRS und große Familiengesellschaften).

DASKE, HOLGER: Internationale Rechnungslegung und Kapitalkosten: Zum Stand der empirischen Rechnungswesenforschung, in: BFuP 2005, 57. Jg., Nr. 5, S. 455-473 (Internationale Rechnungslegung und Kapitalkosten).

DAVIES, PAUL: Gowers' and Davies' Principles of Modern Company Law, 8. Aufl., London 2008 (Principles of Modern Company Law).

DEMSKI, JOEL: The General Impossibility of Normative Accounting Standards, in: AR 1973, 48. Jg., Nr. 4, S. 718-723 (The General Impossibility).

DETTMEIER, MICHAEL/PÖSCHKE, MORITZ: Der "ordentliche" Austritt aus der GmbH - Gesellschaftsrecht und Eigenkapitalausweis nach IAS/IFRS, in: GmbHR 2006, 97. Jg., Nr. 6, S. 297-300 (Austritt aus der GmbH).

DIHK/PwC (HRSG.): International Financial Reporting Standards in mittelständischen Unternehmen, Berlin 2005 (IFRS in mittelständischen Unternehmen).

DÖLLERER, GEORG: Grundsätze ordnungsmäßiger Bilanzierung, deren Entstehung und Ermittlung, in: BB 1959, 12. Jg., Nr. 34, S. 1217-1221 (Grundsätze ordnungsmäßiger Bilanzierung).

DRINHAUSEN, ANDREA/DEHMEL, INGA: Zum Referentenentwurf des Bilanzrechtsmodernisierungsgesetzes (BilMoG): Ansatz und Bewertung von Rückstellungen, in: DB 2008, 61. Jg., Nr. 7 (Beilage 1), S. 35-40 (Ansatz und Bewertung von Rückstellungen).

DRINKUTH, HENRIK: Die Kapitalrichtlinie - Mindest- oder Höchstnorm?, Köln 1998 (Die Kapitalrichtlinie).

DRSC (HRSG.): Report on the Field Tests in Germany regarding the ED-IFRS for SMEs, Berlin 2008 (Report on the Field Tests).

DRSC (HRSG.)/EIERLE, BRIGITTE/HALLER, AXEL: IFRS for SMEs - Ergebnisse einer Befragung von nicht kapitalmarktorientierten Unternehmen in Deutschland, Berlin 2010 (IFRS for SMEs - Ergebnisse einer Befragung).

DRSC (HRSG.)/HALLER, AXEL/LÖFFELMANN, JOHANN: Rechnungslegung aus Sicht von Kreditinstituten als Rechnungslegungsadressaten, Berlin 2008 (Rechnungslegung aus Sicht von Kreditinstituten).

DYCKMAN, THOMAS/GIBBINS, MICHAEL/SWIERINGA, ROBERT: Experimental and survey research in financial accounting: a review and evaluation, in: Modern accounting research: history, survey and guide, hrsg. v. Mattessich, Richard, Vancouver 1984, S. 299-323 (Experimental and survey research).

E

EASTERBROOK, FRANK/FISCHEL, DANIEL: Limited Liability and the Corporation, in: Chicago Law Review 1985, 52. Jg., Nr. 1, S. 89-117 (Limited Liability and the Corporation).

EGGINTON, DAVID: Distributable Profit and the Pursuit of Prudence, in: ABR 1980, 10. Jg., Nr. 41, S. 3-14 (Distributable Profit).

EIERLE, BRIGITTE: Die Entwicklung der Differenzierung der Unternehmensberichterstattung in Deutschland und Großbritannien, Frankfurt am Main 2004 (Die Entwicklung der Differenzierung).

EIERLE, BRIGITTE: Differential Reporting, in: DBW 2005, 65. Jg., Nr. 6, S. 647-652 (Differential Reporting).

EIERLE, BRIGITTE/BEIERSDORF, KATI/HALLER, AXEL: Wie beurteilen deutsche nicht-kapitalmarktorientierte Unternehmen den ED-IFRS for SMEs?, in: KoR 2008, 8. Jg., Nr. 3, S. 152-164 (Deutsche nicht-kapitalmarktorientierte Unternehmen und ED-IFRS for SMEs).

EIERLE, BRIGITTE/HALLER, AXEL/BEIERSDORF, KATI: IFRS for SMEs - eine "attraktive" Alternative für nicht-kapitalmarktorientierte Unternehmen in Deutschland?, in: DB 2011, 64. Jg., Nr. 29, S. 1589-1596 (IFRS for SMEs - nicht-kapitalmarktorientierte Unernehmen).

EKKENGA, JENS: Neuordnung des Europäischen Bilanzrechts für börsennotierte Unternehmen: Bedenken gegen die Strategie der EG-Kommission, in: BB 2001, 56. Jg., Nr. 46, S. 2362-2369 (Neuordnung des Europäischen Bilanzrechts).

EKKENGA, JENS: Einzelabschlüsse nach IFRS - Ende der aktien- und GmbH-rechtlichen Kapitalerhaltung?, in: AG 2006, 51. Jg., Nr. 11, S. 389-397 (Einzelabschlüsse nach IFRS).

EL-GAZZAR, SAMI/LILIEN, STEVEN/PASTENA, VICTOR: The Use of Off-Balance Sheet Financing to Circumvent Financial Covenant Restrictions, in: JoAAF 1989, 4. Jg., Nr. 2, S. 217-231 (The Use of Off-Balance Sheet Financing).

EL-GAZZAR, SAMI/PASTENA, VICTOR: Negotiated Accounting Rules in Private Financial Contracts, in: JAaE 1990, 12. Jg., Nr. 4, S. 381-396 (Negotiated Accounting Rules).

ELLIOTT, BARRY/ELLIOTT, JAMES: Financial Accounting and Reporting, 12. Aufl., London 2008 (Financial Accounting and Reporting).

ENGERT, ANDREAS: Solvenzanforderungen als gesetzliche Ausschüttungssperre bei Kapitalgesellschaften, in: ZHR 2006, 170. Jg., Nr. 2-3, S. 296-335 (Solvenzanforderungen als gesetzliche Ausschüttungssperre).

ENGERT, ANDREAS: Die Wirksamkeit des Gläubigerschutzes durch Nennkapital, in: GmbHR 2007, 98. Jg., Nr. 7, S. 337-344 (Wirksamkeit des Gläubigerschutzes).

ERNST, CHRISTOPH/SEIDLER, HOLGER: Kernpunkte des Referentenentwurfs eines Bilanzrechtsmodernisierungsgesetzes, in: BB 2007, 62. Jg., Nr. 47, S. 2557-2567 (Kernpunkte des Referentenentwurfs).

ERNST, CHRISTOPH/SEIDLER, HOLGER: Gesetz zur Modernisierung des Bilanzrechts nach Verabschiedung durch den Bundestag, in: BB 2009, 64. Jg., Nr. 15, S. 766-771 (Gesetz zur Modernisierung des Bilanzrechts).

ERNSTING, INGO/VON KEITZ, ISABEL: Bilanzierung von Rückstellungen nach IAS 37, in: DB 1998, 51. Jg., Nr. 50, S. 2477-2484 (Bilanzierung von Rückstellungen nach IAS 37).

EULER, ROLAND: Grundsätze ordnungsmäßiger Gewinnrealisierung, Düsseldorf 1989 (Grundsätze ordnungsmäßiger Gewinnrealisierung).

EULER, ROLAND: Bilanzrechtstheorie und internationale Rechnungslegung, in: Handelsbilanzen und Steuerbilanzen, hrsg. v. Budde, Wolfgang/Moxter, Adolf/Offerhaus, Klaus, Düsseldorf 1997, S. 171-188 (Bilanzrechtstheorie).

EULER, ROLAND: Immaterielle Vermögenswerte - Stellungnahme zu E-DRS 14, in: BB 2001, 56. Jg., Nr. 51-52, S. 2631-2636 (Immaterielle Vermögenswerte).

EULER, ROLAND: Paradigmenwechsel im handelsrechtlichen Einzelabschluss: Von den GoB zu den IAS, in: BB 2002, 57. Jg., Nr. 17, S. 875-880 (Paradigmenwechsel).

EULER, ROLAND/BINGER, MARC: Rückstellungen für Altersteilzeit - Erfüllungsrückstand versus Verpflichtungsüberhang? - Zu einem BFH-Urteil vom 30.11.2005, in: DStR 2007, 45. Jg., Nr. 5, S. 177-183 (Rückstellungen für Altersteilzeit).

EULER, ROLAND/ENGEL-CIRIC, DEJAN: Rückstellungskriterien im Vergleich - HGB versus IFRS, in: WPg Sonderheft 2004, 57. Jg., S. 139-154 (Rückstellungskriterien im Vergleich).

EVANS, LISA/GEBHARDT, GÜNTHER/HOOGENDORN, MARTIN/MARTON, JAN/DI PIETRA, ROBERTO/THINGGARD, FRANK/VEHMANEN, PETRI/WAGENHOFER, ALFRED: Problems and Opportunities of an International Financial Reporting Standard for Small and Medium-Sized Entities, in: AinE 2005, 2. Jg., Nr. 1, S. 23-45 (Problems and Opportunities of an IFRS for SMEs).

EVANS, LISA/NOBES, CHRISTOPHER: Some mysteries relating to the prudence principle in the Fourth Directive and in German and British Law, in: EAR 1996, 5. Jg., Nr. 2, S. 361-373 (Some mysteries).

EWERT, RALF: Rechnungslegung, Gläubigerschutz und Agency-Probleme, Wiesbaden 1986 (Rechnungslegung).

EWERT, RALF/WAGENHOFER, ALFRED: Aspekte ökonomischer Forschung in der Rechnungslegung und Anwendung auf Ausschüttungsbemessung und Unabhängigkeit des Prüfers, in: BFuP 2003, 55. Jg., Nr. 6, S. 603-622 (Aspekte ökonomischer Forschung).

F

FEY, GERD/DEUBERT, MICHAEL: Befreiender IFRS-Einzelabschluss nach § 325 Abs. 2a HGB für Zwecke der Offenlegung, in: KoR 2006, 6. Jg., Nr. 2, S. 92-101 (Befreiender IFRS-Einzelabschluss).

FISCHER, DANIEL: Mehrkomponentenverträge nach IFRS - Eine Bilanzierungsempfehlung, Weinheim 2010 (Mehrkomponentenverträge nach IFRS).

FLEISCHER, HOLGER: Grundfragen der ökonomischen Theorie im Gesellschafts- und Kapitalmarktrecht, in: ZGR 2001, 30. Jg., Nr. 1, S. 1-32 (Grundfragen der ökonomischen Theorie).

FODOR, JÜRGEN/WILDNER, STEPHAN: „IAS 19 light" - Bilanzierung von Pensionsverpflichtungen nach dem IFRS for SMEs, in: BB 2009, 64. Jg., Nr. 37, S. 1966-1969 („IAS 19 light").

FRANKE, GÜNTER/HAX, HERBERT: Finanzwirtschaft des Unternehmens und Kapitalmarkt, 6. Aufl., Berlin 2009 (Finanzwirtschaft des Unternehmens).

FRANKEN, LARS: Gläubigerschutz durch Rechnungslegung nach US-GAAP, Frankfurt am Main 2001 (Gläubigerschutz durch Rechnungslegung).

FREIDANK, CARL-CHRISTIAN/PAETZMANN, KARSTEN: Auswahl und Einsatz von Datenmaterial, Analysemethoden sowie externen Beratern zur Vorbereitung von Kreditvergabeentscheidungen, in: DB 2002, 55. Jg., Nr. 34, S. 1785-1789 (Auswahl und Einsatz).

FRESL, KARLO: Die Europäisierung des deutschen Bilanzrechts, Wiesbaden 2000 (Die Europäisierung des deutschen Bilanzrechts).

FÜLBIER, ROLF/GASSEN, JOACHIM: Das Bilanzrechtsmodernisierungsgesetz (BilMoG): Handelsrechtliche GoB vor der Neuinterpretation, in: DB 2007, 60. Jg., Nr. 48, S. 2605-2612 (Handelsrechtliche GoB vor der Neuinterpretation).

FÜLBIER, ROLF/GASSEN, JOACHIM: Bilanzrechtsregulierung: Auf der ewigen Suche nach der eierlegenden Wollmilchsau, in: Private und öffentliche Rechnungslegung, hrsg. v. Wagner, Franz/Schildbach, Thomas/Schneider, Dieter, Wiesbaden 2008, S. 135-155 (Bilanzrechtsregulierung).

FÜLBIER, ROLF/GASSEN, JOACHIM/OTT, ECKHARD: IFRS for SMEs für den europäischen Mittelstand?, in: DB 2010, 63. Jg., Nr. 25, S. 1357-1360 (IFRS for SMEs für den europäischen Mittelstand).

FÜLBIER, ROLF/WELLER, MANUEL: Normative Rechnungslegungsforschung im Abseits? Einige wissenschaftstheoretische Anmerkungen, in: Journal for General Philosophy of Science 2008, 39. Jg., Nr. 2, S. 351-382 (Normative Rechnungslegungsforschung).

FUNNEMANN, CARL-BERNHARD/KERSSENBROCK, OTTO-FERDINAND: Ausschüttungssperren im BilMoG-RegE, in: BB 2008, 63. Jg., Nr. 49, S. 2674-2678 (Ausschüttungssperren im BilMoG-RegE).

G

GASSEN, JOACHIM/FISCHKIN, MICHAEL/HILL, VERENA: Das Rahmenkonzept-Projekt des IASB und des FASB: Eine normendeskriptive Analyse des aktuellen Stands, in: WPg 2008, 61. Jg., Nr. 18, S. 874-882 (Das Rahmenkonzept-Projekt des IASB und FASB).

GASSEN, JOACHIM/PIERK, JOCHEN/WEIL, MATTHIAS: Pensionsrückstellungen nach dem BilMoG - Erste empirische Evidenz, in: DB 2011, 64. Jg., Nr. 19, S. 1061-1066 (Pensionsrückstellungen nach dem BilMoG).

GEE, PAUL: UK GAAP for Business and Practice, Amsterdam 2006 (UK-GAAP).

GELHAUSEN, HANS/ALTHOFF, FRANK: Die Bilanzierung ausschüttungs- und abführungsgesperrter Beträge im handelsrechtlichen Jahresabschluss nach dem BilMoG (Teil 1), in: WPg 2009, 62. Jg., Nr. 11, S. 584-592 (Bilanzierung ausschüttungsgesperrter Beträge (Teil 1)).

GELTER, MARTIN: Kapitalerhaltung und internationale Rechnungslegung, in: GesRZ 2004, 33. Jg., Nr. 4, S. 177-188 (Kapitalerhaltung).

GIORGINO, MARIA/PATERNOSTRO, SERGIO: The voluntary adoption of 'IFRS for SMEs': a real opportunity for SMEs?, Siena 2010 (The voluntary adoption of 'IFRS for SMEs').

GJESDAL, FROYSTEIN: Accounting for Stewardship, in: JAR 1981, 19. Jg., Nr. 1, S. 208-231 (Accounting for Stewardship).

GÖBEL, ELISABETH: Neue Institutionenökonomik, Konzeption und betriebswirtschaftliche Anwendungen, Stuttgart 2002 (Neue Institutionenökonomik).

GÖBEL, STEFAN/KORMAIER, BENEDIKT: Adressaten und deren Anforderungen an die externe Berichterstattung nicht kapitalmarktorientierter Unternehmen, in: KoR 2007, 7. Jg., Nr. 10, S. 519-532 (Adressaten und deren Anforderungen).

GRAUMANN, MATHIAS: Bilanzierung der Sachanlagen nach IAS, in: StuB 2004, 6. Jg., Nr. 16, S. 709-717 (Bilanzierung der Sachanlagen).

GROTTKE, MARKUS/HAENDEL, FELIX: Operation gelungen - Mittelstand tot? - Eine Analyse der Anhangangaben der IFRS for SMEs auf mittelstandsschädliche Wirkungen, in: DStR 2010, 48. Jg., Nr. 22, S. 1147-1153 (Analyse der Anhangangaben der IFRS for SMEs).

GROTTKE, MARKUS/SPÄTH, THOMAS/HAENDEL, FELIX: IFRS for SMEs - Vorteil oder Nachteil für den Mittelstand im internationalen Wettbewerb?, in: DStR 2011, 49. Jg., Nr. 50, S. 2422-2427 (IFRS for SMEs).

GROUP OF GERMAN EXPERTS ON CORPORATE LAW (HRSG.): Report of the High Level Group of Company Law Experts on a Modern Regulatory Framework for Company Law in Europe, in: ZIP 2003, 24. Jg., Nr. 19, S. 863-880 (Report of the High Level Group).

GRUNDMANN, STEFAN: Europäisches Gesellschaftsrecht - eine systematische Darstellung unter Einbeziehung des Europäischen Kapitalmarktrechts, 2. Aufl., Heidelberg 2011 (Europäisches Gesellschaftsrecht).

GÜNTERBERG, BRIGITTE/WOLTER, HANS-JÜRGEN: Unternehmensgrößenstatistik 2001/2002, Bonn 2002 (Unternehmensgrößenstatistik 2001/2002).

GÜNTHER, ANDREAS: Entwicklung im Bilanzrecht für Familienunternehmen aus Sicht der Bundesregierung, in: Zukunft des Bilanzrechts in Familienunternehmen - Perspektiven und Modernisierungsansätze nach HGB und IFRS, hrsg. v. Winkeljohann, Norbert/Reuther, Frank, Berlin 2009, S. 19-37 (Entwicklung im Bilanzrecht).

GÜNTHER, ANDREAS: BilMoG: Ein Modell für die Überarbeitung der Bilanzrichtlinien, in: WPg Sonderheft 2010, 63. Jg., S. 23-26 (Modell für die Überarbeitung der Bilanzrichtlinien).

H

HAAG, MAXIMILIAN: Chancen und Grenzen einer Vereinheitlichung der Rechnungslegung für nicht-kapitalmarktorientierte Unternehmen in der EU, in: DStR 2010, 48. Jg., Nr. 45, S. 2320-2325 (Chancen und Grenzen einer Vereinheitlichung der Rechnungslegung).

HAAKER, ANDREAS: Keine (weitere) Abkehr vom Gläubigerschutz im BilMoG - keine nur einjährige Ausschüttungssperre!, in: DStR 2008, 46. Jg., Nr. 36, S. 1750-1754 (Keine Abkehr vom Gläubigerschutz).

HAAKER, ANDREAS: Einfache Solvenztests statt aufwendige Ausschüttungssperren zur Gewährleistung eines hinreichenden Gläubigerschutzniveaus?, in: DStR 2010, 48. Jg., Nr. 663-668 (Einfache Solvenztests statt aufwendige Ausschüttungssperren).

HABERSACK, MATHIAS: Europäisches Gesellschaftsrecht, Einführung für Studium und Praxis, 3. Aufl., München 2006 (Europäisches Gesellschaftsrecht).

HALLER, AXEL: Financial accounting developments in the European Union: past events and future prospects, in: EAR 2002, 11. Jg., Nr. 1, S. 153-190 (Financial accounting developments).

HALLER, AXEL: IFRS für alle Unternehmen - ein realisierbares Szenario in der europäischen Union?, in: KoR 2003, 3. Jg., Nr. 10, S. 413-424 (IFRS für alle Unternehmen).

HALLER, AXEL: Rechnungslegung für den Mittelstand - BilMoG versus Exposure Draft "IFRS for Small and Medium-sized Entities", in: Das Gesetz zur Modernisierung des Bilanzrechts (BilMoG), hrsg. v. Freidank, Carl-Christian/Altes, Peter, Berlin 2009, S. 225-248 (Rechnungslegung für den Mittelstand).

HALLER, AXEL/BEIERSDORF, KATI/EIERLE, BRIGITTE: ED-IFRS for SMEs - Entwurf eines internationalen Rechnungslegungsstandards für kleine und mittelgroße Unternehmen, in: BB 2007, 62. Jg., Nr. 10, S. 540-551 (ED-IFRS for SMEs).

HALLER, AXEL/EIERLE, BRIGITTE: Accounting Standards for Small and Medium-sized Entities - erste Weichenstellung durch das IASB, in: BB 2004, 59. Jg., Nr. 34, S. 1838-1845 (Accounting Standards).

HANE, TIMM/MÜLLER, STEFAN: Rechnungslegung mittelständischer Unternehmen, in: IRZ 2011, 6. Jg., Nr. 5, S. 245-250 (Rechnungslegung mittelständischer Unternehmen).

HARRIS, TREVOR/LANG, MARK/MÖLLER, HANS: Zur Relevanz der Jahresabschlussgrößen Erfolg und Eigenkapital für die Aktienbewertung in Deutschland und den USA, in: ZfbF 1995, 47. Jg., Nr. 11, S. 996-1028 (Zur Relevanz der Jahresabschlussgrößen).

HARTMANN-WENDELS, THOMAS: Rechnungslegung der Unternehmen und Kapitalmarkt aus informationsökonomischer Sicht, Heidelberg 1991 (Rechnungslegung der Unternehmen).

HARTMANN-WENDELS, THOMAS: Agency-Theorie und Publizitätspflicht nichtbörsennotierter Kapitalgesellschaften, in: BFuP 1992, 44. Jg., Nr. 5, S. 412-425 (Agency-Theorie).

HARTMANN-WENDELS, THOMAS: Finanzierung, in: Die Prinzipal-Agenten-Theorie in der Betriebswirtschaftslehre, hrsg. v. Jost, Peter-J., Stuttgart 2001, S. 117-145 (Finanzierung).

HAUCK, ANTON/PRINZ, ULRICH: Zur Auslegung von (europarechtlich übernommenen) IAS/IFRS, in: DK 2005, 3. Jg., Nr. 10, S. 635-641 (Zur Auslegung von IFRS).

HAVERMANN, HANS: Internationale Entwicklungen in der Rechnungslegung, in: Bilanzrecht und Kapitalmarkt, hrsg. v. Ballwieser, Wolfgang/Böcking, Hans-Joachim/Drukarczyk, Jochen/Schmidt, Reinhard, Düsseldorf 1994, S. 655-677 (Internationale Entwicklungen).

HEINE, KLAUS: Regulierungswettbewerb im Gesellschaftsrecht, Zur Funktionsfähigkeit eines Wettbewerbs der Rechtsordnungen im europäischen Gesellschaftsrecht, Berlin 2003 (Regulierungswettbewerb im Gesellschaftsrecht).

HEINTGES, SEBASTIAN/HÄRLE, PHILLIP: Probleme der Anwendung von IFRS im Mittelstand, in: DB 2005, 58. Jg., Nr. 4, S. 173-181 (Probleme der Anwendung).

HEINTZEN, MARKUS: EU-Verordnungsentwurf zur Anwendung von IAS: Kein Verstoß gegen Unionsverfassungsrecht, in: BB 2001, 56. Jg., Nr. 16, S. 825-829 (EU-Verordnungsentwurf).

HENNRICHS, JOACHIM: Wahlrechte im Bilanzrecht der Kapitalgesellschaften unter besonderer Berücksichtigung der EG-Bilanz-Richtlinie, Köln 1999 (Wahlrechte im Bilanzrecht).

HENNRICHS, JOACHIM: Bilanzgestützte Kapitalerhaltung, HGB-Jahresabschluss und Maßgeblichkeitsprinzip - Dinosaurier der Rechtsgeschichte?, in: StuW 2005, 55. Jg., Nr. 3, S. 256-264 (Bilanzgestützte Kapitalerhaltung).

HENNRICHS, JOACHIM: Kündbare Gesellschaftereinlagen nach IAS 32, in: WPg 2006, 59. Jg., Nr. 20, S. 1253-1262 (Kündbare Gesellschaftereinlagen).

HENNRICHS, JOACHIM: Unternehmensfinanzierung und IFRS im deutschen Mittelstand, in: ZHR 2006, 170. Jg., S. 498-521 (Unternehmensfinanzierung und IFRS im deutschen Mittelstand).

HENNRICHS, JOACHIM: IFRS - Eignung für Ausschüttungszwecke?, in: BFuP 2008, 60. Jg., Nr. 5, S. 415-432 (Eignung für Ausschüttungszwecke).

HENNRICHS, JOACHIM: IFRS und Mittelstand - Auswirkungen der GmbH-Reform und Zukunft der Kapitalerhaltung, in: ZGR 2008, 37. Jg., Nr. 2-3, S. 361-380 (IFRS und Mittelstand).

HENNRICHS, JOACHIM: Immaterielle Vermögensgegenstände nach dem Entwurf des Bilanzrechtsmodernisierungsgesetzes (BilMoG), in: DB 2008, 61. Jg., Nr. 11, S. 537-542 (Immaterielle Vermögensgegenstände).

HENNRICHS, JOACHIM: Pro und Contra IFRS vs. BilMoG für den Mittelstand, in: DK 2008, 6. Jg., Nr. 9, S. 478-485 (Pro und Contra).

HENNRICHS, JOACHIM: Zur Zukunft der Kapitalerhaltung: Bilanztest - Solvenztest - oder beides?, in: DK 2008, 6. Jg., Nr. 1, S. 42-50 (Zur Zukunft der Kapitalerhaltung).

HENNRICHS, JOACHIM: Auswirkungen des BilMoG auf Bilanzpolitik, Gläubigerschutz und Ausschüttungsbemessung in Familienunternehmen, in: Zukunft des Bilanzrechts in Familienunternehmen - Perspektiven und Modernisierungsansätze nach HGB und IFRS, hrsg. v. Winkeljohann, Norbert/Reuther, Frank, Berlin 2009, S. 99-122 (Auswirkungen des BilMoG).

HENNRICHS, JOACHIM: IAS 32 amended - Eigenkapital deutscher Personengesellschaften im IFRS-Abschluss - zugleich Bemerkungen zur Gewinnermittlung und Gewinnverwendung bei Personenhandelsgesellschaften, in: WPg 2009, 62. Jg., Nr. 21, S. 1066-1075 (IAS 32 amended).

HENNRICHS, JOACHIM: GoB im Spannungsfeld von BilMoG und IFRS, in: WPg 2011, 64. Jg., Nr. 18, S. 861-871 (GoB im Spannungsfeld).

HENNRICHS, JOACHIM: Stand und Perspektiven des Europäischen Bilanzrechts, in: GmbHR 2011, 102. Jg., Nr. 20, S. 1065-1072 (Stand und Perspektiven).

HERZIG, NORBERT: Modernisierung des Bilanzrechts und Besteuerung, in: DB 2008, 61. Jg., Nr. 1/2, S. 1-10 (Modernisierung des Bilanzrechts).

HERZIG, NORBERT/BRIESEMEISTER, SIMONE: Unterschiede zwischen Handels- und Steuerbilanz nach BilMoG - Unvermeidbare Abweichungen und Gestaltungsspielräume, in: WPg 2010, 63. Jg., Nr. 2, S. 63-77 (Unterschiede zwischen Handels- und Steuerbilanz nach BilMoG).

HERZIG, NORBERT/GELLRICH, KAI/JENSEN-NISSEN, LARS: IAS/IFRS und steuerliche Gewinnermittlung, in: BFuP 2004, 56. Jg., Nr. 6, S. 550-577 (IFRS und steuerliche Gewinnermittlung).

HERZIG, NORBERT/VOSSEL, STEPHAN: Paradigmenwechsel bei latenten Steuern nach dem BilMoG, in: BB 2009, 64. Jg., Nr. 22, S. 1174-1178 (Paradigmenwechsel bei latenten Steuern).

HETTICH, SILVIA: Zweckadäquate Gewinnermittlungsregeln, Frankfurt am Main 2006 (Zweckadäquate Gewinnermittlungsregeln).

HÖFER, REINHOLD/RHIEL, RAIMUND/VEIT, ANNEKATRIN: Die Rechnungslegung für betriebliche Altersversorgung im Bilanzrechtsmodernisierungsgesetz (BilMoG), in: DB 2009, 62. Jg., Nr. 31, S. 1605-1612 (Betriebliche Altersversorgung im BilMoG).

HOFFMANN, SEBASTIAN/DETZEN, DOMINIC: Das Joint Conceptual Framework von IASB und FASB - Praktische Implikationen aus dem Abschluss der Phase A für kapitalmarktorientierte Unternehmen, in: KoR 2012, 12. Jg., Nr. 2, S. 53-55 (Das Joint Conceptual Framework).

HOFFMANN, WOLF-DIETER/LÜDENBACH, NORBERT: Abschreibung von Sachanlagen nach dem Komponentenansatz nach IAS 16, in: BB 2004, 59. Jg., Nr. 7, S. 375-377 (Abschreibung von Sachanlagen).

HOFFMANN, WOLF-DIETER/LÜDENBACH, NORBERT: Der Diskussionsentwurf des IASB-Mitarbeiterstabes zum SME-Projekt, in: DStR 2006, 44. Jg., Nr. 42, S. 1903-1908 (Diskussionsentwurf).

HOFFMANN, WOLF-DIETER/LÜDENBACH, NORBERT: Neues zur voraussichtlich dauernden Wertminderung des abnutzbaren Anlagevermögens, in: DB 2009, 62. Jg., Nr. 12, S. 577-580 (Dauernde Wertminderung).

HOFMANN, BERND: Die Ausgestaltung des bankinternen Ratingverfahrens als Ansatzpunkt zur Risikooptimierung, in: ZfB 2006, 76. Jg., Nr. 6, S. 651-680 (Die Ausgestaltung des bankinternen Ratingverfahrens).

HÖHN, BENDIK/MEYER, CONRAD: Die Ökonomische Relevanz des Other Comprehensive Income, in: ST 2011, 12. Jg., Nr. 9, S. 677-682 (Die Ökonomische Relevanz).

HOLZER, PETER/ERNST, CHRISTIAN: (Other) Comprehensive Income and Non-Ownership Equity - Erfassung und Ausweis des Jahresergebnisses und des Eigenkapitals nach US-GAAP und IAS, in: WPg 1998, 52. Jg., Nr. 9, S. 353-370 (Erfassung und Ausweis des Jahresergebnisses).

HOMMEL, MICHAEL: Internationale Bilanzrechtskonzeptionen und immaterielle Vermögensgegenstände, in: ZfbF 1997, 49. Jg., Nr. 4, S. 345-369 (Internationale Bilanzrechtskonzeptionen).

HOMMELHOFF, PETER: Europäisches Bilanzrecht im Aufbruch, in: RabelsZ 1998, 62. Jg., Nr. 3, S. 381-404 (Europäisches Bilanzrecht).

HOMMELHOFF, PETER: Anlegerinformation im Aktien-, Bilanz- und Kapitalmarktrecht, in: ZGR 2000, 29. Jg., Nr. 4-5, S. 748-775 (Anlegerinformation).

HOMMELHOFF, PETER: Modernisiertes HGB-Bilanzrecht im Wettbewerb der Regelungssysteme, in: ZGR 2008, 37. Jg., Nr. 2-3, S. 250-274 (Modernisiertes HGB-Bilanzrecht).

HÜFFER, UWE: Harmonisierung des aktienrechtlichen Kapitalschutzes, Die Durchführung der Zweiten EG-Richtlinie zur Koordinierung des Gesellschaftsrechts, in: NJW

1979, 32. Jg., Nr. 21, S. 1065-1070 (Harmonisierung des aktienrechtlichen Kapitalschutzes).

HÜTTCHE, TOBIAS: IAS für den Mittelstand: light, little der gar nicht?, in: BB 2002, 57. Jg., Nr. 35, S. 1804-1806 (IAS für den Mittelstand).

HUSEMANN, WALTER/HOFER, HEINZ: Die Abschaffung der Aufwandsrückstellungen nach dem BilMoG-RegE, in: DB 2008, 61. Jg., Nr. 49, S. 2661-2666 (Die Abschaffung der Aufwandsrückstellungen).

I

IDW (HRSG.): Praktisch relevante Abweichungen zwischen den Rechnungslegungsstandards des IASC und der 4. und 7. EG-Richtlinie, in: WPg 1998, 51. Jg., Nr. 4-5, S. 183-188 (Praktisch relevante Abweichungen).

IfM (HRSG.): Die Bedeutung der außenwirtschaftlichen Aktivitäten für den deutschen Mittelstand, IfM-Materialien Nr. 171, Bonn 2007 (Die Bedeutung der außenwirtschaftlichen Aktivitäten), abrufbar unter: http://www.ifm-bonn.org/assets/documents/IfM-Materialien-171.pdf (Stand: 28. März 2012).

IfM (HRSG.): Exportquote 2000 bis 2009 in Deutschland nach Umsatzgrößenklassen, Bonn 2011 (Exportquote 2000 bis 2009), abrufbar unter: http://www.ifm-bonn.org/assets/documents/Exportquote_GrKl_2000-2009.pdf (28. März 2012).

IfM (HRSG.): Exportumsatz der Exportunternehmen 2000 bis 2009 in Deutschland nach Umsatzgrößenklassen, Bonn 2011 (Exportumsatz der Exportunternehmen 2000 bis 2009), abrufbar unter: http://www.ifm-bonn.org/assets/documents/ExpUms_GrKl_2000-2009.pdf (Stand: 28. März 2012).

IfM (HRSG.): Unternehmen 2009 in Deutschland nach Rechtsform und Umsatzgrößenklassen, Bonn 2011 (Unternehmen nach Rechtsform und Größenklassen), abrufbar unter: http://www.ifm-bonn.org/assets/documents/Unt_RF_2000-2009.pdf (Stand: 28. März 2012).

J

JANSSEN, JAN: Rechnungslegung im Mittelstand, Wiesbaden 2009 (Rechnungslegung im Mittelstand).

JANSSEN, JAN/GRONEWOLD, ULFERT: IFRS for Small and Medium-sized Entities, in: KoR 2010, 10. Jg., Nr. 2, S. 75-80 (IFRS for SMEs).

JEBENS, CARSTEN: Was bringen die IFRS oder IAS dem Mittelstand?, in: DB 2003, 56. Jg., Nr. 44, S. 2345-2350 (Was bringen die IFRS dem Mittelstand).

JENSEN, MICHAEL/MECKLING, WILLIAM: Theory of the Firm: Managerial Behaviour, Agency Costs and Ownership Structure, in: JoFE 1976, 3. Jg., Nr. 4, S. 306-360 (Theory of the Firm).

JESSEN, ULF/HAAKER, ANDREAS: Zur Fair Value-Bewertung im "modernisierten" Handelsbilanzrecht - Ein Plädoyer für einen hinreichenden Gläubigerschutz, in: DStR 2009, 47. Jg., Nr. 10, S. 499-505 (Zur Fair Value-Bewertung).

JOST, PETER-J.: Die Prinzipal-Agenten-Theorie im Unternehmenskontext, in: Die Prinzipal-Agenten-Theorie in der Betriebswirtschaftslehre, hrsg. v. Jost, Peter-J., Stuttgart 2001, S. 11-43 (Die Prinzipal-Agenten-Theorie im Unternehmenskontext).

K

KAHLE, HOLGER: Bilanzieller Gläubigerschutz und internationale Rechnungslegungsstandards, in: ZfB 2002, 72. Jg., Nr. 7, S. 695-711 (Bilanzieller Gläubigerschutz).

KAHLE, HOLGER: Internationale Rechnungslegung und ihre Auswirkungen auf Handels- und Steuerbilanz, Wiesbaden 2002 (Internationale Rechnungslegung).

KAHLE, HOLGER: Zur Zukunft der Rechnungslegung in Deutschland: IAS im Einzel- und Konzernabschluss?, in: WPg 2003, 56. Jg., Nr. 6, S. 262-275 (IAS im Einzel- und Konzernabschluss).

KAHLE, HOLGER/DAHLKE, ANDREAS: IFRS für mittelständische Unternehmen?, in: DStR 2007, 45. Jg., Nr. 7, S. 313-318 (IFRS für mittelständische Unternhemen).

KAJÜTER, PETER/BARTH, DANIELA/DICKMANN, TOBIAS/ZAPP, PIERRE: Rechnungslegung nach IFRS im deutschen Mittelstand, in: DB 2007, 60. Jg., Nr. 35, S. 1877-1884 (Rechnungslegung nach IFRS im deutschen Mittelstand).

KARRENBROCK, HOLGER: Zweifelsfragen der Berücksichtigung aktiver latenter Steuern im Jahresabschluss nach BilMoG, in: BB 2011, 66. Jg., Nr. 11, S. 683-688 (Zweifelsfragen der Berücksichtigung).

KAUFMANN, ARTHUR: Problemgeschichte der Rechtsphilosophie, in: Einführung in Rechtsphilosophie und Rechtstheorie der Gegenwart, hrsg. v. Kaufmann, Arthur/Hassemer, Winfried/Neumann, Ulfried, 7. Aufl., Heidelberg 2004 (Problemgeschichte der Rechtsphilosophie).

KELLER, BERND/GÜTLBAUER, ERICH: Der Komponentenansatz als teilweiser Ersatz für die Abschaffung der Aufwandsrückstellung durch BilMoG, in: StuB 2011, 13. Jg., Nr. 1, S. 11-13 (Der Komponentenansatz als teilweiser Ersatz).

KFW BANKENGRUPPE (HRSG.): Unternehmensbefragung 2009, Studie zur Unternehmensfinanzierung - Teil II: Auswertung zu den Themen Rating, Ratingkommunikation und Unternehmensfinanzierung, Frankfurt am Main 2009 (Unternehmensbefragung 2009).

KIRCHHOF, PAUL: Gesetzgebung und private Regelsetzung als Geltungsgrund für Rechnungslegungspflichten?, in: ZGR 2000, 29. Jg., Nr. 4, S. 681-892 (Gesetzgebung und private Regelsetzung).

KIRCHHOF, PAUL: Der Karlsruher Entwurf und seine Fortentwicklung zu einer Vereinheitlichten Ertragsteuer, in: StuW 2002, 52. Jg., Nr. 1, S. 3-22 (Der Karlsruher Entwurf).

KIRCHMANN, ULRICH/SIKORA, KATHARINA/BLUMBERG, MARK: Bewertung langfristiger sonstiger Rückstellungen nach HGB, Steuerrecht und IFRS: theoretische Anforderungen und praktische Umsetzungsmöglichkeiten, in: WPg 2001, 64. Jg., Nr. 20, S. 953-963 (Bewertung langfristiger sonstiger Rückstellungen).

KIRCHNER, CHRISTIAN: Bilanzrecht und neue Institutionenökonomik: Interdisziplinäre Überlegungen, in: Handelsbilanzen und Steuerbilanzen, hrsg. v. Budde, Wolfgang/ Moxter, Adolf/Offerhaus, Klaus, Düsseldorf 1997, S. 267-283 (Bilanzrecht und neue Institionenökonomik).

KIRCHNER, CHRISTIAN: Ökonomische Theorie des Rechts, Berlin 1997 (Ökonomische Theorie des Rechts).

KIRCHNER, CHRISTIAN/SCHMIDT, MATTHIAS: Hybride Regelsetzung im Recht der Unternehmensrechnungslegung - Fehlentwicklungen im europäischen Gesellschaftsrecht, in: BFuP 2006, 58. Jg., Nr. 4, S. 387-407 (Hybride Regelsetzung).

KIRSCH, HANNO: IFRS for SMEs - Positionierung der IFRS-Rechnungslegung für kleine und mittelgroße Unternehmen im Verhältnis zu den full IFRS, in: IRZ 2010, 5. Jg., Nr. 3, S. 119-126 (IFRS for SMEs).

KIRSCH, HANS-JÜRGEN: Zur Frage der Umsetzung der Mitgliedsstaatenwahlrechte der EU-Verordnung zur Anwendung der IAS/IFRS, in: WPg 2003, 56. Jg., Nr. 6, S. 275-278 (Zur Frage der Umsetzung).

KIRSCH, HANS-JÜRGEN/SCHELLHORN, MATHIAS: IFRS for SMEs - Deutschland ist keine Insel, in: DB 2011, 64. Jg., Nr. 16, S. M1 (IFRS for SMEs).

KLEINDIEK, DETLEF: Perspektiven des Kapitalschutzes - Themen und Meinungen in der nationalen Diskussion, in: BB-Special 2007, 62. Jg., Nr. 5, S. 2-7 (Perspektiven des Kapitalschutzes).

KLEINDIEK, DETLEF: Eigenkapital im nationalen und internationalen Bilanzrecht: Kapitalabgrenzung nach IFRS und HGB, in: ZHR 2011, 175. Jg., Nr. 2-3, S. 247-276 (Eigenkapital im nationalen und internationalen Bilanzrecht).

KNORR, LIESEL/BEIERSDORF, KATI/SCHMIDT, MARTIN: EU-Vorschlag zur Vereinfachung des Unternehmensumfelds - insbesondere für KMU, in: BB 2007, 62. Jg., Nr. 39, S. 2111-2117 (EU-Vorschlag zur Vereinfachung des Unternehmensumfelds).

KÖHLER, ANNETTE: IFRS-Standardentwurf für den Mittelstand - Ausgangssituation in Europa und Entwicklungsperspektiven, in: BB-Special 2007, 62. Jg., Nr. 6, S. 2-7 (IFRS-Standardentwurf für den Mittelstand).

KÖHLER, ANNETTE/MARTEN, KAI-UWE/SCHLERETH, DIETER/CRAMPTON, ADRIAN: Praxisbefragung: Erfahrungen von Unternehmen bei der Umstellung der Rechnungslegung von HGB auf IAS/IFRS oder US-GAAP, in: BB 2003, 58. Jg., Nr. 49, S. 2615-2621 (Erfahrungen von Unternehmen).

KORTH, HANS-MICHAEL/KSCHAMMER, MATTHIAS: Untersuchung der EU-Kommission zur Anwendung des IFRS for SMEs, in: DStR 2010, 48. Jg., Nr. 33, S. 1687-1693 (Untersuchung der EU-Kommission).

KPMG (HRSG.): Main Report: Feasibility Study on an alternative to the capital maintenance regime established by the Second Directive 77/91/EEC of 13 December 1976 and an examiniation of the impact on profit distribution of the new EU-accounting regime, Berlin 2008 (Feasibility Study on Capital Maintenance).

KRAFT, ERNST-THOMAS: Die Abgrenzung von Eigen- und Fremdkapital nach IFRS, in: ZGR 2008, 37. Jg., Nr. 2-3, S. 324-356 (Die Abgrenzung von Eigen- und Fremdkapital).

KRAWITZ, NORBERT: Die bilanzielle Behandlung der langfristigen Auftragsfertigung und Reformüberlegungen unter Berücksichtigung internationaler Entwicklungen, in: DStR 1997, 35. Jg., Nr. 22-23, S. 886-894 (Langfristige Auftragsfertigung).

KRONSTEIN, HEINRICH/CLAUSSEN, CARSTEN: Publizität und Gewinnverteilung im neuen Aktienrecht, Frankfurt am Main 1960 (Publizität und Gewinnverteilung).

KRÜMMEL, HANS-JACOB: Pagatorisches Prinzip und nominelle Kapitalerhaltung, in: Rechnungslegung: Entwicklungen bei der Bilanzierung und Prüfung von Kapitalgesellschaften, hrsg. v. Moxter, Adolf/Müller, Hans-Peter/Windmöller, Rolf/ von Wysocki, Klaus, Düsseldorf 1992, S. 307-320 (Pagatorisches Prinzip und nominelle Kapitalerhaltung).

KRUMNOW, JÜRGEN: Die deutsche Rechnungslegung auf dem Weg ins Abseits? Ein Ausblick nach der vorläufig abgeschlossenen EG-Harmonisierung, in: Bilanzrecht und Kapitalmarkt, hrsg. v. Ballwieser, Wolfgang/Böcking, Hans-Joachim/Drukarczyk, Jochen/Schmidt, Reinhard, Düsseldorf 1994, S. 679-698 (Deutsche Rechnungslegung).

KÜBLER, FRIEDRICH: Institutioneller Gläubigerschutz oder Kapitalmarkttransparenz? Rechtsvergleichende Überlegungen zu den "stillen Reserven", in: ZHR 1995, 159. Jg., Nr. 5, S. 550-566 (Institutioneller Gläubigerschutz oder Kapitalmarkttransparenz).

KÜBLER, FRIEDRICH: Vorsichtsprinzip versus Kapitalmarktinformation, Bilanzprobleme aus der Perspektive der Gesellschaftsrechtsvergleichung, in: Rechenschaftslegung im Wandel, hrsg. v. Förschle, Gerhart/Kaiser, Klaus/Moxter, Adolf, München 1995, S. 361-375 (Vorsichtsprinzip versus Kapitalmarktinformation).

KÜBLER, FRIEDRICH: Fragen und Wünsche des Gesellschafts- und Kapitalmarktrechts an das Recht der Rechnungslegung, in: ZGR 2000, 29. Jg., Nr. 4-5, S. 550-564 (Fragen und Wünsche).

KÜBLER, FRIEDRICH/ASSMANN, HEINZ-DIETER: Gesellschaftsrecht, Die privatrechtlichen Ordnungsstrukturen und Regelungsprobleme von Verbänden und Unternehmen, 6. Aufl., Heidelberg 2006 (Gesellschaftsrecht).

KUHN, STEFFEN/FRIEDRICH, MICHÈLE: Exposure Draft IFRS for Small and Medium-sized Entities: Komplexitätsreduktion durch die neuen Vorschriften zur Bilanzierung von Finanzinstrumenten?, in: DB 2007, 60. Jg., Nr. 17, S. 925-932 (Komplexitätsreduktion).

KÜHNBERGER, MANFRED: Eigenkapitalausweis und Kompetenzregeln für die AG bei der Kapitalaufbringung und -erhaltung nach BilMoG, in: BB 2011, 66. Jg., Nr. 22, S.1387-1391 (Eigenkapitalausweis und Kompetenzregeln).

KUHNER, CHRISTOPH: Zur Zukunft der Kapitalerhaltung durch bilanzielle Ausschüttungssperren im Gesellschaftsrecht der Staaten Europas, in: ZGR 2005, 34. Jg., Nr. 6, S. 753-787 (Zur Zukunft der Kapitalerhaltung).

KÜMPEL, THOMAS: Vorratsbewertung nach IAS 2, in: DStR 2005, 43. Jg., Nr. 28, S. 1153-1158 (Vorratsbewertung nach IAS 2).

KÜMPEL, THOMAS/BECKER, MICHAEL: Bilanzielle Zurechnung von Leasingobjekten, in: DStR 2006, 44. Jg., Nr. 33, S. 1471-1477 (Bilanzielle Zurechnung von Leasingobjekten).

KÜPPER, HANS-ULRICH/MATTESSICH, RICHARD: Twentieth Century Accounting Research in the German Language Area, in: Accounting, Business and Financial History 2005, 15. Jg., Nr. 3, S. 345-410 (Twentieth Century Accounting Research in the German Language Area).

KUßMAUL, HEINZ/HILMER, KARINA: Der Entwurf des IASB der IFRS für kleine und mittelgroße Unternehmen, in: PiR 2007, 3. Jg., Nr. 5, S. 121-124 (IFRS für kleine und mittelgroße Unternehmen).

KÜTING, KARLHEINZ: Der Geschäfts- oder Firmenwert in der deutschen Konsolidierungspraxis 2007, in: DStR 2007, 45. Jg., Nr. 37, S. 1795-1802 (Der Geschäfts- oder Firmenwert).

KÜTING, KARLHEINZ: Die Ermittlung der Herstellungskosten nach den Änderungen des Bilanzrechtsmodernisierungsgesetz, in: StuB 2008, 10. Jg., Nr. 11, S. 419-427 (Die Ermittlung der Herstellungskosten).

KÜTING, KARLHEINZ/CASSEL, JOCHEN: Anschaffungs- und Herstellungskosten nach HGB und IFRS, in: StuB 2011, 13. Jg., Nr. 8, S. 283-289 (Anschaffungs- und Herstellungskosten).

KÜTING, KARLHEINZ/DAWO, SASCHA: Die Bilanzierung immaterieller Vermögenswerte nach IAS 38 - gegenwärtige Regelungen und geplante Änderungen: Ein Beispiel für die Polarität von Vollständigkeitsprinzip und Objektivierungsprinzip, in: BFuP 2003, 55. Jg., Nr. 4, S. 397-416 (Die Bilanzierung immaterieller Vermögenswerte).

KÜTING, KARLHEINZ/KESSLER, HARALD/KEßLER, MARCO: Das Bilanzrechtsmodernisierungsgesetz (BilMoG): Moderne Bilanzierungsvorschriften für die betriebliche Altersversorgung? - Auswirkungen auf die bilanzielle Abbildung von Pensionsverpflichtungen deutscher Unternehmen, in: WPg 2008, 61. Jg., Nr. 11, S. 494-504 (Moderne Bilanzierungsvorschriften).

KÜTING, KARLHEINZ/KEßLER, MARCO: Pensionsrückstellungen nach HGB und IFRS: Die Bilanzierung versicherungsmathematischer Gewinne und Verluste, in: KoR 2006, 6. Jg., Nr. 3, S. 192-206 (Pensionsrückstellungen nach HGB und IFRS).

KÜTING, KARLHEINZ/LAM, SIU: IFRS für kleine und mittlere Unternehmen (Teil A), in: StuB 2011, 13. Jg., Nr. 18, S. 691-696 (IFRS für kleine und mittlere Unternehmen - Teil A).

KÜTING, KARLHEINZ/LAM, SIU: IFRS für kleine und mittlere Unternehmen (Teil B), in: StuB 2011, 13. Jg., Nr. 19, S. 751-755 (IFRS für kleine und mittlere Unternehmen - Teil B).

KÜTING, KARLHEINZ/RANKER, DANIEL: Umsetzung des Komponentenansatzes bei Immobilien in der IFRS-Bilanzierung, in: DB 2007, 60. Jg., Nr. 14, S. 753-758 (Umsetzung des Komponentenansatzes).

KÜTING, KARLHEINZ/SEEL, CHRISTOPH: Die Ungereimtheiten der Regelungen zu latenten Steuern im neuen Bilanzrecht, in: DB 2009, 62. Jg., Nr. 18, S. 922-931 (Die Ungereimtheiten der Regelungen).

KÜTING, KARLHEINZ/TRAPPMANN, HELMUT/RANKER, DANIEL: Gegenüberstellung der Bewertungskonzeption von beizulegendem Wert und Fair Value im Sachanlagevermögen, in: DB 2007, 60. Jg., Nr. 32, S. 1709-1716 (Gegenüberstellung der Bewertungskonzeption).

L

LANFERMANN, GEORG/RICHARD, MARC: Ausschüttungen auf Basis von IFRS: Bleibt die deutsche Bundesregierung zu zögerlich?, in: DB 2008, 61. Jg., Nr. 36, S. 1925-1932 (Ausschüttungen auf Basis von IFRS).

LANFERMANN, GEORG/RÖHRICHT, VICTORIA: Stand der europäischen Diskussion zur Kapitalerhaltung, in: BB-Special 2007, 62. Jg., Nr. 5, S. 8-13 (Stand der europäischen Diskussion).

LANFERMANN, GEORG/RÖHRICHT, VICTORIA: § 268 Abs. 8 HGB als neue Generalnorm für außerbilanzielle Ausschüttungssperren, in: DStR 2009, 47. Jg., Nr. 24, S. 1216-1222 (Neue Generalnorm für außerbilanzielle Ausschüttungssperren).

LARENZ, KARL/CANARIS, CLAUS-WILHELM: Methodenlehre der Rechtswissenschaft, 3. Aufl., Berlin 1995 (Methodenlehre der Rechtswissenschaft).

LEFFSON, ULRICH: Die Grundsätze ordnungsmäßiger Buchführung, 7. Aufl., Düsseldorf 1987 (Die Grundsätze ordnungsmäßiger Buchführung).

LEFTWICH, RICHARD: Accounting Information in Private Markets: Evidence from Private Lending Agreements, in: AR 1983, 58. Jg., Nr. 1, S. 23-42 (Accounting Information in Private Markets).

LEIPPE, BRITTA: Die Bilanzierung von Leasinggeschäften nach deutschem Handelsrecht und US-GAAP: Darstellung und Zweckmäßigkeitsanalyse, Frankfurt am Main 2002 (Die Bilanzierung von Leasinggeschäften).

LEUZ, CHRISTIAN: Rechnungslegung und Kreditfinanzierung: zum Zusammenhang von Ausschüttungsbegrenzung, bilanzieller Gewinnermittlung und vorsichtiger Rechnungslegung, Frankfurt am Main 1996 (Rechnungslegung und Kreditfinanzierung).

LEUZ, CHRISTIAN/DELLER, DOMINIC/STUBENRATH, MICHAEL: An International Comparison of Accounting-Based Payout Restrictions in the United States, United Kingdom and Germany, in: ABR 1998, 28. Jg., Nr. 1, S. 111-129 (International Comparison).

LEYTE, PIETER: The Regime of Capital Maintenance Pertaining to Public Companies, Its Reform and Alternatives, in: Business Law Review 2004, 25. Jg., Nr. 4, S. 84-92 (The Regime of Capital Maintenance).

LIENAU, ACHIM/ZÜLCH, HENNING/ERDMANN, MARK-KEN: Bilanzierung latenter Steuern auf Verlustvorträge nach IAS 12, in: DStR 2007, 45. Jg., Nr. 25, S. 1094-1097 (Bilanzierung latenter Steuern).

LÖHR, DIRK: IAS (IFRS) versus HGB - Ein einzelwirtschaftlicher Paradigmenwechsel als Fortschritt?, in: StuB 2003, 5. Jg., Nr. 14, S. 643-651 (IFRS versus HGB).

LORENZ, KARSTEN: Ansatz und Bewertung von Finanzinstrumenten im IFRS-Standardentwurf für den Mittelstand, in: BB-Special 2007, 62. Jg., Nr. 6, S. 12-18 (Ansatz und Bewertung von Finanzinstrumenten).

LUCIUS, FRIEDEMANN/VEIT, ANNEKATRIN: Bilanzierung von Altersversorgungsverpflichtungen in der Handelsbilanz nach IDW ERS HFA 30, in: BB 2010, 65. Jg., Nr. 5, S. 235-239 (Bilanzierung von Altersversorgungsverpflichtungen).

LÜDENBACH, NORBERT/FREIBERG, JENS: Zweifelsfragen der abstrakten und konkreten Bilanzierungsfähigkeit immaterieller Anlagen, in: BFuP 2009, 61. Jg., Nr. 2, S. 131-151 (Zweifelsfragen).

LÜDENBACH, NORBERT/HOFFMANN, WOLF-DIETER: Vergleichende Darstellung von Bilanzierungsproblemen des Sach- und immateriellen Anlagevermögens nach IAS und HGB, in: StuB 2003, 5. Jg., Nr. 4, S. 145-152 (Vergleichende Darstellung).

LÜDENBACH, NORBERT/HOFFMANN, WOLF-DIETER: Gemildertes Fair-Value-Prinzip bei der Bilanzierung von Wertpapiervermögen, in: DB 2004, 57. Jg., Nr. 3, S. 85-89 (Gemildertes Fair-Value-Prinzip).

LÜDENBACH, NORBERT/HOFFMANN, WOLF-DIETER: IFRS für den Mittelstand?, in: BFuP 2004, 56. Jg., Nr. 6, S. 596-614 (IFRS für den Mittelstand).

LÜDENBACH, NORBERT/HOFFMANN, WOLF-DIETER: Der Standardentwurf des IASB für den Mittelstand, in: DStR 2007, 45. Jg., Nr. 12, S. 544-549 (Der Standardentwurf des IASB für den Mittelstand).

LÜHR, INGRID: Internationale Rechnungslegung für kleine und mittelgroße Unternehmen, Wiesbaden 2010 (Internationale Rechnungslegung).

LUTTER, MARCUS: Kapital, Sicherung der Kapitalaufbringung und Kapitalerhaltung in den Aktien- und GmbH-Rechten der EWG, Karlsruhe 1964 (Kapitalerhaltung in den Aktien- und GmbH-Rechten).

LUTTER, MARCUS: Das Europäische Unternehmensrecht im 21. Jahrhundert, in: ZGR 2000, 29. Jg., Nr. 1, S. 1-18 (Das Europäische Unternehmensrecht).

M

MAIER, MICHAEL/WEIL, MATTHIAS: Latente Steuern im Einzel- und Konzernabschluss: Auswirkungen des BilMoG auf die Bilanzierungspraxis, in: DB 2009, 62. Jg., Nr. 51-52, S. 2729-2736 (Latente Steuern).

MANDLER, UDO: Argumente für und gegen IAS/IFRS im Mittelstand, in: StuB 2003, 5. Jg., Nr. 15, S. 680-687 (Argumente für und gegen IAS/IFRS im Mittelstand).

MANDLER, UDO: Der deutsche Mittelstand vor der IAS-Umstellung 2005, Herne 2004 (Der deutsche Mittelstand).

MARTEN, KAI-UWE/SCHLERETH, DIETER/CRAMPTON, ADRIAN/KÖHLER, ANNETTE: Rechnungslegung nach IAS - Nutzeneffekte aus Sicht von Eigenkapitalgebern, in: BB 2002, 57. Jg., Nr. 39, S. 2007-2012 (Rechnungslegung nach IAS).

MATTESSICH, RICHARD: On the history of normative accounting theory: paradigm lost, paradigm regained?, in: Accounting, Business and Financial History 1992, 2. Jg., Nr. 2, S. 181-198 (On the history of normative accounting theory).

MAUL, SILJA/LANFERMANN, GEORG/RICHARD, MARC: Zur Leistungsfähigkeit der Ausschüttungsmodelle in Europa und Drittstaaten, in: AG 2010, 55. Jg., Nr. 8, S. 279-291 (Zur Leistungsfähigkeit der Ausschüttungsmodelle in Europa und Drittstaaten).

MELLWIG, WINFRIED: Zur Abzinsung von Verbindlichkeiten und Rückstellungen im deutschen Bilanzrecht, in: Besteuerung, Rechnungslegung und Prüfung der Unternehmen, hrsg. v. Baumhoff, Hubertus/Dücker, Reinhard/Köhler, Stefan, Wiesbaden 2010, S. 669-687 (Zur Abzinsung von Verbindlichkeiten).

MELLWIG, WINFRIED/WEINSTOCK, MARC: Die Zurechnung von mobilen Leasingobjekten nach dem deutschen Handelsrecht und den Vorschriften des IASC, in: DB 1996, 49. Jg., Nr. 47, S. 2345-2352 (Die Zurechnung von mobilen Leasingobjekten).

MERKT, HANNO: Creditor Protection and Capital Maintenance from a German Perspective, in: EBLR 2004, 15. Jg., S. 1045-1057 (Creditor Protection and Capital Maintenance).

MERKT, HANNO: Der Kapitalschutz in Europa - ein rocher de bronze?, in: ZGR 2004, 33. Jg., Nr. 3-4, S. 305-323 (Der Kapitalschutz in Europa).

MERKT, HANNO: IFRS und die Folgen für den Kapitalschutz im Gesellschaftsrecht, in: IFRS in Rechnungswesen und Controlling, hrsg. v. Börsig, Clemens/Wagenhofer, Alfred, Stuttgart 2006, S. 89-109 (IFRS und die Folgen für den Kapitalschutz).

MERSCHMEYER, MARC: Die Kapitalschutzfunktion des Jahresabschlusses und Übernahme der IAS/IFRS für die Einzelbilanz, Frankfurt am Main 2005 (Die Kapitalschutzfunktion des Jahresabschlusses).

METH, DIRK: Die IFRS als Grundlage der Rechnungslegung mittelständischer Unternehmen, Lohmar 2007 (Die IFRS als Grundlage).

MEYER, CLAUS: Bilanzrechtsmodernisierungsgesetz (BilMoG) - die wesentlichen Änderungen nach dem Referentenentwurf, in: DStR 2007, 45. Jg., Nr. 49, S. 2227-2231 (Die wesentlichen Änderungen nach dem Referentenentwurf).

MINDERMANN, TORSTEN: Der Ansatz immaterieller Vermögenswerte des Anlagevermögens, in: StuB 2010, 12. Jg., Nr. 17, S. 658-660 (Der Ansatz immaterieller Vermögenswerte).

MÖLLER, HANS/HÜFNER, BERND/KAVERMANN, MARKUS: Zur Aktienmarktentwicklung "international anerkannter" Rechnungslegung in Deutschland, in: Personal und

Organisation, hrsg. v. Wildemann, Horst, München 2004 (Zur Aktienmarktentwicklung).

MORRIS, RICHARD: Distributable Profit in Britain Since 1980: A Critical Appraisal, in: Abacus 1991, 27. Jg., Nr. 1, S. 15-31 (Distributable Profit in Britain Since 1980).

MOXTER, ADOLF: Die Grundsätze ordnungsmäßiger Bilanzierung und der Stand der Bilanztheorie, in: ZfbF 1966, 18. Jg., Nr. 1, S. 28-59 (Die Grundsätze ordnungsmäßiger Bilanzierung).

MOXTER, ADOLF: Wirtschaftliche Gewinnermittlung und Bilanzsteuerrecht, in: StuW 1983, 33. Jg., Nr. 4, S. 300-307 (Wirtschaftliche Gewinnermittlung und Bilanzsteuerrecht).

MOXTER, ADOLF: Bilanzlehre, Band I: Einführung in die Bilantheorie, 3. Aufl., Wiesbaden 1984 (Bilanzlehre, Band I).

MOXTER, ADOLF: Das Realisationsprinzip - 1884 und heute, in: BB 1984, 39. Jg., Nr. 28, S. 1780-1786 (Realisationsprinzip).

MOXTER, ADOLF: Periodengerechte Gewinnermittlung und Bilanz im Rechtssinne, in: Handelsrecht und Steuerrecht, hrsg. v. Knobbe-Keuk, Brigitte/Klein, Franz/Moxter, Adolf, Düsseldorf 1988, S. 447-458 (Periodengerechte Gewinnermittlung).

MOXTER, ADOLF: Entwicklung der Theorie der handels- und steuerrechtlichen Gewinnermittlung, in: ZfbF Sonderheft 1993, 45. Jg., Nr. 32, S. 61-84 (Entwicklung der Theorie der handels- und steuerrechtlichen Gewinnermittlung).

MOXTER, ADOLF: Zum Verhältnis von handelsrechtlichen Grundsätzen ordnungsmäßiger Bilanzierung und True-and-fair-view-Gebot bei Kapitalgesellschaften, in: Rechenschaftslegung im Wandel, hrsg. v. Förschle, Gerhart/Kaiser, Klaus/Moxter, Adolf, München 1995, S. 419-429 (Handelsrechtliche Grundsätze ordnungsmäßiger Bilanzierung).

MOXTER, ADOLF: Zur Interpretation des True-and-fair-view-Gebots der Jahresabschlußrichtlinie, in: Jahresabschluss und Jahresabschlussprüfung, hrsg. v. Fischer, Thomas/Hömberg, Reinhold, Düsseldorf 1997, S. 97-116 (Zur Interpretation des True-and-fair-view-Gebots).

MOXTER, ADOLF: Rückstellungen nach IAS: Abweichungen vom geltenden deutschen Bilanzrecht, in: BB 1999, 54. Jg., Nr. 10, S. 519-525 (Rückstellungen nach IAS).

MOXTER, ADOLF: Rechnungslegungsmythen, in: BB 2000, 55. Jg., Nr. 42, S. 2143-2149 (Rechnungslegungsmythen).

MOXTER, ADOLF: Grundsätze ordnungsmäßiger Rechnungslegung, Düsseldorf 2003 (Grundsätze ordnungsmäßiger Rechnungslegung).

MOXTER, ADOLF: Gewinnrealisierung nach IAS/IFRS - Erosion des HGB-Realisationsprinzips, in: ZVglRWiss 2004, 103. Jg., Nr. 3, S. 268-280 (Gewinnrealisierung nach IAS/IFRS).

MOXTER, ADOLF: Neue Ansatzkriterien für Verbindlichkeitsrückstellungen? (Teil I), in: DStR 2004, 42. Jg., Nr. 25, S. 1057-1060 (Neue Ansatzkriterien - Teil I).

MUJKANOVIC, ROBIN: Die Bewertung von Finanzinstrumenten zum fair value nach BilMoG, in: StuB 2009, 11. Jg., Nr. 9, S. 329-335 (Die Bewertung von Finanzinstrumenten).

MUJKANOVIC, ROBIN/RAATZ, PASCAL: Der Component Approach nach IAS 16 im HGB-Abschluss?, in: KoR 2008, 8. Jg., Nr. 4, S. 245-250 (Der Component Approach nach IAS 16).

MÜLBERT, PETER: Zukunft der Kapitalaufbringung/Kapitalerhaltung, in: DK 2004, 2. Jg., Nr. 3, S. 151-162 (Zukunft der Kapitalerhaltung).

MÜLBERT, PETER/BIRKE, MAX: Legal Capital - Is There a Case against the European Legal Capital Rules?, in: EBOR 2002, 3. Jg., Nr. 4, S. 695-732 (Legal Capital).

MÜLLER, STEFAN/WELLER, NIELS/REINKE, JENS: Entwicklungstendenzen in der Eigenkapitalabgrenzung, in: DB 2008, 61. Jg., Nr. 21, S. 1109-1115 (Entwicklungstendenzen).

MYERS, STEWART: Determinants of Corporate Borrowing, in: JoFE 1977, 5. Jg., Nr. 2, S. 147-175 (Determinants of Corporate Borrowing).

N

NAIR, ROBERT/RITTENBERG, LARRY: Accounting Costs of Privately Held Businesses, in: JoAAF 1983, 6. Jg., Nr. 3, S. 234-243 (Accounting Costs).

NAJDEREK, ANNE: Harmonisierung des europäischen Bilanzrechts, Problembestimmung und konzeptionelle Würdigung, Wiesbaden 2009 (Harmonisierung des europäischen Bilanzrechts).

NAUMANN, KLAUS-PETER: Fortentwicklung der handelsrechtlichen Rechnungslegung und Konsequenzen für die Kapitalerhaltung, in: DK 2007, 5. Jg., Nr. 6-7, S. 422-427 (Fortentwicklung der handelsrechtlichen Rechnungslegung).

NAUMANN, KLAUS-PETER: Zweifelsfragen der Bilanzierung latenter Steuern im Einzelabschluss nach dem Bilanzrechtsmodernisierungsgesetz, in: Besteuerung, Rechnungslegung und Prüfung der Unternehmen, hrsg. v. Baumhoff, Hubertus/Dücker, Reinhard/Köhler, Stefan, Wiesbaden 2010, S. 690-704 (Zweifelsfragen der Bilanzierung).

NIEHUES, MICHAEL: EU-Rechnungslegungsstrategie und Gläubigerschutz, in: WPg 2001, 54. Jg., Nr. 21, S. 1209-1222 (EU-Rechnungslegungsstrategie).

NIEHUS, RUDOLF: "Auch für Einzelabschlüsse gelten grundsätzlich die IAS"? - Ein Beitrag zu den (möglichen) Grenzen einer „Internationalisierung" der Rechnungslegung im Einzelabschluss -, in: WPg 2001, 54. Jg., Nr. 14-15, S. 737-752 (Einzelabschlüsse).

NIEHUS, RUDOLF: Der EU-Vorschlag für eine "Modernisierung" der Bilanzrichtlinien, in: DB 2002, 55. Jg., Nr. 28, S. 1385-1390 (EU-Vorschlag).

NIESSEN, HERMANN: Gründung und Kapital von Aktiengesellschaften im Gemeinsamen Markt, in: AG 1970, 15. Jg., Nr. 10, S. 281-296 (Gründung und Kapital).

O

OCHS, ANDREAS/LEIBFRIED, PETER: IFRS für den deutschen Mittelstand?, in: PiR 2006, 2. Jg., Nr. 10, S. 183-189 (IFRS für den deutschen Mittelstand).

OEHLER, RALPH: Auswirkungen einer IAS/IFRS-Umstellung bei KMU, München 2005 (Auswirkungen einer IAS/IFRS-Umstellung bei KMU).

ORDELHEIDE, DIETER: True and fair view, A European and a German perspective, in: EAR 1993, 1. Jg., Nr. 1, S. 81-90 (True and fair view).

ORDELHEIDE, DIETER: Bedeutung und Wahrung des Kongruenzprinzips ("clean surplus") im internationalen Rechnungswesen, in: Unternehmensberatung und Wirtschaftsprüfung, hrsg. v. Matschke, Manfred/Schildbach, Thomas, Stuttgart 1998, S. 515-530 (Bedeutung und Wahrung des Kongruenzprinzips).

ORDELHEIDE, DIETER: Wettbewerb der Rechnungslegungssysteme IAS, US-GAAP und HGB, in: Controlling und Rechnungswesen im internationalen Wettbewerb, hrsg. v. Börsig, Clemens/Coenenberg, Adolf, Stuttgart 1998, S. 15-53 (Wettbewerb der Rechnungslegungssysteme).

OVERSBERG, THOMAS: Übernahme der IFRS in Europa: Der Endorsement-Prozess - Status quo und Aussicht, in: DB 2007, 60. Jg., Nr. 30, S. 1597-1602 (Übernahme der IFRS in Europa).

P

PARISI, FRANCESCO: Positive, Normative and Functional Schools in Law and Economics, in: European Journal of Law and Economics 2004, 18. Jg., Nr. 3, S. 259-272 (Schools in Law and Economics).

PEEMÖLLER, VOLKER/SPANIER, GÜNTER/WELLER, HEINO: Internationalisierung der externen Rechnungslegung: Auswirkungen auf nicht kapitalmarktorientierte Unternehmen, in: BB 2002, 57. Jg., Nr. 35, S. 1799-1803 (Internationalisierung der externen Rechnungslegung).

PELLENS, BERNHARD/CRASSELT, NILS/SELLHORN, THORSTEN: Solvenztest zur Ausschüttungsbemessung - Berücksichtigung unsicherer Zukunftserwartungen, in: ZfbF 2007, 59. Jg., Nr. 3, S. 264-283 (Solvenztest zur Ausschüttungsbemessung).

PELLENS, BERNHARD/FÜLBIER, ROLF: Differenzierung der Rechnungslegungsregulierung nach Börsenzulassung, in: ZGR 2000, 29. Jg., Nr. 4-5, S. 572-593 (Differenzierung der Rechnungslegungsregulierung).

PELLENS, BERNHARD/FÜLBIER, ROLF/GASSEN, JOACHIM: Unternehmenspublizität unter veränderten Marktbedingungen, in: Controlling und Rechnungswesen im internationalen Wettbewerb, hrsg. v. Börsig, Clemens/Coenenberg, Adolf, Stuttgart 1998, S. 55-69 (Unternehmenspublizität unter veränderten Marktbedingungen).

PELLENS, BERNHARD/FÜLBIER, ROLF/GASSEN, JOACHIM/SELLHORN, THORSTEN: Internationale Rechnungslegung, 8. Aufl., Stuttgart 2011 (Internationale Rechnungslegung).

PELLENS, BERNHARD/GASSEN, JOACHIM: EU-Verordnungsentwurf zur IAS-Konzernrechnungslegung, in: KoR 2001, 1. Jg., Nr. 4, S. 137-142 (EU-Verordnungsentwurf).

PELLENS, BERNHARD/JÖDICKE, DIRK/RICHARD, MARC: Solvenztests als Alternative zur bilanziellen Kapitalerhaltung?, in: DB 2005, 58. Jg., Nr. 26-27, S. 1393-1401 (Solvenztests als Alternative).

PELLENS, BERNHARD/JÖDICKE, DIRK/SCHMIDT, ANDRÉ: Reformbestrebungen zum Gläubigerschutz, in: DK 2007, 5. Jg., Nr. 6-7, S. 427-435 (Reformbestrebungen zum Gläubigerschutz).

PELLENS, BERNHARD/KEMPER, THOMAS/SCHMIDT, ANDRÉ: Geplante Reformen im Recht der GmbH: Konsequenzen für den Gläubigerschutz, in: ZGR 2008, 37. Jg., Nr. 2-3, S. 381-430 (Geplante Reformen im Recht der GmbH).

PELLENS, BERNHARD/SELLHORN, THORSTEN: Zukunft des bilanziellen Kapitalschutzes, in: Das Kapital der Aktiengesellschaft in Europa, hrsg. v. Lutter, Marcus, Berlin 2006, S. 451-487 (Zukunft des bilanziellen Kapitalschutzes).

PETERSEN, KARL/ZWIRNER, CHRISTIAN/FROSCHHAMMER, MATTHIAS: Funktionsweise und Problembereiche der im Rahmen des BilMoG neu eingeführten außerbilanziellen Ausschüttungssperre des § 268 Abs. 8 HGB, in: KoR 2010, 10. Jg., Nr. 6, S. 334-341 (Funktionsweise und Problembereiche).

PETERSEN, KARL/ZWIRNER, CHRISTIAN/FROSCHHAMMER, MATTHIAS: Ausschüttungssperre nach § 268 Abs. 8 HGB - Fallbeispiel zu einer Mehrperiodenbetrachtung, in: KoR 2011, 11. Jg., Nr. 9, S. 437-441 (Ausschüttungssperre nach § 268 Abs. 8 HGB).

PFOHL, HANS-CHRISTIAN: Abgrenzung der Klein- und Mittelbetriebe von Großbetrieben, in: Betriebswirtschaftslehre der Mittel- und Kleinbetriebe, hrsg. v. Pfohl, Hans-Christian, 4. Aufl., Berlin 2006, S. 1-24 (Abgrenzung der Klein- und Mittelbetriebe).

POLL, JENS: Zum Stand des Projekts IFRS for SMEs, in: IRZ 2006, 1. Jg., Nr. 2, S. 83-86 (Zum Stand des Projekts IFRS for SMEs).

POTTGIEßER, GABY: Einflüsse internationaler Standards auf die handelsrechtliche Rechnungslegung und die steuerrechtliche Gewinnermittlung, Wiesbaden 2006 (Einflüsse internationaler Standards).

PREIßLER, GERALD: "Prinzipienbasierung" der IAS?, in: DB 2002, 55. Jg., Nr. 46, S. 2389-2395 (Prinzipienbasierung der IAS).

PRONOBIS, PAUL: Die Neugestaltung des Performance Reporting nach IFRS, Weinheim 2011 (Die Neugestaltung des Performance Reporting).

Q

QUICK, RAINER: Einzelfragen der Vorratsbewertung nach IAS 2, in: DB 2008, 61. Jg., Nr. 41, S. 2206-2211 (Einzelfragen der Vorratsbewertung).

R

RAMMERT, STEFAN: Gläubigerschutz durch Nominalkapitalerhaltung - eine ökonomische Analyse, München 2000 (Gläubigerschutz durch Nominalkapitalerhaltung).

RAMMERT, STEFAN: Lohnt die Erhaltung der Kapitalerhaltung?, in: BFuP 2004, 56. Jg., Nr. 6, S. 578-595 (Erhaltung der Kapitalerhaltung).

RAMMERT, STEFAN/THIES, ANGELIKA: Mit dem Bilanzrechtsmodernisierungsgesetz zurück in die Zukunft - was wird aus Kapitalerhaltung und Besteuerung?, in: WPg 2009, 62. Jg., Nr. 1, S. 34-46 (Kapitalerhaltung und Besteuerung).

RHIEL, RAIMUND/VEIT, ANNEKATRIN: Auswirkungen des BilMoG bei der Bilanzierung von Pensionsrückstellungen, in: PiR 2009, 5. Jg., Nr. 6, S. 167-171 (Auswirkungen des BilMoG).

RICHARD, MARC: Kapitalschutz der Aktiengesellschaft: Eine rechtsvergleichende und ökonomische Analyse deutscher und US-amerikanischer Kapitalschutzsysteme, Frankfurt am Main 2007 (Kapitalschutz der Aktiengesellschaft).

RICHTER, RUDOLF/FURUBOTN, EIRIK: Neue Institutionenökonomik, 4. Aufl., Tübingen 2010 (Neue Institutionenökonomik).

RICKFORD, JONATHAN: Reforming Capital - Report of the Interdisciplinary Group on Capital Maintenance, in: EBLR 2004, 15. Jg., S. 919-1027 (Reforming Capital).

RICKFORD, JONATHAN: Legal Approaches to Restricting Distributions to Shareholders: Balance Sheet Tests and Solvency Tests, in: EBOR 2006, 7. Jg., Nr. 1, S. 135-179 (Legal Approaches to Restricting Distributions).

RÖHL, KLAUS/RÖHL, HANS: Allgemeine Rechtslehre, 3. Aufl., Köln 2008 (Allgemeine Rechtslehre).

ROTH, OLIVER: IFRS für KMU - Hintergründe und Kritik zum ED-IFRS, in: DStR 2007, 45. Jg., Nr. 33, S. 1454-1458 (IFRS für KMU).

RUHNKE, KLAUS/NERLICH, CHRISTOPH: Behandlung von Regelungslücken innerhalb der IFRS, in: DB 2004, 57. Jg., Nr. 8, S. 389-395 (Behandlung von Regelungslücken).

RÜTHERS, BERND/FISCHER, CHRISTIAN: Rechtstheorie, 5. Aufl., München 2010 (Rechtstheorie).

S

SCHEFFLER, WOLFRAM: Bilanzrechtsmodernisierungsgesetz und steuerliche Gewinnermittlung, in: StuB 2009, 11. Jg., Nr. 2, S. 45-52 (Steuerliche Gewinnermittlung).

SCHILDBACH, THOMAS: IAS als Rechnungslegungsstandards für alle, in: BFuP 2002, 54. Jg., Nr. 3, S. 263-278 (IAS als Rechnungslegungsstandards für alle).

SCHILDBACH, THOMAS: Prinzipienorientierung - wirksamer Schutz gegen Enronitis?, in: BFuP 2003, 55. Jg., Nr. 3, S. 247-266 (Prinzipienorientierung).

SCHILDBACH, THOMAS: Das System der IAS/IFRS in der EU: Charakter und Probleme, in: Kritisches zu Rechnungslegung und Unternehmensbesteuerung, hrsg. v. Schneider, Dieter/Rückle, Dieter/Küpper, Hans-Ulrich/Wagner, Franz, Berlin 2005, S. 45-63 (Das System der IFRS).

SCHILDBACH, THOMAS: Das Eigenkapital deutscher Unternehmen im Jahresabschluss nach IFRS - Analyse eines Problems, in: BFuP 2006, 58. Jg., Nr. 4, S. 325-341 (Das Eigenkapital deutscher Unternehmen).

SCHILDBACH, THOMAS: Einsatzmöglichkeiten des IFRS for SMEs in Europa, in: WPg 2011, 64. Jg., Nr. 3, S. 114-119 (Einsatzmöglichkeiten des IFRS for SMEs in Europa).

SCHMALENBACH, EUGEN: Die Doppelte Buchführung, Köln 1950 (Die Doppelte Buchführung).

SCHMIDT, INGO: Ansätze für eine umfassende Rechnungslegung zur Zahlungsbemessung und Informationsvermittlung: Eine Analyse am Beispiel der Goodwill-Bilanzierung, Wiesbaden 2007 (Analyse für eine umfassende Rechnungslegung).

SCHMIDT, KLAUS: The Economics of Covenants as a Means of Efficient Creditor Protection, in: EBOR 2006, 7. Jg., Nr. 1, S. 89-94 (The Economics of Covenants).

SCHMIDT, MATTHIAS/BERG, RENÉ/SCHMIDT, PEER: Die Herstellung der Justiziabilität von IFRS, in: BFuP 2011, 63. Jg., Nr. 1, S. 53-75 (Die Herstellung der Justiziabilität).

SCHMIDT, REINHARD/TERBERGER, EVA: Grundzüge der Investitions- und Finanzierungstheorie, 4. Aufl., Wiesbaden 1997 (Grundzüge der Investitions- und Finanzierungstheorie).

SCHMITTHOFF, CLIVE: The Second EEC Directive on Company Law, in: CMLR 1978, 15. Jg., Nr. 1, S. 43-54 (The Second EEC Directive).

SCHNEIDER, DIETER: Ausschüttungsfähiger Gewinn und das Minimum an Selbstfinanzierung, in: ZfbF 1968, 20. Jg., Nr. 1, S. 1-29 (Ausschüttungsfähiger Gewinn).

SCHNEIDER, DIETER: Betriebswirtschaftliche Gewinnermittlung oder ökonomische Analyse des Bilanzrechts?, in: ZfbF 1983, 35. Jg., Nr. 12, S. 1040-1065 (Betriebswirtschaftliche Gewinnermittlung).

SCHNEIDER, DIETER: Rechtsfindung durch Deduktion von Grundsätzen ordnungsmäßiger Buchführung aus gesetzlichen Jahresabschlusszwecken?, in: StuW 1983, 60. Jg., Nr. 2, S. 141-160 (Rechtsfindung durch Deduktion).

SCHNEIDER, DIETER: Betriebswirtschaftslehre, Band 1: Grundlagen, 2. Aufl., München 1995 (Betriebswirtschaftslehre, Band 1: Grundlagen).

SCHNEIDER, DIETER: Betriebswirtschafslehre, Band 2: Rechnungswesen, 2. Aufl., München 1997 (Betriebswirtschaftslehre, Band 2: Rechnungswesen).

SCHNEIDER, DIETER: Fördern internationale Rechnungslegungsstandards Wettbewerb als Verwertung von Wissen?, in: ZfbF Sonderheft 2000, 52. Jg., Nr. 45, S. 23-40 (Wettbewerb als Verwertung von Wissen).

SCHNEIDER, DIETER: Betriebswirtschaftslehre, Band 4: Geschichte und Methoden der Wirtschaftswissenschaft, München 2001 (Betriebswirtschaftslehre, Band 4: Geschichte und Methoden).

SCHNEIDER, DIETER: Eigenmittelquote und Fortbestehensprognose - Zweifel an zwei Grundannahmen des Unternehmensreorganisationsgesetzes, in: Der Wirtschaftstreuhänder 2007, o. Jg., Nr. 4, S. 10-14 (Eigenmittelquote und Fortbestehensprognose).

SCHÖN, WOLFGANG: Deutsches Konzernprivileg und europäischer Kapitalschutz - ein Widerspruch?, in: Aktien- und Bilanzrecht, hrsg. v. Forster, Karl-Heinz/Grunewald, Barbara/Lutter, Marcus/Semler, Johannes, Düsseldorf 1997, S. 285-300 (Deutsches Konzernprivileg und europäischer Kapitalschutz).

SCHÖN, WOLFGANG: Entwicklung und Perspektiven des Handelsbilanzrechts: vom ADHGB zum IASC, in: ZHR 1997, 161. Jg., Nr. 1, S. 133-159 (Entwicklung und Perspektiven des Handelsbilanzrechts).

SCHÖN, WOLFGANG: Gesellschafter-, Gläubiger- und Anlegerschutz im Europäischen Bilanzrecht, in: ZGR 2000, 29. Jg., Nr. 4-5, S. 706-742 (Gesellschafter-, Gläubiger- und Anlegerschutz).

SCHÖN, WOLFGANG: Internationalisierung der Rechnungslegung und Gläubigerschutz, in: WPg Sonderheft 2001, 54. Jg., S. 74-79 (Internationalisierung der Rechnungslegung).

SCHÖN, WOLFGANG: Die Zukunft der Kapitalaufbringung/-erhaltung, in: DK 2004, 2. Jg., Nr. 3, S. 162-170 (Die Zukunft der Kapitalaufbringung/-erhaltung).

SCHÖN, WOLFGANG: Kompetenzen der Gerichte zur Auslegung von IAS/IFRS, in: DB 2004, 59. Jg., Nr. 14, S. 763-768 (Kompetenzen der Gerichte).

SCHÖN, WOLFGANG: Vermögensbindung und Kapitalschutz in der AG - Versuch einer Differenzierung, in: Gesellschaftsrecht, Rechnungslegung, Sportrecht, hrsg. v. Crezelius, Georg/Hirte, Heribert/Vieweg, Klaus, Köln 2005, S. 559-570 (Vermögensbindung und Kapitalschutz).

SCHÖN, WOLFGANG: Balance Sheet Tests or Solvency Tests - or Both?, in: EBOR 2006, 7. Jg., Nr. 1, S. 181-198 (Balance Sheet Tests or Solvency Tests).

SCHREINER, THOMAS: IFRS für KMU: Ist die Belastung für den Mittelstand wirklich notwendig?, in: WPg Sonderheft 2010, 63. Jg., S. 20-22 (IFRS für KMU).

SCHÜLKE, THILO: Zur Aktivierbarkeit selbstgeschaffener immaterieller Vermögensgegenstände, in: DStR 2010, 48. Jg., Nr. 19, S. 992-998 (Aktivierbarkeit selbstgeschaffener immaterieller Vermögensgegenstände).

SCHULZE-OSTERLOH, JOACHIM: Rückzahlungsbetrag und Abzinsung von Rückstellungen und Verbindlichkeiten - Überlegungen zur Reform des HGB-Bilanzrechts, in: BB 2003, 58. Jg., Nr. 7, S. 351-355 (Rückzahlungsbetrag und Abzinsung von Rückstellungen).

SCHULZE-OSTERLOH, JOACHIM: Internationalisierung der Rechnungslegung und ihre Auswirkungen auf die Grundprinzipien des deutschen Rechts, in: DK 2004, 2. Jg., Nr. 3, S. 173-177 (Internationalisierung der Rechnungslegung).

SCHULZE-OSTERLOH, JOACHIM: Vorschläge für ein Bilanzrechtsmodernisierungsgesetz, in: ZIP 2004, 25. Jg., Nr. 24, S. 1128-1137 (Vorschläge).

SCHULZE-OSTERLOH, JOACHIM: Ausgewählte Änderungen des Jahresabschlusses nach dem Referentenentwurf eines Bilanzrechtsmodernisierungsgesetzes, in: DStR 2008, 46. Jg., Nr. 1-2, S. 63-73 (Ausgewählte Änderungen).

SCHWARZ, GÜNTER: Europäisches Gesellschaftsrecht - Ein Handbuch für Wissenschaft und Praxis, Baden-Baden 2000 (Europäisches Gesellschaftsrecht).

SCHWEEN, CARSTEN: Tatsächliche und latente Steuern im IFRS-Standardentwurf für den Mittelstand, in: BB-Special 2007, 62. Jg., Nr. 6, S. 18-23 (Tatsächliche und latente Steuern).

SENGER, THOMAS: Begleitung mittelständischer Unternehmen bei der Umstellung der Rechnungslegung auf IFRS, in: WPg 2007, 60. Jg., Nr. 10, S. 412-422 (Begleitung mittelständischer Unternehmen).

SIEBLER, UTE: Internationalisierung der Rechnungslegung und deren Auswirkungen auf Handels- und Steuerbilanz nicht auf den geregelten Kapitalmarkt ausgerichteter Unternehmen, Berlin 2008 (Internationalisierung der Rechnungslegung).

SIEGEL, THEODOR: Mangelnde Ernsthaftigkeit des Gläubigerschutzes als offene Flanke der deutschen Rechnungslegungsvorschriften, in: Jahresabschluss und Jahresabschlussprüfung, hrsg. v. Fischer, Thomas/Hömberg, Reinhold, Düsseldorf 1997, S. 117-149 (Mangelnde Ernsthaftigkeit).

SIEGEL, THEODOR: Zeitwertbilanzierung für das deutsche Bilanzrecht, in: BFuP 1998, 50. Jg., Nr. 5, S. 593-603 (Zeitwertbilanzierung).

SIEGEL, THEODOR: Unentziehbarkeit als zentrales Kriterium für den Ansatz von Rückstellungen, in: DStR 2002, 40. Jg., Nr. 28, S. 1192-1196 (Unentziehbarkeit).

SIEGEL, THEODOR: Normierung der Rechnungslegung und "Bilanzrechtsmodernisierung", in: Private und öffentliche Rechnungslegung, hrsg. v. Wagner, Franz/Schildbach, Thomas/Schneider, Dieter, Wiesbaden 2008, S. 337-368 (Normierung der Rechnungslegung).

SMITH, CLIFFORD/WARNER, JEROLD: On Financial Contracting: An Analysis of Bond Covenants, in: JoFE 1979, 7. Jg., Nr. 2, S. 117-161 (On Financial Contracting).

SOLMECKE, HENRIK: Auswirkungen des Bilanzrechtsmodernisierungsgesetzes (BilMoG) auf die handelsrechtlichen Grundsätze ordnungsmäßiger Buchführung, Düsseldorf 2009 (Auswirkungen des BilMoG auf die handelsrechtlichen GoB).

STAMP, EDWARD: Multi-Column-Reporting, in: Developments in Financial Reporting, hrsg. v. Lee, Thomas, Oxford 1981, S. 57-77 (Multi-Column-Reporting).

STREIM, HANNES: Die Generalnorm des § 264 Abs. 2 HGB - eine kritische Analyse, in: Bilanzrecht und Kapitalmarkt, hrsg. v. Ballwieser, Wolfgang/Böcking, Hans-Joachim/Drukarczyk, Jochen/Schmidt, Reinhard, Düsseldorf 1994, S. 393-406 (Die Generalnorm des § 264 Abs. 2 HGB).

STREIM, HANNES: Die Vermittlung von entscheidungsnützlichen Informationen durch Bilanz und GuV - Ein nicht einlösbares Versprechen der internationalen Standardsetter, in: BFuP 2000, 52. Jg., Nr. 2, S. 111-131 (Die Vermittlung von entscheidungsnützlichen Informationen).

STREIM, HANNES/BIEKER, MARCUS/ESSER, MAIK: Der schleichende Abschied von der Ausschüttungsbilanz - Grundsätzliche Überlegungen zum Inhalt einer Informationsbilanz, in: Steuern, Rechnungslegung und Kapitalmarkt, hrsg. v. Dirrigl, Hans/Wenger, Ekkehard, Wiesbaden 2004, S. 229-244 (Der schleichende Abschied von der Ausschüttungsbilanz).

STREIM, HANNES/BIEKER, MARCUS/ESSER, MAIK: Fair Value Accounting in der IFRS-Rechnungslegung - eine Zweckmäßigkeitsanalyse, in: Kritisches zu Rechnungslegung und Unternehmensbesteuerung, hrsg. v. Schneider, Dieter/Rückle, Dieter/Küpper, Hans-Ulrich/Wagner, Franz, Berlin 2005, S. 87-109 (Fair Value-Accounting).

STREIM, HANNES/BIEKER, MARCUS/LEIPPE, BRITTA: Anmerkungen zur theoretischen Fundierung der Rechnungslegung nach International Accounting Standards, in: Wolfgang Stützel - moderne Konzepte für Finanzmärkte, Beschäftigung und Wirtschaftsverfassung, hrsg. v. Schmidt, Hartmut, Tübingen 2001, S. 177-206 (Anmerkungen zur theoretischen Fundierung).

STREIM, HANNES/ESSER, MAIK: Rechnungslegung nach IAS/IFRS - Ein geeignetes Instrument zur Zahlungsbemessung?: Ansatzfragen, in: StuB 2003, 5. Jg., Nr. 16, S. 736-742 (Rechnungslegung nach IFRS - Ansatzfragen).

STREIM, HANNES/ESSER, MAIK: Rechnungslegung nach IAS/IFRS - Ein geeignetes Instrument zur Zahlungsbemessung?: Bewertungsfragen, in: StuB 2003, 5. Jg., Nr. 17, S. 781-786 (Rechnungslegung nach IFRS - Bewertungsfragen).

STROBL, ELISABETH: Zur Abzinsung von Verbindlichkeiten und Rückstellungen für ungewisse Verbindlichkeiten, in: Handelsrecht und Steuerrecht, hrsg. v. Knobbe-Keuk, Brigitte/Klein, Franz/Moxter, Adolf, Düsseldorf 1988, S. 615-634 (Zur Abzinsung von Verbindlichkeiten).

STROBL, ELISABETH: Matching Principle und deutsches Bilanzrecht, in: Bilanzrecht und Kapitalmarkt, hrsg. v. Ballwieser, Wolfgang/Böcking, Hans-Joachim/Drukarczyk, Jochen/Schmidt, Reinhard, Düsseldorf 1994, S. 409-432 (Matching Principle).

STROBL, ELISABETH: IASC-Rechnungslegung und Gläubigerschutzbestimmungen nach deutschem Recht, in: Rechnungslegung - Warum und Wie?, hrsg. v. Ballwieser, Wolfgang/Moxter, Adolf/Nonnenmacher, Rolf, München 1996, S. 389-412 (IASC-Rechnungslegung).

STÜTZEL, WOLFGANG: Bemerkungen zur Bilanztheorie, in: ZfB 1967, 37. Jg., Nr. 4, S. 314-340 (Bemerkungen zur Bilanztheorie).

T

TER VEHN, ALBERT: Gewinnbegriffe in der Betriebswirtschaft, in: ZfB 1924, 1. Jg., S. 361-375 (Gewinnbegriffe in der Betriebswirtschaft).

THAUT, MICHAEL: Auswirkungen des Bilanzrechtsmodernisierungsgesetzes auf die Bilanzierung und Bewertung von Pensionsverpflichtungen in der Handelsbilanz unter besonderer Berücksichtigung des 15-jährigen Übergangszeitraums, in: WPg 2009, 62. Jg., Nr. 14, S. 723-732 (Bilanzierung und Bewertung von Pensionsverpflichtungen).

THEILE, CARSTEN: Totenglocken für das Maßgeblichkeitsprinzip, in: DStR 2009, 47. Jg., Nr. 46, S. 2384-2386 (Totenglocken für das Maßgeblichkeitsprinzip).

THIEßEN, FRIEDRICH: Covenants in Kreditverträgen: Alternative oder Ergänzung zum Insolvenzrecht?, in: ZBB 1996, 8. Jg., Nr. 1, S. 19-37 (Covenants in Kreditverträgen).

THORELL, PER/WHITTINGTON, GEOFFRY: The harmonization of accounting within the EU, Problems, perspectives and strategies, in: EAR 1994, 3. Jg., Nr. 2, S. 215-239 (The harmonization of accounting).

TIMMERMANS, CHRISTIAAN: Die europäische Rechtsangleichung im Gesellschaftsrecht, Eine integrations- und rechtspolitische Analyse, in: RabelsZ 1984, 48. Jg., Nr. 1, S. 1-47 (Die europäische Rechtsangleichung im Gesellschaftsrecht).

U

ULL, THOMAS: IFRS in mittelständischen Unternehmen, Empfehlungen für die inhaltliche Ausgestaltung einer mittelstandsorientierten Rechnungslegung, Wiesbaden 2006 (IFRS in mittelständischen Unternehmen).

ULLRICH, CORINNA: Keine Änderungen an der EU-Kapitalrichtlinie in naher Zukunft, in: S:R 2008, 3. Jg., Nr. 5, S. 171 (Keine Änderungen an der EU-Kapitalrichtlinie).

V

VAN HULLE, KAREL: "True and Fair View", im Sinne der 4. Richtlinie, in: Rechenschaftslegung im Wandel, hrsg. v. Förschle, Gerhart/Kaiser, Klaus/Moxter, Adolf, München 1995, S. 313-326 (True and Fair View).

VAN HULLE, KAREL: The true and fair view override in the European Accounting Directives, in: EAR 1997, 6. Jg., Nr. 4, S. 711-720 (The true and fair view override).

VAN HULLE, KAREL: Die Zukunft der europäischen Rechnungslegung im Rahmen einer sich ändernden internationalen Rechnungslegung, in: WPg 1998, 51. Jg., Nr. 4-5, S. 138-153 (Die Zukunft der europäischen Rechnungslegung).

VAN HULLE, KAREL: Die Reform des europäischen Bilanzrechts: Stand, Ziele und Perspektiven, in: ZGR 2000, 29. Jg., Nr. 4-5, S. 537-549 (Die Reform des europäischen Bilanzrechts).

VAN HULLE, KAREL: Von den Bilanzrichtlinien zu International Accounting Standards, in: WPg 2003, 56. Jg., Nr. 18, S. 968-981 (Von den Bilanzrichtlinien zu IAS).

VELTE, PATRICK: Auswirkungen des BilMoG-RefE auf die Informations- und Zahlungsbemessungsfunktion des handelsrechtlichen Jahresabschlusses, in: KoR 2008, 8. Jg., Nr. 2, S. 61-73 (Auswirkungen des BilMoG-RefE).

VELTE, PATRICK: Entobjektivierung der Rechnungslegung durch latente Steuern (auf Verlustvorträge), in: StuW 2011, 61. Jg., Nr. 3, S. 292-298 (Entobjektivierung der Rechnungslegung).

VETTER, JOCHEN: Reform des gesellschaftsrechtlichen Gläubigerschutzes, Referat zu den Verhandlungen des 66. Deutschen Juristentags, Band II/1 (Referate und Beschlüsse), Stuttgart 2007, S. 75-133 (Reform des gesellschaftsrechtlichen Gläubigerschutzes).

VON KEITZ, ISABEL/STIBI, BERND/KLAHOLZ, EVA: IFRS - (auch) nach Verabschiedung des BilMoG ein Thema für den Mittelstand?, in: KoR 2011, 11. Jg., Nr. 12 (Beilage 1), S. 1-16 (IFRS - Thema für den Mittelstand).

VON KEITZ, ISABEL/STIBI, BERND/STOLLE, INGEBORG: Rechnungslegung nach (Full-) IFRS - auch ein Thema für den Mittelstand?, in: KoR 2007, 7. Jg., Nr. 10, S. 509-519 (Rechnungslegung nach (Full-)IFRS).

W

WAGENHOFER, ALFRED/EWERT, RALF: Externe Unternehmensrechnung, 2. Aufl., Berlin 2007 (Externe Unternehmensrechnung).

WALTER, BERNHARD: Gesetzliches Garantiekapital und Kreditentscheidung der Banken, in: AG 1998, 43. Jg., Nr. 8, S. 370-372 (Gesetzliches Garantiekapital).

WALZ, RAINER: Ökonomische Regulierungstheorien vor den Toren des Bilanzrechts, in: ZfbF Sonderheft 1993, 45. Jg., Nr. 32, S. 85-106 (Ökonomische Regulierungstheorien).

WATRIN, CHRISTOPH: Internationale Rechnungslegung und Regulierungstheorie, Wiesbaden 2001 (Internationale Rechnungslegung und Regulierungstheorie).

WATRIN, CHRISTOPH: Sieben Thesen zur künftigen Regulierung der Rechnungslegung, in: DB 2001, 54. Jg., Nr. 18, S. 933-938 (Sieben Thesen).

WATRIN, CHRISTOPH/SCHOLZ, ALEXANDRA: Bilanzrecht und Kapitalschutz: Experimentelle Befunde zur Wirksamkeit des Solvenztests, in: StuW 2008, 58. Jg., Nr. 4, S. 348-358 (Bilanzrecht und Kapitalschutz).

WEBER-GRELLET, HEINRICH: Grundfragen und Zukunft der Gewinnermittlung, in: DB 2010, 63. Jg., Nr. 42, S. 2298-2304 (Grundfragen und Zukunft der Gewinnermittlung).

WEHRHEIM, MICHAEL/FROSS, INGO: Erosion handelsrechtlicher GoB durch das Bilanzrechtsmodernisierungsgesetz, in: ZfB 2010, 80. Jg., Nr. 1, S. 71-109 (Erosion handelsrechtlicher GoB).

WENK, MARK/JAGOSCH, CHRISTIAN/SCHMIDT, SASCHA: IFRS for SMEs 2009 - die wesentlichen Änderungen im Vergleich zum Exposure Draft, in: DStR 2009, 47. Jg., Nr. 42, S. 2164-2169 (IFRS for SMEs 2009).

WIEDEMANN, HERBERT: Gesellschaftsrecht, Band I: Grundlagen, München 1980 (Gesellschaftsrecht, Band I).

WIEDMANN, HARALD/BEIERSDORF, KATI/SCHMIDT, MARTIN: IFRS im Mittelstand vor dem Hintergrund des Entwurfes eines IFRS für KMU, in: BFuP 2007, 59. Jg., Nr. 4, S. 326-345 (IFRS im Mittelstand).

WINDBICHLER, CHRISTINE: Gesellschaftsrecht, 22. Aufl., München 2009 (Gesellschaftsrecht).

WINDTHORST, KAY: Regulierungstechnische Fragen, in: Die internationalen Bilanzierungsrichtlinien (IFRS for SMEs) - Implikationen für Familienunternehmen und den Gesetzgeber, hrsg. v. Stiftung Familienunternehmen/VMEBF e. V., München, S. 36-71 (Regulierungstechnische Fragen).

WINKELJOHANN, NORBERT/MORICH, SVEN: IFRS für den Mittelstand: Inhalte und Akzeptanzaussichten des finalen Standards, in: BB 2009, 64. Jg., Nr. 31, S. 1630-1634 (IFRS für den Mittelstand).

WITT, CARL-HEINZ: Modernisierung der Gesellschaftsrechte in Europa, in: ZGR 2009, 38. Jg., Nr. 6, S. 872-930 (Modernisierung der Gesellschaftsrechte in Europa).

WOJCIK, KARL-PHILIPP: Die internationalen Rechnungslegungsstandards IAS/IFRS als europäisches Recht, Berlin 2008 (IFRS als europäisches Recht).

WOLTER, HANS-JÜRGEN/HAUSER, HANS-EDUARD: Die Bedeutung des Eigentümerunternehmens in Deutschland - Eine Auseinandersetzung mit der qualitativen und quantitativen Definition des Mittelstands, in: Jahrbuch zur Mittelstandsforschung 1/2001, hrsg. v. Institut für Mittelstandsforschung, Wiesbaden 2001, S. 25-77 (Die Bedeutung des Eigentümerunternehmens).

WOLZ, MATTHIAS: Die Bilanzierung von Pensionsverpflichtungen nach HGB versus US-GAAP/IAS, in: ZfB 2000, 70. Jg., Nr. 12, S. 1371-1390 (Die Bilanzierung von Pensionsverpflichtungen).

WOLZ, MATTHIAS/JANSSEN, JAN: Ist der Fair Value fair zum Mittelstand?, in: WPg 2009, 62. Jg., Nr. 11, S. 593-604 (Ist der Fair Value fair zum Mittelstand).

WOLZ, MATTHIAS/OLDEWURTEL, CHRISTOPH: Pensionsrückstellungen nach BilMoG, in: StuB 2009, 11. Jg., Nr. 11, S. 424-429 (Pensionsrückstellungen nach BilMoG).

WÜSTEMANN, JENS: Institutionenökonomik und internationale Rechnungslegungsordnungen, Tübingen 2002 (Institutionenökonomik).

WÜSTEMANN, JENS: Aus den Fugen: Referentenentwurf eines Bilanzrechtsmodernisierungsgesetzes, in: BB 2007, 62. Jg., Nr. 47, S. 1 (Aus den Fugen).

WÜSTEMANN, JENS/BISCHOF, JANNIS: Eigenkapital im nationalen und internationalen Bilanzrecht: Eine ökonomische Analyse, in: ZHR 2011, 175. Jg., Nr. 2-3, S. 210-246 (Eigenkapital im nationalen und internationalen Bilanzrecht).

WÜSTEMANN, JENS/BISCHOF, JANNIS/KIERZEK, SONJA: Internationale Gläubigerschutzkonzeptionen, in: BB-Special 2007, 62. Jg., Nr. 5, S. 13-19 (Internationale Gläubigerschutzkonzeptionen).

WÜSTEMANN, JENS/KIERZEK, SONJA: IFRS als neues Bilanzrecht für den Mittelstand?, in: BFuP 2007, 59. Jg., Nr. 4, S. 358-375 (IFRS als neues Bilanzrecht).

WÜSTEMANN, JENS/KIERZEK, SONJA: Normative Bilanztheorie und Grundsätze ordnungsmäßiger Gewinnrealisierung für Mehrkomponentenverträge, in: ZfbF 2007, 59. Jg., Nr. 11, S. 882-913 (Normative Bilanztheorie).

WÜSTEMANN, JENS/KOCH, CHRISTOPHER: Zinseffekte und Kostensteigerungen in der Rückstellungsbewertung nach BilMoG, in: BB 2010, 65. Jg., Nr. 18, S. 1075-1078 (Zinseffekte und Kostensteigerungen).

WÜSTEMANN, JENS/WÜSTEMANN, SONJA: Betriebswirtschaftliche Bilanzrechtsforschung und Grundsätze ordnungsmäßiger Gewinnrealisierung für Werkverträge, in: ZfB 2009, 79. Jg., Nr. 1, S. 31-58 (Betriebswirtschaftliche Bilanzrechtsforschung).

WÜSTEMANN, JENS/WÜSTEMANN, SONJA: Das System der Grundsätze ordnungsmäßiger Buchführung nach dem Bilanzrechtsmodernisierungsgesetz, in: Besteuerung, Rechnungslegung und Prüfung der Unternehmen, hrsg. v. Baumhoff, Hubertus/Dücker, Reinhard/Köhler, Stefan, Wiesbaden 2010, S. 751-780 (Das System der GoB).

WÜSTEMANN, JENS/WÜSTEMANN, SONJA: Why Consistency of Accounting Standards Matters: A Contribution to the Rules-Versus-Principles Debate in Financial Reporting, in: Abacus 2010, 46. Jg., Nr. 1, S. 1-27 (Why Consistency of Accounting Standards Matters).

Z

ZABEL, MARTIN/CAIRNS, DAVID: Vereinfachte IFRS für ausgewählte Unternehmen des Mittelstands, in: KoR 2005, 5. Jg., Nr. 5, S. 207-216 (Vereinfachte IFRS für ausgewählte Unternehmen).

ZAHID, ANOWAR: "True and Fair View" Versus "Fair Presentation" Accountings: Are they legally similar or Different?, in: EBLR 2008, 19. Jg., S. 678-690 ("True and Fair View").

ZITZELSBERGER, SIEGFRIED: Ist die 4. EG-Richtlinie noch zeitgemäß?, in: WPg 1998, 51. Jg., Nr. 18, S. 799-808 (4. EG-Richtlinie).

ZÜLCH, HENNING: Die Gewinn- und Verlustrechnung nach IFRS, Herne 2005 (Die Gewinn- und Verlustrechnung nach IFRS).

ZÜLCH, HENNING: Aktueller Arbeitsentwurf des IASB: Staff Draft ED-IFRS for Small and Medium-sized Entities, in: PiR 2006, 2. Jg., Nr. 11, S. 233-235 (Aktueller Arbeitsentwurf des IASB).

ZÜLCH, HENNING/BURGHARDT, STEFAN: Neue Rechnungslegungsnormen für den Mittelstand: Entwurf eines IFRS für kleine und mittelgroße Unternehmen (SMEs), in: PiR 2007, 3. Jg., Nr. 4, S. 111-113 (Neue Rechnungslegungsnormen für den Mittelstand).

ZÜLCH, HENNING/GÜTH, SIMON: Der deutsche Standpunkt zum IFRS for SMEs - Status Quo und kritische Würdigung, in: DB 2010, 63. Jg., Nr. 11, S. 576-578 (Der deutsche Standpunkt zum IFRS for SMEs).

ZÜLCH, HENNING/GÜTH, SIMON: Internationalisierung der Rechnungslegung aus Sicht von Kreditinstituten, in: KoR 2010, 10. Jg., Nr. 10, S. 501-509 (Internationalisierung der Rechnungslegung).

ZÜLCH, HENNING/GÜTH, SIMON: Europäisches Bilanzrecht und bilanzieller Kapitalschutz - Status Quo und Möglichkeiten einer Weiterentwicklung auf Basis des britischen Überleitungsmodells, in: DK 2011, 9. Jg., Nr. 10, S. 460-473 (Europäisches Bilanzrecht und bilanzieller Kapitalschutz).

ZÜLCH, HENNING/GÜTH, SIMON/STAMM, ANDREAS: Einzelabschluss nach dem IFRS for SMEs und bilanzielle Ausschüttungsbemessung in Deutschland, in: WPg 2011, 64. Jg., Nr. 15, S. 709-721 (Einzelabschluss nach dem IFRS for SMEs).

ZÜLCH, HENNING/GÜTH, SIMON/STAMM, ANDREAS: Der Entwurf einer neuen Bilanzrichtlinie - Implikationen für die künftige Ausgestaltung des Europäischen Bilanzrechts, in: DB 2012, 65. Jg., Nr. 8, S. 413-419 (Der Entwurf einer neuen Bilanzrichtlinie).

ZÜLCH, HENNING/HENDLER, MATTHIAS: Bilanzierung nach IFRS, Weinheim 2009 (Bilanzierung nach IFRS).

ZÜLCH, HENNING/HOFFMANN, SEBASTIAN: Zahlungsmittelgenerierende Einheiten im Deutschen Handelsrecht und die Bedeutung des Einzelbewertungsgrundsatzes, in: StuB 2008, 10. Jg., Nr. 2, S. 45-50 (Zahlungsmittelgenerierende Einheiten).

ZÜLCH, HENNING/HOFFMANN, SEBASTIAN: Probleme und mögliche Lösungsansätze der "neuen" Ausschüttungssperre nach § 268 Abs. 8 HGB, in: DB 2010, 63. Jg., Nr. 17, S. 909-912 (Lösungsansätze der neuen Ausschüttungssperre).

ZÜLCH, HENNING/LÖW, EDGAR: IFRS und HGB in der Praxis - Zur Bedeutung von IFRS-Abschlüssen bei der Kreditvergabe von Banken an mittelständische Unternehmen, Frankfurt am Main 2008 (IFRS und HGB in der Praxis).

ZWIRNER, CHRISTIAN/KÜNKELE, KAI: Kein Raum für die Anwendung der IFRS for SMEs in Deutschland, in: IRZ 2009, 4. Jg., Nr. 11, S. 463-465 (Kein Raum für die Anwendung des IFRS for SMEs in Deutschland).

Verzeichnis der Rechtsquellen der EG/EU

Primärrecht

Vertrag über die Arbeitsweise der Europäischen Union (AEUV) in der Fassung der Bekanntmachung vom 9. Mai 2008, in: ABl. vom 9. Mai 2008, Nr. C 115, S. 47-199, zuletzt geändert durch Art. 1 Änderungsbeschluss 2011/199/EU vom 25. März 2011, ABl. vom 6. April 2011, Nr. L 91, S. 1-2.

Vertrag über die Europäische Union (EUV), in: ABl. EG vom 29. Juli 1992, Nr. C 191, S. 1-112, zuletzt geändert durch Art. 1 des Vertrags von Lissabon vom 13. Dezember 2007, ABl. vom 17. Dezember 2007, Nr. C 306, S. 10-41.

Vertrag zur Gründung der Europäischen Gemeinschaft (EGV) vom 25. März 1957 in der Fassung bis 30. November 2009, in: United Nations Treaty Series, Band 298, S. 11-168, zuletzt geändert durch Art. 2 des Vertrags von Lissabon vom 13. Dezember 2007, ABl. vom 17. Dezember 2007, Nr. C 306, S. 42-133.

Sekundärrecht

Zweite Richtlinie des Rates vom 13. Dezember 1976 zur Koordinierung der Schutzbestimmungen, die in den Mitgliedstaaten den Gesellschaften im Sinne des Artikels 58 Absatz 2 des Vertrages im Interesse der Gesellschafter sowie Dritter für die Gründung der Aktiengesellschaft sowie für die Erhaltung und Änderung ihres Kapitals vorgeschrieben sind, um diese Bestimmungen gleichwertig zu gestalten (77/91/EWG), in: ABl. EG vom 31. Januar 1977, Nr. L 26, S. 1-13 (KapRL)

Vierte Richtlinie des Rates vom 25. Juli 1978 aufgrund von Art. 54 Abs. 3 Buchstabe g des Vertrages über den Jahresabschluß von Gesellschaften bestimmter Rechtsformen (78/660/EWG), in: ABl. EG vom 14. August 1978, Nr. L 222, S. 11-31 (BilRL).

Siebente Richtlinie des Rates vom 13. Juni 1983 aufgrund von Art. 54 Abs. 3 Buchstabe g des Vertrages über den konsolidierten Abschluß, in: ABl. EG vom 18. Juli 1983 (83/349/EWG), Nr. L 193, S. 1-17 (KonzernRL).

Richtlinie 93/22/EWG des Rates vom 10. Mai 1993 über Wertpapierdienstleistungen, in: ABl. EG vom 11. Juni 1993, Nr. L 141, S. 27-46 (WertpapierdienstleistungsRL).

Richtlinie 2001/65/EG des Europäischen Parlaments und des Rates vom 27. September 2001 zur Änderung der Richtlinien 78/660/EWG, 83/349/EWG und 86/635/EWG des Rates im Hinblick auf die im Jahresabschluss bzw. im konsolidierten Abschluss von Gesellschaften bestimmter Rechtsformen und von Banken und anderen Finanzinstituten zulässigen Wertansätze, in: ABl. EG vom 27. Oktober 2001, Nr. L 283, S. 28-32 (Fair-Value-RL).

Richtlinie 2003/51/EG des Europäischen Parlaments und des Rates vom 18. Juni 2003 zur Änderung der Richtlinien 78/660/EWG, 83/349/EWG, 86/635/EWG und 91/674/EWG über den Jahresabschluss und den konsolidierten Abschluss von Gesellschaften bestimmter Rechtsformen, von Banken und anderen Finanzinstituten sowie von Versicherungsunternehmen, in: ABl. vom 17. Juli 2003, Nr. L 178, S. 16-22 (ModRL).

Richtlinie 2004/39/EG des Europäischen Parlaments und des Rates vom 21. April 2004 über Märkte für Finanzinstrumente, zur Änderung der Richtlinien 85/611/EWG und 93/6/EWG des Rates und der Richtlinie 2000/12/EG des Europäischen Parlaments und des Rates und zur Aufhebung der Richtlinie 93/22/EWG des Rates, in: ABl. vom 30. April 2004, Nr. L 145, S. 1-44 (FinanzmarktRL).

Richtlinie 2006/46/EG des europäischen Parlaments und des Rates vom 14. Juni 2006 zur Änderung der Richtlinien des Rates 78/660/EWG über den Jahresabschluss von

Gesellschaften bestimmter Rechtsformen, 83/349/EWG über den konsolidierten Abschluss, 86/635/EWG über den Jahresabschluss und den konsolidierten Abschluss von Banken und anderen Finanzinstituten und 91/674/EWG über den Jahresabschluss und den konsolidierten Abschluss von Versicherungsunternehmen, in: ABl. vom 16. August 2006, Nr. L 224, S. 1-7 (ÄnderungsRL 2006).

Verordnung (EG) Nr. 1606/2002 des Europäischen Parlaments und des Rates vom 19. Juli 2002 betreffend die Anwendung internationaler Rechnungslegungsstandards, in: ABl. EG vom 11. September 2002, Nr. L 243, S. 1-4 (IAS-VO).

Gesetzesverzeichnis

Deutschland

Aktiengesetz (AktG) vom 6. September 1965, BGBl. I 1965, S. 1089-1184, zuletzt geändert durch Gesetz vom 22. Dezember 2011, BGBl. I 2011, S. 3044-3056.

Einführungsgesetz zum Handelsgesetzbuche (EGHGB) vom 10. Mai 1897, RGBl. 1899 S. 437-454, zuletzt geändert durch Gesetz vom 22. Dezember 2011, BGBl. I 2011, S. 3044-3056.

Einkommensteuergesetz (EStG) in der Fassung der Bekanntmachung vom 8. Oktober 2009, BGBl. I 2009, S. 3366-3533, zuletzt geändert durch Gesetz vom 12. April 2012, BGBl. I 2012, S. 579-602.

Gesetz betreffend die Gesellschaften mit beschränkter Haftung (GmbHG) in der Fassung der Bekanntmachung vom 20. Mai 1898, RGBl. 1898, S. 846-867, zuletzt geändert durch Gesetz vom 22. Dezember 2011, BGBl. I 2011, S. 3044-3056.

Gesetz über die Rechnungslegung von bestimmten Unternehmen und Konzernen (Publizitätsgesetz - PublG) vom 15. August 1969, BGBl. I 1969, S. 1189-1199, zuletzt geändert durch Gesetz vom 22. Dezember 2011, BGBl. I 2011, S. 3044-3056.

Gesetz zur Durchführung der Vierten, Siebenten und Achten Richtlinie des Rates der Europäischen Gemeinschaften zur Koordinierung des Gesellschaftsrechts (Bilanzrichtlinien-Gesetz - BilRiLiG) vom 19. Dezember 1985, BGBl. I 1985, S. 2355-2433.

Gesetz zur Durchführung der Zweiten Richtlinie des Rates der Europäischen Gemeinschaften zur Koordinierung des Gesellschaftsrechts vom 13. Dezember 1978, BGBl. I 1978, S. 1959-1964.

Gesetz zur Einführung internationaler Rechnungslegungsstandards und zur Sicherung der Qualität der Abschlussprüfung (Bilanzrechtsreformgesetz - BilReG) vom 4. Dezember 2004, BGBl. I 2004, S. 3166-3182.

Gesetz zur Modernisierung des Bilanzrechts (Bilanzrechtsmodernisierungsgesetz - BilMoG) vom 25. Mai 2009, BGBl. I 2009, S. 1102-1137.

Handelsgesetzbuch (HGB) vom 10. Mai 1897, RGBl. 1897, S. 219-436, zuletzt geändert durch Gesetz vom 22. Dezember 2011, BGBl. I 2011, S. 3044-3056.

Großbritannien

Companies Act 2006, Chapter 46 (CA 2006).

Verzeichnis der Rechtsprechung

EuGH-Urteil vom 6. Oktober 1982, Rs. 283/81 (C.I.L.F.I.T.), Slg. 1982, 3415.

EuGH-Urteil vom 27. Juni 1996, Rs. C-234/94 (Tomberger/Wettern GmbH), Slg. 1996, I-3133.

EuGH-Urteil vom 4. Dezember 1997, Rs. C-97/96 (Daihatsu), Slg. 1997, I-6843.

Verzeichnis der Verwaltungsanweisungen

BMF (Hrsg.), Schreiben vom 19. April 1971 - IV B2-S 2170-31/71, in: BStBl. I 1971, S. 264-265

BMF (Hrsg.), Schreiben vom 22. Dezember 1975 - IV B2-S 2170-161/75, in: DB 1976, 29. Jg., Nr. 4, S. 172-174.

Verzeichnis der Materialien aus dem Gesetzgebungs- oder Standardsetzungsprozess

Deutschland

BMJ (Hrsg.), Referentenentwurf eines Gesetzes zur Modernisierung des Bilanzrechts (Bilanzrechtsmodernisierungsgesetz - BilMoG) vom 8. November 2007 (BilMoG-Referentenentwurf).

BT-Drucksache 16/10067 vom 30. Juli 2008: Gesetzesentwurf der Bundesregierung, Entwurf eines Gesetzes zur Modernisierung des Bilanzrechts (Bilanzrechtsmodernisierungsgesetz - BilMoG).

BT-Drucksache 16/12407 vom 24. März 2009: Beschlussempfehlung und Bericht des Rechtsausschusses (6. Ausschuss) zu dem Gesetzentwurf der Bundesregierung- Drucksache 16/10067 - Entwurf eines Gesetzes zur Modernisierung des Bilanzrechts (Bilanzrechtsmodernisierungsgesetz - BilMoG).

Europa

Ausschuss für Wirtschaft und Währung (Hrsg.), Bericht über die internationalen Rechnungslegungsstandards (IFRS) und die Leitung des International Accounting Standards Board (IASB), Verlautbarung 2006/2248 (INI), Straßburg 5. Februar 2008 (Verlautbarung 2006/2227 (INI) v. 5. Februar 2008).

EFRAG (HRSG.), Advice on compatibility of the IFRS for SMEs and the EU Accounting Directives, Brüssel 28. Mai 2010 (Advice on compatibility).

EFRAG (HRSG.), Working Paper, IFRS for SMEs and the Fourth and the Seventh Council Directives, Brüssel 28. Mai 2010 (Working Paper IFRS for SMEs).

EUROPÄISCHE KOMMISSION (HRSG.), Vorschlag einer zweiten Richtlinie des Rates zur Koordinierung der Schutzbestimmungen, die in den Mitgliedstaaten den Gesellschaften im Sinne des Artikels 58 Absatz 2 des Vertrages im Interesse der Gesellschafter sowie Dritter für die Gründung der Aktiengesellschaft sowie für Erhaltung und Änderung ihres Kapitals vorgeschrieben sind, vorgelegt am 9. März 1970, in: ABl. EG vom 24. April 1970, Nr. C 48, S. 8-22(Legislativvorschlag KapRL 1970).

EUROPÄISCHE KOMMISSION (HRSG.), Vorschlag einer vierten Richtlinie des Rates auf Grund von Artikel 54 Absatz 3 Buchstabe g) zur Koordinierung der Schutzbestimmungen, die in den Mitgliedstaaten den Gesellschaften im Interesse der Gesellschafter sowie Dritter hinsichtlich der Gliederung und des Inhalts des Jahresabschlusses und des Lageberichts sowie hinsichtlich der Bewertungsmethoden und der Offenlegung dieser Dokumente vorgeschrieben sind, vorgelegt am 16. November 1971, in: ABl. EG vom 28. Januar 1972, Nr. C 7, S. 11-26 (Legislativvorschlag BilRL 1972).

EUROPÄISCHE KOMMISSION (HRSG.), Harmonisierung auf dem Gebiet der Rechnungslegung: Eine neue Strategie im Hinblick auf die internationale Harmonisierung, KOM (95) 508 endg., Brüssel 14. November 1995 (KOM (95) 508 endg. v. 14. November 1995).

EUROPÄISCHE KOMMISSION (HRSG.), Umsetzung des Finanzmarktrahmens: Aktionsplan, KOM (99) 232 endg., Brüssel 11. Mai 1999 (KOM (99) 232 endg. v. 11. Mai 1999).

EUROPÄISCHE KOMMISSION (HRSG.), Rechnungslegungsstrategie der EU: Künftiges Vorgehen, KOM (2000) 359 endgültig, Brüssel 13. Juni 2000 (KOM (2000) 359 endgültig v. 13. Juni 2000).

EUROPÄISCHE KOMMISSION (HRSG.), Vorschlag für eine Verordnung des Europäischen Parlaments und des Rates betreffend die Anwendung internationaler Rechnungslegungsvorschriften, KOM (2001) 80 endgültig, Brüssel 13. Februar 2001 (KOM (2001) 80 endgültig v. 13. Februar 2001).

EUROPÄISCHE KOMMISSION (HRSG.), Kommentare zu bestimmten Artikeln der Verordnung (EG) Nr. 1606/2002 des Europäischen Parlaments und des Rates vom 19. Juli 2002 betreffend die Anwendung internationaler Rechnungslegungsstandards und zur Vierten Richtlinie 78/660/EWG des Rates vom 25. Juli 1978 sowie zur Siebenten Richtlinie 83/349/EWG des Rates vom 13. Juni 1983 über Rechnungslegung, Brüssel November 2003 (Kommentar IAS-VO).

EUROPÄISCHE KOMMISSION (HRSG.), Modernisierung des Gesellschaftsrechts und Verbesserung der Corporate Governance in der Europäischen Union - Aktionsplan, KOM (2003) 284 endgültig, Brüssel 21. Mai 2003 (KOM (2003) 284 endgültig v. 21. Mai 2003).

EUROPÄISCHE KOMMISSION (HRSG.), Mitteilung der Kommission über ein vereinfachtes Unternehmensumfeld in den Bereichen Gesellschaftsrecht, Rechnungslegung und Abschlussprüfung, KOM (2007) 394 endgültig, Brüssel 10. Juli 2007 (KOM (2007) 394 endgültig v. 10. Juli 2007).

EUROPÄISCHE KOMMISSION (HRSG.), Consultation Paper on Review of the Accounting Directives, F3/D (2009), Brüssel 26. Februar 2009 (Consultation Paper on Review of the Accounting Directives).

EUROPÄISCHE KOMMISSION (HRSG.), Consultation on the International Financial Reporting Standard for Small and Medium-Sized Entities, Brüssel November 2009 (Consultation on IFRS-SME).

EUROPÄISCHE KOMMISSION (HRSG.), Summary Report on the Responses Received to the Working Document of the Commission Services (DG Internal Market) Consultation Paper on Review of the Accounting Directives Cutting Accounting Burden for Small Business / Review of the Accounting Directives, Brüssel Oktober 2009 (Summary Report Review of the Accounting Directives).

EUROPÄISCHE KOMMISSION (HRSG.), Summary Report of the Responses Received to the Commission's Consultation on the International Financial Reporting Standard for Small and Medium-Sized Entities, Brüssel Mai 2010 (Summary Report Consultation on IFRS-SME).

EUROPÄISCHE KOMMISSION (HRSG.), Implementation of the IAS Regulation (1606/2002) in the EU and EEA, Brüssel 1. Juli 2010 (Implementation of the IAS Regulation).

EUROPÄISCHE KOMMISSION (HRSG.), Proposal for a Directive of the European Parliament and of the Council über den Jahresabschluss, den konsolidierten Abschluss und damit verbundene Berichte von Unternehmen bestimmter Rechtsformen, KOM (2011) 684 final, Brüssel 25. Oktober 2011 (KOM (2011) 684 final v. 25. Oktober 2011).

EUROPÄISCHES PARLAMENT (HRSG.), Entschließung mit der Stellungnahme des Europäischen Parlements zu dem Vorschlag der Kommission der Europäischen Gemeinschaften an den Rat für eine zweite Richtlinie zur Koordinierung der Schutzbestimmungen, die in den Mitgliedstaaten den Gesellschaften im Sinne des Artikels 58 Absatz 2 des Vertrags im Interesse der Gesellschafter sowie Dritter für die Gründung der Aktiengesellschaft sowie die Erhaltung und Änderung ihres Kapitals vorgeschrieben sind, in: ABl. EG vom 11. November 1971, Nr. C 114, S. 18-21 (Entschließung zu Legislativvorschlag KapRL 1971).

Großbritannien

ASB (HRSG.), Policy Proposal: The Future of UK GAAP, London 2009 (The Future of UK GAAP).

ICAEW (HRSG.): UK Distributable Profits, IFRS and UK GAAP Factsheet, London 2010 (UK Distributable Profits).

ICAS/ICAEW (Hrsg.), Guidance on the Determination of Realised Profits and Losses in the Context of Distributions under the Companies Act 2006 (Tech 01/09).

ICAS/ICAEW (Hrsg.), Guidance on the Determination of Realised Profits amd Losses in the Context of Distributions under the Companies Act 2006 (Tech 02/10), London 2010 (Tech 02/2010).

Zur internationalen Rechnungslegung

IASC Foundation (Hrsg.), Preliminary Views on Accounting Standards for Small and Medium-sized Entities, London 2004 (Preliminary Views on Accounting Standards).

IASC Foundation (Hrsg.), Staff Questionnaire on Possible Recognition and Measurement Modifications for Small and Medium-sized Entities (SMEs), London 2005 (Staff Questionnaire IFRS-SME).

IASC Foundation (Hrsg.), IASB Update May 2006, London 2006 (IASB Update May 2006).

IASC Foundation (Hrsg.), IASB Update June 2006, London 2006 (IASB Update June 2006).

IASC Foundation (Hrsg.), Staff Draft IFRS for SMEs, London 2006 (Staff Draft IFRS-SME).

IASC Foundation (Hrsg.), Exposure Draft of a Proposed IFRS for Small and Medium-sized Entities, London 2007 (Exposure Draft IFRS-SME).

IASC Foundation (Hrsg.), IASB Update January 2008, London 2008 (IASB Update January 2008).

IASC Foundation (Hrsg.), IASB Update May 2008, London 2008 (IASB Update May 2008).

IASC Foundation (Hrsg.), IASB Update January 2009, London 2009 (IASB Update January 2009).

IASC Foundation (Hrsg.), International Financial Reporting Standard for Small and Medium-sized Entities (IFRS for SMEs), London 2009.

IASC Foundation (Hrsg.), International Financial Reporting Standard for Small and Medium-sized Entities (IFRS for SMEs), Basis for Conclusions, London 2009.

IASC Foundation (Hrsg.), International Financial Reporting Standard for Small and Medium-sized Entities (IFRS for SMEs), Illustrative Financial Statements Presentation and Disclosure Checklist, London 2009.

IASC Foundation (Hrsg.), IASB publishes IFRS for SMEs, Pressemitteilung vom 9. Juli 2009, London 2009 (IASB publishes IFRS for SMEs).

IASC Foundation (Hrsg.), Training Material for the IFRS for SMEs, Modules 1-35, London 2010 (Training Material IFRS-SME).

Quellenverzeichnis

IFRS FOUNDATION (HRSG.), IFRS Foundation appoints members of the SME Implementation Group, Pressemitteilung vom 5. August 2010, London 2010 (IFRS Foundation appoints members of the SME Implementation Group).